国家出版基金项目
NATIONAL PUBLICATION FOUNDATION

中国近代史学文献丛刊

王　东　李孝迁／主编

刘掞藜史学论著集

屠　潇　渠　颖／编校

房鑫亮／审校

上海古籍出版社

2018 年度国家出版基金资助项目

上海高校服务国家重大战略出版工程

上海市教育委员会科研创新计划重大项目
"重构中国：中国现代史学的知识谱系（1901-1949）"
（2017-01-07-00-05-E00029）

丛刊缘起

学术的发展离不开新史料、新视野和新方法，而新史料则尤为关键。就史学而言，世人尝谓无史料便无史学。王国维曾说："古来新学问之起，大都由于新发现。"无独有偶，陈寅恪亦以为"一时代之学术，必有其新材料与新问题"，取用此材料，以研求问题，则为此时代学术之新潮流；顺此潮流者，谓之预流，否则谓之未入流。王、陈二氏所言，实为至论。抚今追昔，中国史学之发达，每每与新史料的发现有着内在联系。举凡学术领域之开拓、学术热点之生成，乃至学术风气之转移、研究方法之创新，往往均缘起于新史料之发现。职是之故，丛刊之编辑，即旨在为中国近代史学史学科向纵深推进，提供丰富的史料支持。

当下的数字化技术为发掘新史料提供了捷径。晚近以来大量文献数据库的推陈出新，中西文报刊图书资料的影印和数字化，各地图书馆、档案馆开放程度的提高，近代学人文集、书信、日记不断影印整理出版，凡此种种，都注定这个时代将是一个史料大发现的时代。我们有幸处在一个图书资讯极度发达的年代，当不负时代赋予我们的绝好机遇，做出更好的研究业绩。

以往研究中国近代史学，大多关注史家生平及其著作，所用材料以正式出版的书籍和期刊文献为主，研究主题和视野均有很大的局限。如果放宽学术视野，把史学作为整个社会、政治、思潮的有机组成部分，互相联络，那么研究中国近代史学所凭借的资料将甚为丰富，且对其也有更为立体动态的观察，而不仅就史论史。令人遗憾的是，近代史学文献资料尚未有系统全面的搜集和整理，从而成为学科发展的瓶颈之一。适值数字化时代，我们有志于从事这项为人作嫁衣裳的事业，推出《中国近代史学文献丛刊》，计划陆续出版各种文献资料，以飨学界同仁。

丛刊收录文献的原则：其一"详人所略，略人所详"，丛刊以发掘新史料为主，尤其是中西文报刊以及档案资料；其二"应有尽有，应无尽无"，丛刊并非常见文献的大杂烩，在文献搜集的广度和深度上，力求涸泽而渔，为研究者提供一份全新的资料，使之具有长久的学术价值。我们立志让丛刊成为相关研究者的案头必备。

这项资料整理工作，涉及面极广，非凭一手一足之力，亦非一朝一夕之功，便可期而成，必待众缘，发挥集体作业的优势，方能集腋成裘，形成规模。华东师范大学历史学系，在史学理论与史学史研究领域有着长久深厚的学术传统，素为海内外所共识。我们有责任，也有雄心和耐心为本学科的发展贡献绵薄之力。在当下的学术评价机制中，这些努力或许不被认可，然为学术自身计，不较一时得失，同仁仍勉力为之。

欢迎学界同道的批评！

前　言

　　刘掞藜(1900—1935),字楚贤,湖南新化人,著名史学家,对中国古代史、中国民族史、世界史、史学理论等皆有研究。20世纪上半叶我国史学界流派纷呈,百家争鸣,刘掞藜作为以柳诒徵为代表的南高史地学派一员,传承了南高史学精神,利用丰富的古代文献和出土材料,并吸取西方史学的长处,在中国古代史、中国民族史、世界史、史学理论等方面取得了不少独具特色的成就。但由于他英年早逝,而其著作又大多极难寓目,故流传不广,以致名声不彰,几被湮没。

　　刘掞藜在断代史研究方面成果突出,撰有《中国上古史略》、《隋唐五代史要》、《宋元明清初史》等专著。就研究范围而言,除政治、军事外,还包括经济、社会、文化等方面,大大扩展了史学研究的对象。它们不仅在时间上早于同类著述,而且在内容上也颇多创获。他在与顾颉刚的古史论辩中展示了深厚的旧学根底和理性精神,并始终贯穿于其后的古史研究中。在隋唐五代史研究中,颇多独具只眼之论,如指出隋文帝时施行的募丁转漕与置仓迁运制度有利于休养生息且影响深远,为唐宋所沿用。他对中国古代民族史也有精深的研究,撰有《中国民族史》等论著。根据我国历史的特点,他虽以汉族为主线介绍周边民族的发展,但充分尊重其他民族,并专章论述曾经统一全国的蒙古族。除了厘清各民族形成、发展变化的基本情况,更着力于民族之间交往与融合的研究,具有一定高度。他史学研究的显著特点是慎择史料,论证严密;此外还多用人物对话,增添了一份活泼。刘掞藜的史学研究范围比较广泛,在各领域都有所贡献。通过分析刘掞藜与顾颉刚论辩古史的文章和《中国上古史略》、《隋唐五代史要》等专著,可以了解他的古史思想,以及对断代史的贡献;通过分析其民族史、世界史、史学理论著,并

与同时代同类著作的比较,可以窥知刘掞藜吸取西方新知、有选择地利用却不盲从的态度。其史学具有包容性,既主张保持优秀传统,又能够吸收西方史学中优秀的成分,从而使中国传统史学焕发生机,以下略作介绍。

一、《中国上古史略》。该书是刘掞藜任职国立武汉大学期间的讲义。当时正值疑古运动炽烈之时,而他认为应以谨慎态度对待古史。此书讲述了太古至秦的中国社会状况,将这一历史时期划分为七个阶段:太古至尧舜:社会进化与政治文化萌芽;夏代:君位禅让转成世袭;商代:神权政治时代;西周:封建政治完成时代;东周春秋:霸主政治时代;东周战国:贵族政治转成君主独裁政治时代;秦代:君主专制政体之初立。内容十分广泛,除了传统的政治、军事外,还包括生活、经济、文化等方面。其特点之一是史料丰富,采择谨慎。刘掞藜认为上古史研究最困难的是史料简单,散见各处,且真伪难辨,颇多讹误。上古社会草昧初开,虽有史事而无记载。随着文字的出现,开始记录史事,但比较简略,并有讹误。《中国上古史略》以政治形态及制度演变为线索,属于传统史学的写作手法。但内容不仅涉及政治军事,还全面论述了经济、生活、文化及社会风俗状况,显然受到了西方史学的影响,是有意识地以西法为指导。他经常从政治、经济、文化、社会、军事等多角度综合分析史实,与西方新史学完全一致,说明他力图利用西方史学之长改造传统史学,使其焕发生机。

二、《隋唐五代史要》。该书是刘掞藜在武汉大学时的讲义,也是其中国通史计划的一部分,撰于 1930 至 1932 年,后由武汉大学出版发行。此书内容丰富全面,结构合理,将重大政治事件、人物活动、典章制度、社会风俗等融为一炉。叙述方法也较独特,大量使用人物对话,比较生动。刘掞藜首先指出,隋朝在中国历史上具有重要地位。此前中国经历了数千年的统一、分裂,隋朝再次完成了统一。其次,从民族史角度而言,隋的统一有汉族中兴的意义:"隋遂为汉族中兴之发端。唐继之,更成汉族中兴大国,文物亦臻极盛。"①此书以时间为序,缕述隋代重大事件,并不时点评。刘氏特意指出:"中国自晋惠帝时异族乱华,

---

① 刘掞藜:《中国通史三:隋唐五代史要》,国立武汉大学印,第1—2页。

国土辗转分裂,至是凡二百八十余年,始复统一。"①对长达数百年分裂后的重归统一大加赞赏,强调汉族得以再次复兴,在叙事中寓以己意,颇具春秋笔法。

三、《中国民族史》。刘掞藜对中国民族史有过较深入的研究。1925 至 1931 年先后发表《月氏与东西文化之关系》《晋惠帝时代汉族之大流徙》《唐代藩镇之祸可谓为第三次异族乱华》等论文,1928 至 1930 年任教国立成都大学期间完成专著《中国民族史》。刘著将汉族与其他民族看作一个整体,以历史发展过程中各民族的凸显程度为线索展开中国古代民族史研究。由于汉族长期占据主导地位,因此以汉族为中心分期,再依其他民族与汉族发生交集的先后,讲述了从黄帝至晚清,汉族、苗族、荤粥、氐羌、羯、鲜卑、越、蒙古、女真等古代中国主要民族的来源、分布、名称变化及发展变迁等情况。

四、世界史。1924 年刘掞藜在河南中州大学曾教授世界史课程,并编写教材《世界史略》,后刊于《史学杂志》,名为《世界史略旧稿》。此文只完成了"人类演成"一编,以时间为序讲述了三个问题:地球生物之起源(原始时代及原生代);动植物分化(原生代及古生代);爬行动物时代(中生代)。文中借用美国史学家鲁滨逊《新史学》中的观点,认为解释历史要追溯地球与生物来源的原因:生物学上达尔文发明的"进化论"和地质学上莱伊尔发明的"人类甚古"理论曾对历史学产生过十分重大的影响,治史者开始意识到应该利用新学科新理论进行研究,并将研究的范围扩展到有文字记载以前,而史前的非文字材料有时甚至比文字记载更为可靠。②

五、《史法通论》。刘掞藜对史学理论研究也有贡献。他结合西方史学介绍中国传统史法。由于刘掞藜学术生命较短,存世著作稀见,因此影响有限,研究者甚少。刘掞藜的《史法通论:我国史法整理》(下称《史法通论》)、《史学与史法简编》(下称《简编》)分别发表于 1923 年和 1926 年,集中反映了其史学理论和思想。《史法通论》内容全面丰富,涉及了史著撰写的基本要素:史学、史识、史体、通史、史限、详略、史

---

① 《中国通史三:隋唐五代史要》,第 5 页。
② 刘掞藜:《世界史略旧稿》,《史学杂志》,1930 年第 2 期。

才、史文、史德、自注、史论、史称、阙访、史表、史图、纪元、叙源、句读，并对每个要素都展开详细论述。《简编》是未完稿，虽仅刊出部分，但面更广，论述历史的意义、史体的演变与利弊、著史目的及意义、史家的史德与史才等问题，涵盖了《史法通论》的部分内容。

目前有关刘掞藜的研究较少，除了周荣《刘掞藜的古史思想——以武汉大学图书馆藏民国老讲义为蓝本》对刘氏《中国上古史略》及其古史思想做了较详细论述外，仅在"顾颉刚与古史辨"、"南高史地学派"或"近代史学教授"等相关研究中有所涉及，如沈卫威《民国大学体制下的学分南北》提及刘掞藜的史学方法和传统史观继承了柳诒徵的学统；苗英健《〈史地学报〉：五四时期史学教育代表性刊物之一》提及刘掞藜是史地研究会的成员之一，并以《史地学报》为古史论辩的阵地；蒋宝麟《"史学南派"：民国时期中央大学历史学科的学术认同与"学派"分际》提及刘掞藜用"经典常识"反驳顾颉刚，得到顾氏重视与回应，并收入《古史辨》中。古史研究方面，刘掞藜撰有三部专著，数篇论文。虽辗转任教于各地高校，但仍矢志研究通史，并完成上古史、隋唐五代史及宋元明清初史，可惜后者是否存世不明。与同时期的古史研究著述相比，他以穷尽史料的治史态度丰富了古史研究的内容。20 世纪 30、40 年代，隋唐史研究成果较少，他率先编著《隋唐五代史要》，在古史研究上留下了不容忽视的一笔。民族史研究方面，1925 年以月氏与东西文化关系的研究为开端，撰有一部专著、数篇长文。史学理论研究方面，刘氏以刘知幾、章学诚之说为理论基础，结合己见，梳理中国传统史学理论与方法，力求全面。同时，注意与西方对比并提出应予借鉴。

纵观刘掞藜的一生，大部分时间都在学习、教书和著述中度过。他坎坷困顿的青少年时期和多年的颠沛流离使其身心严重受损，以致英年早逝，这使他影响有限。然而，他对中国古代史、中国民族史及史学理论的贡献具有相当价值，在学术史上赢得了一席之地。

本集按著作、论文、诗赋分类编排，以出版先后为序；有些论文写作时间在前而发表在后，为求一律，均以刊发时间为序排列。个别文章因无标题或标题不明确，由编者酌加处理并予注明。明显的笔划小误、文字颠倒等径改。原文脱字补足，外加方括号。通假字一般不改，前后文

不一亦悉仍其旧,以存原貌。原文漫漶或缺失之处,以空格"□"表示,每字一格。《中国民族史》的底本系国立成都大学刊本,其中漫漶之页以国立四川大学文学院刊本配补,两本均由日新印刷社(又作"日新印刷工业社")代印。连载文章合为一篇,一并注明卷期。原著表格文字有省略之处,均予补足。原著甲骨文字颇多模糊之处,特据所引之书扫描后移录。作者因早逝而事迹不著,故书末附友人纪念文章,以供知人论世之参考。

刘氏著述丰硕,于史学颇多贡献,然因英年早逝,遗文星散,从未系统整理。渠颖攻读硕士期间,花费很多精力方将其著述基本收齐,唯任教武汉大学期间之《宋元明清初史》讲义和成都大学期间之《中国政治史》讲义,虽经多方搜寻而未获;不过,亦有人云此二书仅见于纪念文章,或竟未刊。今上海古籍出版社奖掖学术,拟出版刘氏遗著,故裒为一集,俾便学林参阅。本集由屠潇、渠颖分工完成。《隋唐五代史要》、《世界史略旧稿》由渠颖点校,其他均由屠潇点校,房鑫亮覆校。在收集资料过程中,胡逢祥、刘开军、王应宪先生和裴明玉、朱一同学曾给予帮助,谨此致谢。

编　者
2018 年 6 月

目　录

丛刊缘起 / 1

前言 / 1

一、著作 / 1

中国民族史 / 3

中国上古史略 / 122

隋唐五代史要 / 220

二、论文 / 371

读顾颉刚君《与钱玄同先生论古史书》的疑问　/ 373

讨论古史再质顾先生（一）　/ 381

讨论古史再质顾先生（二）　/ 397

史法通论·我国史法整理 / 409

为疑尧舜禹史事者进一解　/ 441

儒家所言尧舜禹事，伪耶？真耶？ / 454

月氏与东西文化之关系　/ 466

史学与史法简编 / 496

成大史学杂志发刊词 / 525

晋惠帝时代汉族之大流徙　/ 530

历史中的政治家与民众意识研究之发端　/ 543

汉代之婚姻奇象 / 547

中国古史答问 / 562

2 刘掞藜史学论著集

世界史略旧稿 / 571

唐代藩镇之祸可谓为第三次异族乱华 / 599

致胡适函 / 622

三、诗赋 / 623

三姝媚 / 625

三台洞纪游 / 625

饯春赋 / 625

钟山绝顶 / 626

邀乡前辈同游燕子矶 / 626

七根柱崖底 / 627

头台洞 / 627

乡思二首 / 627

湘中乱,秋晨,念祖父母 / 627

秣陵赠客 / 628

踏莎行 / 628

南乡子 / 628

上已修禊赋 / 629

浦口旅夜为南下兵所驱 / 629

长相思 / 630

买剑 / 630

买弓矢 / 630

病中书意 / 631

与徐陶娄李诸者簇桥之游 / 631

附录 / 632

故友刘掞藜楚贤事略跋　景昌极 / 632

亡师新化刘先生事略　陶元珍 / 634

刘掞藜《晋惠帝时代汉族之大流徙》附言　顾颉刚 / 636

一、著作

中国民族史

第一章　绪　　论

一节　古代之种族及其所居地域
二节　汉族与其四围异族之由来

一节　古代之种族及其所居地域

现代之种族及处所

吾国今日之民族，乃黄种中汉、满、蒙、回、藏、苗六族所合成；汉族滋生于中国本部，蔓延于满洲、蒙古、新疆及国外，如朝鲜、安南、南洋等地；满族居处于满洲及北京附近，有少许散布于各省，蒙族繁衍于内外蒙古及俄岭中亚诸部（Russian Central Asia）；回族栖止于天山南路及蒙古西部，亦有少许居于甘肃等边省，其在西亚则立国为土耳其；藏族生息于西藏、青海及国外克什米尔、尼泊尔、不丹、缅甸等地；苗族则藏匿于南岭横断山脉之内，安缅北部林箐深山之中。

古代之种族及处所

吾国古代则不然。汉族仅居于黄河流域其西北，今甘肃、陕西、山西、直隶之北境，则獯粥等族居之；其东南，今山东沿海及淮水、长江流域，西莱夷、淮夷、苗蛮等族居之；其西南，今青海、四川等地，则氐、羌等族居之。奚以明其然耶？兹略引故书记载证之如下：

（一）獯鬻等族

《史记·五帝本纪》曰：“黄帝北逐獯鬻，合符釜山（今直隶怀县北螺山），而邑于涿鹿（今直隶涿鹿县东南）之阿。”《墨子·节葬》谓：“尧北教

乎八狄（尧都于唐——今直隶唐县，后都于平阳，今山西临汾）……舜西教乎七戎（舜耕历山，今山西永济诸县界，都蒲坂——今永济县）”，《匈奴列传》则曰：“唐虞以上……猃狁荤粥居于北蛮……夏道衰……公刘……变于西戎，邑于豳（今陕西邠县）。其后三百有余岁，戎狄攻大王亶父。”“太王……事之（荤粥）以皮币，不得免焉；事之以犬马，不得免焉”（详《孟子》），乃走马“至于岐下”。（今陕西岐山县东北）及国势既固，“串夷载路”（并详《诗》）。至于文王，初犹事之（《孟子》曰：文王事昆夷。昆夷、串夷一声之转），后始伐焉（《史记》曰：周西伯昌伐畎夷。畎夷亦昆夷、串夷之转音）。武王既伐纣而营雒邑，复居于鄷（今陕西鄠县东）、鄗（陕西长安西北），“放逐戎夷泾洛（今陕西西北洛水）之北”。穆王之世，伐犬戎，得白鹿、白狼以归。懿王之时，戎狄交侵，故《采薇》之诗曰：“靡室靡家，猃狁之故。不遑启居，猃狁之故。”至乎宣王，命“南仲……城……朔方……猃狁于襄”。但“猃狁孔炽……整居焦获（郭璞《尔雅注》：池阳县瓠中是也。池阳，今陕西泾阳县），侵镐及方，至于泾阳”。乃又命吉甫“薄伐猃狁，至于太原”（今山西太原）。幽王被弒后，此族“遂取周之地，卤获而居于泾渭之间”，致平王东迁。逮秦文公伐戎，始“收周余民而有之，地至岐”。秦穆公时，西戎八国服于秦，辟地千里（详《史记·匈奴列传》、《秦本纪》及《汉书·匈奴传》），于是陕西之猃狁稍戢。其在陕西东部与山西接近者，亦为晋人所攘，居于河西圁洛之间，号曰“白狄”，已而灭之。而猃狁中赤翟之东山皋落氏（今山西昔阳县）、廧咎如（今山西乐平县）、潞氏（今山西潞城县）、甲氏（今直隶鸡泽县）、留吁（今山西屯留县）、铎辰（今山西长治县）及白狄之肥（今直隶藁城县）、鼓（今直隶晋县）、鲜虞（今直隶定县）皆先后灭于晋（鲜虞在战国时为中山灭于赵）。于是直隶山西之猃狁稍戢。又稍有居河南者——如扬拒（今河南偃师附近）、泉皋（今洛阳西南）、伊洛之戎——皆入于周；骊戎（今陕西临潼县），亦入于晋（详《左传》及顾栋高《春秋大事表·列国爵姓》及《存灭表五》）。讫战国之初，惟“自陇以西，有绵诸（今甘肃天水）、绲戎（亦在天水）、翟、豲之戎（今陕西南郑境）；岐、梁山、泾、漆之北，有义渠（今甘肃宁县、庆阳县境）、大荔（今陕西大荔）、乌氏（今甘肃泾川县）、朐衍之戎（今甘肃灵武县）。而晋北有林胡（今山西朔县）、楼

烦之戎（今山西醇县）；燕北有东胡、山戎。各分散溪谷，自有君长，往往而聚者，百有余戎，然莫能相一"（《史记·匈奴列传》）。由上观之，可知古代——战国以前——汉族西北，今甘肃、陕西、山西、直隶之北境，皆獯鬻等族居之也。

注　马瑞辰《毛诗传笺通释》曰："《风俗通》曰，'殷时曰獯粥，改曰匈奴'。又晋灼曰，'尧诗曰荤粥，周曰猃狁，秦曰匈奴'，今按《孟子》曰，'文王事獯粥'，而《诗序》言'文王命将伐猃狁'。是殷时兼名獯粥、猃狁之证。"余谓古书中所谓獯粥、獯鬻、荤粥、猃狁、猃狁，人皆知其为同称异字。即猥夷——混夷——昆夷——畎夷——犬夷——犬戎，人亦皆知之，其实串夷亦昆夷（串之为昆，犹瑓即琨字）。獯、荤、狁、猥、混、串、畎、犬，古音皆同部，可通用。猃狁为双声，促言之即成獯。獯粥，亦即獯鬻（鬻鬻同字），亦即匈奴，即胡（鬻胡奴同韵通用）。故《史记》、《汉书·匈奴传》自獯粥、猃狁、昆夷、犬戎、胡、匈奴，一贯连叙而下，盖以原系一獯族，称同而字异也。

（二）追貊等族

《大雅·韩奕》之诗曰："溥彼韩城（《水经注》王肃曰："涿郡方城县有韩侯城。"今直隶固安南），燕师所完……王锡韩侯，其追其貊，奄受北国。"王符《潜夫论》谓："昔周宣王时有韩侯，其国近燕。"王应麟、顾炎武皆韪其说。则知追貊亦必去燕不远。《孟子》曰："夫貉，五谷不生，惟黍生之。"赵岐注："貉在北方。"则知貊当在今长城之北。《三国志·东夷传》曰："濊城，盖本濊貊之地。"《水经注》以为清、漳迳漳武故城西，故濊邑也。枝渎出焉，谓之濊水（汉章武县约有今直隶大城、沧两县境）。盖因濊水流域，亦为貉之一部所居，故谓之为濊貉。郑玄《诗笺》尝谓："其后追也、貊也为猃狁所逼，稍稍东迁。"东迁之后，盖为夫余（值今奉天北部）。故《三国志·东夷传》谓："国之耆老自说古之亡人。"而其王则仍曰濊王也。

追貊之东北则有肃慎，《后汉书》谓：古肃慎在夫余东北千余里，东滨大海。《山海经·大荒北经》肃慎注，"谓去边东三千余里"。《竹书纪年》载，"帝舜有虞氏二十五年来朝"。《国语·鲁语》记孔子言："昔武王克商……肃慎氏贡楛矢石弩。"可见其与汉族亦曾有交涉。

追貉之西,则有东胡、山戎,适在燕北(《史记·匈奴列传》)。东胡者,后世——汉代之乌桓、鲜卑也。据《后汉书》、《三国志》,东胡为匈奴所破,遗族分保乌桓、鲜卑二山,因名焉。山戎当春秋之世,"越燕而伐齐。齐釐公与战于齐郊。其后四十四年,山戎伐燕,燕告急于齐。齐桓公北伐山戎,山戎走"。战国之际,"燕有贤将秦开为质于胡,胡甚信之。归而袭破走东胡,东胡却千余里"(《史记·匈奴传》)。

由上观之,可知古代——战国以前,汉族东北,今直隶北部及热河满洲诸地,皆追貉、东胡、肃慎等族居之地。

(三)莱夷、淮夷、苗蛮等族

《尧典》曰:"羲仲宅嵎夷,曰旸谷。"《释文》:"马曰:嵎,海嵎也。夷,莱夷也。"《禹贡》:"海、岱(今山东泰山)惟青州,嵎夷既略……莱夷作牧。""淮海惟扬州……岛夷(《史记》作鸟夷)卉服。""海、岱及淮惟徐州……淮夷蠙珠暨鱼。"莱夷至春秋鲁襄公六年,灭于齐。淮夷当西周之初,与徐戎尝从武庚作乱,《书·费誓》谓"徂兹淮夷徐戎并兴"是也。周公既东征定之,后复畔,故成王又有东伐淮夷之举(《周本纪》)。至宣王之时,淮夷、徐戎又乱,命召虎平之,故《大雅·江汉》曰:"淮邑来铺。"《常武》曰:"戒我师旅,率彼淮浦……濯征徐国……徐方来庭。"后虽历春秋战国,犹未能完全同化之。直至秦有天下,始悉散为人户。(《通典》)

《吕氏春秋·召类》曰:"尧战于丹水之浦,以服南蛮。"夏曾佑以为苗族。谓丹水之浦为今河南南阳浦岸,盖即今丹江之滨。《魏策》与《史记·孙子吴起列传》则言,"三苗之居,左彭蠡之波,右洞庭之水,文山在其南而衡山在其北。恃此险也,为政不善,德义不修,禹灭之"。然至周时,又起畔乱,共和之际,召穆公率师追荆蛮,至于洛。宣王即位,复命方叔伐之。幽王以后,周室衰微,蛮遂侵暴上国,晋文侯等击破之(详《诗·采芑》及《后汉书·南蛮西南夷传》)。楚庄王时,群蛮叛楚,百濮(在湖南常德及辰沅道,或曰在云南曲靖境)聚于选,将伐楚。已而为楚所属服(详《左传》)。

由上观之,可知古代——战国以前,汉族东南,今山东沿海及淮、泗、长江流域,皆莱夷、徐戎、淮夷、苗蛮等族居之也。

（四）氐羌等族

《禹贡》曰："华阳黑水惟梁州，岷（今四川西川道岷山）、嶓（陕西嶓冢）既艺……和夷底绩。"郑康成曰："和夷，和上夷所居之地也。和读曰桓。《地志》曰，桓水出蜀郡蜀山，西南行羌中者也。"孙星衍《尚书注疏》以为桓水即今大金沙江。《禹贡》又曰："黑水、西河惟雍州……织皮昆仑、析支、渠搜，西戎即叙。"马融曰："昆仑在临羌西（今新疆南），析支在河关西（今青海境）。"郑康成曰："衣皮之民，居此昆仑、析支、渠搜三山之野者，皆西戎也。"此所谓和夷、西戎者，指后来氐、羌等族。《商颂》曰："昔有成汤，自彼氐羌，莫敢不来享，莫敢不来王。"《周书·王会解》亦言氐、羌，及武王伐纣"庸蜀羌髳微卢彭濮人"中亦有羌人。《后汉书》且言秦惠王并巴中，以巴氏为蛮夷君长，世尚秦女。

由上观之，可知古代——战国以前，汉族西南，今青海、四川等地，皆氐、羌等族居之也。

二节　汉族与其四围异族之由来

有史以来，汉族已居于黄河流域，其四围为异族所绕，上已明之。然则有史以前，汉族果为黄河流域土著耶？抑自外来耶？其他诸异族亦果自外来耶？抑为土著耶？此问题也，东西学者尚在研究时代，无正确之解决（即人类远祖发生之地，犹未解决：有以为发生于爪哇等处者；有以为发生于中亚者；有以为发生于东西两北半球者；有以为首生于非洲者。古生物学家及历史地质学家正在研究时期，未能定决。详见刘掞藜《世界史略》第四章）。纵或来自他地，其时期必远在有史以前，可断言也。奚以明其然耶？

据一九二一年冬季安特生（J.G. Andersson）等在河南渑池仰韶村发现石器、骨器、陶器多件后，证明其确为中国远古人民之遗迹。在同一地层中，绝未有铜器或铁器找获；凡属针类俱以骨作之，鼎鬲之属，则以陶土做之。足明彼时尚不知应用铜铁，尚在石器时代。

石器时代恒分为旧石器时代（Paleolithic）及新石器时代（Neolithic）。盖人类自爬行动物演成以来，对于环境之知识及其利用天材之本能，有一定渐次进化之历程。旧石器时代之石器，皆粗糙不精致。新石器时

代则不然,石器俱琢磨光滑(详刘拚藜《世界史略》第四章及第五章)。

河南渑池所发现之石器——石镰、石锛、石凿、石圆、石镞、石斧,及骨器中骨针、骨圆、骨珠之类,皆与新石器时代之器用相合。陶器中鼎、鬲瓮、碗等器,亦不光耀,颜色多灰。特复色(Polychromy)——红地黑花或白花者颇多,除有用草为藉和泥做成者外,复有圆形者,显系由磨轮磨圆,足表示有用铜之知识。惟绝未发现铜器,终不可谓入铜器时代,故断为后新石器时代(Eneolithic)焉。

此后新石器时代之器皿,俱为中国后世铜器时代鼎、鬲、刀、锛等形状所从演出。鼎、鬲等皆汉族用器,有史以来,实历历可征者也。于是对于渑池后新石器时代之民族可发生二问:(一)此是否即汉族之祖先耶?(二)抑为他种人或他族人,其文化为汉族吸收后而灭亡耶?如其为汉族之祖先也,则汉族定居黄河流域之久远已显然。纵或安特生谓陶器与中亚阿诺(Anan)及地中海中克利地(Crete)者相同,而以为三处文化之交通有关,因而以之证汉族自中亚迁来,则其迁来之久远亦显然矣。如其为他种他族人,其文化为汉族吸收后而灭亡,则汉族之来此,亦必远在有史以前。盖灭亡一种族,原非一朝一夕所可致;且有史以来,汉族与四围异族之交涉虽多,并未见河南有一高文化之种族,为汉族所灭亡也(详《地质汇报》第五号第一册安特生《中华远古之文化》)。

故所谓之说与夫"汉族何时何自而来"、"其他诸异族又何如"之问,从有待乎古物家由发掘古物上证明解决。即以汉族而论,往时法人奥伯尔(Appert)及拉克伯里谓汉族来自巴比伦;卫格尔(Wieger)谓来自印度支部半岛;包尔(Ball)及彭伯赖(Pumpelly)谓来自中央亚细亚;赫胥黎(Huxley)等谓来自美洲;德人利希陀芬(Richthafen)谓来自于阗,俱不足据。我国学者虽多附和来自巴比伦之说,亦不足信也。兹略论之如左:

章太炎《检论·序种姓》篇曰:"文教之民,战胜之国,大氏起自海滨,为其交通易也。独中夏王迹基陇抵、华山间,固已异势。加尔特亚者,盖古所谓葛天(原注云:《吕氏春秋·古乐篇》:"昔葛天氏之乐三人操牛尾投足,以歌八阕。"《古今人表》大皞氏后十九代,其一曰葛天氏。《御览》七十八引《遁甲开山图》:女娲氏没后有十五代,皆袭庖牺之号,

其一曰葛天氏。案：太皞以下不知何出，葛天似即加尔特亚。中国语简去之遂曰加特，亦曰葛天），地直小亚细亚南，其族尝至中国。自神农、黄帝以来非其胄也。"太炎此说，可谓无稽已甚。按其所谓加尔特亚者，即指 Chaldea＝kaldi。Chaldeans 之建国，在公元前第七世纪末叶，当中国春秋中世；且 chaldea 为族名国名而非人名，岂得以声音略同傅会之？《荀子》曰："五帝之外无传人。"葛天本为后人意想人物，以之为言，已属疏谬；又谓加尔特亚族尝至中国，自神农、黄帝以来非其胄，更属臆说而无证据矣。

丁谦《地理丛书·穆天子传地理考证》《中国人种西来考》曰："中国史书皆始于盘古而三皇继之，伏羲、神农、黄帝又继之，并无言他处迁来之事。然蒋观云氏言世界一事一物之发明必经若干人之心思，若干纪之岁月，此古今之通例也。观吾五帝时代文化之发生，既惊其骤，又多出于一世一人之手，不能不生学者怀疑心，以世间文化无此顿进之率也。自光绪二十年法人拉克伯里著《支那太古文明西元论》，引据亚洲西方古文，证中西事物法制之多同；而彼间亦实有民族东迁之事，于是中东学者，翕然赞同，初无异词，且搜采古书以证明其说。如：刘氏光汉之《华夏》篇、《思故国》篇，黄氏节之《立国》篇，章氏太炎之《种姓》篇，蒋氏观云之《中国人种考》，及日本人所著之《国兴史谭》等，虽各有主张，要无不以人种西来之说为可信。兹不具述。略揭其大要于下：依西亚古史，中国人种为丢那尼安族。其族分二派：一思米尔，一阿迦狄，皆起于亚洲中境。思米尔人先入美索波达米南境，建立加勒底国。阿迦狄人后至沙峧山麓，建都城于苏萨，称霭南国。其王廓特奈亨台兼并加勒底诸部，既乃率其种人迁入中华，谓即黄帝。以此王时代在西元前二千二百八十年间也。但其说不确，因此年数，彼土亦不衷一，或谓在二十四世纪至二十七世纪。据《竹书》所纪之年，上推至黄帝，为二千六百二十年，与第一说不相应，而与第二说差近，但亦无实证，不足为凭。考黄帝事迹，中国古籍记载颇详。其生也为炎黄诸侯少典之子；其立国也，为有熊，在今河南新郑县地；其有天下也，以蚩尤迫逐炎帝起义勤王，灭蚩尤以成帝业。至其他逸事，如登昆仑见西王母，归而平治天下，但有由东而西，无由西而东之说……西人言伏羲画八卦即加勒底人

楔形书，并揭举离卦之辞以证其说。是伏羲时已传播西方文化，则中国人种虽自西来，其来也不特非黄帝，并非伏羲、神农可知。按西史谓徙中国者为巴克民族。巴克为盘古转音，中国人谓盘古氏开天辟地，未免失实；而盘古氏为中国始迁祖，则固确有可考矣。梁沈约《竹书附注》载炎帝时诸侯夙沙氏叛不用命，炎帝益修其德，夙沙之民自攻其君而来归。夙沙即霭南国都城苏萨，西人谓我华人种由彼地来此，更于中国书中，得一实证。惟细审情事，似非始迁，殆因彼地之人早入中华建为大国，故闻风续至耳。暨阳蒋氏考古代加勒底民族迁移，当分前后二说：前者为塞米的人侵入之时，后者为廓特奈亨台王兴起之时。余窃谓巴克民族之来当在前，即自昔相传之盘古是也。夙沙人之来当在后，即西人所指黄帝是也。"丁氏此说最谬者，在不知盘古为秦汉以来妄人所造臆说中之人物（详《后汉书·南蛮传》考证及《绎史》马骕评语）。明乎此，则盘古为巴克族自西迁来之说不攻自破。夙沙与 Susa 声音虽同，然夙沙不见于正史。即如《帝王世纪》言，参之以《五帝本纪》，并未见在神农氏时有统治波斯等地之痕迹。故声音偶同，未得为充分之证据也。

丁谦之为此说，欲明汉族自西迁来非始自黄帝而始自盘古。章鸿钊《三灵解·汉族起源近说》亦曾驳之。然章氏仍主西元之说，而以迁移始祖，归之黄帝。杂引后世荒唐之书，如：《拾遗记》、《广黄帝本行纪》、《轩辕黄帝传》、张华《史补》等，以傅会《史记·武帝本纪》及《封禅书》所言黄帝事为黄帝归西不返。无论诸书无可信之价值。借曰可信，黄帝功成西去为真，亦与汉族是否"自西东来"之说无关。况黄帝西去、仙去皆属疑问，其荒唐之逸迹，为有史识者所不屑道耶（参观王充《论衡·道虚》篇）。

总之，欲明上古汉族及其四围诸异族是否属外来或土著；其或外来也，又自何时何地，均有待于古物学家之发掘古物。近世欧美科学进步，供古史之材料者，尤推古物学与人类学二科。尼罗河（Nile）、底格里斯河（Tigris）畔之一棺一石，皆成埃及（Egypt）、巴比伦（Babylon）等之现身，远非呻吟残篇以想象者所可同日而语。吴敬恒尝谓，"欲知汉族之起源，重订古史者，当发掘黄河上流秦陇一带，可得上古之遗迹以分析证明之"云云（张继《夏德〈支那古代史〉序》引）。诚然哉！欲明有史以前汉族及其四围诸异族之来源，而拘拘于后世臆说之文字，必无当也。

第二章　汉族势力之开始发展
（黄帝唐虞夏商时代）

一节　汉族之独进文明
二节　汉族之南驱苗蛮
三节　汉族之北逐荤粥

一节　汉族之独进文明

由上章，吾人知上古错居中国之种族颇多。惟诸族中，独汉族早进于文明之域。初，汉族与其他异族同，亦"未有宫室，冬则居营窟，夏则居橧巢；未有火化，食草木之实，鸟兽之肉，饮其血，茹其毛；未有麻丝；衣其羽皮"（渔猎时代之生活）。"未有三纲六纪，人民但知其母，不知父。能蔽前，而不能蔽后。卧之法法，行之吁吁。饥即求食，饱即弃余"（《礼记·礼运》及《白虎通义》）。"近水则食鱼龟螺蛤，未有火化，腥臊多害肠胃"（《古史考》）。"不葬其亲，其亲死，则举而委之于壑……狐狸食之，蝇蚋姑嘬之"（《孟子·滕文公下》）。或"厚衣之以薪，葬之中野，不封不树，丧期无数"（《易·系辞》）。时汉族尚在渔猎时代。

"后圣有作，然后修火之利……以炮以燔，以烹以炙，以为醴酪；治其丝麻，以为布帛，以养生送死，以事鬼神上帝"（耕作时代之始）（《礼记·礼运》）。"庖牺氏之王天下也，仰则观象于天，俯则观法于地，观鸟兽之文，与地之宜，近取诸身，远取诸物，于是始作八卦，以通神明之德，以类万物之情；作结绳而为网罟，以佃以渔"。"取牺牲"（《易·系辞》及《汉书》）。"因夫妇，正五行，始定人道……至于神农，人民众多，禽兽不足，于是神农因天之时，分地之利，制耒耜"。"斫木为耜，揉木为耒……以教天下"之民农作。"日中为市，致天下之民，聚天下之货，交易而退，各得其所"（《易·系辞》及《白虎通义》）。是为汉族入畜牧及耕作时代之始。

进化至于畜牧及耕作时代，器物既创造渐多，文字亦渐渐发明。《易·系辞》曰："上古结绳而治，后世圣人易之以书契。""契，刻木以记

事也","书……著于竹帛者也。"盖"庖牺……仰观象于天（文字之造成），俯……观法于地，观鸟兽之迹与地之宜，近取诸身，远取诸物……作八卦"，已为汉族文字之起源，至"黄帝之史仓颉，见鸟兽蹄迒之迹，知分理可相别异也，初作书……依类象形……谓之文；其后形声相益……谓之字。"（《说文解字序》）文字造就，汉族思想知识之传授与增进之最要工具备，文明进步之程度速矣。

文字既以渐造就，文具自亦陆续发明。其所用以资书写者，则以简牍，以帛素，或以龟甲。其书写也，或以刀笔契之，或以漆焉。然而普通所用，大率为简牍。简牍以竹木造之。《论衡·量知》篇曰："截竹为筒，破以为牒，加笔墨之迹，乃成文字……断木为椠，柝之为板，力加刮削（文具之陆续发明），乃成奏牍。"牒即简也，亦称为笘为毕。而单执一札谓之简，合编诸简谓之册（即策）。

自是以后，物质文明与精神文明并进。据《易·系辞》及茆泮林所辑《世本》，在物质文明方面，黄帝时有衣裳旗冕，舟车宫室，杵臼弓矢，笙鼓棺椁……等之发明。在精神文明——学术方面（物质精神文明并进），有历算图史，律吕医药，占星占岁，占日占月，及甲子等之创作与研究。已而至乎尧舜，定一"期三百有六旬有六日，以闰月定四时，成岁"（《尧典》），历数益精。诗歌及散文亦日盛（详《尚书》及《吕览·慎人》篇、《韩非子·忠孝》篇）。同时政治上对于农工、教育、礼法等等，分设专职治理，组织亦日趋完备（详《左氏·昭十七年传》及《尚书·虞书》）。

二节　汉族之南驱苗蛮

汉族之渐进文明如此，于是用其凌驾异族之智力，发展武功。当黄帝"轩辕之时，神农氏世衰，诸侯相侵伐……而蚩尤最为暴"（《史记·五帝本纪》）。蚩尤者，世所谓苗族九黎之君长也（黄帝之破杀蚩尤）。（《书·吕刑》郑注）"好兵喜乱，作刀戟大弩。"（其后又发明五虐之刑——劓、刵、椓、黥、大辟，以制驭苗民）势力颇盛，乘汉族神农氏世衰，为暴侵略，"莫能伐……于是黄帝乃征师诸侯，与蚩尤战于涿鹿（今直隶涿鹿）之野，遂禽杀蚩尤"（《黄帝本纪》，并参看《逸周书·尝麦》）。是为历史记载上汉族战败苗族第一次。

一、著作　中国民族史　13

苗族虽为汉族所败，然未肯屈服。黄帝崩，汉族少皞氏势衰，虽"九黎——即苗族——乱德，民神杂扰，不可方物，祸菑荐至，莫尽其气"，汉族不能征之。及少皞氏殁（颛顼与苗民之战），"颛顼受之"，"虐威庶戮方告无辜于上……帝监民，罔有馨香德，刑发闻惟腥……哀矜庶戮之不辜，报虐以威"，乃起而"遏绝苗民，无世在下"。复"命南正重司天以属神，命火正黎司地以属民，使复旧常，无相侵渎"。"绝地天通，罔有降格；群后之逮在下，明明棐常，鳏寡无盖。"（以上见《吕刑》、《楚语》韦注及《史记·历书》）是为汉族平苗第二次。

颛顼之后，迄高辛氏帝喾之季年，九黎之裔三苗又为乱。复九黎之恶，司天司地"二官咸废所职，而闰余乖次，孟陬殄灭，摄提无纪，历数失序"，又陶唐氏帝尧兴，"清问下民，鳏寡有辞于苗。"（帝尧与苗蛮之战）尧乃兴师与"战于丹水之浦（夏曾佑以为今南阳浦岸），以服南蛮。"而"平三苗之乱，绍育重黎之后，使复典天地之官"。是为汉族平苗第三次。①

相传尧之季年，"尧欲传天下于舜，鲧谏曰：'不详哉！孰以天下而传之于匹夫乎？'举兵而诛鲧于羽山之郊。共工又谏曰，'孰以天下而传之于匹夫乎？'尧不听，又举兵而诛共工于幽州之都。"（《韩非子·外储说》及《吕氏春秋·恃君览》）于是"三苗之民非之，帝杀。又杀有苗之民叛。"（《博物志》）舜复为尧窜之于三危。及帝尧徂落，舜即帝位（舜之分窜三苗）；"询于四岳，辟四门，明四目，达四聪……惇德允元而难任

---

① 见《吕刑》、《楚语》韦昭注、《吕氏春秋·召类》篇、《史记·历书》、夏曾佑《中国历史》。《吕刑》注郑康成说："颛顼代少昊，诛九黎，分流其子孙，居于西裔为三苗。"蔡按郑说误。《舜典》明言"窜三苗于三危。"是舜时始流三苗于西裔，非在颛顼时已流九黎子孙于西裔，而后为三苗也。又章太炎《文录》、《别录》二本马季良说，及高诱《淮南·修务训》注谓三苗为浑敦、穷奇、饕餮，与今时苗种不涉。蔡按此说之谬误有二：（一）据《左传·文十八年传》，浑敦、穷奇、饕餮皆为尧舜同时人；而《吕刑》于尧舜之前——且于重黎之前，已说及苗民，如以浑敦、穷奇、饕餮当之，则何以《吕刑》不言为三苗民经少昊、颛顼、帝喾、帝尧、帝舜、帝禹等而不死亡，何其寿之长也？何其寿之如一也？且苗民作五虐之刑，未闻浑敦、穷奇、饕餮皆曾如是也。（二）据杜预注：浑敦即驩兜，穷奇即共工。《舜典》乃明言流共工于幽州，放驩兜于崇山，窜三苗于三危，则岂得言浑敦、穷奇属于三苗——故章氏谓三苗非苗蛮，与今苗种无涉，实非确论。惟《左传》言舜流四凶族浑敦、穷奇、梼杌、饕餮，投诸四裔以御魑魅，而不言三苗之迁窜，然则三苗果为非汉族之苗蛮乎？抑为饕餮乎？此诚一疑问。但即使三苗非苗蛮，而有苗民存于上古尧舜之前，则吾人以《吕刑》为证而可确信之也；且由《舜典》"分北三苗"及《国语》、《史记》吴起所言三苗之事观之，仍宜以三苗为苗蛮为是。益若谓三苗乃饕餮也，则《舜典》"分北三苗"之言不可通；因一人而分北之——分析之，是乃被杀而身首异处也。既杀之也，何以舜后复有三苗出现耶？以此知三苗非一人为一民族，且即苗族也（梼杌、贾逵、杜预等皆以为鲧，故上以饕餮当三苗）。然而《舜典》言四罪，举三苗，《左传》言流四凶族，举饕餮而不举三苗，则饕餮之族——缙云氏之裔果即三苗与否？又为一疑问矣。

人……黜陟幽明，庶绩咸熙"，乃复"分北三苗"（《舜典》）。是为平苗第四次。

自是三苗之未窜于三危者，咸退至江南。其"居，左彭蠡之波，右洞庭之水，文山在其南而衡山在其北。恃此险也，为政不善"，"德义不修"（《魏策》及《史记·吴起列传》）。当斯时也，禹既平水土，"外薄四海，咸建五长，各迪有功。惟苗顽，弗即工"（《尚书·益稷》）。舜乃命禹往讨（禹之放逐有苗）。禹乃会群后，誓于师曰："济济有众，咸听朕言。非惟小子敢行称乱；蠢兹有苗，用天之罚。若予既率尔群对诸群（惠栋曰：群犹君也。孙诒让曰："群对诸群"当读为"群封诸君"。封与邦古音近通用；封对形近而误。群封诸君，言众邦国诸君也）以征有苗。"（《墨子·兼爱下》）禹既胜苗，"放逐之"（《魏策》）。是为平苗第五次。

由此数次胜苗，苗族或遭杀戮，或遭分窜放逐，自是苗族之势顿衰。历夏商两代，无复与汉族交涉之痕迹。其窜于西裔者，自"三危既宅"，亦遂"丕叙"服教。于是洞庭、彭蠡之间（苗族势力之衰），亦皆汉族足迹之所经，不复有旧种人苗族之侵扰。综计上古汉族与苗族之争，自黄帝至禹，前后殆千年。至此而盛衰始定。此则禹前苗族与汉族对峙之史迹也。此等史迹，多浑沌难明；战役之次序，亦模糊不楚。苗族国土幅员之广狭如何？政治军制之组织如何？人民日常之生活如何？文化如何？是否有文字制作？是否有艺术学术？较汉族尤为暗昧，概无从考知矣。

三节 汉族之北逐荤粥

荤粥之别名甚多，第一章已言之。今又据《史记·五帝本纪》司马贞索隐曰："唐虞以上曰山戎，亦曰荤粥；夏曰淳维，殷曰鬼方，周曰狎狁，汉曰匈奴。"益可见荤粥历代名称之改变（荤粥之别名及生活概况）。此族自"唐虞以上……居于北边，随草畜牧而转移……无城郭常居耕田之业。无文书，以言语为约束。儿能骑羊，引弓射鸟鼠。少长，则射狐兔。肉食。士力能弯弓，尽为甲骑。其俗，宽则随畜田猎禽兽为生业，急则人习战攻以侵伐"（《汉书·匈奴传》）。

当黄帝之世，此族已由北边——今内蒙古，南侵入塞内，占据今直

隶北部，逼迮汉族。时黄帝方习用干戈以征不享，破苗蛮，"东至于海，登丸山（今山东临朐县东北）及岱宗（即泰山）；西至于空桐（今甘肃泉酒泉县东南或谓在化平县），登鸡头（今甘肃化平鸡头山）；南至于江，登熊（或曰在今湖南益阳或曰在今祁阳）、湘（黄帝之驱逐荤粥）（今洞庭中君山）"，兵威甚盛。乘势遂"北逐荤粥，合符釜山（今直隶怀来县北之螺山），而邑于涿鹿之阿"。是为历史记载上汉族破走荤粥第一次。

自是之后，荤粥退处北边，久不南下。历唐虞、夏代至殷，名变为鬼方，由今内蒙古东部逐水草迁徙而西（按言鬼方地理者，古无定说，《周易集解》引干宝《易注》以为在北方（殷高宗之讨克荤粥——鬼方）；《文选》杨雄《赵充国颂》注引宋衷《世本注》，以为在西方；《黄氏日钞》以为即荆楚，在南方；李黼平《毛诗绅义》以为在中国内部。近人王国维氏据《竹书纪年》等书及古物为《鬼方昆夷玁狁考》，知其确在西北方，值今洴陇之间，或更在其西北。今从之）至殷高宗之际，始复与汉族有交涉。高宗乃兴师讨伐，然后克之（《易·既济·爻辞》）。

降及殷末，其势日大，部落众多，东南向迫压汉族，侵入今陕西西北境，攻殷诸侯太王亶父。亶父"事之以皮币，不得免焉；事之以犬马，不得免焉；事之以珠玉，不得免焉。"（《孟子》，并见《庄子》）（殷末荤粥族之迭败于周）亶父以势不能敌，乃自豳（今陕西邠县）迁于岐山之下以避之（《大雅·绵》篇及《孟子》）。传至其子季历，整军经武，始伐"西落鬼戎，俘其二十翟王"。已而复伐其别部燕京之戎，失败。未几，又连伐余无之戎、始呼之戎、翳徒之戎，皆克之（详《竹书纪年》及《后汉书·西羌传》）。子西伯昌继之，又战胜其主要部落昆夷——即畎夷亦即犬戎（《史记·匈奴传》），并防备别部玁狁（《逸周书》）。是为殷末荤粥族之，迭败于汉族。

第三章　异族之侵扰及其为汉族所吸收同化
（西周及春秋时代）

一节　戎狄之祸周西北

二节　蛮夷之祸周东南

三节　霸者之尊攘及戎狄蛮夷之同化

一节　戎狄之祸周西北

荤粥族虽迭败于汉族，然其势未衰。殷灭周兴，仍进向陕西东南面侵略。惟是时周武王方灭纣，大行封建，威德甚盛，乃"放逐戎夷泾、洛之北，以时入贡，命曰'荒服'。其后二百有余年，周道衰（周初与戎人之交涉），而穆王伐犬戎，得四白狼四白鹿以归，自是之后，荒服不至"（《史记·匈奴传》）。且侵略日亟。据《竹书纪年》，周穆王自十二年伐犬戎，十三年，又西征。十七年，又迁戎于太原，俾其杂居今山西汉族之内，意欲其同化而易制也。

虽然，未迁者乃相逼益甚；其迁者，旋亦为乱于内地。据《纪年》及《汉书·匈奴传》，懿王七年，西戎侵镐。十三年，狄人侵岐。十五年甚至被逼迁都，自宗周迁于槐里以避之。于是"戎狄暴虐中国，中国被其苦（戎狄之侵扰西北边）。诗人始作，疾而歌之曰：'靡室靡家，猃狁之故。''岂不日戒，猃狁孔棘。'"此未迁者之益相逼也。懿王崩，传至子夷王，太原之戎作乱，此内徙山西者亦呈不稳之象也。已而至于厉王，侵凌愈紧：寇犬丘，扰示周西鄙，京都之外，皆为猃狁蹂躏之场。

及宣王嗣位，举贤用能，整军经武，汉族之势一振。乃命尹吉甫伐猃狁。是时"猃狁……整居焦获，侵镐及方，至于泾阳"（《诗·六月》）。尹吉甫击之，追至太原而还。"诗人美大其功曰（周宣王之破猃狁及西戎）：薄伐猃狁，至于太原。出车彭彭，城彼朔方"（《汉书·匈奴传》）。宣王又命秦仲伐西戎，败殁。其子庄公继掌兵柄，大破戎兵。戎狄之势一戢（详《史记·秦本纪》，下同）。

然宣王寻伐太原之戎，不克。复伐姜氏之戎，战于千亩，王师败绩（《国语·周语》）。戎大之势复振，乘胜灭姜。宣王崩，子幽王立。"用宠姬褒姒之故，与申侯有隙（申国在今河南南阳）。申侯怒而与畎戎共攻杀幽王于骊山之下。遂取周之地（畎戎之逼周室东迁），卤获而居于泾渭之间，侵暴中国。秦襄公救周，于是周平王去酆镐而东徙于雒邑（今河南洛阳）"。今陕西之地悉委于戎。当时秦襄公伐戎，至歧而卒。子文公嗣，为戎所逼东退。休养十年，始大举西伐，大败戎师，收歧西之地为己有，以歧东之地献于王。西方汉族始能自保。

当是时，不仅畎戎东侵也，北狄亦乘机南下，伐翼，至于晋郊。攻黎（今山西黎城县），黎侯弃国奔卫（今河南淇县）。遂侵卫，战于荧泽，大破卫兵，杀卫懿公，灭卫。复伐邢（今直隶邢台县），覆其都，邢人南走。同时东北方面之山戎亦乘势南下，围燕（今京兆大兴县）。周襄王弟王子带与王有隙，复引扬拒、泉皋之戎寇京都雒邑（北方戎狄之南下），入王城，焚东门（详《左传》）。各处烽警频至，戎狄之祸汉族，于斯为已亟矣。

总之是时汉族颇衰，周室声威不振。河北关西，悉委于异族。自陇山以东直抵伊洛，皆成当时所谓“戎”人之势力范围。其著名者，为犬戎、骊戎、义渠、大荔等。犬戎以今陕西关中道西部——故凤翔府为根据地。骊戎当其左，蔓延于关中道中部——故西安府以东。义渠、大荔则蟠据于渭北、漆沮二水之间。此外今陕西榆林道南部——故延安府，有大戎（戎人之杂居汉族境内）。今甘肃安肃道东部——故肃州，有小戎。后为秦晋迁于今河南嵩县之北，为陆浑之戎，其别部为姜戎。伊洛之间，有扬拒、泉皋之戎。滨汝水而居，值今河洛道临汝县西南境者，有蛮氏之戎。河洛道西部——故陕州，有茅戎（并见顾栋高《春秋大事年表·列国爵姓》及《存灭表第五》）。是为戎人之杂居内地陕西、河南者。

同时狄人侵入北方，其势大炽。有白狄者，蔓延于今直隶、山西、陕西之间。其著名部落为鲜虞、肥、鼓，俱在今直隶保定道境。有赤狄者，蔓延于今山西冀宁道东南部，沿太行山分布于直隶境内。其著名部落有东山皋落氏、廧咎如、潞氏、甲氏、留吁、铎辰等名号（狄人之杂居汉族境内）。有鄋瞒者，国于山东济南道北境，其人体干魁梧，年寿俱长，号为长狄。有北戎者——即山戎，国于直隶津海道北境。其别部无终，国于直隶津海道玉田县（参看《左传》及《春秋大事年表·列国爵姓》及《存灭表第五》）。是为戎狄之杂居内地直隶、山东、山西者。

戎狄本即猃狁等族。惟因此时——西周末叶东周之初——祸周最甚，于是汉族除称此猃狁等族诸部落曰“戎”外，又加之以恶称曰“狄”（戎狄名称之由来）。盖“戎”字从戈从甲，本兵器之总称。引申之，则凡持兵器以侵盗者谓之“戎”。至于“狄”字，从犬，含有贱恶之意。当时汉族甚恶猃狁，故但以“戎”、“狄”等恶名称之而不呼其本名。同时汉族自称其对待“戎”、“狄”等名之称呼则曰“华”曰“夏”（详见《国语》、《左传》、

《论语》、《孟子》等书）。"华"，美也。"夏"，大。自视为美大之种族，高出戎狄之上也。职是之故，至春秋时代，猃狁之名遂隐，惟见"戎"、"狄"之称呼矣。

二节　蛮夷之祸周东南

戎狄之祸周西北，侵入汉族内地，已如上述矣。同时蛮夷亦祸东南南。初，自黄帝历唐虞夏商至周，汉族居处及其势力范围，仅在黄河中流流域。黄河下流沿海各地及长江、淮水流域（汉族东南之蛮夷），几皆为蛮夷巢窟。据《禹贡》所载：冀州有岛夷；青州有嵎夷、莱夷；徐州有淮夷；扬州有岛夷。江南则为苗蛮所窜伏。然自禹后迄周，蛮夷事迹不见于经籍史传。殆因当时对于汉族均无甚交涉与关系也。

及周武王灭纣伐殷，奄有黄河流域，与东夷之交涉始兴。成王三年，纣子武庚作乱，淮夷、徐戎并起应之。周公乃奉王命东征，凡三年，始杀武庚，宁淮夷。而命其子鲁侯伯禽征徐戎，平之（与淮夷徐戎之争战）。然淮夷终不服，又叛，成王乃自将征克之（详《尚书·费誓》、《孟子》、《史记·周本纪》、《周公世家》）。成王之后，时有叛服。至穆王时，徐戎益强。其酋长徐子诞处潢池东，地方五百里，行仁义，陆地而朝三十有六国，因僭号，自称徐偃王，率九夷西伐周。穆王命楚人御之。偃王仁而无权，致于败北，走彭城而死（《后汉书·东夷传》）。

偃王虽败北走死，徐戎终未心服，而淮夷恃其险远，亦时蠢动。厉王十一年，淮夷入寇，命虢仲征之，不克。徐戎乃复乘势作乱。宣王即位，命召虎征淮夷，王自将征徐戎，皆克之。自是东方形势始略定。故诗人作为《江汉》、《常武》之诗以美之曰："江汉浮浮，武夫滔滔。匪安匪游，淮夷来求。""王旅啴啴……濯征徐国。王犹允塞……徐方不回，王曰还归。"

虽然，当是时，不仅徐戎、淮夷骚扰于东，而苗蛮亦复侵寇于南。初，自昭王以来，周室颇衰，汉族式微，苗蛮已稍蠢动。至宣王之世，其势弥盛。故当时诗人为《采芑》之诗曰："蠢尔蛮荆，大邦为雠。"（南蛮之侵扰）其逼汉族如此，宣王乃命方叔南伐之。是役也，虽"执讯获丑"，暂时戡定，而卒未心服，故未几乘汉族西北遭戎狄之寇，"平王东迁，蛮遂

侵暴上国。晋文侯辅政,乃率蔡共侯击破之。至楚武王时,蛮夷罗子共败楚师,杀其将屈瑕。"(《后汉书·南蛮传》)可想见其势力之盛。

三节　霸者之尊攘及戎狄蛮夷之同化

总上两节观之,可知西周末叶,周室衰微,汉族不振,西北戎狄与东南夷蛮四面交侵。虽然,正复因此始有转机。盖自平王之东迁也,汉族封建诸侯之势日尽,王权下落,天子守府(汉族诸侯之振起),"诸侯强并弱,齐、楚、秦、晋始大,政由方伯"。而齐、楚、秦、晋俱因僻在边隅,与异族杂处,天子既无力保护,更不能不自起图存,务富国强兵,以自扞卫或进而征伐。其智者,感觉汉族各诸侯之国小,大者不过数百里,小者不及数十里,难以单独抵抗异族,乃提倡攻守同盟政策,标"尊王攘夷"之美名,"纠合诸侯",以与异族抗。

首创此策者,厥惟齐大夫管仲夷吾。其后此策大有成功,戎狄、蛮夷等异族之邻汉族或侵入而杂居汉族内者,几悉为汉族屈服或同化。考孔子对于管仲,最称赞之,尝曰,"微管仲,吾其被发左衽矣!"(管仲之倡尊王攘夷)此言若非管仲之力,中国将悉为异族蹂躏之场,汉族亦将悉变为异族之风,披发而左衽也。兹将管仲相齐桓实行其尊王攘夷之略历如下:

据《国语·齐语》及《史记·齐世家》,管仲自相桓公后,制国:十家为轨,十轨为里,四里为连,十连为乡,以为军令。设轻重鱼盐之利,以赡贫穷,禄贤能。数年,国富兵强。于是乃尊王室而攘夷狄(齐桓公之逐克戎狄),纠合淮北、山东南北各小国宋、鲁、陈、蔡、许、曹、郑等为一大团体,北伐山戎,克之,至于孤竹而还,以其地与燕。复帅诸侯救邢,逐狄人,迁邢于夷仪,封卫于楚丘以避狄患。于是扬拒、泉皋之戎逼京师,乃遣诸侯之联军戍周,拒退戎兵。于是戎狄之兵锋稍戢。

顾未几,周襄王弟王子带因内隙而引外寇,导狄人侵入京师,王师败绩,襄王奔郑。是时桓公、管仲已薨,齐国多内乱,不遑顾王室,于是秦晋二国承齐尊王攘夷之旨,继起勤王。秦穆公师于河上;同时晋文公举兵,分为二,遣其一攻狄人及王子带,其一迎王还京师(晋文秦穆之平狄)。已而王子带被诛,于是晋成霸于汉族之中,狄人之势更戢。

晋文公以后，襄公、景公、悼公皆晋之能君，累世能继文公之业，以蚕食直隶、山西境内狄人之居地。襄公时，败狄于箕，郤缺获白狄子，白狄遂弱。而赤狄犹强。屡寇晋北边。景公即位，以郤缺为相（长狄赤狄之亡于晋）。缺用离间策，求和于众狄。众狄疾赤狄之役，遂服于晋。于是赤狄势孤。乃遣荀林父击败之，灭潞。又获长狄焚如，鄋瞒之族遂亡。景公复自将兵略狄土，立黎侯而还，于是黎国绝而复嗣。寻遣士会率师灭赤狄甲氏及留吁、铎辰；复遣郤克伐廧咎如，廧咎如溃，至是赤狄诸国皆亡，其地悉入于晋。

惟白狄诸国之势虽弱，犹时时入寇。晋悼公即位，变更策略，使魏绛与戎狄和，一时兵戈稍息。平公时，山戎族之无终与白狄诸族联兵侵晋，晋荀吴等与战于太原，大破之（白狄之亡灭于晋）。复伪为会齐师者，假道于白狄之鲜虞，乘势灭白狄之肥，以肥子绵皋归。寻复率师围鼓，执其君，与议和。已而复叛，荀吴袭灭之。于是白狄诸部除鲜虞外，亦皆见吞灭于晋。

当是时，戎人势犹猖獗。值今陕西、甘肃、河南各地，皆为所割据。晋荀吴既灭鼓，遂乘势转兵而南，灭陆浑之戎。河南之戎焰稍息。至于陕西、甘肃诸戎，自秦穆公勃兴以来，用戎人由余为谋主，灭戎国二十，辟地千里，王室命为西方诸侯之伯，关西汉族威灵大振。异族之杂居于汉族内者（诸戎之屈服于秦晋），几悉被屈服矣（以上诸戎狄与汉族诸国详细之关系可参看《春秋大事年表》三十九及《史记·匈奴列传》与《秦本纪》）。

当西北戎狄为汉族诸侯齐、晋、秦所屈服之际，东南蛮夷亦为汉族诸侯齐、鲁、楚、吴所攘并。东夷之介与莱灭于齐；根牟灭于鲁。南蛮各部落若卢戎（值今湖北襄阳道），若群蛮（值今湖南辰沅道境），若蛮氏——即戎蛮，若百濮（齐鲁吴楚之并蛮夷）（值今湖南武陵道西南部），皆灭于楚。及春秋末叶，吴国勃兴于东南，长江下流流域异族悉为所吞并。同时吴楚二国更迭东北向，蚕食淮上各小国。淮夷、徐戎旧地，悉为所有。于是东夷南蛮之错居汉族内者亦遂屈服（以上详《左传》及《春秋大事年表》三十九）。

总上而观，春秋时代，东西南北戎狄蛮夷之环绕汉族最为逼近，或

杂居汉族内者,无不为汉族诸侯所攘。往日之"王灵不及,拜戎不暇",
伈伈伣伣,屈服于异族之下者,至是转而消灭异族,与以前情形大殊(蛮
夷戎狄之同化)。异族之部落酋长,或建国君主既亡,政权为汉族诸侯所
操,遂同化于汉族。昔时"饮食衣服与华同,言语不通"者,渐改易其故
俗及言语,与汉族无分。冒为汉族之后而更姓取名,亦与汉族无异(详
《左传》)。况据《左传》所记,周襄王有狄后;晋献公妃骊姬、大戎子、小
戎子,而晋文公及其异母弟夷吾、奚齐皆诸戎所出;文公又有娶狄女季
隗,以叔隗妻赵衰,生盾;晋景公之姊,乃嫁为赤狄潞子婴儿之夫人)由
此,可推知当时民间,汉族与异族之通婚必更盛。通婚,则种族之血统
混合,精神上及物质上同化之程度乃更速矣。(如戎子驹支之能赋青
蝇,显然完全化从汉族文化矣)

第四章　汉族势力之愈益伸张
(战国时代及秦代)

一节　战国时汉族之三面发展
二节　秦始皇之南北开拓

一节　战国时汉族之三面发展

经春秋时代霸者之尊攘,东西南北戎狄蛮夷之环绕汉族最为逼近,
或杂居汉族内者皆为汉族所屈服或同化后,汉族之威灵大振,汉族之地
域大伸。已而入战国时代,汉族内部变化剧起,内外扩张益甚。初,汉
族自周武王、成王时相继封建以来,诸侯千余(诸侯之兼并)。大凡封建
之世,"天子与诸侯俱南面而治,有不纯臣之义"。夫诸侯既各自为政,
复彼此有大小强弱之殊,故相邻相接,利害冲突,难免于互相兼并吞噬。
故至春秋之初,诸侯国数锐减;迄春秋之末,齐又兼国有十;晋亦兼国
二十有二;楚之兼国四十有二;鲁之兼国为九;宋之兼国有六;卫之兼
国有二;郑之兼国有三;秦兼西周诸地,东界至河;吴之兼国有五,北
境及淮越又从而有之(详《左传》及《春秋大事年表·列国爵姓》及《存
灭表》)。

逮乎战国,益行强吞弱,大并小。诸侯内部,又贵族政治盛行,君权旁落,大夫世卿,把持国柄。篡夺相继,结果遂成所谓战国七雄——齐、楚、秦、燕、韩、赵、魏七大国。七大国复互相争雄,各用贤举能,务富国强兵拓土。当是时,燕、赵、秦边于北方(燕赵秦楚之蚕食异族),与异族接壤:燕处今奉天及直隶东北,而其北有东胡;赵处今直隶西南及山西北境,而其东有中山,北有东胡、林胡、匈奴、襜褴、楼烦;秦处今陕西甘肃,而其西有义渠,北有匈奴,南有巴蜀;楚拥今江、淮、汉三水流域,而南有百粤、苗蛮。四国者,乃竞以武力向外发展,蚕食异族,以故北、西、南三陲疆土广辟。兹且先言赵国之北展:

初,春秋时代晋境杂居白狄诸部,鲜虞为大,据有今直隶保定道南境。晋人蚕食白狄,屡攻鲜虞,反为所败。迄战国,鲜虞更名中山,势益强。公元前四一四年,中山武公即位,遂效汉族建国(白狄之建国——中山),取汉族礼仪,备诸侯之制,脱部落之风。武公居顾,同时其同族桓公分国于灵寿,与赵魏比邻。魏文侯时,魏势甚盛,遣乐羊伐顾之中山,灭之。而赵人屡攻灵寿之中山,不克。

当是时,汉族之战以车,中山之战以马。马兵骑射,轻悍慓疾;车兵甲胄,迂缓笨重。赵武灵王即位,感觉车兵甲胄战争,不如胡服骑射,乃毅然改制,以胡服习骑射教民(详《国策》),赵遂以强(赵武灵王灭中山)。公元前三〇七年,乃北略中山,至房子(在直隶大名道临城县)。寻复略中山地,攻中山,破林胡、楼烦,攘地北至代(今山西大同以北及直隶蔚县一带)及云中(今绥远道),西至九原(今河夺外内蒙古乌喇忒旗地)。已而传位于惠文王,自号王父,行新地,西遇楼烦王而致其兵,灭中山,迁其王。于是塞南狄国皆入于赵。塞外异族震慑,不敢南下,惟匈奴方日就强盛,屡寇赵边。

迄赵孝成王(265—245 B.C.),李牧为将,守代郡雁门(今山西雁门道中部南部),备匈奴。牧主持重,厚遇士卒,习骑射,谨烽火,多间谍。匈奴入寇,辄坚壁清野,牧入自保,不与之战。如是数岁,无所亡失(赵李牧之迭破北族)。匈奴皆以为怯。牧乃选车骑习战,大纵畜牧,人民满野,以诱匈奴。匈奴小入,佯败,以数十人委之。单于闻之,大率众入。牧乃多为奇阵,张左右翼击之,大破匈奴兵,杀十余

万骑。乘势北伐,遂灭襜褴,破东胡,降林胡,匈奴单于北走,十余岁不敢近赵边(以上详《战国策》及《史记·赵世家》、《匈奴传》、《李牧传》)。

以上乃赵国之北展也。至于秦,自秦穆公吞并戎国二十,陕西、甘肃边地半入于秦。然义渠为西戎大国,据今甘肃泾原道东部地,不能下。且效法汉族,筑城郭以自守,与秦相距者多年(秦灭义渠并巴蜀)。直至秦惠王即位,攻义渠始获胜,得二十五城。惠王又南"并巴中,以巴氏为蛮夷君长,世尚秦女"。(《后汉书》)秦昭王时,义渠王与宣太后乱,有二子,宣太后诈杀之甘泉,遂起兵伐义渠,灭之。于是秦疆南至蜀,而其境内杂居之西戎诸国皆尽(《史记·匈奴列传》又尝言"自陇以西,有绵诸、绲戎、翟獂之戎;岐梁山泾漆之北,有……大荔、乌氏、朐衍之戎"。然而未叙及与秦交涉。未知是时俱为秦灭否也)。

当秦赵分向西北发展之际,燕亦向东北楚亦向西南发展。燕有贤将秦开者为质于东胡,东胡甚信之。归而袭破走东胡,东胡却千余里(《史记·匈奴传》)。楚则当悼王时,"南并蛮越遂有洞庭苍梧"(《南蛮传》)。楚威王时,东取越,至闽中;南拓地,尽有湖南,西有黔中巫郡。又使将军庄蹻将兵西循江上,略巴蜀黔中以西,至滇池(今云南滇池),滇池旁平地肥饶数千里,皆以兵威定之使属楚(详《战国策·楚策》、《史记·越王勾践世家》及正义,及《西南夷列传》)。于是长江流域诸异族,悉囊括于楚。

二节 秦始皇之南北开拓

秦始皇统一汉族

由上节观之,可见战国时代汉族挥斥裔夷,北西南三垂疆土广辟。已而战国时代告终,汉族中有秦始皇者(246—210B.C.)出,灭六国——韩、赵、魏、楚、燕、齐统一中国,汉族之势力,乃益形雄厚。虽然,当是时,北方异族荤粥、猃狁之苗裔匈奴亦日强。其单于曰头曼,兼并部落,境土亦日广。中国汉族,目之曰"胡"。

秦之斥逐匈奴

时秦始皇方统一中国,颇好神仙,惑于方士,当使人求神仙及不死

之药。有燕人卢生者，为始皇入东海求仙人羡门子高还，因"《秦录》图书曰：'亡秦者胡也。'始皇不悟为其子胡亥，而以为'匈奴'之'胡'，乃使将军蒙恬发兵三十万人北击匈奴，略收黄河套以南地。已而更击败头曼，斥逐匈奴"。自榆中（今蒙古鄂尔多斯黄河北岸之地）并河以东，属之阴山，以为四十四县城；河上为塞。又使蒙恬渡河取高阙（在今山西雁门道大同县西北四百余里）、陶山、北假中，筑亭障。"凡筑四十四县城，临河，徙适戍以充之"（详《始皇本纪》及《匈奴传》）。

修造万里长城备胡

初，当战国之际，秦灭义渠，已始于陇西（今甘肃兰山渭川两道地）、北地（今甘肃湿原、宁夏两道地）、上郡（今陕西榆道地），筑长城拒胡。赵亦筑长城，自代（今山西大同以北及直隶蔚县一带）并阴山下至高阙。燕则筑长城自造阳（今直隶口北道）至襄平（今奉天辽沈道辽阳县）。皆所以拒匈奴。至是，始皇乃更为大规模之修筑，"因边山险堑溪谷可缮者治之，起临洮（今甘肃岷县临潭）至辽东（今奉天辽水之东）万余里"。是为万里长城。惟吾人所当最宜注意者，即此长城大部分久已不复存在。现今之长城，乃秦后历朝所修筑者也（详《史记·魏世家》、《匈奴传》及《日知录·长城》）。

秦始皇之开拓南粤移殖汉族

始皇除北逐匈奴而修筑长城以外，同时——公元前二一四年，又南向开展。初，战国时汉族诸侯、楚国之势力虽达长江以南，然而未逾五岭。珠江流域犹悉为异族粤人所据，汉族称之曰"百粤"。据《汉书·地理志》，其人"文身断发"。又据《汉书·高帝纪》引《高帝纪》高帝诏，"粤人之俗，好相攻击"。因此，汉族谓其所居之地曰"陆梁"。始皇既统一汉族，北逐匈奴，雄心未已，乃"发诸尝逋亡人、赘婿、贾人，略取陆梁地，为桂林、象郡、南海，以适遣戍"，"徙中县之民南方三郡，使与百粤杂处……南海尉赵佗居南方长，治之甚有文理，中县人以故不耗灭，粤人相攻击之俗益止。"（《史记·始皇本纪》及《汉书·高帝纪》）于是两广之地，汉族既多，遂使华风远播于南方獠狑之区，而珠江流域异族渐同化于汉族。赵佗子孙与粤族通婚，即其明证（见《汉书·南粤传》）。

一、著作 中国民族史 25

第五章 汉族威势之极盛上
（西汉时代初期中期）

一节 匈奴之强大及汉武帝之迭创匈奴
二节 汉武帝之西通西域
三节 汉武帝之东服朝鲜
四节 汉武帝之南平东越南越
五节 汉武帝之开辟西南夷

一节 匈奴之强大及汉武帝之迭创匈奴

汉族内乱匈奴勃兴

秦始皇之南北开拓，汉族势力较战国时更为进步，已如上述。顾未几，秦始皇崩，中国旋乱，汉族内部云扰，无暇外顾，于是北方异族匈奴乃乘机大扩张势力。时"秦所徙适戍边者皆复去……匈奴得宽，复稍渡河，南与中国界于故塞。已而冒顿以鸣镝……射杀……其父单于头曼……自立为单于……乃……东击袭东胡……大破之，灭东胡王而虏其人民及畜产……西击走月氏；南并楼烦、白羊河南王，侵燕代，悉复收秦所使蒙恬所夺匈奴地……至朝那（今甘肃平凉县西北）、肤施（故城在今陕西绥德县治东南）"（《史记·匈奴列传》）。

冒顿之致匈奴极盛

是时汉族犹内乱未已，汉高祖"兵与项羽相距，中国罢于兵革，以故冒顿得自强，控弦之士三十余万……乃……更……北服浑庾、屈射、丁灵、鬲昆、薪犁之国"。尽有今内外蒙古及西伯利亚大部，纵横数千里，赫然为汉族北方——亚洲东北——一大国。于是建官制："置左右贤王，左右谷蠡王，左右大将，左右大都尉，左右大当户，左右骨都侯"，将兵。自"左右贤王以下至当户，大者万骑，小者数千"（详《匈奴传》）。其势甚盛。

匈奴汉族兵端之开始

冒顿既致匈奴强大，遂南向中国与汉族为敌。于是布置其部下：

"诸左方王将居东方,直上谷(今直隶蔚县)以往者,东接涉貉、朝鲜。右方王将居西方,直上郡(今陕西榆林道地)以西,接月氏、氐、羌。而单于之庭直代、云中(今山西大同以北及绥远道地)……是时汉初定中国,徙韩王信于代,都马邑(故城在今山西朔县西北)。"冒顿于公元前二〇〇年引兵而南,大攻围马邑。于是匈奴与汉族长期之兵衅遂开。

汉初之屈服于匈奴

时韩王信势困,降于匈奴,因引之入寇。汉高祖自将击之,被围于平城(山西大同),七日乃解。于是自知兵力犹不足以敌匈奴,乃用刘敬之计:奉宗室女翁主为单于阏氏;岁奉匈奴絮缯、酒米、食物各有数;约为昆弟,以和亲。然无效,匈奴以骄,数背约侵略边塞。已而匈奴更强,西灭月氏,征服西域三十余国。自冒顿经老上至军臣单于其中五十余年,汉高后、文帝、景帝与之时战时和,忔忔伮伮,"岁致金絮采缯以奉之……势既卑辱而祸不息"。虽当时中国敌忾之士如贾谊者,陈《治安策》而为流涕,汉廷终采"婚姻"、"赂遗"之策,偷一时之安;或入寇时聊事抗拒,不敢发兵痛击之也(详《史记·匈奴列传》及《大宛列传》)。

武帝经营匈奴之始

及汉武帝嗣立,形势始一变。时汉族内部无事,人民休养生息,国力富强,加之帝年少,心强气盛,性雄武,不肯屈就损威。遂于公元前一三三年,用王恢策令马邑人聂壹佯为卖马邑,以诱军臣单于入塞,伏兵三十余万马邑旁谋擒之。单于未至马邑百余里,汉计泄漏,乃急引兵还。"自是之后,匈奴绝和亲,攻当路塞,往往入盗于汉边,不可胜数"。武帝亦屡发兵深入迎击,多所取胜。其中最重要之役有三,兹分叙其大概如下(其详则可参阅《史记·匈奴列传》、《卫青霍去病》、《大宛传》等)。

汉族复河套并略取河西

(甲)公元前一二七年,武帝遣车骑将军卫青将兵出云中以西至陇西,击匈奴属国楼烦、白羊,取河南——今河套地,徙汉族八十余万充之,置朔方郡。遂恢复秦始皇旧界。(乙)公元前一二一年,汉少年将帅——骠骑将军霍去病(时年方二十)两次大败匈奴,夺焉支山、祁连山。浑耶王与休屠王恐单于诛之,谋降汉,已而浑耶王又杀休屠王,并

将其众四万余人以降。汉即开其地为河西四郡,曰酒泉、武威、敦煌、张掖。稍徙汉族充之,而分徙其中匈奴徒众于陇西、北地、上郡、朔方、云中诸塞外。于是金城、河西以西并祁连山至盐泽——今罗布泊一带,匈奴为之一空。乃悲伤而歌曰:"亡我祁连山,使我六畜不蕃息。失我焉支山,使我妇女无颜色。"可想见此役关系之重大。

击走匈奴幕南无王庭

(丙)公元前一一九年,武帝又遣卫青、霍去病大举伐匈奴。时匈奴伊稚斜单于以汉降人赵信之计,避居幕北,欲诱"汉兵……度幕,人马疲,匈奴可坐收虏"。汉兵绝幕击之。单于益远其辎重,以精兵待于幕北。卫青围单于,大败之,追至阗颜山赵信城而还。霍去病出代二千余里,与匈奴左贤王接战,亦大破走之,封于狼居胥山(外蒙古杭爱山麓),禅姑衍,临瀚海而还。是后匈奴远遁漠北,而幕南无王庭。

二节　汉武帝之西通西域

武帝谋联月氏击匈奴＝通西域之动机

当时西域形势葱岭以东诸国

葱岭以西诸国

初,汉武帝经营匈奴,无多胜利。适匈奴降者皆言匈奴西破月氏王,以其头为饮器,月氏遁逃而常怨仇匈奴,恨无人与共击之。武帝闻此言,即下令募能通使西域月氏者,以谋连络月氏而同击匈奴(时武帝年仅十八九)。张骞应募。当是时,西域有国甚多:其在葱岭以东——今天山南路者,有"三十六国,其后稍分至五十余,皆在匈奴之西……东接汉之玉门、阳关……出阳关自近者始。曰婼羌……西北至鄯善(即楼兰)。……鄯善……西北至车师……西通且末。且末……西通精绝。精绝……南至戎灵……西通扜弥……戎卢东与小宛……西与渠勒接……弥扜南与渠勒,东北与龟兹,西北与姑墨接。西通于阗……于阗……西通皮山。皮山……西南至乌秅……乌秅……北与子合、蒲犁西与难兜接……子合北与莎车……接……蒲犁……东至莎车,北至疏勒……西至无雷。无雷……北与捐毒,西与大月氏接"。盖已抵葱岭之下。此皆天山南路诸国也。至于天山北路诸国,自近者始,则为车师、

山国、狐胡、劫国、且弥、蒲类、单桓、郁立师、卑陆、乌贪訾离、焉耆、危须、尉犁、龟兹、温宿、姑墨、疏勒、莎车、桃槐，至大宛、捐毒，亦已抵葱岭之下——其在葱岭以西者，首为大宛；大宛之西南，为大月氏、大夏，更西为安息、条支；大宛之北为康居，康居西北为奄蔡，而东南为乌孙；大宛之南为罽宾，罽宾东南，则为身毒。论当时人种，大抵葱岭以东皆黄种，"土地草木，产畜作兵，略与汉同"或"类羌氏行国，随畜逐水草往来"。自葱岭以西皆白种，故《史记·大宛传》曰："自大宛以西至安息，虽颇异言，然大同俗，相知言。其人多深眼多须髯，善市贾，争分铢。俗贵女子，女子所言，而丈夫乃决正。"

张骞使月氏事迹

张骞既应募使月氏，须经过匈奴。盖是时西域葱岭以东诸国，如楼兰、焉耆、疏勒之类皆臣属匈奴，匈奴置僮仆都尉以监之。故张骞经过时为匈奴所得。留十余岁，乘间与其从属逃向月氏。西走数十日，至大宛。大宛王甚喜，使人为向导翻译，送抵唐居，唐居又传致大月氏。然而大月氏因已"臣大夏而居，地肥饶，少寇，志安乐，又自以远汉，殊无报胡之心"。张骞欲连络之使与汉共击匈奴，"竟不能得月氏要领。留岁余，还。并南山，欲从羌中归，复为匈奴所得"。留岁余，军臣单于死，伊稚斜单于自立，国内乱，骞乘机逃归汉，时公元前一二六年也。

张骞使乌孙事迹

骞归汉后五年，当公元前一二一年，霍去病大败匈奴，浑耶王杀休屠王降汉，汉得河西地。武帝后"数问骞大夏之属……因言'闻乌孙……中立，不肯朝会匈奴……今故浑邪地空无人……诚以此时而厚币赂乌孙，招以益东居浑邪之地，与汉结昆弟……则是断匈奴右臂。既连乌孙，自其西大夏之属，皆可招来而为外臣'"。武帝以为然，又遣张骞为公使，多赍金帛往乌孙，运动内附，招之东居浑邪地。乌孙大臣皆畏匈奴，不欲移徙，其王不能专制，故骞又不得其要领。

中国与西域始通

骞既不得乌孙要领，"因分遣副使使大宛、康居、大月氏、大夏、安息、身毒、于寘、扜采及诸旁国。乌孙发导译送骞还，骞与乌孙遣使数十人马数十匹报谢，因令窥汉，知其广大……乌孙使既见汉人众富厚，归

报其国,其国乃益重汉。其后岁余,骞所遣使通大夏之属者,皆颇与其人俱来……匈奴闻汉通乌孙,怒欲击之。及汉使乌孙,出其南,抵大宛、大月氏相属,乌孙乃恐,使使献马,愿得尚汉女翁主为昆弟……乃遣女……因益发使抵安息、奄蔡、黎轩、条枝、身毒诸国……使者相望于道。诸使外国一辈,大者数百人,少者百余人……率一岁中使多者十余,少者五六辈。远者八九岁,近者数岁而反……自此西北外国使,更来更去"。武帝特为置酒泉、武威、张掖、敦煌四郡,以护往来之公使。

汉使无行西域激叛

虽然,汉公使之使西域也,未必人人皆君子。盖"自博望侯开外国道以尊贵,其后从吏卒,皆争上书言外国奇怪利害,求使"。武帝"为其绝远,非人所乐往,听其言,予节募吏民,毋问所从来,为……备人众遣之,以广其道。来还,不能毋侵盗币物及使失指"。武帝为其习之,"辄覆案致重罪以激怒令赎,复求使。使端无穷而轻犯法。其吏卒亦辄复盛推外国所有。言大者予节,言小者为副。故妄言无行之徒皆争效之……外国亦厌汉室……度汉兵远不能至,而禁其食物以苦汉使。汉使乏绝积怨,互相攻击"。于是楼兰、姑师先叛。

武帝代大宛西域多入贡

楼兰、姑师之叛也,"当空道,劫汉使王恢等尤甚;而初奴奇兵时时遮击使西国者"。于是武帝以公元前一〇八年遣兵击之。虏楼兰王,破姑师。因举兵威以困乌孙、大宛之属。然自"宛以西,皆自以远,尚骄恣,晏然,未可诎以礼,羁縻而使也"。其后闻"大宛有善马",武帝欲得之,遣使持千金及"金马"与之易。大宛王不肯,与汉使冲突,遮杀汉使,取其财物。武帝大怒,拜李广利为贰师将军,发属国六千骑及郡国恶少年数万人,以往伐宛。因道远,粮运不继,战不利,引还。武帝大怒,使使遮玉门曰:"军有敢入者辄斩之。"因赦囚徒材官,益发恶少年及边骑,凡十余万,再伐大宛。公元前一〇一年,破之,宛贵人杀其王以降。于是"西域震惧,多遣使来贡献,汉使西域者益得职……自敦煌西至盐泽,往往起亭;而轮台、渠犁皆有田卒数百人,置使者校尉领护,以给使外国者"(以上详《史记·大宛列传》、《汉书·西域传》、《张骞传》)。

三节　汉武帝之东服朝鲜

箕子建国及其开化朝鲜民族

武帝北伐匈奴西通西域时，又东服朝鲜。朝鲜乃亚洲文明古国，其民族虽非纯汉族，而其开国始祖，则为中国箕子。《史记·宋微子世家》曰："箕子者，纣亲戚也……武王既克殷……乃封箕子于朝鲜。"据《汉书·地理志》，"箕子去之朝鲜，教其民以礼义、田蚕织；作乐浪朝鲜民犯禁八条：相杀以当时偿杀；相伤以谷偿，相盗者男没入为其家奴，女子为婢，欲自偿者五十万"。《韩国小史》更谓箕子之"东走朝鲜，殷人从之者盖五千；诗、书、礼、乐、阴阳、卜筮以及百工之技艺皆具。至于平壤以居"。至战国之际，"箕子之后朝鲜侯见周衰，燕自尊为王，欲来略地，朝鲜侯亦自称为王，欲兴兵逆击燕。其大夫礼谏之，乃止。使礼西说燕，燕止之，不攻。后子孙稍骄虐，燕……攻其西方，取地二千余里……朝鲜遂弱。及秦并天下……畏秦袭之，略服属秦……及汉以卢绾为燕王，朝鲜与燕界于浿水"（《魏略》）。

卫满袭夺朝鲜

汉初燕王卢绾之反而入匈奴也，汉族燕人卫满"亡命聚党千余人，魋结蛮夷服而东走出塞，渡浿水，居秦故空地上下鄣，稍役属真番朝鲜蛮夷及故燕齐亡命者"，诣朝鲜王箕准降。"准信宠之，拜以博士，赐以圭，封之百里，令守西边。满诱亡命党众稍多，乃诈遣人告准，言汉兵十道至，求入宿卫，遂还攻准。准与战不敌"。"乃将其余众千人走入海，攻马韩，破之，自立为韩王"。其传世至新莽时始绝（《史记·朝鲜列传》、《魏略》、《后汉书·东夷传》）。朝鲜则有卫氏所有。

卫氏之兴盛；武帝之克服朝鲜

卫满既继箕氏而有朝鲜，都王险。会孝惠高后时中国初定，辽东太守即约满为外臣，保塞外蛮族，无使盗边；诸蛮夷君长欲入朝中国，勿得禁止之。满乘机更侵略其旁小邑。真番、临屯皆为所服属，方数千里。传子至孙右渠，所诱汉亡人滋多，又未尝入见；真番旁众国欲上书见汉武帝，又拥阏不通。公元前一〇九年，右渠因事袭杀汉辽东东部都尉，武帝遂发罪人击朝鲜。兵分为两道：遣楼船将军杨仆将其一由齐浮渤

海，左将军荀彘将其一出辽东，会师攻右渠。虽当时顿兵坚城之下，将帅不和，几至偾事，然朝鲜内部离心，子长为汉告谕其民，朝鲜悉定（详《汉书·朝鲜传》）。

武帝置朝鲜为四郡

初，公元前一二八年，东夷"涉君、南闾等畔右渠，率二十八万口诣辽东内属，武帝以其地为苍海郡，数年乃罢"（《汉书·武帝本纪》，《后汉书·东夷传》）。及朝鲜平，遂置朝鲜为乐浪、临屯、玄菟、真番四郡。于是中国东北边徼异族部落及朝鲜，皆统辖于汉（时朝鲜之南，尚有马韩、辰韩、弁韩，皆未为汉属）。自是之后，朝鲜为中国郡县数百年。直至东晋时前燕慕容氏灭亡，中国在朝鲜之势力始失。惟汉之置郡，仅取羁縻属地之法，故原有之异族部落，仍杂置王侯也（详《后汉书·东夷传》及《三国志·魏志》）。

四节　汉武帝之南平东越南越

东越、南越亦如朝鲜，其地民族虽为异族（闽粤族，其俗皆断发文身）。而自周秦以来，皆汉族为之君长，已入汉族势力范围，渐形同化。秦亡汉兴，尝一时皆脱离关系。至汉武帝，乃兴师统一之。今分叙之如下：

闽越之建国

（一）平东越　东越君主本越王句践之后。自战国中楚威王灭越后，"越散，诸侯子争立，或为王，或为君，滨于江南海上，服朝于楚"（《史记·越句践世家》）。及"秦已并天下，皆废为君，以其地为闽中郡"。已而诸侯叛秦，闽越王无诸及越东海王摇，率越从诸侯灭秦。后汉击项羽，无诸与摇复率越人佐汉。公元前二〇二年，汉高祖立无诸为闽越王，王闽中故地。前一九二年，惠帝举高祖时越功，又立摇为东海王。都东瓯。前一三八年，闽越因事攻东海，东海告急于汉，武帝遣庄助发会稽兵浮海救之。未至，闽越引兵出。东海王请举国徙中国。乃悉徙其众四万余人于江淮之间（《东越列传》及《年表》）。

闽越——东越之叛及为汉所平

公元前一三五年，闽越又击南越，南越以闻。武帝乃遣王恢出豫

章,韩安国出会稽,分道进攻。闽越王郢发兵拒险。未几,郢弟余善及宗族锹杀郢,降于王恢。郢之叛,独无诸孙繇君丑不与谋,故武帝立之为越繇王。然是时余善威行于国,国民多属,窃自立为王。武帝闻之,为余善首诛郢,师得不劳,因立余善为东越王,使与繇王并处。公元前一二四年,南越反,东越王余善持两端,阴通南越。南越既灭,楼船将军杨仆使使上书,请引兵击东越,余善闻之,遂反。武帝乃发兵四道会讨。前一二二年,东越杀余善以降。武帝谓:"东越狭,多阻;闽越悍,数反复",诏军吏皆将其民徙处江淮间,东越遂虚。自是以后,浙江南部及福建等地,永远入中国版图,而其地渐为汉族所徙居。

南越之立国及其强盛

(二)定南越　即南粤。秦时开拓以为桂林、象郡、南海,已见第四章。秦末诸侯并起亡秦时,南海尉任嚣以病危召其属赵佗行南海尉事。嚣死,佗即绝与中国交通新道,聚兵自守。秦已破灭,佗即击并桂林、象郡,自立为南越王,脱离中国而独立。汉高祖既定天下,为中国劳苦,因释佗弗讨,且立之为南越王,使知集百越,毋为南边患害。高后时,有司请禁南越关市铁器。于是赵佗怒,自尊号为南越武帝,发兵北攻长沙。高后遣兵往击之,以土卒大疫而罢。佗因此益以兵威财物分别击赂闽越及近旁诸部,使皆服属。于是国土东西万余里。乘黄屋左纛,称制与中国侔矣。

南越称臣及其内属

及公元前一七九年,汉文帝即位,欲以德怀赵佗,为佗亲冢在真定(今直隶正定),置守邑,岁时奉祀;召其从昆弟,尊官,厚赐宠之。更命陆贾往南越谕佗,晓以利害。于是佗感动,为书谢罪,去帝制,除帝号,称为藩臣,奉贡职。公元前一三七年,佗卒,其孙胡嗣立为南越王。尝欲入朝于汉,为其大臣所谏止。传子婴齐,至其孙赵兴,愿奉其母(邯郸樛氏)内属,比内地诸侯,三岁一朝,除边关。但是时南越相吕嘉历相三王,权势甚大,得越人心,不欲内属。赵兴之母恐嘉等叛乱,因汉使谋诛吕嘉。

吕嘉反南粤及为汉武所平

汉武帝虑南越王母子孤弱,不足以制吕嘉,遣韩千秋将兵二千往为之助。吕嘉闻之,遂反,攻杀赵兴母子及汉使者,别立婴齐长男粤妻子赵

建德为王,发兵击灭汉兵,守要害处,准备拒敌。武帝乃使伏波将军路博德出桂阳(今湖南一县),楼船将军杨仆出豫章(今江西),复使粤族人归降者会巴蜀、夜郎等兵下牂柯,进讨。吕嘉不能敌,逃入海,以船西去。汉兵追杀之。武帝遂分南越地为南海、苍梧、郁林、合浦、九真、日南、珠崖、儋耳九郡。广东等地,亦自此永入中国版图(以上详《南越列传》)。

五节　汉武帝之开辟西南夷

西南夷之形势及种族

西南夷在巴蜀西南,自古不通中国。战国中"楚威王时,使将军庄蹻将兵循江上,略巴、蜀、黔中以西……至滇池……以兵威定属楚。欲归报,会秦击夺楚巴、黔中郡,道塞不通。因还以其众王滇,变服从其俗以长之。秦时……诸此国颇置吏焉……及汉兴,皆弃此国而开蜀故徼,巴蜀民或窃出商贾"。当是时,"西南夷君长以什数,夜郎最大(贵州桐梓)。其西靡莫之属以什数,滇最大(云南昆明)。自滇以北,君长以什数,邛都最大(四川西昌)。此皆魋结耕田有邑聚。其外,西自同师以东,北至楪榆,名为嶲、昆明(云南大理),皆编发,随畜迁徙,毋常处,无君长,地方可数千里。自嶲以东北,君长以什数,徙(四川天全)、筰都(四川清溪)最大。自筰以东北,君长以什数,冉駹最大(四川茂县)。在蜀之西,自冉駹以东北,君长以什数,白马最大。皆氐类也。此皆巴蜀西南外蛮夷也"。

汉经营西南夷——第一次

汉初,弃此西南夷者数十载。至公元前一三五年武帝平东越,有唐蒙者为使于南越,得食蜀枸酱。蒙问所从来曰:"道西北牂柯江(今北盘江)。"蒙归至长安,又问蜀贾人,始知由夜郎国顺牂柯江而下,可以通南越。蒙乃上书武帝,请通夜郎浮牂柯江以制南越。武帝许之,即拜蒙为郎中将,将千人往晓谕夜郎,约为置吏。蒙还报,即以夜郎为犍为郡。蜀人司马相如亦言西夷邛筰可置郡,武帝复使相如以郎中将往,皆如夜郎等,为置一都尉十余县,属蜀。然因发巴蜀卒治"通西南夷道,戍转相饷,数岁,道不通",士饥病死者甚众。"西南夷又数反,发兵兴击,耗费无功"。及公孙弘为御史大夫,数言西南夷害,可暂罢,而专力经营匈

奴。武帝从之,乃"罢西夷,独置南夷夜郎两县一都尉,稍令犍为自葆就",而修成其郡县。

第二次通西南夷

公元前一二二年,张骞使西域自大夏还,言"居大夏时,见蜀布、邛竹杖,问所从来。曰'从东南身毒国'"。骞因谓"'大夏居汉西南,今身毒国又居大夏东南……有蜀物,此其去汉不远……今使大夏,从羌中,险,羌人恶之;少北,则为匈奴所得。从蜀宜径,又无寇。'武帝欣欣以骞言为然,乃复事西南夷"。"令骞因蜀犍为,发间使,四道并出:出駹,出冉,出徙,出邛、僰。皆各行一二千里,其北方闭氐、筰,南方闭嶲、昆明。昆明之属……辄杀略汉使,终莫能通。然闻其西可千余里,有乘象国名曰滇越,而蜀贾奸利者或至焉。于是汉以求大夏道始通滇国"(《西南夷传》及《大宛列传》)。

置西南夷地为郡县

汉使者自滇国还,因盛言滇大国,足事亲附。武帝乃注意焉。及南越反,武帝使人发"南夷"兵击南越。且兰国君不欲行,与其众反,杀使者及犍为太守。武帝于是发巴蜀罪人击平之。因遂全平"南夷",以为牂牁郡。夜郎恐,遂入朝。冉駹之属,亦皆振惧,请臣置吏。乃以邛都为越嶲郡,筰都为沈犁郡,冉駹为汶山郡,广汉西白马为武都郡。武帝又使王然于以破越及诛南夷兵威风喻滇王入朝。滇王未肯听,其东北同姓国劳浸、靡莫,又数侵犯使者吏卒。公元前一〇九年,武帝乃发巴蜀兵击灭劳浸、靡莫,以兵临滇。滇王举国降,于是以为益州郡。自是云南、贵州亦统一于中国。

第六章 汉族威势之极盛下
(西汉末期及东汉)

一节 汉族强盛之原因

二节 匈奴之完全克服

三节 西域之再经平定

四节 西羌势力之敛戢

五节　西南蛮夷之讨平

一节　汉族强盛之原因

汉之广大领土及其政治区画

总上以观，武帝开边，东灭朝鲜，西通西域、降浑邪，北却匈奴，南收闽越，西南又服滇黔。据《汉书·地理志》及《百官表》，当时境内郡国相间，凡有一百零三郡，二百四十一国，所属县邑凡一千三百十四。而有蛮夷之县曰道，道数凡三十有二。乃更总为十三部以统摄郡国：曰司隶校尉部，辖今陕西中部、东南部，山西西南部，河南西北部；曰豫州刺史部，当今河南东南部，安徽西北部，江苏西北部，山东西南部；曰冀州刺史部，当今直隶东南部，河南北部，山东西北部；曰兖州刺史部，当今山东中部、西部，河南东部，直隶南一小部；曰徐州刺史部，当今山东南部，江苏北部；曰青州刺史部，当今山东东北部；曰荆州刺史部，当今河南西南一小部，湖北、湖南全部，广西、贵州一部；曰扬州刺史部，当今江苏、安徽大部，江西、浙江、福建全部；曰益州刺史部，当今四川大部，甘肃东南部，云南、贵州各一部；曰凉州刺史部，当今甘肃大部，新疆及西套蒙古各一部；曰并州刺史部，当今山西大部，陕西北部，河套全部，内蒙古一部；曰幽州刺史部，当今直隶东北部，奉天南部，朝鲜一部；曰交州刺史部，当今广东全部，广西大部，安南大部。西域则置都护统辖之。版图之阔，汉族前古所未有也。

强大之因；人民皆兵之制

汉武帝时何以使汉族势力扩张若斯广大耶？究其原因，固由武帝以前、文景二帝休养生息，致汉族富庶，及武帝之资性英武，故使汉族振起有为。但犹有最大之因，则为其时汉族尚武而行民兵之制。考汉制，凡属百姓，均有从军之义务。据《汉书·高帝纪》注引《汉仪》注，"民年二十三为正。一岁为卫士，一岁为材官骑士，习射御，驰战陈……年五十六，衰老，乃得免为庶民，就田里"。《王制》正义引许慎《五经异义》，亦曰："汉承百王，而制二十三而役，五十六而免。"《汉书·高帝纪》注又引孟康说："古者二十而传。三年耕，有一年之储，故二十三而后役之。"可见其时人人须习兵为正卒。

兵之种类

至于兵之种类,约有材官、车骑、楼船三种。材官者,步卒也;车骑者,骑兵也;楼船者,水师也。此三类兵创设于汉高祖,故《后汉书·光武帝纪》注引《汉官仪》曰:"高祖命天下选能引关蹶张、材刀武猛者,以为轻车、骑士、材官、楼船。常以立秋后讲肄课试,各有员数。平地用车骑,山阻用材官,水泉用楼船。"大抵材官最为普通,车骑则边郡较多,楼船仅江海沿岸有之也。

三更之法

人民既皆习兵为正卒矣。其义务即给役当地,兼须戍边。虽然,亦有三更之法。《汉书·昭帝纪》注引如淳说,"更有三品,有卒更,有践更,有过更……正卒无常人,皆当迭为之,一月一更,是谓卒更也。贫者欲得顾更钱者,次直出钱顾之,月二千,是谓践更也。天下人皆直戍边三日,亦名为更,律所谓繇戍也。虽丞相子,亦在戍边之调;不可人人自行三日戍,又行者当自戍三日,不可往便还。因便住,一岁一更。诸不行者,出钱三百入官,官以给戍者,是谓过更也。"可见不为正卒者,得纳赋雇人代之。是虽规定人人有从军之义务,而实际上困难,不能人人为正卒,给力役戍边疆也。

长从兵与募兵

职是之故,汉武帝时于"民兵"制度之外,复有"募兵"、"长从"两种兵制产生。据《前汉书·百官公卿表》,"武帝……初置……建章营骑,后更名羽林骑。又取从军死事之子孙养羽林,官教以五兵,号曰'羽林孤儿'"。是长从之兵也。又据《汉书·东方朔传》,选六郡良家子孙为兵,曰"期门"。长,亦长从之兵也。故《文献通考》引章氏之说曰:"汉初南北军,亦自郡国更番调发而来。何以言之? 黄霸为京兆尹,坐发骑士诣北军,马不适士。劾乏军兴,则知自郡国调上卫士,一岁一更,更代番上,初无定兵。自武帝置八校——中垒、屯骑、步兵、越骑、长水、胡骑、射声、虎贲——则募兵始此;置羽期门,则长从始此。"

人民尚武之特色

兵制既如此完备,而汉武帝前后,去古未远,汉族人民尚武之性质犹存。无论何人,被发即为强兵。故秦之用兵,举凡骊山役徒,闾左百

姓,俱可战守。汉亦有所谓"七科谪"(见《汉书·武帝纪》注)、"弛刑"、"罪人"、"恶少年"、"勇敢"、"奔命"、"伉健"之类,虽为未经训练之人,然而被发时,往往战胜攻取(散见《史》、《汉》诸纪传)。有此种民气与民力,加以武帝之英明,善于使用,故更足以扩张国威。其后武帝虽崩,竟见屈服匈奴,汉族声威益远。今继述其事略如下:

二节　匈奴之完全克服

匈奴之衰及其降服于西汉

考匈奴自为汉武帝击败远遁漠北后。虽犹时与汉战,国势日衰。至壶衍鞮单于时(公元前八五年嗣位),出兵西攻乌孙。会乌孙已尚汉公主。公元前七三年(宣帝本始元年),宣帝发五将军,又命校尉常惠护乌孙兵攻匈奴。匈奴闻汉兵出,驱其畜产远遁。五将军虽无所得,而常惠之兵从西方入,斩首三万九千余级,获马、牛、羊、驴、骡、橐驼七十余万头。匈奴不敌汉,惟怨乌孙。是年冬,单于复自将攻之。归遇大雪,士卒冻死者十之九。于是丁令乘弱攻其北,乌桓入其东,乌孙击其西,杀伤甚众;加以饿死,人民几去十之三,畜产去十之五。匈奴遂成弱国,然尚未服中国也。直至公元前六十年,虚闾权渠单于死,握衍胸鞮单于立,国中内乱,五单于争立。后俱并于呼韩邪单于。而呼韩邪之兄呼屠吾斯,又自立为郅支骨都侯单于,击败呼韩邪,于是呼韩邪于公元前五二年款五原塞(今绥远道五原县),入朝于汉。郅支单于见汉助呼韩邪,料难与敌,遂乘康居约与同击乌孙之隙,西居康居。公元前三六年,元帝建昭三十年,西域都护甘延寿、副都护陈汤,矫诏发诸国兵攻杀郅支,传首京师,前汉时匈奴始全为中国征服。

匈奴又反抗中国及其分裂

自是之后,匈奴对于中国极为恭顺。然因休养生息,部落渐盛,又伏背叛骄恣之根。加以王莽时�033驭失宜,于是乌珠留若鞮及呼都而尸两单于即公然与中国对抗,北边大受其害。公元四六年,呼都而尸单于死,子满奴立,连年旱蝗,赤地千里,乌桓乘隙攻破之。于是匈奴北徙数千里,漠南遂空。先是,呼韩邪单于有约:单于之位,兄终弟及。故呼都而尸以前六代,俱为兄弟相及。及呼都而尸欲自立其子,杀其弟知牙

斯,时乌珠留若鞮之子北领南边八部,心不自安,公元四八年,自立为呼韩邪单于,降于中国,于是匈奴又分裂为南北。

南匈奴降;窦宪败走北匈奴

匈奴既分南北,南匈奴单于入居西河美稷(鄂尔多斯左翼中旗),分派部下驻扎边地,助中国巡逻守御。汉亦遇之甚厚。章帝末年,北匈奴益衰,南匈奴欲并之,上书请兵。会章帝死,和帝即位,窦太后临朝,遣其兄窦宪出兵,公元八九年,大破北匈奴于稽洛山,勒石燕然山而还(约在今杭爱山一带)。后二年,窦宪及遣左校尉耿夔出兵,大破北匈奴于金微山。此次出塞五千余里,为自前汉以来出兵所未有(金微山约在外蒙极西北)。故自是之后,北匈奴远引而去。其偶然侵犯西域者,俱为其分部,正支则展转西入欧洲(详前后《汉书·匈奴传》及《通鉴纪事本末》)。

三节 西域之再经平定

中国西域关系之断绝与恢复

西域自武帝平定后,至王莽末年始因汉族内乱而解体。然而其时匈奴亦无力摄服西域,故西域变为分裂之局。北道诸国臣服匈奴;南道则莎车王贤战胜攻取,克服各国。光武帝既定天下而建东汉,西域十八国乃遣子入侍,求中国再遣都护。光武帝恐劳费中国,不许。于是西域与中国之关系断绝。明帝时,大将军窦固北伐匈奴,欲复联络西域匈奴右臂,遣假司马班超往鄯善(楼兰之改名)。鄯善王广待班超甚恭。数日后,忽怠慢。超知有匈奴使者至,励部下三十六人乘夜攻杀之。鄯善人大惧,愿降。班超返国,窦固奏上其功,明帝真除为军司马,命之再立功西方,于是班超仍率往日三十六人往西域。是时于阗王广德已攻杀莎车王贤,称霸南道;而龟兹王建倚仗匈奴之力,攻杀疏勒国王立其臣兜题。班超既抵于阗,于于阗王前斩匈奴使者,胁降于阗王。又差一小吏田虑由小径往疏勒,出其不意,禽获兜题。超乃往立疏勒旧王之子忠为疏勒王。于是西域诸国皆惧,来汉朝贡。时惟公元七三年,西域诸国已与中国断绝关系六十五年矣。

班超父子之平定西域

班超既定疏勒,汉亦出兵北路,击破车师,再立西域都护及校尉,公

元七五年,明帝崩,龟兹等国背叛,攻杀都护,朝廷以为事西域繁费。乃废都护及校尉,并召班超还国。班超将行,疏勒人恐受龟兹侵犯,留之。于是班超即居西域。公元八十年,班超上书请平定西域。而不费中国。平陵人徐幹亦奋身愿助班超。章帝乃命幹率千余人往,即任班超为西域都护。于是班超调用诸国之兵,将西域叛国龟兹、焉耆、莎车、姑墨之属次第平定。公元一〇二年,超还国。任尚代为都护,以峻急失诸国欢心。和帝初年,诸国皆背叛,邓太后乃仍用班超子班勇定之(详前后《汉书·西域传》及《后汉书·班超列传》)。

中国与罗马之交通

班超之平定西域也,葱岭以西诸国皆来朝贡。公元九六年,班超遣部将甘英前往大秦,抵条支,临大海。欲渡,"安息西界船人谓英曰:海水大,往来逢善风,三月乃得渡;若遇迟风,亦有二岁者。入海,人皆赍三岁粮。海中善使人思土恋慕,数有死亡者"。甘英遂还。大秦者,罗马也。时自亚洲往欧洲陆路不通,安息船人西界之语,史以为安息欲阻碍中国与罗马之交通或为事实(详见洪钧《元史译文证补》)。故中国与欧洲之交通,此次将通又阻。直至桓帝延熹初,大秦王安敦遣使自日南徼外献象牙、犀角、瑇瑁,始乃一通焉。大秦王安敦者,近今史家考校,谓即生于西元一二一,没于一八〇年之 Marcus Aurelius 也(详《后汉书·西域传》)。

四节　西羌势力之敛戢

羌人之出现与边患

东汉与异族交涉,除上述击走北匈奴及定西域以外,西羌人之寇乱亦略定于和帝、安帝之时。初,前汉武帝时,匈奴据河西,羌人始出现于湟中。其生活与风俗略同匈奴,与匈奴仅隔祁连山脉。武帝防其交通,遣兵击破羌人,置护羌校尉统领之。羌人乃弃湟水,西依西海、盐池(在青海西南)。宣帝之际叛变为赵充国所平。王莽时,羌人献西海之地,王莽以之置西海郡。莽末汉族内乱,羌人复乘机侵入中国边疆。后汉之初,羌之三支曰先零、曰参狼、曰烧当,据西海大小榆谷一带(今平番导河一带),颇为边患。光武时,命马援讨之,颇徙其种于内地,然羌

患仍未息。

羌人势力之敛戢

和帝即位,经营羌人,破之,重置西海郡。且夹黄河开列屯田,"殖谷富边,省委输之役"以备羌。已而和帝崩,安帝立,羌叛,其酋长滇零破汉兵,僭称天子,深入寇掠,南侵益州,东侵河东,至河内,雍、凉两州境内郡县多陷。滇零死,零昌、狼莫等继之,势仍张甚。安帝遣任尚等经营之。当是时,羌为骑兵,汉为步卒,势不相及。乃用虞诩谋,多练骑卒。复采暗杀策,重赂募羌族本族人刺杀零昌、狼莫等;已而又以兵破斩那离,羌势乃始稍戢(详《后汉书·西羌列传》)。

五节 西南蛮夷之讨平

西汉末叶及王莽时蛮夷之叛乱

初,汉武帝既通西南蛮夷,开五郡,欲地接以通大夏。岁遣使十余辈出五郡蛮夷中,皆闭昆明,为所杀,币物被夺。于是武帝赦京师亡命,令从军,公元前一〇五年,遣郭昌将以击之,斩首数十万。后复遣使,竟不得通。迄汉昭帝、成帝之世,时有叛乱。成帝时,命陈立定之。自是几三十年,蛮汉相安无事。及王莽篡汉,改汉制,"三边蛮夷愁扰尽反"。莽迭遣大军击之,出入数年,以粮运不继,军士饥疫死者什七八。已而汉族内乱,群雄四起,苗蛮更乘机蠢动,反叛益多。

东汉初期蛮夷之讨平

逮光武中兴,汉族统一,乃命刘尚发夷汉兵一万三千人讨滇蜀蛮夷,皆平之。命马援讨交趾、九真、日南、合浦蛮夷,斩其女王征侧及其女弟征贰,南边大定。而南郡缘沔诸山蛮及武陵蛮叛乱,复命刘尚破南郡蛮,进攻武陵蛮。尚轻敌入险,大败,全军覆没。复遣李嵩、马成、马援等先后击之,俱不利。结果蛮汉交困。会蛮人斩其大帅降,乃罢。

东汉之开化蛮夷

王追在蛮中之政教

汉之对于西南方面诸蛮夷,不惟抚有其地,实能开化其民。锡光于平帝、王莽、光武之间为交趾太守,任延于光武时为九真太守,皆能"教导民夷,渐以礼义"。故史至谓"岭南华风,始于二守焉"(《后汉书·循

吏传》)。至于西南,明帝之世,张翕为益州太守,政化清平,在郡十七年卒,蛮夷爱慕,如丧父母。其政绩与王莽时益州太守文齐,同为世人所称,于是哀牢王柳貌举国内附,以其地置哀牢(今云南保山)、博南(今永平)二县。永昌大守郑纯亦为政清洁,蛮夷安之。白狼、槃木(在丽江附近)亦先后来降于益州刺史朱辅。自汶山以西前世所不至,唐菆等百余小国,户百三十余万,口六百万以上,皆举种奉贡称臣。章帝时,益州太守王追(《南中志》作王阜,此据《后汉书·西南夷传》),政化尤异,始兴学校,渐迁其俗。是为使西南蛮夷一部分同化于汉族之最有功者也。

蛮汉之大冲突及其平定

惜后继长吏不能抚循夷蛮,于是郑纯死而哀牢即叛。同时黔湘之交如武陵蛮、澧中蛮、溇中蛮等亦皆先后反。章帝虽平之,但自此以后,西南蛮夷恒不时叛乱,而以安帝元初间(公元一一五——一一九年)为最甚。其时溇中蛮、澧中蛮、零阳蛮既反,而蜀郡徼外因赋敛烦数,卷夷大牛种、封离等亦咸起。永昌益州及蜀郡苗蛮悉叛应之,众遂十余万,破坏二十余县,杀长吏,剽略汉族人民,"骸骨委积,千里无人"。安帝诏益州刺史张乔选堪能从事讨之,蛮势盛,未敢进。先以诏书告示三郡,密征求武士,重其购赏,乃进军与封离等战,大破之,斩首三万余级,获财资四千余万。封离等惧,乃斩其渠帅乞降,其余三十六种亦皆求附(详《后汉书·南蛮》及《西南夷传》)。

第七章　汉族中衰　异族之侵入云扰与同化
（东汉末期及三国两晋南北朝时代）

一节　各异族之杂入汉族境内
二节　胡羯氐羌鲜卑之云扰中原
三节　各异族之同化于汉族

一节　各异族之杂入汉族境内

汉末及三国时汉族之长期大内乱

自西汉中期至东汉中期,乃汉族威势极盛之时代也。其武力之发

扬,政治之隆盛,领土之广大,为汉族前古所未有。顾自东汉中期以后,汉族无雄主,无贤君,中央政府渐衰,政柄入于外戚及宦官之手;人民亦渐失前此尚武之风,所谓士大夫者,颇偏重文事,咿唔呫毕,究心经学之考据。已而宦官乱政,黄巾贼起;董卓专权,州郡纷纷讨卓,遂成汉族一百年之长期内乱,卒至分为魏、蜀、吴三国,互相战争。于时西北异族,已多杂入汉族之内。厥后晋兴,篡魏灭蜀平吴,至公元二八〇年,晋武帝虽将汉族暂时统一,但不及二十年,又大内乱。于是异族纷起,成为"五胡乱华"矣。

汉族内乱与异族之关系

"五胡乱华",为时颇久,中原汉族被蹂躏而沉没于异族之下者二百余年。往日黄河流域为汉族君主建都立国之所者,至是转为异族驰驱之场;而长江以南,昔时大部为蛮粤所居者,至是转为汉族建都立国之所。惟其时异族乱华者,实有匈奴、羯、鲜卑、乌桓、氐、羌、蛮及高丽人。特最甚者,厥为匈奴、羯、鲜卑、氐、羌五族。故世常曰"五胡乱华"。兹先略陈诸族乱华以前之状况及其形势:

汉末塞内匈奴人种之强盛

(一)匈奴族及羯族——羯族为匈奴别种之居于上党郡武乡县羯室者(匈奴之支族凡十九,俱见《晋书·北狄匈奴传》)。匈奴族自呼韩邪降汉后,其部众入居朔方及并州境内,已见上第六章。呼韩邪单于二十传而至呼厨泉。其中虽时或叛汉,然皆未几即平。当是时,已至东汉之末。匈奴人以先世常为汉甥,因多改姓为刘氏,乘汉族内乱,居于平阳,益杂入汉族之内。汉献帝建安二十一年,呼厨泉自平阳入朝。魏王曹操因见其部落强盛,户口弥漫,恐难禁制,故留之于邺而分其部众为五,悉散处之并州境内,每部设立部帅。又选汉人为其部中司马,以监督之。于是匈奴各族因与汉族杂居而逐渐淆混。五部中,左部最强。呼厨泉之兄子豹为其部帅,统一万余落,人口最众。故其后至魏废帝时,又分之为两部。然其部落人口仍日趋繁盛。

晋初匈奴汉族杂居之概况

除上述久已入居汉族境内之匈奴人以外,晋武帝之初,复有塞外匈奴大水塞泥、黑难等二万余落南下归降,武帝纳之,使居河西宜阳一带。

已而复有匈奴胡太阿厚、都大博、大豆得一育鞠及萎沙胡等先后共率部落十四万余口来降,武帝悉抚纳之。皆与汉族杂处。于是平阳、西河、太原、新兴、上党、乐平诸郡以及河西宜阳一带,皆布满匈奴人种(以上详《后汉书·南匈奴列传》《晋书·北狄传》及《载记·刘元海传》)。

鲜卑与乌桓之分布塞外
三国时乌桓人之杂入内地

(二)鲜卑族及乌桓——据《后汉书》及《三国志》,俱谓鲜卑及乌桓皆东胡族之裔。为游牧族,同匈奴。自秦汉间东胡族为匈奴冒顿单于所破后(见前第五章第一节),其余族东走,分为二:南支曰乌桓,汉武帝时,招之南向,命守上谷、渔阳、右北平、辽东、辽西五郡塞外,为中国侦察匈奴,武帝之后,颇骚扰边境。北支曰鲜卑,隔在乌桓之北,未尝与汉族相通。后汉初期,北匈奴为汉族所灭亡,余众西走,其地空虚,鲜卑乃乘之据其地。至后汉之末,鲜卑有两著名酋长,曰檀石槐,曰轲比能。檀石槐之际,甚强,南与汉族为敌,其疆域,北接丁令,西抵乌孙,东界扶余,几不减昔日匈奴之盛。惜团结之力不足,檀石槐、轲比能死,国即分裂。然其部落分布极广,东起辽东,西至并凉,塞外无处不有鲜卑人种逐水草游牧。而乌桓则当后汉中期,亦时有叛乱,汉族东北境骚然。后汉末年,汉族内讧,乌桓酋长蹋顿与袁绍相结托。及袁绍为曹操所败亡,其子袁尚、袁熙曾奔依乌桓。魏王曹操乃以田俦为向导,出卢龙塞,掩击乌桓于柳城,大破之处,斩蹋顿,首虏二十余万人。迁其余众万余落于中国内地,使与汉族杂处。

羌族之骚扰及其遭屠戮

(三)羌族——初,自东汉之初马援讨叛羌,尝从羌族一部分于冯翊、河东空地,其后族类蕃衍。且自和帝平羌以来,大小榆谷至西海虽一时无羌寇,然而降羌散处中国边郡者益多。其在安定、北地、上郡等处者,谓之东羌。在陇西、汉阳、金城等处者,谓之西羌。汉族吏民豪右,时或侵役之,致有安帝时群羌之大变。虽经安帝讨伐,其势稍戢,然而小有际会,辄复侵叛,西北汉族,大受其害。桓帝时,用段颎讨羌。段颎以杀戮为主义,欲"绝其根本,不使能殖"。故自公元一五九年至一六九年十一载间,追西羌至河首积石山,蹙东羌于西县(今甘肃秦安县)山

中,屠杀甚众。

杂居内地羌族之繁殖

羌人虽大经汉族杀戮,然其繁殖之力颇大。汉末,北地之羌先零种及冯翊之羌,犹有叛乱。经三国而至晋初,冯翊、北地、新平、安定诸郡又为所布满。此外仍有支族在赐支河首以西及在蜀汉徼北,牦牛、白马羌在蜀汉,参狼羌在武都。除在赐支河首者外,余皆与汉族错处(以上详《后汉书·西羌传》《皇甫规传》《张奂传》《段颎传》等)。

氐族之迁徙与分布

(四)氐族——氐族本世居邑中。秦并中国,以为黔中郡,薄赋敛之,口岁出钱四十。巴人呼赋为賨,故亦谓之賨人。汉末,汉族张鲁以道教惑民于汉中,氐族多敬信其教,颇往依之。其时武都一带,复有白马氐。魏王曹操降张鲁,克汉中,乃迁汉中氐人李氏五百余家于略阳北土,号曰巴氐。又恐刘备北取武都氐以逼关中,乃复徙武都氐五万余落于扶风、天水界。经三国至晋初,氐族蕃息,于是扶风始平京兆诸郡,莫不有氐(见《晋书·载记·李特传》及《通鉴》卷六十八及八十三)。

高丽人之杂入汉族

(五)高句骊人——高句骊人亦东胡族之一支,当西汉末年,始于长白山附近一带建国。王莽之际,欲发高句骊兵击匈奴,其王瑠璃明王不奉命,莽怒,伐之不克。自是至后汉之中,数寇汉族东北边。及汉末中国内讧,群雄扰攘,公孙度据辽东,屡破高句骊兵。已而公孙氏见灭于魏,高句骊复数侵寇辽东。公元二四六年,魏废帝遣毌丘俭讨之,"徙其余种于荥阳。始徙之时,户落百数,子孙孳息"。故至晋初,此杂居汉族中心之高骊人,亦遂殷炽(详《三国志·魏书·东夷传》及《通鉴》卷七十五、八十三)。

汉族与杂居异族之总结

汉族异族间之恶感

由上所叙,可知汉末至西晋之初,异族荐居中国内地与汉族杂处者不少;而以西北诸郡为尤甚。盖汉族经汉末三国之长期大内讧,汉族人民死亡流散者甚多。据《晋书·傅玄传》中傅咸所言,晋初汉族户口,仅及汉时十分之一。可见十分之九,均由经历大内乱而损失。因此,"魏

初民少,西北诸郡,皆为戎居,内及京兆、魏郡、弘农,往往有之"。(《通鉴》卷八十一郭钦语)至于"关中之人百余万口,率其少多,戎狄居半"。(《晋书·江统传》)其具扰乱中国之势力,当时有远虑者类皆知之。加以胡汉错居,恒积不相能。在汉族方面"士庶玩习,侮其轻弱,使其怨恨之气,毒于骨髓"。故在异族方面,"数因忿恨,杀害长吏,渐为民患"。尤其氐族、羌族"与关中之人,户皆为雠"。"以贪悍之性,挟愤怒之情,候隙乘便,辄为横逆"。汉族如复内乱,给以机会,其必将大变叛也明甚。

邓艾郭钦江统迁徙异族之意见

是以当三国之末,公元二五一年,邓艾上书司马师,言:"羌胡与民同处者,宜以渐出之,使居民表。"晋武帝既统一汉族,公元二八〇年,郭钦复上疏请:"及平吴之威……渐徙内郡杂胡于边地,峻四夷出入之防。"武帝不听。迄惠帝之际,关中氐人齐万年反。公元二九九年左右,江统乃更大声疾呼作《徙戎论》以警政府,言"当今之世,宜及兵威方盛……徙冯翊、北地、新平、安定界内诸羌,著先零、罕幷、析支之地;徙扶风、始平、京兆之氐出还陇右,著阴平、武都之界","幷州之……匈奴……皆可申谕发遣,还其本域"。如能"各附本种,反其旧土,使戎晋不杂……则绝远中国,隔阂山河,虽为寇盗,所害不广矣"。亦不见用(详《通鉴》卷七十五、八十一、八十三及《晋书·江统传》)。

二节 胡羯氐羌鲜卑之云扰中原

晋武帝所酿宗室内讧之根源
汉族大内乱及其结果

晋武帝、惠帝既不以异族杂居内地为意,而惟鉴于魏氏之疏忌宗室而亡,大封宗室子弟,委以职任,"入典机衡,出作州牧",益去州郡兵备,以为州兵损约,异姓将无可利用以起叛事;宗藩既成,帝业自固。孰知封藩召"八王之乱",去兵致胡扰之机。所谓"八王之乱"者,东安王繇、汝南王亮、楚王玮、赵王伦、淮南王允、齐王冏、长沙王乂、成都王颖、河间王颙、东海王越等十余王以宗室争权而造成之汉族大内乱也。此次大内乱,凡历十六年(公元二九一年至三〇六年)。诸王本皆晋宗室骨

肉,除东海王越外,悉互相戕杀以毙;汉族兵民之死者,共三十余万人。自是汉族之元气益伤,晋室之屏藩尽隳。上则本根莫庇,政府衰弱;下则州郡空虚,盗贼四起。且自三国以来,汉族士大夫趋于老庄外世外物之玄学,至乎是时,清谈大为盛行,士风靡弊,自达官至处士,几无一人忧国。于是"五胡乱华"之祸作矣。

"五胡乱华",吾人可分之为数时代。即

（一）汉前赵匈奴强盛时代（约公元三〇四—三二九年）

（二）后赵羯强盛时代（约公元三一九—三四九年）

（三）前燕（鲜卑）强盛时代（约公元三四九—三六九年）

（四）前秦（氐）强盛时代（约公元三五〇—三八三年）

（五）后燕（鲜卑）后秦（羌）对立时代（约公元三八四—四〇〇左右）

（六）元魏（鲜卑）兴盛与汉族南北对抗时代（约公元四〇〇—五八〇年）

五胡之中,匈奴、鲜卑为大。而鲜卑根据地在塞外,匈奴在塞内,故匈奴先起。

匈奴众晋乱独立惟刘渊为单于

初,居留并州之匈奴五部,以左部帅左贤王刘豹之部族为最强。豹死,其子刘渊袭位,兼为建威将军五部大都督。晋惠帝时,成都王司马颖表渊为冠车将军,使监五部军事,将兵居邺（今河南临漳县西南）。是时汉族中晋室诸王方迭相杀;州郡奸豪,又所在蜂起。于是匈奴族中北部都尉右贤王刘宣乃密召部众,希图反晋。其言曰:"自汉亡来,我单于虽有虚号,降同编户。今司马氏骨肉相残,四海鼎沸。兴邦复业此其时矣。"因共推刘渊为大单于。

刘渊称汉帝立汉国

是时汉族"八王之乱"正达极盛,于是刘渊乘机说成都王颖,请还合五部之众以赴国难。司马颖不知其有异图,信之。且拜为北单于,使速往召兵。渊北还至左国城（今山西离石县东北）,刘宣即率族人上大单于号。不及二旬,集众至五万。晋怀帝永嘉二年,刘渊称汉帝,以绍汉统,建元永凤,徙都平阳。迭遣子刘聪等逼晋,遂开"五胡乱华"之端。

西晋灭亡东晋元帝退保江南

刘渊迁都平阳以后,不久即殂,其子刘和立,弟聪弑而代之。于永

嘉五年,遣兵大破晋军于苦县,十余万人完全覆没,毙晋四十八王,又攻破洛阳,虏晋怀帝。已而弑之。汉族乃于长安立愍帝。时长安新为刘聪所破,"城中户不盈百,墙宇颓毁,蒿棘成林……众惟一旅,公私有车四乘,器械多阙,运馈不继,诸侯无释位之志,方镇阙勤王之举"。故未几而刘聪族子刘曜大举来攻,公元三一六年,帝出降。刘聪"因大会,使帝行酒洗爵。反而更衣,又使帝执盖。晋臣在坐者,多失声而泣。十二月……帝遇弑崩于阳",于是西晋灭亡。时晋宗室琅邪王睿方镇建康,闻怀、愍被虏,乃即帝位,保江南地,是为东晋元帝。自是汉族活动之区,惟限于东南,北方外族则纷起为乱。

羯人石勒之兴起与建国

当刘渊之起兵也,洛阳以东,群盗并兴。一时无所归向,咸往依附匈奴。其中尤以王弥及羯人石勒为最盛。及刘聪继立,汉土有雍州及河东。然而刘聪荒淫,无复建树。于是石勒起于东方。是时也,中原已糜烂不堪。汉族中如青州刺史苟晞、幽州都督王浚、并州刺史刘琨,虽稍能自立,然终为石勒所灭。群盗中之最强者如王弥等,亦为石勒所并。幽、并、青、冀、司、豫、兖、徐,几俱入石勒之手。初时石勒尚如流寇。乃得汉族赵人张宾,用其计划,北据襄国(今直隶邢台县),南定邺城,以为根据,始有立国规模。

前赵与后赵之建立;前赵之亡

公元三一八年刘聪卒,子粲立,为靳准所弑。于是石勒自襄国,刘曜自长安发兵攻准。勒破平阳,准奔刘曜,为曜所杀。曜乃自立于长安,改国号曰赵,史称之为"前赵"。前赵拥有关中,连陇右,而与石勒交恶。石勒以故自立于襄国,亦称赵王,史称之为"后赵"。刘曜伐石勒,战于洛西,曜大败被执。子熙奔上邦,已而为石勒之兵所追杀,前赵遂亡。后赵并有雍秦二州,此为匈奴族、羯族之自相吞并。

冉闵建魏国后赵灭亡

及石勒卒,子弘嗣,勒从子石虎弑弘而自立。虎残暴无人理。其降城陷垒,"坑斩士女,鲜有遗类","夺人妻女,十万盈宫"。其一生中,汉族死其手者,无虑数十万人。会谪东宫卫士高力等于凉州,遇赦不原,高力军反,攻长安,破之。出潼关,向洛阳,虎大惧。遣养子冉闵及羌族

酋姚弋仲击平之。军还，而石虎已卒。诸子争位，冉闵助石遵，遵乃得为后赵主。先是石遵许以冉闵为太子，及遵即位，背约，于是冉闵攻杀石遵，立石鉴。石鉴谋杀冉闵，闵知之，又杀石鉴而自为帝，复姓冉氏，改国号曰"魏"，时公元三五〇年。

汉族大诛匈奴族及羯族

冉闵本汉族，其杀石鉴也，"大诛胡羯"。据《晋书·石季龙载记下》，冉"宣令内外，六夷敢称兵杖者斩之。胡人或斩关，或逾城而出者，不可胜数……令城内曰：'与官同心者住，不同心者各任所之。'敕城门不复相禁。于是赵人（汉族）百里内悉入城；胡羯出者填门。闵知胡之不为己用也，班令内外：赵人（汉族）斩一胡送首凤阳门者，文官进位三等，武职悉拜牙门。一日之中，斩首数万。闵躬率赵人（汉族）诛诸胡羯，无贵贱男女少长，皆斩之。死者二十余万。尸诸城外，悉为野犬豺狼所食。屯据四方者，所在承闵书诛之"。经此次汉族之大诛胡羯后，胡羯之势力骤衰。冉闵虽仅一年而亡，然自是中原胡羯不能再起。

鲜卑族——慕容皝建前燕

胡羯衰亡之际，鲜卑族、羌族、氐族继之而兴。兹且先言"鲜卑"。

鲜卑为一大族，所据之土地虽在塞外，非如匈奴羯与之在腹心——然其部落较匈奴为多，故扰乱中原虽在匈奴之后，而命运则较匈奴族、羯族、氐族、羌族为长。其中最先崛起者，为慕容氏。据《晋书·慕容廆载记》，慕容涉归为鲜卑单于，邑于辽东之北。其子慕容廆复徙至徒河之青山（在今奉天之锦县），又迁至大棘城（今奉天义县），并有辽东，受晋之官爵。廆卒，子皝立，乘匈奴之乱晋，自称王，建国曰燕，史称之曰"前燕"。

前燕南侵——灭魏

皝乃筑龙城（今朝阳县），徙都之。皝卒，子儁立。是时辽西鲜卑，复有宇文氏、段氏。宇文氏为慕容皝所灭。段氏据会支（今直隶迁安县），亦为慕容儁所灭。故前燕之疆域，与后赵相接。后赵石氏灭亡之后，慕容儁乘势侵略中国，取幽州，南徇冀州。与冉闵战于魏昌（今直隶无极县）。闵马倒被执，魏亡。于是慕容儁徙都邺。此时前燕实力，仅及河北之幽冀二州及邺。故氐族之酋长苻洪及羌族之酋长姚弋仲，俱

欲乘机自立。

羌族氐族为胡羯压服及其徙入中原

据《晋书·载记》,当刘曜建前赵于长安,临渭氐族酋长苻洪为宗人所逼归曜,拜率义侯。曜败,洪西保陇山。石虎之攻上邽,洪又请降,拜冠军将军,委以西方之事。后以洪为龙骧将军、流人都督,处于枋头(今河南浚县)。刘曜又曾以南安赤亭羌族酋长姚弋仲为平西西将军,邑之陇上。及石虎克上邽,弋仲说之徙陇上豪强以实畿甸。石勒死,石虎执权,思弋仲之言,遂徙秦雍豪强于关东。弋仲率其众数万,迁于清河(山东清平)。于是山东河南,始有氐族、羌族。

羌族氐族之建前秦后秦

由上所言,可知羌、氐俱被胡羯压服。胡羯既亡,故遂并起。苻洪自立,是为"前秦"之始。姚弋仲亦自立,是为"后秦"之始。惟苻洪击房后赵之将麻秋,已而为麻秋所毒杀。其子苻健又杀麻秋,引兵入关。姚弋仲亦病亡,其子姚襄南向降晋。是时河南郡县无主,异族及汉族南向降晋者甚多,于是晋乃谋起兵经略北方,恢复汉族故土。

东晋之内乱及其北伐异族

东晋自元帝即位建康(三一七年)至鲜卑族慕容儁入邺之时(三五二年),晋室渡江已三十六年矣。此三十六年中,汉族活动之史迹,今先简叙如下,然后继述其经略北方:

元帝之即位建康,江南屡有乱事,幸陶侃、周访二名将次第讨定之。已而叛逆,阴谋篡夺,未成而死。晋明帝与温峤合谋,发兵讨平其乱。及晋成帝即位,苏峻祖约同反,亦为温峤陶侃所讨平。陶侃卒后,庾亮代督荆州,始出兵北伐。先是祖逖谋恢复北方,未成而死。亮继之,时后赵石虎方强,故亮出兵亦无功,惭愤而卒。至公元三四五年,桓温镇荆州,晋之形势始一变。

氐族建前蜀＝成汉及其灭亡

桓温在东晋时汉族之中,实为杰出之士。自镇荆州,兵势振起。遂成伐"蜀"之功。先是晋惠帝元康六年,关中氐族齐万年反,关西扰乱,人民多流亡入汉中。有巴氏李特者,因将之入蜀。其后李特之子李雄破成都,自称"成"帝。又北并汉中。李雄刑政宽简,百姓安之。雄卒,

兄子班立。雄之子越弑之而立其弟期。期虐淫不道,又为李特之孙寿所弑。寿既自立,改国号曰"汉"。及其子势时,桓温两道伐蜀,直逼成都,李势出降。"前蜀"遂亡,时在公元三四七年(详《通鉴纪事本末·成李据蜀桓温灭蜀》)。

桓温伐前秦前燕

前蜀灭后之二年,后赵石虎死,北方大乱,河南诸州汉族及异族,多来降晋,故晋谋北伐。

然而是时晋廷忌桓温威名,引用殷浩以制之。浩督杨、豫、徐、兖、青五州军,以羌人姚襄为前锋,北伐,反为襄所邀击,大败。桓温因是迫晋廷废殷浩。已而桓温伐前秦大破其兵,直抵灞上。"前秦"苻健坚壁清野,桓温粮尽,乃退兵。转而讨定姚襄,收复洛阳。是时"前燕"由慕容儁传子暐,慕容恪辅政,又陷洛阳。桓温乃北伐前燕,战于枋头,为慕容垂所败。时晋廷甚猜忌桓温。以故温谋废立。已而晋孝武帝立,温颇有图篡之意,未成而死。时公元三七三年也。

前秦苻坚灭前燕

慕容垂败桓温于枋头后,威名日盛。慕容评忌之,垂奔于前秦。前燕骤衰。而前秦自公元三五七年苻坚弑苻健子自立后,任用汉族王猛,修政练兵,国势甚盛。慕容垂既奔前秦,秦遂以王猛伐燕。克洛阳。公元三七〇年,直破邺城,执慕容暐。前燕遂亡(详《纪事本末·苻秦灭燕》)。

前秦苻坚灭前凉

是时北方之国,复有:

(一)前凉 前凉张轨,本汉族,为晋室凉州刺史。中原异族云扰,轨保有凉州仍事晋执臣礼,其子张寔时亦然。寔卒,其弟张茂立,为匈奴刘曜所攻,力屈称藩。茂卒,寔子张骏立。骏卒,子重华立。石虎攻之,屡败其兵,重华卒,子曜灵立,为重华之兄祚所杀。祚淫虐不道,又为其下所弑,立重华之子玄靓,张骏之少子天锡又弑之而自立,已而为前秦所灭。

前秦苻坚灭代击降乞伏氏

(二)代 代为鲜卑拓拔氏。拓拔氏世居漠北,后渐南徙。匈奴既

发乱华之端,拓拔猗庐为大单于,居代,助晋刘琨攻匈奴族之铁弗氏刘虎被封为代王。至后赵之末,拓拔什翼犍徙居云中,东征涉貊等夷族,西平破落那,又与铁弗部相攻,国势大振。但不久即起内乱,什翼犍为子实君所弑,前秦灭之。

(三)陇西鲜卑乞伏氏 其先亦由漠北南徙。至祐邻为部长,乃南迁至秦州边境,祐邻六传至司繁,前秦击降之。

东晋与前秦淝水之战

前秦苻坚既先后兼并前凉、代,及乞伏氏,其余诸异族之小部落,亦皆慑服。遂统一北方。于是坚乃南与汉族之东晋争衡:西陷梁益,东扰徐豫。公元三八三年,大举伐晋。惟是时晋廷谢安秉政,国势颇强。谢玄所领"北府兵"甚精锐,而晋将刘牢之亦颇知用兵。苻坚之伐晋也,兵多而不精。故大军未至,前锋已为刘牢之所败。晋军气势振起。及谢玄遣使请战,苻坚又为"半渡而击之"之谋所误。于是兵退不可复止,大败而还(详《通鉴纪事本末·肥水之役》)。

前秦分裂;后燕后秦后凉西燕西秦之建立

当苻坚之强也,北方羌人及鲜卑咸为所压服。虽坚待之甚厚,然及其败也,即纷起自立。于是(一)鲜卑人慕容垂据中山(今直隶定县),为"后燕"。(二)鲜卑人慕容永据长子(今山西长治),为"西燕"。(三)羌人姚苌据长安,为"后秦"。(四)氐人吕光据姑臧(今甘肃武威县),为"后凉"。(五)鲜卑人乞伏国仁据陇右,为"西秦"。北方统一之局至是又分裂。分裂以后,苻坚先为西燕所攻,乃弃长安奔五将山(在今陕西岐山县东北),后为姚苌所擒杀。其子丕镇邺城,为慕容垂所逼,逃于晋阳,自立。后为慕容永所败死。坚族子登自立于南安(今甘肃平凉县),与后秦相攻,后为姚苌子姚兴所杀。其子崇逃于湟中,又为乞伏乾归所斩,于是前秦灭亡。时公元三九四年也。

鲜卑北魏道武帝建国

当此前秦灭亡之年,后燕慕容垂灭西燕,并幽、冀、并三州,又南定青、徐、兖三州。后秦亦破洛阳,并淮、汉以北,又破乞伏乾归降之。故后燕、后秦并称为黄河流域大国。然鲜卑拓拔氏及匈奴赫连氏又起矣。

上已叙"代"国为秦所灭。当代国被灭之际,什翼犍之孙拓拔珪年

尚幼,其母携之往依匈奴刘库仁。库仁卒,其子刘显谋害珪,珪奔贺兰部。已而合故众,复自称"代"王。旋称帝,是为北魏道武帝。道武帝灭匈奴刘显及刘卫辰二部。至公元三九一年,迁居平城,次第征服代地诸部落,破柔然,遂成强国。

后燕分裂为北燕南燕

当是时,北方连年战争,氐、羌、胡、羯四族俱衰,鲜卑族之后燕虽并地稍广,然国力亦甚虚耗。其兴兵攻魏,大败。郡县望风而溃。慕容宝奔龙城。魏兵退后,宝谋收复中山,奈部下哗变,被弑。其少子盛定乱自立,因用刑甚严,又被弑。河间公熙立,奢淫无度,为部将汉族冯跋所篡,是为"北燕"。又当魏道武帝南侵之际,慕容儁之子德镇邺,弃之南走广固,自立,是为"南燕"。

匈奴赫连勃勃建立夏国

至于羌族人"后秦",时亦日就衰颓。而匈奴族刘卫辰灭亡之后,其子勃勃奔鲜卑叱十部,后又转入后秦,姚兴命之守朔方,以御后魏。而勃勃既得兵柄,遂叛后秦,自立为"夏王"。改氏为赫连,居统万城——在今陕西怀连县——连年攻掠后秦边境。后秦击之,俱不利。国力更形疲敝。

汉族刘裕北伐之成绩及其篡晋立宋

是时汉族之东晋,内部亦甚多事,不能北伐。自桓玄擅行废立为刘裕所讨平,晋之兵权,入于刘裕之手。北魏道武帝则自破燕以后,国政颇乱,亦不能南侵。刘裕既"休兵息民"数年,乃于公元四〇八年出兵伐南燕,灭之。又平卢循、徐道覆及毛璩据蜀之乱,出兵伐后秦,自合肥向许洛,所至克捷。乘胜攻长安,击后秦,灭之。后秦先乞援于魏,魏不能出兵,但列兵河上为声援,复为刘裕所败。时汉族大有可以驱除异族恢复北方之势,奈刘裕急于图篡,遽引兵南归。仅留其子义真守长安,诸将不和。长安乃为匈奴赫连勃勃所破。公元四二〇年,刘裕篡晋自立,是为宋武帝(刘裕灭燕、秦及篡晋)。

后魏之灭夏

宋武帝篡晋之后,内乱继起,宿将翦灭无余,更无力经营北方。北方遂皆入于鲜卑之后魏:

一、著作 中国民族史 53

是时魏道武帝久已为其子绍所弑。明元帝又讨绍而自立。当汉族刘裕篡晋之后，明元帝传位于太武帝，国势复强。值匈奴族赫连勃勃已死，其子赫连昌立，太武帝乃自将伐夏，攻统万。赫连昌奔上邽，魏兵追擒之。其弟赫连定自立于平凉，后亦为魏所破，奔吐谷浑。吐谷浑人执而送之北魏，匈奴族所建之夏国遂亡。时公元四三八年也。

后凉分为北凉西凉南凉

鲜卑族之后魏统一北方

凉州自苻坚淝水败后，为氐族吕光所据，立国曰"后凉"，已如前述。其后匈奴族沮渠氏叛，推吕光所命建康太守段业为主，据张掖。已而沮渠蒙逊杀段业自立，是为"北凉"。业所署沙川刺史汉族李暠亦据敦煌自立，是为"西凉"。河西鲜卑族秃发乌孤又据乐都（今甘肃碾伯县）自立，是为"南凉"。后凉自此分裂，势日弱小。北凉、南凉又时攻之。公元四〇三年。遂降于羌族之后秦。南凉秃发乌孤传弟利鹿孤，利鹿孤又传弟傉檀，檀降后秦。公元四一四年，复为鲜卑族之西秦乞伏炽磐所灭。西秦乞伏国仁传弟乾归，为后秦姚兴所破，降于后秦。后逃归自立，传子炽磐。及炽磐子暮末立，为匈奴族赫连定所杀。四三〇年，西凉李暠迁居酒泉，并有玉门以西，传子歆，为北凉沮渠蒙逊所灭。四二七年，鲜卑族之南凉亡后，匈奴沮渠蒙逊并有姑臧，又灭西凉，取敦煌，为凉州诸国中之最强大者。传子牧犍，为后魏所灭。四三九年，时汉族冯跋所立北燕传子冯安，亦已为后魏所灭，于是中国惟余南方之汉族国宋及北方之鲜卑族魏两国南北对抗，是为"南北朝"。

宋魏之战争；北强南弱之势

南朝宋文帝时，虽宿将垂尽，兵力已衰，然而曾灭南燕后秦，尚为累胜之余。且是时拓跋魏亦仅草创，故南朝尚有恢复中原之念。宋武帝殂时，魏明元帝曾乘丧伐宋，取青、兖、司、豫四州。及公元四二九年，宋文帝遣刘彦之伐魏，魏人敛兵河北，宋人恢复虎牢、滑台。是年冬，魏人纵兵南下，宋人不能当，所得诸地又失。文帝"经营累年"，至公元四四九年，又遣兵伐魏，然而"兵多白徒，将非才勇"，进而即败。魏太武帝乃自将南伐，至于瓜步（今在江苏六合县）。宋甚危急。然盱眙、彭城坚守不下，魏兵乃还。然"所过郡邑，赤地无余"，至于"燕归巢于林木"。元

嘉(文帝年号,四二四—四五三)之政,在南朝中居首。至是亦"邑里萧条"。公元四五二年,魏太武帝被弑,文成帝立,宋文帝又谋北伐,亦无功。汉族、鲜卑族南北分立"北强南弱"之势,至是始定。

南朝汉族政府之变革＝宋齐梁之迭更

公元四五三年,宋文帝为太子劭所弑,于是汉族之南朝变乱迭起。至四七九年,有萧道成者,遂篡宋自立,是为齐高帝。齐高帝篡宋之后,四年而殂,子武帝立。武帝与高帝同起艰难,留心政治,在南朝诸帝中尚称贤良。及其卒也,又复变乱相仍。至东昏侯,有萧衍起兵襄阳,发兵东下,东昏侯战败,为宦者所弑。五〇二年,萧衍为帝,是为梁武帝。梁武帝之世(五〇二—五四九),鲜卑族之北朝元魏已由盛而衰而分裂,故武帝因有恢复北方之志。今且先行略叙北朝鲜卑元魏之盛衰,而后再及梁武帝谋恢复北方之情形。

北魏鲜卑衰乱之机

北魏鲜卑族自太武帝统一北方与南朝汉族对抗以来,虽强盛,然因连年北征柔然高车,国颇虚耗。文成帝立,"守之以静",民乃复安。传至孝文帝,武功文治,均有可观。自平城南向迁都于洛阳。然而孝文帝时文治武功虽盛,北魏衰机亦兆于其时。盖因(一)是时北魏已同化于汉人,其鲜卑族之故俗及强悍之故性渐失。(二)魏宗室贵人南迁洛阳之后,皆习于奢侈,又崇信佛法。(三)北魏建都平城之际,与北方柔然、高车之交涉甚繁,故设怀朔、高平、御夷、怀荒、柔玄、沃野六镇,"盛简亲贤拥麾作镇,配以高门子弟……自定鼎伊洛,边任益轻。唯底滞凡才出为镇将,转相模习,专事聚敛。或有诸方奸吏,犯罪配边,为之指纵。过弄官府,政以贿立,莫能自改"(魏广阳王深上书,见《北史·太武五王传》),于是亦成后来之乱源。

北魏之纷乱概括

公元四九九年,孝文帝卒,宣武帝立,武功犹盛。及五一五年宣武帝卒,变乱迭作。由奢侈风气,至是更盛。胡太后大营寺塔,赏赐无度。于是"库府累世之积,扫地无余"。至于"减百官禄","豫借百姓六年租税",入市者每人税一钱。地方官又竞为诛求,以结纳权要,致民不聊生。于是六镇及内地民人益纷起叛乱。尔朱荣者,雄健有才略,为并、

冀等六州都督。乘胡太后弑孝明帝,举兵入洛,杀胡太后,立孝庄帝。留其党元天穆居洛,自迁晋阳。公元五二九年,孝庄帝诱入朝,杀之,并杀元天穆。尔朱荣从子尔朱兆举兵弑帝,立长广王晔。明年,又废之而立节闵帝。

北魏之分为东西两魏

公元五三二年,尔朱氏部将高欢起兵讨兆,立勃海太守元朗(太武帝之玄孙)。破邺城,尔朱兆迎战,大败,高欢入洛,废节闵帝与朗,而立孝武帝(明年攻杀尔朱兆)。孝武帝与高欢不睦,暗约关中大行台宇文泰以图高欢。公元五三四年,孝武帝举兵讨欢。欢亦自晋阳南下,夹河而军。孝武帝不敢战,奔长安。是年冬,为宇文泰所弑。立文帝。而高欢亦立孝静帝。于是魏分为东西。文帝为西魏,孝静帝为东魏(详《通鉴纪事本末》卷百三十四及《北史·齐本纪》)。

东西两魏之战争及结果

东西魏分立后,高欢、宇文泰剧战十年。其中最危险者,为五三七年之役。时关中大饥,宇文泰所将兵不满万人,而高欢之兵二十万,战于渭曲,高欢大败,西魏之势始固,乘胜进取河南土地甚多。明年,东魏侯景治兵虎牢以复河南诸州。宇文泰救之,不利。于是自洛阳以东为东魏。公元五四三年,高欢又发兵十万伐西魏,战于邙山,互有胜负。自是东西魏分立之局面定,而受其害者乃在于南朝汉族之梁武帝。

梁武帝之治绩及其所伏乱亡之因

梁武帝在位四十八年(五〇二—五四九)。建国之初,励精图治,国内称安。又尝乘鲜卑内乱,恢复淮北诸州。惜晚年迷信佛法,三次舍身同泰寺,"祭宗庙,以面为牺牲"。人民有犯罪者,至于"涕泣而赦之",于是刑政废弛。且承平日久,兵力尤不可恃。又梁武帝太子统(昭明太子)早卒,武帝乃立次子简文帝为太子;而昭明太子之子河东王誉、岳阳王詧等皆出刺大郡,又用诸子分刺诸郡以制之。诸王"人各有心",彼此乖离。以上诸事,皆为召亡之因。

侯景之乱梁

有上诸因,遂引侯景之事而至于乱亡。初,东魏高欢部将侯景尝专制河南。公元五四七年高欢卒,侯景乃以河南十三州降梁。梁武帝因

此谋恢复北方,命其子渊明北伐魏。魏遣兵讨侯景,渊明被擒,侯景奔梁,袭据寿阳。梁武帝即任之为豫州刺史。侯景见梁兵备废弛,阴怀异图。公元五四九年,反。武帝命临贺王正德拒之,正德亦常畜异谋,故反引侯景渡江,开门纳之。梁武帝忧愤而卒。侯景立简文帝,尽陷江南诸郡县。是时梁所封诸王方各据一州,互相吞并。侯景乃溯江而上,陷江州、郢州,攻巴陵,大为王僧辩所败,猛将多死。乃折还,杀简文帝,立豫章王栋。旋又弑之而自立,称汉帝。梁武帝第七子湘东王即位于江陵,是为元帝。始兴太守陈霸先起兵讨侯景,元帝命之与王僧辩分道进攻,侯景败死。

南朝汉族陈霸先篡梁立陈

先是元帝即位,武帝第八子武陵王纪亦称帝于成都。发兵攻江陵。元帝请救于鲜卑之西魏,西魏发兵入成都,武陵王败死。于是益州为西魏所取,而东方州郡亦大半入魏。自巴陵至建康,以江为界。已而元帝与西魏复有违言,西魏伐梁,破江陵,元帝遇害。徙梁岳阳王詧于江陵,令其称帝,是为西梁。王僧辩与陈霸先立敬帝于建康,而东魏又立贞阳侯渊明为梁王,遣兵送之。王僧辩拒战,大败,遂降之,与之同还,废敬帝为太子。陈霸先发兵袭杀王僧辩,重立敬帝。公元五五七年,敬帝禅位于陈霸先,改国号曰陈。

汉族所建北齐之兴衰

南朝陈霸先篡梁之前七年(公元五五〇),北朝东魏已为高欢子高洋所篡,是为北齐文宣帝。霸先篡位之年(公元五五九),西魏亦为宇泰子宇文觉所篡,是为北周孝闵帝。兹叙其后事如下:

北齐高氏系出汉族。文宣帝篡东魏后,极淫暴。盖"渐染胡俗"之结果也。然能委任杨愔,故能"主昏于上,政清于下"。文宣帝卒后,太子殷立,为孝昭帝所废。孝昭帝传弟武成帝。极荒淫,用小人,朝政大乱。国用不足,赋敛无厌,民不聊生。公元五六五年,传位于子纬,奢纵更甚。郡县守令,俱为市井鄙夫,入资得官,而剥削百姓,以为取偿之计,于是北齐遂成必亡之势。

鲜卑所建北周之盛;武帝灭北齐

北周宇文氏系出鲜卑(详《北史·宇文莫槐传》及《世纪》)。自孝闵

帝篡魏，大权皆在叔父宇文护手。篡魏之明年，为护所弑，立其弟明帝。已而又弑之，立其弟武帝。武帝立十二年，始诛护亲政。"帝沉毅有智谋……克己励精，听览不倦，用法严整……群下畏服……以海内未康，锐情教习。至于校兵阅武，步行山谷……征伐之处，躬在行阵。性又果决能断大事，故能得士卒死力。"公元五七六年，伐齐，克平阳。齐主自晋阳回攻，不克。明年，再伐齐，克邺，齐主暐出走，被执，齐亡。

汉族隋文帝之篡北周灭陈灭西梁统一中国

灭齐之明年，周武帝卒，子宣帝立，荒淫无度。周政遂衰。公元五七九年，传位于静帝，未几殂。静帝年幼，内史上大夫郑译等矫诏引宣帝后父汉族杨坚辅政。坚乃大杀周宗室，尽握朝权。尉迟迥、司马消难、王谦等起兵讨坚，皆败。公元五八一年，坚遂篡周而自立，是为隋文帝。时汉族之南朝自陈武帝传兄子文帝，文帝传于伯宗。伯宗之时，大权尽在叔父安平王顼之手。已而为顼所废，顼自立，是为宣帝。宣帝立九年而北齐亡，乘机恢复淮南之地。隋文帝受禅之明年，宣帝卒，后主叔宝立，荒淫无度。公元五八九年，为隋所灭，西梁亦已先二年为隋所灭，于是中国始复一统于汉族。

三节 各异族之同化于汉族

异族侵入汉族以内之结果

所谓"五胡乱华"之概略形况，已如上述。总而观之，计自汉献帝建安元年至隋文帝开皇九年，凡三百八十二年，黄河流域，匈奴人、羯人、氐人、羌人、鲜卑人等等汉族杂糅扰攘，无有宁岁。此如许长时期中，谓为"异族纷纷侵入中原蹂躏汉族之时期"也可，谓为"异族杂入汉族而同化"也亦可。盖是时汉族文化，冠绝东亚，凤具吸收异族而灌输以文化之力。自春秋战国所谓蛮夷戎狄同化于汉族以来，至是复起第二次之异族同化。惟汉以前，政治主权完全在汉族，而异族则以被治者而同化。汉以后，政治主权不全在汉族，而异族则以征服汉族者而同化也。

匈奴人之通习汉族文籍学术

三国两晋南北朝时代异族之同化于汉族，就其最大者言之，约有数端。其（一），诸异族自杂入汉族之内以后，多染浸通习汉族之文籍。

据《晋书·载记》,"刘渊幼好学,师事上党崔游,习《毛诗》、《京氏易》、《马氏尚书》。尤好《春秋左氏传》,《孙吴兵法》……诸子无不综览"。"刘宣师事兴安孙炎……好《毛诗》、《左氏传》……每读《汉书》,未尝不反复咏之"。"刘和好学夙成,习《毛诗》、《左氏传》、《郑氏易》"。刘聪幼"好学……年十四,究通经史,兼综百家之言,《孙吴兵法》靡不诵。工草隶,善属文,著述怀诗百余篇,赋颂五十余篇"。刘曜"读书,志于广览,不精思章句。善属文,工草隶,尤好兵书"。此皆匈奴人通习汉族文籍而沉浸于汉族学术最显明之例也。

羯族之通习汉族文学

又据《晋书·载记》第五至第七,石勒"雅好文学,虽在军旅,常令儒生读史书而听之,每以其意论古帝王善恶……尝使人读《汉书》,闻郦食其劝立六国后,大惊曰:'此法当失,何得遂成天下?'至留侯谏,乃曰,'赖有此耳!'其天资英达如此"。石弘"幼受经于杜嘏,诵律于续咸"。石虎虽昏虐无道而颇慕经学。沮渠蒙逊"博涉群史,颇晓天文"(《载记》第二十九)。此则羯族及后起之匈奴人染习汉族文籍学术最显明之例也。

鲜卑族之通习汉族文籍学术

又据《晋书·载记》,慕容皝尚经学,善天文。慕容儁"博观图书,有文武干略"。慕容宝"敦崇儒学,工谈论,善属文"。秃发傉檀"与尚书郎韦宗论六国纵横之规,三家战争之略"。慕容德"博观群书"。以及《魏书》所载元明帝"好览史传,撰《新集》三十篇,采经史,该洽古传"。景穆帝"好读经史,皆通大义"。此则前后杂入汉族之鲜卑族,染习汉族文籍学术最显明之例也。

氐族羌旅之通习汉族文学

又据《晋书·载记》,苻坚八岁"请师就家学,祖洪曰:'汝戎狄异类,世知饮酒,今乃求学耶?'欣而许之"。苻丕"好学,博综经史"。姚襄"好学博通,雅善谈论"。姚兴"与舍人梁喜等讲论经籍,不以兵难废业"。姚泓"博学善谈论,尤好诗咏"。此则氐族、羌族染习汉族文籍学术最显明之例也。

匈奴人、羯人之倡仿汉族学教

(二)异族君主豪酋提倡及模仿汉族之学术与教育。试观《晋书·

载记》谓刘曜立太学小学,简百姓年二十五以下十三以上神志可教者千五百人,选朝贤宿儒明经笃学者以教之。以石勒立太学,简明经善书吏,署为文学椽,选将佐子弟三百人教之;复增置宣文、宣教、崇儒、崇训十余小学于襄国四门,简将佐豪右子弟百余人教之;称赵王后,立经学祭酒、律学祭酒、史学祭酒等官,亲临大小学考诸生经义,尤高者赏帛有差;咸和六年,起明堂、辟雍、灵台于襄国城西,命郡国立学官,每郡置博士祭酒二人,弟子百五十人。又石虎令诸郡国立五经博士,复置国子博士助教,又遣国子博士诣洛阳,写石经。可见匈奴族、羯族首领之提倡及模仿汉族之学术与教育。

鲜卑人氐人之倡仿汉族学教

又《晋书·载记》纪慕容皝立东庠以行乡射之礼,每月亲临观,考试优劣,学徒甚盛,至千余人。慕容儁立小学以教儿童。秃发利鹿孤以田玄冲、赵诞为博士祭酒以教胄子。苻坚"广修学宫,召郡国学生通一经以上充之。公卿以下子孙,并遣受业,坚亲临太学,考学生经义优劣,品而第之。行礼于辟雍,祀先师孔子。其太子及公侯卿大夫士之元子,皆束修释奠焉。以安车蒲轮征隐士乐陵王劝为国子祭酒,禁《老》、《庄》、图谶之学,中外四禁、二卫、四军长上将士,皆令修学。课后宫,置典学,立内司于掖庭,选阉人及女隶有聪识者,置博士以授经"。可见鲜卑族、氐族首领之提倡及模仿汉族之学术与教育。

羌人之提倡与模仿汉族教学

又《晋书·载记》纪姚苌"令诸镇各置学官,勿有所废,考试优劣,随才擢叙"。姚兴时"天水姜龛、东平淳于岐、冯翊郭高等,皆耆儒硕德,经明行修,各门徒数百,教授长安,诸生自远而至者万数千人。兴每于听政之暇,引龛等于东堂,讲论道艺,错综名理。凉州胡辨,苻坚之末东徙洛阳讲授,弟子千有余人,关中后进多赴之请业。兴敕关尉曰,诸生谘访道艺,修己厉身,往来出入,勿拘常限。于是学者咸劝,儒风盛焉"。可见羌族首领之提倡与模仿汉族之学术与教育。

匈奴人羯人之采汉政制

(三)异族君主豪酋立国多采取汉族之政治典制。例如《晋书·载记》纪石勒称赵王后,"依春秋列国、汉初侯王每世称元,改称赵王元年,

始建社稷,立庙……遣使循行州郡,劝课农桑。朝会尝以天子礼乐飨其群下,威仪冠冕,从容可观"。又下书禁国人不得报嫂及在丧婚娶;其烧葬令如本俗。"制轩悬之乐,八佾之舞,为金根大辂,黄屋左纛,天子车旗"。可想见羯族之采取汉族制度。至于匈奴刘渊之称汉帝,绍汉统,采汉制,尤全化于汉族。

氏族之采取汉族政制

又据《晋书·载记》,苻坚称大秦天王后,修废职,继绝世,礼神祇,课农桑,立学校。鳏寡孤独高年不自存者,赐谷帛有差。其殊才异行,孝友忠义,德业可称者,令所在以闻。又起明堂,缮南北郊,祀其祖洪以配天,祀其伯父苻健于明堂,以配上帝。亲耕籍田,其妻苟氏亲蚕于近郊。其余一切官制官名,悉采汉制。俱可见氏秦之同化于汉族。

鲜卑魏孝文之仰慕华风

他如鲜卑族之元魏孝文帝,其倾慕汉族之文化而使其种族同化,更有甚焉。据《魏书·高祖纪》,魏孝文"太和十年……始服衮冕,朝飨……制五等公服……起明堂辟雍……定乐章,非雅者除之……诏下诸州党里之内推贤而长者教其里人:父慈、子弟、兄友、弟恭、夫和、妻柔"。已而"增置彝器于太庙……起宣文堂、经武堂……筑圜丘于南郊……立孔子庙于京师……分置左右史官……经明堂,改太庙……议养老,又议肆类上帝禋于六宗之礼……定禘祫之礼……祀显祖献文皇帝于明堂以配上帝……为三老……五更,又养国老、庶老……大序昭穆于明堂……籍田于南郊……迁都……洛阳……革衣服之制(即禁鲜卑旧服,改从汉族衣服)……诏不得以北俗之语(即鲜卑语)言于朝廷,若有违者,免所居官……诏求天下遗书……诏迁洛之民死葬河南,不将北还,于是代人南迁者悉为河南洛阳人……诏改长尺大斗,依周礼制度……改姓(拓拔)为元氏……废皇太子恂为庶人",盖以徇私着鲜卑旧服,密谋北还平城也。

异族改姓名与汉族通婚

(四)异姓改从汉族姓名,与汉族通婚。异姓改从汉族姓名者,如匈奴族刘豹、刘宣、刘渊、刘和、刘聪、刘曜之类,羯族石勒、石弘、石虎、石宣、石邃之类,鲜卑族拓拔氏改为元姓之类,氏族杨难敌、杨坚实、杨

毅、齐万年之类,巴氐李特、李流、李庠、李雄之类,羌族姚弋仲、姚襄、姚苌、姚兴之类,皆是。各异族之与汉族通婚,前自匈奴刘聪之娶汉族王育女、任颛女、范隆女、马景女、朱纪女、张寔女,后至汉族隋文帝之娶鲜卑族独孤后,唐太宗之娶鲜卑族长孙后,不可胜数。

"五胡乱华"之害与益

故所谓"五胡乱华",就当时汉族言之,逼汉族自黄河流域大举避乱,渡江而南,或被蹂躏死亡,或遭流离迁徙,诚为祸至大也。然就各异族之同化于汉族言之,则实使汉族中增加新血统新分子而种族混合扩大。且汉族南渡,承三国时孙吴启辟东南、西蜀启辟西南之绪而张大之。于是长江流域文化,从此日盛,致以后渐驾黄河流域而上之。有斯步骤,汉族势力后益南伸,渐至殖民于南洋,汉族范围,愈张愈大矣。

第八章　汉族势力之复兴与极盛
（隋唐时代）

一节　隋代与四裔之交涉
二节　唐太宗之四面发展
三节　汉族威势极盛概况

一节　隋代与四裔之交涉

新汉族及其势力之复兴

总观上章,吾人已知自东汉末叶历三国、两晋至南北朝之末,都凡三百八十九十年,为匈奴族、羯氐族、羌族、鲜卑族等杂入汉族,云扰中原之期。此时期中,汉族衰弱,大半被逼由黄河流域徙向长江流域,或南入闽广。或《通鉴》尝言"海内大乱,独江东差安,中国士民避乱者多南渡江";唐林谞《闽中记》亦言"永嘉之乱,中原仕族林、黄、陈、郑四姓,先入闽中"云云。其不向南方徙避者,则屡为各异族征服。然因汉族文化根柢深固,表面上虽屡为异族征服,实际上则使各异族之杂入者皆失其故俗而同化。其中固尝彼此倾轧,势不相容(见《晋书·石季龙载记》及《北齐书·神武纪》),结果终致语言、风俗、姓氏、血统完全融合调和,泯

无痕迹。诸异族之名称观念亦日消亡,虽属异族之裔,不复自知其为异族。于是汉族增加多系新血统、新分子而成为扩大之新汉族,势力复兴。

隋文帝之统一中国

新汉族首出之首领即隋文帝。上章第二节之末已叙及隋文帝篡夺中国北方鲜卑族所建立之周,吞并南方汉族所建立之后梁与陈,统一中国。于是北自河套,南至岭南,所有汉末汉族势力所达之区,咸入版图。斯时也,旧日中原所有异族胡、羯、氐、羌、鲜卑等既经同化,四方边疆,多系新异族相继起而与汉族接触交涉。兹分别略述如下:

柔然之盛衰与突厥之起

(一)与突厥之交涉,考历史上为汉族之患最深者为北方异族。北方异族初有匈奴。匈奴之后,又有鲜卑。鲜卑之后,复有柔然。惟柔然与汉族无甚关系,仅与鲜卑族为敌。当社仑时,始强盛,屡侵后魏北边。魏太武帝败之,社仑乃北渡漠击高车,"深入其地,遂并诸部"。于是兵势大振。公元四二八年,太武帝又自将攻之。时社仑从父弟大檀为可汗,"震怖北走"。太武北至兔园水,降其部众数十万,大檀忧愤而死。及魏分东西,柔然复振,大檀世孙丑奴与其从弟阿那瓌相继为可汗,与东西魏为敌。至公元五二二年,始为突厥所破,于是突厥继兴于北方(详《北史》)。

突厥之勃兴

据《北史》,突厥族为游牧生活之西北民族。先世曾为他族所灭,至阿设贤,始有部众,居金山(阿尔泰山)之阳。其后至土门,部众渐盛,始与后魏通商。公元五五二年,土门攻柔然,大破之,柔然可汗阿那瓌自杀,土门于是自立为伊列可汗。伊列可汗卒,弟木杆可汗立,南降吐谷浑,西南破恹哒,西北服结骨,北服铁勒诸部,东北服宝带,东南服奚、契丹。于是突厥之疆域,北包西伯利亚,东北至满洲,西接罗马,西南包俄领中亚细亚,开北方异族未有之盛。

隋文帝离间突厥;突厥分裂

木杆可汗卒,弟佗钵可汗继之。是时中国北部鲜卑族之周与汉族之齐分争,彼此皆惧突厥与敌人交好,争"结婚姻,遗缯帛",以买其欢

心。于是佗钵大骄曰："使我在南两儿孝顺,何忧贫也。"及北齐灭亡,突厥拥立齐范阳王绍义,周人以宗室女千金公主嫁之,始执送绍义于周。佗钵可汗死,沙钵略可汗立。时周亡隋兴,沙钵略又师他钵之故智,助周营州刺史高宝宁为寇。先是周臣长孙晟为周送千金公主于突厥,熟悉突厥内情。隋文帝用其策,离间木杆可汗之子阿波可汗及主西方之达头可汗(突厥分部酋长皆称可汗其共主则称大可汗),使与沙钵略构兵。突厥于是分为三国。

隋文帝第二次离间突厥

突厥之完全屈服于隋

突厥既分裂,沙钵略困而请和。千金公主改姓杨氏,封为大义公主。已而沙钵略死,弟莫何可汗继立,擒获阿波。莫何死,子都蓝可汗立,大义公主又煽之使犯边。隋文帝复用长孙晟策,煽惑都蓝之弟突利可汗(突厥主东方者恒称为突厥利可汗)构杀大义公主。乃故以宗室女安义公主嫁突利,而不许都蓝尚主,以挑都蓝之怒。都蓝果大愤,连合连头发兵攻突利,破之。突利逃奔中国,文帝处之夏、胜二州之间,封为启民可汗。时安义公主已死,又以义成公主嫁之。已而都蓝死,突厥内乱,启民赖隋为援助,尽有其众。而西突厥自阿波被擒后,子泥利可汗继主部众。泥利死后,子处罗可汗继之,不善抚御,部下反叛,亦入朝于隋。于是周齐以来北方之强敌,皆为隋外交政策所战胜。

高句丽之兴盛

(二)与高句丽之交涉 隋时异族与汉族有交涉者,除突厥外,又有高句丽。高句丽,三国时公元二四六年为魏幽州刺史毌丘俭攻破丸都以来(见上章),山上王之子东川王优位居迁居平壤。四传至故国原王钊,又迁都丸都。旋慕容廆攻破丸都,虏钊母妻,掘其父墓,载其尸而还。故国原王卑辞求和,乃还其父尸。高句丽自此不敢侵寇。又四传至广开土王谈德,南伐百济,取城五十八,部落七百;又救新罗,败百济日本联兵。时慕容氏入据中国,高句丽乘势尽取辽东之地,国势大振。

隋炀帝之征伐高句丽

及隋文帝统一中国,于公元五九八年,高句丽婴阳王元(广开土王七传)率兵侵犯辽西。隋文帝遣汉王谅率师击之,遇水潦,粮运不继,不

利而还。高句丽因此益骄。迄隋炀帝立,征婴阳王元入朝不至,乃征中国全国兵伐之。六一二年,攻辽东,不克;而将军宇文述又以九军大败于萨水(今朝鲜大宁江),损失甚巨。明年,乃再征全国兵会涿郡,复伐高句丽。因杨玄感督运黎阳举兵反,乃还师平之。炀帝欲复征兵三伐高句丽,高句丽始疲弊请和(详《通鉴纪事本末·隋讨高丽》)。

吐谷浑之败逃

(三)与吐谷浑之交涉　青海当五胡乱华时为鲜卑人吐谷浑所据,尽有青海氐、羌各部落。传至子孙,自号其国曰吐谷浑,至夸吕时,国势强大,交通东魏、北齐,屡与西魏、北周构兵,互有胜负。已而隋室统一中国,夸吕大惧,遁逃保险,不敢入寇。隋文帝开皇十一年(公元五九一年),夸吕死,子世伏立,奉表称藩于隋,并献方物,隋以光化公主妻之。已而国内乱,世伏被弑,其弟伏允立为王,请依俗尚主,文帝许之。自是朝贡岁至。炀帝即位,喜夸大,大业四年,裴矩希旨说铁勒使击吐谷浑,大破之,伏允西遁,隋遣宇文述追击,获其王公以下二百人,虏男女四千口而还。伏允南奔雪山,其故地皆空。东西四千里,南北二千里,皆为隋有。次年,炀帝西巡河右,遣兵击伏允,伏允遁去。高昌王趋伯雅、伊吾吐设(突厥大臣名),及西域二十七国,皆入朝。帝大悦。吐屯设献地数千里。诏因吐谷浑旧地置西海、河源、鄯善、且末四郡,谪天下罪人为戍卒以守之。大开屯田,扞御吐谷浑,以通西域之路。于县青海全部,直抵天山东面,皆入于中国。伏允以数千骑奔党项(详《通鉴纪事本末·吐谷浑盛衰》)。

炀帝之平林邑置郡县

(四)林邑之收服　林邑本汉代日南郡象林县故地。其后脱离中国而独立,与东晋南朝颇有交涉。至隋炀帝大业元年——公元六○五年,遣总管刘方击败之,入其国都。其国王梵志乃入贡。炀帝乃于交趾之南,增置海阴郡、林邑郡、比景郡,凡立县十二(见《隋书·地理志》)。于是汉族在南方之势力,恢复汉代之旧观。

二节　唐太宗之四面发展

唐太宗之武功总领

隋文帝炀帝虽南平林邑,西破吐谷浑,东伐高句丽,北服突厥,然仅

为汉族势力复兴之始。已而隋亡唐兴,唐太宗以英武雄才大略之姿,削除隋末各地割据之师,平定内乱,统一汉族,乃更向四裔发展。战胜攻取,汉族势力大张。兹分叙之如下:

东突厥之强盛

(一)灭东突厥与薛延陀,臣服回纥——上节隋言已克服东突厥。但自启民可汗死后,子始毕可汗立,部众渐强。时又值中国丧乱,边民避乱者,多逃奔突厥。于是突厥大盛,控弦之士数十万,割据北边诸人,皆称臣于突厥。唐高祖初起时,亦卑辞厚礼,思得其助。及中国已定,待突厥犹优。突厥因之愈盛而愈益骄恣。且突厥内有隋义成公主时煽之使犯边,而外复有齐王暕可以利用。故至始毕死后,经弟处罗可汗而至弟颉利可汗,乃迎齐王陈置之定襄,不时入寇,北边数千里皆被其患。高祖几至迁都以避之。

太宗灭东突厥

时始毕之子主治东方,仍称突利可汗,太宗与之有旧,于是设法离间之。而颉利是时又失属国铁勒之心,北方铁勒诸部皆叛,推薛延陀、回纥二部为主。且国内又频年大雪,六畜多死,于是国势大衰。公元六二九年,颉利拥众漠南,谋入寇。太宗遣李靖等分道伐之。李靖袭破颉利于铁山(在阴山之北),颉利遁走,为唐行军总管张宝相所擒。于是突厥之众一时奔溃,有北降薛延陀者,有西走西域者,而来降于唐者亦十余万。太宗初时以降虏处塞内欲使同化于中国。后觉未妥,始用突厥降人萧思摩为可汗,命率之还居塞外。

太宗灭薛延陀;回纥诸部降唐

当东突厥人之还塞外也,时薛延陀真珠可汗已徙居突厥故地(初,突厥未灭亡时,太宗已册封之为可汗以"树突厥之敌"。突厥灭后,即徙居突厥故地),形势颇强。萧思摩不能抚驭,仍逃归中国。已而真珠南侵,太宗遣兵破之。六四四年,真珠可汗卒,子拔灼立,薛延陀内乱,太宗趁势遣李世勣将兵灭之。于是回纥部诸徙居薛延陀故地。铁勒十五部惟薛延陀与回纥最强,薛延陀既亡,回纥之强盛犹未足以抗中国,故奉事惟谨。于是北方强敌,皆暂时为太宗所服(至于西突厥则至唐高宗时始征服,见下。以上详《通鉴纪事本末》太宗平突厥、唐平铁勒)。

高昌建国之略历

（二）绥服西域高昌、龟兹等国——高昌国于天山东，即前汉车师王庭，后汉戊己校尉故地。其界东西八百里，南北五百里。居民皆汉代以后中国西征将吏苗裔。晋初，以其地置高昌郡。前凉、后凉、北凉相继据河西，皆置太守以统之。北凉衰亡，阚爽据郡自为太守。北凉宗室沮渠无讳袭据之。无讳殂，弟安周代立。柔然袭灭之，立阚伯周为高昌王。是为高昌建国称王之始。伯周殂，子义成立，从兄首归弑之而自立。未几，高车人可至罗杀首归，立敦煌汉人张孟明为王。后为国人所弑，立马儒为王，以巩顾礼、麹嘉为左右长史，称臣于后魏，谋举国内徙。魏孝文帝许割伊吾地以处之。国人不乐东迁。齐明帝建武四年，相与弑王而立汉人麹嘉为王。始为塞外一强国，称臣于魏。

太宗灭高昌击走西突厥

唐初，嘉七世孙文泰在位，既入朝于唐而归，以中国距彼悬远，又见秦陇以北城邑萧条，有轻唐之意，多遏绝西域朝贡。又拘留中国人。时伊吾既内属，文泰复与西突厥连兵攻之，太宗下诏切责文泰。文泰不省，暴乱如故。寻与突厥连兵攻焉耆，焉耆上诉于太宗。贞观十四年，以侯君集为交河道大总管，薛万均副之，伐高昌。文泰闻唐兵起，谓国人曰："唐去我七千里，沙碛居其二千里，地无水草，寒风如刀，热风如烧，安能致大军乎？"不为备。已而唐兵至碛口，文泰忧惧而卒。子智盛以城降。下其郡县，以其地为西州。置安西都护府以镇之（详《通鉴纪事本末·太宗平高昌》）。

文泰初与西突厥相结，西突厥遣将屯可汗浮图城（今新疆迪化县）为高昌声援。及唐兵西下，可汗惧而西走千余里，其将以城降，以其地为庭州。于是天山东面皆入于唐。天山南路诸国皆称臣入贡。

太宗讨平龟兹

至于龟兹，据《通鉴纪事本末》所载，当东晋孝武帝太元年间，为前秦大将氐族吕光所破，立其王弟白震为王。自是以后，龟兹世世称臣于中国北方诸邦。至唐太宗贞观二十一年，龟兹王诃黎布失毕立，浸失臣礼，侵渔邻国。太宗诏以突厥人阿史那社尔为昆丘道行军大总管，铁勒人契苾何力副之，伐龟兹。次年，大破其兵，追执布失毕。诸城皆降。

龟兹与高昌既平,葱岭以西吐火罗、昭武九姓诸国皆畏威入贡。

太宗与吐谷浑之战争

吐谷浑与党项之内属

（三）吐谷浑之讨平与党项之内属——上节已言隋炀帝击走吐谷浑所据,尽有青海氐、羌各部落。及隋室衰微,中原丧乱,伏允复还收其故地。及唐高祖入长安,与伏允连和夹攻凉王李轨。太宗之际,伏允年老,信其臣天柱王谋,数犯唐边。贞观八年(公元六三四年),太宗以段志玄为西海道行军总管击败之,追至青海而还。寻以李靖为西海道行军大总管,与侯君集、任城王道宗、李大亮、李道彦、高甑生等大伐吐谷浑。伏允闻警,悉烧野草,轻兵走入碛。君集道宗引兵行无人之境二千余里,盛夏降霜,人龁冰,马啖雪,追及伏允于乌海,大破之。伏允走死,太宗乃立其质子顺为可汗。国人不服,弑之。复立其子诺曷钵为可汗。诺曷钵年幼,大臣争权,国内乱。命侯君集将兵援之。诺曷钵请颁历行年号,遣子弟入侍,封之为河源郡王。十三年,诺曷钵来朝,是为吐谷浑君主入朝于中国之始。太宗乃以宗室女弘化公主妻之。其丞相宣王作乱,欲劫诺曷钵与公主奔吐蕃。诺曷钵闻变,轻骑奔鄯善城。果毅都尉席君贤帅精兵与吐谷浑大臣威信王、袭宣王讨斩之,纳诺曷钵还庭,吐谷浑始衰。(吐谷浑既降,其属部党项亦同时内属。并详《通鉴纪事本末·太宗平吐谷浑》)

弃宗弄赞之叛服

中国文化输入西藏

（四）吐蕃之叛服及中国与印度之交涉——吐蕃国于今西藏一带,自古不通中国。唐太宗贞观初,弃宗弄赞在位,为人慷慨才雄,笃信佛法。年十六,即赞普位,遣大臣十六人至天竺传韵学,译经典。且本释教宗旨,修政治,制刑法,复拓张领土,南降蓝摩(在今印度西北部亚萨姆格尔之北五十里)、泥婆罗,西臣西域诸国。公元六三四年,始遣使者来唐入朝。太宗厚遇之,遣冯德遐往报聘。弃宗弄赞闻突厥、吐谷浑皆尚公主,复遣使者随德遐入朝,多赍金宝奉表求婚。太宗以其悬远,未许。使者还言于弃宗弄赞,疑为吐谷浑所离间。弃宗弄赞怒,遂东击走吐谷浑,又破党项白兰羌(在党项东,今四川理番县及松冈党霸诸土司

地),勒兵二十万入寇松州。都督韩威轻出,败绩。属羌大扰,皆叛应之。太宗乃命侯君集为行军大总管,与执失思力、牛进达、刘兰等率步骑五万分道拒之。进达自松州夜鏖其营,斩首数千级。弄赞惧,引去,遣使来谢罪,固请婚,许之。献黄金五千两,他宝称是,以为聘。十五年,太宗妻以宗室女文成公主,诏江夏王道宗持节护送。弄赞率兵亲迎,见道宗,执婿礼甚恭。自以其先未有婚帝女者,乃为公主筑一城以夸后世。遂立宫室以居公主。恶国人赭面之俗,弄赞下令国中禁之。慕中国服饰之美,自褫毡罽,袭纨绢,为华风。遣诸豪子弟留学中国,学习诗书。又请儒者典章疏。于是中国汉族文化与印度佛教文化,相继输入西藏内地。吐蕃始开化矣(详《通鉴纪事本末·吐蕃请和》)。

印度交通中国,王玄策在印度之战功

因与吐蕃交涉,中国国威遂宣扬于印度。时玄奘游历至印度,尝于乌苌国尸罗逸多王前陈述:"太宗神武,中国富强。"尸罗逸多乃遣使交通中国。据《旧唐·天竺传》:"贞观十五年,尸罗逸多自称摩伽陀王,遣使朝贡。太宗降玺书慰问。尸罗逸多大惊,问诸国人曰:自古曾有摩阿震旦使人至吾国乎?皆曰:未之有也。乃膜拜而受诏书。"公元六四八年,尸罗逸多死,其臣阿罗那顺自立。时太宗所遣使者王玄策适至。阿罗那顺发兵拒击。王玄策逃至吐蕃边境,调吐蕃与泥婆罗兵攻之,生擒阿罗那顺,下五百余城。中国汉族与印度发生兵争之关系,在历史上仅此一次。而玄策此种英雄之举动,更中国古今所未有者也。

太宗亲征高句丽无功

(五)与高丽之战争——上节已言隋炀帝屡征高句丽不利。自是以后高句丽日骄傲,联合朝鲜半岛南端小国百济,屡侵新罗。新罗被迫,乃求救于唐。唐太宗初本无意为之出师。至公元六四二年,高句丽大臣泉盖苏文弑其主荣留王建,立其侄宝藏王臧,太宗以为有隙可乘,欲因之恢复辽东。遂自将兵伐高句丽。太宗用兵虽与隋炀帝殊,然而是时亦"顿兵于坚城之下",不能得志。其进攻安市(在今盖法平县境),虽破高句丽援兵十五万于城下,然而安市城小而坚,攻之竟不能克。已而以辽左早寒,遂班师。泉盖苏文乃愈益骄恣,更屡攻新罗。六四七年,太宗又以牛进达、李世勣为行军大总管伐高句丽,破其兵。寻复发

江南工人造大船,欲大举由海路伐之。

以上皆唐太宗对外武功之最著者也。虽然,志犹未竟,太宗遂于公元六四九年崩殂。盖其时,东突厥虽灭,而西突厥尚存;高句丽虽屡遭征讨,功亦未就。及高宗嗣位,乃继太宗之志而竟其全功。

三节　汉族威势极盛概况

高宗灭百济高丽败日本

公元六六○年,高宗因高句丽与百济攻新罗益急,乃遣苏定方自成山(在今山东文登县)渡海先攻百济,破其都城,百济王义慈降。百济人立其弟丰,求救于高句丽与日本。日本济明天皇遣兵救之。六六三年,刘仁轨大破日本兵于白江口。丰奔高句丽,百济遂亡。六六六年,高句丽泉盖苏文死,三子争权,国内乱。高宗乃遣李勣乘机征伐。公元六六八年,亦灭之。于是朝鲜半岛惟余新罗一国。高宗于平壤设安东都护府,以统治之。是时也,中国在东方之声威大振。日本与中国之交通,亦以此时为极盛(以上详《通鉴纪事本末·唐平辽东》及《日本国志》)。

高宗灭西突厥

西突厥自处罗可汗朝服隋后,经射匮至统叶护可汗,国势日强。北并铁勒,西击波斯,南接罽宾,控弦数十万。西域诸国皆臣服。授其王为颉利发,遣吐屯监之,征收其租赋。惟统叶护后为诸父莫贺咄所弑,国内乱者多年,国土分裂。及乙毗咄陆统一,始复强。击吐火罗,灭之。自恃其强,渐骄暴,拘留唐使者。是时高昌已亡,西突厥与唐接境,遣兵寇伊州。唐太宗以将郭孝恪击破之。六四二年,突厥诸将共逐乙毗咄陆,遣使请命于唐。太宗曾下诏立莫贺咄之子为乙毗射匮可汗。咄陆故将阿史那贺鲁帅其部众降唐,置瑶池都督府以处之。已而贺鲁势渐强,唐高宗永徽二年(公元六五一年)攻乙毗射匮,杀之,并有其众,自号沙钵罗可汗,势日强大,数寇唐边。高宗遣梁建方、程知节等两次伐之,不克。复遣苏定方伐之,击破其兵,擒沙钵罗。分西突厥地,置昆陵、濛池二都护府,立兴昔亡、继往绝二可汗以统之。于是西突厥遂亡。其所役属诸国,皆分置府州。西尽于波斯,并隶安西都护府。时高宗显庆二年,公元六五七年也(详《纪事本末·唐平西突厥》)。

南方诸国朝贡称藩

自高宗灭百济、高句丽及西突厥后。国威益彰。虽自太宗以来力征经营,专属东北、西北及西南三面,于东南徼或未暇及,而威声所播,南方诸小国亦先后朝贡称藩。如占城(今中国交趾)、真腊(今柬埔寨)、扶南(今暹罗)、婆利(今婆罗州)、阇婆(今爪哇)、室利佛逝(今苏门答刺)诸国,以及东谢(今四川涪陵县)、西赵(今云南凤仪县)、牂柯(今贵州思南县)诸蛮,皆于其时来廷。于是唐威令所行,东综辽海,北跨大碛,西被达曷水(今底格里斯河),南极天竺暨海洋洲中诸小国。国势之盛,旷古无两。

统治之方法及领土之编制

既拥此广土,欲筹所以统之者。乃即其部落,列置州县。其大者,为都督府,即以其部落酋长为都督刺史,皆得世袭。虽贡赋版籍多不上户部,然声教所暨,皆边州都督都护所领,著于令式,号为羁縻。其突厥、回纥、党项、吐谷浑隶关内道者,凡府二十九,州九十。突厥别部及奚(东部鲜卑宇文之别种,据今内蒙喀喇沁部地)、契丹、靺鞨、降胡、百济、高丽隶河北道者,凡府十四,州四十六。突厥、回纥、党项、吐谷浑之别部,及自龟兹、于阗以西,波斯以东十六国隶陇右道者,凡府五十一,州百九十八。羌蛮隶剑南道者,凡州二百六十一。蛮隶江南道者,凡州五十一。蛮隶岭南道者,凡州九十三。又有党项州二十四,不知其隶属何道。大凡府州八百五十六,均号为羁縻云(详《新唐书·地理志》)。都督府为数较多,又分并置罢不常,兹不具载。都护府例置大都护一,副大都护各二,皆由唐廷特简。兹将其治所及所统。列表如下(其详见《新唐书·地理志》):

(一)安西都护府。统西域天山南路至波斯以东。治西州(今吐鲁番),后徙龟兹(今库车)。

(二)燕然都护府。即安北都护府。统漠北,治西受降城,后徙天德军(在今河套北)。

(三)单于都护府。统阴山之阳,黄河之北,治振武军(今托克托西北),后并入瀚海。

(四)瀚海都护府。统漠南,治云中(今大同)。寻徙金河。

（五）昆陵都护府。统西突厥五咄陆部落。治碎叶川东。

（六）濛池都护府。统西突厥五弩失毕部落。治碎叶川西。

（七）安东都护府。统高丽百济降户。治平壤，后徙新城。

（八）北庭都护府。统金山以西及天山北路。治庭州(今迪化)。

（九）安南都护府。统诸蛮。治交州(今安南东京)。

（十）峰州都护府。统蜀爨蛮。治嘉宁(今安南太原)。

唐代武功极盛之原因与任用异族

太宗、高宗之武功何以若是其盛耶？推原其故，一方面固由太宗资质之雄武，而高宗克绍父业；然一方面亦由汉族能与异族融化之结果。盖自五胡乱华以来，异族与汉族虽常相倾轧，而北齐以后，种界渐平。汉族对于异族之观念益淡。至唐时不独太宗之长孙后为鲜卑人，而且其时多用异族人为将。如史大奈本西突厥特勒；冯盎本高州土酋；阿史那社尔本东突厥处罗可汗之子；阿史那忠本东突厥苏尼失之子；契苾何力本铁勒莫贺可汗之孙。黑齿常之本百济西部人。泉男生本高丽盖苏文之子。李多祚亦靺鞨酋长之后。论弓仁本吐蕃族。尉迟胜本于阗国王。尚可孤本鲜卑别种。他如李光弼、浑瑊、裴玢等亦皆外蕃久居中国者(见《陔余丛考》)。可知唐时初非专恃强大，黩武开边。其于抚绥夷落，怀柔远人，实有一视同仁之概。观太宗"自古皆贵中华，贱夷狄，朕独爱之如一，故其种落皆依朕如父母"之言，更可见之。

唐代之异族宰辅

总之自太宗、高宗以后，种族观念甚淡，在发露兼收并蓄之精神。故其时中国与四裔之间，亦不如前此之严防。统计新、旧《唐书》中异族人有传者多至五十人。几占全史人物百分之四。而由《唐书·宰相世系表》统计唐朝三百年间，宰相共九十八姓，其中竟有十一姓非汉人。如何南之刘氏系匈奴族；浑氏亦系匈奴族；独孤氏亦系匈奴族。而洛阳长孙氏、代州宇文氏、元氏、京兆于氏、邺郡源氏、昌黎豆卢氏，皆为鲜卑族。至于洛阳窦氏，原系鲜卑没鹿回部落；龙居李氏则为李陵降匈奴以后之子孙。此十一姓，皆非纯粹汉族之最显著也。

太宗、高宗时，乃新汉族全盛时代。高宗以后，汉族内部起"武韦之乱"，对外无力顾及。于是(一)突厥遗族骨咄禄又渐强盛。骨咄禄死，

弟默啜继之,复取漠北(回纥渡碛南徙甘凉间),恢复颉利时代之旧地,大举入攻河北,破州县数十。(二)契丹李尽忠、孙万荣亦举兵背叛。攻破营平二州,侵及冀州。虽尝发兵数十万讨之,皆不能定。(三)吐蕃当高宗时,已破党项,灭吐谷浑,取西域四镇(龟兹、于阗、焉耆、疏勒)。至武后时,总管王孝杰虽恢复四镇,然而吐谷浑故地竟为吐蕃所据。中宗时,又以河西九曲之地赐吐蕃,且许其筑桥于河以通往来。于是河洮之间,被寇无虚日。(四)新罗、回纥、大食等国亦乘机屡扰唐境,诸边多陷。

玄宗灭突厥破吐蕃

故当武韦乱时,汉族对外,皆无足道。及玄宗即位,任姚崇、宋璟为相。宋璟罢后,又任用韩休、张九龄,内政尚称整饬。其对外,灭突厥,破吐蕃,亦有可称。初,自突厥默啜死,毗伽可汗立,用老臣暾欲谷之言,与中国构和。毗伽死后,突厥内乱。公元七四四年,朔方节度使王忠嗣出兵直抵其庭,遂灭之。至于吐蕃,玄宗初年即毁桥守河,吐蕃请和。其后兵衅复起,玄宗饬诸军进讨。七五三年,复河西九曲之地。此为唐代国威最后之振起。

十节度使之设置

玄宗为驾驭塞外异族之故,乃于天宝初在边陲要地置十节度经略使,委以军马大权,使之经略四方。其(一)为安西节度使,抚宁西域,治龟兹城。(二)为北庭节度使,防制突骑施、坚昆,治北庭都护府。(三)为河西节度使,断隔吐蕃突厥,治凉州。(四)为朔方节度使,捍御突厥,治灵州。(五)为河东节度使,与朔方犄角以御突厥,治太原。(六)为范阳节度使,防制奚、契丹,治幽州。(七)为平卢节度使,镇抚室韦、靺鞨,治营州。(八)为陇右节度使,备御吐蕃,治鄯州。(九)为剑南节度使,西抗吐蕃,南抚蛮獠,治益州。(十)为岭南五州经略使,绥靖夷獠,治广州。

节度使之多用异族

此十节度使者,皆兼辖数州,刺史以下,咸归管领,操军民两政,且得久任。又从李林甫之言,用异族为使。于是安禄山以杂胡,李怀仙以胡,李宝臣以奚,王武俊以契丹,王庭凑以回纥,李正己以高丽,李茂贞

以回鹘,史宪成以奚,李思敬以拓拔鲜卑,李国昌以沙陀突厥,皆相继见用为节度使,专阃作镇。

第九章 汉族复衰:异族之侵扰与压迫
(唐代后期及五代宋代)

一节 唐代后期异族之侵扰
二节 五代时异族之入据中原
三节 宋代所受异族之侵凌压迫

一节 唐代后期异族之侵扰

唐室之渐衰

顾自玄宗晚年以来,内政渐乱,武备亦弛,而节度使多镇边十余年,久任不易,操柄巨而经时久,根深蒂固,每启戎心。于是先有安禄山、史思明之乱,扰攘数年始定。自此国本日弱,各节度使多拥强兵;据有一方,不受中央政府节制。因之国外异族亦遂乘机侵扰。如回纥,如吐蕃,如南诏,皆使唐受其害;而沙陀、突厥徙入国内,竟伏割据中原之根。兹分叙其大略如下:

回纥助唐及其骄恣

(一)回纥——初,突厥复兴时,回纥渡碛南徙甘凉间。突厥亡后,回纥怀仁可汗又北徙据其地。怀仁可汗太子叶护之助唐平安史而收复两京也。原约克复西京之日,土地归唐,金帛子女归回纥。城破之日,回纥欲如约。唐广平王俶(即代宗)率众拜于叶护马前,请破东京后再如约。回纥勉从之。至代宗即位后,怀仁可汗已死,子移地健立,是为牟羽可汗(叶护得罪前死)。为唐叛将史朝义所诱,自将兵南下。至陕州,唐遣仆固怀恩说之反助唐。然骄恣特甚,至责雍王不蹈舞。又杖杀兵马使药子昂及行军司马韦少华。唐惟吞气忍声,无如之何。

唐对于回纥之容忍

仆固怀恩虽属蕃将,然对唐实为尽忠(参看《唐书·怀恩传》)。后因与河东节度使辛云京不协。朝中偏助云京,于是怀恩遂反。兵败,逃

入回纥,公元七四六年,引回纥及吐蕃入寇。幸怀恩道死,郭子仪单骑往见回纥,说之共击吐蕃,吐蕃遁去,唐与回纥之国交幸未破裂。然自是回纥益骄。每年贡马数千匹,俱不可用;而赏赐之金帛须甚多。其留居长安者,骄纵不法,酗酒滋事。及为官捕,则聚众劫取。官府亦无如何。其后牟羽可汗谋入寇。宰相顿莫贺谏不听。即弑之而自立,是为合骨咄禄毗伽可汗。德宗之在陕州也,尝受回纥之凌侮。即位后,颇忿。奈是时中国国力不足,宰相李泌再三婉劝,于是乃与回纥言和。

回纥之为黠戛斯所破散

然回纥自肃代以来,因与中国交通繁频,多得中国赏赐,渐濡染华风,流于衰弱。文宗时,年荒疫作,为黠戛斯所攻(即铁勒十五部中之结骨)。可汗驭特勒被杀。余众走天德振武间,盗畜牧,为唐军所破。残部五千,仰食于奚。寻为黠戛斯所虏。于是漠南北无复有回纥。而其余众走西域者,蔚为其地一大族,遂成近世回族分布之形势。

唐所受吐蕃之害

(二)吐蕃——吐蕃较回纥为强,故唐受吐蕃之害亦烈。安史乱时,诸将皆撤兵入援,于是吐蕃乘势尽陷河西陇右之地。公元七六三年,吐蕃人入,至便桥(在今陕西咸阳县境),代宗奔陕州。吐蕃入长安,立广武王承弘为帝。旋以郭子仪多张疑兵以胁之,乃弃城而去。德宗立,与吐蕃和,约以泾、陇诸州为界。唐将朱泚反时,吐蕃允助兵讨贼,约事定界以泾、灵等四州。旋吐蕃军中疫作,不战而退。事平之后,乃又邀赏。德宗酬以金帛,吐蕃意未足,怨望,又举兵为寇,兵锋直逼畿辅。诸将竟"不能得一俘"。穆宗时,其赞普达磨嗜酒好猎,凶愎少恩,吐蕃国势渐衰,已而国内乱。八四九年,宣宗遂恢复河湟之地。明年沙州首领张义潮等复以河西来归。于是唐复有河西陇右之地。然河湟一带,吐蕃人杂居者不少,河西亦荒芜已甚。至唐末,声教隔绝,河西乃复为回纥所据,陇右亦入于吐蕃族之手。直至宋熙宁中始恢复。

南诏之勃兴

(三)南诏——国不甚大而害唐最甚者则为南诏。南诏,《唐书》以为哀牢夷之后,实则系出乌蛮。乌蛮与白蛮为分别之称,亦谓之两爨

（以南北朝时中国有爨氏王其中，故乌蛮为东爨，白蛮为西爨）。其众在金沙江、大渡河流域。唐初，分为六诏。其中蒙舍诏地居最南，故称南诏。玄宗时，南诏酋长皮逻阁始合六诏为一，徙治太和城（今云南太和县），玄宗封为云南王。天宝间，剑南节度使鲜于仲通失政，南诏酋长阁罗凤（皮逻阁子）北臣吐蕃。仲通讨之，大败。杨国忠调山东兵十万讨之，又大败。于是南诏北陷嶲州（西昌县），兵锋及清溪关（今四川清溪县），西川大受其害。

南诏与唐之交涉及其衰

然而南诏自归服吐蕃后，赋敛甚重。吐蕃每入寇，常用其兵为先锋，又夺其险要地筑城置戍，南诏深以为苦。当嶲州陷时，西泸令郑回为阁罗凤所获，命回为其孙异牟寻之傅。德宗时，阁罗凤死，异牟寻嗣位，以郑回为相。郑回劝之归唐，西川节度使韦皋亦遣使招之。于是异牟寻归中国，与中国兵合击吐蕃。公元八〇二年，西川之患始解。文宗时，异牟寻之孙劝利在位，又举兵入寇，攻成都，入其郛。劝利死，子酋龙立，懿宗时称帝，国号大理。屡攻岭南，又陷安南都护府。唐以高骈为安南都护击败之。南诏又改攻西川，唐又调高骈击破之。南诏始不敢为寇。酋龙死后，南诏亦衰。与汉族之交涉渐少。

沙陀突厥之兴起及其归唐

（四）沙陀突厥　初，西突厥别部有处月者。自西突厥亡后，依唐北庭都护府以居。其地在金娑山之阳，蒲类海（今新疆巴里坤湖）之阴，有大碛曰沙陀，因号为沙陀突厥。河西既为吐蕃所陷，安西、北庭朝贡路绝。肃宗、代宗以后，常假道于回纥。回纥因之求取无厌，沙陀深以为苦。于是密引吐蕃陷北庭，吐蕃徙沙陀于甘州。久之，回纥取凉州，吐蕃疑沙陀与回纥交通，欲徙其众于河外（黄河之南），沙陀大惧。公元八〇八年，其酋长朱邪尽忠与其子执宜率众三万落归唐。吐蕃追之，且战且走。尽忠战死，执宜以余众款灵州塞，节度使范希朝以闻。宪宗诏处其众于盐州，置阴山都督府，以执宜为兵马使。其后希朝移镇河东，执宜举部随往。希朝更处其众于神武川北黄瓜堆（在今山西山阴县北），简其精锐以为沙陀军。懿宗以后，屡次以之征讨，遂伏沙陀入据中原之根本（详《通鉴纪事本末·李克用归唐》）。

二节　五代时异族之入据中原

唐中央政府之衰微

总之自唐玄宗晚年以来,外有异族之连绵侵扰,内有节度使之纷纷割据。宪宗时代虽一时削平藩镇,然未几河北三镇再叛,其他节度使亦多效尤,时有抗命之举,中央政府遂陷于威权不振之状态。且同时宦官亦养成势力,把持朝政,中央政府益趋混乱。其后宦官倚藩镇之力,肆行叛逆;而朝臣亦借助于方镇以除宦官;他方面,人民困苦思乱。

庞勋之乱及沙陀突厥之得势

公元八六六年,徐泗之兵戍守桂林者因及期不代,反,推庞勋为首领,北陷徐、宿、滁、和等州,进攻泗州。政府令康承训讨之。承训请以沙陀突厥之兵自随,命朱邪执宜之子赤心率之。及战,"所向无前",遂平庞勋。于是赐赤心姓名曰李国昌,以为大同节度使(治云州今山西大同)。旋又移镇振武,治旧时单于都护府(地在阴山之南),沙陀突厥自此得势。

沙陀李克用之叛及其复用与平黄巢

已而山东连年饥荒,高仙芝、黄巢等起而作乱,成为流寇。公元八八〇年,黄巢攻入长安,唐僖宗奔蜀。诸道兵皆不力战,四方藩镇亦皆袖手旁观。于是不得不再用沙陀突厥之兵。初,李国昌自为节度使后,其子李克用为沙陀兵马使,戍守蔚州(今山西灵邱县)。蔚州之兵杀防御使段文楚,推克用为主,入据云州。政府遂以李国昌为云州节度使,意谓克用必不能拒父。孰知李国昌与克用连兵共反。幽州节度使回鹘人李可举与战,败之。国昌父子逃入鞑靼(见后)。时克用族父李友金等,请赦李克用罪而命之击黄巢。政府从之。于是于公元八八二年李克用率沙陀突厥及鞑靼兵万余人南下。连战皆胜。明年四月,收复长安。黄巢逃出潼关,往攻蔡州。节度使秦宗权为巢所败,降巢。八八四年,李克用又出关,黄巢败死。于是历年流寇始告平定。然而李克用遂为河东节度使,沙陀突厥之势益盛矣。

李克用复叛与唐昭宗谋除克用失败

僖宗还京后,宦官田令孜依然用事,垂涎解州、安邑两盐池之利,欲

以河中节度使王重荣移往山东。重荣不欲。令孜结邠宁(治邠州,今陕西邠县)朱玫、凤翔(治岐州,今陕西凤翔县)李昌符往攻之。王重荣与克用有戚谊,故克用往救。朱玫、李昌符大败。重荣遂反。李克用与合兵进击京城。僖宗逃往凤翔,又逃往兴元(今陕西南郑)。已而李克用、王重荣又愿归顺。李昌符亦与朱玫不睦,三人合力攻杀朱玫。僖宗始还京(田令孜逃往西川依陈敬瑄)。公元八八八年,僖宗崩,杨复恭拥立昭宗。昭宗颇为英明。时李克用攻杀昭义军节度使孟方立(昭义军治邢州,今河北邢台县)。并邢、洺、磁三州,又北取云州。宣武节度使朱全忠与河北三镇,皆请出兵攻之,昭宗欲借此除李克用,遂亦发兵征讨。不意全忠及三镇之兵皆不出,致为克用所败。不得已,与克用和。

李昌符李茂贞王行瑜等之乱与李克用之关系

当僖宗之回京也,李昌符又作乱,遣李茂贞讨平之,即以茂贞为凤翔节度使。昭宗时,不欲杨复恭将禁军,命之为凤翔监。复恭至兴元,反。茂贞又讨平之。于是茂贞骄恣。八九二年,昭宗发禁兵讨李茂贞。茂贞与邠宁节度使王行瑜合兵拒命,大败禁军。不得已,诿过于宰相杜让能,杀之,而与茂贞等和。于是朝廷一举一动,皆为行瑜、茂贞所制。镇国军(治华州,今陕西华县)韩建亦与之结合。八九五年,三人同入朝杀宰相韦昭度、李溪。闻克用欲举兵来讨,始各还镇。而李茂贞之养子李继鹏时为右军指挥使,又举兵作乱,昭宗逃往石门(镇名,在今陕西蓝田县)。幸李克用举兵讨斩王行瑜,昭宗始得还京。

昭宗谋诛宦官之变

已而昭宗谋抑宦官,置殿后四军,派诸王统领。李茂贞原与宦官交通,故又举兵犯阙。昭宗逃往华州。韩建亦与宦官连结,杀诸王。李克用乃复派兵入援,始将昭宗送还。昭宗回京后,仍与宰相崔胤谋诛宦官。九〇〇年,中尉刘继述囚昭宗(立太子裕为帝),崔胤密结神策指挥使孙德昭诛刘继述,奉昭宗复位。然而兵权尚在宦官之手,于是不得不借助于朱全忠。

朱全忠之强盛

朱全忠本以黄巢降将任为宣武节度使(治汴州,今河南开封县)。先是黄巢虽灭,而秦宗权又起,势强。今河南、山东,皆为所剽掠。屡发

兵攻全忠。全忠居围城之中,四无应援,而"勇气弥厉"。其后竟灭秦宗权,又东灭朱瑄、朱瑾(朱瑄据兖州,军名泰宁;朱瑾据郓州,军名天平),南并时溥(据徐州),北服河北三镇,西并河中,取义武(治定州),夺据邢、洺、磁三州。连年攻围太原,李克用至自顾不暇。北方形势,惟全忠独强。及崔胤谋诛宦官,宦官挟李茂贞以自重,崔胤乃密召朱全忠诛宦官。

朱全忠诛宦官及其篡唐立梁

公元九〇一年,宦官韩全诲等见事机已急,劫昭宗走凤翔,时韩建已降朱全忠,遂进兵围凤翔。明年,李茂贞以不能敌全忠,乃杀韩全诲等,以昭宗送于朱全忠。全忠于是大杀宦官。回京后,又诛杀八百余人。九〇四年,朱全忠迁昭宗于洛阳,已而弑之。立昭宣帝。九〇七年,全忠篡位,是为后梁太祖。

后梁之为沙陀突厥所灭

全忠既篡唐立梁,建都大梁(今河南开封),仅有中原。其四方藩镇纷纷割据独立。太祖于公元九一二年,为次子友珪所弑。第三子友贞讨杀之而自立,是为末帝。先是九〇八年,"虎踞河东"之晋王李克用已死,子存勖继立。李克用晚年颇有暮气,而存勖则如"新发于硎"。于是沙陀突厥更盛,河北三镇及义武皆为存勖所服。梁末帝性柔懦,更非李存勖敌,尝发兵攻魏州,又尝出奇兵袭晋阳,皆无功。存勖反袭取梁之杨刘镇(在今山东东阿县境),筑德胜南北两城。梁人仅"决河自固"。九二三年,又袭取郓州,梁之形势更紧。梁末帝遣勇将王彦章往攻郓州,又为李存勖所杀。当是时,梁之重兵皆在河外,李存勖用李嗣源策,发兵直袭大梁,梁末帝自尽。于是梁亡。

沙陀突厥之建后唐及其衰

李存勖以公元九二三年称帝,国号唐,是为后唐庄宗。灭梁之后,迁都洛阳。然自是志得意满,宠伶人、宦官,不问政事。赏赐无度,以方镇上供之钱,入之内府供私用;州县上供者,始拨入外府供国家之费。内府"金帛山积",而外府竭蹶异常。南郊(祭天)赏赐不足。军士皆有怨心。军士既心变,后唐灭亡之机兆矣。

后唐内乱及李嗣源之为帝

公元九二五年,庄宗遣相郭崇韬及其子魏王继岌伐蜀。魏王者,刘

皇后所生。刘皇后本庄宗之妃,郭崇韬为其有宠,曾劝庄宗立之为后,冀可以为援。孰知刘后反宠信宦官。及崇韬伐蜀,蜀王王建之子衍甚荒淫,崇韬兵至,王衍即降。然而川中盗贼大起,一时未能还兵。宦官乃谗之于刘后,谓郭崇韬有异心,恐不利于魏王。刘皇后大惧,请庄宗诛崇韬。庄宗不听,刘皇后乃自命魏王杀之。中外皆莫明其故,于是谣言四起。魏博戍卒之自瓦桥关(在今河北雄县)归者,即乘机据邺都作乱。庄宗遣李嗣源击之。嗣源之兵亦变,劫嗣源,送之邺城。后嗣源以策自脱。其女婿石敬瑭恐得罪,劝嗣源遂反。嗣源从之,即以石敬瑭为先锋,直趋洛阳。庄宗欲拒之,而兵士莫肯用命。庄宗遂为伶人郭从谦所弑。于是李嗣源即位,是为明宗。

后唐之变乱

明宗亦沙陀突厥人,乃李克用养子。在位八年,尚称令主,九三三年卒。养子从厚立,是为闵帝。时明宗养子从珂镇凤翔,石敬瑭镇河东,闵帝欲更动之,从珂即举兵反。闵帝遣五节度击之,或降或溃,乃命卫兵迎敌。至陕州,又降从珂。于是闵帝奔卫州(今河南汲县)被杀。从珂即位,是为废帝。废帝既立,又欲移石敬瑭于天平。石敬瑭亦反,借兵于契丹。契丹遂大举入中国。

今且先叙契丹之来历:

契丹之起原

契丹出自鲜卑宇文氏,尝为慕容氏所破,窜居今热河境。后魏道武帝时,又击败之。于是"东西分背",西为奚,东为契丹。奚人居于土护真河流域(今英金河),盛夏徙保冷陉山(在妫州西北)。契丹入居潢河之西(今西剌木伦河),土河之北(今老哈河)。奚众分为五部,契丹则分为八部(详《魏书》)。契丹八部常为蠕蠕及高丽所破,部落离散。隋时始复依托纥臣水而居(即土护真河),分为十部,逸其名。唐时复分为八部,唐皆以为羁縻州。

契丹与唐初之关系

契丹强盛之机,起于唐初。唐太宗时,契丹酋长窟哥内附,太宗以其地置松漠都督府,即以窟哥为都督,赐姓李。别部大酋辱纥主亦来降,以其地为玄州(八部亦各置羁縻州)。时奚人亦内附,以其地为饶乐

都督府。两都督府共隶营州(今热河朝阳县)。武后时,窟哥之裔李尽忠与归城州刺史孙万荣(此契丹另一部,其酋长孙敖曹以高祖武德四年来降,安置之于营州城旁,即以其地为归城州,万荣乃敖曹之孙)同反。武后发兵数十万讨之,不能定。后赖突厥默啜袭破尽忠之众(时尽忠已死),又借助于奚,始平万荣。

契丹之内乱

契丹自经此大创后,中衰,附于突厥。公元七一四年(玄宗开元二年),尽忠从弟失活来降。于是奚酋李大酺亦叛突厥来归。唐乃再置松漠、饶乐两都督府,各妻以公主。及失活死,从弟婆固袭爵,为牙将可突干所攻,逃奔营州。营州都督许钦澹为之发兵,与李大酺共攻可突干,大败。婆固及李大酺皆被杀(于是奚衰而契丹独强)。可突干立婆固从弟郁干。郁干死,弟吐干袭,又与可突干不协,九二五年来奔。国人立其弟邵固,后为可突干所弑。七三四年,幽州长吏张守珪结契丹部长过折。过折斩可突干来降,即以为松漠都督。旋为可突干余党泥礼所弑。

契丹对于唐之叛服

泥礼亦曰雅里(亦作涅里)。当其杀过折也,推戴之者甚多(见《耶律昌鲁传》)。因"让不有国",乃立迪辇阻里(《辽史》谓即阻午可汗),唐赐之姓名曰李怀秀,拜松漠都督。公元七四五年(天宝四年),叛去,更封其酋李楷落以代之。安史乱后,契丹服于回纥。至八四二年(武宗会昌二年),可汗屈戍(《辽史》以为耶阑可汗)始来降。咸通中(懿宗年号),可汗习尔曾两次进贡(《辽史》以为巴剌可汗)。九○一年(昭宗天复元年),钦德立,是为痕德堇可汗。痕德堇可汗之时,中国幽州刘守光暴虐,幽涿之人多亡入契丹,于越(官名)耶律阿保机招用之。公元九○六年,痕德堇可汗死,耶律阿保机代立,是为契丹太祖。

辽太祖致契丹强大

契丹太祖耶律阿保机曾于公元九○二年以兵四十万侵河东、代北,攻下九郡。其后频年入寇,北边骚然。朱全忠将篡唐,晋王沙陀突厥李克用使人聘于契丹,阿保机以兵三十万会克用于云州,约为兄弟。克用赠以金帛甚厚,期共举兵击全忠。阿保机既归而背约,反附于梁,李克用恨之。其后庄宗李存勖虏刘仁恭,取幽州,以周德威守之,德威恃勇

不设备，弃榆关(今山海关)之险，契丹遂刍牧于营、平间(平州今河北省卢龙县)，数攻幽蓟。公元九二二年，乘镇州张文礼之乱，阿保机引兵攻中山(今河北定县)，渡沙河，后唐庄宗自将铁骑五千败之于新城(今河北新城县)。契丹虽无所得而归，然自此颇有窥中国之志。患女真勃海等在其后，欲击勃海。又惧中国乘其虚，乃遣聘于后唐以通好。阿保机乃大举亲征渤海(渤海事详见《新唐书·勃海列传》)。屡破其兵，进围忽汗城(在今吉林宁古塔，即宁安县西南八十里，有东京城址，城以水得名忽汗河，即今牡丹江)，获其王大諲譔以归，渤海遂亡。改其地为东丹国，册太子突欲为人皇王以主之。公元九二六年阿保机次扶余，殂，辽称为太祖。计太祖之世，首并契丹八部。其后东西征讨，尽服西北方鞑靼、黠戛斯、沙陀、党项、河西回鹘、陇右吐蕃及渤海等部族(见《辽史·属国表》)。于是东至海，西至于流沙、金山，南接燕代，北绝大漠，成万里大国，任用燕人韩延徽为相，树城郭，分市里，教垦艺，制契丹文字三千余言，斐然具开国之规模焉。

石敬瑭引契丹灭沙陀突厥之后唐

阿保机殂后，次子德光立，是为契丹太宗。立后十年，会后唐蕃汉马步军总管石敬瑭反唐，遣张敬达等讨之，敬瑭遣使求救于德光。德光乃自将出兵雁门(今山西代县北)，车骑连亘数十里，兵至太原，即日大破唐军，围张敬达等于晋安寨，立石敬瑭为晋帝。已而杨光远杀张敬达以降，德光遣兵送敬瑭南下，入洛阳。后唐废帝自焚死。敬瑭割燕云十六州与契丹以酬之，于是沙陀突厥在中原所建之后唐亡。契丹初起，以临潢府为都(即今阿鲁科尔沁旗南绰诺河南之波罗城)，至是乃以幽州为燕京，公元九三七年，改元会同，改国号曰大辽。置百官，皆依中国之制，参用中国之人。国势益盛。

突厥石敬瑭建后晋及为契丹所灭

石敬瑭之先世亦出西突厥，从沙陀归唐。敬瑭既借契丹兵灭后唐，立为晋帝，是为晋高祖，都汴。其对辽称儿皇帝，终其世奉之甚谨。敬瑭卒，侄晋出帝立。德光怒其不先告而又不奉表，不称臣而称孙，数遣使者诘晋。时晋大臣景延广对使者语，不逊，与辽交涉主强硬，德光乃倾国南侵。公元九四四年，出帝亲征，败辽兵于马家渡(在今山东聊城

县)。明年,德光复围镇州,晋将杜威闭壁不敢出,辽兵遂掠邢、磁、洺,至于安阳河(今河南安阳县)千里之内,焚剽殆尽。已而晋与辽皆厌兵,议和不成。后唐降辽之将赵延寿在幽州,晋出帝数以书招之。延寿见晋衰乱,常有意窥中原,而德光亦尝许延寿灭晋而立之。延寿乃诈言思归以诱晋。九四六年,晋出帝遣杜威等迎延寿,至瀛州。德光闻之,出军围杜威,许立威为帝,威遂举军降。德光遣赵延寿衣赭袍,至晋营,抚慰士卒,亦以赭袍衣杜威。其实皆戏之,亦藉以愚晋军耳。杜威既降,辽遂进军至大梁,出帝迎降,晋亡。

契丹人之蹂躏中原概况

辽太宗耶律德光既灭晋,乃宣言谕众曰:"我亦人也,可无惧我。本无心至此,汉兵引我来尔。"遂改晋为辽,改服中国皇帝衣冠以视朝,百官常参起居,一如晋仪。德光大悦,顾其左右曰:"汉家仪物,其盛如此,我得于此殿坐,岂非真天子?"然是时尚不知所以治中国之法,惟遣其部族酋豪及其通事为诸州镇刺史节度,使括借汉人钱帛以赏军。辽军人马不给粮草,日遣数千骑分出四野劫掠人民,号为"打草谷"。黄河下流东西二三千里之间,汉族大被其毒,远近嗟怨。会后晋太原留守沙陀突厥人刘智远起太原,所在州镇多杀契丹守将归之。盗又蜂起。德光大惧,乃命将守汴,而自引兵北归。行至汤阴,登愁思冈,谓其属曰:"我在上国以打围食肉为乐,自入中国,心常不快。若得复吾本土,死亦无恨。"至临洺,见其井邑荒残,笑谓晋人曰:"致中国至此,皆燕王为罪首。"(时封赵延寿为燕王)又顾其相张砺曰:"尔亦有力焉。"德光行至栾城,得疾,卒于杀胡林。

突厥刘智远逐契丹建后汉

先是,契丹太祖耶律阿保机之长子名倍,太宗耶律德光乃次子。阿保机后述律氏宠德光,于灭勃海之后,封倍为人皇王以镇其地,人皇王逃奔后唐,故德光得袭位为契丹君主。而述律后第三子曰李胡,最横暴。德光在杀胡林卒后,契丹人恐述律后欲立之,乃就军中推戴辽世宗。述律后怒,命李胡发兵出战,兵败,乃与世宗和。后述律后与李胡又有异谋,世宗皆幽之。契丹既有内难,无暇南顾。故沙陀突厥人刘知远起太原,乘机发兵入大梁,诸镇降契丹者,皆复归知远,于是知远建后

汉,是为后汉高祖。

汉族郭威灭汉建周;突厥刘崇建北汉

沙陀突厥刘知远既建国曰汉,旋崩,子隐帝立。知远旧臣汉族杨邠(总机政)、郭威(主征伐)、史弘肇(典宿卫)、王章(管财赋)分掌国事。隐帝厌为所制,于九五〇年,杀杨邠、史弘肇、王章。郭威前平叛有大功,是时方统兵防契丹;隐帝族其家,谋诛之。郭威乃还兵攻隐帝。隐帝为乱兵所杀,汉亡。知远之弟刘崇时留守太原,尝与郭威不协,时郭威扬言欲迎立其子赟,故刘崇按兵不动。郭威旋出军御契丹,至澶州(今河北濮阳县),为士卒所拥立,还大梁,是为后周太祖。于是刘崇称帝于太原,是为北汉,遣使称子侄于契丹,契丹世宗册立为汉帝。

汉族周世宗之致国富强

周太祖郭威为五代时汉族中特出之人物,北败契丹北汉。卒后,养子柴后之侄世宗立,北汉乘丧借契丹兵来伐,世宗亲将兵大败之于高平(今山西高平县)。世宗较太祖犹规模宏远,奋发有为,实五代时汉族中第一英主。虽突厥所建之北汉及长江流域汉族所建之南唐、后蜀等皆与契丹通声问,凭藉其力,以震动中原。世宗不为屈,反败后蜀,服南唐。

周世宗伐契丹与汉族赵匡胤建宋

于公元九五九年,复自将伐契丹,取瀛、莫、易三州,置雄(今河北雄县)、霸(今文安县)二州(自此中国与契丹以瓦桥关为界),遂趋幽州。契丹将萧思温不能抗,请救于契丹穆宗。穆宗沉湎于酒,又不时应,幽州大震。不幸世宗得病,乃班师,未几,世宗崩。子梁王宗训立,是为恭帝。时主少国疑,宿将汉族赵匡胤为都点检,屡立战功,为士卒所爱。公元九六〇年,传言契丹人入寇,恭帝命匡胤将兵防之,至陈桥驿(在今河南开封县东北)为士卒所拥戴为帝,是为宋太祖。

三节 宋代所受异族之侵凌压迫

宋太祖太宗之统一汉族

宋太祖既即位,先谋从事统一汉族。太祖袭周世宗富强之余,而是时汉族割据诸国,又皆不振,统一之事自易措手。先平定湖南荆南,旋

平定后蜀、南汉及南唐。太祖殂后，弟太宗继之，收吴越。惟突厥所建之北汉自刘崇传子钧，钧传养子继恩，继恩为其下所杀，弟继元立。常倚恃契丹之援，自太祖以来，屡攻之而未得志。赵普尝言于太祖曰："太原当西北二面。太原既下，则二边之患（谓契丹与西夏等）我独当之，不知姑俟削平诸国，则弹丸黑子之地，将安逃乎？"太祖亦以为可以资捍御西北，故姑置为缓图。至公元九七九年，中国东南渐定，汉族统一，太宗乃大举自将伐北汉，分兵败契丹援兵，于是继元降，北汉遂灭。

宋初之防守西北与宋太宗图契丹

当宋太祖之谋统一汉族也，对于西北边之异族三国，专取守势：使"李汉超屯关南（瓦桥关），马仁瑀守瀛州，韩令坤镇常山（今正定县），贺惟忠守易州，何继筠镇棣州（今山东惠民县），以拒契丹"。"郭进控西山（卫州刺史兼西山巡检），武守琪戍晋州（今山西临汾县），李谦溥守隰州（今山西隰县），李继勋镇昭义，以御太原"。"赵赞屯延州（今陕西肤施县），姚内斌守庆州（今甘肃庆阳县），董遵诲守环州（今甘肃环县），王彦昇守原州（今甘肃镇原县），冯继业镇灵武，以备西夏"。至太宗时，中国既已全定，乃思乘胜北攻契，恢复燕云。然而契丹自世宗历穆宗至景宗即位以来，已非复穆宗时之腐败，又有耶律休哥等良将，故太宗之北伐无功。

宋太宗之北伐契丹无功

太宗既灭北汉之后，即进兵攻契丹，克顺、蓟二州，进攻幽州，兵势颇锐。已而契丹将耶律休哥来援，宋师败绩于高梁河。未几，契丹景宗卒，圣宗立，年幼，太后萧氏同听政，专任耶律休哥以南边之事，形势益强。而宋太宗误听贺怀浦等边将之言，以为"契丹主少，母后专政，宠幸用事"，有隙可乘。公元九八五年，再命曹彬、潘美、田重进分道北伐。彬出雄州，取涿州，为耶律休哥所败，"弃戈甲如邱山"。潘美出雁门，取寰、朔、应、云四州，亦为辽将耶律色珍（斜轸）所取。田重进方出飞狐口，太宗乃急召之还师。

契丹圣宗南侵及与宋和

自是以后，宋不复能进取，而契丹兵则屡次南侵。公元九九七年，宋太宗卒，真宗立。九九九年，契丹圣宗自将大举入寇，至澶州。遣偏

师渡河,南掠淄、青。真宗自将御之,次于大名契丹兵乃还。一〇〇四年,圣宗奉萧太后又大举入寇,至澶州,"中外震骇"。宋群臣王钦若、陈尧叟等多主迁都,惟宰相寇准力主亲征。于是准促真宗渡河,次于澶州。契丹人不意真宗亲出,又以君后亲在行间,用兵亦不免偏于迟重。前锋攻澶州,又不利。统军萧挞凛中弩死。于是以中国降将王继忠之介绍,与宋议和。契丹初索关南之地,真宗但许以财货。寇准主强硬,"不欲赂以货财,且欲邀其称臣及献幽蓟之地",真宗不从,结果宋以岁币银十万两,绢二十万匹成和。契丹主称宋真宗为兄,真宗称萧太后为叔母。

契丹与宋和后之交涉

宋之于契丹虽始终不能得志,然而自一〇〇四年成和之后,与契丹相好者百二十年。其间惟契丹兴宗初立时,以国势富强,加以宋方与西夏构难,慨然有取关南之意。于一〇四二年,遣萧特末、刘六符等来宋求地。宋仁宗遣富弼报之。弼力言:"用兵则虏获金币,利在臣下;言和则辽得岁币,利在主上。"连日反复开陈,兴宗始取消用兵之意。但宋增纳岁币、银、绢各十万两匹于契丹。总之,宋之于契丹虽处于弱国地位,然而和亲甚久,受害尚轻,实际上受害甚者,则在西夏(详《宋史纪事本末·契丹盟好》)。

鲜卑族之建立西夏及叛服

西夏出于党项之鲜卑族。始祖名拓跋赤辞。唐太宗时归中国,其后有拓跋思恭者,讨黄巢有功。唐赐之国姓。以为定难节度使,世有夏(今陕西怀远县)、银(今陕西米脂县)、绥(今陕西绥德县)、宥(鄂尔多斯右翼后旗)、静(今米脂县北)五州。周世宗时,封李彝兴西平王。宋太祖时,彝兴入贡,传子克睿、孙继筠、继捧。至宋太宗时,李继捧入朝,悉献其地。继捧族弟继迁不欲,叛走地斥泽(在夏州东北三百里今怀远县境)。于九八五年,袭据银州。明年降于辽,辽封为夏王。而宋太宗亦用赵普招徕之策,乃以李继捧为定难节度使,赐姓名曰"赵保忠",谋招徕继迁,继迁果请降。宋亦以为银州观察使,赐姓名曰"赵保吉",继迁旋又叛,继捧亦与之合。宋太宗命李继隆发兵讨擒继捧,而继迁卒不能获。一〇〇二年,继迁合西蕃陷灵州,改为西平府,迁居之(其孙元昊又

改名兴州）。明年攻西蕃陷西凉府。旋为吐蕃族潘罗支所攻，中流矢卒。子德明立。使子元昊而取河西（河西时为回鹘所据）。德明在位凡三十年，利中国茶帛。故颇恭顺于宋，及一〇三二年德明卒，元昊嗣位，中国之边患遂起。

元昊时西夏之强盛及其与宋之战和

元昊乃西夏豪杰。性雄毅，多大略。少时常劝其父不值以马易宋物，不宜向宋称臣，其志已可概见。及袭位，兼吸收中国吐蕃文明："晓浮屠学，通蕃汉文字"；定官制，造文字，设立蕃学、汉学，区画郡县，分配屯兵，以山讹为将，以汉族华州张、吴二生为谋主（见《宋史·西夏本传》及《西夏纪事本末》）。嗣位未两岁，遂发兵寇宋边，杀掠居民。又侵回鹘，尽有今陕甘北部及绥远西套一带。兵虽不过数万，而幅员几及万里。一〇三八年，遂称大夏皇帝，建元天授。宋仁宗初令范雍、夏竦分守鄜延、环庆及泾原、秦凤四路。旋用夏竦为陕西招讨使，以韩琦、范仲淹副之，将兵二十万。韩琦主出兵，范仲淹主坚守。议论未协，而西夏来攻。韩琦副将任福大败于好水川（在甘肃隆德县东）。范仲淹又擅与夏人通问。于是韩、范与夏竦皆罢，以陈执忠代之。后又以韩琦守秦凤，王沿守泾原，庞籍守鄜延，范仲淹守环庆，亦不能得利。然元昊虽屡胜，而国中亦觉困弊。始于一〇四三年，遗书庞籍请和。明年和议成，宋仁宗封元昊为夏国主，岁赐银、绮、绢、茶共二十五万五千。元昊之叛虽不过五年，然而宋丧师屡告，军费浩大，沿边破坏受害甚巨。陕西诸地，"人民减耗三分之二"（司马光《谏刺义勇疏》），几终未恢复原状。

宋神宗与西夏之战和

其后鄜州将种世衡请进城延安东北二百里之旧宽州城以逼西夏，政府许之。城既成，赐名为"青涧"（今陕西清涧县），即以世衡知城事。世衡死后，子种谔继任，一〇六七年（英宗治平四年），种谔袭取绥州（今陕西绥德县）。朝议以为擅开兵衅，贬种谔。时夏元昊已卒，子谅祚立。逾年，谅祚亦死，子秉常立，方三岁，一〇六九年，愿将所陷塞门（今陕西安塞县北）、安远（今甘肃通渭县境）两砦归还中国，以换取绥州。宋神宗许之。然夏人并无诚意交涉，不能就绪。于是改筑绥州城，赐名"绥德"。夏即举兵入寇。神宗以韩绛为陕西宣抚使，起用种谔，败夏人，进

筑啰兀城(在今陕西米脂县北),砦垒甚多。已而夏人来攻,诸砦尽陷。啰兀亦不能守。于是再罢韩绛,斥种谔。至一〇八一年,秉常为其母所囚,神宗从种谔言(种谔已为鄜延总管),令陕西河东五路进讨,约期同会灵州,无所成。明年,侍中徐禧新筑永乐城(在今米脂县西),夏人来攻,又败死。是两役也,中国丧失甚多(但《宋史》谓"官军、熟羌、义保死者六十万",恐亦言之过甚),于是仍许西夏和。

惟宋神宗时对西夏之用兵虽归失败,然而对于南方异族之用兵,颇有成功。今撮叙其大略如下:

平沅水资水流域诸蛮族

(一)沅水流域自古为蛮族所居,东汉时谓之"武陵蛮",隋时,汉族之疆域进拓至今沅陵,置辰州。唐时,又进辟锦(今湖南麻阳县)、溪(今湖南永顺县)、巫(今四川巫山县)、叙(今湖南黔阳县)等州。唐末,其地为群蛮所据。宋初,用傜人秦再雄招降之。于是沅城之蛮族分为南江、北江(北江彭氏最大,南江舒氏、田氏、向氏最大)。而资江流域,又有梅山峒蛮。今靖县之地,又有杨氏号为十峒首领(酋长皆为汉姓,殆因汉人王其中之故)。梅山峒蛮为患最甚。神宗时,以章惇经制蛮事,平梅山蛮,开其地为安化、新化两县。又平南江蛮,置沅州(今湖南芷江县)。而北江诸酋,亦愿纳土。徽宗时又降十峒首领置诚州(今靖县)。

平黔江长江流域诸蛮族

(二)黔江流域之濮族,在唐时为东谢(在今贵州思南县一带)、牂牁(汉牂牁郡境)、西赵(在东谢之南)、夷子(在东谢之西)诸蛮。宋时,先有龙、方、张、石、罗五姓,神宗时,又有程、韦二姓,皆通朝贡,谓之"西南七蕃"。其在长江流域者,则分属黎、叙、戎、茂、泸五州,皆不侵不叛,惟居长宁(今四川长宁县)、宁远(今四川屏山县附近)以南之晏子,及纳溪(今四川纳溪县)附近之斧望个恕,颇为边患。神宗命熊本讨平之,后又平定今重庆以南诸地,开南平军。

平安南与黎氏请降

(三)安南之地,唐前本属中国版图。五代时,土豪蜂起,有丁氏据其地独立。宋初,平岭表,丁氏遣使入贡,太祖因而封之。太宗时,丁氏为其将黎桓所篡,太宗发兵讨之,无功。因其请和,遂授以官爵曰"交趾

郡王"。自是安南始独立为国。真宗时,黎氏又为李氏所篡。神宗时,其主乾德遣兵犯边,连陷钦(今广东钦县)、廉(今广东合浦县)二州及邕州(今广西邕宁县)。公元一〇七五年,神宗遣郭逵讨之,逵先恢复失地。明年,入其国,败其兵于富良江,安南请和。自是对于宋朝始于臣服。(详《宋史·交趾传》)

以上皆宋神宗对于南方异族用兵成功之概要也。神宗以后,北边契丹之势日衰;然而契丹东北之女真民族继之勃兴,又南与汉族为敌。

女真族之兴起及其与契丹启战

女真在古时为肃慎,两汉谓之挹娄。自南北朝至唐,谓之勿吉或靺鞨。至五代,称为女真(避兴宗讳作"女直"),世居混同江及长白山一带,尝服属于契丹。《金史》谓:在南者系契丹籍,谓之熟女真;在北者不系契丹籍,谓之生女真。又有黄头女真,其人戆朴勇鸷。其王始祖曰"函普",系出高丽,传四世至不鲁,渐强。其子乌古乃继之益盛,能役属诸部。尝受契丹命,为生女真部族节度使,"始有官属,纪纲渐立";然不肯受印系契丹籍。乌古乃传子劾里钵及颇剌淑及盈格,相继定东方诸部族。辽人求"系籍",拒绝之。盈格卒,劾里钵子乌雅束继之。及乌雅束弟阿骨打即位,始与契丹人启战争。

完颜阿骨打之败契丹称帝

初,契丹圣宗时,契丹之国势最盛,其后渐衰。及天祚帝立,荒于游畋,委政于妃兄萧奉先,国事益坏。是时也,常遣使往女真求海东青(鹰名),极骚扰。阿骨打乃借此激怒诸女真部族。又适有星显水纥石烈部阿疏与女真构兵,奔契丹。阿骨打索之,契丹不与。阿骨打亦以为口实,于公元一一一四年,起兵攻契丹。契丹遣都统萧嗣先讨之,大败。女真人遂取咸州(今铁岭东)。明年,阿骨打称帝,国号金。是为金太祖。

契丹之内讧与屡败于金

已而金太祖引兵破黄龙。天祚帝闻之,自将兵七十万至驼门御之。不意御营副都统耶律章奴反,天祚帝闻之,皇遽西归。金兵追击,大败之。明年,渤海人高永昌据东京,为金太祖所破。东京郡县,多降于金。金之疆域,几有今奉天、吉林两省。于是金太祖乃遣使契丹议和,要求五事:(一)册金主为帝;(二)以兄礼事金;(三)割上京、中京、兴中府

三路之地；（四）约岁币；（五）以亲王、公主、驸马、大臣子孙为质。但契丹人争执颇力，故和议不就，兵衅再开，金兵即攻陷上京。

宋徽宗之谋恢复燕云

时契丹内部已瓦解，耶律余睹叛降金，金人因得尽知天祚帝虚实。于是金太祖命辽王杲为都统伐之，克中京（今热河凌源县）。天祚帝为金兵所袭，逃往夹山（今五原西北），于是契人拥立秦晋国王淳于南京，尽有燕云、平州、辽西、上京之地。天祚帝仅有漠北。金太祖乃进取西京。而宋徽宗及童贯亦欲乘契丹败亡之机，恢复燕云，结果反引起女真族与汉族之冲突。

金宋约夹攻辽与金之灭辽

是时也，汉族方面，宋徽宗好大喜功，遣马政往金求"五代时陷入契丹汉地"。金太祖复书，约宋夹攻契丹，各以所得地为己有，宋当攻南京而金取中京、上京。一一二二年，童贯攻契丹大败。是年六月，秦晋国王死，契丹人另立天祚帝次子秦王定为帝，尊秦晋国王妃萧氏为太后，同听政。童贯闻之，又出兵攻之，复败。童贯大窘，乃遣人往金谓代攻燕京。时金太祖正以西京郡县反侧，应辽王杲之请，亲出师。即由蔚州破居庸关，直薄南京。萧太后及秦王定皆逃，南京陷。于是契丹五京皆破。天祚帝展转山后，无处可归。未几，为金所擒，契丹遂亡。然而金宋交涉——女真与汉族之冲突从此起矣。

宋与金争地之交涉

上已言金约宋夹攻契丹，契丹南京、西京两道，宋人当自往取。但其后皆赖金力攻下。于是金人仅许还宋燕京及蓟、景、檀、顺、涿、易六州。而宋则除求山后诸州外，复索营、平、滦三州。金太祖以宋功少而要索过奢，不许；且反提出强硬之抗议曰：宋如索营、平、滦三州，则并燕京而不与。若仅求燕京及蓟、景、檀、顺、涿、易六州而不索营、平、滦，亦须岁输"燕京代税钱"一百万缗以酬金下燕京之劳。若宋于此犹不从，金且将向宋取还涿、易二州之地（时涿、易二州为辽将郭药师奉之降宋）。宋不得已而退步，乃仅求还蓟、景、檀、顺及燕京，且许岁输银绢各二十万两匹及"燕京代税钱"一百万缗，并置榷场贸易。

宋金国交破裂及金之侵宋

交涉既已，金复自动奉还应、蔚、儒、妫、奉圣、归化六州于宋。公元

一一二三年,金太祖崩,弟太宗吴乞买立,又以武、朔二州归宋。宋置为燕山府及云中府两路。惟金于平州终不肯还宋而建为南京,以契丹降将张毂留守。未几,张毂据城叛,来降,宋受之。金引兵破张毂,且来索地。宋不得已,杀张毂,函首以畀金。然金是时已深知中国之内容,已决意南侵,故仍以此为口实,于一一二五年十月,遣粘没喝及斡离不分两道侵宋。斡离不自平州入燕山,粘没喝自云中攻太原。

斡离不围汴及宋与议和

是时也,童贯方驻兵太原。闻金兵将至,先逃。幸太原府事张孝纯固守,河东一路赖以支持。而河北一路,宋以郭药师守燕山,内侍梁方平率卫士守黎阳。金兵至,郭药师即降。未几,梁方平之兵亦溃。斡离不遂渡河而南。时徽宗已传位钦宗。金兵围汴京,李纲固守。然而四方来援者少;其来者,又遇敌辄败。不得已,乃与金议和,斡离不要求之重要者四事:(一)宋输金五百万两,银五千万两,表段百万匹,牛马万头;(二)尊金主为伯父;(三)割太原、中山、河间五镇;(四)以亲王宰相为质。宋钦宗不得已,许之,搜括京城,得金二十万两,银四十万两,先以奉金。并以肃王枢为质。斡离不始解围北还。

宋徽宗钦宗之被掳北去

斡离不既和而北还,粘没喝尚在太原。闻之,亦差人来宋求赂。宋囚之。粘没喝大怒。分兵破威胜军(今山西沁县)、隆德府(今山西长治县),进取泽州(今山西凤台县)。宋人以为背盟,遣兵往援。时宋又拘金使萧仲恭,仲恭本契丹国戚,绐宋能为宋招契丹将耶律余睹叛金,宋信之,遣仲恭归,为致书余睹。仲恭既脱,遂献书斡离不。于是金人以上二事为名,复举兵南下,斡离不、粘没喝渡河合围汴京,未几,城陷。钦宗自诣金营求和,金求尽割两河地,许之。但两河吏民不肯奉诏,公元一一二七年二月,金人遂掳徽宗、钦宗及后妃、宗室、钦宗太子谌等北去,而立宋臣汉族张邦昌为楚帝。已而金又命粘没喝及讹里朵将兵南逼,宋徽宗子高宗南退渡江。

金人之渡江南侵

金兵仍南逼未已,一一二八年五月,金命兀术引兵渡江而南,入浙江,宋高宗逃往明州(今鄞县)。金兵复入明州,高宗逃入海,金人追之

一、著作　中国民族史　91

不及而还。于是兀术"哀所俘掠"，自镇江败宋将韩世忠舟师北归。会宋将张浚与粘没喝兵相持于陕西，兀术乃转师助之，一一三〇年，大败张浚兵于富平（今兴平），关中地遂多陷。然而张浚有赵开为之治财赋，有刘子羽及吴玠、吴璘为之任战守，与金人苦战，终能保全汉中及巴蜀。金人是时亦并无必欲灭宋之心；且自与汉族交兵以来，国亦稍困，故此后金人若有主再行南侵者，兀术辄谓"江南卑湿，今士马疲弊，粮储未丰足，恐无成功"，不主南侵。不惟不复南侵而已，且欲立缓冲国于江河之间以为藩辅。盖金之本意，其"举兵，只欲取两河。故汴京既得则立张邦昌，今河南州郡官制不易者……欲循邦昌故事"也，因此于一一二九年立汉族刘豫为齐帝，畀以河南及陕西之地。金族与汉族之争战，暂时少休。

宋金之和战

其后齐帝刘豫乞金师南寇。一一三三年，金挞懒将兵入淮东、淮西，宋将韩世忠败其步卒于大仪，岳飞却其骑兵于庐州。会金太宗卒，挞懒引还。宋高宗乃命张浚积极布置，欲大举亲征。刘豫闻之惧，又告急于金。金不允出师，刘豫乃自遣兵三十万南犯，不利而退。金人以豫无能，一一三七年废之；而以汴京为行台尚书省。且是时，金将相多有异图，有将河南还宋与宋谋和之意。

七年宋高宗乃乘机遣王伦往金求河南地，金人有许意，高宗乃于一一三八年定都临安，任秦桧为相，专心言和。不意金已许归河南诸州，而政局忽变。兀术等不主和者得势，囚宋使王伦，发兵重取河南、陕西，和议遂破。

金宋议和之成功

和议既破，宋将刘锜败兀术前锋于顺昌（今安徽阜阳），岳飞又败之郾城，兀术退还汴京。而韩世忠亦进复海州；张浚复宿、亳，吴璘拒金娄室于陕西，亦多收复州县。当时诸将以行军胜利，皆主战，岳飞主战尤坚。而秦桧则力持和议，先召还诸路兵，然后一日发金字牌十二促回岳飞，旋杀之。一一四一年，和议成。（一）宋称臣于金；（二）宋岁输银绢各二十五万两匹；（三）东以淮水，西以大散关为国界；（四）金归还韦太后及徽宗郑、邢二后梓宫。

金宋战事之迭起与迭和

金宋成和之后，休兵者二十年。而金熙宗晚年颇昏乱，为其从弟亮所弑。亮乃自立一一五三年，自上京（今吉林阿城南）迁都于燕；已而又迁都汴。亮欲灭宋，一一六〇年，发兵六十万大举南伐，尽陷淮南。会黄河流域群盗大起，而金人别立世宗于东京（今辽阳），亮尚欲南渡，宋虞允文收淮西溃卒，大破亮军于采石。亮转趋瓜洲，为其下所弑。金兵北还，宋乃乘机收复两淮州郡，且东取海泗、陈蔡，西取商虢、秦陇诸州。然未几，宋孝宗因张浚军为金兵击溃于符离，两淮州郡以次复陷，乃再议和。一一六五年，和议成；宋仍称金主为叔父，岁纳银绢各二十万两匹，国界一如前。虽以后孝宗未忘恢复，但卒不能振，无所成功。金世宗卒章宗立后，金有内乱，宋韩侂胄以为有机可乘，又北伐。金章宗亦发兵南下，宋兵屡败，襄阳及淮东、淮西州郡多陷。吴曦又以巴蜀叛降金，幸为安丙所诛。韩侂胄不得已，复议和。而金人欲得其头，侂胄大怒，绝和议。时宋宁宗杨皇后与侂胄有隙，命其兄杨次山与史弥远合谋诛之，函其首以畀金，和议乃成：宋于金增纳银绢十万两匹。然宋金虽和，而大敌蒙古族又起于北方，渐南下而灭金、灭宋，又为汉族之大敌矣。并且转而叙蒙古族之兴起。

第十章　蒙古族之极盛与征服汉族
（宋代后期及元代）

一节　蒙古族之始兴及成吉思汗武功

二节　蒙古太宗及宪宗之征伐

三节　元世祖之征服汉族及其他征讨

一节　蒙古族之始兴及成吉思汗武功

蒙古族之由来及其始兴

蒙古族即《旧唐书》中之蒙兀室韦，亦称蒙兀斯，本室韦之一部，故曰"蒙兀室韦"。据《北史》、《魏书》、新旧《唐书》及《五代史》所载，南北朝及隋唐五代之际，室韦部落甚多，皆居今外蒙古车臣汗部之北及今黑

龙江省西北一带;而蒙兀室韦则在望建河南。望建河者,今黑龙江也。五代以来,室韦诸部落役属于契丹与女真,而总隶于鞑靼部。其后蒙兀室韦渐强,金尝借用其兵,许以利益。已而金不偿约,蒙兀由是怨金。公元一一三五年,金太宗遣兵伐之,反为所败,自此蒙兀之势益盛,与金更成仇敌。

蒙古族与女真族之争战

当是时,蒙兀酋长曰哈不勒(Coboul-Khan),以势强,始自称可汗。未几,传位于从弟俺巴孩。俺巴孩为鞑靼分部主,因塔塔儿所袭执,送诸金,金以"木驴"之刑惨杀之。蒙兀部族乃立哈不勒汗第四子忽都剌(Coubilai)为可汗,复仇,侵入金境,败金兵。金以兀术讨之,攻战连年,不能胜。一一四七年,金乃议和,割西平河——今克鲁伦河以北二十七团寨与蒙古,许岁遗牛羊米豆,且册忽都剌为蒙辅国王。

蒙古与塔塔儿之争战

顾忽都剌不受册封之王号,而自建国号曰"大蒙古",且自称祖元皇帝,改元天兴。复谋报主因塔塔儿雠,前后凡十三战。虽不能克,然而一一五五年之役,忽都剌侄也速该获其酋长帖木真兀格及豁里不花二人。时也速该适生子,即以帖木真名之,是即后日之成吉思汗也。

帖木真幼时之危难

已而忽都剌卒,也速该(Ajiasaugai Bahadois)嗣位,族人多忌之。主因塔塔儿又尝欲复雠。公元一一六七年,也速该竟为主因塔塔儿人所毒杀。时帖木真甫十三岁,部众多弃之而归于其族人泰楚特(Taijuts)。泰楚特因之时与帖木真觭觝,帖木真屡濒于危。后泰楚特约诸部数万人来攻,帖木真分其部下兵为十三翼,迎击之于答兰巴泐渚纳——今黑龙江省呼伦池西南,大败。

主因塔塔儿之灭亡

然而泰楚特部地广民众而无纪律,帖木真因厚结其下使附己,泰楚特部遂弱。未几,主因塔塔儿叛金,帖木真与交好国克烈(Kearits)部(建牙于今土谢图汗土拉河上)长脱邻斡勒率师东向助金攻灭之。金嘉其功,授帖木真以札兀忽鲁(犹中国招讨使)之职,封脱邻斡勒为王。脱邻斡勒因称王汗。

帖木真降翁吉剌灭泰楚特

王汗颇暴虐,多杀戮昆弟。其弟额尔克哈喇引西邻乃蛮(Narman)部人来袭。王汗战不利,奔走饥困。帖木真乃引兵助之,攻破克烈北邻蔑儿乞(Mockits)部。王汗及帖木真之势大振。然翁吉喇等部因此忌之。翁吉剌部地居今黑龙江省呼伦池附近,本蒙古部甥舅之国,既忌帖木真,与诸部共立札答剌部长札木哈为古儿汗,连兵来攻。帖木真击破之,翁吉喇部降。未几,泰楚特等部又合兵来伐,帖木真与王汗率师逆之,乘大雪进击,诸部兵大溃于阔亦田之野(呼伦池南),泰楚特部竟灭。

帖木真灭克烈、乃蛮、蔑儿乞、札答剌

已而王汗与帖木真交恶,乘间来袭,帖木真避退。旋出其不意,袭破之,王汗走死,克烈部亡。当是时,乃蛮国分为二:今阿尔泰山之南,太阳汗治之;阿尔泰山之北,其弟不亦鲁黑汗治之。太阳汗闻克烈亡,东南向联络汪古部(Ouguts)同伐蒙古。汪古部不欲,且遣人报知帖木真。帖木真遂伐乃蛮。太阳汗与蔑儿乞部长脱黑脱阿及札答剌等部共主古儿汗拒战于今杭爱山附近,大败,太阳汗被擒杀。其子古出鲁克及脱黑脱阿克儿汗皆逃往不亦鲁黑汗处。帖木真即进兵金山。公元一二〇五年,袭杀不亦鲁黑及脱黑脱阿,古儿汗为部下所执献,帖木真杀之。古出鲁克则先已西奔西辽。

乞儿吉速等之降服

于是今内外蒙古——漠南北诸部悉为帖木真所平。公元一二〇六年。帖木真乃大会诸部族于斡难河——今鄂嫩河之源,诸部族皆戴之为共主,推为大汗,进号成吉思(最大之意),是即元太祖。元太祖既就大汗位,今西伯利亚南边及中亚所有部族如斡亦剌(即卫拉特)、乞儿吉速(Kirgises)、失必儿(Sibers)、回鹘(Vigar)、哈喇鲁(Karluks)等,皆先后降,或为蒙古军所击平。

成吉思汗之整理国事

成吉思汗乃整理国事。设驿递之制以"通达边情,布宣号令"。严盗贼之罚以保安社会秩序。蒙古民族好饮酒,醉后必斗。至是,加以限制,以维持治安。兵则分为蒙古军及探马赤军。蒙古军以蒙古本部族人充之。探马赤军则为其他诸部族人。两军成兵之法:"家有男子,十

五以上，七十以下，无众寡，尽签为兵。十人为一牌，设牌头。上马则备战斗，下马则屯聚牧养。幼孩稍长，又籍之，曰渐丁军。"(《元史·兵志》)又设库鲁泰会议。有大事，则开会公决之。

成吉思汗伐夏侵金

国事既略整理，遂经略外国。公元一二〇九年，成吉思汗伐夏，夏人请降。明年，遂侵金。先是金人于河套以北筑长城，迤东北行，直抵女真旧地，命汪古部守其冲。汪古部既归心蒙古，遂导蒙古军入隘；且借以牧地，恣其休息。于是金西北诸州皆陷。金主永济遣兵四十万拒战于野狐岭（今河北万全县东北），败绩。退至会河堡（万全县西）又大败。蒙古兵遂入居庸关，逼燕京。金卫卒力战，乃退。

金之衰坏及内乱

初，金之始兴也，兵虽不满一万，然"俗本鸷劲，人多沉雄……部落保伍，悉皆锐兵。加之地狭产薄，无事苦耕，可给衣食；有事苦战，可致俘获。劳其筋骨，以能寒暑。征发调遣，事同一家。将勇而志一，兵精而力齐。一旦奋起，变弱为强，以寡制众"(《金史·兵志》)。及其侵入中国，至"海陵迁都……浸忘旧风……宴饮音乐，皆习汉俗"(《金史·世宗本纪》)。既失其强悍之故习，而又不能勤事生产，国势已衰。故蒙古兵至，势如破竹。至公元一二一三年，国复内乱，纥石烈忽斜虎（Hescheritsiangarran）弑永济而立宣宗，专国政。成吉思汗于是乘机再自将伐金。

蒙古第二次第三次侵金

蒙古军至怀来（今直隶怀来县），金兵拒战大败，遂进围燕京。成吉思汗更分军西攻河东，东徇辽西，自率中军南掠山东，所过残破，河北遂不可守。金不得已，厚币请和，并以废帝永济女妻成吉思汗，汗乃引兵退出居庸关。收所虏山东两河少壮男女数十万皆杀之。而金宣宗因河北残破，迁都于汴。成吉思汗闻之，怒曰："既和而迁，是有疑心而不释憾，特以议和为缓我之计耳。"复南进兵侵金，围燕京，陷之。当是时，金国事益坏：尽调河北兵守河南，夺民地以畀之耕，又横征暴敛以足国用。人民失业，盗贼蜂起。使蒙古以全力进取，金之灭亡，可立而待。幸成吉思汗西征，金患得以少纾。

成吉思汗之灭乃蛮余裔

先是，成吉思汗之破灭乃蛮，逼古出鲁克西奔西辽也，古出鲁克（Guchuluk）乘西辽不备，袭而取之。逼其地回教徒改奉佛教。及闻成吉思汗侵金，思乘机恢复旧业，诱乞儿吉思等部同举兵。又与蔑儿乞部余众结合。成吉思汗以故弛侵金事，仅留将木华黎经略太行以南，而自将诸军西上。未几，分兵遣将：以大将哲伯（Tchebl）由天山南路西击古出鲁克，以速不台（Soubou dai）由北道击蔑儿乞，以长子术赤（Djutchi）击乞儿吉思等部。皆下之。蔑儿乞酋长霍滩（Cautau）西奔钦察（Kiptchaes）。哲伯至垂河——今中亚之吹河，下令许人民信教自由。西辽旧民大悦，所至迎降。古出鲁克西奔，为哲伯所追杀。于是葱岭东西西辽故地全定，蒙古西疆遂与花剌子模（Khoarijm）相接。时公元一二一四年也。

蒙古与花剌子模冲突之因

蒙古、花剌子模既接壤，成吉思汗欲修好焉。因其国商人自蒙古归，贻书其王，请保界通商。其王阿拉哀丁穆罕默德（Ala-ud-din Mohamud）允之。未几，又有商人还自东方，成吉思汗遣回鹘人四百五十随行往购西域货物。至锡尔河畔讹脱剌（Otrar）城，城主伊那儿只克（Inaldjouc）利其财，尽拘之，以间谍报于王。王命悉处以死刑，惟一人得脱归报。成吉思汗怒，誓雪仇。先遣突厥人波合拉（Bogra）偕二蒙古人为使，责花剌子模王执送祸首，王不听，杀波合拉，剃二蒙古人须释归以辱之。成吉思汗益怒，遂大举西征。

成吉思汗之伐花剌子模

公元一二一八年，成吉思汗命弟斡赤斤（Udjukin）留守，皇子术赤、察合台（Chagtai）、窝阔台（Ogotai）、拖雷（Touloui）从，至也儿的石河——今额尔齐斯河，回鹘、哈剌鲁、哈力麻里（在今伊黎）诸王皆以兵会，号六十万。明年六月，进兵，花剌子模王惧，不敢拒战，欲深沟高垒，听蒙古军"饱掠飏去"，以故蒙古军直至锡尔河。然花剌子模都撒马尔罕城高守固，难遽下。布哈拉在其西，其旧都玉龙杰赤更在西北，皆要地。成吉思汗乃分军为四：（一）察合台与窝阔台留攻讹脱喇城；（二）术赤扫荡西北一带；（三）诸将托海（Togai）等分兵扫荡东南；

（四）汗及拖雷径攻布哈拉，以断新旧两都之交通。

花剌子模之丧失

一二二〇年五月，四军皆会，攻破撒马尔罕。花剌子模王先已遁去，成吉思汗乃命哲伯速不台穷追之。王展转遁至里海东南小岛上，忧愤而死。第三子札兰丁（Djelal-ud-diu maagou-birti）嗣，东南走印度河西哥疾宁城。是时也，成吉思汗已破巴达克伤，拖雷已破呼罗珊，术赤、窝阔台、察合台已破玉龙杰赤（Kerer or Orcandje ur caudje），除留术赤驻守西北外，汗会诸子兵南逾兴都库什山追札兰丁。前锋初失利。已而大败其兵印度河上，札兰丁突围凫水而遁。成吉思汗乃遣将渡河追之，而自引兵循印度河右岸，侵略印度西北境。

成吉思汗之班师

会印度天气暑湿，蒙古士卒多病。一二二三年六月，成吉思汗命班师。初欲道出西夏，行未数程，闻西夏叛，又道弗不可行，乃循原路还。是役也，蒙古扩张之势力范围，西抵波斯，南至印度，亚洲一大部分，已归其掌握。然而班师者仅成吉思汗自将之军也。其哲伯、速不台二将，则尚转战西方，威撼东北欧诸国，犹未旋马也。

哲伯等之取钦察等国

盖当一二二〇年，哲伯、速不台之穷追花剌子模王入里海也，乘胜更西北进，至钦察。钦察曾收容蔑儿乞酋长霍滩（见前），故成吉思汗命二将往索之，以术赤驻兵咸海、里海间，遥为声援。钦察人不听。公元一二二一年，哲伯、速不台绕里海，逾高加索山转战而北。钦察与邻国阿速（Ases，即汉之奄蔡）、撒耳柯思（Circsses）合兵来御。众寡不敌，又迫于险，乃以甘言诱钦察曰：“我等同类，无相害意。勿助他族。”钦察信之，引退。因乘势出险，击败阿速及撒耳柯思联军。出钦察不意，亦击败之。一二二二年，术赤分兵来援，遂平撒耳柯思及阿速，又败钦察之兵。霍滩遁往俄罗斯，求救于其婿加利智（Galitch）公米斯提斯拉（Mestirlaw）。

俄罗斯侯王之败没

当是时，俄罗斯国王广大，行封建制，诸侯王数十。霍滩来乞援，米斯提斯拉会商诸侯王起联军出境击蒙古军。一二二三年夏，战于入里

海之阿里吉河畔,俄罗思大败,丧六王七十侯。兵士八万余人,十死其九。举国大震。时列城皆无守备,惟俟蒙古兵至即乞降。幸哲伯、速不台不复欲深入,仅掠诺佛哥罗(Novgorod)等城而东还。

蒙古之封建;灭康里

捷闻,成吉思汗遂定四子封地:以今俄领西伯利亚(Siberia)西部及俄罗斯东部等处,封长子术赤。以 Chinese Turkistan 与 Russian Turkistan 封次子察合台。以乃蛮及乞儿吉速故地,封第三子窝阔台。以蒙古本国故地及女真方面之地,封第四子拖雷。一二二四年,术赤引兵西就国,命哲伯、速不台东旋。二将归途乘胜,又灭康里(Cancalis),康里居地值今咸海北。南与花剌子模为邻,且有婚姻关系,素跋扈于西亚。哲伯等乘胜蹂躏其部,其部落悉溃,地归术赤。

金与夏宋之构兵

成吉思汗西征两军既先后东还,又始专力侵略金夏。初,当成吉思汗之西征也,虽留太师国王木华黎经略太行以南,然兵力既分,进取遂缓,以故金得维持守势。但金又以宋罢岁币,南向与宋构兵;因"疆场细故",复与西夏启衅,兵连祸结,不能专力抵制蒙古。故数年之间,木华黎竟定金地过半。一二二三年,金宣宗卒,哀宗立,始请和于宋夏,宋不许。一二二五年,成吉思汗已还自西方,伐夏,夏乃许金以兄弟之国成和。

成吉思汗之灭夏及崩殂

成吉思汗之所以伐夏,因夏纳逃人,又不入质子。时成吉思汗既"灭国四十以及西夏"(金哀宗语),而夏神宗已殂,子献宗即位未几,又以忧惧卒,未帝嗣位。成吉思汗乃扫荡夏境,直薄夏都。未克,留军围之而自引兵略金地。一二二七年夏,途中遘疾殂,年七十三。诸将遵遗命,待夏主出降,杀之而后发丧。西夏自元昊称帝,至是凡十主,二〇一年而亡。

二节　蒙古太宗及宪宗之征伐

窝阔台之即位及设施

成吉思汗之将殂也,遗命以第三子窝阔台嗣位。殂后,第四子拖雷

监国。至一二二九年,诸王百官开库鲁泰大会,奉窝阔台为蒙古大汗,是为元太宗。蒙古本游牧民族,"男女上下尊卑礼节服色,一体无别","凡相见,来不揖,去不辞。卑不尊,跪而语"(郑思肖《心史·大义略序》)。至是,始立朝仪:皇族尊属皆拜。禁擅杀。定算赋。立十路宣课司以资理财。又建都城于和林,资会同。

窝阔台之灭金

遵父遗志,继续侵金。是时金尽弃河北;自潼关至邳州(今江苏邳县),立四行省,列兵二十万以守。一二三〇年,窝阔台攻凤翔。明年,陷河中。命拖雷假道于宋。宋杀其使。拖雷乃闯入大散关(在今陕西宝鸡)强迫通过宋境,自汉中出襄邓而北。窝阔台自将由白波(在今河南孟津县境)渡河,命速不台围汴。金完颜哈达等与拖雷战于三峰山(在今河南禹县),败绩。良将锐兵皆尽,援兵亦绝。幸汴城守御坚,速不台不能克,乃议和。蒙古军退河洛。顾未几因金卫卒杀蒙古使者,和议又绝。时汴京饥窘不能守,金哀宗走河北,旋退逃至蔡州。一二三三年,宋与蒙古约夹攻金。宋使孟珙、江海帅师二万会蒙古塔察儿,兵围蔡。明年正月,克之,金哀宗自缢死,金亡。

花剌子模王朝之灭亡

当是时,窝阔台一方面用兵于东,一方面又用兵于西。初,成吉思汗之由印度班师东还也,花剌子模王札阑丁亦回归旧地□谋恢复。虽尝为蒙古军所败,势仍盛。一二二九年,窝阔台命大将搠马儿罕帅兵三万人西征,诸城皆降。札阑丁逃入山中,为怨家所杀。花剌子模王朝亡,时公元一二三一年也。

花剌子模邻部之降服

搠儿马罕既灭札阑丁,遂乘胜经略四邻诸部落。时花剌子模东境有克尔曼,黑勒特诸部。西北有谷儿只(Georgia)、小亚美尼亚(Little Armenia,在亚美尼亚西南)、摩苏尔(Misr,在底格里斯河西)、罗姆(Rum,在黑海南)诸国,或攻下,或招降之。献城输款,民纳贡赋。又亚勒伯西及埃日耳(即安提俄喀)有基督教部主伯海门脱五世亦来降(时欧洲十字军第五役方终。自耶路撒冷至西顿一带,归德帝腓特烈兼辖之。伯海门脱即德国撒尔萨侯黑耳曼,时为义团长)。

窝阔台之西征欧洲;灭不里阿耳

然钦察俄罗斯诸部,犹时时反复。一二三五年,窝阔台命拔都(Batu,术赤长子)、不里(Baidar,察哈台长子)、蒙哥(Manghu,拖雷子即宪宗)、贵由(Guyue,太宗子即定宗)等西征。诸王、驸马及诸千户、万户,各以长子从行。是为长子出征,兵强而多。以拔都为元帅,老将速不台副之,为先锋。一二三六年秋,速不台至里海北,破不里阿耳,毁其都城,悉平其部。

钦察俄罗斯之陷落

速不台既灭不里阿耳,又败钦察之兵。遂入俄罗斯,攻破名城莫斯科(Moscow)。一二三七年,陷其首都务拉的迷尔(Aoldimir),分军徇下诸城。未几,还兵,复破钦察兵,酋长霍滩西奔马札儿(Magyars,今匈牙利),余众皆降。复南平撒耳柯思。一二三八年,贵由拔阿速都城蔑怯思,定其部。是年冬,再入俄罗斯,俄诸侯王陆续西遁告急。

孛烈儿之破败

拔都乃谋进规马札儿(乃波兰)分军为五,自引大军南攻马札儿。命不里及海都(Haidu,太宗孙)等西攻孛烈儿。不里等以一二三九年冬入孛烈儿境。一二四〇年,大战于佛雷斯达德(Wahlst)之野,孛烈儿败绩。蒙古军乘胜徇下所部,乃西南入波希米(Bohemia),折而东南行,与拔都大军联合。

马札儿之破败

拔都之攻马札儿也,亦以一二四〇年大战于溽宁河(今奥属萨约河)西。马札儿兵大败,其王贝拉(一作克拉亦作怯怜,即匈牙利王伯剌弟四)西奔。拔都与速不台引大军进至秃纳河(即多瑙河),拔佩斯城(Pest),围其都格连(Gain),分军四掠。其西略者,循奥境直至意大利北部威尼斯(Venice)界。欧洲全境人民,震骇不知所措,或荷担远遁。会窝阔台卒,讣至军,乃班师东返。

拔都之班师;建钦察汗国

拔都还至高加索山北,复讨平钦察叛者。至窝瓦河,乃散遣诸军东还,而自整治部地。初,成吉思汗曾以今俄领西伯利亚西部及俄罗斯东部封长子术赤。未几,术赤殂,年甫三十余岁。有子十余人,拔都最英

武,嗣位统辖封地。及西征还,拔都提封益廓:东自叶尼塞旷野,西至今匈牙利多瑙河下流,南尽高加索山,北至喀拉海(Karo Sea),皆其疆域。乃建立钦察汗国,设斡儿朵(Ordour),于窝瓦河下流之萨莱(Sorai),号为阿尔泰斡儿朵(译即金党帐殿),时一二四三年也。

窝阔台殂后汗位之争

窝阔台卒后,库鲁泰大会推戴窝阔台子贵由嗣位,是为定宗。贵由体弱多病,于一二四八年即殂。明年,拔都召集库鲁泰大会于阿勒台忽刺兀(在今新疆精河县南),众谓"会议非地",多不到。明年春,再开会于客鲁涟,由拖雷之妻唆鲁禾帖尼主议。时拖雷已死,诸子少,唆鲁禾帖尼有才智,理事,为部下所归;即负威势如拔都,亦与之联络,借口窝阔台曾言其子蒙哥可以君天下,有希冀蒙哥当选为大汗之心。然窝阔台亦曾言皇孙失烈门(贵由弟阔出之子)亦可以君天下,故失烈门亦有当选之志。即贵由长子忽察亦厚望之。于是争选为大汗之暗斗起:窝阔台、贵由及察合台之裔联合以抵抗拖雷之裔,皆不肯与会。

蒙哥之即汗位及其诛戮

拔都不愿,径开会,创议推立蒙哥。一二五一年,蒙哥即位,是为宪宗。窝阔台之裔,遂谋反叛。蒙哥乃大行诛戮,杀定宗贵由之用事大臣及失烈门党与七十人;谪失烈门为探马赤;以成吉思汗所封窝阔台封地,分封其后王,"众建诸侯而少其力"。窝阔台旧部,亦另委亲王统带之。命弟忽必烈(拖雷弟四子)总治漠南,开府金莲川(在口北通赤城。县独石口北),又分汉地封宗属,忽必烈得关中及河南怀孟等地。

蒙哥南征;后理之破灭

蒙哥既靖内争,遂复谋向外发展,南侵后理国。后理出自唐之南诏。唐昭宗时,南诏蒙氏为其臣郑买赐所篡,改国号曰"大长和"。据《续文献通考》:后唐明宗时(九二八),又为其臣赵善政所篡,改号"大天兴"。不一年,又为其臣杨千贞所篡,改号"大义宁"。后晋高祖时(九三七),段思平取而代之,改号大理。宋神宗时,又为其臣杨义贞所篡。有高昇太者,讨平之,迎立段寿辉。传子正明,优柔,国人皆奉昇太为王,改号"大中"。已而高昇太卒,遗命以国仍还段氏,改号"后理",时一〇九六年。至一二四四年,蒙古兵已来侵,蒙哥即位,令忽必烈大举南

伐。自临洮(今甘肃岷县)西南行,经山谷二千余里,抵金沙江,大破后理兵,其王段兴智出降,以其地设都元帅府,时一二五三年也。

吐蕃及西南夷之降附

后理既亡,忽必烈乃转兵西向,进攻吐蕃。时吐蕃佛法兴盛,喇麻教派势甚炽,威令行于全国,凌驾国主。故蒙古兵至,其酋唆火脱即降,忽必烈遂班师,仅留兀良哈台攻诸夷之未附者。所向风靡,故未几而西南蛮夷悉降。得五城,八府,四郡,及蛮部三十七,时一二五五年也。

安南之属服

兀良哈台已定吐蕃及西南蛮夷,因遣使招谕安南。安南太宗陈日煚不应,囚其使。兀良哈台怒,即进兵攻安南,破其都,太宗逃入海岛。时天气暑湿,蒙古兵不能堪,乃班师。复遣使招谕太宗还,太宗见国都残毁,大怒,复执蒙古使。已而其子圣宗嗣位,始求和,乞三年一贡。许之,封为安南国王。置达鲁花赤七十二人监治其国。一二五八年,兀良哈台引兵自云南北还。

旭烈兀西征之原因

当是时,蒙哥一面用兵商方,一面则用兵西域。初,拔都大举西征之时,驻守花剌子模等处之蒙古军亦常侵扰印度边境。及拔都班师,威震欧亚。边远属国若俄罗斯以至摩苏尔等,其君主或身自来朝,或遣子弟入贡。具以邻国资格致聘者,则有罗马教皇,萨拉森东帝国,木剌夷(Mulahhida)及阿拉伯各君长。时贵由在位,皆厚遇之。惟木剌夷素凶悍无道,旋轻蒙古,蒙古所遣使不见礼而遣归。及蒙哥即位,遂命弟旭烈兀(Hulagu or Khulaghu)为元帅,率兵伐之。

木剌夷之灭亡

一二五二年,旭烈兀引大将郭侃等出师。越三年,始至木剌夷境,破其兵五万,下一百二十八城。屡遣使往谕其酋兀鲁兀乃纳款,不应。乃进兵直薄其都。兀鲁兀乃力穷出降,其父阿力犹负隅抗拒,旋被攻杀。于是四邻小邦,先后降者凡三十余国,波斯全境皆入于蒙古,时公元一二五六年也。

萨拉森东帝国之灭亡

木剌夷既卒,萨拉森东帝国有大臣阴通蒙古,悉以帝国虚实告,劝

其进兵经营。旭烈兀从之,先致书具王亚尔模斯他锡姆(Almustassim),欲招降之。王不听,欲杀使者。旭烈兀得报,遂进兵西下,分三道攻入美索不达米亚。一二五七年,西渡底格里斯河,克报达(Baghdad)东西两城,死者以数十万计。亚尔模斯他锡姆力尽,乃降。未几,被杀。萨拉森东帝国——亚巴斯朝亡,时一二五八年也。

西亚诸地之征服

旭烈兀已克报达,更进兵西方。部将郭侃行三千里至天房(今麦地那),降巴儿算滩(算滩即苏丹之异译),下其城一百八十五。又南行至密昔儿(今麦加),"降可乃算滩。遂渡海,收富浪(今地中海东塞普路斯岛耶,抑埃及南部耶)"而还。旭烈兀则自行经略叙里亚及小亚细亚,破巴尔干半岛诸国联军,约为属国。尼加亚(Nicaeu)之东罗马朝廷,遣使来修好。西欧基督教诸国,多来请和。于是西域全定。

伊儿汗国之建立

旭烈兀乃以所得地建伊儿汗(Ilkhan)国。其全境:东逾阿母河;北极咸海、里海、黑海间地;西抵小亚细亚西端,包叙里亚及阿拉伯;南尽波斯湾。东西几及万里。后遂以伊儿汗国封旭烈兀,定都低廉,为蒙古大帝国西南方面之重镇。

用兵后高丽之原因

当蒙哥一面西向用兵于西亚诸国之际,一面又东南用兵于后高丽与宋。用兵于后高丽之来源颇远。初,成吉思汗时,故辽宗室有耶律留哥者起兵叛金,据辽东称辽王,附于蒙古。已而国内乱不已,乱者并侵入后高丽。留哥以蒙古兵讨之,后高丽亦以兵来会。于是蒙古、高丽约为兄弟之国。公元一二二五年,蒙古使者自高丽还,途中为盗所杀,成吉思汗疑高丽所为,谋伐之。会其时方有事于中国及西域,不果。及一二三一年,窝阔台始遣撒礼塔伐高丽,所过残破。高丽请和,许之。置达鲁花赤七十人监治其国。高丽权臣崔瑀尽杀之,于是二国兵衅复启。

后高丽之附属

是时在中国方面,蒙古迫金甚急,势垂亡。金辽东宣抚使蒲鲜万奴据东京抗蒙古,且占高丽北境,自立为东真王。一二三二年,窝阔台遣兵灭之,高丽北境折而入于蒙古。又高丽人洪福源据西京叛投降蒙古。

已而高丽叛将赵晖等亦以和州"成境南道"迤北地、附蒙古。蒙古大将也窟车罗大又时时来侵,迫压日甚,高丽元宗成为蒙古属国。一切内政,皆受干涉。

宋与蒙古构兵之因

至于用兵宋室之由,半由蒙古本有南侵之势,半由宋室君臣谋之不臧。初,宋自宁宗以来,史弥远专权于内,李全、张林等叛服于外,内忧迭起。与金又启战争。理宗立后之十年,与蒙古窝阔台联合灭金(见前)。然不鉴于北宋约金攻辽而卒亡于金之覆辙,乘金之灭,赵葵、赵范诸将又创议收复三京,宰相郑清之和之,遂遣兵攻汴及洛阳,时两地已入蒙古势力范围之内,宋又得之而不能守。因此,蒙古与宋之兵衅遂闻。蒙古兵连陷襄阳、成都。

宋与蒙古之战和

幸是时,蒙古方遣拔都大用兵于西域,未尝专心对宋,宋将孟珙得崎岖恢复襄阳及四川。及蒙古窝阔台崩,贵由立,未几,又卒,国有纷争,无暇对宋。宋得偷安数年。至一二五七年,蒙哥始大举侵宋,分两道进兵:宪宗自将攻四川,命其弟忽必烈攻湖北。宪宗之师即以是年破东川。明年,围合州,幸守将王坚坚守,不能下。越五月,蒙哥卒于城下。于是围合州之兵解而北归。然忽必烈之军未退,且进而渡江,南围鄂州。复有兀良哈台之兵方自安南北还,连破静江(今广西历楼县)、辰沅、潭等州,北行以与之会,鄂州形势益急。宋理宗以丞相贾似道援鄂,一筹莫展。乃遣人至忽必烈军中求和,愿称臣纳贡,画江为界。适是时忽必烈有争夺汗之志,遂乘机退兵北还。贾似道于是讳言和,而以大捷闻于朝。

三节　元世祖之征服汉族及其他征讨

忽必烈之自立为汗

忽必烈北还至开平(在今察哈尔独石县东北),诸王多来会。弟旭烈兀亦自西域遣使进谏。忽必烈乃不待库鲁泰大会之议决,据自立为蒙古大汗,从中国俗,建元中统,是为元世祖。时少弟阿里不哥留守漠北,居和林。闻之,变自立于和林,蒙哥诸子及察合台系诸王皆附之。

世祖乃将兵亲征,迭破其众。而阿里不哥又与察合台嗣王阿鲁忽不睦,构兵,形势日蹙。一二六四年,与蒙哥诸子及诸谋臣来降。世祖皆宥之,但诛其谋臣等。虽其党海都仍据海押立(在巴尔喀什湖东南),屡征不至,然叛迹未昭,世祖仅怀之防之,而继续向外发展势力。先迁都于燕京,号曰大都,改元至元。

元世祖之大举侵宋

适是时宋度宗初立,贾似道因讳和为胜,囚蒙古修好使,世祖大怒,遂兴师复伐宋。宋将刘整与贾似道不协,降于世祖,劝之取襄阳。一二六八年,遂围襄阳,宋莫能救,守将吕文德愤死。其弟吕文焕坚守至一二七三年,忿极降元(一二七一年,世祖改国号曰"元")。明年,度宗崩,恭宗立,世祖遣丞相伯颜总帅诸军大举侵宋,陷鄂州。命阿里海牙留守,自率大军东下。贾似道兵溃于芜湖,元兵遂长驱入建康。伯颜乃分军为三:(一)阿里海牙定湖南北及江西。(二)阿术攻真扬诸州,以断宋淮南援师。(三)自率大军陷临安,谢太后使奉表称臣于元,不听。一二七六年五月,遂以恭宗北去。

宋之灭亡与汉族之征服

恭帝既北狩,故相陈宜中立端宗于福州。元兵乃自明州、江西两道进逼。陈宜中奉端宗走惠州,元遂取福州。一二七七年二月,元以国内有警,召诸将北还。宋乘之,恢复广州、潮州。文天祥、张世杰进取江西、福建,旋败还,天祥被执。而端宗亦卒于硇州(在今广东吴川县海中),弟卫王昺即位,迁于新会之崖山(在今新会海中)。一二七九年,元张弘范来袭,陆秀夫奉帝蹈海死,张世杰亦舟覆于海陵山(在今广东海阳县),宋亡。宋亡之后,南方汉族虽时谋恢复,然终于无效。

世祖之征日本

当是时,世祖一面南向用兵于汉族,一面又东向用兵于日本。初,一二六五年以来,世祖从高丽人赵彝之说,屡遣使招谕日本,日本皆不听,且尝凌辱使者。世祖怒,一二七四年,使锡都等率师渡海征之。破对马,陷壹岐,掠肥前沿海诸郡邑。舍舟登陆,进攻至今津佐原百道原赤阪等地,还上舟,会矢将尽,又大风雨,船多触礁,乃还。

再征日本之失败

一二七五年,世祖复遣使往谕,日本执政北条时宗杀之。世祖决计

再用兵。及一二八〇年,已灭宋,遂命锡都范文虎等帅师十五万大举伐日本。分两道渡海东进。至宗像洋,会师。泊于能古、悉贺二岛。时元将多苦航海,心力不齐,不肯即进攻。于是移泊鹰岛(即《元史·日本传》之五龙山),日本举国大震。会复见飓征,文虎气馁,择坚舰先遁。寻风大作,舰多覆没,诸将皆弃军十余万人于鹰岛而归。日本人袭之,多死。余二三万人被掳,杀其中汉人、高丽人、蒙古人,而留南人为奴。是役也,全军十五万人,归者不及三万;文虎所帅江南军十万,归者三人耳。世祖仍谋再举东征,以群臣多谏,又适用兵于安南,乃止。

世祖之伐安南及占城

安南自蒙哥时置达鲁花赤,监治其国以来,屡请取消,不许。一二七七年,安南仁宗立,世祖以其不请命,征之入朝。仁宗不听,但遣其叔父遗爱来朝。一二八一年,世祖立遗爱为安南国王,欲用兵纳之。时占城已内附,一二八二年,世祖就其地立行省;而其王子补的不服,世祖先后命皇子脱欢等伐之。因遂与安南挑衅,征其兵粮,向之假道。安南发兵来拒,元兵击破之。一二八五年,转战至富良江,安南仁宗遁,元兵入其都城,占城行省唆都亦来会。然军疲粮尽,暑疫发生,乃退还。

伐安南之失败

退还时,安南伏兵邀击,损失甚多。唆都战死,脱欢幸而得免。世祖乃谋再举。一二八六年,立征交趾行尚书省,以阿里海牙、来阿八赤为左右丞。明年,再发大军十万往伐,薄其都城。安南仁宗又走入海,元兵入其都城。顾海道粮运为安南人所邀击,又遭飓风,损失甚巨。不得已,复退兵,又为安南人所邀击,来阿八赤战死。世祖遭此,无计可施,于是因安南遣人来谢罪,顺势罢兵。

征讨缅甸之无功

不惟伐安南失败也,同时用兵缅甸亦无功。初,一二七一年,世祖遣使招致缅甸,缅甸内附。一二三七年,缅与金齿(在今云南保山县)构衅,云南行、省遣兵,往伐,以天热,无所克而还。一二八三年,宗王相答吾儿等再率兵往征,破江头。缅人遣使请和。一二八七年,缅有内乱,云南王率诸军往征,缅王奔白古,复泛海奔锡兰,元兵以粮尽而退。缅王还都——忙乃甸(今蛮得勒),亦遣使请降。其后一三〇〇年,缅有篡

弑之乱,缅王子窟麻剌哥撒八逃奔燕京。诏立为王,遣兵往问罪,亦不克而还。

招讨海南诸国

当世祖用兵安南占城缅甸之时,亦尝遣使招谕海外诸国。至一二八六年,来朝贡者国凡十,曰:马八儿(Mabar,今南印度麻打拉萨"Madrasa")之属部马拉巴尔"Malabar"、须门那、僧急里、南无力、马兰丹、那旺、丁呵儿、来来、急兰亦解、苏木都剌(即今苏门答)。腊余地未详,复通使俱蓝"Conrau",今马拉巴尔北及爪哇"Iava"。爪哇王黥元使之面。使还,世祖怒,一二九二年,遣史弼等将兵二万,舟千艘,讨之,爪哇举国降。并攻下其邻葛郎国,已而爪哇叛去,仅取葛郎王哈只葛当妻子官属百余人,地图户籍及所上金字表以还。

蒙古大帝国造成之原因

总上观之,蒙古民族自成吉思汗称汗起,至世祖忽必烈用兵安南、缅甸、爪哇之际,仅八十余年,几统一亚洲大陆,并囊括欧洲一部分,造成旷世之大帝国。当其征伐之时,无坚不破,无敌不摧。虽尝以天时地利之关系,失败于日本,不得意于安南、缅甸、爪哇诸邦,然而军力之盛,民族势力发展之广远迅速,自世界上有史以来,未曾有也。西方之人,至谓蒙古族之征伐为"黄祸",比蒙古兵力为"上帝之鞭",其畏惧之意味为何如? 盖尝考之,其所由奏此空前之伟绩者,厥有数因:

蒙古民族之强悍

(一)民族强悍,"甚耐寒暑雨雪饥渴,深雪中可张幕露宿。亦皆不惧热,且惯于乘马。高山穷谷,马皆可到。裹粮以肉为麨,干贮为备,饥则水和而食,甚涨饱,可一二日"。骑兵忽促赴前敌时,饥餐羊马之乳。渴不得水,则饮其血。如是者能支持旬日。且人各畜马三四匹以上,轮班休息马力,终日驰骋而不劳顿。行不赍粮,战不反旆,故进行极速,所向无前(《心史大义略叙》及《元史·兵志》)。

举国皆兵与妇孺畜养

(二)举国皆兵。前已言蒙古军制:"家有男子,十五以上,七十以下,无众寡,尽签为兵。十人为一牌,设牌头。上马则备战斗,下马则屯聚牧养。孩幼稍长,又籍之,曰渐丁军。"此不惟举国皆兵,而且人民服

兵役之年限极长。又蒙古本游牧民族,生事惟赖畜养。畜养不必壮男,虽妇孺亦可承乏。故军士虽从军出征,其家仍不免税赋,大都妻子代输之。虽频年用兵,而上供无阙(《元史·兵志》)。

蒙古四邻民族之衰微

以上皆蒙古民族所以勃兴强盛之内因也。至其外因:(一)东方中国方面,汉族之宋与东胡族之金、夏皆以互讧衰微;(二)西方萨拉森帝国不振;称雄西域之突厥民族又附从蒙古;(三)东欧俄罗斯封建之弊,诸侯众而力不齐。职此诸故,而自成吉思汗以来,祖孙父子兄弟,又类皆英武杰出,能恢宏先业,是以仅八十余年,几混一全亚,旁躏欧非。

第十一章 汉族之三兴与三衰
(元明及清初)

一节　蒙族衰乱与汉族势力之恢复隆盛
二节　汉族又衰及其为满族所征服君临

一节　蒙族衰乱与汉族势力之恢复隆盛

蒙古民族封建之概况

蒙古民族之兴盛及蒙古帝国疆土之广大既如上章所述矣,于是行封建之法以为统辖。封建之始,由于太祖成吉思汗之分封四子。其后蒙古宗室诸王,各有分地;累朝佐命诸功臣,亦皆分封为万户、千户、百户,各辖有土地人民。至世祖忽必烈入主中国,复大行封建。结果其中尤大之封国有四:曰钦察汗国(Km. of Kipkchak or Golden Horde)、察合台汗国(Km. of Te Haghatai)、窝阔台汗国(Km. of Oghotai)、伊儿汗国(Km. of Ita),而四汗国又各自封建。以故藩属孔多。元世祖之嗣立为蒙古大汗,今满洲、内外蒙古、中国本部、青海、西藏、安南,及中央亚细亚一部,皆为所直辖;高丽、安南等国皆为所羁縻;名义上,又统御四汗国,实握蒙古大帝国之全权焉(参看《廿二史札记·元封子弟驸马于各部》)。

蒙古抚驭民族之多

至于民族方面,自元太祖成吉思汗以来,所征服之地既广,所抚驭

之民族甚多。据陶宗仪《辍耕录》，蒙古部族有七十二种，色目人有三十一种，汉人八种。即据柯劭忞《新元史·氏族表》之所考定，蒙古民族：有蒙古、黑塔塔儿、白塔塔儿、野塔塔儿四大系，凡四十七种；色目人有畏吾儿、哈喇鲁、也里可温、乌思藏掇、尼波罗等，凡二十三种。此外汉人中包括契丹、高丽、女真、渤海等族。南宋之人，则专称为南人焉。

待遇各民族之不平等

蒙古所抚驭民族虽如此之多，而待遇则不平等。盖元世祖定制，"中外百官，偏重国姓"。"上自中书省，下逮郡县亲民之吏"，凡百官之"长，皆以蒙古人为之，而汉人、南人贰焉"，色目人亦如之。学校之中，蒙古人、色目人及汉人、南人所享权利，亦不一律。国子学中，生员之数各有定额，蒙古人居其半，色目人、汉人合居其半；而于蒙古人之试法最宽，及格者授六品官。色目人试法稍密，及格者授正七品官，汉人则考试全用唐宋科场之法，及格者仅授从七品官耳。其后至元仁宗之世，复定科举之制，亦扬掖蒙古人、色目人而抑压汉人、南人：分进士为左右榜。蒙古人、色目人为右，汉人、南人为左。蒙古人、色目人试两场，汉人、南人则试三场。若蒙古人、色目人应汉人、南人试而中选，注授各加一等。（详《元史·百官志》及《选举志》）

因封建及抚驭民族甚多之故，蒙古大帝国实不易于真正统一。加以蒙古大汗之位，常起纷争，蒙古民族忙于内讧，遂浸以衰。兹略叙其事迹如下：

蒙古大汗位之纷争

初，元世祖忽必烈以前，蒙古已尝有汗位继承之争，其事俱见上章。及世祖，又以争夺得蒙古大汗之位，其弟阿里不哥不服，平之。后阿里不哥之党海都仍不服。其事亦已如前述。海都本元太宗窝阔台之孙，封于海押立。宪宗蒙哥之时，以不得承继为蒙古大汗，心常不平。持兵柄为宪宗所夺，莫可如何。及阿里不哥与世祖争持，遂附于阿里不哥。阿里不哥既降，海都仍"自擅于远"。已而得术赤——钦察汗国，后王忙哥帖木儿及察合台汗国后王笃哇之助，乃公然与世祖对敌。一二八七年，太祖诸弟之后王乃颜等又反于辽东，与之联合。乃颜虽旋为世祖所破斩，然海都之势益张。终世祖之世，常遣皇孙铁木耳——成宗及丞相

伯颜戍守漠北。

蒙古大帝国之瓦解

直至世祖崩,成宗立后数年(一三〇一),海都死,子察八儿立,与笃哇不睦,构兵。笃哇愿与成宗夹击察八儿,成宗许之。命佥海山败其兵。已而成宗卒,海山即位,曰武宗。察八儿穷蹙来降。于是窝阔台汗国亡,其地则入于察合台汗国后王之手。计自海都称兵以来,垂五十年,至是北边始告平定。然而自是之后,大汗国元室与钦察汗国、察合台汗国、伊儿汗国三大藩之关系,若即若离;元室与诸汗国又复内讧相继,蒙古大帝国遂瓦解矣。

伊儿汗国之盛衰

蒙古大帝国既瓦解,各汗国遂完全分道扬镳。在伊儿汗国方面,自公元一二六五年旭烈兀殂后,其子阿八哈(Abaha)嗣位,尝东败察合台汗国,北与钦察汗国战,西南与埃及之萨拉森南帝国相争。阿八哈颇提倡文化,国中法律、历算、舆地、音乐家,一时辈出。又与东罗马帝国通婚,对于欧洲基督教皇及英法等国,亦使命往来,使东西交通大辟。一二八二年殂后,国中虽迭起内讧,然国势仍盛。至阿八哈之孙合赞(Ghazan,1295—1304)嗣立,沉毅果断有治才,外与埃及之萨拉森南帝国争战,惜年仅三十四而卒。卒后,国势渐衰。

钦察汗国之盛衰

伊儿汗国国势就衰,钦察汗国时侵略其北境,国威益挫。盖是时,托克托(Toktul,1290—1312)、月即别(Uzebeg,1312—1340)相继在位,钦察汗国国势强盛。月即别尤为有名,尝侵伊儿汗国,与东罗马及欧洲诸国交通,传其文化,且使商务发达,阿速河滨,实为当日欧亚互市之要区。月即别殂后,子札尼别(Janibeg,1340—1356)立,犹能绍述先烈,用兵于波兰及匈牙利等处;乘伊儿汗国内乱,占其北境。顾自札尼别殂后,未几,国亦内乱,诸王争位,自相残杀,于是东方勃兴之帖木儿乘机侵入钦察汗国矣。

察合台汗国之盛衰

帖木儿者(Timer,1333—1405),故蒙古疏族而察合台汗国中之小酋长也。察合台汗国自笃哇传子也先不花以来,初时犹振,后渐就衰,

国中迭起内乱,国势瓦解。锡尔河以南诸部酋长,渐谋据地自王。葱岭东西,分中为二,各自立汗,互相竞争。中央亚细亚鼎沸。于是盖世英雄帖木儿沉机观变,乘衅起兵,战胜攻取,一时创立第二蒙古大帝国。

帖木儿大帝国之兴衰

公元一三六九年,帖木儿年三十九,已悉有阿母锡尔两河间地,因定都撒马尔罕,自立为察合台汗。已而东逾葱岭,平察合台东汗国;西取钦察汗国之领土花剌子模;兼伊儿汗国之衰乱,连攻而灭之,一三九四年,更侵钦察汗国,入俄罗斯,略莫斯科。已而又南征印度,破特里(Delhi)诸大城,印度无敢抗者。复转兵西伐,大败土耳其。掳其王拜牙即(Bojazet),取小亚细亚。旋又东侵,谋灭明,顾未至明境而殂。盖是时明已灭蒙古大帝国东方之元室,帖木儿欲恢复之也。然自帖木儿殂后,国势渐衰,未几,又内乱而分裂,益衰矣。

元之衰乱与汉族复兴

至于蒙古大帝国东方之元室,亦因君位之纷争,内讧之迭起,政治之乖张,财政之败坏,赋税之苛重,压迫汉族之过甚,汉族常起兵反抗。及元顺帝即位,复怠荒淫逸,宠任小人。时中国各地又天灾流行,人民益苦,于是汉族中枭杰之士,益乘机并起为乱。至公元一三五一年,中国遂成四分五裂之局。于斯时也,元顺帝既不能制,其将相又内讧迭兴,于是汉族乱民中有朱元璋者,乘机击并群雄,统一淮水以南之汉族。一三六七年,始以主力军北向攻元,一面复分兵向西南吞并割据之汉族及蒙古族,经营数年,将元顺帝逐出中国本部以外,中国本部西南割据者亦完全平定。乃即帝位,建国号曰"明",是为明太祖。

明成祖之北服蒙古鞑靼

明太祖传至子成祖,为汉族势力恢复后向外发展最盛之期。成祖之时,元顺帝后裔退居外蒙古,五传至坤帖木儿,皆被弑。其部帅鬼力赤约于一四一五年顷篡位自立,改称鞑靼可汗,元室系统遂亡。据《明史·外国列传·鞑靼传》,鬼力赤旋为知院阿鲁台所杀,迎立元裔本雅失里于别失八里(在今新疆迪化)。成祖遣邱福征之,败没。一四一○年,帝自将讨破之。已而本雅失里为西邻瓦剌酋长马哈木所杀,阿鲁台来降后,复有叛意,一四二二年及一四二三年,成祖两次亲征击破之,蒙

古王子也先土干率所部来降。

明成祖之降瓦剌击

瓦剌即元初之斡亦剌,亦译为卫拉特。当元室灭亡之时,强臣猛可帖木儿据其部。猛可帖木儿卒后,分裂为三。其酋长曰马哈木,曰太平,曰把秃字罗,皆于一四〇九年来降。成祖俱封为王。后渐桀骜,一四一四年,成祖亲征破之马哈木,遣使谢罪贡马。成祖受之,命之击蒙古阿鲁台。(详《外国列传·瓦剌传》)

明成祖之南并安南

成祖亦南并安南,时安南有外戚黎季犛篡陈氏而自立,旋传位于子苍,诡言陈氏后绝,为国人所推戴,请封于明,成祖封为安南国王。已而有陈氏旧臣来告难,其邻国老挝亦送安南明宗之子天平来明。成祖遣人切责黎氏。黎氏阳为谢罪请迎天平还立之。成祖以为真,送至界上,为黎氏伏兵所袭杀。成祖大怒,一四〇六年,遣沐晟张辅讨之。明年,生擒黎季犛父子,送京师诛之。求陈氏后不可得,遂以其地立交趾布政司。安南自五代之末与中国分立,至是始暂并于中国,列为内地(详《安南列传》)。

成祖之招致海外诸国

当明太祖时,已颇注意于招徕四裔。及成祖即位,欲耀兵异域,示中国富强藉以招徕海外诸国,于是有命郑和等"通使西洋"之举。一四〇五年,和造大舶修四十四丈广十八丈者六十二,将士卒三万七千八百余人,多赍金帛,自苏州刘家河(今刘河口)泛海,经福建达占城,以次遍历南洋诸国,不服者威之以兵。于是诸国皆纷纷朝贡。和经事成祖、仁宗、宣宗三朝,前后凡七奉使,航海二十余年,三擒番长,后之奉命海表者,莫不盛称和以夸外番。而诸番国利中国货物益互市通商,往来不绝。

郑和及汉族在南洋之发展

综计郑和所至,凡三十余国。异族之随入朝贡者,前后几六十余国,惜《明史·郑和传》叙述简略,《外国传》对于南洋诸国之道里位置,亦阙焉不详。要之和之所届,南至爪哇,西至红海,西南达非洲东岸,计程数万里。诸国之中,有一通朝贡即绝者,有朝贡终明之世者。时中国

汉族势力在南洋方面之发展已日盛,不惟往经商者甚多,即在诸国中握政权为蛮夷大长者亦众。据《明史·外国传》,三佛齐(今苏门答腊之巴邻旁)之梁道明、陈祖义,其最著也。自郑和航行南洋后,八十余年,欧洲哥伦布发现新大陆,已而麦哲伦环航地球,于是西人接踵东来,南洋诸国对中国畏威怀德者,其形势遂一变矣。

二　汉族又衰及其为满族所征服君临

明宣宗之北弃大宁

明宣宗之南失安南

由上节,明成祖时,汉族之威势甚盛。成祖之后,威势渐衰。宣宗时,北弃大宁,南弃安南,汉族对外之不振,于斯以始。然大宁之弃也,咎由成祖举措之失当。初,明太祖时,元辽阳省所属大宁路之北境来降,太祖即其地分设泰宁、朵颜、福余三卫(今热河洮昌等地),隶北平行都司,以宁王权居大宁(在今热河隆化境)节制之。成祖起兵,恐宁王议其后,袭而执之。即位后,改北平行都司为大宁都司,徙治保定(今河北保定)以大宁之地赐兀良哈部(今乌梁海),为其兵尝从征有功也。于是明初所设开平卫失犄角之势,遂形孤绝。宣宗既立,势不能不徙治独石。从此大宁都司既不能控制汉南,又不能辅翼辽西,北边之形势大弱。至于南方安南,成祖时原已并入中国,比于内省;然安南离中国而自立,已四百余年,一时不易与中国融洽,且成祖末年,中官奉使安南颇多婪索,于是有黎利者,乘机倡乱。宣宗命王通、柳升将兵讨之,大败。宣宗遂弃其地。计安南并于中国尚未及二十年,至是又行自立。

英宗之弃金沙江外土司

宣宗南弃安南,北弃大宁之后,英宗嗣位,又南弃金沙江以外诸土司。初,云南疆域甚广,包括伊洛瓦底江流域及萨尔温河湄公河上流诸土司。而永昌以外最大之土司,推平缅麓川缅甸。太祖时,尝命平缅酋思伦发兼统麓川。后为部酋刀斡孟所逐,逃来中国,太祖为发兵讨平斡孟,乃得还,于是分其地为孟养木邦等七土司。伦发还后,旋卒,子行发及任发相继立,思任发思恢复旧境,举兵犯边。一四四一年,英宗命王骥蒋贵将大军讨之。任发逃入孟养,为缅甸人所执,遂班师。已而任发

子机发又为乱,命王骥、蒋贵再出兵讨之,缅甸以为明执任发而未得赏,反助机发列兵来拒。王骥、蒋贵虽败之而未能平。直至一四四六年,缅甸始以任发来献,而机发仍据孟养。一四四七年,再命王骥将军十三万讨之,机发逃去,骥欲引兵还,而机发部众又拥立其弟禄。骥知不能以力定,乃与之约,许之居孟养。仅立"石烂江枯,尔乃得渡"之石于金沙江,默弃江外之地。

英宗之败于瓦剌与被虏

英宗南弃金沙江外土地之际,又北败于瓦剌。初,成祖殂后,瓦剌日强。其酋长马哈木死,子脱欢嗣,并太平把秃孛罗两部,又杀鞑靼阿鲁台,欲自立为可汗,部人不许,乃迎立元裔脱脱不花,自为丞相。脱欢卒后,子也先嗣,声势益盛。东取泰宁、朵颜、福余三卫。至一四四九年,遂入寇中国,英宗亲征之。至大同,知不能敌,急班师。至土木堡(在今直隶,怀来县西)为也先所追及,诸军大溃。英宗被掳北去。是时群臣多主迁都,独侍郎于谦力持不可。太后命郕王监国,旋即位,是为景帝,遥尊英宗为上皇。也先乃挟上皇南攻京城,于谦率石亨等力战却之。谦以重兵守宣府大同,也先屡入寇,皆不得志,乃释上皇还。

瓦剌之内讧与明边患

于时也先与脱脱不花互相猜忌,治兵相攻。一四五三年,也先弑脱脱不花,自立为可汗。顾也先旋又为知院阿剌所杀,于是瓦剌部落分散。已而鞑靼部长孛来又杀阿剌,立脱脱不花之子麻儿可儿,号为小王子,及其卒,众共立马古可儿吉思,孛来弑之,时侵中国北边,已而孛来为毛里孩所杀,部中又互相仇杀,或鞑靼瓦剌部人互相争夺,边患始稍衰。

蒙古再兴及其与明之交涉

但未几有达延汗者出,至一五〇四年,即蒙古诸部大汗之位,北自漠北,东南至插汉部(今察哈尔),皆为所有,传至孙俺答,势甚强,自一五五〇年后,三五次南侵中国、掠京畿,明莫可如何。会俺答夺其孙把汉那吉之妻,把汉那吉怒,来降,俺答后惧为明所杀,日夜哭泣。俺答始请和,一五七〇年,穆宗封俺答为顺义王,时俺答又受喇嘛教之感化,自是不复犯边。传三世,皆恭顺于中国。

倭寇之盛及其平定

然而北方之边患方已，东方之边患旋即发生——日本丰臣秀吉入寇。初，自元世祖征日本失败后，日本禁人民通商中国，其无赖商民流为海盗，已而日本分为南北朝，南朝失败，其遗臣多逃入海，与海盗相合，侵掠朝鲜沿岸九洲边民素轻中国，渐附之，而剽掠中国沿海，遂成"倭寇"，中国奸民海盗倚之，其势益盛，尝纵横千里，如内无人之境，浙东西江南北沿海之地，无不被其侵掠，甚至溯江而上，直寇南京，至一五五六年，胡宗宪督浙江军务，捕诛奸民陈东平、徐海及盗魁汪直，倭寇失其耳目，于是转掠闽广。至一五六三年，为总兵俞大猷、戚继光所讨平。

明神宗之东败于日本

倭寇虽平，顾不及三十年而日本武人丰臣秀吉又起侵略中国，丰臣秀吉乃日本豪杰，全平当时割据之诸侯，统一日本。更欲立威国外，贻书朝鲜，欲其为乡导侵明。朝鲜宣祖不可，秀吉遂大举来犯，席卷各地，宣祖北奔至义州，告急于明。明神宗以宋应昌、李如柏将兵救之，初虽屡捷，旋以轻追遇伏，大败于碧蹄馆，乃遣使议和，封秀吉为日本国王。秀吉怒册文不当意，复大举压朝鲜，明兵屡败。会秀吉死，遗令罢兵，日本军始引还，时一五九八年也。

明国力之日虚

总上观之，明代对外之不竞，始于宣宗之世，极于神宗之时。盖至神宗之时，不惟沿海各地因经倭寇之乱，汉族已凋敝不堪，而与日本丰臣秀吉朝鲜之役，前后七年，丧师数十万，糜饷数百万，中国全国骚扰，国力以之日虚。未几，女真族起满洲，遂大受其压迫而终至于亡灭。虽然，朝鲜自有是役，深感明恩。其后满清既灭明，犹拳拳不忘旧德，时怀感激图报之表示，虽无所成，亦足多也。

满清之先世及其勃兴

据稻叶君山《清朝全史》之考证，满清先世本女真部属，姓爱新觉罗，爱新义为金，觉罗义为金，意即金族也（萧一山《清代通史》考之更详）。当公元十五世纪初明成祖之际，有孟特穆者，始定居赫图阿拉（今辽宁兴京），自是其子孙世为明建州卫都督，受明指挥使之职。至公元十六世纪末明神宗时，其裔孙努尔哈赤（1560—1626）出，声势骤强，渐

攻并其邻部。

努尔哈赤之四邻

当是时,努尔哈赤四邻诸女真族部落,有满洲五部:曰苏克苏浒河（辽宁那河县境）、浑河（兴京西北）、完颜（吉林敦化县境）、栋鄂（辽宁通化县境）、哲陈（柳河之东），有长白山三部:曰讷殷（辽宁长白县境）、鸭绿江（辽宁吉安县境）、珠舍哩（临江县境），皆在明建州卫地内,有扈伦四部:曰叶赫（吉林西南境）、哈达（松花江流域）、辉发（今辉发河流域）、乌拉（在松花江右岸），皆在明海西卫地内,有东海二部:曰瓦尔喀（吉林延吉道东部）、虎书哈（吉林依兰道境），皆在明野人卫地内。

尼堪外兰之破灭

努尔哈赤少时,苏克苏浒河部图伦城有尼堪外兰者,阴构明兵,杀努尔哈赤之祖觉昌安及父塔克世,努尔哈赤大怓,欲复仇,但部人惧明,皆归尼堪外兰,即同族诸祖子孙,亦欲害努尔哈赤以归尼堪外兰。部中离析分崩,形势岌岌,然努尔哈赤资质英杰。一五八三年,竟以遗甲十三副连破尼堪外兰,尼堪外兰奔鄂勒珲（今龙江西）筑城居之。一五八六年,努尔哈赤再往攻,尼堪外兰奔明边,明不加保护,反执付努尔哈赤杀之,并许岁赐银八百两,蟒缎十五匹;开抚顺、清河、宽甸、暖阳回关互市。

女真诸部之征服

于是努尔哈赤势成坐大,进而统一女真族诸部,至一五八八年,满洲五部及鸭绿江部皆先后征服。一五九三年,扈伦四部,长白山二部——讷殷、珠舍哩,及蒙古族之科尔沁、锡伯、卦勒察等九国,联军三万来伐,努尔哈赤大败之,遂灭长白山三部。更北进怀柔东海二部——瓦尔喀、虎尔哈,使为己用。时哈达与叶赫构兵。一五九九年,努尔哈赤助叶赫攻灭哈达。明遂亡其南关（明尝称哈达为南关,叶赫为北关）。至一六〇五年,巡抚赵楫又奏弃险山六堡之地。于是宽甸平野,尽为女真族射猎之区。已而辉发、乌拉亦相继被灭,一六一六年,努尔哈赤居然称帝,建元天命,号国曰"金",是为清太祖（以上详《圣武记·开国龙兴记》一及《清代通史》一、二、三章）。

努尔哈赤侵明之屡胜

于时太祖已定八旗兵制;本蒙文,造新字,教部民,规模渐备,兵势

已强,即于一六一六年突以七大恨告天,起兵侵明。出明不意,陷抚顺清河,全辽震动。旋又出兵攻叶赫,叶赫告急。明神宗乃以杨镐为经略,发兵二十万分四路征之。全军皆败。太祖遂陷开原铁岭,并灭叶赫。明神宗乃复以熊廷弼为经略,申军法,明军纪,招集散亡,分守城堡;别选精兵为游徼,形势渐固。但廷弼以刚愎为人所忌,被劾而罢。及明熹宗即位,乃代以袁应泰。应泰长于吏事而非将才,招抚蒙古饥民太滥而不能驭。一六二一年,清太祖直陷沈阳、辽阳及辽河以东一百二十余城寨,应泰死之。太祖遂迁都辽阳,辽西大震。

明将帅之不和致败

明乃起用熊廷弼,建"三方布置"之策:以陆军固守广宁;以海军驻天津登莱,俾分扰辽东半岛沿岸,而经略居山海关节制之。廷弼本主固守广宁不出战,而是时广宁巡抚王化贞为大学士叶向高及兵部尚书张鹤鸣所信任,言无不听,廷弼麾下无兵,徒拥经略虚号,化贞不和衷听调,屡擅自出师,无功。一六二二年,廷弼乞敕化贞慎重举止。廷议反不直廷弼固守,令化贞毋受其节制,且议两人去留。议未决,而满洲兵陷西平堡,化贞遣将救之,大败,仓皇走入关,满清兵遂陷义州,域堡降者四十余。廷弼、化贞俱论死,以王在晋为经略。

明孙承宗等之恢复辽西

先是兵部主事袁崇焕尝单骑出关勘察形势,扬言"与我兵马钱粮,我一人足以守之",朝臣颇壮其论。及是,崇焕监军关外,主张固守宁远。而王在晋主退守山海关,大学士孙承宗亲往视察,以崇焕之议为是,于是罢王在晋,以孙承宗代为经略,承宗才不下廷弼,修城练兵,治军械,开屯田,日有起色。而承宗使崇焕筑宁远城,拓地二百余里。旋又分守锦州、大小凌河、松山、杏山诸要隘,拓地又二百余里。辽西之地,几于全复。

袁崇焕之击殪努尔哈赤

顾未几,魏忠贤之党排去孙承宗,代以高第,第性恇怯,尽撤关外守备入关,袁崇焕誓死守宁远,不去。一六二六年,清太祖大举攻宁远。崇焕发西洋大炮坚守,"一发,决血渠数里。再进再却,围遂解"。清太祖叹曰:"予自二十五岁以来,战无不胜,攻无不克,何独宁远一城不能

下耶?"是役也,据稻叶君山《清朝全史》,清太祖且负重伤,心又忿恨,故未几即殁(上详《龙兴记》二、《清通史》四章)。

皇太极之间杀袁崇焕

清太祖既殁,第八子清太宗皇太极嗣位;崇焕欲修诸守备以备持久,乃假求和以为缓师之计。于一六二七年,满清兵大举攻锦州宁远,又不克。时明兵已甚可用,而魏忠贤又谗害袁崇焕,使其党劾崇焕不救锦州为暮气,于是崇焕罢,代以王之臣。旋明熹宗崩,思宗立,诛忠贤,再起袁崇焕。于是明将有毛文龙者,据皮岛(今海洋岛),多犯罪,崇焕自往诛之,抚定其众。思宗颇疑为专杀。及一六二九年,满洲兵自喜峰口陷遵化,直逼京城,崇焕入援,清太宗纵反间,明思宗信之,下崇焕狱论死,被磔。于是满洲军攻山海关,破永平(今直隶卢龙县),迁安滦州,留兵守之而还。

皇太极侵明与并内蒙古

然其还也,明孙承宗踵而攻之,失城皆复。清太宗乃引兵于一六三一年,陷大凌城。后二年,收降察哈尔;又以毛文龙降将孔有德、耿仲明为向导陷旅顺,总兵黄龙自杀,副将尚可喜降。当是时,内蒙古科尔沁、喀尔喀、札鲁特诸部,亦已先后降清,或为满清所克服,太宗乃借察哈尔献元代所遗传国玺为由,即于一六三六年加上尊号,改元崇德,更国号曰"清"。

皇太极之服朝鲜及败明

所年,清太宗又完全征服朝鲜,并陷皮岛。于是明在海上牵制清人之力消灭。清太宗乃专注意于陆路上攻明:一面连年绕过山海关自长城古北口进蹂畿辅山东,一面攻击辽西。因不破山海关重兵,得中国地亦不能守,故至一六四一年,清太宗大举攻锦州,明蓟辽总督洪承畴率兵十三万往援,大败,承畴被擒,锦州亦陷。于是关外重镇,仅余宁远。若明军力守山海关,清人犹未敢深入。奈一六四四年,明将吴三桂因国内李自成等流寇之乱,有开关迎清之举,满清遂得长驱而入中国矣。明灭亡矣。

满族之入关及南侵

斯时也,清太宗已死,子清世祖嗣,济尔哈朗与睿亲王多尔衮同摄

国政。济尔哈朗既随三桂入关击李自成,大破之。自成弃北京走西安,北京遂入清人之手。一六四四年十月,多尔衮以世祖自沈阳迁都北京。一面为政治上之设施及军纪上之整饬以收拾汉族人心;一面先后分兵略汉族土地:以豪格及叶臣下河南、山东及山西;以英亲王阿格率吴三桂、尚可喜自大同边外攻榆延;以豫亲王多铎及孔有德攻潼关。未几,西安为清兵所破,李自成走湖北,至通城,为乡民所杀。清多铎之兵遂移攻江南明福王。明将史可法在扬州竭力抵御,苦战七昼夜,扬州陷,杀之。清兵屠城,汉族兵民死者八十余万。明京口守兵亦溃,福王奔芜湖,清兵入南京,遣兵追福王,擒之,清兵乃进陷杭州。

清人之屠戮汉族

于是明兵部尚书张国维等奉明太祖十四世孙鲁王以海监国绍兴。礼部尚书黄道周等亦奉太祖九世孙唐王聿键称帝于福州,是为隆武帝。而清人既据南京,因下薙发之令,致江南汉族民兵四起反抗,或通表唐王,或就近受鲁王节制。然皆乌合之众,并无战斗之力,旬日即败。而嘉定、江阴民兵失败时,受清兵屠戮最惨。即黄道周兵亦在婺源为清兵所败,被执,不屈死。

川陕闽浙之陷没及明裔播迁

一六四六年,清乃命豪格及吴三桂定川陕,博洛攻闽浙。张国维败死,鲁王奔厦门。清兵遂进攻唐王入福建。唐王逃至汀州,被执,旋为清兵所杀(或谓唐王未死而为僧云)。王既被害,汉族苏观生等又立唐王弟聿𨮁于广州。瞿式耜等亦奉桂王由榔即位于肇庆,是为永历帝。清博洛遣李成栋攻广东。十二月,破广州,聿𨮁、观生皆自杀。成栋进陷肇庆,桂王走桂林。时清又遣孔有德、尚可喜、耿仲明攻湖南,金声桓攻江西。一六四八年,金声桓、李成栋以江西、广东反正,明何腾蛟乘机复湖南。川南、川东及陕西、甘肃之一部亦附明,清大同守将姜瓖等亦叛而应明。于是桂王移驻肇庆。虽朝政纷纭,而共有两广、云贵、江西、湖南、四川、陕甘数省之地,声势颇振。

明桂王之胜败

清乃复遣吴三桂定四川,以济尔哈朗及孔有德攻湖南,以谭泰攻江西。金声桓、李成栋、何腾蛟及瞿式耜皆败死,湖南、江西、广东、四川又

相继入清人之手。桂王避居南宁,已而孙可望以兵护桂王驻安隆(今广西西隆县),遣刘文秀攻成都重庆,李定国攻金州、桂林。吴三桂与孔有德皆败退,孔有德自杀。但未几,定国为孔有德兵所袭,失桂林,退保南宁。文秀进攻岳州,亦大败于常德。清乃以洪承畴居长沙,守湖南;以尚可喜驻肇庆,守广东;以李国英驻保宁,守川北,欲以云贵等险阻之地暂置不取。奈明内乱起:孙可望跋扈,因李定国奉桂王往云南,与刘文秀合兵,往攻之,大败。一六五七年,可望遂降清,洪承畴因请大举。明年,清遂命承畴自湖南,三桂自四川,卓布泰自广西,三道出兵攻桂王。

桂王之奔缅甸及其被害

是年九年,三道兵会于平越,合兵入滇。定国扼北盘河力战,不能敌。乃奉桂王居腾越,而伏精兵于高黎贡山。清兵追至高黎贡山,遇伏,大败而还。于是李定国、白文选奉桂王入缅甸。一六六一年,清更发兵十万出腾越,缅人执桂王付三桂。明年,有密谋推戴以谋中兴明代恢复汉族势力者,事泄,为三桂所弑,明亡。时刘文秀已死,白文选为吴三桂所执,降清;李定国则以忧愤死于缅。(以上详《龙兴记》四、五及《清通史》十一至十四章)

郑成功之据台湾抗清

明室虽亡,然而汉族犹未完全屈服于满清,尚有台湾郑氏独立与满清对抗。初,海盗郑芝龙当唐王抚有时代,尝通款于清,其子郑成功力谏,以为不可。不听。及清兵入闽,芝龙迎降,成功退据厦门,鲁王尝往依之。成功乃练海陆军,屡攻福建及浙江。清兵入滇追逐桂王之际,成功亦大举入长江,以图牵制。占镇江等四府三州四十二县,攻南京,清廷大震。旋为清总兵梁化凤所袭破,乃收军入海,逐荷兰人,克台湾而据之。务农练兵,定法律,建学校,筑馆以招明遗臣,外则置兵守厦门等岛以成犄角,又与菲律宾、西班牙人通好,俨然成一独立国,时一六六○年左右也。其势力始真能控驭中国内地全部。乃遂经营台湾。

汉族之全为满清所征服

台湾自郑成功于一六六○年逐荷兰人而据之使成独立国以后,内治既优,兵势亦盛,清不敢侮。不幸成功旋于一六六二年病卒,仅三十九岁,其子郑经嗣立,虽清贻书招降,不报。仍奉明永历帝年号,一面劝

民力农,奖励教育,以抗清至吴三桂等三藩叛清之际,屡出兵与清战。但结果不利,反失金门、厦门。已而三藩平,清颇无意用兵于台湾;拟依琉球之例,听其不薙发,不易衣冠,而为外臣。郑经报书愿如约,清闽浙总督姚启圣不可。启圣本郑氏降清之将,思灭郑氏以为己功。会一六八一年郑经卒,长子克𡒁有才,以婢出,被谗杀。次子克塽立,侍卫冯锡范专政,众心大离,启圣及内阁学士李光地以征台为请,清圣祖命施琅于一六八三年攻入台湾,灭明氏。于是汉族完全为满清所征服矣。

中国上古史略

第一章 绪论——论太古史料之别择

治中国史,以上古期最为困难。何也?盖太古草昧初开,书契初作,民智幼稚,文物疏陋,虽有史事,无能记载。其后进化,文明渐启,史事稍有记载矣,而亦简约,且多传讹。是以我国太古史事,自来绝无一记载稍完备、稍真实之史书。其片言片行,一人一事,惟散见于周秦诸经诸子。而诸经诸子又多托古改制,或不免传说歧异,真伪杂糅。逮乎汉晋,谶纬杂说云兴,增益附会丛出,太古史事益纷乱难理。于是治太古史者,自司马迁而下,或仅奉经传所见为信史,或兼采诸子百家、谶纬杂说之记述而和合之。迄于后世,史学家之于古代,遂类喜称举太古渺茫史迹;史家著述,往往推引远至五帝以前。神话荒唐,殊非事实!

嘻!荀子尝言之矣:"五帝之外无传人;非无贤人也,久故也。五帝之中无传政;非无善政也,久故也。禹汤有传政,而不若周之察也;非无善政也,久故也。"(《荀子·非相》篇)昔孔子述上古史事,删订《尚书》,但始于唐虞。《论语》屡称尧舜之所以治天下,而于炎黄,亦曾无一言道及。即左丘明为《春秋》传,最喜称引世人所谈论古事,然亦绝鲜及炎黄以前。《易·系辞》所称稍前矣,亦只略及羲农而已。可见尧舜以上,春秋之际博学如孔子、左丘明等等,已不之知,或不甚知。乃至战国之际,百家争鸣,托古改制,始铺陈上古人物史事,于是有所谓"五帝",如《管子·正世》篇、《庄子·天运》篇、《荀子·非相》篇、《吕氏春秋·明理》篇等,皆有"五帝"之称。不宁惟是,且忽增"三皇"之说:《周礼·春官》有外史,职掌三皇五帝之书(《周礼》为战国时人所伪造,其说始于何休,其

辩详毛奇龄《周礼问》及皮锡瑞《礼经通论》。崔述《补上古考信录·上前论》及《丰镐考信录·周公相成王下》亦言之);《离骚九章》亦有"望三五以为像兮,指彭咸以为仪"之语("三五"二字或作"前圣"。兹据《古逸丛书》覆元本《楚辞集注》,较他本为善);《吕氏春秋·贵公》篇且称"生而弗子,成而弗有,万物皆被其泽,得其利而莫知其所由始,此三皇五帝之德"。逮秦始皇议帝号,李斯等竟进"古有天皇,有地皇,有泰皇,泰皇最贵"之言。(《史记·始皇本纪》)其后桓谭《新论》遂为"三皇以道治,五帝用德化"之荒古政治史说。是故有识之士,心常疑之,或斥其诬。杨朱有言:"太古之事灭矣,孰志之哉? 三皇之事,若存若亡;五帝之事,若觉若梦;三王之事,或隐或显……太古至于今日,年数固不可胜纪;但伏羲以来……贤愚好丑,成败是非,无不消灭。"(《列子·杨朱》篇)即如屈原,终亦有"邃古之初,谁传道之"(《楚辞·天问》)之言。夫孔、左、杨、屈诸子生当春秋战国,去古未远,而已或叹古初之事莫纪,或断唐虞以前史迹弗载,或置黄炎以上之事不道。矧周秦以后,遭秦燔灭史籍之余,而妄言上世,侈谈其事迹,岂非荒诞而不可信哉(略本《绎史》说)?

司马迁知其如此,故其为《史记》,纪事迹,断自黄帝。且犹叹黄帝之荒渺,复致疑百家所言黄帝之事不雅驯,仅择其言尤雅者,著为《五帝本纪》书首。斯可谓有史识矣。乃谯周《古史考》及皇甫谧《帝王世纪》,推而上之,始于燧人、包羲。至司马贞,又为之补《三皇本纪》,既据《春秋运斗枢》等书,以伏羲、女娲、神农为三皇,又采谶纬杂说,以为伏羲之前,更有十五氏。列其世次,曰:大庭氏、柏皇氏、中央氏、卷须氏、栗陆氏、骊连氏、赫胥氏、尊庐氏、浑沌氏、昊英氏、有巢氏、朱襄氏、葛天氏、阴康氏、无怀氏,乃始及于伏羲氏。复以天皇、地皇、人皇为三皇,远列十五氏之前。彼《春秋命历序》之言三皇之事迹曰:"天地初立,有天皇氏十二头,淡泊无所施为而俗自化。木德王,岁起摄提,兄弟十二人立,各一万八千岁。地皇十一头,火德王。一姓十一人,兴于熊耳龙门等山,亦各万八千岁。人皇九头,提羽盖,乘云车,使风雨,出旸谷,分九河。"又曰:"人皇出于提地之国,九男。九兄弟相似,别长九国。凡一百五十世,合四万五千六百年。"又曰:"自开辟至获麟,二百二十七万六千岁。分为十纪。每纪为二十六万七千年……一曰'九头纪',二曰'五龙

纪'，三曰'摄提纪'，四曰'合雒纪'，五曰'连通纪'，六曰'叙命纪'，七曰'循蜚纪'，八曰'因提纪'，九曰'禅通纪'，十曰'疏仡纪'。"(《易通卦验》、《春秋保乾图》、《遁甲开山图》、《尚书璇玑钤》、《春秋元命苞》等亦言之)此岂有史识者所宜取耶？

更可笑者，复有所谓中国首治君主盘古之说。徐整《三五历记》曰："天地浑沌如鸡子，盘古生其中，一万八千岁。天地开辟，阳清为天，阴浊为地。盘古在其中，一日九变。神于天，圣于地。天日高一丈，地日厚一丈，盘古日长一丈。如此万八千岁，天数极高，地数极深，盘古极长。后乃有三皇。"(《太平御览》卷二引)诸如此类，不可胜举，而蚩蚩流俗，往往称道之。欧阳修《帝王世次图序》有言："孔子……于《书》，断自唐虞以来，至于三皇五帝君臣世次皆未尝道者，以其世远而慎所不知也……司马迁……远出孔子之后；而乃上述黄帝以来，悉详其世次"，已属荒谬。而况又远出司马迁后者，更于黄帝以上，为详其传世或制作行事，何其谬哉！崔述尝言："世益古，则其取舍益慎。世益晚，则其采择益杂。故孔子序《书》，断自唐虞；而司马迁作《史记》，乃始于黄帝……近世以来……乃始于庖牺氏或天皇氏，甚至有始于开辟之初盘古氏者……嗟夫！嗟夫！彼古人者，诚不料后人之学之博之至于如是也！"(《考信录提要》上)

今余之叙中国太古史迹，惟以《易》、《礼》、《书》、《史记》、《韩非子》等取材比较严谨者为据。班固《白虎通义》等论上世社会进化而至于有政治文化之状况，极与今日社会学家所言者相符，殊多可采，故亦引焉。至如《补三皇本纪》、《帝王世纪》、《拾遗记》及谶纬诸书所言虽详博，但悉属神话杂说，怪诞不经，毫无信史价值，不足闻问。且所谓"三皇五帝"之名与其人，从来亦异说纷纷，莫衷一是。如"三皇"：《史记·秦始皇本纪》载李斯等之说，以为天皇、地皇、泰皇；《尚书大传》以为遂人、伏羲、神农；《风俗通义》引《礼含文嘉》以虙戏、遂人、神农；又引《礼谥号记》以为伏羲、祝融、神农；《中候敕省图》引《运斗枢》以为伏羲、女娲、神农；《三五历记》以为天皇、地皇、人皇；《尚书伪孔传》以为伏羲、神农、黄帝；《通鉴外纪》引或说以为伏羲、共工、神农。而"五帝"：《史记·五帝本纪》及《大戴礼·五帝德》本《国语·鲁语》，以为黄帝、颛顼、帝喾、帝

尧、帝舜;《吕氏春秋·十二纪》及《礼记·月令》本《左传·郯子论官》,以为太皞、黄帝、炎帝、少皞、颛顼;《三统历》本《易·系辞下》传,以为包羲、神农、黄帝、帝尧、帝舜;《中候敕省图注》以为黄帝氏、金天氏、高阳氏、高辛氏、陶唐氏、有虞氏,凡六人;《尚书伪孔传》序以为少昊、颛顼、帝喾、帝尧、帝舜;《尚书序》疏引梁武帝说,以为黄帝、少皞、颛顼、帝喾、帝尧,各执一说,聚讼纷如,穿凿支离,臆为曲合。究之孰是孰非,无能决定;纵欲深知研诘,而虚无荒渺,徒劳无功;即能曲为别说,终不能得识者之致信。故吾人于此,宜弃绝而弗道,毋蹈《潜夫论》"其是与非,未可知也"之讥焉。

第二章　太古至尧舜——社会进化与政治文化萌芽

初民之生活况状

《韩非子·五蠹》曰:"上古之世,人民少而禽兽众,人民不胜禽兽虫蛇。"常"草居露宿。'恙',噬人虫也,善食人心,人每患苦之。凡相问,曰,无恙乎?"(《风俗通义》佚文)又"患'它'。故相问,无'它'乎?"(《说文》"它"字注)其后进化,"有圣人作,构木为巢以避群害,而民悦之",仿而为之,于是"民皆巢居……昼拾橡栗,暮栖木上,故命之曰有巢氏之民"(《韩非子·五蠹》及《庄子·盗跖》)。当此之时,"无君……其民聚生群处……无亲戚、夫妻、男女之别",乱婚杂交,"未有三纲六纪。人民但知其母,不知其父;能蔽前而不能蔽后。卧之法法。行之吁吁。饥即求食,饱即弃余","未有宫室,冬则居营窟,夏则居橧巢;未有火化,食草木之实、鸟兽之肉,食其血,茹其毛;未有麻丝,衣其羽皮"(《吕氏春秋·恃君览》、《白虎通义·号篇》及《礼记·礼运》)。亦"食果蓏蚌蛤;腥臊恶臭,而伤害肠胃……多疾病"毒伤之害(《五蠹》及《淮南子·修务训》)。"其亲死,则举而委之于壑……狐狸食之,蝇蚋咕嘬之"(《孟子·滕文公》)。"其葬者,厚衣之以薪,葬之中野,不封不树;丧期无数"(《易·系辞》)。此为初民最简单之生活状况及社会现象,尚在母系时代,犹无家族,更无论政治与文化也。

生活进步及家族之发生

及"后圣有作，然后修火之利"，"燧钻取火，以化腥臊；而民悦之"，仿而为之，"以炮以燔，以烹以炙，以为醴酪；治其麻丝，以为布帛，以养生送死，以事鬼神上帝"（《礼记·礼运》及《五蠹》）。其相争也，或"剥林木以战"，或"以石为兵"。其后"为鸷禽兽之害伤人而无以禁御也，而为之铸金锻铁，以为兵刃，猛兽不能为害"（《吕氏春秋·荡兵》篇、《越绝书·外传》及《淮南子·氾论》）。"庖牺氏之王天下也，仰则观象于天，俯则观法于地，观鸟兽之文，与地之宜，近取诸身，远取诸物，于是始作八卦，以通神明之德，以类万物之情；作结绳而为网罟，以佃以渔"，"取牺牲"。又"制嫁娶，以俪皮为嫁娶之礼"，"因夫妇，正五行，始定人道"（《易·系辞》、《世本》辑佚文及《白虎通义》）。于是乎乃有家族之制。

农业及商业之开始

"至于神农，人民众多，禽兽不足，于是神农"，"以为行虫走兽难以养民，乃求可食之物。天之时，分地之尝百草之实，察酸苦之味，教民食五谷。"且"因天之时，分地之利，制耒耜"，"斫木为耜，揉木为耒……以教天下"之"民播种五谷。相土地宜燥湿、肥硗、高下，尝百草之滋味，水泉之甘苦，令民知所避就"（《白虎通义》、《新语·道基》篇、《易·系辞》及《淮南子·修务训》）。又"耕而作陶"，"削桐为琴，绳丝为弦"（《太平御览》引《周书》，又桓谭《新论》）。利器用，淑人以乐。农业既兴，必须"通功易事……以其所有，易其所无"，神农氏复"日中为市，致天下之民，聚天下之货，交易而退，各得其所"（《易·系辞》）。

创制渐多与政治萌芽

"神农氏没，黄帝、尧、舜氏作，通其变，使民不倦；神而化之，使民宜之……垂衣裳……刳木为舟，剡木为楫，舟楫之利，以济不通……服牛乘马，引重致远……重门击柝，以待暴客……断木为杵，掘地为臼，臼杵之利，万民以济……弦木为弧，剡木为矢，弧矢之利，以威天下；穴居而野处……易……以宫室；上栋下宇，以待风雨……薪葬……易以棺椁"（《易·系辞》）。时器用之创造渐多，社会生活已大有进步，政治亦渐萌芽矣。

后世所命之古人象征名

惟吾人须知：所谓庖牺氏、神农氏者，特表社会进化中发明畜牧、

发明农业者之象征，非实指一定之某人或某一人自名"庖牺"、"神农"也。故有历史眼光者，类能知之：司马迁不为立本纪以侪于五帝，其意可睹。班固为《白虎通义》，于《号》篇，更明言"伏羲仰观象于天，俯察法于地，因夫妻，正五行，始定人道，画八卦以治(天)下，(天)下伏而化之，故谓之伏羲也。谓之神农何？古之人民，皆食禽兽肉，至于神农人民众多，禽兽不足，于是神农因天之时，分地之利，制耒耜，教民农作，神而化之，使民宜之，故谓之神农也。谓之燧人者何？钻木燧取火，教民熟食，养人利性，避臭去毒，谓之燧人也"。岂非以后人推测或想象社会进化中，有此等人物而名之耶？荀子曰："五帝之外无传人。"有之，则皆后人所为象征之名耳。

文字之发明统一

器物之创造既渐多，同时社会上、政治上、文化上最要之工具——文字，亦渐渐发明。《易·系辞》曰："上古结绳而治，后世圣人易之以书契。百官以治，万民以察。""契，刻木以记事也。""书……著于竹帛者也。"盖自"庖牺……仰则观象于天，俯……观法于地，观鸟兽之迹与地之宜，近取诸身，远取诸物……作八卦。"已为中国文字之起原。至乎"黄帝之史仓颉，见鸟兽蹄迒之迹，知分理之可相别异也……初作书……依类象形……谓之文；其后形声相益……谓之字"(《说文解字序》)。是谓仓颉以前，已有符号。"家为典型，部为徽识……字各异形，则不足以合契。仓颉者，盖始整齐画一，下笔不容增损。由是率尔著形之符号，始为约定俗成之书契"(章太炎《造字缘起说》)。著之竹帛矣。《荀子·解蔽》有言："好书者众矣，而仓颉独传者，一也。"

文具之陆续发明

象形文字既以渐造就，文具自亦必陆续发明。惟与古代其他文明诸国异。世界文明古国如巴比伦，其纸用泥板；如埃及，用芦纸；如印度，用贝叶。中国古代所用以资书写者，则以简牍，以帛素，或以兽骨龟甲。其书写也，或以刀笔契之，或以漆焉。然而普通所用，大率为简牍。简牍以竹木造之。《论衡·量知》篇曰："截竹为筒，破以为牒，加笔墨之迹，乃成文字……断木为椠，析之为板，力加刮削。乃成奏牍。""牒"即"简"也，亦称为"笘"为"毕"。而单执一札谓之"简"，合编诸简谓之"册"

（即"策"）。至于毛笔与纸之发明，尚待秦汉时人也（秦蒙恬始创笔，东汉蔡伦始造纸）。

黄帝时代之文物政治概况

黄帝之世前后，殆为中国华族文明及政治能力长进之时。文字既经整齐画一，使社会上政治上之便利滋多，其他精神上、物质上之文明，亦进步甚速。据茆泮林所辑《世本》，黄帝之际，创作无数。其尤著者，有大挠作甲子，隶首作算数，羲和占日，常仪占月，更区占星气，容城造历，史皇作图，巫彭作医，伶伦造律吕。他如弓矢、笙鼓、舟车、扉履、衣裳、冕旒之属，凡为民生所急需者，无不创造有人。据《史记·五帝本纪》及《左传》昭十七年服注，复言黄帝"迎日推策。举风后、力牧、常先、大鸿以治民，顺天地之纪，幽明之占，死生之说，存亡之难。时播百谷草木，淳化鸟兽虫蛾，旁罗日月星辰水波土石金玉"。虽尚迁徙无常处，而政治之组织，则亦已有可观。"以师兵为营卫；官名皆以云，命为云师"，"东官青云，南官缙云，中官黄云，西官白云，北官黑云"。而黄帝乃"旁行天下，方制万里，画野分州，得百里之国万区"。"置左右大监，监于万国"（《汉书·地理志》及《史记·五帝本纪》）。此则各地已纷然有部落政治，而黄帝复君长其上矣。

黄帝政治势力之膨胀

黄帝之武功，其亦中国汉族政治势力集中与膨涨之先驱乎！《商君书·画策》篇曰："神农既殁，强胜弱，众暴寡，故黄帝……内用刀锯，外用甲兵。"《史记》亦曰："轩辕之时，神农氏世衰，诸侯相侵伐，暴虐百姓，神农氏弗能征。于是轩辕乃习用干戈，以征不享……蚩尤作乱，不用帝命，于是黄帝乃征师诸侯，与蚩尤战于涿鹿（今河北省涿鹿县）之野，遂禽杀蚩尤……诸侯咸尊轩辕为天子，代神农氏，是为黄帝。天下有不顺者，黄帝从而征之，平者去之，披山通道，未尝宁居。东至于海，登丸山（在今山东临朐县东北）及岱宗（即泰山在今泰安县北）；西至于空桐（在今甘肃酒泉县东南，或以为在化平县），登鸡头（今甘肃化平笄头山）；南至于江，登熊（或以为在今湖南益阳，或以为今祁阳县熊罴岭）、湘（洞庭君山）；北逐荤粥，合符釜山（今河北怀来县北螺山），而邑于涿鹿之阿。"时黄帝所至之地，皆为异族所居，乃皆被征服，故斯时实为中国有史以

来,汉族政治势力扩张第一次。亦为较可相信之君主专制政治或封建政治之发端。

少昊时政治组织之渐备

自是以后,政治组织渐趋完备。黄帝之崩而至于"少皞挚之立也,凤鸟适至,故纪(官)于鸟,为鸟师而鸟名:凤鸟氏,历正也;玄鸟氏,司分者也;伯赵氏,司至者也;青鸟氏,司启者也;丹鸟氏,司闭者也。祝鸠氏,司徒也;雎鸠氏,司马也;鸤鸠氏,司空也;爽鸠氏,司寇也;鹘鸠氏,司事也:五鸠,鸠民者也。五雉(鹈雉、鹐雉、翟雉、鹞雉、翚雉)为五工正,利器用,正度量,夷民者也。九扈(春扈、夏扈、秋扈、冬扈、棘扈、行扈、宵扈、桑扈、老扈)为九农正,扈民无淫者也。"(详见《左传》昭十七年贾逵注)可见政治组织——官制,较黄帝时为渐完备。而对于农政,最注意焉。

颛顼之政治及其武功

政治组织虽较黄帝时为完备,而武力渐微。"及少皞之衰也,九黎乱德。民神杂糅,不可方物。夫人作享,家为巫史,无有要质。民匮于祀,而不知其福。烝享无度,民神同位,民渎齐盟,无有严威。神狎民则,不蠲其为。嘉生不降,无物以享。祸灾荐臻,莫尽其气"(《国语·楚语》)。少皞不能征也。逮少皞氏殁,"颛顼受之","虐威庶戮方告无辜于上……帝监民罔有馨香德,刑发闻惟腥……哀矜庶戮之不辜,报虐以威"(《吕刑》),乃起而"遏绝苗民(郑注:苗民九黎之君)无世在下"。复"命南正重司天以属神,命火正黎司地以属民,使复旧常,无相侵渎","绝地天通,罔有降格;群后之逮在下,明明棐常,鳏寡无盖"(《楚语》及《吕刑》)。于是"上缘黄帝之道而行之,学黄帝之道而赏之,加而弗损,天下亦平"(《贾子新书》)。

农政之注重与尧时历法之进步

初,少昊以后,历颛顼、帝喾、帝挚至帝尧,政治事业中尤注重农务、农时。盖自黄帝时容成造历与少昊时设历正等官,逮颛顼、帝喾,必于历道有所发明,故《古史》考称颛顼"圣人,为历宗";《国语·鲁语》展禽言"黄帝能成命百物以明民共财,颛顼能修之,帝喾能序三辰以固民"。至帝尧,更命羲和之官分居四方实地测验,历象日月星辰敬授人时。

"分命羲仲,宅嵎夷,曰旸谷,寅宾出日,平秩东作,日中星鸟,以殷仲春……申命羲叔,宅南交,平秩南讹,敬致日永星火,以正仲夏……分命和仲,宅西方,曰昧谷,寅饯纳日,平秩西成,宵中星虚,以殷仲秋……申命和叔宅朔方,曰幽都,平在朔易。日短星昴,以正仲冬"。定一"期,三百有六旬有六日,以闰月定四时,成岁"(详《尚书·尧典》。崔述谓:"帝王之治,莫先于授时……故《尧典》载尧之政,特详于此。")。于是中国历数上之发明,足与西方古文明国巴比伦、埃及鼎立为三(据《史记·历书》,黄帝时已置闰定岁。惟成岁之日数无传)。至其时天文仪器,则创作有璇玑玉衡云。

宗法社会之滥觞

不仅农政进步而历法渐趋完备也,社会组织亦大有进步。《尧典》称尧"克明俊德,以亲九族;九族既睦,平章百姓"。考所谓九族者:"父族四:各属之内为一族,父女昆弟适人者与其子为一族,己女昆弟适人者与其子为一族,己之子适人者与其子为一族。母族三:母之父姓为一族,母之母姓为一族,母女昆弟适人者为一族。妻族二:妻之父姓为一族,妻之母姓为一族。"(《诗·葛藟》正义引《五经异义》,此乃今文家说;若古文家说如《尧典》释文以"上自高祖下至玄孙"为九族,则非九族而实九世矣)有此九族之制,于是中国宗法社会乃启其端,而贵族(属于君主诸侯之九族)平民两阶级亦由此出。

尧时之洪水及其平治

然而当尧之时,天下犹未平,洪水横流,荡荡怀山襄陵,浩浩滔天,泛滥于中国。草木畅茂,禽兽繁殖,五谷不登,蛇龙禽兽逼人,兽蹄鸟迹之道,交于中国。民无所定,上者为巢,下者为营窟。尧独忧之,命共工治焉。共工振滔洪水,壅防百川,结果无功。尧乃咨于四岳,举鲧治之,鲧鄣洪水,九载绩用弗成。乃又举舜而敷治焉。舜使益掌火,益烈山泽而焚之;使禹疏九河。禹乃遂与益、后稷、皋陶、横革、直成之交命诸侯百姓,兴人徒以傅土。禹劳身焦思,亲自操橐耜而九杂天下之川,腓无胈,胫无毛,沐甚雨,栉疾风,高高下下,疏流导滞,居外十三年,过家门不敢入,闻子启呱呱而泣,弗子,始掘地而注之海,驱蛇龙而放之菹,水由地中行,然后民得平土而居之(详《尚书·虞书》、《禹贡》、《洪范》;《庄

子·天下》篇引《墨子》语;《国语·周语》;《礼记·祭法》;《荀子·成相》篇;《吕览·求人》篇;《韩非子·五蠹》;《孟子·滕文公》;及《史记·五帝本纪》、《夏本纪》、《始皇本纪》;《淮南子·要略》及《本经训》等)。

尧舜时代之治绩

洪水既平,黎民阻饥,社会颇乱。据《尚书》及《左传》,舜乃以弃为后稷,教民稼穑,播时百谷,俾民足食;以契为司徒,教民以五品人伦,使百姓相亲;以皋陶为士,掌刑法,以治寇贼奸宄;以垂为共工,掌百工;以益为虞,掌山泽;以伯夷为秩宗,典三礼;以夔为典乐,理八音;以龙为纳言,掌言路。又规划政治区域。分疆土为十二州。设三载考绩之法,以黜陟幽明。当是时,八元八恺——伯奋、仲堪、叔献、季仲、伯虎、仲熊、叔豹、季狸、苍舒、隤敳、梼戭、大临、尨降、庭坚、仲容、叔达之流相继登用,于是政治可观,庶绩咸熙,君臣乃相与咏歌。据《尚书·舜典》,《吕氏春秋·慎人》篇,《韩非子·忠孝》篇及《尸子》辑逸文等所载,韵文诗歌,至此时已盛兴。今略举如下:

帝舜等之诗歌

《舜典》载:"舜庸作歌曰:'敕天之命,惟时惟几。'乃歌曰:'股肱喜哉! 元首起哉! 百工熙哉!'皋陶拜手稽首飏言曰:'念哉! 率作兴事,慎乃宪。钦哉! 屡省乃成。钦哉! 乃赓载歌曰:'元首明哉,股肱良哉,庶事康哉。'又歌曰:'元首丛脞哉,股肱惰哉,万事堕哉。'"《吕览·慎人》及《韩非子·忠孝》载舜又尝为诗曰:"普天之下,莫非王土;率土之滨,莫非王臣。"《尸子》载舜又曾为《南风》之诗曰:"南风之薰兮,可以解吾民之愠兮。南风之时兮,可以阜吾民之财兮。"皆略可窥见舜时韵文诗歌制作之盛。

第三章　君位禅让转成世袭——夏代

上古无禅无继之帝位之变成禅让

崔述《补上古考信录》曰:"上古帝王……其交会之间皆当有数十百岁,此衰而后彼兴,正如春秋之霸者。故……古之天子(即诸部落之共主),无禅无继。有一圣人出焉,则天下皆归之,而谓之帝。圣人既殁,

则其子孙降而夷于诸侯。又数十百年,复有圣人出,则天下又归之,如是而已。""初未尝有继世为天子(为诸部落共主)之事……其子孙皆不嗣为帝……无所为继,亦无所为禅也。自唐虞而后有禅,自夏殷而后有继。故孔子曰:'唐虞禅,夏后殷周继'。"又《唐虞考信录》曰:"上古之时,诸侯(各部落)各君其国,各子其民,有大德之圣人出焉,则相率而归之。圣人殁,则已耳。非若后世创业之主,以兵受命,征伐攻取,而后能得天下,而子孙世守其业者比也。是以上古有天下者,其前皆无所受,其后皆无所授。自羲农黄帝以降,皆若是而已矣。"(参看柳宗元《封建论》)故"唐虞以前,天下诸侯(各部落)皆自择……人而归之,天子不能以天下传之一人……不惟无传子者,亦并无传贤者。独尧以天下多难,故让位于舜而使治之"(《夏考信录》)。"时势所迫,遂创千古之奇"(《唐虞考信录》)。今且观其禅让之事迹。

尧舜禅让之异说

据我国古代诸书,皆言尧舜有禅让之事。特异说纷纷:(一)有谓尧以衰老而禅让者,如《荀子·正论》篇所载当时"世俗之为说者曰:'尧舜擅让'、'老衰而擅'、'不堪其劳而休也'"之类是也。(二)有谓尧以厌世而禅让者,如《庄子·天地》篇载华封人劝尧"千岁厌世,去而上仙,乘彼白云,至于帝乡……身常无殃……尧随之"之类是也。(三)有谓尧自以贤不如人而禅让者,如《庄子·逍遥游》载初时"尧让天下于许由曰:'日月出矣,而爝火不息,其于光也不亦难乎……天子立而天下治,而我犹尸之!吾自视缺然,请致天下。'"许由不受,又让子州支父,亦不受。(见《让王》篇)最后读舜之类是也。(四)有谓尧既老死而后禅让者,如《荀子·正论》篇又载当时"世俗之为说者曰:'尧舜禅让'……死而禅之"之类是也。(五)有谓尧非先有让意而自然传位于贤者,如《正论》篇荀子自谓"圣王在上,图德而定次,量能而授官……圣王已没……有圣而在后者,则天下不离,朝不易位,国不更制,天下厌然与向,无以异……以尧继尧"之类是也。(六)有谓尧非有让意,特天与位于贤者,如《孟子·万章》篇所谓"然则舜有天下也,孰与之?曰,天与之。天与之者,谆谆然命之乎?曰,否,天不言,以行与事示之而已"之类是也。(七)有谓尧舜禅让是虚言者,如《正论》篇荀子谓"尧舜擅让,是虚言

也,是浅者之传,陋者之说也。不知逆顺之理,小大至不至之变者也"之类是也。(八)有谓尧并未禅让而舜自篡位者,如《汲冢》、《琐语》谓舜取帝位,放尧于平阳;尧为舜所囚,舜复偃塞尧子丹朱,使不与父相见,而《孟子》中《万章》引当时之说亦有"舜南面而立,尧帅诸侯北面而朝之……孔子曰,于斯时也,天下殆哉岌岌乎"之类是也。

尧舜禹禅让之事迹

以上八说,其孰是耶? 其孰非耶? 其皆想象或"托古改制"之言耶? 殊莫能明。今姑以《虞书》、《孟子》及《史记》为据,叙尧舜禅让之迹如下:《虞书》、《孟子》及《史论》谓尧在位七十年,让位与四岳,四岳辞。尧乃令悉举贵戚及疏远隐匿者。众共告帝以虞舜。尧于是妻舜以二女以观其德;又试之以政,知其贤。乃使摄行天子之政,欲其陟帝位,而舜让于德,弗嗣。然尧知其子丹朱不肖,终"权"授舜以天下。尧崩,三年之丧毕,舜让辟丹朱于南河之南。诸侯之朝觐讼狱讴歌者,皆不之丹朱而之舜。舜乃践天子位。其后舜之授禹也略同。当舜之崩,"三年之丧毕,禹避舜之子于阳城,天下之民从之,若尧崩之后,不从尧之子而从舜也。"禹既立,徙都晋阳,举皋陶而授之政;皋陶卒,乃复举皋陶之子益。益佐禹日浅,禹子启贤,天下属意焉。禹崩,诸侯皆去益而朝启,启遂立,即天子位,是为夏后(禹居阳城,后徙晋阳,说详金鹗《求古录礼说·夏都考》)。

鲧与共工等之反对禅让

此《尚书》、《孟子》、《史记》之说也。即《墨子》、《尸子》、《公孙尼子》、《庄子》、《荀子》、《韩非子》、《吕览》亦皆言尧舜禅让。其以臆见解说此事之真象,而藉以为己"托古改制"之助者虽彼此大殊,其承认有此禅让则一也。惟据《韩非子·外储说》及《吕览·恃君览》,殆当尧使舜摄行天子之政之际,鲧与共工等起而反对。《恃君览》曰:"尧以天下让舜,鲧为诸侯,怒于尧……以尧为失论,怒甚,欲为乱,仿佯于野以患帝。"而《外储说》谓"尧欲传天下于舜,鲧谏曰:不祥哉! 孰以天下而传之于匹夫乎? 尧不听。……共工又谏曰:不祥哉,孰以天下而传之于匹夫乎? 尧不听"。其反对如此,故舜流共工于幽州,殛鲧于羽山(据《博物志》,舜杀三苗,亦因其反对禅让)。今更参之他书:《尧典》言

"鲧……方命圮族";《左传》言鲧"傲狠明德,以乱天常";《离骚》言"鲧婞直以亡身";《左传》又谓共工"服谗搜慝,以诬盛德"。由上诸语,益可决鲧与共工等因反抗禅让而遭流殛,亦可因此而益足反证禅让之事为真。

传贤传子与时势

然而尧、舜、禹传贤传子之事,一方面固因三人或有公天下之心,一方面实亦全由时势所促成。据《孟子·万章》、《荀子·正论》及《吕览·贵因·孝行》等所言,知舜禹以多年勤劳国事之故,"贤士归之,万民誉之,丈夫女子,振振殷殷,无不戴悦";而诸侯朝觐,讼狱,讴歌者,皆复就舜禹。及"益之相禹也,历年少,施泽于民未久";且禹子"启贤,能敬承继禹之道"。故禹崩,天下朝觐,讼狱,讴歌者,不之益而之启,曰:"吾君之子也。"可见当此之际,民心所归,虽欲不传贤或不传子而不可能。禹虽无成心于传子,而势自趋于世袭。故夏代世袭,非禹明定之制也,乃势也(《汲冢竹书》"益干启位,启杀之"之言;《战国策·燕策》及《韩非子·外储说》禹名为传"天下于益,而实令启攻益自取之"之说,是耶非耶?亦姑存疑)。

古代民心之向背与太康失国

于此可知古代中国之民心有可多焉。元首而不肖,虽圣王之子孙,不顾也;有人而贤能,虽匹夫亦拥戴之矣。试更观启后政治史事,此道可以益明。据《尚书》及《墨子·非乐》篇引《武观》,启自以"威侮五行,怠弃三政"之罪灭有扈氏后,亦"淫溢康乐"而其德不终。"启之五子忘伯禹之命,假国无正,用胥兴作乱,遂凶厥国。皇天哀禹,赐以彭寿,思正夏略。"启崩,子太康又不能象贤,"娱以自纵,不顾难以图后"。"不循民事,诸侯僭差"(详《逸周书·尝麦》、《离骚》及《风俗通》引《左氏传》,又伪《五子之歌》谓其"盘游无度")。畋于有洛之表,十旬弗反,民人不忍,于是当时诸侯有穷"后羿自鉏(在河北濮阳县西南)迁于穷石,因夏民以代夏政"(《史记正义》及《左氏襄四年传》)。太康遂失河北故地而东依斟鄩。厥弟五人徯于洛汭,作《五子之歌》曰:"惟彼陶唐,帅彼天常,有此冀方;今失其行,乱其纪纲,乃灭而亡。"(《左传》哀公六年传引《夏书》)

帝夷羿之兴盛及其被杀

后羿既代夏政,复灭河洛间诸侯:"射夫河伯而妻彼雒嫔";灭后夔

之子伯封之国而"封豨——封豕——是射",称帝夷羿(见《楚辞·天问》及《左传》昭公二十八年)。然"恃其射也,不修民事而淫于原兽;弃武罗、伯因、熊髡、龙圉,而用寒浞。寒浞,伯明氏之谗子弟也。伯明后寒弃之,夷羿收之。信而使之,以为己相。浞行媚于内而施赂于外,愚弄其民,而虞羿于田。树之诈慝,以取其国家。内外咸服。羿犹不悛,将归自田,家众(逢蒙)杀而烹之"(《左传》襄公四年,并参看《孟子》及《淮南子·本经训》)。

寒浞之兴亡与少康中兴

于是"浞因羿室生浇及豷。恃其谗慝诈伪而不德于民。使浇用师灭斟灌及斟鄩氏(在今山东寿光及潍县)。处浇于过,处豷于戈"。又"灭夏后相(及太康弟仲康之子)。后缗方娠,逃出自窦,乐于有仍(今河北邢台县附近,一说在山东金乡县),生少康焉,为仍牧正……浇使椒求之,逃奔有虞(今河南虞城县)为之庖正,以除其害。虞思于是妻之以二姚而邑诸纶,有田一成,有众一旅,能布其德而兆其谋,以收夏众,抚其官职"。夏遗臣靡自有鬲氏(今山东德县)收斟灌、斟寻"之烬以灭浞而立少康"。"少康使女艾谍浇,使季杼诱豷",遂"灭浇于过(山东掖县)"后杼灭豷于戈(在宋郑间),"复禹之绩,祀夏配天,不失旧物","有穷由是遂亡,失人故也"(《左传》襄四年、哀元年,并参看《天问》及《离骚》)。

家天下与君主世袭之制之养成

事势如此,故崔述尝论之曰:"禹崩……启贤……天下归之。此乃适然事耳,非以夏为一代之统而必世世子孙相承不绝也。"且"启继禹而王,亦仅一世而止耳。太康失国,相土居帝丘,夏已降同于诸侯矣……适会羿浞淫暴,民不归心;而少康能布其德,以收夏众,是以天子复归于夏。借令少康仅属中材;或虽有茂德,而先有圣人者出,灭羿、豷以安天下,则少康不得复兴矣……少康之兴……又幸而杼(少康子)能率禹,天下归于夏者先后四世。于是天下之人,耳濡目染,安于夏政……虽庸主抚之,而诸侯皆惩于羿、豷而不敢生心。然后夏遂家天下耳。"(《夏考信录》)

夏代之疆域及国威

家天下之制既成,自是以后,有夏政局少可述者。兹可转而一叙夏

代之政治疆域,以觇其时政治势力之所略能达及者焉。据《禹贡》,禹平水土,更制中国为九州:两河惟冀、济河惟兖、海岱惟青、海岱及淮惟徐、淮海惟扬、荆及衡阳惟荆、荆河惟豫、华阳黑水惟梁、黑水西河惟雍。定甸侯绥要荒五服,俾听命于中央。东北鸟夷(《禹贡》今本作"岛夷"),东海岛夷,西戎昆仑(新疆南境)、析支(青海境)、渠搜(陕西怀远县北番界中,或云在今葱岭西)之属,莫不宾服。惟苗居彭蠡、洞庭之间,恃险而为政不善,"德义不修"(《魏策》及《史记·吴起列传》),当斯时也,禹既平水土,"外薄四海,咸建五长,各迪有功。苗顽,弗即工"(《尚书·益稷》)。禹乃往讨,会群后誓于师曰:"济济有众,咸听朕言。非惟小子敢行称乱;蠢兹有苗,用天之罚。若予既率尔群对诸群(惠栋曰:群犹君也。孙诒让曰:群对诸群当读为群封诸君。封与邦古音近通用;封对形近而误。群封诸君,言众邦国诸君也),以征有苗"(《墨子·兼爱下》)。禹既胜苗,"放逐之"(《魏策》)。于是"东渐于海,西被于流沙,朔南暨。声教讫于四海"。"禹合诸侯于涂山(在安徽怀远),执玉帛者万国"(《左传》哀七年)。

夏禹与田赋之制

顾炎武《日知录》曰:"古来田赋之制,实始于禹。水土既平,咸则三壤……五十五贡。"据《禹贡》:冀州,厥土惟白壤,厥赋惟上上错,厥田惟中中。兖州,厥土黑坟,厥田惟中下,厥赋贞。青州,厥土白坟,厥田惟上下,厥赋中上。徐州,厥土赤埴坟,厥田惟上中,厥赋中中。扬州,厥土惟涂泥,厥田惟下下,厥赋下上错。荆州,厥土惟涂泥,厥田惟下中。厥赋上下。豫州,厥土惟壤,下土坟垆,厥田为中上,厥赋错上中。梁州,厥土青黎,厥田惟上下,厥赋下中三错。雍州,厥土惟黄壤,厥田惟上上,厥赋中下。总之赋之高下,视土之肥瘠以为等差。而土地之考察,又出于禹迹之所亲历。《史记·夏本纪》所云"禹乃行相地宜所有以贡"是也。禹既始创为田赋之制,后世不过因其成迹。三代什一之赋,盖不能出其范围已。

夏代之注意民事

此外夏禹于商政,复"懋迁有无化居"以提倡商业。命"道人以木铎徇于路,官师相规,工执艺事以谏"(《左传》引《夏书》)。其于民政,"戒

之用休,董之用威,劝之以九歌,勿使坏。九功之德,皆可歌也,谓之九歌;六府三事,谓之九功;水火金木土谷,谓之六府;正德、利用、厚生,谓之三事"(《左传》文八年引《夏书》)。当"夏之方有德也,远方图物,贡金九牧,铸鼎象物,百物而为之备,使民知神奸。故民入川泽山林,小逢不若,魑魅魍魉,莫能逢之"(《左传》宣三年)。尤注重农政,对于天时与人民农业之关系,至为研究,尝著为四时之书而布为政令,今尚传《夏小正》云。又箕子尝以《洪范》归之禹,若然,则禹时政治与文化,亦更可由其中觇知概略矣。

政教之关系与夏之教育

治国之道,莫重于教养。明罗仲素有言:"教化者,朝庭之先务。"(《日知录》)昔孔子尝谓治民者,"道之以政,齐之以刑,民免而无耻。道之以德,齐之以礼,有耻且格"。可见教育之于国政,关系甚大。夏承唐虞之后,政教之道并进。据《明堂位》"序,夏后氏之序也",《孟子》"夏曰校",则知其有序有校以教育人才。而校复有乡校国学之分。乡校曰"公堂",国学则曰"学"。《诗·豳风》云"跻彼公堂",《毛传》以公堂为学校;《夏小正》曰:"二月……丁亥,万民入学。"传以学为大学是也。且据《夏小正》,知入学后,行礼则舞干戚。又据《礼记·王制》"夏后氏以礼飨。养国老于东序,养庶老于西序";《诗·豳风》"十月涤场,朋酒斯飨,曰杀羔羊,跻彼公堂,称彼兕觥";及《孟子》"序者射也",知夏时国之老者亦养于学,乡人则于十月跻公堂行饮酒之礼。于教育特重礼教射教焉。

夏代之民生概况

由太古进化至夏代,民生之道虽尚为质朴,然已远胜草昧情形。据《禹贡》及《孟子》,知夏代土田为国有,平均分配于人民。其时金银、铜铁、锡铅,皆已使用;漆丝已甚通行;有织文、织贝、纤缟、绨绤、元纁、玑组。纤纩等贡物,颇足征纺织之精巧;复有齿革、羽毛、球琳、琅玕、蠙珠之类,以为服饰;山罍、鸡彝、龙簨簴等,以为礼器(见《明堂位》)。丧葬之道,《檀弓》言舜已用瓦棺,至夏则烧土冶以周于棺,曰"圣周"。惟夏代尚忠,人民究为朴质。自禹卑宫室而尽力乎沟洫,夏世宫室仍皆以泥土筑成,且制度甚褊隘(详《考工记》)。至桀始作成瓦屋(《二酉堂丛书》

辑《世本·作篇》）。民间则"昼尔于茅,宵尔索綯",以成茅屋,至冬乃塞向瑾户以处耳（《豳风·七月》）。他如婚姻,则行一夫多妻之制,如少康娶虞思二姚之类是也。

夏衰与夏桀之失诸侯

夏自少康中兴以后,政局昧而不明,无多可述。惟如少康之后,子杼贤能,传六世至孔甲,好方鬼神,事淫乱,诸侯多畔。讫乎夏桀,"染于干莘推哆"（《墨子·所染》篇）,推哆者（《墨子·明鬼下》）,所谓"夏王桀有勇力之人推移大牺,生捕兕虎,指画杀人"者也。桀染之,故"不务德而武伤百姓,百姓弗堪"（《史记·夏本纪》）。其"德……是惟暴德"（《尚书·立政》）。且"诞厥逸,不肯戚言于民,乃大淫昏"（《尚书·多方》）。"率遏众力,率割夏邑,有众率怠弗协"（《尚书·汤誓》）。本来自"孔甲既衰,诸侯复叛,韦顾、昆吾迭起,夏之在天下,已若一大国然,但一二弱小诸侯畏其威力耳。"及桀暴虐"桀之政不行于诸侯……诸侯不臣属于桀",而商汤以兴（详《商考信录》）。

商汤之勃兴及其征伐

商汤本贵族,其先曰"契",在舜时为司徒,教民人伦,封于商（在今陕西商县）。世为诸侯。其后十三传至汤,凡八迁其都（详下章）。汤始居河南商丘之亳,后徙陕西杜县之亳,从先王居。汤时以伊尹任国政,国势兴盛。"其在商邑,用协于厥邑;其在四方,用丕式见德"（《尚书·立政》）。乃"诸征侯:葛伯（葛今河南宁陵）不祀……伐之"（《殷本纪》）。时"有洛氏宫室无常,池囿广大,工功日进……民不得休,农失其时,饥馑无食,成商伐之,有洛以亡"（《逸周书·史记解》）。既克"有洛……遂征荆,荆降"（《竹书纪年》,并详《商颂·殷武》）。已而又灭温（《竹书纪年》）。势日强大。当是时,中原复有强大之侯国曰"昆吾",《国语·郑语》所谓"昆吾为夏伯"《白虎通·号》篇所谓"昆吾氏霸于夏者也",其国初在卫,后迁许,睹汤势之日盛,伐商（见《竹书纪年》）。商汤乃"会诸侯于景亳,遂征韦（今河南滑县）。商师取韦,遂征顾（在山东范县东）……商师取顾……征昆吾"（《竹书纪年》及《诗·长发》）。于是汤势更大,已将如孟子所谓"十一征而无敌于天下"矣。

桀汤之猜忌与互相倾轧

"汤以七十里"之小国而浸强大如此,不免见忌于夏桀。故《商书·

仲虺》之诰曰:"简贤附势,实繁有徒。肇我邦于有夏,若苗之有莠,若粟之有秕,小大战战,罔不惧于非辜。"然结果终不免于戾,桀"乃召汤而囚之夏台,已而释之。汤修德,诸侯皆归汤"(《史记·夏本纪》)。汤于是"受小球大球,为下国缀旒"(《商颂·长发》)。然夏桀亦犹欲力争诸侯:尝"伐有施,有施以妹喜女焉"(《国语·晋语》)。又"为仍之会,有缗叛之"而"桀克有缗"(《左氏》昭四年传)。汤乃用权谋,纵反间,使"妹喜与伊尹比而亡夏"矣(《国语·周语》,并详《管子·轻重甲》及《吕览·慎大》篇)。

汤之伐桀与夏之灭亡

反间之计既行,"内则有女华之阴,外则有曲逆之阳。阴阳之议合而",后汤乃兴师伐桀。时桀都河南——洛阳(详金鹗《求古录礼说·桀都安邑辨》),"左河济,右太华,伊阙在其南,羊肠在其北"(《史记·吴起列传》)。其势力范围已小,仅"南望过于三涂,北望过于岳鄙,顾瞻有河,延于伊洛"(《逸周书·度邑解》)。故汤既师"起于亳……在西方"(《史记·六国表序》)。桀亦兴师御之。于是汤"升自陑"(《尚书》孔疏:陑在河曲西南),遂与桀战,"桀败于有娀之墟"(《史记集解》)。桀乃东走依昆吾,汤复进兵败桀与昆吾于鸣条之野。(《尚书》孔疏载或说曰:陈留平丘县有鸣条亭)桀乃更东走依三㚇(山东定陶),"汤复从之,遂伐三㚇,俘厥宝玉"(《书序》)。桀遂由郖而南奔南巢(今安徽巢县)。汤不复穷追,因而放之(详《逸周书·殷祝解》)。夏亡。凡十七君,四百三十二年(此据《汉书·律历志》及《通志》年谱,其帝系详《史记·三代世表》)。

商汤伐夏非民意

虽然,汤伐桀灭夏之事,颇有可疑。盖历来学者恒以汤之伐桀为应天顺人;然据《尚书》所存《汤誓》之词观之,似汤伐桀迥非民意;其征伐之举,纯由威逼利诱而成。《汤誓》曰:"格尔众庶,悉听朕言。非台小子,敢行称乱,有夏多罪,天命殛之。今尔有众,汝曰,我后不恤我众,舍我穑事而割正夏。予惟闻汝众言夏氏有罪,予畏上帝,不敢不正。今汝其曰,夏罪其如台?夏王率遏众力,率割夏邑,有众率怠弗协,曰,'时日曷丧?予及汝皆亡!'夏德若兹,今朕必往。尔尚辅予一人致天之罚,予

其大赉汝……尔不从誓言,予则孥戮汝,罔有攸赦。"试观既歆以大赉,又恐以孥戮,此岂人人皆欲伐桀之词气耶?

第四章 商代:神权政治时代
(约 1783B.C.—1122B.C.)

一 商代之政况及其政局
二 周之兴起及殷商灭亡
三 商代社会文物之概况

一 商代之政况及其政局

汤王诸侯与景亳之命

商汤既灭夏,其势于是如《商颂·长发》所谓"如火烈烈,则莫我敢遏"。如《殷武》所谓"自彼氐羌,莫敢不来享,莫敢不来王,曰商是常"。如《玄鸟》所谓"宅殷土芒芒,古帝命武汤,正域彼四方。方命厥后,奄有九有……四海来假"。乃"陟彼景山(在河南偃师南二十里)",相其地势而定都焉,是为景亳,殷武所谓"商邑翼翼,四方之极"者也。当是时,"三千诸侯大会。汤从诸侯之位,三让。三千诸侯莫敢即位,然后汤即天子之位"(《尚书大传》)。"维三月,王自至于东郊,告诸侯群后,毋不有功于民……"(《殷本纪》述《汤诰》),是为《左氏》昭四年传所称商汤景亳之命。

汤时之大旱及其救旱

商汤景亳之命后,"天下为一,诸侯为臣,通达之属,莫不从服"(《荀子·王霸》篇)。"于是行大仁慈以恤黔首,反桀之事,遂其贤良,顺民所喜,远近益归之"(《吕氏春秋·简选》篇)。于时遭七年之大旱,汤乃"以庄山之金铸币,赎民之无粮卖子者"(《管子·山权数》篇)。又"不惮以身为义牲,以祠说于上帝鬼神","曰:'惟予小子履,敢用玄牡,告于上天后曰,今天大旱,即当朕身履。未知得罪于上下。为善不敢蔽;有罪不敢赦,简在帝心。万方有罪,即当朕身;朕身有罪,无及万方。'"(《墨子·兼爱下》。《荀子·大略》篇所载祷祠与此大异,其言曰:"政不节

与？使民疾与？何以不雨至斯极也！宫室荣与？妇谒盛与？何以不雨至斯极也！苞苴行与？谗夫兴与？何以不雨至斯极也！"未知孰是；但《吕氏春秋·慎民》篇与《墨子》略同）又据《吕氏春秋·慎民》篇，汤祷既毕，"于是翦其发，酈其手，以身为牺牲……民乃甚悦，雨乃大至"。

殷汤立法之严峻

汤之大旱祈雨，最为后世所赞称。然汤虽仁民，而为治则严，立法则峻。《荀子·王霸》篇曰："无国而不有治法，无国而不有乱法。上一而王，下一而亡。故汤以亳百里之地，天下为一，诸侯为臣。"又《韩非子·内储说上》曰："殷之法，刑弃灰于街者。子贡以为重，问之仲尼。仲尼曰：'知治之道也。夫弃灰于街，必掩人；掩人必怒；怒则斗；斗必三族相残也，此残三族之道也，虽刑之可也。且夫重罚者，人之所恶也；而无弃灰，人之所易也。使人行之所易，而无罹所恶，此治之道。'一曰，殷之法，弃灰于公道者，断其手。子贡曰：'弃灰之罪轻，断手之罚重，古人何太毅也！'曰，无弃灰，所易也；断手，所恶也。行所易，不关所恶，古人以为易，故行之。"合上二说观之，似汤之为治严而立法峻也。

伊尹之放太甲及返太甲

据今本《竹书纪年》，汤为诸侯十七载，十八年灭夏。至二十九年，崩。其崩也，太子太丁未立而卒，于是立太丁之弟外丙。外丙立三年崩。其弟仲王嗣位四年。崩后，伊尹乃立太丁之子太甲。太甲，成汤嫡长孙也，"既立三年，不明，暴虐，不遵汤法，乱德。于是伊尹放之于桐宫（今河南偃师西南五里）。三年，伊尹摄行政当国以朝诸侯。帝太甲居桐宫三年，悔过，自责，反善。于是伊尹乃迎帝太甲而授之政。帝太甲修德，诸侯咸归，殷百姓以宁"（《殷本纪》并详《孟子·万章上》、《尽心上》）。然此事《竹书纪年》载之绝异。其文曰："太甲元年，伊尹放太甲于桐，乃自立。七年，王潜出自桐，杀伊尹，天大雾三日。"故后世常以此为疑；王充《论衡·感类》篇、杜预《春秋后序》、孔颖达《尚书正义》及刘知幾《史通·疑古》篇均曾论之。惟诸人终以事无左证，不信其说。今宜仍以《孟子》及《史记》之说为主。

商代之神权政治

商代政治，最重神权。《礼·表记》孔子曰："夏道尊命，事鬼神而远

之……殷人尊神，率民以事神，先鬼而后礼……周人尊礼尚施，事鬼敬神而远之。"自汤"率其百姓以上尊天事鬼"，以"不祀"之罪征葛伯（详《墨子》《孟子》）；假"天命殛之……予畏上帝……致天之罚"（《汤誓》）等言以代桀，"以身为牺牲，以祠说于上帝鬼神"救旱祈雨，于是神权政治日益发达。盖自汤遭七年之大旱，惟事祷神。其后凡徙都畋猎征讨以及一切兴革，无不祷神占卜以决从违。人民亦以卜筮之吉否为行事之指导。据清光绪二十四五年在河南殷墟（安阳县）发见龟甲兽骨刻文，多是占卜、畋猎、征伐、祈年等事之繇辞。更参之《史记》：太戊用巫咸；祖乙任巫贤；盘庚假天命及先王祖宗之威力迫民迁都；武丁以梦求传说为相而国大治，皆足征神权政治之盛。

《洪范》中所表现之神权

《洪范》本出诸箕子之口，其中所言，实将商代神权政治完全表现。《洪范》曰："汝则有大疑，谋及乃心，谋及卿士，谋及庶人，谋及卜筮。汝则从，龟从，筮从，卿士从，庶民从，是之谓大同，身其康强，子孙其逢吉。汝则从，龟从，筮从；卿士逆，庶民逆，吉。卿士从，龟从，筮从；汝则逆，庶民逆，吉。庶民从，龟从，筮从，汝则逆，卿士逆，吉。汝则从，龟从；筮逆，卿士逆，庶民逆，作内吉，作外凶。龟筮共违于人，用静吉，用作凶。"可见国中上下行事全以龟筮为主。龟筮若不相许，无论君王、卿士、人民，如何同心努力共事，终以不作为佳。商代神权之盛，可想知矣。

种种祀神之祭

商代既尊重鬼神如此，故视"国之大事，在祀与戎"，于是有种种祀神之祭。《挈契枝谭》曰："殷人尚鬼，祭名孔繁。罗氏《殷虚书契考释》所揭：宗，禘，烝肜，肜日，肜月，胁日，戚，祭索，祼，叙，酌，羹，品，粢，衣，伐，濩，貍，沈，卯，𥝢，嘡，外；如翼日，晑，又（佑），翼，𤔔，䝼，月，俎，舩，戠日，嚜，戠，嵍，彭，䙥，望，𥪰，册，𠃊，异，𠆎等，似并为祭名。又有……月酌……月𡉈……月禋……月戠……月嚳……月戚……月𡉈……月又（佑）……月𥅖……月◇……之祭。"此外"殷礼迎气四方之祭，或曰'帝方'，帝假作禘；或曰'粢方'……惟卜辞多浑言方"。又《殷墟》"卜辞屡言零示，盖祈雨之祭也……曰'邑示者'，盖作邑告成之祭也……曰'徙示者'，盖徙邑或徙宫之祭也……云帚妹示，盖归妹之祭

也"。其"𤔲示……𤔲示,均不可识",总之亦祭名也。

祭祀用牲数之可惊

殷人祭祀种类之多如此,而其祭神用牲之数亦至可惊。《挈契枝谭》曰:"罗氏《殷虚书契考释》谓殷祭用牲之数,或一,或二,或三,或五,或十,或二十,或三十,或四十,而止于百……尚未详尽。有用三羊,或三羊三豕三牛者;有用六牛,或六豕六羊者;有用七牛者;有用九牛或九羊者;有用十五牛,或十五犬十五羊十五豚者;有用五十羊者,有百三百牛者,有用三百牛者。是牲数固止于四百也……大抵殷祭用牲之数,历代多寡各殊。末季牲数愈繁,仪文愈缛……如王亥也,由五牛,九羊,三十牛,四十牛,而增至三百牛;上甲也,由一牛,一豕,二牛,五羊,五牛,六牛,而增至五十羊;且乙也,由一羊,三牛,二牢,五牢,而增至百羊三百牛……矣。又殷用牲,尊卑有序。盖分牛羊豕犬为四等,观殷虚文字第一叶'癸亥卜酚𤕲贞乙巳自上甲廿示一牛,二示羊𣄬,三示羑牢,四示犬'一辞,可以为证"者也。

尊重鬼神与精治祭器

又殷人既尊重鬼神如此,其祭祀之多如此,故精治祭器,钟鼎尊彝之制大兴。存留于后世之殷代祭器尚多。其可考者,有鼎(《说文》曰"酒器也")、彝(《说文》曰"宗庙常器")、卣(《尔雅·释器》曰"卣器也")、壶、罍(亦酒器大者受一斛)、爵、觚(酒器大二升)、觯(酒器大三升)、敦(《礼·明堂位》注"黍稷器也")、甒(《说文》曰"甂也")、盂(《广韵》曰"调五味器")、盘(《说文》曰"承槃也")、盉(《说文》曰"饭器也")、匚(《说文》曰"受物之器")、俎(《说文》曰"礼俎也")、皿(《说文》曰"饭食之用器也")、鼒(《说文》曰"礼器也")(详薛尚功《历代钟鼎彝器款识》卷二至卷六及罗振玉《殷墟书契考释·文字第五》)等器,且皆制造甚精云。

商代之屡次迁都

商代君主又时时迁都,不知何故。据《尚书·盘庚》谓"先王不怀厥攸作,视民利用迁"。又曰:"古我先生将多于前功,适于山。"柳翼谋先生谓殷之屡次迁都,实犹含古代游牧行国之性质,而非由水患,殆其然欤。考《尚书序》及《史记》言自契至汤,八迁。据《世本》、《孟子》、《荀子》、《竹书纪年》、刘恕《通鉴外纪注》及胡克家《补注》:知契始封商,后

迁蕃(陕西华州);其子昭明再迁砥石,三迁商;相土四迁商丘;五迁东都;夏帝芒时,六迁殷;帝孔甲时,七迁商丘;汤八迁亳(在商丘北),其后国势强大,又迁西亳(在陕西杜县)。成汤以后至盘庚,又"五迁,无定处",盖成汤既得天下,自西亳迁于景亳,"帝仲丁迁于隞(今河南荥泽境),河亶甲迁居相(今河南内黄境内)",祖乙迁于耿(在山西龙门县),又迁于邢(《说文》曰"地近河内怀")。南庚迁于奄(在鲁境)至"盘庚,迁于殷"(《史记·殷本纪》谓"盘庚……涉河南治亳",大误)。盘庚以后,又数迁。据《国语·楚语》韦注及《竹书》、《史记》,武丁迁于河内,又迁亳。至武乙复去亳,徙河北。(据《项羽本纪》集解引应邵说"河北即今河南安阳县")已而又自河北迁于沬(淇县),自是至纣皆都之(详另作《商代之二十次迁都》)。今考隞乃多兽之地。《诗·小雅·车攻》所谓"东有甫草,驾言行狩。之子于苗,选徒嚣嚣,建旐设旄,抟兽于敖"。敖即隞也,其地多兽,至周犹然。然则商之迁都,殆因畋猎之利也。且近年殷墟安阳县所发见之龟甲兽骨刻文,占卜、畋猎之繇辞甚多。由斯不仅可知殷人好猎,而殷人之迁都,迨亦实由于畜牧或行猎也。

农业发达及殷民之安土重迁

殷迁都虽有古代行国之性质,然其时农业日形发达,人民实已安土重迁。特为君主所主张逼迫,无可如何耳。试观盘庚之将涉河而迁于殷也,民不适有居,皆怨,胥动以浮言,弗率。盘庚乃以利诱威逼,劝导恐吓,民乃奉命。其言"若农服田力穑,乃亦有秋","惰农自安,不昏作劳,不服南亩,越其罔有黍稷"。可想见其时农业之概况。其言"矧予制乃短长之命","罚及尔身,弗可悔","我乃劓殄灭之,无遗育,无俾移种于兹新邑",及"乃祖乃父乃断弃汝,不救乃死","高后丕乃崇降弗祥"云云,皆可想见人民不欲迁徙而盘庚乃以威吓强迫行之之状况。

君位兄终弟及之制

尊神好猎,屡次迁都,固为商代政治上之异事,而君位"兄终弟及"之制,亦属殷代之特点。同据《史记·殷本纪》:汤崩,太子太丁未立而卒,乃立其弟外丙。外丙卒,复立其弟中壬。及太丁太子甲嗣位以传子沃丁,又及其弟太庚。小甲嗣立,又以次传于其弟雍己及太戊。仲丁嗣立,又以次传于其弟外壬及河亶甲。祖乙嗣立崩,祖辛承祖乙之位。又

传其弟沃甲。阳甲嗣立，又以次传于弟盘庚，小辛，及小乙。以后亦然；虽或传子，殆以无弟之故，《春秋繁露》谓：主天者法商而王，故立嗣予子，笃母弟；主地者法夏而王，故立嗣子孙，笃世子。则商之嗣位法，盖"兄弟相及，而以同母之弟为限"。同母弟尽立后，始还立长兄之子也。

殷代之教育概况

教育为治民根本。殷代教育盛于夏代。据《王制》，殷有左右二学，所谓"殷人养国老于右学，养庶老于左学"是也。又据《明堂位》、《学记》及《孟子》，殷复有瞽宗及庠序。其教育之法，不可详考。惟由《说命》之遗文，尚可略窥殷人讲求学术之端绪。《礼记·文王世子》引《说命》曰，"念终始典于学"；《学记》引《说命》曰，"惟教学半……敬孙务时敏，厥修乃来"。可见殷以教学为先务，而学者又亲师乐友而信道也。故殷之士子，《尚书·多士》篇称其"知惟殷先人有典有册"焉。

商政之迭盛迭衰

商代王室及政局自太甲以来，往往一盛一衰，因之于诸侯时得时失。据《史记》，伊尹既迎太甲归而授之政，太甲修德，诸侯咸归殷，百姓以宁。（一）兴。至雍己，殷道衰，诸侯或不至。（一）衰。太戊立，是为"中宗，严恭寅畏，天命自度，治民祗惧，不敢荒宁……享国七十有五年"（《书·无逸》）。其时贤辅，"有若伊陟、臣扈，格于上帝"（《君奭》）。尤其巫咸治王家有成，诸侯归之。（二）兴。至河亶甲。（二）衰。祖乙立，巫贤任职，"巫咸乂王家"（《君奭》）。殷（三）兴。帝仲丁以后，废嫡而更立诸弟子。弟子咸争相代立，比九世乱，于是诸侯莫朝。（三）衰。盘庚涉河南治亳，行汤之政，百姓以宁，诸侯来朝。（四）兴。小辛立。（四）衰。武丁即位，是为高宗，"旧劳于外，爰及小人。作其即位，乃或谅阴，三年不言。其惟不言。言乃雍。不敢荒宁，嘉靖殷邦，至于小大，无时或怨……享国五十有九年"（《无逸》）。其时贤辅，"有若甘盘"（《君奭》）。复"以象梦旁求四方之贤圣，得傅说"，以为相，国大治，天下咸欢。（详《国语·楚语》、《墨子·尚贤》及《庄子·大宗师》等）殷（五）兴。至帝祖甲，"知小人之依，能保惠于庶民，不敢侮鳏寡……享国三十有三年"（《无逸》）。犹为贤主。祖甲之后，遂入（五）衰之期。盖"自时厥后立王，生则逸……不知稼穑之艰难，不闻小人之劳，惟耽乐之

从。自时厥后，亦罔或克寿，或十年，或七八年，或五六年，或四三年"（《无逸》）。及至于纣，殷遂以亡。

殷纣之荒淫暴虐

纣者帝乙之子，是为帝辛。"纣资辨捷疾，闻见甚敏；材力过人，手格猛兽；知足以拒谏，言足以饰非；矜人臣以能，高天下以声，以为皆出己之下；好酒淫乐，嬖于妇人，爱妲己，妲己之言是从。于是使师涓作新淫声，北里之舞，靡靡之乐。厚赋税以实鹿台之钱，而盈巨桥之粟。益收狗马奇物，充牣宫室。益广沙丘苑台，多取野兽蜚鸟置其中。慢于鬼神。大聚乐戏于沙丘，以酒为池，县肉为林，使男女裸相逐其间；为长夜之饮。百姓怨望，而诸侯有叛者。于是纣乃重刑辟，有炮烙之法……九侯有好女，入之纣……女不喜淫，纣怒，杀之，而醢九侯。鄂侯争之疆……并脯鄂侯"（《史记·殷本纪》）。当是时，西方侯国周已勃兴，乘纣暴虐，起而灭殷矣。兹且略叙周势兴盛为状况，然后叙其灭殷之情形。

二　周之兴起及殷商灭亡

周之先世及公刘之始兴

周之祖先曰弃，在尧舜时为后稷。"后稷以上，更无可推；惟知后稷母为姜嫄。相传为无夫，履大人迹而生……弃"（详《大雅·生民》、《毛诗传笺通释》及《毛诗·稽古编》）。"弃好耕农，相地之宜，宜谷者稼穑焉。民皆法则之；帝尧闻之，举弃为农师……有功，帝舜曰：'汝后稷，播时百谷'；封弃于邰（在今陕西武功县）……别姓姬氏"（《史记·周本纪》）。其后"世后稷，以服事虞夏。及夏之衰也，弃稷弗务……不窋用失其官，而自窜于戎狄之间"（《国语·周语》）。不窋之裔有公刘，生当夏桀暴虐之际，时已距"后稷尧封之邰，积德累善十余世。公刘避桀，居豳（今陕西邠县）"（《史记·娄敬传》）。"公刘虽在戎狄之间，复修后稷之业，务耕种，行地宜，自漆、沮渡渭取材用，行者有资，居者有畜积，民赖其庆，百姓怀之，多徙而保归焉——《诗·公刘》毛传谓'盖诸侯之从者十有八国'，周道之兴自此始。故诗人歌"之曰："笃公刘，匪居匪康。乃场乃疆，乃积乃仓。乃裹糇粮，于橐于囊。思辑用光，弓矢斯张。干

戈戚扬，爰方启行。……于胥斯原，既庶既繁。……乃觏于京。京师之野……于时庐旅。……于京斯依。……既溥既长，既景乃冈。……其军三单。度其隰原，彻田为粮。……于豳斯馆。涉渭为乱，取厉取锻。止基乃理，爰众爰有，夹其皇涧，遡其过涧，止旅乃密，芮鞫之即"云。（《周本纪》及《诗·公刘》）《周语》太子晋谓："自后稷之始基靖民，十五王而文始平之。"又卫彪傒谓："后稷勤周，十有五世而兴。"（此后稷，殆即指公刘也？）

公亶父迁都及其建周

公刘以后，传数世而高圉。《国语·鲁语》谓："高圉能率稷者也，周人报之。"又传数至公亶父，是为太王，"居豳，狄人侵之。事之以皮币，不得免焉；事之以犬马，不得免焉；事之以珠玉，不得免焉。乃属其耆老而告之曰：狄人之所欲者吾土地也……我将去之"。（《孟子·梁惠王》篇）于是去豳，"自……沮漆……走马，率西水浒，至于岐下"而居焉。其地曰"周原"，故遂建国号为周。乃筚路蓝缕以启山野："乃疆乃理，乃宣乃亩……乃召司空，乃召司徒，俾立室家……缩版以载，作庙翼翼……筑之登登……百堵皆兴。乃立皋门……应门……冢土"，始复具立国规模。已而"柞棫拔……行道兑……混夷駾"，国势渐盛，"实始翦商"矣。（《大雅·緜》篇及《鲁颂·閟宫》）

季历之经武及其囚死

公亶父传子季历，是为王季。"维此王季，因心则友，则友其兄，则笃其庆……貊其德音，其德克明，克明克类，克长克君……既受帝祉"（《皇矣》），乃始向外发展。据《竹书纪年》，当殷武乙之世，王季伐程（在咸阳东），战于毕，克之；又伐义渠，获其君归。朝殷，受地三十里，玉十瑴，马十匹。又伐西落鬼戎，俘其二十翟王；殷文丁之时，复伐燕京之戎，败绩；已而又伐余无之戎，克之；伐始呼翳徒之戎，皆克之。于是献捷于殷，殷王文丁嘉其功，锡之圭瓒秬鬯，九命为伯。既而见忌，执而囚于殷之塞库，季历困而死（以上参阅《后汉书·西羌传》）。

文王之励精图治

季历既卒，子昌嗣位，是为文王。文王极有才干而仁厚勤谨。故《诗·大雅·大明》曰："维此文王，小心翼翼。"《皇矣》曰："文王……明

德,不大声以色,不长夏以革。"《尚书·康诰》曰:"文王克明德慎罚,不敢侮鳏寡,庸庸祇祇,威威显民。"《无逸》曰:"文王……卑服,即康功田功,徽柔懿恭,怀保小民,惠鲜鳏寡,自朝至于日中昃,不遑暇食,用咸和万民。"文王复广揽人才,礼下贤者,其时"有若虢叔,有若闳夭,有若散宜生,有若泰颠,有若南宫括"(《尚书·君奭》),皆见任用。且任人甚专,有如《立政》所云:"立政任人……文王惟克厥宅心……以克俊有德,文王罔攸兼于庶言。庶狱庶慎,惟有司之牧夫,是训用违;庶狱庶慎,文王罔敢知于兹。"因此,人得尽其才而国益治。故《诗·大雅·文王》之篇曰:"思皇多士,生此王国。王国克生。维周之桢。济济多士,文王以宁。"

文王之势成坐大

文王不仅文治如此,而且武功更有可称。据《逸周书·序》:"文王立,西距昆夷,北备猃狁,谋武以昭威怀,作武称。"据《后汉书·西羌传》,"遂攘戎狄,而戎莫不宾服"。其后"虞芮之君相与争田,久而不平,及相与朝周。入其境,则耕者让畔,行者让路;入其邑,男女异路,斑白者不提挈;入其朝,士让为大夫,大夫让为卿。二国之君感而……相让,以其所争田为闲田而退。天下闻而归之者四十余国"。(《大雅·縣》篇毛传)自"虞芮质厥成,文王蹶厥生,予曰有疏附,予曰有先后,予曰有奔奏,予曰有御侮",势成坐大,遂受命称王。据《尚书大传》及《史记》,此后文王之武功,其最著者:受命二年,伐犬夷;三年,伐密须。

文王之第一期征伐

与密须之战,厥有二说。《大雅·皇矣》曰:"密人不恭,敢距大邦,侵阮徂共。王赫斯怒,爰整其旅,以按徂旅(《孟子》引作"莒"),以笃周祜,以对于天下。"《毛传》及王肃以为"密人……侵阮,遂往侵共,遂往侵旅,故王赫斯怒,于是整其师以止遏徂旅之寇"。此一说也。郑笺本《鲁诗》说,以为"阮也、徂也、共也,三国犯周,而文王伐之;密须之人乃敢距其义兵",故文王怒,并伐密须。此又一说也。若据前说,则文王只伐密须,以保护阮也、共也、旅也三国。若据后说,则文王既征阮也、徂也、共也三国,又伐密须,一举而与战斗者四国:"侵自阮疆,陟我高冈……我陵我阿……我泉我池,度其鲜原……万邦之方,下民之王",文王大胜,

所获土地既多,威势大振矣。

文王东迁及第二期征伐

当伐密须之时,文王尚"居岐之阳,在渭之将"(《皇矣》)。及"密人降于周师,遂迁于程(在咸阳东)"(《竹书纪年》)。"文王在程,作程寤程典"(《逸周书序》)。同时又发展其武力,出师东伐耆。耆即黎,在纣圻内,文王势力遂达殷之畿甸。受命五年,又伐邘。邘又作盂,在今河南沁阳。《韩非子·难二》曰:"文王伐盂、克莒、举酆,三举事而纣恶之。"岂文王伐邘时,又并克莒、举酆耶? 伐邘之后,复伐崇。崇,西方大国,在今陕西鄠县,周之东邻而文王之"仇方"也。《左氏僖十九年传》曰:"文王闻崇德乱而伐之,军三旬而不降。退修教而复伐之,因垒而","以……钩援……临冲……伐崇墉"。结果灭崇,"执讯连连,收馘安安,是类是祃,是致是附……是伐是肆,是绝是忽"(《皇矣》)。灭崇之后,犹有征伐。据《大戴礼·少闲》所云"周昌霸诸侯……纣不悦诸侯之听于周昌,则嫌于死,乃退伐崇、许、魏",可知灭崇后又伐许魏矣。

周兵力之卓越及与殷之对峙

由上,足见文王武功之卓越。盖以军队论,是时已如《大雅·棫朴》所云"周王于迈,六师及之"。加以文王之亹亹经营,又如所谓"勉勉我王,纲纪四方"。于是"文王有声,遹骏有声……四方攸同,自西自东,自南自北,无思不服"(《文王有声》)。《论语》所谓"三分天下有其二",《皇矣》所谓"是致是附,四方以无侮",即此时也。"当是时,商之号令已不行于河关以西……诸侯久已非商之诸侯"。盖自"殷衰以来,圣贤之君不作,诸侯固以渐而叛矣。周介戎狄之间,乃商政所不及;及其浸昌浸大,诸侯归之,又商所不能臣。自文王之世,固已未尝一日臣于商矣"(《丰镐考信录》)。

商纣对于文王之嫉忌

然自文王势盛以来,尝为殷纣所不喜(见上)。崇侯虎曾谮于纣曰:"西伯积善累德,诸侯皆响之,将不利于帝。"纣乃囚文王于羑里(《史记·周本纪》及《淮南子·道应训》)。"文王内文明而外柔顺,以蒙大难"(《易·象传》下),凡被"囚……七年。诸侯皆从之囚,纣于是惧"(《左传》襄三十一年)。加以闳夭、散宜生之徒,求有莘氏美女,骊戎之

文马,有熊九驷,玄玉百工,大贝百朋,以及玄豹、黄罴、青犴、白虎、文皮等奇珍之物,因纣嬖臣费仲而献之纣。纣乃释文王。"文王归,乃为玉门,筑灵台,相女童,击钟鼓,以待纣之失也。纣闻之曰:'西伯昌改道易行,吾无忧矣'。乃为炮烙,剖比干,剔孕妇,杀谏者。文王乃遂其谋","献洛西之地以请除炮烙之刑……阴修德行善,诸侯多叛纣而往归西伯,西伯滋大"。(以上详《尚书大传》、《史记》、《墨子·非攻》、《韩非子·难二》及《淮南子·道应训》)及"文王侵盂克莒举酆……纣恶之","灭崇以后,周日以大而亦渐近于商,不能不为纣之所忌",仍如故也(《丰镐考信录》)。

文王之再行迁都及其薨

文王为纣所忌,然因"诸侯新服,周化犹未大行;而纣贤臣尚多,其虐未甚,故文王……不伐商",且"服事殷……玉帛、皮马、卑词、厚币以奉之"(《丰镐考信录》)。加以"维周王宅程三年,遭天之大荒"(《逸周书·大匡》)。"周大饥,自程迁于丰(在陕西鄠县东)"(《竹书纪年》)。夫"既伐于崇,作邑于丰"(《文王有声》)。连年动军旅,兴土木,遭饥馑,则对于纣,更无力可以战伐。况迁都于丰时,文王已甚衰老,故逾年即崩,凡享国五十年(《尚书·无逸》)。子武王发嗣立,周之国势乃益强大。

武王之用贤才与威势

武王"绳其祖武",益广揽人才,"有乱臣十人"。十人者,马融、郑玄谓即周公旦、召公奭、太公望、毕公、荣公、大颠、闳夭、散宜生、南宫适,与文母大姒也(《论语注疏》)。此外,"伯达、伯适(即南宫适)、仲突、仲忽、叔夜、叔夏、季随、季骗"(《论语》),所谓"尹氏八士,太师三公"(《逸周书·武寤》)皆见重任。于时国势甚盛,西南蛮夷庸(湖北竹山县)、蜀(四川成都)、羌(西戎牧羊人)、髳(在四川松潘等地)、微、卢、彭(《括地志》云:戎府之南,古微、卢、彭三国之地)、濮(《尔雅》杜注云:建宁郡南有濮夷,称百濮)之属,皆已服从。而商纣"乃罔畏畏,咈其耉长旧有位人"(《微子》);"惟妇言是用,昏弃厥肆祀弗答。昏弃厥遗王父母弟不迪"(《牧誓》);"诞惟厥纵淫泆于非彝……惟荒腆于酒"(《酒诰》),暴虐益甚。

纣政之乱与国势之瓦解

纣既暴虐益甚,其良臣,如"商容,贤者,百姓爱之,纣废之"(《殷本纪》)。如"微子,去之;箕子为之奴;比干谏而死"(《论语》)。其所引用,"乃惟四方之多罪逋逃,是崇是长,是信是使,是以为大夫卿士,俾暴虐于百姓,以奸宄于商邑"(《牧誓》)。"惟羞刑暴德之人,同于厥邦;乃惟庶习逸德之人,同于厥政"(《立政》)。于是殷邦"罔不小大好草窃奸宄;卿士师师非度。凡有辜罪,乃罔恒获。小民方兴,相为敌雠"(《微子》)。结果"智藏瘝在,夫知保抱携持厥妇子,以哀吁天,徂厥亡"(《召诰》)。诸侯亦因纣"弗或乱正四方,四方皆分崩离析,不受其约束"。所"有亿兆夷人,亦有离德"(《左氏昭二十四年传》引《太誓》)。

武王伐纣及殷之败亡

商纣形势已岌岌如此,周武王遂乘机兴征伐之师。"东观兵于盟津……诸侯不期而会盟津者八百……皆曰,纣可伐也。武王曰……未可。乃还师归"。盖"以观诸侯集否"也。"居二年,闻纣昏乱暴虐滋甚……于是武王遍告诸侯……毕伐……遂率戎车三百乘(《逸周书》谓:"周车三百五十乘"),虎贲三千人,甲士四万五千人,以东伐纣,庸、蜀、羌、髳、微、卢、彭、濮诸戎夷从之。及师渡盟津,"诸侯兵会者四千乘"。共计兵数不下四十余万人。乃进师商郊牧野。纣以"兵七十万人"拒之。当是时,"殷商之旅,其会如林";然周武王方面有良将"师尚父,时维鹰扬",大战结果,"血流漂杵",旋"纣师皆倒戈以战……叛纣,纣走反入,登于鹿台之上,蒙衣其珠玉,自燔于火而死"(详《史记》殷、周本纪、《周书·牧誓》及《大雅·大明》)。商亡。自汤至是凡三十君。国祚究竟若干年?《竹书纪年》、《通志·年谱》与《诗疏》所载各不同,不能明矣。

三 商代社会文物之概况

商代中国之民族与诸方

商既灭亡,周代之事且暂缓叙述,兹可转而鸟瞰商朝一代数百年间中国之社会及文物。为便利起见,姑先言其时中国各地之民族。据殷墟骨甲文字上之所表现,商时中国民族庞杂。除商之根据地在黄河中流流域一带外,其四围之民族甚多,商皆谓之曰"方"。"方各有名。或

仅举其名,或并系方字:如曰'盂',曰'盂方';曰'土',曰'土方';曰'🔧',曰'苦方';曰'叙方'、'登方'等是也。有就其制造之精而名之者,如曰'弓',疑其国人善制弓也;曰'戉',曰'戉方',疑其国人善制戉也。有就其习俗之异而名之者;如曰'射',曰'多射方',疑其国多善射之人也。有就其物产之富而名之者:如曰'马'曰'马方',曰'多马或',则其国多产马也;曰'鞻',曰'犫',曰'羊方',曰'羊苗',则其国多产羊也;曰'雀',疑多雀之国;曰'虫',疑多虫之国;曰'🐾',疑多能之国;曰'虎方',疑多虎之国;则古之犬戎,亦必为多犬之国,卜辞有'猋'字国名,或即犬戎之先,古亦就其物产名之,当无轻贱之意……至若'泉允'、'冉允',疑同为'厰允',盖声音变转之殊也。'焚方'、'林方',疑同为'燹方',盖文字繁省之别也……其次则'下▽'、'昆羊'诸夷苗,经传并失纪载"(《挈契枝谭》)。"井方"、"二封方"、"三封方"、"人方"、"粪方"……以及"旅族"、"🔧族"、"多子族"……并于经传无征;惟"鬼方"、"羌方"、"徐方"、"蛮方"等,则见于诗易古籍焉。

殷契中之商代诸侯

商政统治下之小国本甚多,惟其名不传,今就《殷契》中所得所知者言之,"如舁侯、🔧侯、屮侯、崔侯、犬侯、庸侯、亚侯、禾侯、杞侯、🔧侯、丫侯、⊃侯……兒伯、🔧伯、🔧伯……并殷时……侯伯之国"。(《挈契枝谭》)又如(允?)、獣、毋、囗、昺、囗、升、米、茅、光、囗、囗、丰、囗、黄、囗、囗、韋、臾、革、異、戈、冨、旁、分、蜀、豳、鲁、雇、宝、囗、良、囗、囗、竹等,亦大抵为殷商侯甸男邦采卫之国。其中如"宝"、如"🔧"、如"杞"、如"🔧"、如"良"、如"🔧"、如"竹",且常与商代王室通婚,殷王每以女🔧下嫁之,卜辞中所谓"归竹妇示"、"归宝示"、"归杞示"、"归良示"、"归🔧示"、"归🔧示"者,皆殷女下嫁时致祭也。然此等小国,与边裔诸"方"同,对于殷叛服无常,是以商王恒有征伐之举。

诸方侵扰与商征伐之制

诸方国之最受商之支配驱使者,惟雀登;而其最侵扰殷商者,则为土方及鬼方。故商与之交涉战争,频繁剧烈。《挈契枝谭》曰:"《礼·月令》孟春戒称兵,仲春戒大事;孟秋之月,天子乃命将帅,选士厉兵,简炼桀俊,专任有功,以征不义,诘诛暴慢,以明好恶,顺彼远方,此周制也。

周制用兵于秋；殷制则用兵于春。如卜辞曰'贞今春伐苦方'，曰'今春
ㄓ伐苦方'，曰'贞今春王伐✦方'，曰'贞今春王廾人五千征土方'，曰
'贞今春王伐土方'，曰'贞今春王彡伐下。✦。'，是殷代征伐苦方，✦方，
土方，下。✦，诸夷，并于春季出师。而诸夷出扰，亦多在春季。如卜辞
曰'卜今春方其出'，'卜今春方其大出'，方即指苦土诸方。又殷王循行
方国，亦在春季。如卜辞曰'贞今春王循土方'、'贞今春王循伐土方'
是也。"

用兵人数与俘虏之用

商之用兵征伐，人数往往不见甚多。试观《殷墟书契前后编》所载
"贞今春王伐✦方□人五十ㄓ□"；"丁酉，卜㱿贞今春王廾人五千正
(征)土方，受之又(佑)"，"丁酉，卜㲸贞□今春王供人五千征土方"；"土
□辜□登人三千ㄓ伐✦"；"□□登人三千ㄓ伐✦"；"□□登人三千ㄓ
战"；又《铁云藏龟》载有"丁酉㱿卜贞彡登人三十"。可见商之用兵人
数，常在五千四千三千之间。至于征伐之后，所得俘虏，则以为臣仆奚
奴。《说文》曰："臣，牵也，象屈服形"；《卜辞》臣作"✦"象一人俯首坐
地，上牵其颈，中挛其手，下击其足。仆，卜辞作"✦"，象人头负罪慓，
手奉粪箕，臀后有尋，所以扫除。奚奴之异文甚多，大抵皆象系挛牵执
之形。此等臣仆奚奴，除以之供奉役使外，多用之为兵征伐，故《卜辞》
中数见"ㄓ多臣伐□方"、"贞ㄓ多臣伐□"之文。盖不仅拘击而执卑贱
之役，且常有征战死亡之忧，是以《微子》篇载商将沦丧时，微子惧为"臣
仆"也。

商代官制之概况

商代官制，典籍不详。惟《周书·酒诰》言殷"越在外服：侯、甸、
男、卫、邦伯；越在内服：百僚、庶尹、惟亚、惟服、宗工、越百姓里居"。
《召诰》亦言："命庶殷侯甸男邦伯。"此外《礼记·王制》所载之官，皆周
制，非商制也。故《王制》所载"二伯、六太、五官、六府、六工，卜辞中并
罕见……罗雪堂《殷虚书契考释》揭：卿事，太史，小臣，扫臣，竖，较可
征信"；然仅数官。近人叶玉森《挈契枝谭》续有所得，颇确，兹列举如
下："（一）卫　卜辞云'壬辰卜大庚令ㄥ令ㄇ官✦'……ㄥ，ㄇ，并人名，盖
王令作宿卫官也。一曰多卫，或曰多射卫，又曰虎卫，亦曰卫目……

（二）圉宙正　卜辞云'癸卯卜亘贞圱圉宙⺕'……按……犹《竹书纪年》'大戊十三年，命费侯仲衍为车正'……圉宙正，盖司国之圉圃……（三）兽正　卜辞云'丁卯□兽正毕获⺍百，⺧二百十四，豕十，⺓一'。按兽正，当即……周制兽人，掌罟田兽，辨其名物……（四）田正　卜辞云'壬戌卜贞王往圱田正'。按……田正，乃掌田猎之官……（五）中人　左右中人　卜辞云'贞令中人'，'丙申卜贞⻖马左右中人三百（六月）'。按中人当为宫内小臣；曰⺆马左右中人，似为夏官驭夫等官司仆驭之职者……（六）韦师寮　……按古金文屡言卿事寮，太史寮。卜辞除见太史寮外，仍有韦师寮一官。韦师，疑即春官之鞣师。（七）⻤人；⻌正；⻌师……牛人……䂿正……客正……皇乘……六事；五侯；五寇；多尹，疑并殷代群官。"

商代畜牧之盛

至于社会状况，商代似犹为畜牧农业过渡之时期，故仍甚重畜牧。虽在天子，犹常躬亲刍牧牛羊。如《殷墟书契前后编》等尝载"庚子卜贞牧□羊，征于丁□用雨"；"贞易往省牛"；"卯卜王牧"；"辛巳王贞牧□燕□□"；"卜贞从牧六月"；"贞于辜，大刍"；"来刍陟于西示"，并其证也。因甚重畜牧，故牛羊之类甚蕃殖，祭祀用牲遂甚多，以牛而论，往往有一次用至四百者。则其畜养之多，可想见矣。此外"稽之卜辞，如云'□卜在潢贞王其⺧大马⺇（䵔）众骟亡灾毕'；'叀并骈亡灾'；'叀⺮众骟亡灾'；'叀⺸众小骟亡灾'；'叀左马众⺋亡灾'；'叀骊马众猧子亡灾'：据上各辞，曰䵔、曰并骈、曰⺥、曰⺸、曰左马、曰骊，殆别马之种类；曰骟、曰小骟、曰�765、曰猧子，殆别马之年齿……乃知殷代重视马政，王于国马，岁必卜其灾之有无"。（《挈契枝谭》）而《卜辞》有"丙申卜贞⺆马左右中人三百六月"之文，夫掌马之官多至三百，则畜马之蕃庶，又可想而知矣。王室之畜牧如此，则人民之畜牧，亦可想而知矣。

商代禽兽之多与田猎

商时中国黄河流域，似仍"草木畅茂，禽兽繁殖"。故《孟子·滕文公》篇言，纣时天下虎豹犀象多；《史记·周本纪》亦言，殷季"麋鹿在牧，飞鸿满野"。今考之殷墟骨甲卜辞，虎、狼、象、兔、狐、雉、野羊、野马、野豕之类，当时固不少，而麋鹿之类尤多。是以当时社会，一面盛行畜牧，

一面盛行田猎。商王田猎之时，往往有一次获鹿二百，或二百又九，或二百六十二，甚至有达三百四十八者。其所获鹿、麎、狐、豕、羊、马、雉、兔混合之数，亦尝有一次达一百四十八，或二百一十五者。当时禽兽既繁殖如此，故商王行猎之时甚多，因有"田"与"狩"之区别。大抵如《挈契枝谭》所云：凡是"王于田，十九详纪其地，或及所获鹿、麎、犰（狐）、豕、羊、马、雉、兔之数……且必卜往来亡灾，或占风雨。则于田之地，必非近郊。若狩，则或纪其地，或否；或用毕，或不用毕；纪毕获之数，或逐，或不逐；王或步往，则为近郊可知。既为近郊，故不卜往来之吉凶，风雨之有无大小。此殷代田与狩之别也"。

商代之农业现象

商时社会虽存留上古田猎畜牧之成分尚多，然农业实亦已形发达。《孟子·滕文公》篇言"汤使亳众往……耕……黍稻"；《尚书·汤誓》言"舍我穑事而割正夏"；盘庚言"若农服田力穑，乃亦有秋"，"惰农自安，不昏作劳，不服南亩，越其罔有黍稷"；《洪范》言"土爰稼穑……岁月日时无易，百谷用成"，《商颂·殷武》言"挞彼殷武……稼穑匪懈"；《无逸》言殷先哲王"知稼穑之艰难……知小人之依……厥后立王生则逸，不知稼穑之艰难，不闻小人之劳"……固足以明商代农业发达之状况。今按之《殷墟骨甲卜辞》，则有田、有畴、有疆、有畖、有禾、有黍、有粟、有麦、有来、有桑……且设有"农官曰 [字]，即啬，盖啬夫也；曰 [字]，即畯，盖田畯也。有啬畯以主田，则国之重农可知。而且 [字]（季）从禾，则以禾熟纪岁功之成；[字]（利）从禾，则以刈禾表力田之利；[字]（疆）从弓从畕，量田以弓，是当代已有经界之讼矣；[字]（畖）从田从巛，贯田以水，是从当代已明沟洫之要矣"。

祈年之卜；受年

因其重农如此，故殷墟卜辞尝卜商王之亲往"观黍"或"相田"；而祈年之事，尤为常见。《挈契枝谭》谓"卜辞亦屡云 [字]年，当即祈年之卜。如'贞易 [字]年于畕土'；'贞于王亥 [字]年'；'癸丑卜毃贞 [字]年于大甲，十牢，且乙，十牢'；'壬申卜贞 [字]年于岳'；'贞于匕乙 [字]年'；'贞 [字]年于且戌'；'于大乙祖乙 [字]年王受□'。畕土，王亥，大甲，且乙，岳，匕乙，且戌，大乙，并殷之祖妣名谥。是殷人惟祈年于祖妣也。卜而得吉，则曰'受

年’，否则曰‘不受年’。而所受之年，又有‘受禾’、‘受黍’、‘受酉’之别：如曰‘辛未贞受禾’……‘西方受禾’，‘北方受禾’，‘癸卯贞东受禾’，‘西受禾’，是卜受禾年也；曰‘贞我黍受年’，‘隹黍年受’，‘□贞（原书注缺）王入受美黍’，‘癸卯卜亘贞我受黍年’，‘□巳卜王贞受黍年允受’，是卜受黍年也；曰‘贞不其受𠷓年’……礼月令……注‘酒孰曰酉’……盖年丰则醖酒多，歉则否，故卜辞云：不受酉年也。又有卜某地受年者，如曰‘甲辰卜商受年’，‘庚子卜雀受年’，‘甲辰卜万受年’。商、雀、万，并地名……又‘甲子卜来戊（注岁）受年’……是……则祈来年也。卜辞亦屡见‘贞季’之文，或曰‘其有季’，与言‘有秋’、‘有年’盖同”也。

商代之农田与田猎

然商代农业，究与后世有异，不仅种植禾黍以供人食谓之农，不仅种植榭木以供人用谓之农，而且种植刍草以供畜牧亦谓之农。试观殷墟骨甲文中“农”字或作“𦥯”，或作“𤲀”，或作“𦦑”，或作“𦦚”。以今世书法易之，即作蕽，作苏，作𡏇，作𦱪也。蕽从森，蕽从杯，蕽从秝，蕽从屮，可知商代森林之下，禾屮之间，固犹并为农作地矣。又观囿字或作𡈙，或作𡇒。上者从木，下者从屮，知商代之囿，缭以墙垣，析其部居，或莳草，或莳木，不相杂糅也。（本《契枝谭》说）其农业既有一部分为种植草木，故不仅种植禾黍之地谓之“田”，即种植草木之地亦谓之“田”也。种植草木之地亦谓之田，则当草木畅茂之时，其中最易藏居禽兽。故当时之人，常于田中行猎。因于田中行猎，故行猎之事，遂亦称之曰“田”或“田猎”焉。

贝币之使用

商代农田之事既如上述矣，其时社会上交易之道如何？据殷墟骨甲文及殷时金石文观之，似犹在使用贝币时代。《殷墟书契前后编》载有卜辞曰：“贞土方□贝”；“戊申卜□贞大有其囚贝”；“庚戌□贞锡多女之贝朋”。又殷文存载甲寅角曰，“甲寅子锡□□觚贝”；宰椃角曰，“庚申，王在东间，王格，宰椃从，锡贝五朋，用作父丁宝彝，在六月佳王廿祀翌又五”；中鼎曰，“□锡中贝三朋，用作祖癸宝鼎”；伐□鼎曰，“丁卯，王令𡐦子会西方于相，惟反，王赏伐□贝一朋，用作父乙鼎”。又《愙斋集古录》载殷阳亥敢曰，“阳亥曰遣叔休于小臣贝三朋，臣三家，对厥休，用

作父丁尊彝"。由上，可见商代贝币之通行。又《周易》作于商之末叶，其震六二曰："亿丧贝"，亦可见商业上之通用贝币也。

婚姻上之现象

此外风俗习惯，亦颇有特异者。就婚事言之，一面已有一夫一妻之偶婚现象，一面似仍保有上古多夫多妻之群婚遗迹。《易》曰："舆说辐，夫妻反目"；"枯杨生梯，老夫得其女妻"；"枯杨生华，老妇得其士夫"；"睽孤，遇元夫"；"鸿渐于陆，夫征不复，妇孕不育"，此则似为一夫一妻之偶婚也。然卜辞云："于王亥妾"；"庚戌之于示王妾"。王亥，示王，并为殷之先祖先王，则知其有妻有妾也。《易》曰："得妾以其子"；又曰："归妹以娣"。又曰："归妹以须，反归以娣。"则亦可知当时男子之蓄妾，或娶妻即可得滕嫁之娣，是一夫多妻之现象也。又卜辞中：祖乙之配有妣己，又有妣庚；祖丁之配有妣己，又有妣癸；武丁之配有妣辛，又有妣癸，又有妣戊。罗振玉《殷墟书契考释》曰："祖乙、祖丁、武丁三配者，犹少康之有二姚欤？抑先妯而后继欤？"又卜辞曰："贞禘多父"。又曰："庚午卜彀贞告于三父"。又曰："贞之于父庚，贞之于父辛"。又曰："父甲一牡，父庚一牡，父辛一牡"。罗振玉谓"父甲、父庚、父辛，即阳甲、盘庚、小辛，辞当为武丁所卜，因三人均为武丁诸父，故均称父"。岂殷时犹存上古群婚之习，有如隋唐所载，吐火罗兄弟公妻，所生之子，遂有多父；后世伯叔诸父之称，亦即渊源于此乎？

名谥之用干支

又就命名之习惯言之，"卜辞中殷先王先公先妣先臣之名谥，多用十干，亦间用十二支。有曰且（祖）某者：如且甲、且乙、且丙、且丁、且戊、且己、且庚、且辛、且丑、且卯、且亥是也。有曰妣（妣）某者：如妣甲、妣乙、妣丙、高妣丙、妣丁、妣戊、妣己、妣庚、高妣庚、妣辛、妣壬、妣癸、妣戊是也。有曰父某者：如父甲、父乙、父丁、父戊、父己、父庚、父辛、父卯、父亥是也。有曰母某者：如母甲、母丙、母丁、母戊、母己、母庚、母辛、母壬、母癸是也。有曰兄某者：如兄甲、兄丁、兄戊、兄己、兄庚、兄辛、兄壬、兄癸是也。有曰中（仲）某者：如中丁、中己、中庚、中巳是也。有曰大某者：如大甲、大乙、大丁、大戊、大己、大庚、大壬、大巳是也。有曰小某者：如小甲、小乙、小辛是也。其他曰上某者，如上甲、

上巳;曰下某者,如下乙;曰武某者,如武丁、武乙;曰卜某者,如卜丙、卜壬;曰示某者,如示壬、示癸;曰南某者,如南庚、南壬;曰羊某者,如羊甲、羊乙。推之帝甲、龙甲、虎甲、⻙甲、Ⅲ甲、豭甲、甲介之以甲称;天戊、咸戊、东戊、粤戊、尽戊之以戊称;日丁,康丁之以丁称;先己之以己称;娥卯之以卯称;般庚之以庚称;戌⻘之以戌称;寅父之以寅称。殷人尚质,即以所生干支之日为名或谥"也。(《挈契枝谭》)

商代之文字与书法

至于商代文字,犹在象形时期。就殷墟骨甲卜辞观之,十之七八为象形文字。且每字之写法常不一致,往往有至三四十变态者。其中奇字,笔画较繁,或左右参差,令人目眩。又有一字分写为两,或两字合书为一者。此外或纵书,或横书,或反书,或倒书,恒不一律。如"一、二"两字,有时横书为"一、二",有时则纵书为"丨、刂"。如人字,有时正书为入,有时则反书为人。如隹字,有时左向作⻅,有时则右向作⻆。如子字,有时顺书作⻗,有时则倒书作⻚。总之书法不同,而仍为一字,良如《殷契钩沉》所云:"⻗之与⻘,⻘之与⻘,⻚之与⻘,丁之与丁,不必泥许书反刄为刅,反止为刂,反邑为邑,反⻓为⻓之说也。如帝之⻗,父之丿,王之王,子之⻘,古人随意值到,或尚遒姿,或主立异,大似六朝人士,喜书别字"。知好奇之习,商代已然矣。

商代之散文

商代文学,其散文之存于今者,尚有七篇;其佚而犹知其所以作者,又三十余篇。据《书序》及《史记·殷本纪》:当汤之始居亳,曾作《帝诰》。其伐葛伯,作《汤征》。伊尹自夏归汤,作《女鸠》、《女房》。汤伐夏,作《汤誓》。既胜夏,欲迁其社不可,作《夏社》。汤灭夏归,至于泰卷陶,仲虺作《诰》;既至亳,作《汤诰》,汤告诸侯,伊尹作《咸有一德》,咎单作《明居》。太甲立,不明,伊尹作《伊训》、《肆命》,及《徂后》。太甲既被放于桐,悔过,伊尹迎归而国治,乃作《太甲训》二篇。伊尹卒,既葬,咎单遂训伊尹事,作《沃丁》。太戊时,巫咸治王家有成,作《咸乂》四篇,又作《太戊》。太戊赞伊陟于庙,言弗臣,伊陟让,作《原命》。仲丁迁于嚣,作《仲丁》。河亶甲居相,作《河亶甲》。祖乙圮于耿,作《祖乙》。盘庚迁于殷,民咨胥怨,作《盘庚》三篇。高宗得傅说,作《说命》三篇。祖己劝武丁修政,作《高宗

肜日》及《高宗之训》。西伯既戡黎,祖伊恐,奔告于纣,作《西伯戡黎》。殷既错天命,微子作《诰》。今存《盘庚》等篇,文句佶屈聱牙,甚为难解。近代声音训诂之学明,始知其对卿士人民发言,悉用当时方言土语为之也。

商代之韵文一斑

商代韵文之存于今者,《易经》足为其代表。《系辞》曰:"《易》之兴也,其当殷之末世周之盛德耶? 当文王与纣之事耶?"此虽对于著易者时代之质疑,然吾人以易之内容与文体、文格、文法观之,殊可决为商末之作也。清代古韵学明,始知《易》中卦辞及爻辞多系韵文。兹取其短简而意味深长者,聊录数例如下,以示一斑。屯六二曰:"屯如邅如,乘马班如;匪寇,婚媾!"贲六四曰:"贲如皤如,白马翰如;匪寇,婚媾!"大过九二九五曰:"枯杨生梯,老夫得其女妻……枯杨生毕,老妇得其士夫。"睽上九曰:"睽孤,见豕负涂,载鬼一车,先张之弧,后说之弧;匪寇,婚媾!"困六三曰:"困于石,据于蒺藜;入于其宫,不见其妻,凶。"渐九三六四九五曰:"鸿渐于陆,夫征不复,妇孕不育……鸿渐于木,或得其桷……鸿渐于陵,妇三岁不孕,终莫之胜。"归妹九四:"归妹愆期;迟归,有时。"又上六曰:"女承筐,无实;士刲羊;无血。"此皆写男女关系之甚有意味者也。又震之卦辞曰:"震来虩虩,笑言哑哑。震惊百里,不丧匕鬯。"艮之卦辞曰:"艮其背,不获其身;行其庭,不见其人。"习六三曰:"来之坎坎,险且枕,入于坎窞。"又上六曰:"系用徽纆,寘于丛棘,三岁不得。"离九四曰:"突如其来如,焚如,死如,弃如。"明夷初九曰:"明夷于飞,垂其翼! 君子于行,三日不食!"井九三曰:"井渫不食,为我心恻。可用汲,王明并受其福。"中孚九二曰:"鹤鸣在阴,其子和之;我有好爵,吾与尔靡之。"此则写惊忧哀乐之甚有意味者也。

第五章　西周:封建政治完成时代
(约 1122B.C.—723B.C.)

一　周之封建及其巩固

二　西周之政制及政局

一 周之封建及其巩固

武王之政治设施及封建诸侯

武王既灭商纣,复征诸侯:命太公望伐方来;吕他伐越、戏、方;侯来伐靡集于陈;百弇伐卫;陈本伐磨;百韦伐宣方;新荒伐蜀、伐霍、伐艾;百韦伐厉。凡憝国九十有九(见《逸周书·世俘》)。军事定,乃从事于政治上之设施:发钜桥之粟,散鹿台之财,以赈贫弱氓隶。又以为"权量不谨,则巧伪日滋,奸民得其利而良民受其害;法度不审,则奸吏得以上下其手……而民无所措手足……官废,则民事无由理;不得其人,则虽有官而事不治,反以病民"(《丰镐考信录》)。于是"谨权量,审法度,修废官……举逸民",复"兴灭国,继绝世"(《论语》),设制度而大行封建。初,中国部落甚多,大抵一族即称一国。一国之君,即一族之长。此类部落,在炎黄以前,已自然发生,历黄帝、尧、舜以至禹会涂山之时,执玉帛者多至万国。其后强兼弱,众暴寡,渐相吞并,至汤时,存三千。商末周初,犹约有一千八百(《五经异义》及《王制正义》)。此诸小国者原非天子所立,天子亦不能无故废之。周武王既克商,不能不仍承认各部落为诸侯。然欲表示政由己出,于是有完备之封建制度:"班赐宗彝","列爵分土"。既"封诸侯……先圣王……之后……功臣谋士……亦各以次受封"(详《周本纪》)。又封纣子武庚以殷之余民,使续殷祀。但"为殷之初定未集"乃分其畿内为三国,"置三监……北谓之邶,南谓之鄘,东谓之卫",命弟管叔鲜、蔡叔度、霍叔处尹而监之(《诗谱》说)。

封建制度之列爵分土

所谓"列爵分土"者,有今文家及古文家二说。古文家之说为《周礼》。《周礼·大司徒》曰:"诸公之地,封疆方五百里,其食者半。诸侯之地,封疆方四百里,其食者三之一。诸伯之地,封疆方三百里,其食者三之一。诸子之地,封疆方二百里,其食者四之一。诸男之地,封疆方百里,其食者四之一。"又职方氏曰:"邦国方千里。封公以方五百里,则四公。方四百里则六侯。方三百里则七伯。方二百里则二十五子。方百里则百男。"至于今文家之说则不然。《王制》,今文,班固《白虎通

义·爵》篇谓为周制者也。其言曰："王者之制禄爵：公、侯、伯、子男，凡五等。天子之田方千里；公侯田方百里；伯七十里；子男五十里。不能五十里者，不合于天子，附于诸侯，曰附庸。"北宫锜尝问周室班爵禄之法，孟子答以"天子一位，公一位，侯一位，伯一位，子男同一位，凡五等。天子之地方千里；公侯皆方百里；伯七十里；子男五十里，凡四等。不能五十里，不达于天子，附于诸侯，曰附庸。"与《王制》仅小异。《周礼》本书既为战国以后人所伪托，且其制亦决不能实行（参看陈澧《东塾读书记》卷七）。《孟子》及《王制》所言，较为近于事实，今宜以为据焉。

天子与诸侯间之组织及关系

至于天子与诸侯间之关系所赖以维持者，其法有三：（一）为统属之制。《王制》曰："千里之外设方伯。五国以为属，属有长；十国以为连，连有帅；三十国以为卒，卒有正；二百一十国以为州，州有伯。八州，八伯，五十六正，百六十八帅，三百三十六长。八伯各以其属，属于天子之老二人。分天下以为左右，曰二伯。（郑注曰：《春秋传》曰，自陕以东，周公主之，自陕以西，召公主之）天子使其大夫为三监，监于伯之国，国三人。"（二）为命官之制。据《王制》：百里之大国，三卿，皆命于天子；七十里之次国，三卿，二卿命于天子，一卿命于其君；五十里之小国，二卿，皆命于其君。（三）为交际及赏罚之制。《王制》曰："诸侯之于天子也，比年一小聘，三年一大聘，五年一朝。天子五年一巡狩……觐诸侯……命太师陈诗以观民风；命市纳贾以观民之所好恶……考时月，定日，同律、礼、乐、制度、衣服，正之；山川神祇有不举者为不敬……君削以地。宗庙有不顺者为不孝……君绌以爵。变礼易乐者为不从……君流。革制度者为畔……君讨。有功德于民者，加地进律。"由上，可略见封建组织之密。但斯制也，恐未必完全实行。即行之，亦未必能久。盖势之所甚难行故也。

武庚与东方诸侯之叛乱及其削平

武王虽封建以安诸侯之心，而"天下未集……武王……崩，太子诵代立，是为成王。成王少，周公恐诸侯畔周……乃摄行政当国"。"履天子之籍，听天下之断，偃然如固有之"。"于是管叔、蔡叔群弟疑周公。与武庚作乱叛周"。管叔等等流言于国曰："周公将不利于孺子。"于是

东方之淮夷、徐戎、奄等，并起应之。(《书·费誓》、《孟子》、《荀子·儒效》及《鲁周公世家》)周公主张讨伐，乃奉成王命《大诰》于多邦越御事，兴师东征，详《大诰》。遂诛管叔，杀武庚，放蔡叔，伐奄(《说文》：郱，周公所诛郱国，在鲁)，"三年，讨其君，驱飞廉于海隅而戮之，灭国者五十驱，虎豹犀象而远之。"更收殷余民而分迁之。封微子启于宋，以奉殷祀。初，"当商之末，诸侯相吞并，西方则崇为大，东方则奄为大。中州之地，大河南北，则殷之王畿也。文王起于西陲，故先伐崇与密，至武王而克商，至成王周公而后践奄。自西而东，化以渐及，先后之势然也。故曰"文王之德，百年而后崩，犹未洽于天下，武王、周公继之，然后大行。言其三世相承，然后抚有中国也"(《丰镐考信录》)。

殷民谋恢复及淮夷奄之再反

周之收殷余民而分迁也，"分鲁公以殷民六族：条氏、徐氏、萧氏、索氏、长勺氏、尾勺氏，使帅其宗氏，辑其分族，将其丑类，以法则周公，用即命于周。是使之职事于鲁……分康叔以……殷民七族：陶氏、施氏、繁氏、锜氏、樊氏、饥氏、终葵氏……皆启以商政，疆以周索"。(《左传》定公四年)然殷民犹时思恢复。周公惮之，爰作《康诰》，康叔严刑峻罚。时复有大部分殷民分迁于洛邑，服劳役，营成周，亦思蠢动，周公又作《多士》以为诰诫，愿其安居邑里，攸服奔走。其言曰："惟尔多士，攸服奔走臣我，多逊。尔乃尚有尔土。尔乃尚宁干止，尔克敬，天惟畀矜尔。尔不克敬，尔不啻不有尔土，予亦致天之罚于尔躬。今尔惟时宅尔邑，继尔居，尔厥有干有年于兹洛，尔小子乃兴，从尔迁。"但殷民既分迁，势亦已弱，复为周公所恐吓，不克举事。惟淮夷及奄复反。成王乃以"召公为保，周公为师，东伐淮夷，残奄，迁其君薄姑"(马融曰"齐地")。周公复作《多方》之篇严诫其宅宅畋田，施以恫吓，加以笼络，东土始定。

周公之大行封建亲戚

周公见殷民之团结及奄与淮夷等之不集如此，又"吊二叔之不咸，故封建亲戚，以蕃屏周"。"因商奄之民，命以伯禽，而封于少皞之虚"是为鲁(都今山东曲阜县)。"分康叔以……殷民七族……而封于殷虚"是为卫(都今河南淇县东北境)。他如管(今河南郑州)、蔡(河南上蔡县)、

郕(山东汶上县北境)、霍(山西霍州西)、毛(河南宜阳境)、聃(湖北荆门境)、郜(山东城武东南)、雍(河南修武县西)、曹(山东定陶县)、滕(山东滕县西南)、毕(陕西咸阳县北)、原(河南济源县)、酆(陕西鄠县)、郇(山西临晋县)、邗(河南沁阳县)、晋(山西太原)、应(河南鲁山县)、韩(陕西韩城县)、凡(河南辉县)、蒋(河南固始县)、邢(河北邢台县)、茅(山东金乡县)、胙(河南废胙城县地)、祭(河南郑州东北)等国,(详《左传》僖二十四年及定公四年)多由灭国五十以后错综而建。

控制东方之严及周室之始固

总之周公成王大行封建亲戚以后,已如《荀子·儒效》篇所云周"兼制天下,立七十一国,姬姓居五十三"。自是周室同姓诸侯,分列四方,足资监护,且武王时仅封功臣太公于齐,以表东海。至是,成王又封周公于鲁,以控东南,封召公于燕,以控东北。太公、周公、召公者,周室之三公重臣也,皆封东土,可想其控制东方诸侯之严。且当时封诸侯之地"上不过百里,下三十里",称"鲁、卫地各四百里……太公于齐,兼五侯地"。乃成王又使召康公复命太公曰:"东至于海,西至于河,南至于穆陵,北至于无棣,五侯九伯,汝得征之"(《汉兴以来诸侯年表》及《齐世家》)。夫增大齐、鲁、卫之国土而加重太公之权如此,更可见周室对于东方诸侯控制之严密。其他各处,周之同姓诸侯已星列棋布,而其时及以后,异姓诸侯又多与诸姬互相婚媾,有甥舅之谊。因此,展转相维,周室始固。

二 西周之政制及政局

周代之官制:爵禄

列爵分土而世袭者封建也。然而周代官制,与后世大有不同。亦列爵分土,惟不世袭。古《周礼》曰:"天子立三公:曰太师、太傅、太保……又立三少以为之副,曰少师、少傅、少保,是谓三孤。"(《北堂书钞·五十》引)三公以下,为"九卿,二十七大夫,八十一元士"。"天子之三公之田,视公侯……卿视伯……大夫视子男……元士视附庸"。"制农田百亩。百亩之分,上农夫食九人,其次食八人,其次食七人,其次食六人,下农夫食五人。庶人在官者,其禄以是为差"(《王制》——《孟子》

说与此大同小异,诸侯官属爵禄,并详《王制》及《孟子》)。此官制之爵禄也。至若官职,则有"六太:曰太宰、太宗、太史、太祝、太士、太卜,典司六典。五官:曰司徒、司马、司空、司士、司寇,典司五众。六府:曰司土、司木、司水、司器、司革、司货,典司六职。六工:曰土工、木工、金工、石工、兽工、革工,典制六材"。①

官司之职务

《曲礼》于官职虽言之綦备,然其职掌所谓六典、五众、六职、六材者,未详释之。他书言之者亦少。惟《荀子·王制》篇颇详序之,而终未备。其序官曰:"宰爵知宾客、祭祀、飨食、牺牲之牢数。司徒知百宗、城郭、立器之数。司马知师族、甲兵、乘白之数(王念孙《读书杂志》:王引之谓"白"与"伯"同……百人为伯……作白者借字耳)。修宪命,审诗商(王引之曰:"商"读为"章",商、章古字通。太师掌教六诗),禁淫声以时顺修,使夷俗邪音不敢乱雅,太师之事也。修堤梁,通沟浍,行水潦,安水臧,以时决塞。岁虽凶败水旱,使民有所耘艾,司空之事也。相高下,视肥硗,序五种,省农功,谨蓄藏,以时顺修,使农夫朴力而寡能,治田之事也(治田,田畯也)。修火宪,养山林薮泽草木鱼鳖百索(王引之曰:"索"当为"素",字之误也。"百素"即"百蔬",作"素"者,借字耳),以时禁废,使国家足用而财物不屈,虞师之事也。顺州里,定廛宅,养六畜,闲树艺(王念孙曰:闲与闲同。《尔雅》曰,闲,习也),劝教化,趋孝弟,以时顺修,使百姓顺命,安乐处乡。乡师之事也(乡师,公卿也)。论百工,审时事,辨功苦,尚完利,便备用,使雕琢文采,不敢专造于家,工师之事也。相阴阳,占祲兆,钻龟陈卦,主攘择五卜,知其吉凶妖祥,伛巫跛击之事也(注:击,读为觋,男巫也)。修采清(俞樾《诸子平议》曰,"采"乃"埰"字之误。《方言》曰,"埰,秦晋之间谓之埰",是也。清者,《说文·广部》,"厕,清也"),易道路,谨盗贼,平室律(郝懿行曰,"律"当为"肆"字之讹),以时顺修,使宾旅安而贷财通(王引之谓"宾"为"賨"字之误。賨今通用"商"字),治市之事也。抃急禁悍(王先谦曰,"抃"当为

---

① 见《曲礼》下——郑注以此及《王制》皆殷制。盖惑于《周礼》也。其实《周礼》之伪,无可讳言。特伪造者去古尚近,亦非全不可取。故反对《周礼》者,如毛奇龄《周礼问》、崔述《丰镐考信录》、皮锡瑞《三礼通论》等,除谓其非周公所作及不尽为西周之制外,犹认其含有周制大半。郑氏惑于《周礼》,于是常凭空注释《王制》谓为殷制,谬矣。(亦详《东塾读书记》卷七)

"折"），防淫除邪，戮之以五刑，使暴悍以变，奸邪不作，司寇之事也。本政教，正法则，兼听而时稽之，度其功劳，论其庆赏，以时慎修，使百吏免进而众庶不偷（卢文弨曰，"免"与"勉"同。王念孙曰，"免尽"当为"尽勉"），冢宰之事也。请礼乐，正身行，广教化，美风俗，兼覆而调一之，辟公之事也。"至于《周礼》序职掌，完备整齐，则又不可信其皆真。故今以《荀子》为据。

社会之阶级与礼

社会之阶级与刑

由上封建之制及官制，已可见周代政治阶级之重礼。《御览》引《尚书大传》及《白虎通义》曰："每一公，三卿代之。每一卿，三大夫佐之。每一大夫，三元士佐之。"《左传》载师服言："天子建国。诸侯立家。卿置侧室。大夫有贰宗。士有隶子弟。庶人、工、商，各有分亲。皆有等衰。"（桓公二年）芋尹无字更言："人有十等，下所以事上……故王臣公。公臣大夫，大夫臣士。士臣皂。皂臣舆。舆臣隶。隶臣僚。僚臣仆。仆臣台。"（昭公七年）益可见周室政治与社会"等级"之繁复。夫"名以制义，义以出礼"是以五礼——郊、尝、祭祀等吉礼；丧服、殡、葬等凶礼；誓师、献俘等军礼；朝觐，燕见等宾礼；冠、婚、饮、射等嘉礼——皆行产生，以辨别等威。使上下尊卑，较然不混。今不能多举其例。试一观《礼记·礼器》"天子七庙，诸侯五，大夫三。士一。天子之豆二十有六，诸公十有六，诸侯十有二，上大夫八，下大夫六。诸侯七介七牢，大夫五介五牢。天子之席五重，诸侯之席三重，大夫再重。天子崩，七月而葬，五重八翣；诸侯五月而葬，三重六翣；大夫三月而葬，再重四翣……宗庙之祭，贵者献以爵，贱者献以散。尊者举觯，卑者举角……天子之堂九尺，诸侯七尺，大夫五尺，士三尺……天子龙衮，诸侯黼，大夫黻，士玄衣纁裳。天子之冕……十有二旒，诸侯九，上大夫七，下大夫五，士三"。即可知其辨别等威上下之大概（其详见《礼记》及《仪礼》全部）。而于刑法，又规定等衰。有"议亲"、"议贵"及"刑不上大夫"、"礼不下庶人"诸不平等之待遇。此何意哉？一语以蔽之曰：凡此种种"等贵贱，明尊卑"，"定亲疏，决嫌疑，别同异"辨等衰，立名分，不外谋使"百官……戒惧而不敢易纪律"。使"民服事其上，而下无觊觎……建国……能久"。

（详《大戴礼盛德》、《曲礼》及《左传·桓二年》）此种政略，洵可惊也。

政治上社会上之宗法组织

政治与社会组织上之等级既如此，而于家族之宗法复益使完成，藉以更巩固国家。宗法者，兄道也，以兄统弟，而以弟事兄。《礼记·大传》曰，"别子为祖，继别为宗"，"宗者尊也，为先祖主者，宗人之所尊也。"（《白虎通义》）宗亦主也，继别者一人，而为群弟之所主者也。故宗有"大宗"、"小宗"，大宗为始祖之嫡长，百世不迁，继祢者为小宗，五世则迁。小宗既迁，则向以小宗为宗者，皆大宗收恤之。故有一大宗之子，则其始祖之后，皆能团结不散，周既封建亲戚，小宗分封，在其所封之国成为大宗，而于王室则为小宗。故周时中央政府王室与同姓诸国，成为一大家族。势力遂雄厚巩固。惟家族既大，不能不有以维系其尊卑之道，养宗子之尊严而收操纵全族之效，于是亲疏等差之礼系兴，而名分最为重视。且因"亲亲故尊祖；尊祖，故敬宗；敬宗，故收族；收族，故宗庙严"，于是中国崇拜祖先之宗教亦完全成立（详《礼记·大传》及《白虎通·宗族》，并参关程瑶田《宗法小记》）。

贵族及平民之教育行政

周时教育，亦有贵族平民之分。据《王制》，贵族教育有"大学"、"小学"二级。凡"王太子，王子；群后之太子；卿大夫，元士之适子"，皆入之。天子之大学曰"辟雍"。诸侯之大学曰"泮宫"。其课程"春秋教以礼乐，冬夏教以诗书"。平民教育，则《公羊传》宣公十五年何注所谓"一里八十户，八家共一巷，中里为校室。选其耆老有高德者，名曰父老……十月事讫……教于校室。八岁者学小学，十五者学大学"。由上，可见贵族四时入学，而平民则须至十月方可入校。不独教育各有其所，而且为学时间之长短，相差亦甚远，其不平等如是。

教育之注重伦理

然而通观之，贵族平民皆受伦理教育。上所云礼乐、诗书，小学、大学，皆属伦理一途也。且《礼记·内则》曰："八年（即八岁），出入门户及即席饮食，必后长者，始教之让。九年，教之数日。十年，出就外傅，居宿于外，学书记，衣不帛襦袴，礼帅初，朝夕学幼仪，请肄简谅。十有三年，学乐诵诗，舞勺，成童，舞象，学射御。二十而冠，始学礼，可以衣裘

帛,舞大夏,惇行孝弟。"《学记》曰:"比年入学,中年考校。一年视离经辨志,三年视敬业乐群,五年视博习亲师,七年视论学取友,谓之小成。九年知类通达,强力而不反,谓之人成……此大学之道也。"可见周时教育,注重伦理。此孟子所谓"谨庠序之教,申之以孝弟之义"者也。

选举之制及平民仕进之难

平民既受教育于乡学,于是有选举之制。据《王制》:"命乡论秀士,升之司徒,曰选士。司徒论选士之秀者而升之学,曰俊士。升于司徒者,不征于乡,升于学者不征于司徒,曰造士……大乐正论造士之秀者,以告于王,而升诸司马,曰进士。司马辨论官材,论进事之贤者,以告于王,而定其论;论定,然后官之;任官,然后爵之;位定,然后禄之。"但官爵终甚卑,仅至士而止。自大夫以上,皆为世官,非平民所能觊觎。且禄亦甚微,孟子所谓庶人在官,禄仅足以代其耕耳(详见《孟子·万章》及俞正燮《癸巳类稿·乡与贤能论》)。

制驭人民之政术

平民选举及仕进之难如此,而其在乡学也,复有严厉之束缚。《王制》曰:"命乡简不帅教者以告。耆老皆朝于庠,元日习射上功,习乡上齿。大司徒帅国之俊士,与执事焉。不变,命国之右乡简不帅教者移之左,命国之左乡简不帅教者移之右,如初礼,不变,移之郊,如初礼。不变,移之遂,如初礼,不变,屏之远方,终身不齿。"又曰:"将出学,小胥、大胥、小乐正简不帅教者,以告于大乐正。大乐正以告于王。王命三公九卿、大夫、元士皆入学。不变,王亲视学。不变,王三日不举,屏之远方,西方曰棘,东方曰寄,终身不齿。"然余常疑此为儒家"托古改制"之说,若使此而果属事实,则周代既限制平民之选举及仕进,又纳民于一定之轨物,其行为及思想严被束缚而绝不自由。周之为建国而制驭人民之政术亦至矣哉!

西周农政及农民之生活

西周乡治之概况

周时——西周——土地,尚为国有。据《孟子》之说,"方里而井,井九百亩。其中为公田。八家皆私百亩,同养公田"。此种井田助法之制,容或行于平野沃衍之地,未必遍及于九州,且未必遍及于一国也。

（参观《左传》襄公二十五年楚蒍掩书土田之法即知）故崔述曰："周时……乡遂用彻法，耕则通力而作，收则计亩而分。都鄙有助法，中百亩为公田，外八区为私田。"（《孟子事实录》）是以孟子复有"周人百亩而彻"之说。所谓百亩而彻者，"一夫一妇，受田百亩，以养父母妻子……公田十亩"，通力合耕之，计亩均分，十一而税也（《公羊传》宣十五年何注）。至于农民耕种，亦定有方法。凡"种谷不得种一谷，以备灾害。田中不得有树，以妨五谷。还庐舍种桑荻杂菜，畜五母鸡，两母豕，瓜果种疆畔。女上蚕织。老者得衣帛焉，得食肉焉；死者得葬焉……在田曰庐，在邑曰里，一里八十户，八家共一巷……选其耆老有高德者，名曰父老；其辩护伉健者为里正，皆受倍田，得乘马……民春夏出田，秋冬入保城郭。田作之时，春，父老及里正旦开门坐塾上，晏出后时者不得出，暮不持樵者不得入。五谷毕入，民皆居宅，里正趍缉绩。男女同巷相从夜绩，至于夜中，故女功一月得四十五日。作从十月，尽正月止。男女有所怨恨，相从而歌。饥者歌其食，劳者歌其事。男年六十，女年五十，无子者，官衣食之，使之民间求诗。乡移于邑，邑移于国，国以闻于天子。故王者不出牖户，尽知天下所苦"（《公羊传》何注）。

周之工业行政

至于工业行政，约分为两种：一为国家工业，《曲礼》所谓"天子之六工：曰土工、金工、石工、木工、兽工、革工、典制六材"；《考工记》所谓"凡攻木之工七，攻金之工六，攻皮之工五，设色之工五，刮摩之工五，搏埴之工二"，皆由国家特设专官世职之。至于民间工业，国家不为主持。大抵人民日用之物。皆由自造，或彼此交易之，《孟子》所谓"粤……夫人……能为镈……燕……夫人……能为函……秦……夫人……能为庐……"是也。

周之商业与市政

商业亦有两种：（一）在国中，《考工记》所谓"匠人营国，面朝后市"是也。（二）在乡野，《公羊传》宣公十五年何注所谓"因井田以为市，故俗语曰市井"是也。其在国中者国家有市宅与之，税其舍，不税其物，《王制》谓之"市廛而不税"。然国家监察之法綦严，多种商品，不许市粥。据《王制》，"圭璧金璋，不粥于市；命服命车，不粥于市；宗庙之

器,不粥于市,牺牲不粥于市;戎器不粥于市;用器不中度,不粥于市;兵车不中度,不粥于市;布帛精粗不中数,幅广狭不中量,不粥于市;奸色乱正色,不粥于市;锦文珠玉成器不粥于市;衣服饮食,不粥于市;五谷不时,果实未孰,不粥于市;木不中伐,不粥于市;禽兽鱼鳖不中杀,不粥于市",此盖欲保持上下、尊卑、贵贱之阶级制度,社会之风俗秩序,人民之勤俭精神,与夫社会经济,人民健康,故国家特标明禁止也。至于交易所用之货币,古时龟、贝、珠、玉、金属及布帛之类杂用,商代尤重贝币,但自周初"太公……立九府圜法:黄金方寸而重一斤;钱圜甬方,轻重以珠;布帛广二尺二寸为幅,长四丈为匹",金钱布帛三者之用始最重要。(《汉书·食货志》,并详梁任公《饮冰室丛著·中国古代币材考·通考历代钱币之制》)

西周之军政

他如军制,则有今文家及古文家两说。《诗·大雅·棫朴》曰:"周王于迈,六师及之。"《常武》曰:"王命卿士……整我六师。"《孟子·告子》曰:"三不朝,则六师移之。"《穀梁传》襄公十一年曰:"古者天子六师,诸侯一军。"《公羊传·隐五年》何注曰:"二千五百人称师,天子六师,方伯二师,诸侯二师。"《白虎通·三军》篇曰:"三军者……以五人为伍,五伍为两。四两为卒,五卒为旅,五旅为师。师二千五百人。师为一军,六军,一万五千人。"此皆今文及今文家言,其说俱同者也。至于古文家言《周礼》则异是。《周礼·小司徒》曰:"乃会万民之卒伍而用之。五人为伍,五伍为两,四两为卒,五卒为旅,五旅为师,五师为军。"又《夏官序》曰:"凡制军:万有二千五百人为军。王六军,大国三军,次国二军,小国一军。军将皆命卿。二千有五百人为师,师帅皆中大夫。五百人为族,旅帅皆下大夫。百人为卒,卒长皆上士。二十五人为两,两司马皆中士。五人为伍,伍皆有长。"《周礼》本为战国以后人为伪托,此处又与《诗·棫朴》及《常武》刺谬,不足信。然今文家言亦战国以来之说,所言天子六师仅一万五千人,则又使人怀疑兵数之少。故欲明西周军制真象,殊为困难。至于出兵之法,《春秋繁露·爵国》篇及《汉书·刑法志》详言之,皆以寓兵于农之道计算出兵之数。然据江永《群经补义》之考证,知西周时代未尝兵农合一,董仲舒、班固诸人之说皆

误也。

周公与周代政治

周公者,吾国古代最大之政治家也,"多材多艺",当其"辅翼武王,用事居多",东征之役,灭国五十,可想见其战略;而周代一切政治组织及社会组织如上所略举者,相传又多出诸其手,或发端于其手。所谓"兴正礼乐制度"者,率为巩固周室之方。据《诗》、《书》所载,周公其亦中国古代最大政论家兼文学家之一乎!今《尚书》中存其散文数篇,如《立政》之论治国以用人为要,用人以知人为先,任人惟其贤而不拘于亲旧;《无逸》之论治乱兴亡之大要,在乎人君之无逸乐,而忧勤惕厉与否为归。可谓深得为政之本。此外《诗经》所存韵文,如《七月》、《鸱鸮》、《东山》诸诗。其写境写情之妙,纯属化工,吾人读之,未有不反复吟咏,感动情怀而不能自已者也。

西周时代诗歌之盛

自是以来,文学兴盛。上自贵族。下至庶民,常有创作。今西周篇叶,多存于《诗》。语其诗格,固大率为四言;然细察之,则知二言、三言、五言、六言、七言以及八言之格,皆已萌芽于此。试读《祈父》、《维清》、《烈文》、《天作》、《昊天有成命》、《小毖》、《桓》、《赍》、《螽斯》、《行露》、《殷其靁》、《江有汜》、《还》、《著》、《十亩之间》、《汾沮洳》、《陟岵》、《伐檀》、《七月》、《正月》、《十月》……即知。至其用韵:有偶韵、奇韵、偶句徒奇韵、叠韵、空韵、二句独韵、末二句换韵、两韵、三韵、四韵、两韵分协、两韵亘协、三韵隔协、四韵隔协、首尾韵、二句不入韵、三句不入韵、二句闲韵、三句闲韵、两句闲韵、联韵、续韵、助字韵、句中韵、句中隔韵及隔协句中隔韵。其方法之具而且多,尤为后世诗赋词曲之本矣(详孔广森《诗声分例》)。

成康之治及周之渐衰

西周政制及文物,以上业经道其梗概。兹且转而略观西周之政局:成王、康王之时,"奄有四方,斤斤其明"。尤其"成王不敢康,夙夜基命宥密,于缉熙,单厥心"。故"民和睦……安宁,刑错四十余年不用"(《诗·周颂》及《史记·周本纪》)。号为周之治世。至昭王,"王道微缺……南巡狩不返,卒于江上"。此事也,据《左传》僖公四年管仲语及

《吕览·季夏纪》，实为昭王亲征荆蛮，溺死汉中。故《竹书纪年》载"昭王十六年伐楚涉汉，十九年，祭公辛伯从王伐楚，丧六师于汉，王陟"。周人讳之，故云云如此。

穆王时代之事迹

穆王即位，"闵文武之道缺，乃命伯臩申诫太仆之政，作臩命，复宁……征犬戎，得四白狼、四白鹿以归……诸侯有不睦者，甫侯言于王，作修刑辟……命曰甫刑"。据《后汉书·东夷传》，时"徐夷僭号，乃率九夷以伐宗周，西至河上，穆王畏其方炽，乃分东方诸侯，命徐偃王主之。偃王处潢池东，地方五百里，行仁义，陆地而朝者三十六国。穆王后得骥騄之乘，使造父御以告楚，令伐徐，一日而至。于是楚文王大举兵而灭之"。此事也，《左传》昭十二年及《赵世家》所载绝异，谓"穆王日欲肆其心，周行天下"。乃"使造父御，西巡狩，见西王母，乐之忘归。而徐偃王反，穆王日驰千里马攻徐偃王，大破之"。此事实为不可能，故《丰镐考信录》谓，攻偃王之事乃附会。且《竹书纪年》载，征徐之事在前，西巡狩之事在后，与《史记》所载亦不同也。

懿王至厉王时之衰乱

穆王立五十五年而崩，百五岁。传至其孙懿王时，王室遂衰，戎狄交侵。甚至迁都槐里以避之。懿王传子夷王，"王室微，诸侯或不朝，相伐"（《楚世家》）。再传而厉王立，好利。暴虐侈傲。信任荣公，诸侯多叛，国人谤王。王怒，使人监谤，以告则杀之。国人莫敢言，道路以目。召公谏王，谓"防民之口，甚于防川，川壅而溃，伤人必多，民亦如之"。王弗听。民乃相与叛，袭王，王出奔于彘（今山西霍县）。召公和周公二相行政，号曰"共和"。共和十四年，王死于彘。子宣王乃即位（详《左传》昭二十六年及《周语》、《周本纪》、《秦本纪》。但《汲冢纪年》、《吕氏春秋·开春》篇、《庄子·让王》篇司马彪注，及《史记索隐》引《世纪》，《正义》引《鲁连子》文，并以"共和"为共伯和，共国伯爵，和其名，谓厉王流彘，共伯和贤，诸侯皆奉和行政，号"共和"。此另一说也）。

宣王中兴及戎狄之势盛

宣王立，周召及仲山甫相继辅之，修政，诸侯复宗周。但是时蛮夷、戎狄交侵。西北有猃狁之寇，则荆蛮、徐戎、淮夷亦蠢动于东南。故

《诗》曰:"猃狁孔炽……整居焦获,侵镐及方,至于泾阳。"(《采薇》)又曰:"蠢尔荆蛮,大邦为雠。"(《采芑》)又曰:"徐方绎骚……徐方霆惊。"(《常武》)宣王乃先后命秦仲伐西戎,南仲城朔方,吉甫伐猃狁,方叔伐荆蛮,召虎伐淮夷,自将伐徐戎,边氛稍靖。然宣王晚年,秦仲伐西戎,败殁;宣王伐太原之戎,亦不克;复伐姜氏之戎,战于千亩,王师败绩。西北戎狄之势大炽矣。

西戎杀幽王与西周告终

及其子幽王嗣位,用憸人,宠褒姒。废申后而立之,并废太子宜臼而立褒姒子伯服。当是时,"西戎东夷,交侵中国,师旅并起","中国诸侯背叛,用兵不息"(《苕之华》及《何草不黄》序)。乃复有废后、立后之事发生,于是申侯(申今河南南阳)怒,与缯西夷犬戎攻幽王,杀王骊山下(在今陕西临潼县),尽取周赂而去。诸侯乃共立宜臼,是为平王。斯时泾渭之间,已为戎人所取,而又饥馑荐至,民卒流亡。平王乃去丰镐,东迁于雒邑,以避戎寇,西周遂终(详《周本纪》、《秦本纪》及《诗·节彼》、《十月》、《正月》、《瞻卬》等篇)。

第六章 东周春秋:霸主政治时代
(约 789 - 722B.C.—481B.C.)

一 西周东周之际中国社会与民族之剧变

二 诸侯之兼并及霸主之迭兴

三 阶级之破坏及其他政治上社会上现象

四 两种政治思想之激起

一 西周东周之际中国社会与民族之剧变

中国政局与社会丕变之时代

"平王之时,周室衰微,诸侯强并弱,齐楚秦晋始大,政由伯万"。往昔之"礼乐征伐自天子出"者,至是变而下移,"自诸侯出"。所谓天子,"徒建空名于公侯之上",号令不行,遂入春秋时代,成为霸主政治之期。至于"春秋"之所以命名。则由孔子作《春秋》,托始于平王四十九

年——鲁隐公元年（西历纪元前七二二年），至鲁哀公十四年而绝笔（西历纪元前四八一年）。故世称为春秋之世。此春秋时代约二百四十余年，加以东周初期约五十年，共计约三百年，其间"礼乐征伐，自诸侯出"。中国政局变化，与西周大异。民智进步尤速，凡社会政治经济、学术思想等方面，无不有显然之改动。此何故哉？此何故哉？于是不能不有"经济史观"之解释。

贫富现象之产生

考西周自武王伐纣、周公东征两次大战以来，成王与东夷，昭王与荆蛮，穆王与徐戎犬戎，宣王与西戎、猃狁、荆蛮、徐戎、淮夷，虽有战争，并不甚烈。（见前，并详《周本纪》、《费誓》、《左传》僖四年、《吕览·季夏纪》、《诗》大、小雅）经此三百余年之休养生息，增加人口当不少。参阅《后汉书·郡国志》补注）于是授田之制殆多已不能适用，国田渐多变为私有。因之私人有所有权而得买卖，故社会上有贫富之现象产生。据《诗·我行其野》："昏姻之故，言就尔居。尔不我畜……言归思复……成不以富，亦祇以异。"《正月》："哿矣富人，哀此惸独！"可见宣王、幽王之际，已贫富悬殊，至有婚姻之亲而不相收者矣。

丧乱天灾与社会生计之困难

贫富之情形如此，加以政治方面，有如《大雅·桑柔》所谓"乱生不夷，靡国不泯"；有如《小雅·节南山》所谓"丧乱弘多……乱靡有定"。天灾方面，有如《桑柔》所谓"天降……蟊贼，稼穑卒痒，哀恫中国，具赘卒荒"；有如《云汉》、《召旻》所谓"旱既太甚，涤涤山川"，"瘨我饥馑……居圉卒荒"夫丧乱不已，人民"自西徂东，靡所定处"（《桑柔》），而复"饥馑荐臻"，"斩伐四国"（《云汉》及《雨无正》），于是无草不黄，无人不矜（《小雅·何草不黄》）；于是"人可以食，鲜可以饱"（《小雅·苕之华》）。其甚者，"民卒流亡"，"靡有孑遗"（《召旻》及《云汉》）。国况如是，生计如是，而社会有不剧变者乎？

贫困灾难者之怨恨呼号

是以当时社会，遂满眼怨贫，怨乱，怨灾。如《小雅·正月》言："忧心惸惸，念我无禄……哀我人斯！于何从禄……哿矣富人，哀此惸独！"《邶风·北门》言："出自北门，忧心殷殷。终窭且贫，莫知我艰。已焉

哉！天实为之,谓之何哉！"此皆怨贫之大声疾呼者也。又如《小雅·节南山》言:"不吊昊天! 乱靡有定! 式月斯生,俾民不宁。忧心如醒,谁秉国成? 不自为政,卒劳百姓。"《巧言》言:"悠悠昊天,曰父母且! 无罪无辜,乱如此愒! 昊天已威,予慎无罪! 昊天大愒,予慎无辜!"此皆怨乱之大声疾呼者也。又如《大雅·召旻》言:"旻天疾威,天笃降丧,瘨我饥馑,民卒流亡,我居圉卒荒!"《小雅·雨无正》言:"浩浩昊天,不骏其德! 降丧饥馑,斩伐四国! 旻天疾威,弗虑弗图。舍彼有罪,既伏其辜;若此无罪,沦胥以铺!"此皆怨灾之大声疾呼者也。

兼并土地与破坏阶级之始

夫既满眼大声呼天以怨贫、怨乱、怨灾,社会自必产生异动,故在诸侯方面,当幽王之世,即尝有争夺之事发生。《大雅·瞻卬》曰:"人有土田,女反有之;人有民人,女复夺之。"兼并土地之事,虽不能谓发端乎是时,要之必已盛行于此际,试观数十年后入于春秋时代,周初诸侯一千七百七十三国,仅有一百四十余国得存,可知矣。不惟诸侯彼此互相兼并也,即在天子领土,至亦为所侵吞。试观《大雅·召旻》曰:"昔先王受命,有如召公,曰辟国百里;今也日蹙国百里。呜呼哀哉!"可见侵夺既生,虽天子不顾矣。至于人民方面,自亦已大起生存竞争。智力高者,往往竟由社会下层阶级升居上级,而富而贵。《大东》曰:"舟人之子,熊罴是裘;私人之子,百僚是试"其明证也。又曰:"纠纠葛屦,可以履霜。佻佻公子,行彼周行。既往既来,使我心疚。"可见昔时富贵子弟,亦有坠诸下级而贫贱者矣。

西戎北狄之侵入中国

当是时也,诚所谓患不单行祸必双至者矣。何也? 中国上下社会既争夺于内,而四方戎狄、蛮夷复大举侵入于外,卒之深扰中原也。盖自"畎戎攻杀幽王于骊山之下,遂取周之地,卤获而居于泾渭之间,侵暴中国。秦襄公救周。于是周平王去丰镐而东徙于雒邑"(《秦本纪》),今陕西之地,遂委于戎。当时秦襄公伐戎,至歧而卒,子文公嗣,为戎所逼东退。休养十年,始大败戎师,收歧西之地为己有,以歧东之地献于王。同时北狄亦乘机南下,伐翼,至于晋郊。已而攻黎(今山西黎城县),黎侯弃国奔卫(今河南淇县)。遂侵卫,战于荧泽,大破卫兵,杀卫懿公,灭

卫。复伐邢(今河北邢台厅),覆其都,邢人南走。又同时东北方面之山戎亦乘势南下,围燕。其后周襄王弟王子带与王有隙,复引扬拒、泉皋之戎寇京都雒邑,入王城,焚东门(详《左传》)。各处烽警频至。

戎人之深入中原

总之自周室东迁,声威不振。河北、河东、关西,多委于异族。自陇山以东直抵伊洛,皆成当时所谓"戎"人之势力范围。其著名者,为犬戎、骊戎、义渠、大荔等。犬戎以今陕西凤翔一带为根据地。骊戎当其左,蔓延于西安以东。义渠、大荔则蟠据于渭北、漆沮二水之间。此外今陕西榆林、延安一带有大戎。今甘肃肃州一带有小戎。后为秦晋迁于今河南嵩县之北,为陆浑之戎,其别部为姜戎。伊洛之间,有扬拒泉皋之戎。滨汝水而居,值今河南临汝县西南境者,有蛮氏之戎。河南、陕州一带,有茅戎(并见顾栋高《春秋大事年表·列国爵姓及存灭表》第五)。是为戎人之侵入内地陕西、河南者。

狄人之深入中原

同时狄人侵入北方,其势大炽。有白狄者,蔓延于今河北、山西、陕西之间。其著名部落为鲜虞、肥、鼓,俱在今河北保定一带。有赤狄者,蔓延于今山西冀宁东南部,沿太行山分布于河北境内。其著名部落有东山皋落氏、廧咎如、潞氏、甲氏、留吁、铎辰等名号。有鄋瞒者,国于山东济南北境,其人体干魁梧,年寿俱长,号为长狄。有北戎者(即山戎),国于河北、天津北境。其别部无终,国于河北玉田县境(参看《左传》及《春秋大事年表·列国爵姓及存灭表》第五)。是为戎狄之内地、河北、山东、山西者。

戎狄之祸及南蛮之侵暴

戎狄本即猃狁等族。惟因此时(西周末叶东周初期)祸中国最甚,于是汉族除称此猃狁等族诸部落曰"戎"外,又加之以恶称曰"狄"。盖"戎"字从戈从甲,本兵器之总称。引申之,则凡持兵器以侵盗者谓之"戎"。至于"狄"字,从犬,含有贱恶之意。当时汉族甚恶猃狁,故但以"戎"、"狄"等恶名称之而不呼其本名。同时汉族自称其对待"戎"、"狄"等名之称呼,则曰"华"曰"夏"(详见《国语》、《左传》、《论语》、《孟子》等书)。"华",美也。"夏",大也。自视为美大之种族,其文物高出戎狄之

上也。职是之故,至春秋时代,猃狁之名遂隐,惟见"戎"、"狄"之称呼遍于典籍矣。此外南方之蛮,宣王时固已常常蠢动。及"平王东迁,蛮遂侵暴上国。晋文侯辅政,乃率蔡共侯击破之。至楚武王时,蛮与罗子共败楚师"云(《后汉书·南蛮传》)。

于是史事可分两层叙述:(一)诸侯兼并土地之政局及霸国之攘夷。(二)社会上、政治上阶级制度渐趋破坏之状况。兹分节叙之如后。

二 诸侯之兼并及霸主之迭兴

强国兼地之概况

当夫封建时代,"天子与诸侯俱南面而治,有不纯臣之义"。(《公羊传》注)既各自为政,复彼此有大小强弱之殊,故诸侯相邻相接,必难免于利害之争。既难免于利害之争,势必归于相兼并吞噬。春秋之时,大国仅六。先起者齐、晋、楚、秦。后起者即为吴、越。其次等者亦仅有鲁、卫、宋、郑、陈、蔡、曹、许。终春秋之世,其显然可考者,计齐兼国有十,曰纪、郕、谭、遂、鄣、阳、莱、介、牟、介根。晋兼国三十有四,曰韩、耿、霍、魏、西虢、虞、荀、贾、杨、焦、滑、邢、梁、沈、姒、蓐、黄、郇、原、樊、冀、温,以及戎狄之骊戎、肥、鼓、东山皋落氏、鄋瞒、陆浑之戎、潞氏、甲氏、留吁、铎辰、廧咎如、姜戎。楚兼国四十有三,曰权、邢、鄾、谷、鄀、罗、卢戎、都、郧、贰、轸、绞、州、蓼、息、邓、申、吕、弦、黄、夔、江、六、蓼、麇、宗、巢、庸、道、柏、房、沈、将、舒蓼、舒庸、舒鸠、赖、唐、头、胡、不羹、蛮氏、陈。秦兼西周之地及亳、芮、小虢、东界至河,西并戎国二十。鲁吞九国之地,曰极、项、邿、邾、根牟、向、须句、鄫、鄅。卫兼国三,曰邘、鄘、共。宋兼七国,曰宿、偪阳、曹、杞、戴、萧、彭城。郑兼三国,曰东虢、桧、许。他如陈、蔡、曹、许。原亦各有所并。吴为后起,亦灭五国,曰州来、钟离、巢、徐、钟吾、北境及淮。其后越又从而有之。弱肉强食,可慨睹矣(详《左传》及《春秋大事年表·列国爵姓及存灭表》)。

县制之始及其盛行

各强大诸侯之吞并弱之小国也,多有以其地为县。《史记·秦本纪》秦:"武公十年,伐邽冀戎,初县之……十一年,初县杜郑。"《左传》宣

公十一年，"楚子伐陈，因县陈"。十二年，楚围郑，郑伯逆楚子，愿改事楚，夷于九县。成公六年，韩献子谓败楚之二县。昭公十一年，叔向曰："楚王奉孙吴以讨于陈曰，将定而国。陈人听命，遂县之。"此秦楚之置县也。晋之灭国置县，于《左传》无征，惟县制亦已盛行，故僖公三十三年，晋襄公以再命命先茅之县赏胥臣；宣公十五年，晋侯赏士伯以瓜衍之县；襄公二十六年，蔡声子曰，晋人将与之县以比叔向；三十年，有"绛县人或年长矣"之文；昭公三年，韩宣子谓晋之别县不惟州；五年，薳启强言韩赋七邑皆成县，又曰，因其十家九县，其余四十县；二十八年，晋分祁氏之田以为七县，分羊舌氏之田以为三县——是晋盛行县制之明证也。此外齐亦置县，故《晏子春秋》言桓公与管仲狐与谷，其县十七；《说苑》言景公致千家之县一于晏子。吴亦置县，故《史记·吴世家》言余祭予庆封朱方之县。然春秋时置县，仅限于秦、晋、齐、楚、吴。盖"周法。中原侯服，疆以周索；国近蛮夷者乃疆以戎索。故鲁、卫、郑名同于周，而晋、秦、楚等乃不同于周，不曰'都鄙'而曰'县'"（略本姚鼐《郡县考》及《日知录》郡县条）。

春秋初期郑国之强盛

上谓齐、晋、楚、秦及吴越，春秋时六大强国也。然在此六国强大以前，先有郑之称雄。郑非周初封国，据《史记·郑世家》及《世本》，郑桓公友者，周厉王少子而宣王庶弟也，宣王时，封之郑，食采于咸林，百姓皆便爱之。幽王以为司徒，和集周民，周民皆悦。旋以王政邪乱，诸侯或叛，桓公为己身安全计，谋于史伯，徙其民洛东，寄帑贿于虢、郐之间。然幽王骊山之败，犬戎并杀桓公。郑人立其子掘突，是为武公，武公为周平王卿士，从平王东迁，竟灭虢郐。又袭胡，取之。势遂强大。及其子庄公嗣位，始上陵王室，侵周。卫与复宋伐郑，郑亦挟王师虢、师邾、师伐卫，又挟王师邾、师伐宋，又侵陈。北戎来侵，败之。乃与齐鲁伐宋，又伐戴，讨郕。旋又与齐鲁伐许，克之。与息战，败之。时郑势日强，不朝周，周桓王率陈、蔡、虢卫之师伐郑，郑庄公大败之，桓王且伤肩。会北戎侵齐，齐求救于郑，庄公援之，败戎师。于是又与齐、卫伐鲁。及庄公卒，郑始少衰。

齐之强大与管仲之政绩

继郑而强盛者为齐与楚。然楚尚未能操纵中原诸侯，而齐则成霸。

故先述齐。考齐致强之故,盖自太公受封以来,"修政,因其俗,简其礼,通商工之业,便鱼盐之利,而人民多归齐……及周成王少时,管蔡作乱,淮夷畔周,乃使……命太公白:东至海,西至河,南至穆陵(约在今山东临朐县),北至无棣(今河北卢龙县)五侯九伯,汝实征之。齐由此得征伐,为大国"。传四百四五十年,至桓公,又得"管仲……修国政,连五家之兵,设轻里鱼盐之利……胆贫穷,禄贤能","制国以为二十一乡:工商之乡六,士乡十五——五为为轨,轨为之长;十轨为里,里有司;四里为连,连为之长;十连为乡,乡有良人"。又"制鄙:三十家为邑,邑有司;十邑为卒,卒有卒帅;十卒为乡,乡有乡师;三乡为县,县有县帅,十县为属,属有大夫——是故匹夫有善,可得而举;匹夫有不善,可得而诛"。(《齐世家》及《齐语》)于是财富兵强,政治修明,而齐之国势益盛。

齐桓公之存亡继绝尊王攘夷

当齐桓公与管仲使齐国势日盛,"之时,天子卑弱,诸侯力征,南夷北狄,交伐中国……桓公忧中国之患,苦夷狄之乱,欲以存亡继绝,崇天子之位,广文武之业"。会"鲁有夫人庆父之乱。二君弑死,国绝无嗣。桓公闻之,使高子存之。狄人攻邢,桓公筑夷仪以封之。……狄人攻卫,卫人出庐于曹,桓公城楚邱以封之……与之系马三百。天下诸侯称仁焉。于是天下诸侯知桓公之非为己动也,是故诸侯归之。桓公知诸侯之归己也,故使轻其币而重其体……诸侯之使,垂橐而入稛载而归。故拘之以利,结之以信,示之以武,故天下小国诸侯既许桓公,莫之敢背……桓公知天下诸侯多与己也,故又大施忠焉,可为动者为之动,可为谋者为之谋。军谭遂而不有也,诸侯称宽焉。通齐国之鱼盐于东莱,使关市几而不征,以为诸侯利,诸侯称广焉。筑葵兹、晏负、夏领、釜丘,以御戎、狄,所以禁暴于诸侯也,筑五鹿、中牟、盖与、牡丘,以卫诸夏,所以示权于中国也。教大成,定三革,隐五刃,朝服以济河而无怵惕焉,文事胜矣,是故大国惭愧,小国附协"(《国语·周语》及《淮南子》)。

桓公攘夷尊王之霸业

桓公一面以德怀诸侯,一面"择天下之甚淫乱者而先征之……即位数年,东南多有淫乱者莱、莒、徐夷、吴、越,一战帅服三十一国。遂南征,伐楚,济汝,逾方城……使贡丝于周而反。荆州诸侯莫敢不来服。

遂北伐山戎,刺令支,斩孤竹而南归。海滨诸侯莫敢不来服……约……诸侯戮力同心西征,攘白狄之地,至于西河……西服流沙、西吴。南(平戎于王)城于周,反胙于绛,岳滨诸侯莫敢不来服。而大朝诸侯于阳谷。兵车之属六,乘车之会三,诸侯甲不解累,兵不解翳,毁无弓,服无矢,隐武事,行文道,帅诸侯而朝天子。葵丘之会,天子使宰孔致胙于桓公……桓公……下拜,升受命赏……诸侯称顺"(《国语·齐国》)。且葵丘之会,更有"无专杀大夫"、"无有封而不告"等条约以提倡"尊王"其他条约,亦皆化除国界,力谋治安,规定国际交涉之道,有极合于近世所谓"国际公法"者焉。故桓公之霸,孔孟咸盛称之(详《左传》、《齐世家》、《十二诸侯年表》及《孟子·告子》)。

宋楚秦晋之争伯

向戍之弭兵运动

齐桓公卒后,国内乱,五公子争立,宋襄公为定之。襄公求霸诸侯:以为诸侯可以力服,数年之中,执滕宣公;围曹;使邾文公用鄫子于次睢之社,欲以属东夷;会诸侯于盂,为楚成王所执。既被释,又与楚成王争郑,战于泓,大败,伤股而卒。先时楚已浸强浸大,至是楚国之势益大振,中原诸侯如鲁、蔡、陈、郑、曹、卫等国,俱折而入之。适晋文公起,励精图霸。时周襄王遭狄难,出居于郑,晋文公勤王,纳之归周。楚方伐宋,晋文公则伐曹卫以救宋,公元前六三二年,与楚战,大败楚师于城濮(今山东城濮县)。诸侯之从楚者乃皆改从晋,文公遂会齐、鲁、宋、蔡、陈、郑、邾、莒及秦人于温。中原霸权遂归诸晋。晋文公卒,秦穆公亦谋为霸,潜师袭郑,晋襄公败之于殽(山名今河南永宁县)。公元前六二四年,穆公卒伐晋,败之,"遂霸西戎,辟地千里"。晋襄公卒后,灵公无道;而楚庄王奋发有为,蒙故业,进贤人,修甲兵,致楚富强。伐宋,灭庸,攘陆浑之戎,定陈乱,克郑。公元前五九七年,大败晋师于邲(今河南郑县),遂称霸,中原诸侯皆俯首而请从焉。及庄王卒,子共王立,与晋厉公争郑,战于鄢陵(今河南鄢陵),败绩。晋悼公立,以少年英俊之才,睦夏和戎,安内攘外,通吴制楚,远交近攻,晋遂复霸。惜年未三十而薨,大志未竟。致楚仍与晋争郑,久之。至公元前五四六年,宋向戍为弭兵之盟于宋,首请于晋,晋执政亦始觉悟兵为"民之残……财用之蠹,小国

之大菑",许之。请于楚,于齐,于秦,三国亦许之。乃皆告于小国,为会于宋,请"晋楚之从交相见"。会时虽犹"尔诈我虞";然当时之国际和平会议终得成功。自有是会。时局一变。盖在弭兵之盟以前,东北方鲁、卫、曹、宋等国常服于晋:西南方陈、蔡、许等国,常服于楚。晋楚所争,恒在于郑。自有弭兵之盟。值晋霸业浸衰,于是楚得以合东北诸侯;且终春秋之世,晋楚之兵不复争战。然而吴越又相继兴盛于东南,起而争霸矣。

吴越之相继争霸中原

吴本僻处蛮夷。公元前五八四年,楚逋臣申公、巫臣自晋适吴,教之射御战陈,乃骤强。于是吴子寿梦称王,伐楚。蛮夷服楚者,吴悉取之。自此世与楚争,楚常不胜。传至阖闾,楚逋臣伍子胥又重用于吴,为吴画策,吴益强。遂灭徐,伐楚。楚屡败。公元前五〇六年,吴师攻入楚都郢(湖北江陵),楚昭王奔随(湖北随县)。旋以秦援,始得复国。公元前四九七年,阖闾又伐越,为越王勾践败于槜李(浙江嘉兴),伤而卒。子夫差立,败越,越王勾践请成,而阴图报复。用计然贵贱之术以富国,任文种、范蠡积极整治军事政治。其后吴王夫差欲霸中原,北伐齐鲁,与晋定公争长于黄池(河南封丘)。勾践乃乘虚入吴,旋以倾国之师败夫差于江北,公元前四七三年,灭之。勾践于是横行江淮,北会齐晋于徐州(今山东滕县),势甚盛,宋、郑、鲁、卫、陈、蔡之君皆往朝,遂霸中原。"周元王使人赐勾践胙命为伯",惟其时已出春秋矣(详《吴越春秋》、《越绝书》及《左传》、《国语》、《史记·吴越世家》)。

齐国兵农相分之制

他国兵制之概况

春秋时代诸侯之争存争霸而互相兼并争斗如此,故无不首务富国强兵,当齐桓图霸之际,管仲为"参国伍鄙之法:制国以为二十一乡——工商之乡六,士乡十五。公帅五乡,国子、高子各帅五乡。……齐之三军悉出于近国都之十五乡,而野鄙之农不与。……五家为轨,故五人为伍,积而至于一乡,二千家,旅二千人。十五乡,三万人,为三军。是此十五乡者,家必有一人为兵。其中有贤能者,五乡大夫有升选之法,故谓之士乡,所以别于农也。其为农者,处之野鄙,则为五鄙之

法。三十家为邑,十邑为卒,十卒为乡,三乡为县,十县为属,五属各有大夫治之,专令治田供税,更不使之为兵。故……农恒为农,不……隶于师旅也。……他国兵制,亦大略可考而知。如晋之始惟一军。既而作二军,作三军。又作三行,作五军。既舍二军,旋作六军。后以新军无帅,复从三军。意其为兵者,必有素定之兵籍,素隶之军帅。军之渐而增也,固以地广人多;其既增而复损也,当是除其军籍,使之归农。……楚国荆尸而举,商农工贾不败其业,是农亦不从军……鲁之作三军也,季氏取其乘之父兄子弟尽征之,孟氏以父兄及子弟之半归公,而取其子弟之半。叔孙氏尽取子弟,而以其父兄归公。所谓子弟者,兵之壮者也;父兄者,兵之老者也。皆其素在兵籍,隶之卒乘者;非通国之父兄子弟也。其后舍中军,季氏择二,二子各一,皆尽征之而贡于公。谓民之为兵者尽属三家,听其贡献于公也。若民之为农者出田税,自是归之于君,故哀公云:二,吾犹不足……三家之采邑固各有兵;而二军之士卒车乘,皆近国都,故阳虎欲作乱,壬辰戒都车,令癸巳至。可知兵常近国都。其处野之农,固不为兵也"(江永《群经补义》)。

长狄赤狄白狄之为晋所灭亡

诸戎之为秦晋所灭亡

齐鲁吴楚之吞并蛮夷

诸侯兼并争霸、尊王攘夷最良好之结果而最可注意者,为汉施势力之澎涨与夫异族之征服及同化。盖自齐桓公、管仲首倡尊王攘夷之举以来,秦、晋二国继承其旨,勤襄王,攻戎狄。晋文公以后,襄公、景公、悼公皆晋之能君,累世能继文公之业,以蚕食今河北、山西境内狄人之居地。襄公时,败狄于箕,郤缺获白狄子,白狄遂弱。而赤狄犹强,屡寇晋北边。景公即位,以郤缺离间之策,求和于众狄。众狄疾赤狄之役,遂服于晋。赤狄势孤,乃遣荀林父击败之,灭潞。又获长狄焚如,鄋瞒之族遂亡。景公复自将兵略秋土,立黎侯而还,于是黎国绝而复嗣。寻遣士会率师灭赤狄甲氏及留吁铎辰;复遣郤克伐廧咎如,廧咎如溃,至是赤狄诸国皆亡,其地悉入于晋。惟白狄诸国之势虽弱,犹时时入寇。晋悼公即位,变更策略,使魏绛与戎狄和,一时兵戈稍息。平公时,山戎族之无终与白狄诸族联兵侵晋,晋荀吴等与战于太原,大破之。复伪为

会齐师者,假道于白狄之鲜虞,乘势灭白狄之肥,以肥子绵皋归。寻复率师围鼓,执其君,与议和。已而复叛,荀吴袭灭之。于是白狄诸部除鲜虞外,亦皆见灭于晋。当是时,戎人势犹猖獗。值今陕西、甘肃、河南各地,多为所割据。晋荀吴既灭鼓,遂乘势转兵而南,灭陆浑之戎。河南之戎焰遂息。至于陕西、甘肃诸戎,自秦穆公勃兴以来,用戎人由余为谋主,灭戎国二十,辟地千里,王室命为西方诸侯之伯,关西汉族威灵大振。异族之杂居于汉族内者,几悉被屈服矣。至于东南蛮夷,亦悉为汉族诸侯齐、鲁、楚、吴所攘并。东夷之介与莱灭于齐;根牟灭于鲁。南蛮各部落若卢戎(值今湖北襄阳道),若群蛮(值今湖南辰沅道境),若蛮氏——即戎蛮,若百濮(值今湖南武陵道西南部),皆灭于楚。及春秋末叶,吴国勃兴于东南,长江下流流域异族悉为所吞并。同时吴、楚二国更迭东北向,蚕食淮上各小国。淮夷、徐戎旧地,悉为所有。于是东夷、南蛮之错居汉族内者亦遂屈服(以上详《左传》《春秋大事年表三十九》及《史记·秦本纪》《匈奴传》)。

蛮夷戎狄之同化于华族

总之春秋时代,东西南北戎狄、蛮夷之环绕,汉族最为逼近或杂居汉族内者,无不为汉族诸侯所攘。往日之"王灵不及,拜戎不暇",伈伈伣伣,屈服于异族之下者,至是转而消灭异族,与以前情形大殊。异族之部落酋长。或建国君主既亡,政权为汉族诸侯所操,遂同化于汉族。昔时"饮食衣服不与华同,言语不通"者,渐改易其故俗及言语,与汉族无分。冒为汉族之后,而更姓取名,亦与汉族无异(详《左传》)。况据《左传》所记,周襄王有狄后;晋献公妃有骊姬大戎子、小戎子,而晋文公及其异母兄弟夷吾、奚齐皆诸戎女所出;文公又自娶狄女季隗,以叔隗妻赵衰,生赵盾。晋景公之姊,乃嫁为赤狄潞子婴儿之夫人。一由此,可推知当时民间,汉族与异族之通婚必更盛。通婚,则种族之血统混合,精神上及物质上同化之程度乃更速矣(如戎子驹支之能赋《青蝇》,显然完全化从汉族文化矣)。

异族与霸国及地位之关系

此外霸国之所以成霸,复于一大可注意之点,即与其地位有关。试观齐、晋、秦、楚、吴、越皆僻处四隅,自封建以来,皆深在异族之中,或与

异族错处。如齐太公之初至营丘也，即与莱夷相争（见《史记》）；晋则"居深山，戎狄之与邻，王灵不及，拜戎不暇"（《左传》昭十五）；秦则秦嬴初封之时，和西戎（见《秦本纪》）；楚则熊绎封于楚蛮（《楚世家》）；吴、越更属断发文身之裔壤（《吴太伯世家》）。自诸国被封以后，因与异族砥砺而克自振拔，结果势力渐张，异族渐为所灭亡而同化。当中原诸侯"地丑德齐，莫能相上"，成四郊多故，自顾不遑之时，而齐、晋、秦、楚、吴、越等以僻处边隅之地势，既缓冲而得以吞并旁近小国或异族以养成其势力，因之遂鲜后顾之忧，而得以争霸于中原。故诸霸国之所以成霸，实其当时所处地位与以最大之助力也。

三　阶级之破坏及其他政治上社会上现象

以上将诸侯兼并及霸主迭兴、尊王攘夷之政局叙毕，今转而述政治上、社会上阶级制度渐趋破坏之状况：

世官及阶级制度之极盛

初，自周室建立以来"至春秋，君所任者，与共开国之人及其子孙也……惟上士、中士、下士府史胥徒，取诸乡兴贤能；大夫以上皆世族，不在选举也"（《癸巳类稿·乡兴贤能论》）。其在王室，"中叶以后，卿大夫世为之而见于经传者，若尹氏、皇父、家伯、荣夷公、虢石父之属，皆世族也"（《丰镐考信别录》），"匪惟王朝，即侯国亦如是。……春秋自成襄以后，齐、晋、鲁、卫，卿皆世传，大夫亦多世者。世则不必其贤"（《丰镐考信录》）。虽然，"方生方死"，此种世官制度及重复之等级制度达乎极盛之日，而破坏亦随之。

阶级制破坏之由于经济者

考阶级制度之所以渐趋破坏，一方面固由经济组织渐有变更（见前），一方面亦由政治组织大起变动。盖自西周末叶以来，已产生贫富现象（见前）。至春秋之际而益甚。试观孔子"饭疏食饮水，曲肱而枕之"；颜回"一箪食，一瓢饮，在陋巷，人不堪其忧"；子路"食藜藿之实"，"衣敝缊袍"；"原宪不厌糟糠，匿于穷巷"；曾参"提襟则肘见，纳履则踵见"；子夏"衣若悬鹑"，何等贫苦！此岂"不受命"之士所能甘哉？故弦高之流，"求富益货"，竟能以商人之资格代国为谋（详《左传》僖三十

二);"处师氏指车百乘"(《韩诗外传》)等于小国君主;子贡货殖,至"结驷连骑,束帛之币以聘享诸侯,所至,国君无不分庭与之抗礼"(详《货殖传》)。此则阶级制度之破坏,由于经济方面者也。

阶级制破坏之由于政治者

春秋之世,诸侯兼并吞噬,天子不能过问。诸侯欲图自强或自存,最急需者厥惟人才。而人才往往历练养成于下等社会。诸侯以为国故,不能不破格任用。故"管夷吾举于士,叔孙敖举于海,百里奚举于市"。而宁戚饭牛,孔子"少……贱",范蠡卑微,斐豹鲍文子为隶,均能跃登政界,身居高位,建立功勋。曹刿有言:"肉食者鄙,未能远谋。"所谓世官卿大夫者之无才无用如此,宜乎曹刿得以平民而代谋国事,指帅三军(详《左传》庄公十年)——此则阶级制度之破坏,由于政治方面者也。

阶级制度破坏之由于他种原因者

此外,复有他种原因可使阶级制度破坏者。(一)宗法:小宗五世则迁。贵族之小宗既迁,其尊严即行减少。代复一代,小宗之后复有小宗,其尊贵益损。周初贵族至春秋之际,已历五六百年,小宗之夷于平民者必甚多。(二)各国常有政变。因政变之结果,贵族之降为下等阶级者亦甚繁。如晋之"栾、却、胥、原、狐、续、庆、伯,降在皂隶",其尊贵即自消失(见《左传》昭公三年)。此虽或非破坏阶级制度之主因,亦未始非副因也。

世族之专横

虽然破坏阶级则有之,扫除阶级;则尚有待于战国之际焉。故终春秋时代,世族之尊重仍如前也。例如鲁有三桓,郑有七穆,晋有六乡,世袭官守,分据仕途,而管仲相齐致伯,尊王攘夷,功业虽伟,子孙无显焉;孔子仕鲁,威震邻国,卒栖遑奔走,席不暇暖焉;至如子皮之授子产以郑政也,子产直辞以"族大宠多,不可为"。世族之专横如此;无怪乎孔子之作《春秋》,始讥世卿,且尝诋"陪臣执国命"也。

政治上之尚礼之风气

至于其他政治上现象,犹有西周遗意。尊礼,其最著者也。据《左传》所载:当时士大夫觇国之兴衰以礼:如闵公元年,齐仲孙湫言"鲁

不弃周礼，未可动"；襄公三十一年，北宫文子言"郑有礼，其数世之福"……是也。决军之胜败以礼：如僖公二十七年芳贾言"子玉刚而无礼，不可以治民"；二十八年晋文公言其兵"少长有礼，其可用"；三十三年王孙满言"秦师轻而无礼，必败"；宣公十二年随武子言"德刑政事典礼不易，不可敌"是也。定人之吉凶以礼：如僖公十一年，内史过言晋侯无礼，不能长世；文公十五年，季文子言齐侯无礼而讨于有礼，难以免；成公十三年，孟献子因却锜无礼言却氏其亡；襄公二十一年叔向言齐侯不敬，必不免之类是也。此外尚礼之事实甚多：聘问或预求其礼，会朝或宿戒其礼。君卿士大夫以此相褒贬，相教授，相讲学。由斯可见春秋时尚礼之盛矣。

商代神权政治之余绪

惟迷信颇深，淫祀亦盛。关于天道、运数、鬼神、灾祥、占梦、卜筮之说，甚多。例如庄公二十二年，懿氏卜妻敬仲，知其将育于姜；闵公元年，毕万筮仕于晋，决其子孙必复其始；僖公五年，虢公之奔，兆之童谣；哀公七年，曹吐之亡，始以妖梦；以及闵公二年季友手，文公元年榖也丰下，无不以术数附会一人一家或一国之休咎，俨然若有前定。虽有史嚚之力主"国……将亡，听于神"；叔兴之倡言"吉凶由人"；臧文仲之谓大旱非由巫尪，公孙侨之辟禳火禳龙（详《左传》僖公十六及二十一、昭公十七、十八及十九年），然而世俗之迷信绝少因之破除。至于淫祀如钟巫、冈山、炀宫、实沈、台骀；次睢之社等，不可枚举。迷信如此，实上承商代神权政治之余绪而下为秦汉方士产生之渊源。

君臣上下之淫乱

至于政治上人物之淫乱，尤属春秋时代显著之现象。例如卫宣公烝其庶母夷姜，晋献公烝其庶母齐姜，晋惠公烝其庶母贾君，郑文公报其叔母陈妫之类，皆烝报其上也。卫宣公夺其子伋之妻，楚平王夺其子建之妻，此又奸夺其下也。鲁穆伯则夺昆弟襄伯之妻，齐襄公则与其妹文姜相乱。鲁桓卫灵之类，任文姜南子之荡，此为夫纵妻淫；陈灵公孔宁仪行父之于夏姬，此为君臣宣淫一妇。他如晋祁胜与邬臧，彼此通室；齐庆封与卢蒲嫳，易内饮酒。此外，郧阳女子之奔楚平王，泉邱女子之奔孟僖子，鲁庄公之奔孟任，周襄王狄后与夫弟叔带通，鲁庄公哀姜与夫弟庆父

通,齐声孟子与大夫庆克通,鲁穆姜与大夫叔孙侨如通,晋骊姬与优人通,鲁季公乌之妻与饔人通,晋栾桓子之妻与室老通,此皆所谓不择类而奔,不择人而通,上自王公,下及士庶,男女秽乱,怪状百出者也。甚至庶子烝母,孙烝祖母,弟妻兄嫂,竟出自国人之赞成!试观闵公二年,齐人强昭伯烝于宣姜;文十六年,宋人奉公子鲍,以因其祖母襄夫人;哀十一年,卫太叔疾出奔,卫人立其弟遗,使室其妻孔姞,可见。更如庄十四年,楚文王之于息妫,则为欲夺人妻而先灭人国矣(详《左传》并参阅《国风》)。

四　两种政治思想之激起

春秋诗人之政治思想

政局之变化如彼,社会之现象如此,于是产生种种政治思想之反动。或则忧时;或则厌世;或则乐天安命;或则纵情自肆;其倔强者,则愤世而起不平之鸣。例如:《黍离》闵宗周之颠覆;《园有桃》伤国小而见侵;《雄雉》感君主之不恤国事而宣淫;皆诗人之忧时者也。《苕之华》闵师旅并起,人民饥馑,作者不乐其生;《兔爰》闵诸侯背叛,构怨连祸,王师伤败,作者欲寐无觉;《隰有苌楚》则乐草木之无知,此皆诗人之厌世者也。《衡门》言"衡门之下,可以栖迟,泌之洋洋,可以乐饥";《北门》言"已焉哉,天实为之,谓之何哉"!此皆诗人乐天安命者也。《蟋蟀》言"今我不乐,日月其徐";《蘀兮》言"叔兮伯兮,倡予和女";《山有榆》言"子有酒食,何不日鼓瑟,且以喜乐,且以永日"。此皆诗人之纵情自肆者也。至如《相鼠》责人"人而无仪,不死何为……人而无礼,胡不遄死?"《伐檀》诋贪鄙无功受禄者以"不稼不穑,胡取禾三百廛?"《硕鼠》刺其君之重敛,以为"硕鼠硕鼠,无食我黍"。此则倔强之士,不甘容忍黑暗之政局,苛暴之政治,故愤激而起不平之鸣。

老子及其政治学说

虽然,各派诗人尚无改造政治之思想,故亦毫无改造政治之主张。及老子孔子产生,于是时始有谋造改政治之大思想家出现。老子生于陈,陈灭于楚,故《史记》亦称其为楚人(详《史记索引》及《正义》),老子全以"自隐无名为务",故其事迹不彰《史记·老子列传》,但称其曾为"周守藏室之吏",又尝为孔子所访(并见《孔子世家》)。至其生年卒月,

绝无可考,故《史记》言"莫知其所终"。然可推知者,必与孔子同时而年较长。(关于老子及其著作,尚为未决之问题,可看汪中《述学》、崔述《洙泗考信录》及梁任公评胡适《中国哲学史大纲》)老子因感受春秋时局扰攘纷乱之刺激,避世自隐,著书五千余言。极恶当时"天下多忌讳而民弥贫……民多利器,国家滋昏;人多伎巧,奇物滋起;法令滋彰,盗贼多有"。故有"绝圣弃智……绝仁弃义……绝巧弃利";"为治……非以明民,将以愚之";及"无为……民自化;好静……民自正……无事……民自富"等破坏及放任之政治主张。极恶时人之好知多欲而争斗不休,故鼓吹"无知无欲","见朴抱素","善下不争","虚……心实……腹"等人生思想。更有与上述思想一贯之宇宙本体论,以为"天地万物生于有,有生于无"云。总之老子有所见于时弊,而矫枉过直。然鼓动人之心思观察反省而开战国纷纷异说之端者,实老子之书也。

孔子事略

受时局刺激而思想与老子不同者,则为孔子(公元前五五二—四七九)。孔子生于鲁,其先孔父嘉为宋国贵族。公元前七一〇年,宋督攻孔氏,杀孔父而娶其妻(详《左传》桓二),其子奔鲁,遂为平民。故孔子少时,"贫且贱"。因"少……贱,故多能"。及长,尝为委吏,科量平;为乘田吏,而畜蕃息。三十六岁时,鲁乱,游齐。后返鲁,为司寇,佐定公。时鲁三桓专国,公室卑弱,季氏最骄僭,孔子使门人仲由为季氏宰,将隳三都。三都者,三家之邑也。公元前四九八年,叔孙氏隳郈,季氏将隳费,费人袭鲁,定公入于季氏之宫,费人攻之,入及公侧。孔子命申句须乐颀伐之,费人败,遂隳宝,孔子为政,鲁国大治。齐人惧,遣女乐以沮之。季桓子受之,三日不朝。孔子以政策难行,遂去鲁适卫,周游列国,以求行道。然而过宋,桓魋欲杀之;无上下之交而困于陈蔡,至于绝粮。凡周游十四年,季康子以币召之于卫,公元前四八四年,乃归鲁。始专从事讲学与著述,作《春秋》等书,年七十三而卒(参看《洙泗考信录》)。

孔子之政治学说

孔子自"十有五而志于学",常"终日不食,终夜不寝","发愤忘食",以学以思。人徒以为"天纵之圣",而不知其自奋"敏求"有如斯也。因伤天下无道,"滔滔者天下皆是",慨然思有以易之。睹其时弑父弑君,

名分殽乱,故主张"正名",欲使"君君臣臣,父父子子"。睹其时好争,故主张以"礼让为国"。睹其时好以己所不欲施于人,故主张"忠恕"。睹其时尚名利,故倡言视"富……贵……如浮云"。睹其时俗淫乱,故论诗而蔽之以一言,曰"思无邪",又倡言"放郑声"。睹其时诸侯兼并之危险,故亦主张"足食足兵"。睹其时多迷信,故"不语怪力乱神"。老子主张"绝仁弃义",而孔子则极力以仁义为修身治国之旨归。总之孔子之于政治思想,不惟言之,常欲见之行事,毕生栖栖遑遑,席不暇暖。明"知其不可而为之",此为何等热心救世!

第七章 战国:贵族政治转成君主独裁政治时代

一 列国政局之变化及秦之统一
二 其他政治上社会上现象之变迁
三 各种学术思想之激起

继续春秋变化之时代

孔子殁,其所作春秋又已于殁前二年。公元前四八一年绝笔,故春秋时代告终,遂入战国时代。前已言春秋时代之命名也以春秋。兹战国之所以命名,亦以《战国策》。但吾人须知所谓"春秋时代"、"战国时代"者,不过为治史便利之名词,非春秋战国交递之际,即有截然不同之二时代可分也。史事之变化原继续不断,以渐行者也。春秋时为诸侯互相兼并之政局,入战国也仍然;春秋为破坏阶级制度之社会,入战国也仍然;其他政治上、社会上之现象,无非上承春秋时代而次第变化。逮夫战国中叶,始截然与春秋不同。现为便利起见,仍分三层叙述:(一)列国政局之变化及为秦所统一;(二)其他政治上、社会上现象之变化;(三)各种政治思想之激起。但在叙述之先,有一事不可不知者,即为史料问题。

战国初期史料之缺乏

顾炎武《日知录》曰:"春秋终于敬王三十九年庚申之岁西狩获麟。又十四年,为贞定王元年癸酉之岁,鲁哀公出奔;二年,卒于有山氏,《左

传》以是终焉。又六十五年,威烈王二十三年戊寅之岁,初命晋大夫魏斯、赵籍、韩虔为诸侯。又一十七年,安王十六年乙未之岁,初命齐大夫田和为诸侯。又五十二年,显王三十五年丁亥之岁,六国以次称王,苏秦为从长。自此之后,事乃可得而纪。自《左传》之终以至此,凡一百三十三年,史文阙轶,考古者为之茫然。"此盖由"秦既得意,烧天下诗书,诸侯史记尤甚,为其有所刺讥也。《诗》、《书》所以复见者,多藏人家,而《史记》独藏周室,以故灭……独有《秦记》,又不载日月,其文略不具"(《史记·六国表序》)。故战国中期、末期政局及社会之状况尚颇详,而初期则甚略,欲审知之,不可能矣。兹且先叙其政局之大概:

一 列国政局之变化及秦之统一

越之盛衰及分散

上章言春秋时诸侯兼并,郑最先盛,越最后强。越之灭吴为伯,已入战国初期。既灭吴,越王勾践"乃以兵北渡淮,与齐、晋诸侯会于徐州,致贡于周……以淮上地与楚,归吴所侵宋地于宋,与鲁泗东方百里。当是时,越兵横行于江淮东,诸侯毕贺,号称霸王"。然其后数世,不复发展。至无疆时;始"兴师北伐齐,西伐楚,与中国争强……而……楚威王……大败越,杀王无疆,尽取故吴地,至浙江……越以此散,诸族子争立,或为王,或为君,滨于江南海上,服朝于楚"(《越王勾践世家》)。

楚之侵略及强大

楚自春秋之末为吴所败以来,昭王励精图治,国势复振,灭唐(今湖北随县西北八十五里)、灭顿(今河南商邱县)、灭胡(颍州西北)。惠王立,又灭陈(治今淮宁)、灭蔡(今河南上蔡)、灭杞。"是时越已灭吴而不能正江淮北,楚东侵,广地至泗上"。简王立,又北伐,灭莒(山东莒县)。传声王至悼王,任吴起为相,明法审令,国势益强,南取洞庭、苍梧。计是时楚之地域,据有今江、淮、汉、湘四水流域,东北至于泰山,西至于巴,赫然为战国初期最大最强之国。此何故哉?盖是时中原之鲁、卫、宋、郑,以积弱日替;东北之齐、晋往世常与楚对抗者,至是政变内起,少有余力以向外经营,故楚得以独盛。

中原贵族政治之盛行

所谓政变内起者,即田氏篡齐,三家分晋是也。考自春秋中叶以

来,中原霸王政治渐熄,贵族政治代兴。除秦、楚始终无世族政治外,各国政权渐下移于世族之手,致"礼乐征伐……自大夫出"。甚而至于"陪臣执国命"。如鲁之三桓,郑之七穆,齐之田氏,晋之六卿,皆把持国政;而各国君主,则权力甚微。以鲁言之:鲁昭公之世,三桓共伐公,公出奔,欲如晋求人,而"季平子私于晋六卿,六卿……练晋君,晋君……止"。鲁哀公患三桓,将欲因诸侯以劫之,又欲以越伐三桓,三桓遂攻公。公奔于卫——可想见鲁贵族之专横(详《左传》及《鲁周公世家》)。以郑论之:郑子皮授子产政。子产辞曰:"族大宠多,不可为。"延陵季子使郑,谓子产曰:"郑之执政者侈,难将至。"(详《左传》及《郑世家》)可想见郑贵族之专横。

田氏之世执齐政及其篡齐

至于齐田氏,晋六卿,更有甚焉。田氏原出于陈。陈乱,厉公子完不得立,奔齐。齐桓公以为大夫,以田为氏,其后遂显。至田乞事齐景公,常行小惠:"其收赋税于民,以小斗受之;其粟予民,以大斗行阴德于民……由此田氏得齐众心,宗族益强……乞欲为乱,树党于诸侯……乃……作乱……杀孺子荼",立悼公。"悼公既立,田乞为相,专齐政……乞卒,子常代立……常复修厘子之政,以大斗出贷,以小斗收,齐人歌之……己而……田常兄弟四人乘如公宫",擅杀人,简公出奔,田氏之徒"追执而杀之"。"田常既杀简公,惧诸侯共诛己,乃尽归鲁、卫侵地,西约晋、韩、魏、赵氏,南通吴、越之使,修功行赏,亲于百姓,以故齐复定……齐国之政皆归田常。田常于是尽诛……公族之强者,而割齐自安平以东至琅邪,自为封邑。封邑大于平公之所食……田常卒,子襄子盘代立,相齐……宣公。三晋杀智伯,分其地,襄子使其兄弟宗人尽为齐都邑大夫,与三晋通使,且以有齐国……宣公卒,子康公贷立……淫于酒、妇人,不听政,太公(田和)乃迁康公于海上,食一城以奉其先祀"。田氏篡齐之事业遂完成。公元前三八六年,田和正式立为齐侯,时入战国几已百年矣(详《田敬仲完世家》)。

晋六卿执政与三家分晋

晋六卿之强大,始于晋厉公时。至晋昭公之际,六卿强而公室己卑,六卿者,范氏、荀氏、仲行氏、韩氏、赵氏及魏氏也,迭执晋政,私攘公

权。公元前五二〇年，六卿平王室乱，立周敬王。欲弱公室，乃以法尽灭晋宗家祁傒孙，叔向子之族，而分其邑为十县。各令其子为大夫，晋益弱，六卿皆大。惟范氏仲行氏至春秋之末皆亡。公元前四五八年，荀氏"智伯与赵、韩、魏共分范中行地以为邑。出公怒；告齐、鲁欲以伐四卿。四卿恐，遂反，攻出公。出公奔齐，道死……智伯乃立……哀公……智伯欲尽并晋……晋政皆决之，晋哀公不得有所制，智伯遂有范仲行地，最强"。公元前四五五年，荀氏与赵氏构难，赵几亡。赖韩、魏之助，共杀智伯，灭荀氏，尽并其地，于是晋权悉归韩、赵、魏三家，晋侯反朝之。三家各务增殖势力，魏斯能任用卜子夏、田子方、吴起、乐羊、李悝、西门豹等贤才，势力尤盛。至公元前四〇三年，魏斯、韩虔、赵籍咸受周威烈王命为列侯，与晋并列。公元前三七六年，韩哀侯、赵敬侯、魏武侯竟灭晋后而三分其地，晋靖公被迁为家人（详《赵策一》《魏策一》《晋世家》）。

王室之剖分及周天子之降同诸侯

三家既分晋而废其君，韩、赵更上陵天子而析分其地。初，"周之东迁，晋郑焉依。故令虽不行于天下，而犹足以立国。烈王元年（公元前三七五年），韩灭郑。六年，赵成侯、韩共侯选晋桓公于屯留。晋、郑既亡。周孤立无所依，故韩、赵得分之"。据《史记·赵世家》：成侯七年，与韩攻周，八年分周以为两，以《周本纪》计之，则周显王二年也。故"显王之世，已失其国，无复尺土一民之为已有矣。是以《战国策》中所记周事，但有西周君、东周君，而无一语及王。且云东周与西周争，东周与西周战；然则东西二周，亦判然为两国，而周王特寄食于其间。……周于是时固已降同诸侯，但其名差异耳。至三十五（公元前三三四年），诸侯会徐州以相王，则并其名亦无异于列国矣"（《孟子事实录》）。

"山东"六国之摈秦

田氏既篡齐，三家既分晋，皆甚强。是时也，燕（召公奭之后，封于蓟，今河北北平）亦渐兴于北方，于是齐、燕、韩、赵、魏、楚、秦并列七大国。具后次第称王，各用贤举能，务富国强兵拓土。虽然，"燕北迫蛮貊，内措齐、晋……最为弱小"（《燕世家赞》）。秦于是时亦远不如齐、楚、韩、魏、赵之强。盖秦在春秋末叶，久已寂寂无闻。入战国初期，又

国多内难,河西之地,为魏所夺。且因"僻在雍州,不与中国诸侯会盟",于是"河山以东强国六(楚、魏、燕、齐、韩、赵)。夷狄遇之"(详《秦本纪》)。时公元前三六二年左右,秦孝公即位之初也。

秦孝公之变法自强

孝公于是布惠振孤寡,招战士,明功赏,发愤自强。下令国中曰:"宾客群臣有能出奇计强秦者,吾且尊官,与之分土。"卫公孙鞅闻之,自魏往,说孝公以强国之术,孝公用之。鞅为定变法之令:"令民为什伍而相收司连坐。不告奸者腰斩,告奸者与斩敌首同赏,匿奸者与降敌同罚。民有二男以上不分异者倍其赋。有军功者各以率受上爵;为私斗者各以轻重被刑大小。僇力本业,耕织致粟帛多者,复其身。事末利及怠而贫者,举以为收孥。宗室非有军功论,不得为属籍。明尊卑爵秩等级,各以差次,名田宅,臣妾衣服以家次。有功者显荣,无功者虽富无所芬华。"于是秦民咸驱入"农战"一途。力行之十年,秦"道不拾遗,山无盗贼;家给人足。民勇于公战,怯于私斗,乡邑大治",秦国国势骤强,骎骎乎越河山以东强国而上之矣(参阅《商君列传》及《秦策》)。

秦制六国之第一策——徕民

秦既日强,加以关塞四固,无后顾之忧,始谋向东方侵略。其方略有二:一为用"徕民之策"以弱"山东"诸侯;一为用兵力以压迫"山东"诸侯。"徕民"之策出自卫鞅。其策:"因秦之地……有余……自……秦王发明惠,诸侯之士来归义者……复之三世无知军事……利其田宅而复之三世……山东之民无不西者"矣。此策也,有两种作用:在秦国方面,得山东诸侯之民"实旷虚,出天宝,而百万事本,其所益多也……夫秦之所患者,无兵而伐,则国家贫;安居而农,则敌得休息……今以故秦(民)事敌,新民作本,虽百宿于外,境内不须臾之时,此富强而成之效也"。在"山东"诸侯方面,既"夺其民……此其损敌也与战胜同实"。(《商君书·徕民》篇)即不战,而诸侯之势已弱,秦之势已强矣。

秦之东向侵略

六国之合纵拒秦

况秦既日强,又事侵伐。公元前三五八年,即败韩师于西山。加以"山东"诸国曾互相攻战,不睦,益与秦以胜利之机。公元前三五四年,

秦败魏惠王之师于元里，取少梁。魏惠王伐赵，齐威王救之，大败魏兵。秦因之又伐魏，取固阳。三四三年，周显王致伯于秦，秦遂驾乎诸国之上矣。公前三四一年，魏伐韩，齐宣王又使田忌、孙膑救之，魏复大败于马陵，覆车十万。于是秦孝公从卫鞅言，乘机使鞅再伐魏，以诈败魏公子卬之师，魏惠王恐，献河西地七百里于秦以和，且去安邑（今山西夏县）而徙都大梁（今河南开封），以避秦。此为六国割地及削弱之始。往日"夷狄遇"秦者，至是皆畏秦之强。公元前三三八年，秦孝公薨，子惠文王立，杀卫鞅。然秦势益强，公元前三三五年，秦惠文王以兵陷韩宜阳（今河南宜阳县），"山东"六国益惧，东周雒阳人苏秦乃倡"合纵绝秦"之说。首说燕，燕文公从之。次说赵，赵肃侯从之。以次及韩、魏、齐、楚，韩宣惠王、魏惠王、齐威王、楚威王皆许之。合纵既成，苏秦为六国纵约长，并相六国。公元前三三三年，投纵约书于秦（详《战国策·燕策》、《魏世家》、《苏秦列传》及《通鉴》）。

秦制六国之第二策——离间

六国之连横事秦

虽然，六国纵约甫成，秦即谋所以破坏合纵之道，秦惠文王使公孙衍欺齐、魏与共伐赵，于是纵约皆解，时距约成仅一年上下耳。纵约既解，秦即攻魏。自公元前三三〇年至三二二年，凡五次伐魏，取汾阴、皮氏、焦、上郡、陕，及曲沃等地。曲沃者，所谓桃林之塞也。春秋时，晋能制秦东出者以此。曲沃入秦，秦遂有函关之险，可以攻韩。公元前三一九年，即伐韩，取鄢。于是楚、赵、魏、韩、燕五国皆惧，复合纵伐秦，攻函谷关。秦出兵逆击之，五国之师皆败走。秦乘势进兵，复败韩师于修鱼，斩首八万，诸国震恐。是时苏秦死，张仪见重于秦，乃专为秦惠文王以离散六国合纵为事，首诱魏哀王事秦，次间齐湣王、楚怀王之交。齐、楚交绝，仪激怒楚怀王使与秦战，楚师两次大败，失汉中。张仪因说楚怀王事秦，楚怀王许之，以说次韩襄王，说齐湣王，说赵武灵王，说燕昭王，皆许之。是为六国"连横事秦"（详《张仪列传》及《通鉴三》）。时公元前三一一年也。

秦制六国第三策——远交近攻

韩赵之几于灭亡

已而秦惠文王卒，子悼武王立。悼武王不悦张仪，张仪去秦，连横

即解除,诸国因复合纵。然是时秦已伐蜀,灭之;又取巴。巴蜀乃最富饶之地,既属秦,秦益强,"富厚倾诸侯"。(详《秦策》)故自公元年三一〇年以后,伐韩,伐魏,伐齐,伐赵,伐燕,无宁岁,取地甚多,于楚尤甚,以诈执楚怀王,几蹙其国之半。六国齐湣王与燕昭王……之流复牵引韩、赵、魏、楚互相攻击,而燕、赵等又时或内乱,益与湣以进取之机,虽公元前二七〇年为赵惠文王之将赵奢所败,然并未能大挫秦之气焰,及魏范雎入秦(公元前二七〇年),秦昭襄王用其"远交近攻"之策,又以白起、王龁等为将,辟则益广:公元前二六八年,伐魏,拔怀,旋拔邢丘。二六五年,伐赵,取三城。二六四年,伐韩,取南阳,攻太行道,绝之。旋又于二六二年,伐韩,拔野王(今河南内县),于是上党(今山西晋城县)路绝。上党人民不欲降秦,归于赵,赵孝成王受之。秦遂拔上党而伐赵。赵屡败,赵将廉颇军长平,坚壁不进。范雎乃纵反间曰,秦独畏赵奢之子赵括为将耳。赵孝成王中其计,以括代颇。白起击括,大败之,赵士卒四十万人皆降。白起尽坑杀之。更北定太原,东南破武安皮牢(今河南武安西)。公元前二五八年,遂围赵都邯郸(今河北邯郸县)。赵孝成王使弟平原君求救于楚,又使人求救于魏。是时也,白起以为邯郸未易攻,不肯将。秦昭襄王怒杀白起,以王龁为将,诸侯来救,秦战数不利,最后魏信陵君无忌大破秦师于邯郸下,王龁解围走。自有此胜,三晋得以不即灭亡。

秦制六国第四策——赂遗;暗杀

秦始皇之灭六国

然而秦昭襄王并未因此挫折气势,败后之明年(公元前二五六),又使将军摎伐韩,取二城;伐赵,取二十余县;灭西周,得其邑三十六。周赧王入秦,顿首受罪。公元前二四九年,秦庄襄王使相国吕不韦灭东周,得其邑七;命蒙骜伐韩,取荥阳(今河南荥泽县)、成皋(河南汜水)。公元前二四八年,又命蒙骜伐赵,取三十七城。公元前二四六年,秦始皇立,年方十三,国事皆决于吕不韦。连年遣兵东伐,三晋地益削。楚、赵、魏、韩、卫患之,合纵伐秦。秦师出函谷,五国皆败走。二三七年,始皇用李斯之谋,"阴遣辩士赍金玉,游说诸侯名士,可下以财者,厚遗结之;不可者,利剑刺之。离其君臣之计,然后使良将帅兵随其后。"(《通

鉴》)故始皇立后十七岁(公元前二三〇),遂遣内史胜灭韩,虏韩王安。公元前二二八年,以问杀赵良将李牧,王翦遂灭赵,虏赵王迁。赵公子嘉自立为代王,与燕人合兵,驻上谷(今河北怀来县)。始皇则命王翦驻中山(今河北正定县)以图燕,燕太子丹遣荆轲入秦刺始皇,未成,始皇大怒,大发兵围蓟,燕王喜奔辽东。公元前二二五年,秦命王贲灭魏,杀魏王假。明年,攻楚,王翦大破楚,杀其将项燕。又明年,灭之,虏楚王负刍。公元前二二二年,命王贲大发兵进攻辽东,虏燕王喜。师还,贲又灭代,虏代王嘉。明年,王贲复以灭燕代之兵南攻齐,猝入齐都,诱虏齐王建。于是六国尽亡,惟卫贬号自卑,至秦二世元年始灭,废卫君角为庶人;他于郑、鲁、宋等,则早已亡于韩、楚、齐矣。

战国时各国之军国主义

以上已将"战国七雄"政局之概略叙毕,今日转而通观七雄之军制如何。考春秋前期列国改变军制,增加兵数,至多亦不过数万,此观于《左传》僖公三十二年,晋作五军而可知也。及春秋后期,晋有甲车四千乘,杜预以为三十万人,杜注如可信(详《左传》昭十三),则晋之兵数又已大增。至乎战国之际,兼并益力,诸侯互相侵伐益亟,于是兵数之增加愈甚。据苏秦之说:当秦之时,"燕……带甲数十万,车六百乘,骑六千匹……赵……带甲数十万,车千乘,骑万匹……韩……带甲数十万……魏……武士二十万,苍头二十万,奋击二十万,厮徒十万,车六百乘,骑五千匹……齐……带甲数十万……楚……带甲百万,车千乘,骑万匹。"可见其兵数之多(详《战国策》及《史记·苏秦传》)。大率斯时兵农合一,且全国皆兵,故苏秦又尝言"齐……临菑之中七万户……不下户三男子,三七二十一万,不待发于远县,而临菑之卒固已二十一万"。《墨子·耕柱》篇则言"攻者,农夫不得耕,妇人不得织,以守为事。攻人者,亦农夫不得耕,妇人不得织,以攻为事"。《孙子》则言"兴师十万,日费千金,内外骚动,怠于道路,不得操事者七十万家"也。

各国之奖励斩杀

攻战时斩杀之多

列国军国之制如此,而秦之"使民所以要利于上者,非斗无由,使以

功尝相长，五甲首而隶五家"；齐之使兵"得一首者，则赐赎锱金，无本赏"。(《荀子·议兵》篇)他国兴兵之奖励斩首亦大抵如此。故彼此交战之际，斩杀动数万，或数十万人。试一观《史记·六国表》："秦惠文十三年，庶长章击楚，斩首八万。武王四年，拔宜阳，斩首六万。昭王七年，击楚，斩首三万。十四年，白起击伊阙，斩首廿四万。廿七年，击赵，斩首二万，杀卒四十五万。"即曰秦尚有功，或多虚报，然以十为一计之，其多者犹不下数万，春秋战争中所绝未有也。及始皇灭六国，用兵尤多。攻楚一役，王翦请兵六十万(详《史记·王翦列传》)。吾人可悬想秦楚之战，两方兵数合计不下百余万矣。

各国外向拓土及其发展

诸国因互相侵伐而增兵，斯固然矣。乃一方面又谋富国，亟亟以拓土为事，故战国时辟地之广，远过春秋。今江西、湖南、浙江之地既为楚、越所渐辟(详《史记·越世家》及《正义》)而楚又西取巴、蜀、滇、黔(详《史记·西南夷传》)；越则南及闽中(详《越世家》)。秦既灭巴蜀，侵略楚汉、中、巫郡、黔中(详《秦本纪》)，又西灭义渠之戎，置陇西、北地上郡诸郡。即燕、赵二国开拓北边所置之郡，亦不下于秦。据《史记·赵世家》、《李牧传》及《汉书·匈奴传》：赵武灵王及孝成王时，灭中山及襜褴，又破"北林胡楼烦，自代并阴山下至高阙为塞，而置云中雁门代郡……燕有贤将秦开……袭破东胡，东胡却千余里，燕亦筑长城自造阳至襄平，置上谷、渔阳、右北平、辽西、辽东郡，以距胡"。可见战国时汉族挥斥裔夷，三垂广辟。然而推其原因，则实汉族自相侵伐之所致也，岂不异哉?

二 其他政治上社会上现象之变迁

授田制废及土地之成为私有

以上战国政局之变化叙毕，兹转叙政局之影响于社会与夫社会所起之变化。春秋以来，授田百亩而彻而助之制，多已不能适用，国有土地多变为私有，前已言之。夫国田多变为私有，则人之操有土地不限于百亩。不限于百亩，则为耕作上之便利，封洫之制必归破坏。此可由《左传》襄公三十年"郑子产为政，使田有封洫"反证而知之者也。至战

国之际,魏"李悝以沟洫为墟"(明董说《七国考》引《水利拾遗》)。"秦孝公任商鞅;鞅以三晋地狭人贫,秦地广人寡,故草不尽垦,地利不尽出,于是诱三晋之人,利其田宅,复三代无知兵事,而务本于内,而使秦人应敌于外,故废井田,开阡陌,任其所耕,不限多少"(《通典》,并详《商君列传》)。盖"商君……见田为阡陌所束,而耕者限于百亩,则病其人力之不尽……见阡陌之占地太广,而不得为田者多,则病其地利之有遗。又当世衰法坏之时,则其归授之际,不免有烦扰欺隐之奸。而阡陌之地均近民田,又必有阴据以自私而税不入于公上者。是以一旦……尽开阡陌,悉除禁限,而听民兼并买卖,以尽人力;垦辟弃地,悉为田畴,而不使其有尺寸之遗,以尽地利。使民有田,即为永业,而不复归授,以绝烦扰欺隐之奸;使地皆为田,而田皆出税,以覆阴据自私之幸"(朱子《开阡陌辨》)。魏、秦如此,他国当亦同然。于是授田之制废,国田更日变为私有矣。

用贫求富:工商

国有土田俱变私有,故较之春秋,人民益多贫富悬殊。"富者累巨万而贫者食糟糠……富者田连阡陌,贫者亡立椎之地"(《汉书·食货志》)。夫"用贫求富,农不如工,工不如商"。土地既为富人占据,贫者自趋工商逐利,而才智之人,竟能崛起庶氓,以工商实业致富。例如猗顿本鲁穷士,用盐盐起,赀拟王公;乌氏倮亦"鄙人牧长";巴蜀清则"穷乡寡妇",或经营畜牧,或采掘丹沙,家皆不訾;邯郸郭纵,亦以冶铁成业,与王者埒富(《货殖列传》及《史记正义》)。

用贫求富:游说

至如申不害、苏秦、张仪、范雎、蔡泽、李斯之徒,则不力工商而事口舌。据《国策》及《史记》:"申不害……故郑之贱臣,学术以干韩昭侯,昭侯用为相。"苏秦亦洛阳贫士,其为学也,以"取尊荣","说人主……出其金玉绵绣,取卿相之尊"为旨归。及其说成,佩燕、赵、韩、魏、齐、楚等六国相印。魏张仪亦尝"贫无行",魏范雎亦尝"贫无以自资";燕蔡泽亦属困厄之士;楚李斯则"久处卑贱之位,困苦之地",尝叹"诟莫大于卑贱,而悲莫甚于穷困"。诸人者,皆逞其口舌辩力,游说王侯,先后取卿相。

其他用贫求富之现象

总之自授田制破坏以来,人民生存竞争日甚,除农工、商贾以治产

逐利求不訾之富及游士说客以口舌谈说取卿相之荣以外，邹衍、淳于髡、慎到、环渊、田骈之流，"各著书言治乱之事以干世主"，求富贵耳。"壮士在军，攻城先登，陷阵却敌，斩将搴旗，前蒙矢石，不避汤火之难者，为重赏使也。其在闾巷少年，攻剽椎埋，劫人作奸，掘冢铸币，任侠并兼，借交报仇，篡逐幽隐，不避法禁，走死地如鹜……皆为财用耳。今夫赵女郑姬，设形容，揳鸣琴，揄长袂，蹑利屣，目挑心招，出不远千里，不择老少者，奔富厚也……弋射渔猎，犯晨夜，冒霜雪，驰阬谷，不避猛兽之害，为得味也。博戏驰逐，斗鸡走狗，作色相矜，必争胜者，重失负也。医方诸食技术之人，焦神极能，为重糈也。吏士舞文弄法，刻章伪书，不避刀锯之诛者，没于赂遗也"（《史记·货殖列传》）。

阶级制扫除之由经济者

由上经济变更之结果及政局变化之关系，阶级制度于是承春秋时代之破坏而全被扫除。盖在经济方面，大地主田连阡陌，大商贾赀拟王侯，贵族即支其尊严。例如："秦始皇帝令倮比封君，以时与列臣朝请。而巴寡妇清……用财自卫，不见侵犯。秦皇帝客之，为筑女怀清台……礼抗万众，名显天下。"他若吕不韦之与公子楚，更可见贵族阶级之倾颓。据《吕不韦列传》，吕不韦以阳翟大贾贩贱卖贵，家累千金；子楚，秦诸庶孽孙，质于诸侯，车乘进用不饶，居处困不得意，吕不韦见而怜之。后且运用阴谋，废置帝王，身为卿相，执持国柄。

阶级制扫除之由政治者

至在政治方面，可分三层解释：（一）当战国之初，篡位夺国者，皆强宗世族（见前）。其入虽甘冒不韪，然常惧他人之师其故智，故思以好贤礼士之名罗致疏贱之士，畀以国政，而阴削宗族大臣之权，以谋其子孙传祚长久。此观于魏文侯事卜子夏、田子方、段干木，用李克、吴起、西门豹、乐羊子等，以抑其弟季成及宗族（详《新序》），可知也。（二）疏贱之士既握政柄，恒与贵戚世臣不相容，恃其言听计从，则力排之以为快。虽有排除宗室、贵戚而失败，吴起、商鞅之类者（详《吴起传》及《商君传》），然而游士相继取高位，贵族不能一一倾之，威势遂日削。（三）国家积弱，宗族大臣往往无治国安民之才，无强兵富国之术，故人主急于求士，士亦争往归之。如秦孝公之于商鞅，燕昭王之于乐毅，以及孙膑、甘

茂、白起、王翦等之白身而跻登大将，皆是也。有上三因，加以游士说客"用贫求富"，观察时局之变动，揣摩君主之心理，纵横捭阖，以说王侯而取高位。自"张仪与苏秦……以纵横之术游说诸侯，致位富贵，天下争慕效之……公孙衍……苏代、苏厉、周最、楼缓之徒，纷纭遍于天下，务以辩诈相高，不可胜纪"（《通鉴三》）。凡此类皆窭人下士，抵掌游谈，玩弄王侯，位倾贵族；而田无择颜斶之伦，则又以"贫贱……骄人"，谓"王者不贵"（详《说苑·尊贤》篇及《战国策·齐策》），风声所被，阶级制完全扫除矣。

士流义侠之风尚

阶级扫除，实为中国政治及社会组织上一大变动：王侯卿相既屈身下士，假草野匹夫以词色，去贵贱等威之古礼，于是素屈不伸者流，感激图报。自春秋末叶，吴有、专诸、要离，感阖闾之知遇，为刺庆忌王僚（详《史记》及《吕览》），至战国时，晋有豫让感智伯之知己，为刺赵襄子。让尝曰："士为知己者死，女为说己者容"，"智伯国士遇我，我固国士报之"。赵襄子既叹其贤且义，让伏剑自杀之日，"志士闻之，皆为涕泣"。于是风声所播，侠烈之士朋兴：聂政为严仲子刺侠累，荆轲为燕太子丹刺始皇，朱亥为信陵君椎晋鄙，以及侯嬴、田光、樊於期之徒，无不感遇知交，轻死重义（详《刺客传》及《信陵君传》）。他如孟胜、徐弱、毛遂、鲁仲连、王蠋、蔺相如、虞卿、唐雎、缩高、高渐离之属，无不言信行果，急人之难，凛凛乎有义侠之风。

君卿养士之风尚

凡此义侠之士，类多自尊，不肯求人枉己。及一受人知遇，即许身于人，生死不渝。其下于此者，则无所操守。"朝秦暮楚"，惟食是归。不甘伏处民间，不能自安本分。战国竞争既烈，王侯卿相既忧侮于外，又虑变生于内，于是皆争养士。"自谋夫说客，谈天雕龙，坚白同异之流，下至击剑、扛鼎、鸡鸣狗盗之徒，莫不宾礼。靡衣玉食以馆于上者，何可胜数。越王句践有君子六千人；魏无忌、齐田文、赵胜、黄歇、吕不韦，皆有客三千人；魏文侯、燕昭王、太子丹，皆致客无数"（苏轼《志林·战国任侠》）。苟有一技一艺之长，能利国利家者，则不论贵贱，不问亲疏，且不顾有罪无罪，无不招致之，一方面以为指臂之助，一方面以为靖

民之方(参阅《孟尝君列传》、《平原君传》、《魏公子春申君传》、《吕不韦传》)。

各国民性之分化

此种养士之风,前古所未有也。他如民性,至战国时亦丕变;然以地势上及政治上之关系,列国各自分化。分化既久,彼此大殊。据《管子·水地》篇所载:"齐民贪粗而好勇;楚民轻果而贼;越民愚疾而垢;秦民贪戾而罔事;齐晋之民,谄谀欺诈巧佞而好利;燕民愚戆而好贞,轻疾而易死;宋民简易而好正。"《淮南子·要略》亦言:"秦国之俗,贪狼强力……可威以刑而不可化以善,可劝以赏而不可厉以名。"盖自"商君遣礼义,弃仁恩,并心于进取……秦俗日敝……家富子壮则出分,家贫子壮则出赘;借父耰锄,虑有德色;母取箕帚,立而谇语;抱哺其子,与父公并倨;妇姑不相说,则反唇而相稽"。与春秋前"父父子子"、"夫夫妇妇"之道大异矣。

战国政治社会现象总结

由上观之,可知战国至中叶末叶,一切政治现象及社会现象不惟与春秋以前不同,而且与春秋时代亦已迥别。顾炎武尝谓:"春秋时犹尊礼重信,而七国则绝不言礼与信矣;春秋时犹宗周王,而七国则绝不言王矣;春秋时犹严祭祀、重聘享,而七国则无其事矣;春秋时犹论宗姓氏族,而七国则无一言及之矣;春秋时犹宴会赋诗,而七国则不闻矣;春秋时犹有赴告策书,而七国则无有矣。邦无定交,士无定主"(《日知录·世风》);"篡盗之人,列为王侯,诈谲之国,兴立为强……并兼小,暴师经岁,流血满野。父子不相亲,兄弟不相安,夫妇离散,莫保其命……国异政教,各自制断。上无天子,下无方伯,力功争强,胜者为右。兵革不休,诈伪并起……游说……之徒,见贵于俗"(刘向《战国策序》)。权谋术数,公行而无所讳惮。脱仁义道德之假相,露弱肉强食之真情。

三 各种学术思想之激起

学术思想激进之原因
百家改易天下之企望

政局之变化知此,社会之现象如此,其所以刺戟人心而使之惊诧、

疑闷者已甚至。加以（一）自春秋末叶以来，"天子失官"，"学校不修"（《左氏昭十七年》传引孔子语及《毛诗·子衿序》），官守之学，渐变为私家之学。据《汉书·艺文志》，老子已有弟子文子、蜎子。拟《吕氏春秋·遇合》篇，《史记·孔子世家》及《仲尼弟子列传》，孔子有委贽弟子三千人，身通六艺者七十余人。而孔子宗旨又在"有教无类"，学术得以普及。（二）阶级制度既经破坏，前此为贵族、世官所垄断学术、知识，渐下逮而散诸民间。（三）大师之门，弟子既众，智识交换之机会孔多。（四）官学衰，其所藏之书多散于人间，如孔子修《春秋》，"使子夏等十四人求周史记，得百十二国宝书"（《公羊解诂》闵因叙）；墨子亦尝见百国"春秋"（《墨子·明鬼》篇及《史通·六家》、《隋书·李德林传》引《墨子》）。私人得书既易而且多，则研究有资。（五）人君好士，如魏文侯之于卜子夏、田子方、段干木等（见《魏世家》及《高士传》）。齐宣王之于驺衍、淳于髡、田骈、接予、慎到、环渊等（见《田敬仲完世家》），皆甚优礼；而齐稷下常聚数万人，或"赐列第为上大夫，不治而议论"。士闻风而争自磨励。（六）周知有"造言之刑"、"乱民之刑"（见《周官·地官》）。以禁止言论思想之自由及异说之流传。逮春秋以降，王室衰，中国乱，言论思想之束缚日弛。至战国，益解放。（七）是时"时君世主，好恶殊方"，才士亦"蜂出并作，各引一端，崇其所善，以此驰说，取合诸侯"（《汉书·艺文志》）。于是思想激进，学术勃兴，承春秋时代而超轶乎其上，才智之士辈出；或竭力维护往昔政治上、社会上之种种典章制度，或规画种种方策以谋改造政治及社会，或劳心劳力谋改良旧制以图救济时艰，或求适应当时之所需，或务破坏其时之所尚。各以所见著书立说，所谓"百家争鸣，皆欲以其道易天下"者也。

学术思想之派别

百家争鸣之学说，太史公司马谈尝就其内容区分为六家，曰：阴阳、儒、墨、名、法、道德（详太史公《史记自序》）。班固《汉书·艺文志》本刘歆《七略》又于六家之外，增纵横、杂、农、小说，合为十家。但又曰"诸子十家，其可观者九家而已"，故世又有九流之称。其实卓然自立，壁垒森严者，儒、墨、道、法四家耳。此四家者，传布学说既久，末流亦不无交混之处，然其根本精神，实属确乎不同。其余除"辩者之徒"以外之

其他诸家,则仅能就其偏近之点,附庸四家也。兹就其学术思想撮要言之:

儒家:孔门弟子

四家中最先成立者厥惟儒家。儒家自孔子周游列国反鲁后,弟子益进,委赞受业者"盖三千……身通六艺者七十二人"。据《仲尼弟子列传》,朱彝尊《曝书亭集·孔子弟子考》及梁玉绳《史记志疑》之说,传姓名于后世者尚有一百九人。此百余人中,国籍属鲁者三十八:颜回、冉求、仲由、宰我、曾参、漆雕开等是也。属卫者六:子贡、子夏等是也。属齐者六:公冶长、樊须等是也。属楚者三:任不济等是也。属陈者二:子张、公良儒是也。属晋者二:公坚定、郰单是也。属秦者二:秦祖、壤驷赤是也。属宋者一:司马耕是也。属吴者一:子游是也。其余国籍不著者甚多。要之孔子教化之广,已可概见,私家教授徒众之盛,前古所未有也。

孔门弟子之主张孝治礼治

孔子殁(公元前四十九年:春秋时代告终,战国时代开始),弟子传布其学说于四方;惟因性各有所近,遂分为数支。据《韩非子·显学》篇,有漆雕开一支,"不色挠,不目逃,行曲则违于臧获,行直则怒于诸侯";有子张一支,堂堂乎气象阔大,"尊贤而容众,嘉善而矜不能"。然而皆非儒家正宗。儒家正宗,实为曾子(前五〇六—?)、子夏(前五〇七—?)、有若(前五三八或五一八?—?)、子游(前五〇六—?)等一派。此派之政治思想及人生哲学,皆以"孝"字为本根,鼓吹"孝道"至为圆满透彻(详《孝经》及杂见《论语》、《礼记》中曾子等所言)。其旨归盖欲使人"笃于亲"而"兴于仁"其所以"慎终追远",不外谋"民德归厚"。且因重孝而主张以孝治天下,故对于己亲奉养丧葬、祭祀之礼及人亲死丧吊唁之礼,厚葬之道,三年之丧,至为讲求与注重(详《内则》、《祭仪》及《檀弓》)。由此出发以治国,成为儒家之礼治主义。

墨子对于儒家之反动

此支儒家正宗人数颇多,而子夏又常居西河教授,为魏文侯师,故在其时势力甚大,传布甚广。然过于讲求礼节,致流于琐碎拘执(详《檀弓》)。于是有子夏氏之贱儒,"正其衣冠,齐其颜色,嘿然而终日不言";

有子游氏之贱儒,"偷儒惮事,无廉耻而嗜饮食"(《荀子·非十二子》)。当是时,墨子亦已生长于鲁,仕于宋(约公元前四九〇年—前三九〇?)。常"学儒者之业。受孔子之术。以为其礼烦扰而不悦,厚葬靡财而贫民,久服伤生而害事",遂背儒家而自创学派(《淮南子·要略》)。"儒以天为不明,以鬼为不神";而墨子则以鬼能赏贤而罚暴,故倡明鬼论。儒重"厚葬久丧……三年哭泣";而墨子则谓"厚葬为多埋赋财……久丧为久禁从事",故倡短丧节葬论。儒重"弦歌鼓舞,习为声乐";而墨子则以为无补于"兴天下之利,除天下之害",故倡非乐论。儒"以命为有:贫富寿夭、治乱安危有极";而墨子则以为鬼神赏罚,在人自召,故倡非命论。此墨子对于儒家之反动也。

墨子对于时局之反动

墨子又见当时各国并兼攻伐战争之惨,复倡"非攻"论以期弭兵。然思根本弭兵之道,须先使人"视人之国,若视其国,视人之家,若视其家,视人之身,若视其身",故又倡"兼爱"论,墨子复恐人不兼爱,故又倡"天志"论、"尚同"论,归兼爱于天志,藉之以制裁或鼓励人心("明鬼"论亦在藉鬼神裁制世人为非),使其兼爱而上同于天。其时贵族执政,社会阶级虽破坏而未扫除,故墨子又倡"尚贤"论,期王公大人"尊……贤而任能,不党父兄,不偏贵富,不嬖颜色"。其理想之国家,为"国于国不争,家于家不乱,君臣父子孝慈。"

墨子之热心救世

总之墨子务"强本节用","大俭约而侵差等","不侈于后世,不靡于万物。不晖于数度,以绳墨自矫而备世之急……泛爱兼利而非斗……形劳天下"(详《庄子·天下》、《荀子·非十二子》及《史记自序》)。欲"使后世之墨者,多以裘褐为衣,以跂蹻为服,日夜不休、以自苦为极"。尝实行非攻之说、止楚攻宋。由《公输》篇、《宋策》、《吕览·爱类》及《淮南·修务训》所载,可想见其慷慨好义,"摩顶放踵利天下为之"之精神。墨子热心救世如此,故感人甚深。其"服役者百八十人,皆可使赴火蹈刃,死不旋踵"。"弟子禽滑厘等三百人"传布其教,广及各地:越有公尚过见重于越王(见《鲁问》),楚有孟胜、徐弱见善于阳城君,宋有田襄子(见《吕览·上德》),秦有腹䵍、唐姑果(见《吕览·去私》、《去宥》)。

而东方之墨者有谢子（同上），南方之墨者有苦获、已齿、邓陵子之属。复有相里氏之墨，相夫氏之墨，相里勤之弟子五侯之徒（《韩非子·显学》，《庄子·天下》）至孟子时（372B.C.—289B.C.），墨氏之言盈天下。

杨朱及其学说

战国初期，受社会纷乱、政局争扰之刺戟，而发生与墨子相反之思想者，则为杨朱。杨朱略后于墨子（约前四〇？—三六〇？）。墨子常"以绳墨自矫，而备世之急……不爱己"；而杨氏则"贵己"，"全性葆真，不以物累形"。墨子常乐观救世，而杨氏则厌世悲观。常谓人生"痛疾，哀苦，亡失，忧惧……几居其半……生也奚为？"故杨朱之人生思想，在求"乐生……逸身"，"从心而动……从性而游"，"肆之……勿壅勿阏"。然所谓肆之者，系自由于细人范围之内而非损人利己。故曰："智之所贵，存我为贵；力之所贱，侵物为贱。"一方面"为我"，"拔一毛而利天下，不为"；一方面存人，"悉天下而奉一身，不取"。盖杨子之意，以为"人人不损一毫，人人不利天下，天下治矣"。

子思及其治平思想

当杨子之世，儒家正宗子思已老（前四九三—四〇〇？）。其反应时代之思想，又与杨子不同。杨子重随事随时"自肆"，"从心而动，不违自然所好"；而子思重随处"自得"，"素其位而行、愿不乎其外"。杨子重"从性而游"；至子思重"率性……修道"。杨子取"为我"；而子思取"修身"。虽然，子思与杨朱有相同之点：即皆注重"个人"，注重"自我"。特杨朱在"存我"而"乐生逸身"；子思则在"修身"而齐家，治国，平天下。其言正心修身为齐家治国平天下之本，尝反复致意焉。

儒家之理想政治与社会

当是时，儒家已借孔子之口，悬一最高理想政治社会之目的，世称之为"大同政治"。其言曰："大道之行也……天下为公，选贤与能，讲信修睦。故人不独亲其亲，不独子其子；使老有所终，壮有所用，幼有所长，鳏寡孤独废疾者，皆有所养；男有分，女有归。货恶其弃于地也，不必藏诸己；力恶其不出于身也，不必为己。是故谋闭而不兴，盗窃乱贼而不作，故外户而不闭。是谓大同。"（《礼记·礼运》）此种大同政治与社会，不承认任何阶级之世袭执持政权，主张政府当由人民选举组成，

而社会人类当充分互助。

孟子与民同乐之政治主张

故至孟子出（372B.C.—289B.C.），其政治主张，极尊重民权。常谓"民为贵，社稷次之，君为轻"。若人君无仁义而残贼人民，谓之一夫，民得诛之也。又因人"心有同然"，故极力鼓吹人君须"善推其所为"，即谓人君须"老吾老，以及人之老；幼吾幼，以及人之幼"。举凡人君好音乐，好田猎，好游豫，好货，好色，俱属无妨；但宜以己推及人民，使人民俱可以享受幸福，"与民同乐"。其意以为"乐民之乐者，民亦乐其乐；忧民之忧者，民亦忧其忧。乐以天下，忧以天下"，则王矣。其时杨墨之说盛行，"天下不归杨，则归墨"。孟子以"杨氏为我，是无君也；墨氏兼爱，是无父也。无父无君，是禽兽也"，均有妨于平治，是以常倡言距杨墨焉。

战国中期学术思想之派别

当是时，中国思想，已完全分歧为三。所谓儒、墨、道三家者，已成立对峙。影响所被，哲人愈益群兴，而各以其学说争鸣。语其大凡，约有：（一）惠施（约前三八〇？—三〇〇？）、公孙龙（约前三二〇？—二五〇？）等名理论之辩者；（二）宋钘（约公元前三七〇？—二九〇？）、尹文（约前三五〇？—二七〇？）等兼取道家学说之墨家；（三）许行（约前三七〇？—二九〇？）、陈仲（约前三七〇？—二九〇？）等"自食其力"之"无政府主义"者；（四）彭蒙、田骈、慎到（约前三三〇？—二五〇？）等趋向法家之道家；（五）庄子（约前三三五？—二七五？）等纯粹之道家；（六）驺衍（约前三三五？—二五五？）等略取儒家学说之阴阳五行家；（七）趋向法家、儒家之尸佼（约前三六〇？—二八〇？）；（八）纯粹之儒家荀卿（约前三一〇？—二三〇？），兹以次略叙诸人之学说如下：

惠施公孙龙等辩者学说之一斑

"惠施……历物之意，曰：至大无外……至小无内……无厚不可积也，其大千里。天与地卑；山与泽平。日方中方睨；物方生方死。大同而与小同异，此之谓'小同异'；万物毕同毕异，此之谓'大同异'。南方无穷而有穷。今日适越而昔来。连环可解也。我知天下之中央，燕之北、越之南是也。泛爱万物，天地一体也"。其时辩者与桓团、公孙龙辩者之徒，亦以奥妙之说与惠施相应，谓："卵有毛，鸡三足。郢有天下，犬

可以为羊。马有卵。丁子有尾。火不热。山出口。轮不碾地。目不见。指不至,至不绝。龟长于蛇。矩不方,规不可以为圆。凿不围枘。飞鸟之景,未尝动也。镞矢之疾,而有不行不止之时。狗非犬。黄马骊牛三。白狗黑。孤驹未尝有母。一尺之棰,日取其半,万世不竭。"他如"别墨"之作墨辩以反驳辩者,其论知识、论辩、论数、论形、论光力等物理、论心理、论伦理、论政治、论经济,皆注重经验,注重感觉,注重推论,而想象之能力甚高。究其所宗,皆属墨子,故近人称之为"科学哲学之墨家"。

宋钘尹文之救时运动

宋钘、尹文之政见,略见于《荀于·正论》及《庄子·天下》。《天下》篇曰:"不累于俗,不饰于物,不苟于人,不忮于众。愿天下之安宁以活民命;人我之养,毕足而止;以此白心。古之道术有在于是者,宋钘、尹文闻其风而悦之……接万物以别宥为始……以睭合欢,以调海内。……见侮不辱,救民之斗;禁攻寝兵,救世之战。以此周行天下,上说下教。虽天下不取,强聒而不舍也。……上下见厌而强见也。……其为人太多,其自为太少。……虽饥,不忘天下,日夜不休。曰:我必得活哉……以禁攻寝兵为外,以情欲寡浅为内。"其行为,"举世誉之而不加劝,举世非之而不加沮"。故宋钘、尹文,乃兼取道、墨两家之学说而实行之者也。

许行陈仲等之主张无政府

同时许行、陈相之徒,又倡"贤者与民并耕而食饔飧而治"之说,其意如《汉书·艺文志》所云:"以为无所事圣王。欲使君臣并耕,诤上下之序。"故其徒数十人,皆衣褐,捆屦,织席,自食其力;反对"有仓廪府库……厉民……自养"之君。而《齐世家·陈仲子》更特立独行:"忍情性,綦溪利跂","上不臣于王,下不治其家,中不索交诸侯"。"兄戴,盖禄万钟。以兄之禄为不义之禄,而不食也;以兄之室为不义之室,而不居也。避兄离母,处于于陵。"所居之室,所食之粟,彼身织履屦,妻辟纑,以易之。此种"不恃仰人而食"与不需政府之思想行为,皆当时政治社会之反动也。

彭蒙田骈慎到等之人生思想

略后于许行、陈仲者,则有"公而不党,易而无私,决然无主……齐

万物以为首"之"彭蒙、田骈、慎到……慎到弃知去己,而缘不得已。冷汰于物以为道理……謑髁无任,而笑天下之尚贤也。纵脱无行,而非天下之大圣。椎拍辌断,与物宛转。舍是与非,苟可以免;不师知虑,不知前后,魏然而已矣。推而后行,曳而后往;若飘风之还,若羽之旋……全而无非,动静无过,未尝有罪"。以为"无知之物,无建己之患,无用知之累,动静不离于理,是以终身无誉。故曰,至于若无知之物而己,无用贤圣。夫块不失道。"彭蒙、田骈亦然曰:"古之道人,至于莫之是,莫之非而已矣。"(《庄子·天下》篇)

慎到等之法治主张

慎到等之人生观如此,故其政治学说亦主张:(一)"弃知去己"而以法治。以为"君人者设法而以身治,则诛尝予夺从君心田……以心裁轻重,则同功殊赏,同罪殊罚矣"。盖慎到之意,谓法犹权衡也。"措钧石,使禹察之,不能识也。悬于权衡,则厘发识矣"。故其言曰:"法虽不善,犹愈于无法……夫投钩以分财,投策以分马,非钩策为均也,使得美者不知所以美,得恶者不知所以恶。此所以塞愿望也。"(二)"与物宛转"而"因人之情"。以为"人莫不自为也。化而使之为我,则莫可得而用……故用人之自为,不用人之为我,则莫不可得而用矣"。

庄子之达观放任主义

慎到、彭蒙、田骈,实道家而趋向法家者也;惟未臻乎其极。及庄周出,始专发挥光大道家之学说而集其成。庄子见自然界之现象,"芴漠无形,变化无常"。又谓人之"死生,命也……形者,万化而未始有极……物之所不得遁"。既觉"物不胜天",于是产生达观主义,"唯命之后"。谓人生当"安时而处顺","乘物以游心";于行事接物,则"依乎天理,因其固然";"不遣是非,以与世俗处"。因之其政治思想亦极力主张放任而"在宥天下",主张任人民自然而排斥干涉与治理。尝谓"绝圣弃知,大盗乃止;擿玉毁珠,小盗不起;焚符破玺,民乃朴鄙;掊斗折衡,而民不争"。《马蹄》、《胠箧》等篇于攻击"治天下者之过",实三致意焉。

庄子之齐物论

庄子之所以"不遣是非"者,盖因其有"齐物"之根本观念也。彼以为"物固有所然,物固有所可。无物不然,无物不可。……其分也,成

也;其成也,毁也。凡物无成与毁……亦……未始有是非也。……是非之彰也,道之所以亏也"。"夫言者……所言……未定也。……物无非彼,物无非是。自彼则不见,自知则知之。故曰:彼出于是,是亦因彼。……是亦彼也,彼亦是也。彼亦一是非,此亦一是非。果且有彼是乎哉? 果且无彼是乎哉? 彼是莫得其偶……是……非……即……通为一……矣。……言未始有常……尝试言之……民食刍豢,麋鹿食荐,蝍蛆甘带,鸱鸦嗜鼠,四者孰知正味……毛嫱丽姬,人之所美也;鱼见之深入,鸟见之高飞,麋鹿见之决骤……孰知天下之正色哉?"故庄子谓"天下莫大于秋毫之末。而太山为小;莫寿于殇子,而彭祖为夭。天地与我并生,而万物与我为一"。是以庄子于人间一切夭寿死生,荣辱祸福,得失是非,善恶好丑,贫富贵贱……无不齐视达观;"于世未数数然","正而恃之而已耳"。

驺衍之阴阳五行家说

庄子此种政治思想,完全当时政局戟刺所致之反动也。同时齐有"驺衍睹有国者益淫侈不能尚德……乃深观阴阳消息,而作怪迂之变,《终始》、《大圣》之篇,十余万言。其语闳大不经,必先验小物,推而大之,至于无垠。先序今以上至黄帝,学者所共述,大并世盛衰,因载其禨祥度制,推而远之,至天地未生,窈冥不可考而原也。先列中国名山大川、通谷禽兽、水土所殖,物类所珍,因而推之,及海外人之所不能睹。称引天地剖判以来,五德转移,治各有宜,而符应若兹……然要其归,必止乎仁义节俭,君臣上下六亲之施。"盖儒家之支流也。

尸佼之正名为治论

其时儒家支流复有尸佼者,本孔子"正名"之说,谓"天下之可治,分成也。是非之可辨,名定也。明王之治民也……言寡而令行,正名也。君人者苟能正名,愚智尽情,执一以静,令名自正;赏罚随名,民莫不敬"。"是故曰,正名去伪,事成若化;以实覆名百事皆成……正名覆实,不罚而威"。又曰:"审一之经,百事乃成;审一之纪,百事乃理。名实判为两,分为一。是非随名实,赏罚随是非。""圣王正言于朝,而四方治矣"。可见尸佼乃趋向法家之儒者也。

荀子之言性与天道

为儒家正宗而略后于尸佼者,则为荀卿。荀子学问甚博,对于古来

及并世之学说，无不研究。觉诸家之思想各有所偏，时加以严正之批评。其《非十二子》篇、《天论》篇、《解蔽》篇、《富国》篇、《乐论》篇、《正论》篇、《性恶》、《正名》篇等，对于当时盛行之思想学说，常与以批评辩驳。因是，荀子独出心裁，自创学说。其于于天道，主张征望之以为人用。其言曰："天行有常，不为尧存，不为桀亡……强本而节用，则天不能贫，养备而动时，则天不能病；循道而不贰，则天不能祸……大天而思之，执与物畜而制之？从天而颂之，孰与制天命而用之？望时而待之，孰与应时而使之？因物而多之，孰与骋能而化之？思物而物之，孰与理物而勿失之也？"此戡天之说也。于人性，荀子则主张去恶而趋善，盖荀子由观察"人生而有欲"，以为"人之性恶，其善者伪也"。故"注错习俗……以化性"。谓"习俗移志，安久移质……积礼义而为君子……居楚而楚，居越而越……是非天性也，积靡使然也"。此积善克性之说也。

荀子之知识论

荀子又尝精研心理之状态及作用，谓"心何以知？曰，虚一而静……不以所已藏害所将受，谓之虚……不以夫一害此一，谓之一……不以梦剧乱知，谓之静。未得道而求道者……虚则入……一则尽……静则察……虚一而静，谓之大清明。万物莫形而不见，莫见而不论，莫论而失位……凡观物有凝，中心不定，则外物不清。吾虑不清，则未可定然否也。""故人心譬如槃水，正错而勿动，则湛浊在下而清明在上，则足以见须眉而察理矣。微风过之，湛浊动乎下，清明乱于上，则不可以得大形之正也。心亦如是矣。故导之以理养之以清，物莫之倾，则足以定是非……矣"（《解蔽》）此荀子之《知识》论也。

荀子之正名为治之学说

荀子又见"圣王没，名守慢，奇辞起，名实乱，是非之形不明……异形离心交喻，异物名实玄纽，贵贱不明，同异不别……志……有不喻之患，而事必有困废之祸，故"谓宜"为之分别制名以指实。上以明贵贱，下以辨同异。贵贱明，同异别……然后随而命之。同则同之，异则异之……知异实者之异名也，故使异实者莫不异名也，不可乱也，犹使同实者莫不同名也……名无固宜，约之以命。约定俗成，谓之宜；异于约，则谓之不仪。名无固实，约之以命实。约定俗成谓之实名。名有固善，

经易而不拂,谓之善名……此制名之枢要也。"荀子此种"正名"学说,在欲国家以法令制定社会通行之名,立为"正名"。使"民莫敢为奇辞以乱正名,乱正名……一于道法而谨于循令"(《正名》篇)。然后国家可治。

法治之影响与韩非

于此,可见荀子亦有趋向法家之政治思想焉。及其弟子韩非承之,乃完全成为法家。初,自春秋以来,管仲、子产、吴起、商鞅等皆以法治国;致国富强。其影响人心甚巨。至战国中叶,"藏商管之法者家有之"(《五蠹》)。有思想者流,始多研求法理。慎到、尸佼、尹文等皆有法理之学说。逮韩非出,乃集其大成。于"无为"、"正名"之义俱有所发挥;于法之界说尤有明白之解释。谓"法者,编著之图籍,设之于官府,而布之于百姓"。"刑罚必于民心;赏存乎慎法,而罚加乎奸令","所治非一人也"。

韩非子之法治学说

韩非主张法治而排斥德治之根据,在见"夫火烈,民望而畏之……故鲜死焉;水懦弱,民狎而玩之,则多死焉"。故尝曰:"慈母之于弱子也,爱不可为前。然而弱子有僻行,使之随师:有恶病,使之事医。不随师则陷于刑;不事医则疑于死。慈母虽爱,无益于振刑救死,则存子者非爱也。母不能以爱存家,君安能以爱持国?"且谓:"严家无悍虏,慈母有败子,吾以此知威势之可以禁暴,而德厚之不足以止乱也。夫……治国,不恃人之为吾善也,而用其不得为非也。恃人之为吾善也,境内不什数。用人不得为非,一国可使齐。为治者用众而舍寡,故不务德而务法。"

韩非之法治演进论

然韩非之主张法治,"不务循古,不法常可",在"论世之事,因为之备"。盖其意以为"古今异俗,新故异备","世异则事异……事异则备变"。故"事因于世,而备适于事"。尝又曰:"治民无常,惟治为法。法与时转则治,治与世宜则有功……时移而治不易者乱。"此种与时演进之政治上法治学说,前此所希有也。又其主张法治,非君主得独游于法之外也,须如全国臣民,一致遵守。故曰:"法者……存亡治乱之所从出,圣君所以为天下大仪也……万物百事,非在法之中者,不能动

也……君臣上下贵贱皆从法,此谓为大治"矣。

综核名实与赏罚

至于行法之时,其最要之道,为综核名实而严明赏罚。故其言曰:"修名而督实,按实而定名。名实相生,反相为情。名实当则治,不当则乱。"又曰:"人主将欲禁奸,则审合刑名者,言与事也。为人臣者陈而言,君以其言授之事,专以其事责其功。功当其事,事当其言,则赏。功不当其事,事不当其言,则罚。故群臣,其言大而功小者则罚;非罚小功也,罚功不当名也。"又曰:"明主之所制导其臣者,二柄而已矣。二柄者,刑德也。何谓刑德?曰:杀戮之谓刑,庆赏之谓德。""人情……有好恶,故赏罚可用。赏罚可用,则禁令可立,而法道具矣。"

屈原之创作词赋

韩非之死,已至战国末期。吾人叙战国时代之思想,可以告一结束。然其时不惟哲学发达臻极盛之点,而且文学界亦能另辟一新纪元,即屈原创作词赋,中国纯文学于斯时,放一异彩也。屈原者,楚之宗族,生于战国中期(约前三五〇?—二九五?)。当楚怀王之世,遭谗见疏,忧愁幽思,而作《离骚》。及顷襄王立,复遭迁逐,益多侘傺噫郁之音。托陈引逾,点染幽芬,作为《怀沙》等词赋二十余篇,怀石自投汨罗以死。其文恻恻动人,澄心读之,未有不为之悲感者也!原卒后,其弟子宋玉及楚大夫唐勒、景差,皆效其辞为赋,以名于时。而玉尤为杰出,所作《九辩》、《招魂》,悃款悱恻;而《笛赋》、《讽舞赋》、《钓赋》、《高唐》、《神女》、《大言》、《小言》之属,无不扬葩吐艳,蹈乎大方,为汉初学者之先导。

史中之左传国语国策

至于史学,亦大有进步。当春秋之际,各国皆有史,楚谓之"梼杌",晋谓之"乘",鲁谓之"春秋"。……孔子因鲁史修《春秋》,客观之史成为主观政治学说之工具;旧史遣文,略不尽举。战国初叶,鲁国史官左丘明乃依《春秋》以辩理,或错其经以各异,或先经以始事,或后经以终义,躬览载籍,广记而备言之,原始要终,成后世所称为《左传》一书,体属编年,文辞灿烂,为中国史部最早之名著。因"雅思未尽,复采录。前世穆王以来,下讫鲁悼智伯之诛,邦国成败,嘉言善语,阴阳律吕,天时人事

逆顺之数,以为《国语》,就周、鲁、齐、晋、郑、楚、吴、越,分国叙述。是为国别史之滥觞。战国末叶,《战国策》一史之成,即仿其体(参阅杜预《左传叙》、韦昭《国语解叙》、《汉书·艺文志》;但《考信录》谓《国语》、《左传》必非一人所作)。

小说:山海经等

他如小说一道,亦成立乎是时。世称《山海经》一书,经刘歆校定,以为夏禹任土作工,而益等类物善恶,著《山海经》以考异物识谣俗。其实此书乃战国末期人士伪托;且为小说之伦(本《史通削繁》纪昀说),等于西游诸记。所言怪物情事,出乎幻想虚描。司马迁尝谓其不经,作《史记》时所不敢采录(见《史记·大宛列传》赞)。盖无论其事,既其文亦与《典谟》、《禹贡》不同。故胡应麟《四部正讹》谓:"战国好奇之士,本《穆天子传》之文与事而侈大博极之,杂傅以《汲冢纪年》之异闻,《逸周书·王会》之诡物,《离骚》、《天问》之遐旨,《南华》、《郑圃》之寓言,以成此书"也。

医学之发达

此外医术亦甚发达。据《左传》,春秋时有秦和,善治疾。及战国初晋定公、项公之时,有秦越人者,号扁鹊,善针砭之术,能为妇人带下医,老人耳目痹医,及小儿医,名闻天下。大抵至战国之际,已有《医经》:"原人血脉、经络、骨髓、阴阳、表里,以起百疾之本,死生之分,而用度箴石,汤火所施,调百药齐和之所宜。"复有《经方》:"本草木之寒温,量疾病之浅深,假药味之滋,因气感之宜,辩五苦六辛,致水火之齐,以通闭解结,反之于平。"(详《史记·扁鹊列传》及《汉书·艺文志》)如《黄帝内经》、《外经》、《扁鹊内经》、《外经》及《秦始黄帝扁鹊俞拊方》等书,必战国时所成也。

第八章 秦代:君主专制政之

秦始皇统一:中国政体大变之端

承上章第一节战国政局之变化:秦用商鞅变法,富国强兵;后又用公孙衍、张仪离间诸侯之谋,范雎远交近攻之策,及李斯赂遗、暗杀与离

间诸侯君臣之计，以次灭韩，灭赵，灭魏，灭楚，灭燕，灭代，灭齐，于是山东诸国除卫贬号自卑外，尽亡。秦遂统一中国，时秦王政二十六年，公元前二二一年也。是年也，实中国政治开一新纪元。尽是年以前，中国为封建之世；是年以后，乃全成为郡县或郡国并行之世。政治之组织，实属迥然不同。因往时夏、商、周之于诸侯，虽云以天子而统治天下，究其实，诸侯各自为政，未尝统一。至秦王灭六国，始真统一诸夏，集权于中央君主一人，其政治组织大率为后世诸朝立国所遵循，故中国成为真统一之大国自秦王政始，中央集权之制亦自秦王政始。君主专制政体乃发端焉。

秦内政之完善与吏治之整肃

秦之内政趋于完善，在与六国并立时已然。《荀子·强国》篇尝赞之曰："入境，观其风俗，其百姓朴；其声乐不流汙，其服不佻；甚畏有司，而顺，古之民也。及都邑官府，其百吏肃然，莫不恭俭敦敬，忠信而不楛，古之吏也。入其国，观其士大夫，出于其门，入于公门；出于公门，归于其家，无有私事也；不比周，不朋党，偱然莫不明通而公也，古之士大夫也。观其朝廷，其间听决百事不留，恬然如无治者，古之朝也。故四世有胜（指孝、惠文、武、昭四王），非幸也，数也。"

始皇之正名——创殊称，除谥法

及秦王政吞并六国，规模益大，疆土益广。非有适应时势之设施则不足以长驾远驭，故统一之岁，即首务"正名"。下令丞相、御史议帝号。其令曰："寡人以眇眇之身，兴兵诛暴乱……六王咸伏其辜，天下大定。今名号不更，无以称成功，传后世。其议帝号。"政与王绾、李斯等会议之结果，改"命"为"制"，"令"为"诏"，天子自称曰"朕"。采上古帝与皇之位号，号曰"皇帝"。已而又下制曰："朕闻太古有号无谥。中古有号，死而以行为谥。如此，则子议父，臣议君也。甚无谓……自今以来，除谥法。朕为始皇帝，后世以计数，二世、三世至千万世，传之无穷。"此为秦始皇创殊号以一天下，除谥法以尊君威。乃其统驭上之重要设施者（一）。

始皇之废封建置郡县

郡县之流官与分土制度之废

当是时，中国初统一，人心习于封建。六国虽破灭，仍有主张新行

封建者。故丞相王绾等言"诸侯初破,燕、齐、荆地远,不为置王,毋以填之。请立诸子"。始皇下其议,群臣皆以为便。独李斯议曰:"周文武所封子弟同姓甚众;然后属疏远,相攻击如仇雠。诸侯更相攻伐,周天子弗能禁止。今海内一统,皆为郡县。诸子功臣以公职赋重赏赐之,甚足,易制,天下无异志则安宁之术也。置诸侯不便。"始皇亦谓"天下共苦战斗不休,以有侯王……天下初定,又复立国,是树兵也。而求其宁息,岂不难哉"。以李斯之议为是,遂采周时县郡之名(参阅《逸周书·作雒》篇),仿战国时各国县郡倒置之法(参阅《秦本纪》),分中国为三十六郡,曰:内史、三川、河东、南阳、南郡、九江、彰郡、会稽、颍川、砀郡、泗水、薛郡、东郡、琅邪、齐郡、上谷、渔阳、右北平、辽西、辽东、代郡、钜鹿、邯郸、上党、太原、云中、九原、雁门、上郡、陇西、北地、汉中、巴郡、蜀郡、黔中、长沙(后平百越,又置闽中、南海、桂林、象郡,合计四十郡。但王国维《秦郡考》谓《史记集解》所采犹未备,以为秦以水德王,数以六为纪,前后共置四十八郡,除上述内史非郡及彰郡非秦置以外,复有广阳、胶东、胶西、济北、博阳、城阳、陶郡、河间、陈郡、东海云)。郡下分置属县。郡县之官皆为流官,可由君主随时黜陟调动,与前代大异。于是官不私土,而古者列爵分土,世禄相承之制皆废。此为秦始皇集权中央,而使官吏不复私土,乃其统驭上之重要设施者(二)。

秦之内外官制及君主独裁

又考秦始皇时郡县之制,郡县既为两级,互相维持;而官吏又复军民两政分权——即郡置守,专掌政治;置尉,专典兵事;守尉之外,复置御史以监察守尉。郡下为县,悬置令以司理民事,亦置尉以司理军政,凡守令尉监等郡县之官,皆由皇帝简用。此外官也。至于朝廷之官,其最要者,为丞相,专理全国吏民行政事务而不典兵事;太尉,专掌全国军政而不问吏事民事;别有御史大夫独立于丞相、太尉之外,专司言论及纠察,不得躬与政务。诸官者,亦皆由皇帝简用。始皇帝则总揽此三大权焉(此外有廷尉、卫尉等多官,详《汉书·百官表》)。此为秦始皇使中央及地方诸官互相钳制,不能专决,增皇帝独裁之权势,灭官守之特权,乃其统驭上之重要设施者(三)。

始皇之统一法度与文字

初,春秋战国承封建之后,各国政治及文化,多分道扬镳。七国之

时，"田畴异晦，车涂异轨，律令异法，衣冠异制，言语异声，文字异形"。始皇乃"一法度衡石丈尺，车同轨，书同文字"，"罢其与秦文不合者。李斯作《苍颉》篇，中府车令赵高作《爰历》篇，太史令胡母敬作《博学》篇。皆取史籀大篆，或颇省改，所谓小篆者也"。（许慎《说文解字》序）大篆、小篆之外，复采当时流行之刻符、虫书、摹印、署书、殳书诸体，以便分途应用。稍后，因官狱职务甚繁，始皇复使程邈作"隶书"，以趣约易，废古文。此为秦始皇统一文物以便国计民生，且以刷新耳目，乃其统驭上之重要设施者（四）。

毁石城销兵甲徙富豪

时甲兵多在散民间，城郭遍存于各地。始皇复恐人民恃兵为乱，阻城以叛秦，乃"隳名城，杀豪杰；收天下之兵聚之咸阳，销锋铸镰，以为金人十二"，"重各千石，置廷宫中……徙天下富豪于咸阳，十二万户"，"以弱黔首之民。然后斩华为城，因河为津……以为固；良将劲弩守要害……信臣精卒陈利兵……以为……子孙帝王万世之业"（《始皇本纪》及《过秦论》）。此秦始皇统驭上之重要设施者（五）。

治驰道，利交通

《史记·始皇本纪》曰："二十七年（统一中国以后一年），治驰道。"贾山《至言》曰："秦为驰道于天下，东穷燕齐，南极吴越楚。江湖之上，滨海之观，毕至。道广五十步，三丈而树。厚筑其外，隐以金椎，树以青松。"《蒙恬传》曰："始皇欲游天下，道九原，直抵甘泉，乃使蒙恬通道，自九原抵甘泉，堑山堙谷，千八百里。"《始皇本纪》亦曰："三十五年，除道，道九原，抵云阳，堑山堙谷，直通之。"此为秦始皇开通四方之大道以便交通，利驿使，适巡察而速军事动作，使消息灵通，乃其统驭上之重要设施者（六）。

人心之未服始皇

统驭上之设施如此，始皇"之心，自以为关中之固，金城千里，子孙帝王万世之安"。乃东行郡县，抵海滨，穷成山，登芝罘，渡淮浮江，至湘山而归。所至刻石颂功德。虽然，是时中国表面虽已宁，实则人心多未服也。盖六国之亡，"楚最无罪。自怀王入秦不反，楚人怜之"，甚怨秦。"故楚南公曰：'楚虽三户，亡秦必楚。'"此外他国遗民大族亦多仇秦。

如韩人张良者,其先五世相韩,秦灭韩,"良弟死不葬,悉以家财求客刺秦王,为韩报仇"。及公元前二一八年,始皇复东游,良与客狙击始皇博浪沙中,误中副车。前二一六年,又逢盗于兰池,见窘(详《始皇本纪》、《项羽本纪》及《留侯世家》)。可见当时人心之未服秦也。

始皇之专制与暴虐扰民

人心既未服秦,而始皇行政复甚专制:"博士虽七十人,特备员而已;丞相诸大臣皆受成事……天下之事无大小,皆决于"始皇,至于衡石量书。日夜有程,不得休息。又自推"终始五德之传",谓周得火德,秦得水德,水德之始,须刚毅戾深。乃益严刑峻法,"专任狱吏……乐以刑杀为威,天下畏罪。大臣持禄,莫敢尽忠。上不闻过而日骄,下慑伏漫欺以取容"。凡此皆足以引起叛乱。乃始皇举动,又有数事惊扰人心伤害百姓,益足以促秦覆亡。数事为何? 即(一) 迁徙人民,苦役人民,师徒数起。(二) 焚书。(三) 坑儒。兹以次略叙之如下:

始皇击匈奴筑长城拓南粤

初,当战国之世,北方匈奴日强大,中国目之曰"胡"。及始皇既统一中国,颇好神仙,求不死之药。燕人卢生为始皇入海求羡门子高还,因"奏《录图书》曰:'亡秦者胡也。'一始皇乃使将军蒙恬发兵三十万人北击胡,略取河南地。"已而更"斥逐匈奴,自榆中并河以东,属之阴山,以为三十四县,城河上为塞。又使蒙恬渡河取高阙、陶山、北假中,筑亭障"。"凡筑四十四县城,临河,徙适戍以充之。而通直道自九原至云阳,因边山险堑溪谷可缮者治之,起临洮至辽东,万余里。"是为万里长城。然吾人所最宜注意者,即此城久已不复存在。现今之长城,乃秦后历朝所修筑者也(详《始皇本纪》及《日知录·长城》)。始皇不仅北击匈奴也,同时又南击百粤,"发诸尝逋亡人、赘婿、贾人略取陆梁地,为桂林、象郡、南海,以适遣戍","徙中县之民南方三郡,使与百粤杂处"。

始皇与李斯之焚书

南拓南粤之明年,始皇又焚书。焚书之因,乃由"始皇置酒咸阳宫,博士七十人前为寿。仆射周青臣进颂……始皇……博士齐人淳于越……以为……面谀",且言宜师古,行封建。始皇下其议。丞相李斯痛斥淳于越,因言"今诸生不师今而学古,以非当世,惑乱黔首……人善

其所私学……而相与非法教，人闻令下，则各以其学议之，入则心非，出则巷议。夸主以为名，异取以为高，率群下以造谤。如此弗禁，则主势降乎上，党与成乎下。禁之便。臣请史官非秦纪皆烧之。非博士官所职，天下敢有藏诗、书、百家语者，悉诣守尉杂烧之；有敢偶语诗书者弃市；以古非今者族；吏见知不举者与同罪，令下三十日不烧，黥为城旦。所不去者，医药卜筮种树之书。若欲有学法令，以吏为师"。始皇许之，遂有焚书之祸。

方士之引起始皇坑儒

焚书之明年，始皇又坑儒。坑儒之因，乃由当时方士势盛，邪说横行，始皇惑之，常使人求神仙及不死之药，卒未得。公元前二一二年，卢生复说始皇，语以求奇药之法。已而卢生与侯生议论始皇，谓"始皇为人天性刚戾……乐以刑杀为威……不闻过而日骄……贪于权势……未可为求仙药。"因亡去。始皇乃大怒曰："……卢生等吾尊赐之甚厚，今乃诽谤我！"因此一事，忽骤然想及曾廉问"诸生在咸阳者……或为妖言以乱黔首。于是使御史悉案问诸生。诸生转相告引。乃自除。犯禁者四百六十余人，皆坑之咸阳……始皇长子扶苏谏曰……始皇怒，使扶苏北监蒙恬于上郡"。

始皇之大兴土木与侈奢

同年，始皇又大兴土木。初，秦灭六国之时，每破一诸侯，辄"写放其宫室，作之咸阳北阪上。南临渭，自雍门以东至泾渭，殿屋复道周阁相属。所得诸侯美人钟鼓，以充入之"。至是又欲"营作朝宫渭南上林苑中。先作前殿阿房：东西五百步，南北五十丈；上可以坐万人，下可以建五丈之旗"。又始皇自始即位，即穿骊山自为陵，至是役"徒刑者七十余万人，分作阿房宫，或作骊山"。"穿三泉，下铜而致椁，宫观百官奇器珍怪徒藏满之。令匠作机弩矢，有所穿近者辄射之。以水银为百川江河大海，机相灌输，上具天文，下具地理。又以人鱼膏为烛"。

始皇之结怨于人民及其崩殂

始皇之专制暴虐如彼，侈奢靡费如此，人民益怨望思乱。特为始皇威名所镇，一时犹未敢发。及公元前二一〇年，始皇东巡游，崩于沙邱（今直隶邢台县）。丞相李斯恐诸公子及天下有变，乃秘不发丧。时始

皇少子胡亥从,宦者赵高乃劝胡亥废兄扶苏自立,又劝李斯立胡亥而废扶苏。惑之以成败,悚之以安危。遂合谋废立:"诈为丞相斯受始皇遗诏沙丘,立子胡亥为太子;更为书赐公子扶苏、蒙恬,数以罪……赐死。"既归咸阳,发丧,胡亥遂袭位为二世皇帝。

二世之暴虐与陈涉首乱

二世既即位,赵高用事,是时天下思乱者已蠢蠢欲动,二世乃与赵高谋,"巡行郡县以示……威"。又见大臣及诸公子不服,赵高复劝二世,"严法……刻刑……灭大臣而远骨肉"。于是群臣及诸公子遭杀戮及"相连坐者不可胜数。……法令诛罚,日益刻深,群臣人人自危,欲叛者众。又作阿房之宫,治直驰道,赋敛愈重,戍徭无已"。"大吏持禄取容,黔首震恐"。二世元年七月,"发闾左适戍渔阳,九百人屯大泽乡(安徽宿县),陈胜、吴广为屯长。会天大雨,道不通,度已失期。失期,法皆斩"。"陈胜、吴广因天下之忧恐,乃杀将尉",而作乱叛秦(《始皇本纪》、《李斯传》、《陈涉世家》)。

豪杰之共起叛秦

陈胜、吴广既首乱叛秦,"天下云集响应,赢粮而景从,山东豪杰,遂并起而亡秦族矣"。陈胜自立为楚王,分遣诸将,四出号召。于是魏人张耳、陈余立赵歇为赵王;魏人周市立魏公子咎为魏王;燕人韩广自立为燕王;齐人田儋自立为齐王;沛人刘邦亦起兵,沛父老子弟立以为沛公;故楚将项燕子项梁及其兄子项藉起兵于吴,梁自立为会稽守。秦二世初为赵高所蒙蔽,以为叛者无能为。及陈涉遣将西至戏(陕西临潼),兵数十万,二世大惊,始与群臣谋抵御。从章邯计,急赦骊山罪徒,使章邯将而击之。

秦与诸侯王之战

陈涉等之兵,究乌合之众也。以故章邯连击破之,乘胜直进攻陈涉,涉被杀于城父(安徽蒙城)。时吴广已为部下杀于荥阳,章邯乃攻魏。然是时项梁已将兵由吴渡江而西,且用范增之言,立楚怀王孙心为楚怀王;从张良之劝,立韩公子成为韩王,俾战国六国复悉立,以弱秦。项梁闻章邯攻魏甚急,齐王田儋亦为章邯败死,梁乃引兵而北,连破章邯军,奈梁得胜,心骄轻秦。章邯乃益兵击死项梁于定陶。又乘胜引兵

而北,围赵王于巨鹿(《始皇本纪》《项羽本纪》《陈涉世家》)。

项羽之击灭秦关东兵

当赵在此危急存亡之际,数请救于楚。楚怀王乃分楚兵为二:一西攻秦,一北救赵。攻秦者,沛公将之西入关。救赵者,宋义为上将,项羽次之,诸别将皆属宋义。义畏秦,逗留不进,项羽以为非计,杀宋义而自将击秦军。"悉引兵渡河。皆沉船,破釜甑,烧庐舍,持三日粮,以示士卒必死,无一还。心……至……与秦军遇,九战,绝其甬道,大破之。……当是时,楚兵冠诸侯。诸侯军救巨鹿者十余壁,莫敢纵兵。及楚击秦,诸将皆从壁上观,楚战士无不一以当十。……诸侯军无不人人惴恐。于是已破秦军……项羽……始为诸侯上将军,诸侯皆属焉"。已而章邯降羽,秦在关东之兵遂消灭。

沛公之西入关:秦亡

至于沛公之将兵西入关也,原拟自洛阳入。后因与秦兵战不利,遂转兵南取南阳。然后西向自武关入,所至无不下者。往时赵高常蒙蔽二世,又谗杀李斯,谓关东盗贼无能为。至是二世责让赵高,高恐,乃谋弑二世,迫之自杀,更立二世兄子子婴。去帝号,如旧称秦王。子婴计杀赵高,夷其三族。于是遣将将兵至峣关,拒沛公,为沛公所败。已而沛公军抵灞上,子婴遂降。秦至是亡,时公元前二〇六年也。秦既灭亡,中国趋于分崩离析。其后沛公统一,建立汉朝。详两汉史,兹不之及焉。

中国上古史终

隋唐五代史要

引　言

中国自开创至隋已数千年，其中异姓更王，兴亡相踵。其能统一中国者，曰唐，曰虞，曰夏，曰商，曰周，曰秦，曰汉，曰新，曰后汉，曰晋。其据一方面为帝王者，周末有秦、楚、燕、齐、韩、赵、魏七王国，是为七雄。后汉与晋之间有魏、蜀、吴，是为三国。晋时异族乱华，除倏起倏灭短朝小国外，其卓然峙立一时成为强国者，有成，有前赵，有后赵，有前秦，有后秦，有西秦，有前燕，有后燕，有南燕，有北燕，有前凉，有后凉，有南凉，有北凉，有西凉，有夏，世谓之"五胡十六国"。晋隋之间，宋、齐、梁、陈相继为南朝，后魏、北齐、北周为北朝。此隋以前历朝之概略也。

就种族言之，周、虞、夏、商、周、秦、汉、新、后汉至晋历朝帝王，率皆汉族也。周秦两汉之际，匈奴族颇强，侵陵汉族颇甚，然未尝敢称尊号。至晋八王乱后，匈奴等族始入据中国北带为帝王，互相攘夺者百有余年。汉及前赵刘氏，夏赫连氏，北凉沮渠氏，皆匈奴族也。后赵石氏，羯族也。前燕、后燕、西燕、南燕四慕容氏，西秦乞伏氏，南凉秃发氏，皆鲜卑族也。前秦苻氏，后凉吕氏，氐族也。后秦姚氏，羌族也。谓之"五胡"。成汉李氏据蜀地，虽称巴氏，其实蛮也。此外前凉张氏，魏冉氏，西凉李氏，北燕冯氏，则皆汉族矣。此诸氏者，前后僭乱于北方。及拓跋后魏灭夏燕、北凉，北方僭乱小国始尽绝踪，中国疆土始分属于二大国：宋因晋遗业，有中国中南二带；后魏创业，有中国北带，号曰"南北朝"，于是汉族与鲜卑始成南北对抗之势。南朝相承者四代，北朝分裂而相承者二代。北朝之殿——北周篡于隋，南朝之殿——陈并于隋，中

国疆土始复归于一。隋遂为汉族中兴之发端。唐继之,更成汉族中兴大国,文物亦臻极盛,今承汉魏六朝之史而述隋唐。

第一篇 隋 代

第一章 杨坚建隋与统一中国

(一)随杨坚之先世及其事略 据《隋书》帝纪,隋之先世,出于汉太尉华阴杨震。震九代孙杨元寿,仕鲜卑族之拓跋后魏,为武川镇司马,子孙因家焉。元寿生太原太守惠嘏,惠嘏生平原太守烈,烈生宁远将军祯,祯生忠。忠从鲜卑族人宇文泰起兵关西,建立北周,以功赐姓普六茹氏,位至柱国大司空随国公。忠以公元五四一年生坚。坚长而"沈深严重,初入太学,虽至亲昵,不敢狎也"。公元五六八年,忠卒,坚袭爵。五七三年,北周武帝为太子赟纳妃杨氏。妃,坚之女也。坚姿相奇伟,眼如曙星。或尝告武帝,谓"普六茹坚相貌非常……恐非人下",或又告坚有反相。武帝不悦。坚闻之,甚惧,深自晦匿。

(二)随杨坚之得势 公元五七八年,北周武帝崩,太子赟立,是为宣帝,立坚女为后,以坚为大司马。初,北周武帝深沉有远识,果决有智谋,东灭北齐,统一黄河流域;又"克己励精,听览不倦,用法严整",政治修明,世称贤主。及宣帝立,逞奢欲,恣声乐,"鱼龙百戏,常陈殿前,累日继夜,不知休息。多聚美女以实后宫……游宴沉湎,或旬日不出。群臣请事者,皆因宦官奏之"。"又自以奢淫多过失,恶人规谏,欲为威虐,慑服群下……用法益深……密令左右伺察群臣,小有过失,辄行诛谴"。立未一年,传位于太子阐,是为北周静帝。上皇骄侈弥甚,自称天元皇帝,所居名天台,自比上帝,令群臣朝者致斋。时杨坚位望隆重,天元忌而欲杀之。内史上大夫郑译与坚少同学,奇坚相表,倾心相结。坚既为天元所忌,情不自安,与译谋离长安出守外藩。会天元骤婴瘖疾崩,近臣小御正刘昉见静帝幼冲,以坚后父,有重名,遂与领内史郑译等矫诏,以坚总知中外兵马事,辅政。杨坚由此得势。

(三)随杨坚之篡周 坚既总知中外兵马事,辅政,以李德林言,自为左大丞相,假黄钺。百官总己以听于坚。时众情未一,坚引司武上士

卢贲置左右，严兵弹压。内史下大夫高颎明敏，习兵事，多计略，坚亦引之入府。于是革周宣帝苛酷之政，更为宽大；躬履节俭，中外悦之。坚乃遂谋篡逆。相州总管尉迟迥知坚将不利于周，起兵讨坚。青州总管尉迟勤、郧州总管司马消难、益州总管王谦等，并起兵应迥。然坚假周之国力，驱策韦孝宽、宇文忻、高颎、于仲文、梁睿等将，不半岁，殄灭之。周宗室诸王如赵王招等数谋杀坚，未成，反被坚以次诛锄。于是坚进为相国随王，加九锡。公元五八一年，受禅，封周静帝为介公，旋害之，周亡。坚称帝，是为隋高祖文帝。隋文帝秉周政仅九月，安坐而取北周二百余州，尽有黄河、淮水流域及长江上流、珠江上流流域。自古篡国成功之易，未有如隋者也！

（四）隋文帝大杀周宗室　隋文帝既篡周，周宗室犹盛，仍与文帝有不两立之势。文帝且恐有如尉迟迥等之起兵匡复，以赵王招为号召者，不得不尽绝其根芽，以免遗害。于是惨毒残忍，大杀周宇文氏子孙。今以《周书》文、闵、明、武、宣诸子列传及邵惠公颢等列传考之：周文帝子除宋公震、谯王俭、冀公通先卒，卫王直先以罪诛外，赵王招、陈王纯、越王盛、代王达、滕王逌皆被杀。而并杀招子德广公员、永康公贯、越携公乾铣、乾铣弟乾铃、乾铿等；纯子谦及其弟酆公让、让弟议等；盛子忱、憬、恢、憻、忻等；达子执、执弟蕃国公转等；逌子怀德公祐、祐弟箕国公裕、裕弟礼、禧等。而震之子宋王实，俭之子谯王乾恽，通之子冀王绚亦皆被杀。于是周文帝子孙尽矣。周节闵帝一子康，先死。其子纪王湜亦被杀。于是节闵帝子孙又尽矣。周明帝子毕王贤、酆王贞皆被杀。并杀贤子弘义、恭道、树娘等；贞子济阴公德文等，于是明帝子孙亦尽矣。周武帝子汉王赞、秦王贽、曹王允、道王充、蔡王兑、荆王元，皆被杀。并杀赞子淮阳公道德、弟道智、道义等；贽子忠诚公靖智、弟靖仁等。余本无子，于是武帝子孙亦尽矣。周宣帝子静帝既为隋文帝所害，余子邺王衍、郢王术，皆幼而被杀。于是宣帝子孙又尽矣。其宗室内宇文胄以起兵应尉迟迥被杀。又宇文洽、宇文椿及椿子道宗、本仁、邻武、礼、献等；宇文众及其子仲和、孰伦等皆被杀。惟宇文洛以疏属幼年，得封介国公，以为隋宾。未几，又毙之。于是宇文氏之宗族亦无在者矣（参阅《二十二史札记》）。

（五）隋文帝之吞并后梁　隋文帝既篡周而尽锄周宗室以除后患，乃谋统一中国，注心目于后梁与陈。后梁者，南朝梁末，梁宗室岳阳王萧詧之所建也。梁末骨肉相残，萧詧得拓跋西魏之助，获立国于江陵，称帝，是为后梁中宗宣帝。然所统仅数郡，势力甚微弱，故称臣于西魏。西魏亡，又称臣于北周。宣帝殂后，子孝明帝嗣立。孝明帝时，隋文帝篡周，故又臣于隋。公元五八五年，孝明帝殂，太子琮嗣位。五八七年，隋文帝征琮入朝，琮帅其群臣二百余人入长安。隋文帝以琮既离国，欲根本取消之，乃遣崔弘度将兵向江陵。琮叔父安平王岩等恐，驱文武男女十万口东降于陈。隋文帝闻之，遣高颎往安集遗民，留琮而废梁国，后梁遂亡。

（六）隋文帝之图陈　后梁既亡，隋文帝遂积极图陈。陈者，陈霸先篡梁之所建也。其疆土，有江南及珠江、富良江下流流域。都于建康。传四世至陈后主叔宝，耽洪游，起三阁各高数十丈，饰以金玉珠翠，与妃嫔张贵妃、孔贵嫔，女学士袁大舍等及江总、孔范、王瑳等狎客，日夕酣宴，赋诗歌乐。又盛修宫室，府库空虚，聚敛无厌，士民嗟怨。宠任佞臣施文庆、沈客卿等，诛斥忠良；夺任忠等将帅之兵，分配文吏。于是政刑堕紊，文武解体。叔宝又对隋无礼，尝答隋文帝书，言语骄慢。隋文帝本早已有吞并江南之志，已命吴州总管贺若弼、庐州总管韩擒虎等潜为经营，及得叔宝骄慢书，不悦，遂问取陈之策于诸臣。高颎对曰："江北地寒，田收差晚；江南水田早熟。量彼收获之际，微征士马，声言掩袭，彼必屯兵守御，足得废其农时。彼既聚兵，我便解甲，再三若此，彼以为常，后更集兵，彼必不信。犹豫之顷，我乃济师，登陆而战，兵气益倍。又江南土薄，舍多茅竹，所有储积，皆非地窖。若密遣行人因风纵火；待彼修立，复更烧之。不出数年，自可财力俱尽。"隋文帝用其策，陈人始困。

（七）隋文帝之灭陈　公元五八七年后梁亡，时陈后主叔宝又纳萧岩等之降，隋文帝益忿，乃命大作战船，为水战之具。五八八年，遂下诏伐陈。命皇子晋王杨广督兵五十一万八千，自六合、襄阳、永安、江陵、蕲春、庐州、广陵、东海，八道并进。陈叔宝闻之，从容谓侍臣曰："王气在此……彼何为者！"都官尚书孔范曰："长江天堑……虏军岂能飞渡

耶……臣每患官卑,虏若渡江,臣定作太尉公矣。"范常自谓才兼文武,故敢大言自诡立功也。叔宝然之,不深备隋,奏伎纵酒,赋诗不辍。明年春,隋将贺若弼自广陵引兵济江,陈人不觉。韩擒虎将五百人自横江宵济采石,守者皆醉,不能拒。于是贺若弼攻拔京口,韩擒虎攻拔姑熟,向建康南北并进。缘江诸戍,望风尽走。贺若弼进至钟山,击败孔范,擒萧摩诃。陈将任忠迎降于韩擒虎,引擒虎军直入建康,城内文武百司皆遁,叔宝及张贵妃、孔贵嫔自投于井,隋军俘之。晋王广乃收斩施文庆、沈客卿等以谢陈民,复命陈叔宝手书招陈上江诸将,诸将皆降。其有抗兵拒隋者,亦被殄灭,或劝谕归隋。陈国皆平。隋得州三十,郡一百,县四百。陈叔宝与其王公百司并送长安,陈亡。中国自晋惠帝时异族乱华,国土展转分裂,至是凡二百八十余年,始复统一。

第二章　隋文帝之对外

一　突厥

（一）突厥之先世及其兴盛　据《北史·突厥列传》,突厥系中国西北边外之一游牧民族。以"畜牧为业,侵抄为资"。尝为他族所灭,至阿设贤,始有部众。世居金山——阿尔泰山之阳,为蠕蠕铁工。至土门,部落渐盛,始东南向至中国塞上,与后魏通商。公元五五二年,土门发兵攻蠕蠕,大破之,蠕蠕酋长阿那瓌自杀。土门于是自号为伊利可汗。土门死,子乙息记可汗及木杆可汗相继立。木杆可汗刚勇多智,务于征伐,击蠕蠕,灭之。又"西破嚈哒,东走契丹,北并契骨,威服塞外诸国。其地东自辽海以西至西海,万里;南自沙漠以北至北海,五六千里,皆属焉。"遂开北方异族罕有之盛。时北周篡魏,与木杆可汗连兵击北齐。北周武帝因娶木杆女为后,借以交亲。木杆可汗死,弟他钵可汗继立。北周既与之和亲,岁给缯絮锦彩十万段;突厥人在长安者,又特以优礼,衣锦食肉,常以千数。北齐亦惧突厥之强,亦倾府库以赂之。于是他钵可汗大骄,谓其下曰:"但使我在南两儿孝顺,何忧无物耶?"两儿者,意指北周、北齐两国之君也。及北周灭北齐,他钵可汗乃助齐宗室高绍义击北周。北周宣帝以宗室女千金公主妻之,以求绍义,他钵始执送之。

（二）**突厥之大举侵隋**　公元五八一年，他钵可汗死，兄乙息记可汗之子摄图立，号沙钵略可汗，居都斤山。以他钵之子庵逻为第二可汗，降居独洛水。木杆之子大逻便不服，谓沙钵略曰："我与尔俱可汗子，各承父后。尔今极尊，我独无位，何也？"沙钵略患之，以为阿波可汗，还领所部。又沙钵略从父玷厥，居西面，号达头可汗。四可汗各统部众，分居四面。沙钵略勇而得众，北方皆畏附之。时隋文帝已篡周，待突厥礼薄，突厥人大怨。千金公主则伤周灭，日夜言于沙钵略，请为周室复仇。沙钵略谓其臣曰："我，周之亲也。今隋主自立而不能制，复何面目见可贺敦乎？"乃与故齐营州刺史高宝宁合兵侵隋，五八二年，悉发五可汗——沙钵略可汗、第二可汗、达头可汗、阿波可汗、贪汗可汗控弦之士四十万入长城，分寇今河北、山西、陕西、甘肃一带。隋文帝患之，命诸将屯兵各地以御之。

（三）**长孙晟离间突厥之策**　突厥既入寇，声势浩大，奉车都尉长孙晟乃筹所以制突厥之方。初，晟尝送千金公主入突厥，突厥他钵可汗爱其善射，留之竟岁，命诸子弟贵人与之亲友，冀得其射法。沙钵略弟处罗侯尤得众心，为沙钵略所忌，密托心腹，阴与晟盟，晟与之游猎，因察山川形势，部众强弱，靡不知之。及突厥入寇，晟思欲制突厥，必先图沙钵略；欲图沙钵略，必先离间处罗侯及达头可汗、阿波可汗。乃上书隋文帝曰："今诸夏虽安，戎虏尚梗。兴师致讨，未是其时；弃于度外，又相侵扰。故宜密运筹策，有以攘之：玷厥（达头）之于摄图（沙钵略），兵强而位下，外名相属，内隙已彰，鼓动其情，必将自战。又处罗侯者，摄图之弟，奸多势弱，曲取众心，国人爱之。因为摄图所忌，其心殊不自安，迹示弥缝，实怀疑惧。又阿波首鼠，介在其间。颇畏摄图，受其牵率。惟强是与，未有定心。今宜远交而近攻，离强而合弱。通使玷厥，说合阿波，则摄图回兵，自防右地（西面）。又引处罗，遣连奚、霤，则摄图分众，还备左方（东面）。首尾猜嫌，腹心离阻，十数年后，乘衅讨之，必可一举而空其国矣。"隋文帝省表，大悦，皆纳用之。

（四）**离间政策之实行及其效力**　隋文帝既纳晟策，遂事实行。遣元晖西诣达头，赐以狼头纛。达头使来，引居沙钵略使上。又遣晟赍币赐奚、霤、契丹，遣为乡导，得至处罗侯所，深布心腹，诱之内附。已而阿

波可汗与隋将窦荣定相拒于高越原(在甘肃凉州),阿波屡败,长孙晟时在军中,乃遣使游说阿波曰:"摄图每来,战皆大胜;阿波才入,遽即奔败,此乃突厥之耻也。且摄图之与阿波,兵势本敌;今摄图日胜,为众所崇,阿波不利,为国生辱,摄图必当以罪归阿波,成其宿计,灭北牙矣。愿自量度,能御之乎?"阿波使至,晟又谓之曰:"今达头与隋连和,而摄图不能制可汗,何不依附天子,连结达头? 相合为强,此万全也。岂若丧兵负罪,归就摄图,受其戮辱耶?"阿波然之,遣使随晟入朝。沙钵略素忌阿波骁悍,时为隋将李充大败于白道,又闻阿波贰于隋,因先归袭击北牙,大破之,杀阿波之母。阿波还无所归,西奔达头。

(五)突厥内讧及沙钵略之屈服 阿波已西奔至达头所,达头大怒,遣阿波帅兵而东,其部落归之者将十万骑。遂与沙钵略相攻,屡破之。复得故地,兵势益强。贪汗可汗素睦于阿波,沙钵略夺其众而废之,贪汗亡奔达头。沙钵略从弟地勤察别统部落,与沙钵略有隙,复以众叛归阿波。于是达头可汗、阿波可汗、贪汗可汗与沙钵略可汗连兵不已,各遣使诣长安请和求援。隋文帝方欲收"鹬蚌相争,渔人得利"之效,皆不许。已而双方果精疲力尽,公元五八四年春,达头可汗请降于隋。隋文帝出兵击沙钵略可汗,数败之,秋,沙钵略乃亦请和亲。千金公主自请改姓杨氏,为隋文帝女,沙钵略自居子婿之列,愿向隋文帝称臣。隋文帝乃更封千金公主为大义公主,以恩抚结沙钵略。沙钵略大喜,自是立约以碛为界,稽颡为藩,岁时贡献不绝。

(六)阿波建西突厥及其被擒 沙钵略虽以突厥东方称藩屈服于隋,而阿波可汗据突厥西方,尚未臣附。初,阿波既与沙钵略有隙,突厥遂分为二。其后阿波浸强,东距都斤,西越金山,龟兹、铁勒、伊吾及西域诸胡悉附之,阿波乃建号曰西突厥。先是隋文帝本离间阿波以制沙钵略,至是,文帝改变策略,反援助沙钵略以制阿波。公元五八五年,资沙钵略以车兵衣食,西击阿波,破之。五八七年,沙钵略卒,弟处罗侯立,是为莫何可汗。隋文帝遣长孙晟持节拜之,赐以鼓吹幡旗。莫何喜,遂以隋所赐旗鼓西击阿波。阿波之众以为得隋兵助之,多望风降附,遂生擒阿波。于是突厥西方之一大势力又暂为隋文帝外交策略所消灭。

（七）突厥复叛及长孙晟第二次离间之策　莫何既受驱策于隋，阿波又被擒，突厥本已全为隋文帝所制；但未几，莫何卒，沙钵略子雍虞闾被立为都蓝可汗，情势遂一变。公元五九三年，不修职贡，颇为边患。大义公主又煽惑之。隋文帝闻知，遣长孙晟入突厥废公主。会莫何之子染干号突利可汗，居北方，遣使求婚于隋，隋文帝谓须杀大义公主，乃许婚。突利从之，谮大义公主于都蓝。都蓝因怒杀公主，亦请婚。长孙晟乘势复献离间突厥之策于隋文帝曰："臣观雍虞闾反复无信。直以与玷厥有隙，所以欲依倚国家。虽与为婚，终当叛去。今若得尚公主，承藉威灵，玷厥、染干必受其征发。强而更反，后恐难图。且染干者，处罗侯之子，素有诚款，于今两世。前乞通婚。不如许之，招令南徙。兵少力弱，易可抚驯。使敌雍虞闾，以为边捍。"隋文帝善之。遂妻突利可汗以宗室女安义公主，因欲离间都蓝，故特厚其礼。

（八）突厥之完全制服于隋　突利可汗本居突厥北方，既尚主，长孙晟说之帅众南徙，居度斤旧镇，赐赉优厚。都蓝果中隋计，怒曰："我，大可汗也，反不如染干？"于是朝贡遂绝，亟来掠隋边鄙。突利伺知动静，辄先奏闻，使隋警备。都蓝乃与达头可汗结盟，合兵掩袭突利。公元五九九年，大战长城下，突利大败。都蓝尽杀其兄弟子侄，遂渡河入蔚州。突利部落散亡，恐见轻于隋，欲奔投达头。长孙晟知之，以计阻止，要之入朝。隋文帝大喜，厚待之；遣高颎、杨素等将兵击都蓝、达头，屡败之，达头被重创而遁，杀伤不可胜计。于是隋文帝以突利为启民可汗，置夏、胜二州之间，宁抚其归众。时安义公主已卒，复以宗室女义成公主妻之。未几，都蓝为部下所杀，达头自立为步迦可汗，其国大乱。长孙晟言于隋文帝曰："今官军临境，战数有功；房内自携离，其主被杀，乘此招抚，可以尽降。请遣染干部下分道招慰。"文帝从之，降者甚众。复遣长孙晟、史万岁、杨素等将兵击达头，迭破之，于是达头所部大乱，铁勒、仆骨等十余部皆叛，率降启民。达头众溃，西奔吐谷浑。于是启民北归，尽并达头之众。而依然恭顺于隋。从此北周、北齐以来之北方强敌遂完全为隋文帝所制服。

二　吐谷浑

（一）吐谷浑之建国及其历略　据《北史·吐谷浑列传》及《通鉴》，

吐谷浑本人名,乃辽东鲜卑徒河涉归子也。涉归有二子:庶长曰吐谷浑,少曰若洛廆。涉归死。若洛廆嗣立,是为慕容氏。涉归之存也,分户一千七百以给吐谷浑。及廆嗣位,兄弟二部马斗相伤。廆怒,遣人让吐谷浑曰:"先公分建有别,奈何不相远异,而令马有斗伤?"吐谷浑曰:"马是六畜,斗乃其常,何至怒及于人? 欲远别甚易,恐后会为难耳! 今当去汝万里之外。"遂帅其众西徙,傅阴山而居。属"五胡乱华",吐谷浑因度陇而西,据洮水以西地,极于白兰,地方数千里。鲜卑族谓兄为阿干。廆追思之,为之作阿干之歌。吐谷浑有子六十人。卒,长子吐延嗣。吐延长大,有勇力,羌胡皆畏之。传至其子叶延,遂以祖父之名自号其国曰吐谷浑。叶延以后,国势颇衰,数传至阿柴,稍用兵侵并其旁小种族,地方数千里,复为强国。阿柴有子二十人,公元四二四年,将卒,命诸子各献一箭。取一箭授其弟慕利延使折之,慕利延折之。又取十九箭使折之,慕利延不能折。阿柴乃谕之曰:"汝曹知之乎? 孤则易折,众则难摧。汝曹当戮力一心,然后可以保国宁家!"言终而卒。异父同母之弟慕瓌嗣立,亦有才略,抚纳中国秦凉失业之民及氐、羌杂种至五六百落,部众转盛。

(二)吐谷浑强大及为隋文帝所征服 慕瓌传数世至夸吕,始称可汗,居伏俟城。其地东西三千里,南北千余里。颇采中国文化。官有王公、仆射、尚书、郎中、将军之号。常交通东魏、北齐,而与西魏、北周构兵,互有胜负。已而隋文帝篡周,夸吕遣兵入寇凉州。公元五八一年,文帝命行军元帅元谐等步骑数万击之,迭败其众,俘斩万计。吐谷浑震骇,其王侯三十人各帅所部降隋,夸吕帅精兵远遁。然未几,仍东还,寇掠陇西不已。文帝遣兵击之,各有胜败。直至隋文帝灭后梁及陈,统一中国。五九一年,夸吕闻陈已亡,大惧,始遁逃保险,不敢为寇。旋卒,子世伏立。遂奉表称藩于隋,并[献]方物。文帝乃以光化公主妻之。五九七年,吐谷浑大乱,国人杀世伏而立其弟伏允为主。遣使于隋,陈废立之事,并谢专命之罪,且请依俗尚主。隋文帝为怀柔起见,从之。自是朝贡岁至。

三 高丽

(一)高丽由来及其与中国关系之概况 据《三国志·魏志·东夷

传》，高丽人似为东胡族之一支。当西汉时，始于今长白山一带建国。王莽之际，尝发其兵击匈奴，不奉命，且为寇辽西。东汉时，或遣使来朝贡，亦或寇边。汉末公孙康据辽东，破其国，焚烧邑落，其族多来降。已而公孙氏见灭于魏，高丽复屡侵寇辽东，魏废帝遣毌丘俭大破之。自是历晋至南北朝，与中国北方诸国颇有交涉。据《北史·高丽列传》，当公元五世纪顷，高丽有名王出，曰高琏。其时高丽人户三倍于前，国富兵强，定都平壤，与中国南朝之齐及北朝之魏皆结好往来。琏寿甚高，卒时百余岁。元魏孝文帝闻之，至为之举哀于东郊，赠为车骑大将军、大傅、辽东郡公、高句丽王，谥曰康。又遣使拜琏孙云为持节都督、辽海诸军事、征东将军、领护东夷中郎将、辽东郡公、高句丽王。高云传子安，安传子延，延传子成，常贡于元魏而受其封拜。及北齐篡东魏，成遣使朝贡于北齐，北齐文宣帝加成使持节侍中、骠骑大将军、领东夷校尉、辽东郡公、高丽王如故。成卒，子汤立。会北周灭北齐，汤遣使于北周，北周武帝以汤为上开府仪、同大将军、辽东郡公、辽东王。

（二）高丽与隋文帝之构兵及罢兵　汤受北周武帝封拜之后，未几，隋文帝篡北周，汤又遣使于隋，被授为大将军，改封高丽王。及隋文帝灭后梁及陈，统一中国，汤大惧，意将见灭，乃治兵积谷，为守拒之策。公元五九七年，隋文帝赐书于汤，恫吓之，有曰："王谓辽水之广，何如长江？高丽之人，多少陈国？朕若不存含育，责王前愆，命一将军，何待多力？"又曰："王若洗心易行，率由宪章，即是朕之良臣……殷勤晓示，许王自新耳。"汤得书，果恐，将奉表陈谢，会病卒。子元嗣立，颇狡黠，一面奉表谢恩，一面帅靺鞨之众万余侵辽西。隋文帝闻之，大怒。五九八年，命皇子汉王谅及王世积、周罗睺将水陆军三十万伐高丽。然结果不佳。盖汉王谅以陆军出临榆关，值水潦，粮运不继，军中乏食，复遇疾疫；周罗睺自东莱泛海趋平壤，亦遭风，船多飘没。故军士三十万人，未临战而死者已什之八九。于是不得已，还师。而高丽王元亦颇惶恐，遣使谢罪，隋文帝只得乘势罢兵。自是文帝待元如初，元亦岁遣朝贡。

第三章　隋文帝政治述要

（一）隋文帝政治总论　隋文帝之为政，显分优劣两期。其初期，

励精图治,为政确有可观。用能吞并梁陈,统一中国,纲纪粗张,制度粗举。当开皇、仁寿之日,包有郡一百九十,县一千二百有奇,户八百九十余万,口四千六百余万。幅帧广大,仓库丰盈,亦三百年中国分离破碎以来一时之盛世也。惜迄末路,凶暴怠荒;猜杀功臣,滥于刑戮,为政之道,斯多失矣。故洪亮吉氏《读史论断》尝为公允之评议曰:"余尝观开皇初政,而知隋之混一南北,克复两汉之丕基,良有以也。盖自功调免则民有余力;田租减则民有余粟;义仓置则民有余积,其尽心于民也!他如复汉渠以利漕运;给职田以养官廉;拒虬诃以申大义;却封禅,禁谶纬,以息邪说;求遗书,崇实录,以挽颓风;颁五礼,作五教,以一风化;放散乐,禁杂戏,以宏大雅;裁死囚于大理,慎行刑于三奏,以重民命;属军人于州县,毁甲杖于民间,寓兵于农,化剑戟为农器矣。正不得以末路怠荒,并议其初政之不善也……或问江表自东晋以来,刑法疏缓,平陈后,尽反其政,士民嗟怨,陈地皆反,致执县令而问五教之诵,何善之有?曰:猛以济宽,子产之治郑,孔明之治蜀也。若非先敷五教,是不待教而诛也。彼执县令而问者,不过洛邑之顽民,未即梗化耳。旬月间反侧皆平,殷遗未靖,曾何损于西周之盛治哉?"洪氏此论,颇为公允。今且分条叙述文帝之政要如左,善否皆并著之。

(二)减赋役与免功调   初,西魏、北周之时,苏绰所制征税法颇重。凡人自十八岁以至六十四岁与轻癃者,皆赋之。其赋之法:有室者,田百四十亩,岁输绢一匹,绵八两,粟五斛。丁者,田百亩,输赋半之。其非桑土有室者,布一匹,麻十斤;丁者亦半之。丰年则全赋,中年半之,下年一之,皆以时征焉。及公元五八一年隋文帝篡周,以苏绰子苏威为度支尚书。威奏减赋役,务从轻简,隋文帝从之。五八三年,颁令:定民二十一成丁;减役者每岁十二番为二十日役;减调绢一匹为二丈。周末榷酒坊、盐池、盐井,至是亦皆罢之。惟斯时人民奸伪,民间多妄称老小,以免赋役。文帝知之,于五八五年命州县大索貌阅。户口不实者,里正党长远配。大功以下,皆令析籍,以防容隐。又用高颎之言,为输籍法,遍下诸州。于是赋役整顿。五八九年,灭陈,令陈之境内,给复十年,余州亦免是年租赋。五九二年,河北、河东田租又三分减一,兵减半,功调全免。此隋文帝开皇初年减赋役与免功调之事实也。

（三）统一钱币之制　据胡三省《通鉴注》引《五代志》,北齐尝铸"常平五铢"钱行于国内。其后民间往往私铸:邺中用钱,有"赤熟"、"青熟"、"细眉"、"赤生"之异;河南所用,有"青"、"薄"、"铅"、"锡"之别;青州、齐州、徐州、兖州、梁州、豫州,亦类别各殊。北齐末年,私铸转甚,或以生铁和铜。至于齐亡,卒不能禁。北周之初,则用元魏之"五铢"钱。其后乃更铸"布泉"之钱,以一当五,与"五铢"并行。于时梁州、益州之境,又杂用古钱交易;河西诸郡,或用西域金银之钱,而官不禁。已而更铸"五行大布"钱,以一当十,与"布泉"并行。最后,废"布泉",又铸"永通万国"钱,以一当千,与"五铢"及"五行大布"并用——故至隋文帝篡周,各地杂用北齐,北周旧钱及民间私铸钱,名品甚众,轻重不等。隋文帝患之,五八一年,更铸"五铢钱",背面肉好,皆有周郭,每一千,重四斤二两。悉禁古钱及私钱。置样于关,不如样者,没官销毁之。自是钱币始壹,民间便之。

（四）令郡县悉置义仓　初,民间无公共储蓄以备饥荒。公元五八五年,隋度支尚书长孙平奏于隋文帝,请令民间每秋,家出粟麦一石以下,贫富为差,储之当社,委社司检司校,以备凶年。名曰义仓。文帝从之,诏郡县悉置义仓,后置常平官以掌之。此事也,后世史学家王夫之于《读通鉴论》中尝论之曰:"有名美而非政之善者,义仓是也……家出粟麦一石,储之当社,凶年散之,使其行之而善,足以赈之也。抑一乡一社有君子长者,德望足以服乡人,而行之十姓百家焉,可矣。不然,令之严而只以病民;令之不严,不三岁而废矣。且即有君子长者主其事,行乎一乡……假使社有百家,岁储一石,三年而遇水旱,曾三百石之足以济百家乎? 倘水旱在三年之外,粟且腐坏虫蚀而不可食也。且储粟以一石为率……贫富有差……有差而人诡于贫,谁尸其富……均之为农,而有余以资义仓者,其勤者也。及其受粟而多取之者,其惰者也。非果有君子长者以仁厚化其乡,而惰者亦劝于耕以廉于取,则徒取之彼以与此,而谁其甘之……而惰窳不节之罢民,且恃之以益其骄怠……抑何为者耶? 况行之久,而长吏玩为故常,不复稽察里胥之干没,无与为治,民大病而勾免不能,抑其必致之势矣。夫王者之爱养天下……止于宽其役,薄其赋,不幸而罹乎水旱,则蠲征以苏之,开粜以济之;而防之平日

者,抑商贾,惩游惰,修陂池,治堤防,虽有水旱,而民之死者亦仅矣。赋轻役简,务农重谷,而犹有流离道殣者,此其人自绝于天,天亦无如之何。而何事损勤苦之民,使不轨之徒悬望以增其敖慢哉?"王氏谓义仓之置实非善政,殊有识解,故节录之。

(五)均人民之田 先是中国经"五胡十六国"及南北朝之长期丧乱,人民死亡甚多,户口稀少。及北周灭北齐而黄河流域统一,隋文帝篡周灭后梁及陈而中国统一,于是兵戈略息,户口岁增。京辅及河东、河北、河南,地少而人众,衣食不给。隋文帝乃发使四出,"均天下之田"。其狭乡每丁才至二十亩,老少又少焉。此政也,王夫之氏亦以为虐民,其论曰:隋遣使均田,以谓各得有其田以赡生也。唯然,而民困愈极矣。人则未有不自谋其生者也。上之谋之,不如其自谋。上为谋之,且弛其自谋之心,而后生计愈蹙。故勿忧人之无以自给也,借其终不可给,抑必将改图而求所以生。其依恋先畴而不舍,则固无自毙之理矣。上惟无以夺其治生之力,宽之于公,而天地之大,山泽之富,有余力以营之,而无不可以养人。今隋……北筑长城,东巡泰岳,作仁寿宫,而丁夫死者万计;别宫十二,相因营造,则其搜剔丁壮以供土木也,不待炀帝之骄淫,而民已无余地以求生矣。乃姑均田以塞其句免之口,故曰唯然而民困愈亟也……邓禹之多男子也,各授以业而宗以盛,不夺此子之余以给彼子也。宽之恤之,使自赡之……汉文景得此道也,故天下安而汉祚以长。隋乃欲夺人之田以与人,使相倾怨以成乎大乱哉?故不十年而盗贼竞起以亡隋矣。

(六)募丁转漕与置仓递运 公元五八三年,隋文帝以长安仓廪尚虚,诏西自蒲陕,东至卫汴,凡沿河所有华州、陕州、谷州、洛阳、管州、汴州、汾州、晋州、蒲州、绛州、怀州、卫州、相州等十三州,悉募丁运米。又于卫州置黎阳仓,陕州置常平仓,华州置广通仓,转相灌输,漕函谷关以东州郡及汾晋之粟,以给长安。此法盖于凡经过之处,募丁夫递运;要害之处,置仓场收贮,次第运之以至长安。运丁得以番休而不久劳,漕船得以回转而不长运。而所漕之粟,亦得以随宜措注而或发或留。在民者易登于仓,在仓者不觉而已致于京。既无期会促迫之苦,且可养失业之民,广牛马之畜。其法实为良善,故唐代仍之,宋代亦仍之,直至徽

宗政和间始废。已而隋文帝又以渭水多沙,深浅不常,漕者苦之,于公元五八四年六月,诏太子左庶子宇文恺帅水工凿渠,引渭水,自大兴城东至潼关,凡三百余里。名曰"广通渠"。漕运通利,关内赖之。

(七)褒擢良吏与留心民政 隋文帝"开皇之治",以赏良吏而成。初,隋文帝尝如岐州,岐州刺史梁彦光有惠政,文帝下诏褒美,赐束帛及御伞,以厉天下之吏。久之,徙彦光为相州刺史。岐俗质厚,彦光以静镇之,奏课连为天下最。及居相部,如岐州法。而相州自北齐亡,衣冠士人多迁入关,惟工商乐户移实州郭,风俗险诐,好兴谣讼,目彦光为著帽饧。文帝闻之,免彦光官。岁余,拜赵州刺史,彦光自请复为相州,帝许之。豪猾闻彦光复来,皆嗤之。彦光至,发擿奸伏,有若神明。豪猾潜窜,阖境大治。于是招致名儒,每乡立学,亲临策试,褒勤黜怠。及举秀才,祖道于郊,以财物资之。于是风化大变,吏民感悦,无复讼者。时又有相州刺史樊叔略,有异政,文帝以玺书褒美,班示天下,征拜司农。新丰令房恭懿,政为三辅之最,帝赐以粟帛。雍州诸县令朝谒,帝见恭懿,必呼至榻前,咨以治民之术。累迁德州司马,帝谓诸州朝集使曰:"房恭懿志存体国,爱养我民……朕若置而不赏,上天宗庙必当责我。卿等宜师范之。"因擢为海州刺史。由是辛公义,刘旷,令狐熙等良吏辈出,其他州县吏亦多称职,百姓富庶。

(八)废郡裁官颁给职田 隋承北齐、北周之后,政治区划狭小,郡县倍多于古。或地无百里,数县并置。或户不满千,二郡分领。具僚已众,资费日多,吏卒倍增,租调岁减。民少官多,十羊九牧。于是河南道行台兵部尚书杨尚希奏请"存要去闲,并小为大,国家则不亏粟帛,选举则易得贤良"。太子少保苏威亦请废郡。隋文帝从之,公元五八三年,悉罢诸郡为州。又是时台、省、府、寺及诸州官吏俸禄,皆置公廨钱,货于人民,收息取给。公元五九四年,工部尚书苏孝慈以为官司出举兴生,烦扰百姓,败损风俗,请皆禁止,另给土地于官吏以营农。隋文帝从之,遂诏公卿以下,皆给"职田",毋得治生,与民争利。惟此事颇多弊,何也? 盖隋时已为"郡县之天下。合四海九州之人,以错相为吏。官无定分,职无常守,升降调除,中外南北,月易而岁不同。给以田而使营农,予夺无恒,不胜给矣。将因职而给之乎? 有此耕而彼获者矣。"(《读

通鉴论·隋文帝诏给职田》)此其弊之最彰明较著者也。

（九）轻减刑罚与修定法律　初，北周刑法烦而不要。隋文帝既篡周，命高颎、郑译、杨素、裴政等，更加修定。裴政练习典故，达于从政，乃采魏晋旧律，下至齐梁，沿革轻重，取其折衷。时同修者十余人，凡有疑滞，皆取决于政。于是去前世"枭"、"辕"及"鞭"法；自非谋叛以上，无收族之罪。始制死刑二，曰"绞"、"斩"；流刑三，曰"千里"、"千五百里"、"二千里"；徒刑五，曰"一年"、"一年半"、"二年"、"二年半"、"三年"；杖刑五，自六十至一百；笞刑五，自一十至五十。又制"议"、"请"、"减"、"赎"、"官当"之科，以优士大夫。时有司讯囚，用大棒、束杖、车辐、鞋底压踝，以杖桄之属考击，其法惨酷。至是除之，制定考掠不得过二百，枷杖大小，咸有程式。民有枉屈，县不为理者，听以次经郡及州；若仍不为理，听诣阙伸诉。公元五八一年冬，新律成，即颁行之。自是法制遂定，唐宋以来多遵用焉。公元五九二年，隋文帝又以天下用律者多蹐驳，罪同论异，于是制诸州死罪，不得辄决，悉移大理案覆，事竟，然后上省奏裁。五九六年，又诏决死罪者，三奏然后行刑。其慎刑之意，有足称焉。

（十）求遗书与黜词藻　先是中国书籍自秦始皇焚烧后，项羽烧咸阳，遗书又付一炬；汉世稍稍搜集，然至王莽之末，又从焚烬；献帝移都，西京燔荡，书亦遭厄；晋世五胡乱华，刘石凭陵，典籍又复失坠；迄侯景破梁，其藏书悉送荆州；周师入郢，又复焚之外城。公元五八三年，隋秘书监牛弘上表，以"典籍屡经丧乱，率多散逸。周氏聚书仅盈万卷，平齐所得，除其重杂，裁益五千。兴集之期，属膺圣世。为国之本，莫此为先，岂可使之流落私家，不归王府？必须勒之以天威，引之以微利，则异典必臻，观阁斯积"。隋文帝从之，遂诏求遗书于天下，每献书一卷，赍缣一匹。于是民间异书，往往间出。文帝又不喜词华，诏天下公私文翰，并宜实录，泗州刺史司马幼之文表华艳，付所司治罪。治书侍御史李谔亦以当时属文，体尚轻薄，上书曰："魏之三祖，崇尚文词，忽君人之大道，好雕虫之小艺，下之从上，遂成风俗。江左齐梁，其弊弥甚。竞一韵之奇，争一字之巧；连篇累牍，不出月露之形；积案盈箱，唯是风云之状。世俗以此相高，朝廷据兹擢士，禄利之路既开，爱尚之情愈笃。于是……伊傅周孔之说，不复关心……指儒素为古拙，用词赋为君子。故

文笔日繁,其政日乱,良由弃大圣之轨模,构无用以为用也。今朝廷……如闻外州远县仍踵弊风……请普加采察,送台推劾。"文帝亦从之。于是吏部尚书牛弘选举,先德行而后文才,其所进用,并多称职。隋代之选举得人,斯时称最盛焉。

（十一）隋文帝罢军毁兵及其致富　以上所述,皆隋文帝时代之要政也。此外文帝于平陈之后,散军毁兵,亦其政略之一。公元五八九年,尝下诏曰:"……兵可立威,不可不戢;刑可助化,不可专行。禁卫九重之余,镇守四方之外,戎旅军器,皆宜停罢。世路既夷,群方无事,武力之子,俱可学经。民间甲仗,悉皆除毁。"此实秦始皇销锋铸镦之故智也。至于文帝躬履俭约,六宫服瀚濯之衣;乘舆供御有故敝者,随令补用;非燕飨不过一肉;有司常以布袋贮干粮,以毡袋进香,皆以为费用大,加谴责。其俭约如此,故储积日丰,遂致"国计之富",古今罕及。公元五九二年,有司上言府库皆满,无所容,积于廊庑,于是更辟左藏院以受之。"比至末年,天下储积,可供五十年"(唐太宗语),故《文献通考》尝谓古今称国计之富者莫如隋也。

第四章　隋文帝之被弑及炀帝嗣位

（一）隋文帝之凶暴及其猜杀功臣　上章述隋文帝之为政,兹且一言隋文帝之为人。隋文帝性本猜忌,当其以诈力篡周,地位尚未十分巩固,颇能卑己求贤,奖励忠直。当时高颎、苏威同心协赞,政刑大小,帝无不与之谋义,然后施行。骨鲠之士,有力诤其失者,虽盛怒之下,亦往往屈意从之。故篡周数载,国内称平,梁陈见灭。逮乎势位已固,浸萌猜忌之怀。畜疑御下,芟夷有功于己者,不遗余力。郑译、卢贲、柳裘,或黜或死,防其以戴己者戴人,固也。其戮力以征战而为隋统一天下者,若史万岁、王世积、虞庆则,皆诬讦一加,而斧锧旋及。至于贺若弼、高颎、李德林,尤隋文帝初年所倚为心膂,然其后贺若弼下吏,几死;高颎除名,德林终废。他如梁士彦、宇文忻、王谊、元谐……之属,大都以子虚乌有锻炼成狱之罪被诛。故或谓隋文帝之猜杀功臣,较汉高祖有过之而无不及,非虚语也。至若其他杀人立威之事,尤足以显文帝之凶残。尝杀御史以元月元日不劾武官衣剑之不齐者,谏臣谏,并杀之。长

史考校不平，将作寺丞以课麦面迟晚，武库令以署庭荒芜，察而知之，并亲临斩决；又患令史赃污，私使人以钱帛遗之，得犯立斩。每于殿庭捶人，一日之中，或至数四。尝怒行杖之人挥楚不甚，即命斩之。又常于殿廷杀人，有谏者，不听，已而又怒群臣之不谏者。于此，足征帝之喜怒不恒，而性质苛酷也。

（二）文帝之信任杨素　隋文帝既性情苛酷而猜杀功臣于此，晚年惟于惨毒残忍之杨素，独信任之而不疑。于是杨素逞其险诈，图固权势，交结晋王广，而阴谋废易太子之事以成。初，隋文帝皇后独孤伽罗生五子：曰太子勇，晋王广，秦王俊，蜀王秀，汉王谅。勇性宽厚，率意任情，无矫饰之行。文帝性节俭，勇尝文饰蜀铠，文帝见之，不悦。后遇冬至，百官皆诣勇，勇张乐受贺。文帝闻之，忌其僭侈非法，渐生猜阻。勇多内宠，昭训云氏尤幸，其妃元氏无宠而暴薨，独孤皇后意有他故，甚责望勇。已而云昭训专内政，生子三人，其他妃嫔亦多生子，独孤皇后妒之，益不平。晋王广知太子勇既为父母所恶，弥自矫饰：惟与萧妃居处，后庭有子皆不育；又故为俭朴不好声色之状，而倾心交结帝及后之左右婢仆及用事大臣。由是文帝及独孤后皆以为广贤，爱之特异诸子。已而广为扬州总管，入朝。将还镇，入宫辞后，伏地流涕，后亦泫然泣下。广因潜太子勇曰："臣性识愚下，常守平生昆弟之意，不知何罪，失爱东宫，恒蓄盛怒，欲加屠陷！"后忿然曰："我在尚尔，我死后当鱼肉汝乎？"于是后有废勇立广之意。广乃与所亲近张衡及宇文述阴图夺宗。宇文述以为大臣之中惟杨素能移主上意，须游说之使相助。时素方欲久固权势，闻之大喜，遂积极为广进行夺宗之谋。

（三）杨素之谗构太子勇　杨素之为晋王广积极进行夺宗之谋也，先乘侍宴独孤皇后之机会，微称晋王广"孝悌恭俭，有类至尊"，用揣后意。后以为是，而并言太子勇之过恶，且恐其潜杀广。杨素既知后意恶太子，因盛言太子不才。后遂遗素金，使赞帝废立，太子勇颇知其谋，忧惧，计无所出。惟造诸厌胜，又于后园作庶人村，室屋卑陋，勇时于中寝息，布衣草褥，冀以当之。文帝知勇不自安，在仁寿宫使杨素观勇所为。素至东宫，偃息未入，勇束带待之。素故久不进，以激怒勇。勇衔之，形于言色。素还，言勇怨望，恐有他变，愿深防察。文帝闻素谮毁，甚疑

之;后又遣人伺觇东宫,纤介事皆奏闻,因加诬饰,以成其罪,帝遂疏忌勇。乃置候人伺勇动静,皆随事奏闻;又东宫宿卫之人,侍官以上,名籍悉令属诸卫府,有勇健者,咸屏去之,出左卫率苏孝慈为淅州刺史;又每自岐州仁寿宫还京,严备仗卫,如入敌国,甚至于夜欲近厕,故在后房,恐有警急,还移就前殿。晋王广又令人私赂东宫幸臣姬威,使伺太子动静,密告杨素。于是内外喧谤,太子勇之过失日闻。

(四)杨素姬威之织成太子勇罪状 太子勇之过既日闻,姬威又上书告其过失。公元六〇〇年九月,隋文帝乃御大兴殿执太子勇官属付所司讯鞫,命杨素陈太子事状以告近臣。素于是显言太子诸过,且谓太子尝云:"昔大事(指隋文帝篡周事)不遂,我先被诛;今作天子,竟乃令我不如诸弟,一事以上,不得自遂!"因长叹回视云:"我大觉身妨。"文帝即接言曰:"此儿不堪承嗣久矣。皇后恒劝我废之,我以布衣时所生,地复居长,望其渐改,隐忍至今";因亦历数太子过失,且云"我虽德惭尧舜,终不以万姓付不肖子,我恒畏其加害,如防大敌,今欲废之,以安天下"。左卫大将军元旻谏,以为废立大事,恐贻后悔,谗言罔极,须察之。文帝不应,又命姬威悉陈太子罪恶。威对曰:"太子由来与臣语,惟意在骄奢,且云若有谏者,正当斩之,杀百许人,自然永息;营起台殿,四时不辍。前苏孝慈解左卫率,太子奋髯扬肘曰,大丈夫会当有一日,终不忘之,决当快意。又宫内所须,尚书多执法不与,辄怒曰,仆射以下,吾会戮一二人,使知慢我之祸。每云至尊恶我多侧庶,高纬、陈叔宝岂孽子乎?尝令师姥卜吉凶,语臣云,至尊忌在十八年,此期促矣。"文帝于是泫然曰:"谁非父母所生,乃至于此!"于是禁勇及诸子,并收其党与。杨素舞文巧诋,锻炼以成其狱。

(五)隋文帝之废勇立广 狱成,隋文帝戎服陈兵,御武德殿,集百官诸亲,引太子勇及其诸子列于殿庭,命内史侍郎薛道衡宣诏废勇及其男女为王、公主者。斩元旻等多人。赐杨素等财物有差,赏鞫勇之功也。已而立晋王广为皇太子,囚故太子勇于东宫,付太子广掌之。勇自以废非其罪,频请见帝申冤。而广遏之不得闻。勇于是升树大叫,声闻帝听。冀得引见。杨素因言勇情志昏乱,为癫鬼所著,不可复收。帝以为然,卒不得见。当是时,文帝第四子蜀王秀为益州总管,闻太子勇以

谗废,晋王广立为太子,意甚不平。太子广恐为后患,阴令杨素求其罪而谮之。文帝遂征秀,秀犹豫欲谢病不行,帝恐秀生变,以原州总管独孤楷为益州总管,驰传代之。楷至,秀犹未肯行,楷讽谕久之,乃就路。秀至长安,帝付于执法者,令杨素等推治之。太子广乃阴作偶人,缚手钉心,枷锁杻械,书帝及汉王谅姓名,仍云"请西岳圣母收杨坚、杨谅神魂,如此形状,勿令散荡",密埋之华山下。杨素发之;又云秀妄述图谶,称京师妖异,造蜀地征祥;并作檄文云,指期问罪,置之秀文集中,俱以奏闻。于是文帝遂废秀为庶人,幽之内侍省。又使司农卿赵仲卿往益州穷按秀事,秀之宾客及州县长吏,坐罪者大半。

(六)太子广之弑文帝　文帝已废秀,公元六〇四年春,幸仁寿宫,诏赏赐支度以及一切事,并付太子广。已而帝有病,杨素及兵部尚书柳述,黄门侍郎元岩皆侍疾,召太子广入居大宝殿。广虑帝有不讳,须预防拟,手自为书,封出问素。素条录事状以报之。宫人误送帝所。帝恚而大恚。又帝所宠陈夫人平旦出更衣,太子广逼奸之,夫人拒之得免,归至帝所,帝怪其神色有异,问其故,夫人泫然曰:"太子无礼。"帝乃大怒,抵床曰:"畜生何足付大事! 独孤误我!"乃呼柳述、元岩曰:"召我儿。"述等将呼太子。帝曰:"勇也。"述与岩出阁为敕书。杨素闻之,以白太子广,矫诏执述与岩系大理狱;又立调东宫兵士帖上台宿卫,门禁出入;并取其所亲信宇文述、张衡等入寝殿侍疾,尽遣后宫出就别室。俄而帝崩。故中外颇有异论(按文帝实毙于张衡之手。试观此后张衡以怨望赐死,临刑时,大言曰:"我为人作何等事! 而望久活?"可见广之令衡行弑也)。

(七)太子广之即位及汉王谅之举兵　广弑文帝之日,即以同心结数枚赐陈夫人,其夜广遂烝焉。已而发丧,广即皇帝位,是为隋炀帝。于是遣杨素之弟杨约入长安,矫文帝诏赐故太子勇死,缢杀之。炀帝又谋除其幼弟汉王谅,谅遂举兵反。初,汉王谅为并州总管,自山以东至于沧海,南距黄河,五十二州皆隶焉。谅自以所居天下精兵处,见太子勇以谗废,居常快快。及蜀王秀得罪,尤不自安,遂阴蓄异图。尝言于文帝,谓突厥方强,宜修武备。于是大发工役,缮治器械,招集亡命,左右私人,殆将数万。突厥尝寇边,文帝使谅御之,为突厥所败,其所领将

帅坐除解者八十余人，皆配防岭表。谅以其宿旧，奏请留之。有王颁者，王僧辩之子，倜傥好奇略，为谅谘议参军；又萧摩诃者，南朝陈氏旧将，二人俱不得志，每郁郁思乱，皆为谅所亲善，赞成谅之阴谋。及文帝被弑，炀帝即位，遣车骑将军屈突通以文帝玺书征之。先是，文帝与谅密约：若玺书召汝，敕字旁别加一点，又与玉麟符合者，当就征。及发书，无验，谅知有变，诘通，通占对不屈，乃遣归长安，谅遂发兵反。

（八）汉王谅之分兵掠地　谅既反，王颁说谅曰："王所部将吏，家属尽在关西。若用此等，则宜长驱深入，直据京都，所谓疾雷不及掩耳；若但欲割据旧齐之地，宜任东人。"谅不能决，乃兼用二策。倡言杨素反，将诛之。总管府兵曹裴文安亦说谅曰："王……宜……分选羸兵屯守要害，仍令随方略地；帅其精锐，直入蒲津，文安请为前锋，王以大军继后，风行雷击，顿于霸上，咸阳以东，可指麾而定。京师震扰，兵不暇集，上下相疑，群情离骇，我陈兵号令，谁敢不从？旬日之间，事可定矣。"谅大悦，于是遣其大将余公理趣河阳，綦良趣黎阳，刘建出井陉略燕赵，乔钟葵出雁门，命文安与纥单贵、王聃等直指长安。又简精兵数百骑戴羃䍦，诈称谅宫人还长安，门司弗觉，径入蒲州，蒲州刺史丘和觉其变，逾城逃。蒲津遂为汉王谅所得。不意裴文安等未至蒲津百余里，谅忽变计，令纥单贵断河桥守蒲州，而召文安还。文安至，谓谅曰："兵机诡速，本欲出其不意；王既不行，文安又返，使彼计成，大事去矣。"谅不对，而以王聃为蒲州刺史，裴文安为晋州刺史。其意盖欲割据河东、河北而已，不长驱深入进取也。

（九）汉王谅之失败及其内变　谅既不欲长驱深入进取；乔钟葵等出雁门，又屡为代州总管李景所败；纥单贵、王聃守蒲州，亦为杨素潜兵渡河所袭，纥单贵败走，王聃惧，以城降。于是隋炀帝以杨素为并州道行军总管，河北道安抚大使，帅众数万以讨谅。谅之初起兵也，总管司马皇甫诞切谏，谅不纳，且囚之；谅妃兄豆卢毓亦苦谏，不从。至是，谅出并州城将往介州，令毓与总管属朱涛留守。毓谓涛曰："汉王构逆，败不旋踵，吾属岂可坐受夷灭，孤负国家耶？当与卿出兵拒之。"涛惊曰："王以大事相付，何得有是语！"因拂衣而去，毓追斩之，出皇甫诞于狱，与之协计开城拒谅。部分未定，有人告谅，谅还袭击之。毓绐其众曰：

此贼兵也。谅攻城南门,时步落稽胡人守南城,不识谅,射之,矢下如雨。谅移攻西门,守兵识谅,即开门纳之。于是豆卢毓与皇甫诞皆死。然而斯时谅诸将,余公理为炀帝所遣右卫将军史祥败于河阳;綦良在黎阳,闻史祥将至,其军不战而溃;刘建为炀帝所遣上大将军季子雄败于井陉,建遁逃;乔钟葵为朔州刺史杨义臣大破于西陉关,军亦溃。谅五路军,无不失败。

(十)汉王谅之败降及其幽死　谅五路军虽皆已失败,然晋、绛、吕三州尚皆为谅城守。杨素不攻,各以二千人縻之而去。谅乃遣其将赵子开拥众十余万栅绝径路,屯据高壁,布阵五十里。杨素令诸将以兵临之,自引奇兵潜入霍山,缘崖谷而进。素营于谷口,自坐营外,使军司入营简留三百人守营。军士惮赵子开军之强,不欲出战,多愿守营,因尔致迟。素责所由,军司具对。素即召所留三百人出营,悉斩之。更令简留,人皆无愿留者。素乃引军驰进,出赵子开军之北,直指其营,鸣鼓纵火。赵子开军不知所为,自相蹂躏,杀伤数万。谅所署介州刺史梁修罗屯介休,闻素至,弃城走。谅闻赵子开败,大惧,自将众约十万拒素于蒿泽,会天大雨,谅欲引军还。王颎谏曰:"杨素悬军深入,士马疲弊,王以锐卒自将击之,其势必克。今望敌而退,示人以怯,沮战士之心,益西军之气。愿王勿还。"谅不从,退守清源。王颎谓其子曰:"……兵必败……"杨素进击谅,大破之,擒萧摩诃。谅退保晋阳,素进兵围之。谅穷蹙,请降。余党悉平。王颎愤言不见从而败至于此,遂自杀。隋炀帝乃除汉王谅名,绝其籍属,幽之,竟死。谅所部吏民坐罪死徙者,凡二十余万家。

第五章　隋炀帝之骄奢淫逸

(一)炀帝之广营宫苑　汉王谅之反也,仅两三月而平,于是四方无事,炀帝乃遂骄奢淫逸。炀帝大业元年,是为公元六〇五年,即诏杨素及将作大匠宇文恺等于洛阳旧城之西营建东京,帝自西京长安幸洛阳以临之。每月役丁二百万人,十阅月而成,徙洛州郭内居民及全国诸州富商大贾数万户以实之。同时又营显仁宫于寿安,南接灶涧,北跨洛滨。命大发大江之南、五岭以北奇材异石,输之洛阳。又求海内嘉木异

草、珍禽奇兽以实园苑。于是于东京之西,大筑西苑,周二百里;其内为海,周十余里;为方丈、蓬莱、瀛洲诸山,高出水百余尺,台观宫殿,罗络山上,向背如神;海北有龙鳞渠,萦纡注海内,缘渠作十六院,门皆临渠,每院以四品夫人主之,堂殿楼观,穷极华丽;宫树秋冬雕落,则翦彩为花叶,缀于枝条,色渝则易以新者,常如阳春;沼内以翦彩为荷芰菱芡,乘舆游幸,则去冰而布之;十六院竞以殽羞精丽相高,求市恩宠。炀帝好以月夜从宫女数千骑游西苑,作《清夜游》曲于马上奏之。又自长安至江都,置离宫四十余所,故自元年至四年,无日不治宫室。然两京及江都苑囿亭殿虽多,久而益厌,每游幸,左右顾瞩,无可意者,不知所适。乃备责天下山川之图,躬自历览,以求胜地可置宫苑者。六○八年,诏于汾州之北,汾水之源,营汾阳宫。其后又于毗陵郡东南大起宫苑,周围十二里,内为十六离宫,大抵仿东京西苑之制,而奇丽过之。

（二）炀帝之开运河筑长城　炀帝即位之初,即发丁男数十万,掘堑自龙门,东接长平汲郡,抵临清关,渡河而南至浚仪襄城,达于上洛,以置关防。已而为游乐起见,命尚书右丞皇甫议发河南、淮北诸郡人民,前后百余万,开通济渠:自西苑引谷、洛二水达于黄河;复自板渚引黄河,历荥泽入汴水;又自大梁之东引汴水入泗,达于淮河。又发淮南人民十余万,开邗沟:自山阳至杨子,入长江。通济渠及邗沟皆广四十步,其旁皆筑御道,树以柳。六○八年,又发河北诸军百余万众,开永济渠:引沁水南达黄河,北通涿郡。丁男不供,至役妇人。六一○年,又开江南河、自京口至余杭,八百余里,广十余丈。当广开运河之际,又筑长城:六○七年,诏发丁男百余万,修长城西距榆林,东至紫河,尚书左仆射苏威谏,帝不听,筑之二旬而毕。六○八年,更发丁男二十余万筑长城,自今鄂尔多斯左翼后旗之榆谷而东(此外,公元六○六年筑洛口仓于巩县东南原上,仓城周回二十余里,穿窖三千,每窖容八千石;又筑回洛仓于洛阳北七里,仓城周回十里,穿窖三百;以及六一三年发丁男十万城大兴,皆巨大之工程也)。

（三）炀帝之东南巡及其奢靡　炀帝既为巡游之乐而广开运河,一面即命人在江南大造龙舟及杂船数万艘以为巡游之备。官吏督役严急,役丁死者什四五。已而舟成,炀帝即以元年秋,即公元六○五年,行

幸江都。自显仁宫出发,御"小朱航"由洛水入黄河,乃改御龙舟。龙舟四重,高四十五尺,长二百丈。上重有正殿、内殿及东西朝堂;中二重有百二十房,皆饰以金玉;下重内侍处之。皇后乘翔螭舟,制度差小,而装饰无异。别有浮景九艘,三重,皆水殿也。又有漾彩、朱鸟、仓螭、白虎、玄武、飞羽、青凫、陵波、五楼、道场、玄坛、板舸、黄篾等数千艘,后宫诸王、公主、百官、僧尼、道士、蕃客乘之,并载内外百司供奉之物。共用挽船士八万余人。其挽漾彩以下者九千余人,谓之"殿脚",皆以锦彩为袍。又有平乘、青龙、艨艟、艚艓、八棹、艇舸等数千艘,并十二卫之兵乘之,并载兵器帐幕,兵士自引,不给夫。舳舻相接,二百余里,照耀川陆。骑兵翊两岸而行,旌旗蔽野。所近州县,五百里内,皆令献食。多者一州至百轝,极水陆奇珍。后宫厌饫,多埋弃之。又命作黄麾三万六千人仗,及辂辇车舆,皇后卤簿,百官仪服,务为华盛。课州县送毛羽,役工十万余人作之,用金银钱帛巨亿计。于是帝巡幸途中,羽仪填街溢路,常亘二十余里。既至江都,明年夏,始还,自伊阙陈法驾,备千乘万骑,入东京。

(四)炀帝之西北巡及其夸耀　还东京之明年,即公元六〇七年,又北巡。发河北十余郡丁男,凿太行山达于并州,以通驰道。于是过雁门,自榆林出塞,甲士五十余万,马十万匹,旌旗辎重,千里不绝。令宇文恺造观风行殿,上容侍卫者数百人,离合为之,下施轮轴,倏忽推移;又作行城,周二千步,以板为干,衣之以布,饰以丹青,楼橹悉备,突厥人惊以为神。遂幸启民可汗帐,厚赐以财物而还。但明年,复北巡,由五原出塞,巡长城。行宫设六合板城,又造六合殿,千人帐,载以枪车。每顿舍,则外其辕以为外围,内布铁菱,次施弩床,皆插钢锥,外向。上施旋机弩,以绳连机,人来触绳,则弩机旋转,向所触而发。其外,又以繒周围,施铃柱槌磬,以知所警。此次巡游,至恒岳,亲祠之而还。已而自东京至西京,六〇九年,遂西巡河右。渡黄河至西平,大猎于拔延山,长围周亘二十里。遂出张掖,达燕支山,命吏部侍郎裴矩啗高昌等西域二十余国以厚利,使其君长来朝谒;一面令武威、张掖士女盛饰纵观,衣服车马不鲜者,郡县督课之,骑乘嗔咽,周亘数十里,以示中国之盛。又大备文物,引高昌王麹伯雅等升观风行殿宴饮,奏清乐、龟兹、西凉、天竺、

康国、疏勒、安国、高丽、礼毕等九部乐,及鱼龙杂戏以娱之,赐赉有差。凡西巡几一载,始还东都。

（五）炀帝其他巡幸及其荒淫　还东都以后不久,又东南幸江都;逾数月,又自江都北幸涿郡。已而下诏讨高丽。公元六一二年,幸辽东,是年秋,还东都。六一三年,又幸辽东。其后或幸涿郡,或幸太原,或巡北塞,或幸江都,无年不出。当是时,吏部侍郎裴矩,右翊卫大将军宇文述,内史侍郎虞世基,御史大夫裴蕴,光禄大夫郭衍,皆以谄谀有宠于炀帝。述尤善于供奉,容止便嬖,侍卫者咸取则焉。郭衍尝劝帝五日一视朝,谓无效法文帝,空自勤苦。帝益以为忠。又炀帝临朝,凝重,发言降诏,辞义可观,而内存声色。其在两都及巡游,尝以僧尼、道士、女官自随,谓之"四道场"。帝每日于苑中林亭间盛陈酒馔,罢朝,即从诸宠姬,文帝嫔御,及僧尼、道士、女官等宴饮,更相劝侑,酒酣殽乱,靡所不至,以是为常。杨氏妇女之美者,往往进御。幸臣宇文晶出入宫掖,不限门禁,至于妃嫔公主,皆有丑声,帝亦不之罪也。又尝广征天下鹰师集东都,至者万余人;括天下周、齐、梁、陈乐家子弟皆为万户,百官六品以下至庶人,有善音乐者,悉配太常,于是乐工多至三万余人。

（六）炀帝之猜忌拒谏与诛戮　炀帝之好声色游乐而骄奢淫逸如此,其性又甚猜忌而恶谏。即位之后,猜忌杨素,外示殊礼,内情甚薄,恒恐其不速死,斯则固无论矣。即废太子勇为帝缢杀后,又尽杀其年幼之八子,骨肉相残,亦可勿论。至于高颎,有文武大略,明达世务,自文帝以来,竭诚尽节,进引贞良,以天下为己任,立功立事,不可胜数,当朝执政,垂二十年,朝野推服,乃炀帝怒其谏括天下周、齐、梁、陈乐家子弟皆为乐户及讥朝廷殊无纲纪之事,于公元六〇七年,即诛戮之。同时贺若弼及礼部尚书宇文弼,亦以私议帝之侈奢,俱被戮。萧琮与贺若弼善,帝忌之,因亦废死于家。已而司隶大夫薛道衡以朝廷会议新令久不决,私谓"向使高颎不死,令决当久行";帝闻之,怒,即命缢而杀之。六〇八年,炀帝大营汾阳宫,张衡乘间进谏,以为"比年劳役繁多,百姓疲弊,伏愿留神,稍加抑损",帝意甚不平;旋闻衡叹薛道衡枉死,怒,废而竟杀之。帝尝从容谓秘书郎虞世南曰:"我性不喜人谏。若位望通显,而谏以求名者,弥所不耐。至于卑贱之士,虽少宽假,然卒不置之地上,

汝其知之。"其恶谏之态度若此,故以后庾质、赵才、任宗、崔民象、王爱仁……等之谏巡幸,无不下狱被斩或杖杀者矣。

第六章　隋炀帝之好远略与穷兵

（一）炀帝之南平林邑　炀帝不仅如上章所言骄奢淫逸而已,又性好大喜功,即位之初,即平林邑。初,隋文帝之末,群臣有言林邑多奇宝者。时中国无事,乃授刘方以骥州道行军总管,经略林邑。炀帝大业元年,即公元六〇五年,方分两路进兵:以步骑万余出越裳,以舟师出比景。林邑王梵志闻之,遣兵拒险,方击走之。师渡阇黎江,林邑兵乘巨象,四面而至。方战不利,乃多掘小坑,草覆其上,以兵挑之。既战,伪败,林邑兵逐之,象多陷地颠踬,转相惊骇,军遂乱。方以弩射象,象却走躁其阵,因以锐师继之,林邑兵大败,俘馘万计。方引兵追之,屡战皆捷,过马援铜柱南,八日至其国都。梵志乃弃城走入海。方入城,获其金铸庙主十八,刻石纪功而还。然士卒不服水土,肿足死者什四五。方亦得疾,卒于道。梵志复其故土,而遣使谢罪朝贡焉。

（二）炀帝之南招赤工　炀帝已南平林邑,更募能通使绝域者。据《隋书·赤土列传》,于公元六〇八年,屯田主事常骏、虞部主事王君政等请使赤土,帝大悦,命骏等赍物五千段以赐其王。骏等乃自南海郡乘舟南行,经百余日,至于赤土之界。赤土四面皆海,其俗敬佛,尤重婆罗门。其王曰利富多塞,闻之,遣婆罗门鸠摩罗以舶三十艘来迎,进金锁以缆骏船,月余,始至其都。利富多塞待常骏等甚厚,寻遣其子那邪迦随骏贡方物,并献金芙蓉冠及龙脑香,铸金为多罗叶,隐起成文,以为表,金函封之,因令婆罗门以香花奏蠡鼓送骏等入〔海〕。骏等既归,与那邪迦谒炀帝于弘农。炀帝大悦,赐骏等物二百段,俱授秉义尉。那邪迦等亦赏各有差。

（三）炀帝之东击琉球　琉球为东海岛国,其王姓欢斯氏,名渴剌兜,所居曰波罗檀洞,堑栅三重,环以流水,树棘为藩。其人深目长鼻,有文手为虫蛇之俗,战斗杀人,便将所杀人祭其神。王之所居,壁下多聚髑髅以为佳。公元六〇七年,炀帝使羽骑尉朱宽入海求访异俗,至琉球;但言语不通,掠一人而还。已而帝复遣朱宽往招抚,以昆仑人为通

译,慰谕之,琉球不从。于是炀帝乃遣虎贲中郎将陈稜及朝请大夫张镇周,发浙江东阳兵万余人,自广东之义安泛海击之。经月余,至其国,琉球王渴剌兜遣兵逆战,屡破之,遂至其都。渴剌兜自将出战,又败人栅,稜等乘胜攻拔之。据《隋书·陈稜传》及《通鉴》,稜等斩渴剌兜,获其子岛槌,虏其民男女万余口而还。炀帝大悦,以琉球俘颁赐百官,进稜位右光禄大夫,镇周金紫光禄大夫。

(四)炀帝之北幸突厥　突厥自为隋文帝制服以来,启民可汗极为恭顺。炀帝大业三年,启民入朝,炀帝大陈文物以待之,启民羡慕,请改袭中国冠带,帝不许;又帅其属上表固请,亦不许。然炀帝大悦,遂起耀兵突厥之志。帅甲士五十余万,马十万匹,旌旗辎重,首尾千里,北巡。恐启民惊惧,先遣长孙晟谕旨。启民奉诏,因召所部诸国奚、霫、室韦等酋长数十人咸集。时启民牙帐中草秽,长孙晟欲令启民亲除之,示诸部落以明威重,乃指帐前草曰:“此根大香!”启民遽嗅之曰:“殊不香也。”晟曰:“天子行幸所在,诸侯躬自洒扫御路,以表至敬之心;今牙内芜秽,谓是留香草耳。”启民乃悟,卑辞谢罪,遂拔所佩刀自芟庭草。其贵人及诸部争效之。于是自榆林北境至其牙,东达于蓟,长三千里,广百步,举国就役,开为御道。启民又与义成公主来朝炀帝于榆林行宫,复上表言“……突厥可汗乃是至尊臣民,愿帅部落改变衣服,一如华夏”。帝仍谕以不可。但因此益欲夸示突厥,令宇文恺为大帐,其下可坐数千人。于是备仪卫宴启民及其部落于帐中,作散乐,诸胡人骇悦,争献牛羊驼马数千万蹄。帝亦赐启民帛二十万段,其下各有差。又令宇文恺造观风行殿,御之北行,突厥惊以为神,每望御营十里之外,屈膝稽颡。帝遂幸启民帐。启民奉觞上寿,跪伏恭甚;至侯以下,袒割于帐前,莫敢仰视。炀帝大悦,厚赐之,赋诗纪之而还。其后启民来朝,礼赐益厚焉。

(五)炀帝之西致西域　当炀帝幸突厥时,西域诸胡多东来张掖通商,炀帝使吏部侍郎裴矩掌之。矩知帝好远略,凡西域商人至者,矩诱访诸国山川风俗,撰为《西域图记》三卷,合四十四国,奏之;仍别造地图,穷其要害;且云“以国家威德,将士骁雄,汛濛汜而越昆仑,易如反掌,但突厥、吐浑分领羌胡之国,为其壅遏,故朝贡不通。今并因商人密送诚款,引领翘首,愿为臣妾。若服而抚之……浑、厥可灭。混一戎夏,

其在兹乎。"炀帝大悦。矩因盛言西域多珍宝,吐谷浑易可并吞,炀帝于是慨然慕秦皇、汉武之功,甘心将通西域。经略之事,悉以委矩,使引致诸胡,啗之以利,劝令入朝。自是西域诸国人往来相继,所经郡县,疲于送迎,糜费以万万计。公元六〇九年,炀帝西幸燕支山,命裴矩以利啗高昌王麹伯雅及伊吾吐屯设等二十七国,召使入朝。吐屯设献西域数千里之地,帝大悦,置为西海、河源、鄯善、且末等郡,谪中国罪人为戍卒以守之。命刘权镇河源郡积石镇,大开屯田,捍御吐谷浑,以通西域之路。复大备文物,引高昌王麹伯雅及伊吾吐屯设升观风行殿宴饮,其余西域诸国使者陪阶庭者,凡二十余国。帝奏九部乐及鱼龙杂戏以娱之,厚加赐赉,始还。然自是西北诸郡皆转输塞外,每岁巨亿万计。经途险远,及遇寇抄,人畜死亡。不达者,郡县皆征破其家。由是百姓失业,西方大困。

(六)炀帝西图吐谷浑 炀帝西致西域之际,又图吐谷浑。公元六〇八年,裴矩抚慰北方铁勒部落,说之使击吐谷浑,大破之。吐谷浑可汗伏允东走,入西平境内,遣使请降于炀帝,帝遣王雄及宇文述帅兵迎之。伏允畏述兵盛,不敢降,帅众西遁。述引兵追之,拔曼头、赤水二城,斩首三千余级,获其王公以下二百人,虏男女四千口而还。伏允南奔雪山,其故地皆空,东西四千里,南北二千里,皆为隋有。炀帝遂置郡县镇戍,以中国罪人徙居之。已而伏允北还,炀帝分命元寿、段文振、杨义臣、张寿将兵四面围之。伏允以数十骑遁去,遣其名王仙头王诈称伏允,保车我真山。炀帝遣右屯卫大将军张定和往捕之,轻敌败死。其亚将柳武建击破之,仙头王穷蹙,帅男女十余万口来降。炀帝乃复遣左光禄大夫梁默等追讨伏允,兵败被杀。惟卫尉卿刘权出伊吾道击吐谷浑,至青海,虏获千余口,乘胜追奔至伏俟城。然伏允损失既众,无以自资,乃帅数千骑客于党项。

(七)炀帝之夸耀诸蕃 炀帝既南平林邑,招赤土;东胜琉球;北服突厥;西致西域,破吐谷浑,一时声势极盛。公元六一〇年,诸蕃酋长毕集洛阳,炀帝欲夸耀之,乃于春正月盛陈百戏。戏场周围五千步,执丝竹者万八千人,声闻数十里,自昏达旦,灯火光烛天地。终月而罢,所费巨万。自是岁以为常。诸蕃请入丰都市通商,帝许之,先命丰都整饬店

肆,檐宇如一,盛设帷帐,珍货充积,人物华盛。卖菜者亦藉以龙须席。蕃客每过酒食店,悉令邀延就坐,醉饱而散,不取其值,绐之曰:"中国丰饶,酒食例不取值。"蕃客皆惊叹。其黠者颇觉之,见以缯帛缠树,曰:"中国亦有贫者,衣不盖形,何如以此物与之? 缠树何为?"市人惭不能答。时炀帝尝称裴矩经略四夷之能,谓群臣曰:"裴矩大识朕意;凡所陈奏,皆朕之成算,未发之顷,矩辄以闻。自非奉国尽心,孰能若是?"故帝宠裴矩特甚,而矩又为帝设计招致西突厥焉。

（八）炀帝之计致西突厥 初,西突厥阿波可汗自为东突厥莫何可汗所擒后(见第二章一节六条),国人另立一可汗,曰泥利。泥利卒,子处罗可汗嗣位。其母向氏,本中国人,更嫁泥利之弟婆实,文帝末年,婆实与向氏入朝,遇达头之乱,遂留长安。处罗居乌孙故地,抚御失道,国人多叛。公元六〇八年,裴矩闻处罗思其母,请遣使招怀之。炀帝遣崔君肃往,处罗见君肃甚踞。已而炀帝西巡,又遣使召处罗来朝于大斗拔谷,处罗不从,帝大怒,而无如之何。会其酋长射匮遣使来求婚,裴矩因奏曰:"处罗不朝,恃强大耳。臣请以计弱之,分裂其国,即易制也。射匮者,都六之子,达头之孙,世为可汗,君临西面,今闻其失职,附属处罗,故遣使来以结援耳。愿厚礼其使,拜为大可汗,则突厥势分,两从我矣。"炀帝称善,因遣矩朝夕至馆,微讽谕之;帝又召见其使者,言处罗不顺之状,称射匮向善,吾将立为大可汗,令发兵诛处罗,然后为婚。帝取桃竹白羽箭一枚以赐射匮,因谓之曰:"此事宜速,使疾如箭也。"使者归报,射匮大喜,即兴兵袭处罗,处罗大败,东走高昌。高昌王麹伯雅上状,炀帝乃遣裴矩与向氏亲要左右驰出玉门关,晓谕处罗,使入朝。公元六一一年冬,处罗来朝,炀帝大悦,接以殊礼。明年,分处罗之众为三,使其弟阙达度设将羸弱万余口居于会宁,使特勒大柰将余众居于楼烦,命处罗将五百骑常从帝巡幸。

（九）炀帝之大举亲征高丽 裴矩既为炀帝谋致西突厥,又说帝取高丽,谓"高丽本箕子所封之地,汉晋皆为郡县,今乃不臣……安可不取?"炀帝从之,遂谋讨高丽。课全国富人,买武马匹至十万钱,简阅器仗,务令精新,或有滥恶,则使者立斩。又遣人往东莱口造船三百艘,官吏督役,昼夜立水中,死者什三四。于是征全国之兵,无问远近,俱会于

涿。又发江淮以南水手一万人,弩手三万人,岭南排镩手三万人;敕河南、淮南、江南造戎车五万乘以供载衣甲幔幕;发河南北民夫以供军须;发江淮以南民夫及船,运黎阳及洛口诸仓米至涿郡,舳舻相次千余里。载兵甲及攻取之具,往还在道,常数十万人,填咽于路,昼夜不绝,死者相枕,臭秽盈路,天下骚动。公元六一二年春,四方兵已皆集涿郡,炀帝遂将之亲征,庾质、耿询等谏,不听。诏左十二军出镂方、长岑、溟海、盖马、建安、南苏、辽东、玄菟、扶余、朝鲜、沃沮、乐浪等道;右十二军出黏蝉、含资、浑弥、临屯、候城、提奚、蹋顿、肃慎、碣石、东暆、带方、襄平等道,络绎引途,总集平壤。凡一百一十三万三千八百人,号二百万。其馈运者倍之。二十四军连营渐进,终四十日,发乃尽。首尾相继,鼓角相闻,旌旗亘九百六十里。御营内合十二卫、三台、五省、九寺分隶内外前后左右六军,次后发,又亘八十里。自古中国出师之盛,未有若此次者也。

（十）炀帝之大为高丽所败还　　炀帝既大举亲征高丽,师进至辽水,高丽兵阻水拒守。隋左屯卫大将军麦铁杖慷慨先渡浮桥接战,死焉。及诸军尽济,高丽兵始败退。炀帝乃麾军进围辽东城。先是炀帝尝戒诸将:毋轻兵掩袭,毋孤军独斗;又凡军事进止,皆须奏闻,待报,毋得专擅。既围攻辽东,又敕诸将:"高丽若降,即宜抚纳,不得纵兵。"辽东城将陷,城中人辄言请降,诸将奉旨,不敢赴机,先令驰奏。比炀帝覆报,高丽人在城中守御又备,随出拒战。如此再三,炀帝终不悟,因是,城久不下。当是时,右翊卫大将军来护儿帅江淮水军,舳舻数百里,浮海进攻平壤,初遇高丽兵,破之,乘胜直薄平壤,高丽兵伪败入城,来护儿逐之,陷高丽伏兵中。伏兵发,来护儿遂大败,丧精兵三万余人,于是不敢复留接应陆路诸军,遽引兵还屯海浦。至于陆路,右翊卫大将军于仲文及左翊卫大将军宇文述等九军凡三十万五千人先趋平壤。高丽兵诱敌,每战辄走。宇文述一日之中,七战皆捷,既恃屡胜,遂东济萨水,去平壤城三十里,因山为营。高丽大臣乙支文德遣使诈降,请于述曰:"若旋师者,当奉高元朝行在所。"时述士卒长驱疲敝,不可复战;又平壤城险固,述度难于猝拔,遂因其诈而还。高丽兵遽起四面抄击,述等且战且退,至萨水,诸军大溃,资储器械巨万,失亡荡尽,将士三十万

五千,其奔还至辽东者,惟二千七百人。炀帝见宇文述等已大败,辽东城又久攻不下,大怒,不得已,锁系述等,引还。

（十一）炀帝第二次亲征高丽之无功　炀帝倾全国之兵力而败于高丽,殊不甘。公元六一三年,下诏再征全国兵集涿郡。时中国已遍地盗起,炀帝绝不以为意,惟思一逞于高丽,庾质、郭荣等谏,均不从。夏,炀帝帅兵渡辽,遣宇文述与上大将军杨义臣趣平壤,左光禄大夫王仁恭出扶余道。仁恭军进至新城,高丽兵数万拒战,仁恭劲帅骑一千击破之,高丽兵乃入城固守。炀帝复命诸将攻辽东,听以便宜从事,飞楼、橦、云梯、地道,四面俱进,昼夜不息,而高丽人应变拒之,久不能拔,主客死者甚众。炀帝又遣造布囊百余万口,满贮土,欲积为鱼梁大道,阔三十步,高与城齐,使战士俯而攻之;复作八轮楼车,高出于城,夹鱼梁道,欲俯射城内。指期将攻,城内危蹙,会礼部尚书杨玄感反于黎阳,炀帝大惧,急密召诸将使引军还。军资器械攻具,积如丘山;营垒帐幕,案堵不动,皆弃之而去。众心凶惧,无复部分,诸道分散。高丽即时觉之,然不敢出,但于城内鼓噪。逾日,方渐出外,四远觇侦,犹疑隋军诈之。经二日,乃出兵追蹑,至辽水,抄袭隋炀帝后军,杀略数千人。炀帝踉跄引归,逮杨玄感之乱既平,始议为第三次伐高丽。惟是时国内反乱者、革命者已蜂起,杨玄感特反者之一耳,特其最有声势者耳,故兹且一叙当时之变乱以明隋季之分崩。

第七章　炀帝中年臣民变乱之叠起

（一）人民变乱叠起之原因　由上两章,吾人已知隋炀帝即位以来,骄奢淫逸,穷千古之豪华;黩武穷兵,极一时之威势。是以曾未数载,劳民伤财已甚,虐民结怨已深。而高丽之役,尤足令全国骚然,东北鼎沸。盖自公元六一〇年炀帝谋讨高丽后,诏山东置府,令养马以供军役;又发民夫运米,积于泸河、怀远二镇,车牛往者皆不返,士卒死亡过半,耕稼失时,田畴多荒。加之饥馑,谷价踊贵,东北边尤甚,斗米值数百钱。所运米或粗恶,令民籴以偿之。又发鹿车夫六十余万,二人共推米三石,道途险远,不足充糇粮,至镇无可输,皆惧罪亡命。重以官吏贪残,因缘侵渔,百姓困穷,财力俱竭。安居则不胜冻馁,死期交急;剽掠

则犹得延生，于是始相聚为群盗。中国巨大变乱，从此发端矣。

（二）淄青河朔变乱之初起　人民之首先变乱而为群盗者，在乎淄青、河朔一带。隋炀帝大业七年，即公元六一一年，邹平民王薄拥众据长白山，剽掠齐济之郊，自称知世郎。作"无向辽东浪死歌"以相感动，人民避征高丽之役者，多往归之。又平原东有豆子䴚，负海带河，地形深阻，自北齐以来，群盗多匿其中；有刘霸道者，家于其旁，累世仕宦，资产富厚，霸道喜游侠，食客常数百人。及群盗起，远近多往依之，有众十余万，时称为阿舅贼。又漳南人窦建德，少尚气侠，胆力过人，为乡党所归附。会募人征高丽，建德以勇敢选为二百人长；同县孙安祖亦以骁勇选 为征士，安祖辞以家为水所漂，妻子馁死，县令怒笞之，安祖刺杀令，亡抵建德，建德匿之。官司逐捕，踪迹至建德家，建德谓安祖曰："……今水潦为灾，百姓困穷；加之往岁西征，行者不归，疮痍未复，主上不恤，乃更发兵亲击高丽，天下必大乱，丈夫不死，当立大功，岂可但为亡虏耶？"乃集无赖少年，得数百人，使安祖将之，入高鸡泊中为群盗，安祖自号将军。又鄃人张金称聚众河曲，蓚人高士达聚众于清河境内，为盗。郡县疑建德与盗通，悉收其家属杀之。建德乃帅麾下二百人亡归士达。士达自称东海公，以建德为司兵。顷之，孙安祖为张金称所杀，其众尽归建德，兵至万余人。

（三）山东大旱与淄青河朔变乱之继起　淄青、河朔一带人民变乱已起之明年，即炀帝大业八年，中国全国大旱疫，山东尤甚。加以其时炀帝大败于辽东，欲征兵再讨高丽。于是起而为乱者更多。大业九年，即公元六一三年，济阴孟海公据周桥，众至数万，见人称引书史，辄杀之。齐郡孟让、北海郭方预、平原郝孝德、河间格谦、渤海孙宣雅，各聚众攻剽，多者十余万，少者数万人，与初期起乱之王薄、张金称等相应。时中国承平日久，地方不习兵，郡县吏每与群盗战，望风沮败。惟齐郡丞张须陀得士众心，勇决善战，将郡兵击王薄于泰山下，大破之；追击于临邑，又破之。薄北连孙宣雅及郝孝德等十余万，攻章丘，须陀又以步骑二万击败之。郭方预等合军攻陷北海，大掠而去，须陀复倍道进击，大破之。历城人罗士信，年十四，从须陀追盗潍水上，冲锋杀人，贼不敢近，须陀因引兵奋击，群盗大溃。

（四）杨玄感之举兵黎阳　人民既纷起变乱于淄青、河朔，六一三年夏，礼部尚书杨玄感亦举兵于黎阳。玄感，楚公杨素之子也，骁勇便骑射，好读书，喜宾客，与李密最善。密，蒲山公李弻之曾孙也，少有才略，志气雄远，轻财好士；尝为炀帝左亲侍，帝见之，谓宇文述曰："向者左仗下黑色小儿瞻视异常，勿令宿卫。"述乃讽密，使称病自免。密遂屏人事，专务读书。尝乘黄牛读《汉书》，杨素遇而异之，因召至家，与语，大悦，谓其子玄感等曰："李密识度如此，汝等不及也。"由是玄感与为深交。密尝语玄感曰："决机两阵之间，喑呜咄嗟，使人震慑，密不如公；驱策天下贤俊，各申其用，公不如密。"玄感笑而服之。其后杨素死，玄感自以累世贵显，在朝文武，多其父之故吏；见朝政日紊，而炀帝多猜忌，内不自安，乃与诸弟潜谋作乱。会炀帝方事征伐，玄感自言世荷国恩，愿为将领，炀帝许之，第二次讨高丽之役起，命玄感于黎阳督运。玄感故意逗遛漕运，不时进发，欲令渡辽诸军乏食；其弟玄纵等方从征讨，潜遣人召之还。于是一面借事移书傍郡官吏及兵将，集会黎阳；一面选运夫及篙梢八千余人为军，谕众曰："主上无道，不以百姓为念，天下骚扰，死辽东者以万计，今与君等处兵，以救兆民之敝，何如？"众皆踊跃称万岁。乃勒兵部分，召李密于长安，以为谋主，遂反。

（五）杨玄感之南攻洛阳　玄感已举兵，问李密计将安出。密曰："天子出征，远在辽外，去幽州犹隔千里，南有巨海，北有强胡，中间一道，理极艰危。公拥兵出其不意，长驱入蓟，据临渝之险，扼其咽喉，归路既绝，高丽闻之，必蹑其后，不过旬月，资粮皆尽，其众不降则溃，可不战而擒，此上计也。"玄感曰："更言其次。"密曰："关中四塞，天府之国，虽有卫文昇，不足为意。今帅众鼓行而西，经城勿攻，直取长安，收其豪杰，抚其士民，据险而守之，天子虽还，失其根本，可徐图也。"玄感曰："更言其次。"密曰："简精锐，昼夜倍道，袭取东都，以号分四方……但恐……先已固守，若引兵攻之，百日不克，天下之兵四面而至，非仆所知也！"玄感曰："不然，今百官家口并在东都，若先取之，足以动其心；且经城不拔，何以示威？公之下计，乃上策也。"遂引兵向洛阳。洛阳留守越王侗（炀帝孙）与樊子盖等闻之，勒兵为备，而别遣将率兵出城拒玄感，玄感迭败之，直抵洛阳城下。誓众曰："我身为上柱国，家累巨万金，至

于富贵，无所求也，今不顾灭族者，但为天下解倒悬之急耳。"众皆悦，父老争献牛酒，子弟诣军门请自效者，日以千数。达官子弟如韩擒虎子世咢及来护儿子渊等四十余人，亦皆降于玄感，玄感悉以亲重要任委之。已而长安留守代王侑(炀帝孙)使刑部尚书卫文昇帅兵四万东救洛阳，玄感屡破之。玄感每战，身先士卒，所向摧陷；又善抚悦，其下皆乐为致死，故每战多捷。于是势大振，众至十万人。

(六)炀帝之由高丽还师讨玄感　初，炀帝惟务征高丽，河朔、淄青人民虽变乱蜂起，炀帝殊不以之介怀，及杨玄感以公侯之裔举兵，始大惧；旋又闻达官子弟皆在玄感所，益忧之，于是遽舍高丽而还师，全力以争生死：一面遣虎贲郎将陈稜攻玄感之后路根据地黎阳，一面遣左右翊卫大将军宇文述、来护儿及左候卫将军屈突通急引兵驰救洛阳，讨玄感。先是玄感始至东都，人民悦附，自谓天下响应，功在旦夕；孰意樊子盖随方守城，玄感久不能克。李密语玄感曰："兵起以来，虽复频捷，至于郡县，未有从者；东都守御尚强，天下救兵益至，公当挺身力战，早定关中！"玄感不听。已而屈突通、宇文述相继引兵至，玄感乃分其军为两：西拒卫文昇，东拒屈突通。樊子盖闻之，因自洛阳城内出兵大战。玄感三面受敌，遂屡败。乃与其党谋之，时右武侯大将军李子雄投奔玄感军中，谓玄感曰："东都援军益至，我军数败，不可久留，不如直入关中，开永丰仓以赈贫乏，三辅可指麾而定。据有府库，东面而争天下，亦霸王之业也。"李密亦言："弘化留守元弘嗣握强兵在陇右，可声言其反，遣使迎公，因此入关，可以给众。"会华阴诸杨请为向导，玄感乃解东都围，引兵西趣潼关，宣言我已破东都，取关西矣。

(七)杨玄感之败亡　玄感既引兵西向，宇文述等诸军蹑之。至弘农宫，父老遮说玄感曰："宫城空虚，又多积粟，攻之易下。"玄感以为然。弘农太守蔡王智积(炀帝叔父整之子)谓官属曰："玄感闻大军将至，欲西图关中，若成其计，则难克也，当以计縻之，使不得进，不出一旬，可以成擒。"及玄感军至城下，智积登陴詈之。玄感怒，留攻之。李密谏曰："公今诈众西入，军事贵速。况乃追兵将至，安可稽留？若前不得据关，退无所守，大众一散，何以自全？"玄感不从，遂攻之。三日不拔，乃引而西。至阌乡，宇文述、卫文昇、来护儿、屈突通等军追及之。玄感布阵亘

五十里,且战且行,一日三败。至董杜原,诸军击之,玄感大败,独与十余骑奔上洛,追骑至,玄感自度不免,命其弟积善杀之。积善亦自杀,不死,执送东都。李密亡命,为人所获,亦送东都。樊子盖锁密等诣高阳请裁于炀帝,密谋脱逃,悉出其金以示使者曰:"吾等死日,此金并留付公,幸用相瘗,其余即皆报德。"使者利其金,许诺,防禁渐弛。密请通市酒食,每宴饮,喧哗竟夕,使者不以为意。行至魏郡石梁驿,饮防守者,皆醉,密遂穿墙亡去。

(八)炀帝之大行屠戮　杨玄感既败亡,司农卿赵元淑,内史舍人韦嗣福,及杨积善等,俱坐玄感党,伏诛,或加车裂。炀帝复使大理卿郑善果、御史大夫裴蕴、刑部侍郎天竺人骨仪,与东都留守樊子盖,推玄感党与。帝谓蕴曰:"玄感一呼,而从者十万;益知天下人不欲多,多即相聚为盗耳。不尽加诛,无以惩后!"子盖性既残酷,蕴复受此旨,由是峻法治之。所杀三万余人,皆籍没其家,枉死者大半。流徙者,六千余人。玄感之围东都也,开仓赈给百姓。至是,凡受米者,皆阬之于都城之南,死者不可胜计。玄感所善文士虞绰、王胄,俱坐罪徙边;绰、胄亡命,捕得诛之。炀帝又下诏全国,为盗者籍没其家。时,群盗所在皆满,郡县官因之各专威福,生杀任情,遂至如陈子昂所云"海内豪士,无不罹殃,杀人如麻,流血成泽,天下靡靡然始思为乱",而起兵者益多矣。

(九)三吴人民之起乱　初,杨玄感之举兵黎阳也,余杭民刘元进起兵应之。元进手长尺余,臂垂过膝,自以相表非常,阴有异志。会炀帝再发三吴兵征高丽,三吴兵皆相谓曰:"往岁天下全盛,吾辈父兄征高丽者犹大半不返;今已罢弊,复为此行,吾辈无遗类矣。"由是多亡命。郡县捕之急,闻元进举兵,亡命者云集,旬月间众至数万。同时昆山县博士朱燮与数十学生起兵,民苦役者赴之如归;常熟隐士管崇亦起兵,崇长大偶俶,自言有王者相,群盗相与奉之。崇遣兵渡江袭杨子,收其器械军资而去,众益盛至十万。已而刘元进亦帅其众将渡江,会杨玄感败,朱燮与管崇共迎元进,推以为主,据吴郡,称天子,燮、崇俱为尚书仆射,署置百官。毗陵、东阳、会稽、建安豪杰,多执长吏以应之。于是刘元进攻丹阳,炀帝遣左屯卫大将军吐万绪及光禄大夫鱼俱罗将兵讨破之,元进解围去。绪进屯曲阿,元进结栅拒绪,相持百余日,绪击溃之,

死者以万数。朱燮、管崇等屯毗陵，连营百余里，绪乘胜进击，复破之，追斩管崇，遂进解会稽围。然百姓从乱者如归市，贼败而复聚，其势益盛。吐万绪、鱼俱罗不能讨，炀帝征诛之，另遣江都丞王世充渡江进讨。刘元进、朱燮屡败，死于吴。其余众或降或散。世充宣誓："降者不杀。"散者始欲入海为盗，闻之，相率归首。世充悉阬之，死者三万余人。由是余党复相聚为盗，官军不能讨，以至隋亡。

（十）各地变乱纷起与炀帝三征高丽 当三吴人民变乱之际，各地之变乱亦相继纷起。其著者，有灵武贼帅白瑜娑，东海贼帅彭孝才，东郡贼帅吕明星，彭城贼帅张大虎。扶风贼帅沙门向海明，自称皇帝；又扶风贼帅唐弼立李弘芝为天子，自称唐王；延安贼帅刘迦论，自称皇王。以上诸人，众皆数万至十数万。其余小者，不可胜计。然炀帝仍不以之介怀，公元六一四年春，诏征天下兵，百道俱进，为第三次之亲征高丽。时天下已乱，所征兵多失期不至；至者亦道亡相继，斩叛军者以衅鼓，亡者亦不止。幸是时高丽亦困敝，其王高元遣使乞降。炀帝大悦，顺势自怀远镇班师。至邯郸，邯郸贼帅杨公卿率其党八千人抄驾后第八队，得飞黄上厩马四十二匹而去。炀帝还至长安，征高丽王元入朝，然元竟不至。炀帝怒，敕将帅严装更图后举，然斯时中国乱者益多，炀帝谋第四次征高丽之举，竟不果行。盖是时起者有章邱杜伏威、临济辅公祏、下邳苗海潮、海陵赵破陈、离石胡人刘苗王、汲郡王德仁、齐郡左孝友、恒山赵万海、涿郡卢明月、龙门毋端儿、东海李子通、绛州敬盘陀、城父朱粲，皆有众数千数万或十余万。而上谷贼帅王须拔自称漫天王，魏刀儿自称历山飞，众各十余万，北连突厥，南寇燕赵，中国已全国鼎沸矣。

第八章　隋末群雄割据与中国分裂

（一）史学家对于炀帝中年人民变乱之评论 王夫之氏《读通鉴论》曰：炀帝"虐民已亟，怨深盗起，天下鼎沸……其……方有事于高丽，二十四军之众，一百一十三万余人，连营渐进，首尾千余里，会于涿郡；而王薄拥众于长山，刘霸道集党于平原，张金称、高士达、窦建德群起于漳南、清河之间，去涿郡数百里耳。平芜相属，曾无险隘之隔，此诸豪者，不顾百万之师逼临眉睫，而纠乌合之众，鼻立于其旌麾相耀、金鼓

相闻之地……夫岂诸豪之勇绝伦而智不测乎？迨观其后，亦如斯而已，而隋卒无如之何，听其自起自灭，旋灭旋起……使群雄之得逞其志以无难者，无他，上察察以自聋，下师师以自容，所急在远而舍其近，睨盗贼为疥癣而自倚其强。若是，乘其所忽而回翔其间，进可以徼功，退固有余地以自藏。"故未几，起兵者日多，遂"遍于东方，延于西陇，北极赵魏，南逾江淮……于是而淫掠屠割，举山东、河北、淮左、关右之民，互相吞龁，而愿弱者缩伏以枕藉，流血于郊原。其惨也，较王莽之末而加甚焉！"就中以张金称、朱粲最为残暴，所过，民无孑遗。于是全国土崩，公元六一六年，即大业十二年春正月，朝集使不至者二十余郡，炀帝乃始议分遣使者，十二道发兵讨捕盗贼。然而已晚，不可复收拾矣。迨已不可收拾，然后乱中魁杰，始有草窃割据之志，其尤雄者，至有取天下之心。因此，中国遂成分裂割据争斗吞噬之局。

（二）林士弘之据鄱阳与建楚称帝　乱中魁杰割据之声势最大而首出者，厥惟林士弘。初，鄱阳贼帅操师乞自称元兴王，建元始兴，攻陷豫章郡，以其乡人林士弘为大将军。炀帝诏治书侍御史刘子翊将兵讨之，师乞中流矢死，士弘代统其众，与子翊战于彭蠡湖，子翊败死。士弘兵大振，至十余万人。公元六一六年，即大业十二年十二月壬辰，士弘自称皇帝，国号楚，建元太平。以其党王戎为司空，遂取九江、临川、南康、宜春等郡。豪杰争杀隋守令，以郡县应之。于是北自九江，南至番禺，其地皆为士弘所有。（参阅《旧唐书》及《新唐书》《林士弘传》）

（三）杜伏威之据历阳与自称总管　杜伏威本章丘人，少落拓不治产业，家贫，无以自给，每穿窬为盗。与临济辅公祏为刎颈交。后因盗事发，郡县捕之急，伏威与公祏遂俱亡命聚众为群盗。伏威时年十六，每出则居前，入则殿后，由是其徒推以为帅。下邳苗海潮亦聚众为盗，伏威使公祏谓之曰："今我与君同苦隋政，各举大义，力分势弱，常恐被擒，若合为一，则足以敌隋矣。君能为主，吾当敬从；自揆不堪，宜来听命；不则一战以决雌雄。"海潮惧，即帅其众降之。伏威转掠江淮，败杀江都校尉宋颢。海陵贼帅赵破陈以伏威兵少，轻之，召与并力。伏威公使严兵居外，自与左右十人赍牛酒入谒，于座杀破陈，并其众。由此伏威浸强，进屠安宜。炀帝遣右御卫将军陈棱以精兵八千讨之，不敢战。

伏威乃遗稜以妇人之服,谓之陈姥。稜怒,出战,伏威奋击,大破之,稜仅以身免。伏威遂乘胜破高邮,引兵据历阳,炀帝大业十三年,即公元六一七年,自称总管,以辅公祏为长史,分遣诸将徇属县,所至辄下,江淮间小盗争附之。伏威常选敢死之士五千人,谓之"上募",宠遇甚厚。有攻战,辄令上募先击之。战罢阅视,有伤在背者,即杀之,以其退而被击故也。所获资财,皆以赏军士;有战死者,以妻妾殉葬。故人自为战,所向无敌。后降隋,封楚王。(参阅新旧《唐书·杜伏威传》)

(四)李子通之据海陵与自称将军　李子通本东海人,少贫贱,以渔猎为事;有勇力,睚眦之怨必报。后为盗,依齐郡长白山贼帅左才相。群盗皆残忍,然子通独宽仁,由是人多归之。未半岁,有众万人。才相忌之,子通引去,渡淮与杜伏威合。伏威选军中壮士养为假子,凡三十余人,济阴王雄诞及临济阚稜为之冠。既而李子通谋杀伏威,遣兵袭之,伏威被重创坠马,雄诞负之逃葭苇中,收散兵,复振。自是二人分离。未几,隋炀帝遣将军来整击子通,破之。子通帅其余众奔海陵,复收兵,得二万人,自称将军。后至公元六一九年破江都,始建吴称皇帝。(参阅新旧《唐书·李子通传》)

(五)窦建德之据乐寿建夏称王　初,河朔群盗张金称、郝孝德、孙宣雅、高士达、杨公卿等既起,寇掠河北,屠陷郡县,隋将帅败亡相继,惟虎贲郎将王辩及清河郡丞杨善会数有功。善会前后与群盗七百余战,未尝负败。公元六一六年,炀帝遣太仆杨义臣讨张金称,以计骄之,始进击,金称大败,与左右逃于清河之东,杨善会讨擒之,余众皆归窦建德。时建德与高士达皆在高鸡泊,杨义臣进讨之,斩士达,其党大溃,建德仅与百余骑亡走。至饶阳,建德乘其无备,攻陷之,收兵得三千余人。义臣既杀士达,以为建德不足忧,引去。建德还平原,收士达散兵,收葬死者,为士达发丧,军复大振,自称将军。先是群盗得隋官及士族子弟,皆杀之,独建德善遇之,由是隋官稍以城降之,声势日盛,胜兵至十余万人。六一七年,遂为坛于乐寿,自称长乐王,置百官。明年,改建国号曰夏。建德能倾身接物,与士卒均劳逸,以是人争附之,为之致死。

(六)梁师都之据朔方建梁称帝　梁师都本朔方人,世为朔方豪族。隋炀帝中年,师都仕至鹰扬郎将。后罢归,属贼盗群起,师都阴结

徒党数千人,杀郡丞唐世宗,据朔方郡,自称大丞相,北连突厥。隋炀帝将张世隆击之,反为所败。师都因遣兵略定雕阴、弘化、延安等郡,公元六一七年,即炀帝大业十三年,遂即皇帝位,国号梁,建元永隆。时突厥启民可汗已死,子始毕可汗在位。师都既附之,始毕可汗遗以狼头纛,赐以名号曰"大度毗伽可汗"。师都乃引突厥南居河南之地,攻破盐川郡(新旧《唐书·梁师传》,以下诸人各见本传,不具引)。

(七)刘武周之据马邑称帝　刘武周先世家河间,至父匡,徙居马邑。武周骁勇喜任侠,以征辽东军功为鹰扬府校尉。当是时,马邑太守王仁恭多受货赂,不能振施,而于武周,以其州里之雄,甚亲厚之,令率亲兵屯阁下。武周与仁恭侍儿私通,恐事泄,又见天下已乱,阴怀异计。乃宣言于郡中曰:"今百姓饥饿,死人相枕于野,王府君闭仓不恤,岂忧百姓之意乎?"众皆愤怒。武周知众心摇动,因称疾卧家,乡间豪杰多来候问,武周椎牛纵酒,因大言曰:"壮士岂能坐待沟壑,今仓粟烂积,谁能与我共取之?"豪杰皆许诺。已而仁恭坐听事,武周上谒,其党张万岁等随入,升阶斩仁恭,持其首出徇郡中,无敢动者。于是开仓以赈饥民,驰檄境内属城,皆下之。收兵得万余人,武周自称太守,遣使附于突厥。隋雁门郡丞陈孝意及虎贲郎将王智辩合兵讨之,突厥助武周击杀智辩,陈孝意败还雁门,其部下杀之以降。于是武周袭破楼烦郡,进取汾阳宫,获炀帝宫人以赂突厥始毕可汗,始毕以马报之,兵势益振。乃攻陷定襄,突厥立武周为定杨可汗,遗以狼头纛,而武周自称皇帝,建元天兴。时公元六一七年也。

(八)郭子和之据榆林称王　郭子和本蒲城人,尝为左翊卫。炀帝晚年,子和犯罪,徙榆林。会榆林大饥,子和潜结敢死士十八人,攻榆林郡门,执郡丞王才,数以不恤百姓,斩之,开仓赈施。公元六一七年,即炀帝大业十三年,自称永乐王,建元丑平。尊其父为太公,以其弟子政为尚书令,子端、子升为左右仆射。有二千余骑,南连梁师都,北附突厥,各遣子为质以自固。当是时,中国丧乱,北方割据诸人皆依附突厥,突厥之势大张,于是始毕可汗以刘武周为定杨天子,梁师都为解事天子,郭子和为平杨天子。子和固辞不敢当,乃更以为屋利设。

(九)李密之据洛口建魏称公及河淮群盗之归附　初,李密之亡也

（见前），往依平原盗郝孝德，孝德不礼焉；又入王薄，薄亦不之奇也。密困乏，由是展转亡命，最后始得依瓦冈盗翟让。翟让者，韦城人，尝为东都法曹，坐事当斩。狱吏黄君汉奇其骁勇，破械出之，让遂亡命于瓦冈为群盗，同郡单雄信骁勇，聚少年往依之。离孤徐世勣家于卫南，年十七，有勇略，说让曰："东郡于公与勣皆为乡里，人多相识，不宜侵掠；荥阳梁郡，汴水所经，剽行舟商旅，足以自资。"让然之，引众入二郡界掠公私船，资用丰给，附者益众。时又有外黄王当仁、济阳王伯当、韦城周文举、雍丘李公逸等，皆拥众为盗。李密亡命，往来诸帅间，说以取天下之策，始皆不信，久之，稍以为然；并以其公卿子弟，志气甚高；民谣又言杨氏将灭，李氏将兴，众意以为应在密身，故渐敬密。密察诸帅惟翟让最强，乃因王伯当以见让，为让画策，往说诸小盗，皆下之。让悦，稍亲近密。密因说让曰："刘、项皆起布衣为帝王。今主昏于上，民怨于下，锐兵尽于辽东，和亲绝于突厥，方乃巡游扬越，委弃东都，此亦刘、项奋起之会也。以足下雄才大略，士马精锐，席卷二京，诛灭暴虐，隋氏不足亡也。"让谢曰："吾侪群盗，旦夕偷生草间，君之言者，非吾所及也。"会有李玄英者，自东都逃来，经历诸盗，求访李密，曰："斯人当代隋家。"人问其故。玄英言比来民间歌谣有"桃李章"曰："桃李子，皇后绕扬州，宛转花园里，勿浪语，道谁许。"桃李子，谓逃亡者李氏之子也；皇与后皆君也；宛转花园里，谓天子在扬州无还日，将转于沟壑也；莫浪语谁道许者，密也。玄英既与密遇，遂委身事之。前宋城尉齐郡房彦藻自负其才，恨不为时用，预于杨玄感之乱，后亡命遇密，至是亦处让营。让见密为豪杰所归，欲从其计，犹豫未决。有贾雄者，晓阴阳占候，为让军师，言无不用。密深结于雄，使之托术数以说让。会让告雄以密所言，问其可否，雄因对曰："吉不可言。"又曰："公自立，恐未必成；若立斯人，事无不济。"让曰："如卿言，蒲山公当自立，何来从我？"雄曰："事有相因，所以来者，将军姓翟，翟者泽也，蒲非泽不生，故须将军也。"让然之，与密情好日笃。密因说让先取荥阳，休兵馆谷，待士马充肥，然后与人争利。让从之，于是攻下荥阳诸郡。炀帝命张须陀讨让。当是时，张须陀讨群盗数有功，为河南十二郡黜陟讨捕大使，威震东夏。其击让，密为让设伏而大破之，须陀战死。让乃令密建牙别统一部，号蒲山公营。密部分

严整,凡号令士卒,虽盛夏皆如背负霜雪;躬服俭素,所得金宝,悉颁赐麾下,由是人乐为之用。公元六一七年,即炀帝大业十三年,密又说让进取洛口仓,谓"……今百姓饥馑,洛口仓多积粟……若……掩袭……获之,发粟以赈穷乏……然后檄召四方,引贤豪而资计策,选骁悍而授兵柄,除亡隋之社稷……岂不盛哉?"让从之,请密将兵先发,已为后殿,径袭兴洛仓,破之。乃开仓赈民,远近多归附。朝散大夫时德叡以尉氏应密,前宿城令祖君彦亦自昌平往归之。君彦博学善文,著名海内,密得之,大喜,引为上客,军中书檄,悉以委之。时炀帝孙越王侗仍留守东都,闻兴洛仓破,遣虎贲郎将刘长恭及河南讨捕大使裴仁基等将兵数万讨密,密与让大败之,杀其士卒什五六,大振。让于是推密为主,上密号为魏公。密遂设坛场即位,置百官。拜翟让为上柱国、司徒、东郡公,单雄信为左武侯大将军,徐世勣为右武侯大将军,其余封拜各有差。于是赵魏以南、江淮以北,群盗莫不响应:齐郡孟让,兖州徐圆朗,平原郝孝德,汲郡王德仁,济阴房献伯,上谷王君廓,长平李士才,淮阳魏六儿、李德谦,谯郡张迁,魏郡李文相,谯郡白社、黑社、济北张青特,上洛周比洮、胡驴贼等,皆归密。密悉拜官爵,使各领其众。密又遣兵略地,河南郡县多陷于密,众遂数十万。密乃广筑洛口城周四十里而居之。

(十)薛举之据天水建秦称帝 薛举本汾阴人,侨居金城。容貌魁岸,骁勇绝伦;家资巨万,交结豪杰,雄于西边,为金城府校尉。会陇右盗起,金城令郝瑗募兵得数千人,使举将而讨之。公元六一七年,即炀帝大业十三年四月,方授甲,置酒飨士,举与其子仁杲及同党十三人,于座劫瑗发兵,囚郡县官,开仓赈施,自称西秦霸王,改元秦兴。以仁杲为齐公,少子仁越为晋公,招集群盗,掠官牧马。贼帅宗罗睺帅众归之,以为义兴公。隋将军皇甫绾将兵一万屯枹罕,举选精锐二千人袭之,遂克枹罕。岷山羌酋钟利俗拥众二万归之,举兵大振。更以仁杲为齐王,仁越为晋王,罗睺为兴王,分兵略地。未几,尽有陇西之地,众至十三万。举遂自称秦帝,立仁杲为皇太子。已而遣仁杲将兵围天水,克之。举自金城徙都焉。

(十一)李轨之据河西建凉称帝 李轨乃姑臧人,家富,性任侠,好赒人急,为武威鹰扬府司马。会薛举作乱于金城,轨与同郡曹珍、关谨、

梁硕、李赟、安修仁等谋曰:"薛举必来侵暴,郡官庸怯,势不能御,吾辈岂可束手并妻孥为人所虏耶? 不若相与并力拒之,保据河右,以待天下之变。"众皆以为然,欲拥一人为主,各相让,莫肯当。曹珍曰:"久闻图谶,李氏当王,今轨在谋中,乃天命也。"遂相与拜轨,奉以为主。公元六一七年,轨令安修仁集诸胡人,轨自结民间豪杰,共起兵,执虎贲郎将谢统师及郡丞韦士政,轨自称河西大凉王,置官属,并拟隋文帝开皇故事。关谨等欲尽杀隋官,分其家资。轨曰:"诸人既逼以为主,当禀其号令。今兴义兵以救民生,乃杀人取货,此群盗耳,将何以济?"于是以统师为太仆卿,士政为太府卿。西突厥阙达度设据会宁川,自称阙可汗,请降于轨。已而薛举果遣其将常仲兴济河击李轨,轨命李赟逆战于昌松,仲兴全军败没。轨乃乘胜攻张掖、敦煌、西平、枹罕,皆克之,尽有河西五郡之地。未几,竟即皇帝位,建元安乐。

(十二)萧铣之据巴陵建梁称帝 萧铣乃梁宣帝曾孙,炀帝末年为罗川令。当是时,巴陵校尉鄱阳董景珍、雷世猛及旅帅郑文秀、徐德基等多人谋据郡叛隋,推景珍为主。景珍曰:"吾素寒贱,不为众所服;罗川令萧铣,梁室之后,宽仁大度,请奉之以从众望。"乃遣使报铣,铣喜从之。声言讨贼,召募得数千人。会颍川贼帅沈柳生寇罗川,铣与战不利,因谓其众曰:"今天下皆叛,隋政不行,巴陵豪杰起兵,欲奉吾为主,若从其请以号令江南,可以中兴梁祚。以此召柳生,亦当从我矣。"众皆悦,听命。乃自称梁公,改隋服色旗帜,皆如梁旧。柳生即帅众归之,以柳生为车骑大将军。起五日,远近归附者至数万人。遂帅众向巴陵。景珍遣徐德基帅郡中豪杰数百人出迎,未及见铣,柳生与其党谋曰:"我先奉梁公,勋居第一;今巴陵诸将皆位高兵多,我若入城,反在其下。不如杀德基,质其首领,独挟梁公进取郡城,则无出我右者矣。"遂杀德基,入白铣。铣大惊曰:"今欲拨乱反正,忽自相杀,吾不能为若主矣。"因步出军门。柳生大惧,伏地请罪,铣责而赦之。陈兵入城。景珍言于铣曰:"徐德基建义功臣,而柳生无故擅杀之,此而不诛,何以为政? 且柳生为盗日久,今虽从义,凶悖不移,共处一城,势必为变。失今不从,后悔无及。"铣从之,收斩柳生,其徒皆溃去。六一七年冬,铣进称梁王,建元鸣凤。明年,复称帝,置百官。

（十三）朱粲之据冠军一带建楚称帝　朱粲本亳州城父人，初为县佐史。炀帝末年，从军讨长白山贼，遂聚结为群盗，号可达寒贼，自称迦楼逻王，众至十余万。引军渡淮，屠竟陵、沔阳，旋转掠山南，郡县不能守。所至杀戮，噍类无遗。公元六一七年，招慰使马元规击破之，俄而收辑余众，兵又大盛。遂僭称楚帝于冠军，建元为昌达，攻陷邓州，有众二十万。然粲仍为割据诸人中之最带匪性者，剽掠汉淮之间，迁徙无常，每破州县，食其积粟，未尽，复他适。将去，悉焚其余资。又不务稼穑，民馁死者如积。粲无可复掠，军中乏食，乃教士卒烹妇人婴儿啖之，曰："肉之美者无过于人，但使他国有人，何忧于馁？"隋著作佐郎陆从典及通事舍人颜愍楚，谪官在南阳，粲初引为宾客，其后无食，阖家皆为所啖。粲又税诸城堡，取小弱男女，以益兵粮焉。

（十四）高开道之据渔阳建燕称王　高开道乃沧州人，少以煮盐自给，有勇力，走及奔马。河朔盗起，格谦拥兵于豆子𬉼，开道往从之，署为将军，后谦为隋兵所灭，开道与其党百余人亡匿海曲，复出掠沧州，招集得数百人，北掠城镇临渝，至于怀远，皆破之，悉有其众。时隋将李景守北平郡，开道引兵围之。经年，景自度不能支，拔城而去，开道取其地，进陷渔阳，有马数千匹，众且万人，自立为燕王，都于渔阳。先是有怀戎沙门高昙晟者，因设斋士女大集，与其徒五十人拥斋众反，杀县令及镇将，自称大乘皇帝，建元法轮，遣人招诱高开道，结为兄弟，改封齐王。开道以众五千人归之。居数月，开道袭杀昙晟，并其众，复称燕王，署置百官。

第九章　唐李渊之兴起与隋之灭亡

（一）李渊之历略及其子李世民之怀抱　当中国各地群雄纷起割据之际，李渊亦起于晋阳。李渊者，西凉武昭王李暠之后。当南北朝时，世仕北朝元魏，因家于塞外之武川。至李虎，佐北周伐东魏有功，卒后，追封唐国公，子李昞袭爵。昞生渊。渊在隋文帝时尝为谯、陇、岐三州刺史，至炀帝初，又为荥阳、楼烦二郡太守，后征为殿内少监，迁卫尉少卿。炀帝大业九年杨玄感之乱既平，命渊为弘化留守，关右十三郡兵，皆受征发。十一年，复命往河东龙门讨群盗毋端儿，破之，遂迁右骁

卫将军。十三年,即公元六一七年,炀帝南幸江都,中国大乱,渊为太原留守。初,渊娶窦氏,生四男,曰建成、世民、玄霸、元吉。世民聪明勇决,识量过人,十六岁时,尝应募从戎御突厥。已而见隋室日乱,阴有安天下之志。年虽幼,而倾身下士,散财结客,咸得其欢心。右勋卫长孙顺德,右勋侍刘弘基,左亲卫窦琮皆避高丽之役亡命依李渊,世民皆善遇之。晋阳令武功刘文静见世民,奇其豁达类汉高,神武同魏祖,深自结纳。会文静坐与李密连婚,系太原狱,世民就省之。文静曰:"天下大乱,非高、光之才,不能定也。"世民曰:"安知其无,但人不识耳。我来相省,非儿女子之情,欲与君议大事也。计将安出?"文静曰:"今主上南巡江淮,李密围逼东都,群盗殆以万数,当此之际,有真主驱驾而用之,取天下如反掌耳。太原百姓,皆避盗入城,文静为令数年,知其豪杰,一旦收集,可得十万人;尊公所将之兵,复且数万,一言出口,谁敢不从?以此乘虚入关,号令天下,不过半年,帝业成矣。"世民笑曰:"君言正合我意!"乃阴部署宾客。渊不之知也。

(二)世民之怂恿李渊起兵晋阳 世民既部署宾客谋举事,复恐其父不从,因设计厚结其父所暱故人晋阳宫监裴寂,使劝其父起兵。会突厥入寇,世民亦乘机屏人说其父曰:"今主上无道,百姓困穷,晋阳城外,皆为战场。大人若守小节,下有寇盗,上有严刑,危亡无日!不若顺民心,兴义兵,转祸为福。此天授之时也。"渊大惊,止世民此言慎勿出口。世民不自已,明日复说之,渊乃叹曰:"吾一夕思汝言,亦有大理。今日破家亡躯亦由汝,化家为国亦由汝矣!"会炀帝以渊不能御突厥,遣使者执诣江都,渊大惧;世民与裴寂、刘文静复多方促渊起兵;鹰扬府司马许世绪、行军司铠武士彟、前太子左勋卫唐宪、宪弟唐俭等亦皆劝渊举事,渊于是意遂决。公元六一七年夏,渊诈为敕书,发太原、西河、雁门、马邑民,年二十以上五十以下,悉为兵,期岁暮集涿郡击高丽。由是人情汹汹,思乱者益众。渊又乘刘武周入汾阳宫之机,谓须增兵平贼,命世民与刘文静、长孙顺德、刘弘基等各募兵。远近赴集,旬日间近万人。渊副将王威、高君雅知渊有异志,欲为不利,渊先发制人,命世民等伏兵执威与君雅,斩之。刘文静劝渊与突厥相结,资其士马,以益兵势。渊从之,自为手启,卑辞厚礼,命文静使于突厥以请兵。一面则移檄郡县,

改易旗帜,声称尊炀帝为太上皇,而立炀帝孙代王侑为帝,以安隋室。西河郡丞高德儒不从命。渊遣建成及世民将兵击之。建成、世民与士卒同甘苦,遇敌则以身先之;近道菜果,非买不食;军士有窃之者,辄求其主偿之,亦不诘窃者,军士及民皆感悦。至西河,攻拔之,执斩德儒。自余不戮一人,秋毫无犯,各慰抚使复业。远近闻之,大悦。建成等引兵还晋阳,往返仅九日。渊喜曰:"以此行兵,虽横行天下可也。"乃益募兵,置官属,自号大将军。以建成为陇西公右领军大都督,左三统军隶焉;世民为敦煌公右领军大都督,右三统军隶焉。灵寿盗帅郗士陵帅众来降,渊以为镇东将军燕郡公,使招抚山东郡县。

(三)李渊之定计入关与隋代王侑之遣兵拒渊　渊已下西河,遂定入关之计。以元吉留守晋阳,而自帅甲士三万南下,西突厥阿史那大奈率众从之。渊至贾胡堡,去霍邑五十余里,代王侑遣虎牙郎将宋老生将兵二万屯霍邑,左武候大将军屈突通将兵数万屯河东,以拒渊。会积雨,渊不得进。渊乃以书招李密。密自恃兵强,欲为盟主,招渊帅兵自至河内,面结盟约。渊笑曰:"密妄自尊大,非折简可致。吾方有事关中,若遽绝之,乃是更生一敌,不如卑辞推奖,以骄其志,使为我塞成皋之道,缀东都之兵,我得专意西征。俟关中平定,据险养威,徐观蚌鹬之势,以收渔人之功,未为晚也。"乃复书于密,辞极卑恭,推为盟主。密得书,大喜,自是与渊信使往来不绝。雨久不止,渊军中粮乏,谣传突厥与刘武周欲乘虚袭晋阳。渊召将佐谋北还。裴寂等皆曰:"宋老生、屈突通连兵据险,未易猝图;李密虽云连和,奸谋难测;突厥贪而无信,惟利是视;武周事胡者也;太原一方都会,且义兵家属在焉,不如还救根本,更图后举。"惟李世民独排众议曰:"今禾菽蔽野,何忧乏粮?老生轻躁,一战可擒。李密顾恋仓粟,未遑远略。武周与突厥外虽相附,内实相猜,武周虽远利太原,岂可近忘马邑?本兴大义,奋不顾身以救苍生,当先入咸阳,号令天下。今遇小敌,遽已班师,恐从义之徒,一朝解体;还守太原一城之地,为贼耳!何以自全?"建成亦以为然。渊不听,促令引发。世民复号哭谏曰:"今兵……进战则克,退还则散。众散于前,敌乘于后,死亡无日!"渊乃悟,始追还已发军,由间道趋霍邑。

(四)渊破隋军与汾水流域之占取　渊已还军趋霍邑,使建成、世

民将数十骑抵城下,诟晋宋老生以挑之。老生怒,大发兵出城来战。渊及建成战小却,世民乃与军头段志玄自南原急引兵驰冲老生阵,出其背。世民手杀数十人,溅血满袖。渊兵因之,复振,因传呼曰:"已获老生矣!"老生军遂惊败,老生被斩。渊命将士登城,遂克霍邑。渊赏霍邑之功,军吏疑奴应募者不得与良民同。渊曰:"矢石之间,不辨贵贱;论勋之际,何有等差?宜并从本勋授。"已慰抚霍邑,选其壮丁使从军,渊进取临汾,克绛郡。至汾阴,渊以书招关中巨盗孙华,使来降,任以高官。先是渊发晋阳之际,另遣通议大夫张纶将兵一支徇离石、龙泉、文成等郡,至是亦皆下之。于是渊军威大振。乃遣任环济河说下韩城,冯翊太守萧造来降,三辅豪杰至者日以千数。渊欲引兵西趣长安,裴寂谓屈突通尚拥重兵守河东,若不先下,恐腹背受敌。世民曰:"不然,兵贵神速,吾席累盛之威,抚归附之众,鼓行而西,长安之人望风震骇,智不及谋,勇不及断,取之若振槁叶耳;若淹留自弊于坚城之下,彼得成谋修备以待,我坐费日月,众心离阻,则大事去矣。且关中蜂起之将未有所属,不可不早招怀也。屈突通自守房耳,不足为虑。"渊两从之,留诸将围河东,自引兵西济河。

(五)关右之归附与渊之攻克长安　渊既渡河,朝邑、蒲津、中潬、延安、上郡、雕阴及京兆诸县皆先后遣使降附。华阴令李孝常亦以永丰仓降。关中贤士人民,归渊者如市,渊择其才者礼用之。乃分军:遣建成及刘文静等将数万人屯永丰仓,守潼关,以备东方兵;遣世民帅刘弘基等数万人徇渭北。当是时,渊第三女——柴绍之妻——李平阳在鄠县别墅,散家资,聚徒众应渊;渊从弟李神通亦在鄠县山中与长安大侠史万宝等起兵应渊。群盗西域人何潘仁有众数万。李平阳使其奴马三宝说潘仁与之就神通,合势攻鄠县,下之。已而平阳又使马三宝说群盗李仲文、向善志、丘师利等,皆帅众从之。于是平阳徇下盩厔、武功、始平,众至七万。左亲卫段纶娶渊女,亦聚徒众万余人于蓝田,遣使迎渊。自是关中群盗,皆请降于渊矣。渊一一以书慰劳授官,使各居其所,受敦煌公世民节度。世民所至,吏民及群盗归之如流。世民悉收其豪杰以备僚属。隰城尉房玄龄谒世民于军门,世民一见如旧识,署记室参军,引为谋主。玄龄亦自以遇知己,罄竭心力,知无不为。渊命刘弘基、

殷开山分兵略扶风,有众六万,南渡渭水,屯长安故城。已而世民帅众十三万自盩厔来会,亦屯长安故城之内。渊亦至长安,营于其西北。诸军皆集,合二十余万。遣使告城中,云欲尊隋,不报,乃命攻城,军头雷永吉先登,遂克长安。

(六)渊之阳戴代王侑为帝及其称王　长安克后,代王侑时在东宫,年十三,渊迎之,迁居大兴殿后。渊乃与民约法十二条,悉除隋苛禁。执阴世师、骨仪等,数以贪婪苛酷,且拒义师,俱斩之,死者十余人,余无所问。马邑郡丞三原李靖素与渊有隙,渊入城,收靖,将斩之。靖大呼曰:"公兴义兵,欲平暴乱,乃以私怨杀壮士乎?"世民为之固请,乃舍之。靖少负志气,有文武才略,其舅韩擒虎每抚之曰,可与言将帅之略者,独此子耳。既免于戮,世民才之,因召置幕府。时李渊本已成割据者之一,但表面仍欲以隋为傀儡,故于公元六一七年冬,迎代王侑即位于大兴殿,大赦改元,遥尊炀帝为太上皇。渊自为假黄钺使持节大都督内外诸军事尚书令大丞相,称唐王。凡军国机务,事无大小,文武设官,位无贵贱,宪章赏罚,咸归相府;惟郊祀天地,四时禘祫奏闻。渊倾府库以赐勋人,国用不足,乃伐六街及苑中树木为樵,以易布帛。以建成为唐世子;世民为京兆尹,秦公;李元吉为齐公。

(七)炀帝之讳乱与虞世基等之壅蔽　当李渊起兵晋阳,入据长安称王之际,炀帝早已南幸江都。帝甚讳言乱,尝怒苏威言天下多盗,除其名。内史侍郎虞世基以帝恶闻盗贼,凡诸将及郡县有告败求救者,世基皆抑损表状,不以实闻,但云鼠窃狗盗,郡县逐捕,行当殄尽,愿陛下勿以介怀。炀帝以为然,或杖其使者,以为妄言。故盗贼遍海内,陷没郡县,帝皆弗之知也。杨义臣破降河朔群盗数十万,列状上闻。帝叹曰:"我初不闻,贼顿如此!义臣降贼何多也!"世基对曰:"小窃虽多,未足为虑;义臣克之,拥兵不少,久在阃外,此最非宜。"帝曰:"卿言是也。"遽追义臣放散其兵,群盗由是复盛。治书侍御史韦云起劾奏世基及御史大夫裴蕴壅蔽之罪,大理卿郑善果反奏云起诬诋名臣,贬之。李密已围逼东都,越王侗遣太常丞元善达间行盗中诣江都,哭言密众百万围东都,请炀帝速还援救。世基进曰:"越王年少,此辈诳之,若如所言,善达何缘来至?"帝然之,乃勃然怒,使善达经盗中向东阳催运,遂为盗杀。

是后人人杜口,莫敢以盗贼闻。世基言多合意,特为炀帝所亲爱,鬻官卖狱,贿赂公行。内史舍人封德彝托附世基,密为指画,谄顺帝意;鞫狱用法,多峻文深诋;论功行赏,则抑削就薄。隋政益坏,皆彼等所为也。

（八）炀帝在江都之昏荒　炀帝之在江都,一面为虞世基等所蔽,一面复昏荒益甚。江淮郡官之谒见者,专问礼饷丰薄。丰则超迁丞守,薄则悉从停解。江都郡丞王世充献铜镜屏风,迁通守;历阳郡丞赵元楷献异味,迁江都郡丞。由是郡县竞务刻剥,以充贡献。民外为盗贼所掠,内为郡县所赋,生计无遗。王世充又密为帝简阅江淮民间美女献之,由是益有宠。帝以所得美女置宫中,为百余房,各盛供帐,日令一房为主人,历就宴饮,酒卮不离口。然帝见天下危乱,意亦扰扰不自安,退朝则幅巾短衣,策杖步游,遍历台馆,非夜不止。汲汲顾景,惟恐不足。帝自晓占候卜相,好为吴语,尝夜置酒,仰视天文,谓萧皇后曰:"外间大有人图侬。然侬不失为长城公,卿不失为沈后,且共乐饮耳。"因引满沉醉。帝见中原已乱,无心北归,欲都丹阳,保据江东,命群臣廷议之。内史侍郎虞世基等皆以为善,右候卫大将军李才及门下录事李桐客虽极陈不可而不从。于是遂命治丹阳宫,将徙都之。时将士多逃亡,帝从裴矩之谋,悉召江都境内寡妇、处女,恣将士所取,或先与奸者,即以配之。然未几,江都粮尽,从驾骁果多关中人,久客思乡里,见帝无西意,仍多谋叛归。郎将窦贤遂帅所部西走,帝遣骑追斩之,而亡者犹不止。

（九）骁果之叛变及炀帝之被弑　炀帝患骁果之逃亡不止,乃命素所宠信之虎贲郎将扶风司马德戡领骁果屯于东城。不意德戡亦欲逃亡,与虎贲郎将元礼、直阁裴虔通、内史舍人元敏、虎牙郎将赵行枢、鹰扬郎将孟秉、勋侍杨士览等多人同谋,日夜相结约,于广座明论叛计,无所畏避。有宫人白萧后曰:"外间人人欲反!"后曰:"任汝奏之。"宫人言于帝。帝大怒,以为非所宜言,斩之。自是无敢复言者。赵行枢与将作少监宇文智及善;杨士览,智及之甥也。二人以谋告智及,智及大喜。德戡等期以炀帝大业十四年三月望日结党西遁,智及曰:"主上虽无道,威令尚行,卿等亡去,正如窦贤取死耳。今天实丧隋,英雄并起,同心叛者已数万人,因行大事,此帝王之业也。"德戡等然之,请以智及兄右屯卫将军许公化及为主。结约既定,告化及,化及从之。德戡乃悉召骁果

军吏,谕以所为,皆曰唯将军命。德戡等遂率之变乱,入自玄武门,执炀帝。化及亦入宫,命引帝至寝殿,德戡、裴虔通拔白刃侍立。帝叹曰:"我何罪至此!"乱党马文举曰:"陛下巡游不息,外勤征讨,内极奢淫,使丁壮尽于矢刃,女弱填于沟壑,四民丧业,盗贼蜂起,专任佞谀,饰非拒谏,何谓无罪?"化及又使封德彝数帝之过,命杀之。帝曰:"天子死自有法,何得加以锋刃?取鸩酒来!"文举等不许,使人顿帝令坐,帝自解练巾令缢之,遂死。

（十）宇文化及之戮隋宗室及其立秦王浩为帝　炀帝既被弑,宇文化及等于是大戮隋宗室。初,蜀王秀被废后（见第四章）,炀帝犹忌之,每巡幸,常囚秀以自随。至是,化及欲奉秀为帝,众议不可,乃杀秀及其七男。炀帝[子]齐王暕及其二子,并炀帝孙燕王倓,亦被杀。隋氏宗室外戚,无少长,皆死。惟炀帝弟秦王俊之子浩素与宇文智及往来,得全。此外乱政大臣如虞世基、裴蕴之流及左翊卫大将军来护儿等,皆被杀。化及自称大丞相,总百揆。以萧皇后令立秦王浩为帝,居别宫,令发诏画敕书而已,仍以兵监守之。化及以弟智及为左仆射,化及为内史令,裴矩为右仆射。未几,化及以左武卫将军陈稜为江都留守,欲帅骁果及百官西还长安。皇后六宫皆依旧式为御营,营前别立帐,化及视事其中,仗卫部伍,皆拟乘舆。夺江都人民舟楫,取[彭]城水路西归。虎贲郎将麦孟才等谋袭化及,未成而死。时化及拥众十余万,据有六宫,自奉养亦如炀帝,南面受事,处决一切,以兵守秦王浩,百官不复得朝参。至彭城,水路不通,化及复夺民车牛得二千辆,并载宫人珍宝,其戈甲戎器,悉令军士负之。道远疲剧,军士始怨。司马德戡愤化及淫虐昏庸,与赵行枢等谋袭杀化及,事泄,皆为化及所执杀。化及欲引兵趣东都,李密据巩洛以拒之,化及不得西,乃改向东郡。

（十一）越王侗之为帝于洛阳及其与李密连和拒化及　化及之引兵向东郡也,炀帝凶讯始至东都,东都遂奉越王侗即皇帝位,改元皇泰。以段达为纳言陈国公。时王世充帅兵救东都,亦以为纳言郑国公。又以元文都为内史令鲁国公,皇甫无逸为兵部尚书杞国公。又以卢楚为内史令。共掌朝政。时传闻宇文化及将西来,东都上下大惧。有盖琮者,上疏请说李密,与之合势拒化及。元文都亦曰:"今……兵力不足,

若赦密罪使击化及,两贼自斗,吾徐承其弊。化及既破,密兵亦疲⋯⋯并密亦可擒也。"朝议皆以为然,即以琼为通直散骑常侍,赍敕书赐密。初,李密据洛口建魏称公后,裴仁基以虎牢降,密又得骁将秦叔宝、罗士信、程咬金、赵仁基等,军势甚振。遂进取回洛仓以逼东都。东都出兵争之,互有胜败。已而密又得元宝藏及魏徵等;复从徐世勣之谋袭取黎阳仓,开仓赈民,兵益增加,声威益震,武安、永安、义阳、弋阳、齐郡相继降,窦建德、朱粲之徒亦遣使归附。会王世充救东都,引兵十余万攻洛口,密逆战,初虽败,卒大破之。旋战于石子河,又破之。于时翟让颇有无君之心,密杀之,将佐自疑,士卒颇有欲散者,密劳神于抚慰,久不出兵。王世充闻之,潜兵袭洛口,密兵逆战,大破之。旋又战于巩北,世充复大败,诸军皆溃,于是东都惟敛兵城守。然是时宇文化及已拥秦王浩西上,密乃分兵拒之。密与东都相持日久,又东拒化及,常畏东都议其后。会盖琼赍越王侗救书至,密大喜,遂上表乞降。越王侗乃册拜密为太尉、尚书令、东南道大行台行军元帅、魏国公,令先平化及,然后入朝辅政。仍下诏称密忠款。密既与东都释兵,无西虑,遂悉以精兵东击化及。

(十二)宇文化及之败于李密及其弑秦王浩建许称帝 当李密之东击化及也,化及已引兵由东郡围密将徐世勣于黎阳仓,世勣击之,化及大败。密知化及军粮且尽,因伪与和。化及大喜,恣其兵食,冀密馈之。会密下有人获罪亡抵化及,具言其情。化及大怒,其食又尽,乃渡永济渠与密战于童山之下。密为流矢所中,堕马闷绝,左右奔散,追兵且至,惟秦叔宝独捍卫之,密终获免。叔宝复收兵与之力战,化及乃退。化及入汲郡求军粮,又遣使拷掠东郡吏民以责米粟,刑部尚书王轨等不堪其虐,与通事舍人许敬宗诣密降。化及闻王轨等叛大惧。自汲郡引兵欲取以北诸郡。其将陈智略、樊文超、张童儿又叛,皆帅所部降密。化及惟存众二万,北趣魏县。密知其无能为,西还巩洛,留徐世勣以备之。化及至魏县,其亲近张恺等又谋去之,事觉,化及杀之。腹心稍尽,兵势日蹙。兄弟更无他计,但相聚酣宴。已而其众逃亡益多,化及自知必败,叹曰:"人生固当死,岂不一日为帝乎?"于是鸩杀秦王浩,即皇帝位于魏县,国号许,改元天寿,署置百官。时大业十四年秋,公元六一八

年也。

（十三）唐王李渊势力之发展及其称帝篡隋　初,李渊自大业十三年冬入长安迎代王侑为帝,是为隋恭帝。渊既奉戴恭帝为傀儡,平凉留守张隆,河池太守萧瑀,以及扶风、汉阳诸郡县,相继来降。渊复遣将略地:使李孝恭击破朱粲,自金川出巴蜀,檄书所至,附降者三十余州;使刘文静击擒屈突通,自潼关东出,取弘农,遂定新安以西;又使詹俊及李仲衮徇巴蜀,全下之。于是东至商洛,南尽巴蜀,郡县长吏及盗贼渠帅氏羌酋长,争遣子弟入见请降。有司复书,日以百数。已而渊又遣太常卿郑元璹将兵出商洛,徇南阳;左领军府司马安陆马元规徇安陆及荆、襄,声势日盛。是时也,炀帝凶问至长安,于是渊遂废恭帝,迁之代邸,而自即位于大极殿,大赦改元,是为唐高祖。高祖既为帝,罢郡置州,改太守为刺史;以世民为尚书令,李瑗为刑部侍郎,裴寂为右仆射,刘文静为纳言,窦威为内史令,李纲为礼部尚书,参掌政事,殷开山为吏部侍郎,赵慈景为兵部侍郎,韦义节为礼部侍郎,陈叔达、崔氏幹并为黄门侍郎,唐俭为内史侍郎,裴晞为尚书右丞,萧瑀亦为内史令,窦诞为户部尚书,屈突通为兵部尚书,独孤怀恩为工部尚书。旋立世子建成为皇太子,世民为秦王,元吉为齐王。又立宗室李白驹为平原王,李孝基为永安王,李玄道为淮阳王,李叔良为长平王,李神通为永康王,李神符为襄邑王,李德良为新兴王,李博又为陇西王,李奉慈为勃海王。奉隋恭帝为酅国公,逾年而卒。时公元六一八年也。

（十四）唐高祖之辟言路通下情　唐高祖既代隋,颇事声色。万年县法曹武城孙伏伽上表谏曰:"隋以恶闻其过失亡天下,陛下龙飞晋阳,远近响应,未期年而登帝位,徒知得之之易,不知隋失之之不难也。臣谓宜易其覆辙,务尽下情。凡人君言动,不可不慎。窃见陛下今日即位而明日有献鹞雏者,此乃少年之事,岂圣主所须哉?又百戏散乐,亡国淫声,近太常于民间,借妇女裙襦五百余袭,以充妓衣,拟五月五日玄武门游戏,此亦非所以为子孙法也。凡如此类,悉宜废罢。善恶之习,朝夕渐染,易以移人,皇太子诸王参僚左右,宜谨择其人。其有门风不能雍睦,为人素无行义,专好奢靡,以声色游猎为事者,皆不可使之亲近也。自古及今,骨肉乖离,以致败国亡家,未有不因左右离间而然也。

愿陛下慎之!"高祖省表,大悦,下诏褒称,擢伏伽为治书侍御史,赐帛三百匹,仍颁示远近。后世史学家范祖禹氏《唐鉴》论之曰:"……言路开则治,言路塞则乱。治乱者,系乎言路而已。高祖鉴隋之所以亡,王业初基,庶事草创,而首辟言路以通下情,可谓知所先务矣。是以海内闻风,如热者之得濯,废者之得起;民知上之忧己,而疾痛将有所赴诉矣。唐室之兴,不亦宜乎?"

第二篇 唐 代 上

第十章 唐高祖父子之平定群雄

一 平陇右——薛举薛仁杲

(一)薛举父子之屡破唐兵 由上篇第八章(九),吾人已知薛举据天水建秦称帝,尽有陇西。已而举遣皇太子薛仁杲东破扶风盗帅唐弼,悉并其众,于是举势益张,众号三十万,遂谋进取长安。会李渊已定长安,举乃与渊遂成敌国。扶风一城,当时为秦唐争夺之点,举遣仁杲围扶风,渊使其子世民击而大破之,追奔至陇坻而还。仁杲多力,善骑射,有才略,军中号为万人敌,既败,薛举大惧,谋降唐。其君褚亮赞之,郝瑗不可。瑗曰:"……昔汉高祖屡经奔败,蜀先主亟亡妻子,卒成大业;陛下奈何以一战不利,遽为亡国之计乎?"举乃止。会渊使姜謩、窦轨俱出散关,徇陇右,举击败之。渊又命刘世让安集唐弼余党,与举相遇,战败,为举所虏,举势复大振。公元六一八年,即唐高祖武德元年夏,举大举攻泾州及高墌,游兵至于豳岐。高祖以秦王世民为元帅,将八总管兵以拒之,深沟高垒,不与举战。已而世民病疟,委军事于刘文静及殷开山,且戒之曰:"薛举悬军深入,食少兵疲,若来挑战,慎勿应也。俟吾疾愈,为君等破之。"开山退谓文静曰:"王虑公不能办,故有此言耳;且贼闻王有疾,必轻我,宜曜武以威之。"乃出兵与举战于浅水原,八总管皆败。士卒死者什五六,大将军慕容罗睺、刘弘基、李安远皆没。余兵退还长安,文静等皆坐罪除名。举遂拔高墌,攻宁州,关中骚动。郝瑗劝举乘胜直取长安,举然之。会病卒,太子仁杲立,不果攻长安。然仁杲与唐秦州总管窦轨战,败之;又以计诱唐骠骑将军刘感战于百里细川,

大败唐兵,擒刘感;又以诈降之兵劫获唐陇州刺史常达。薛氏声威,此时为最盛。

（二）李世民之破杀薛仁杲　薛仁杲虽屡败唐兵,然性贪而好杀,苛虐无恩。当其为太子也,与诸将多有隙,及即位,众心猜惧;而郝瑗以惟一之谋臣,哭举得疾死,由是国势浸衰。武德元年秋,唐高祖以世民病愈,复命为元帅,击薛仁杲。至高墌,仁杲使宗罗睺将兵拒之。罗睺数挑战,世民坚壁不出。诸将咸请战,世民曰:"我军新败,士气沮丧;贼恃胜而骄,有轻我心,宜闭垒以待之。彼骄我奋,可一战而克也。"乃令军中曰:"敢言战者斩。"相持六十日,仁杲粮尽,其将梁胡郎等帅所部来降。世民知仁杲将士离心,命行军总管梁实营于浅水原以诱之。罗睺大喜,尽锐攻之。梁实守险不出,罗睺攻之甚急,世民度罗睺兵力已疲,谓诸将曰:"可以战矣。"乃使右武候大将军庞玉阵于浅水原南,罗睺并兵击之,玉战几不能支。世民遽引大军自原北出其不意,罗睺引兵还战,世民帅骁骑数十先陷阵,于是唐兵表里奋击,呼声动地,罗睺士卒大溃,斩首数千级。世民帅二千余骑追溃卒,窦轨扣马苦谏曰:"仁杲犹据坚城,虽破罗睺,未可轻进,请且按兵以观之。"世民曰:"吾虑之久矣,破竹之势,不可失也。舅勿复言。"遂进。仁杲阵于城下,世民据泾水临之。仁杲骁将浑幹等数人临阵降世民,仁杲惧,引兵入城拒守。日向暮,世民大军继至,遂围之。夜半,守城者争自投下。仁杲计穷,乃出降。得其精兵万余人。世民仍使仁杲兄弟及宗罗睺等将所得降卒,与之射猎,无所疑问,仁杲等皆畏威衔恩,不敢异动。世民乃帅之还长安,既至,始执斩薛仁杲于市。陇右遂平。

二　平河西——李轨

（一）李轨内部之暗斗　第八章已言李轨与曹珍、关谨、梁硕、安修仁等之保据河西,本为防薛举之侵暴。及唐高祖入长安,欲与轨共图薛举,潜遣使诣凉州招轨,与之书,谓之从弟。轨大喜,遣其弟懋贡于长安。高祖即以懋为大将军,复命鸿胪少卿张俟德册拜轨为凉州总管,封凉王。当是时,梁硕有智略,轨常倚之,以为谋主。硕见自招集诸胡起兵以来,胡势浸盛,阴劝轨宜加防察。安修仁及胡人闻之,遂与硕有隙。轨子仲琰尝诣硕,硕不为礼,乃与修仁共谮硕于轨,诬以谋反。轨信而

酖杀之。已而河西饥，人相食，轨倾家财以赈之，不足；欲发仓粟，召群臣议之。曹珍等皆曰："国以民为本，岂可爱仓粟而坐视其死乎？"太仆卿谢统师等皆故隋官，心终不服轨，密与诸胡为党，排轨故人，乃诟珍曰："百姓饿者，自是羸弱，勇壮之士，终不至此。国家仓粟以备不虞，岂可散之以饷羸弱？仆射苟悦人情，不为国计，非忠臣也。"轨以为然，不发仓粟，由是士民离怨。会张俟德奉唐高祖命至凉，轨欲去帝号受唐官爵。曹珍谏曰："隋失其鹿，天下共逐之，称王称帝者奚啻一人？唐帝关中，凉帝河右，固不相妨；且已为天子，奈何复自贬黜？必欲以小事大，请依萧詧事魏故事。"轨从之，奉书于唐高祖，称"皇从弟大凉皇帝臣轨"而不受官爵。

（二）安兴贵之击擒李轨　公元六一九年春，唐高祖得轨书，怒，议兴师讨之。当是时，轨将安修仁兄兴贵仕长安，表请说轨，谕以祸福。高祖曰："轨阻兵恃险，连结吐谷浑及突厥，吾兴兵击之，尚恐不克，岂口舌所能下乎？"兴贵曰："臣家在凉州，弈世豪望，为民夷所附；弟修仁为轨所信任；子弟在机近者以十数。臣往说之，轨听臣固善；若其不听，图之肘腋易矣。"高祖乃遣之。兴贵至武威，轨以为左右卫大将军。兴贵乘间说轨曰："凉地不过千里，土薄民贫；今唐起太原，取函秦，宰制中原，战必胜，攻必取，此殆天启，非人力也。不若举河西归之。庶窦融之功，复见于今日矣。"轨曰："吾据山河之固，彼虽强大，若我何？汝自唐来，为唐游说耳！"兴贵曰："臣闻富贵不归故乡，如衣绣夜行；臣阖门受陛下荣禄，安肯附唐？但欲效其愚虑，可否在陛下耳。"于是退与修仁阴结诸胡起兵击轨。轨出战而败，婴城自守。兴贵徇曰："大唐遣我来诛李轨，敢助之者夷三族。"城中人争出就兴贵。轨计穷，兴贵执之以送长安。高祖并其子弟皆诛之。河西遂平。乃以安兴贵为右武候大将军上柱国凉国公，赐帛万段；安修仁为左武候大将军申国公。

三　平河东——刘武周

（一）刘武周之势盛及唐之屡败　初，刘武周既据马邑称帝（见第八章），适唐高祖图关中，仅命幼子元吉留守太原。元吉年少，犹有童心，不修军政，惟载置网三十车，日夜纵猎。武周遂引突厥寇并州，兵锋甚盛。元吉无知，命车骑将军张达以步卒百人尝寇。达辞以兵少不可

往,元吉强遣之,至则俱没。达忿恨,引武周袭榆次,陷之。武周遂围并州,陷平遥。当是时,武周得易州盗帅宋金刚,以其善用兵,甚喜,号曰宋王,委以军事,中分家资以遗之。金刚亦深自结,去其故妻,纳武周之妹,因说武周南向争天下。武周从之,使金刚将兵扰并州及浩州,而己则进陷介州。唐高祖闻之,遣左武卫大将军姜宝谊及行军总管李仲文将兵击武周,大败,皆为武周所虏。既而俱逃归,高祖仍使之将兵,而以裴寂为晋州道行军总管,许以便宜从事,命之俱击武周。寂至介休,宋金刚据城拒之。寂军于度索原,营中饮涧水,金刚绝之,士卒渴乏,寂欲移营就水,金刚纵兵击之,寂军遂溃,失亡略尽。寂一日一夜驰还晋州。于是晋州以北城镇,除西河尚为李仲文及刘瞻力守外,其文水、祁、寿阳、太谷、乐平、灵石、汾西、霍邑、洪洞等皆没。姜宝谊复为金刚所虏,谋逃归,金刚杀之。裴寂上表谢罪,高祖慰谕之,复使镇抚河东。时刘武周紧逼并州,元吉乃绐其司马刘德威曰:"卿以老弱守城,吾以强兵出战。"遂夜出兵,携其妻妾,弃州奔还长安。元吉始去,武周兵已抵城下,土豪薛深以城纳武周,卫尉少卿刘政会等皆被虏。

(二)刘武周之取河东与震撼关中　武周既得并州,又遣宋金刚南攻晋州,拔之,虏右骁卫大将军刘弘基。弘基逃归。金刚进逼绛州,陷龙门;又向东南进攻浍州,陷之,军势甚锐。裴寂性怯,无将帅之略,惟发使骆驿趣虞、泰二州,收民入城堡,焚其积聚。民惊扰愁怨,皆思为盗。夏县民吕崇茂聚众自称魏王,以应武周。寂讨之,为所败。唐高祖惧,乃诏永安王李孝基,工部尚书独孤怀恩,陕州总管于筠,内史侍郎唐俭,将兵大举讨之。而王行本据蒲坂,又与武周相应。于是关中震骇。唐高祖亦大恐,出手敕曰:"贼势如此,难与争锋。宜弃大河以东,谨守关西而已。"秦王世民慷慨上表曰:"太原,王业所基,国之根本;河东殷实,京邑所资,若举而弃之,臣窃愤恨! 愿假臣精兵三万,必冀平殄武周,克复汾晋。"高祖从之,于是悉发关中兵,以益世民所统,使击武周,亲至华阴送之。时当公元六一九年冬,世民引兵自龙门乘冰坚渡河,屯柏壁,与宋金刚相持。但值河东州县俘掠之余,未有仓廪,人情恇扰,聚入城堡,征敛无所得,军中乏食。世民发教谕民。民闻世民为帅而来,莫不归附。自近及远,至者日多。然后渐收其粮,军食以充。

（三）李世民之决策破敌　军食既充,世民乃休兵秣马。惟令偏裨乘间抄掠,大军坚壁不战。逾月,永安王李孝基攻吕崇茂于夏县,宋金刚遣其将尉迟敬德及寻相救之,孝基表里受敌,军大败,孝基、独孤怀恩、于筠、唐俭,及行军总管刘世让皆被虏。尉迟敬德等既获胜,还浍州。世民闻之,遣兵部尚书殷开山、总管秦叔宝等邀击之于美良川,大破之,斩首二千余级。顷之,敬德、寻相潜引精骑援王行本于蒲坂,世民乃自将步骑三千从间道邀击之于安邑,复大破之,敬德、寻相仅以身免,悉俘其众以归柏壁。于是诸将咸请与宋金刚战。世民曰:"金刚悬军深入,精兵猛将,咸聚于是。武周据太原,倚金刚为扞蔽。金刚军无蓄积,以虏掠为资,利在速战。我闭营养锐以挫其锋;分兵汾隰,冲其心腹。彼粮尽计穷,自当遁走。当待此机,未宜速战!"仍与金刚相持。公元六二〇年春,唐将军秦武通攻破王行本于蒲坂,行本出降,斩之。又将军王行敏破武周兵于潞州,李仲文亦屡败武周寇浩州之兵。夏四月,宋金刚军中食尽,丁未,金刚北走。世民以为时机已至,追之,大破寻相于吕州,乘胜逐北,一昼夜行二百余里,战数十合。至高壁岭,总管刘弘基执辔谏曰:"大王破贼逐至此,功亦足矣! 深入不已,不爱身乎? 且士卒饥疲,宜留壁于此,俟兵粮毕集,然后复进北,未晚也。"世民曰:"金刚计穷而走,众心离阻,功难成而易败,机难得而易失,必乘此势取之;若更淹留,使之计立备成,不可复攻矣! 吾竭忠徇国,岂顾身乎?"遂策马而进。将士不敢复言饥,追及金刚于雀鼠谷,一日八战,皆破之,俘斩数万人。

（四）刘武周宋金刚之灭亡　宋金刚既大败于雀鼠谷,尚有众二万保介休。世民引兵趣之。金刚出西门背城布阵,南北七里。世民遣将与战,小却,为金刚所乘。世民乃自帅精骑击之,出其阵后,金刚遂大败,斩首三千级。金刚轻骑走,世民追之数十里,至张难堡始止。尉迟敬德收余众守介休,世民遣任城王李道宗与宇文士及往谕之,敬德与寻相举介休及永安降。世民得敬德甚喜,以为左一府统军,使将其旧众八千,与诸营相参。屈突通虑其变,数以为言,世民不听。刘武周闻金刚败,大惧,弃并州走突厥。金刚收其余众欲复战,众莫肯从,亦与百余骑走突厥。世民至晋阳,武周所署仆射杨伏念以城降。唐俭封府库以待世民。武周所得州县,皆入于唐。未几,金刚谋走上谷,突厥追获,腰斩

之。久之，武周谋亡归马邑，事泄，突厥亦杀之。唐高祖闻并州平，大悦，宴群臣，赐缯帛。世民以李仲文屡破武周兵，下城堡百余所，有功，承诏以为检校并州总管，使之留镇并州。

四　平东都——李密王世充

（一）李密王世充之相图　承上第九章第十一目、十二目，吾人已知越王侗为帝于洛阳时，曾从元文都言，与李密连和拒宇文化及。其后密败宇文化及，辄遣使告捷于越王侗，东都人皆喜。王世充独谓其麾下曰：“元文都辈，刀笔吏耳。吾观其势，必为李密所擒。且吾军士屡与密战，没其父兄子弟，前后已多，一旦为之下，吾属无类矣。”欲以激怒其众。文都闻之，大惧，与卢楚等谋，因世充入朝，伏甲诛之。谋泄，反为世充所攻杀。世充于是悉遣人代越王侗宿卫之士，然后入见越王侗于乾阳殿。越王侗谓世充曰：“擅相诛杀，曾不闻奏，岂为臣之道乎？公欲肆其强力，敢及我耶？”世充拜伏流涕谢罪，谓“文都等……欲召李密以危社稷，疾臣违异，深积猜嫌，臣迫于救死，不暇闻奏；若内怀不臧，违负陛下，天地日月实所照临，使臣阖门殄灭……”词泪俱发。越王侗以为诚，乃以世充为左仆射总督内外诸军事。世充因自含嘉城移居尚书省，渐结党援，恣行威福。用兄世恽为内史令，入居禁中；子弟咸典兵马；分政事为十类，悉以其党主之，势震东都内外，越王侗拱手而已。时李密已败宇文化及，西归，将入朝越王侗，至温，闻元文都等死，乃还金墉。自是李密以东都兵已屡败微弱，而将相复自相屠灭，谓朝夕可平；而王世充既专大权，厚赏将士，缮治器械，亦阴图取密。两人复成对峙之势。

（二）李密内部之危机　李密既与王世充既成对峙之势，然而李密方面有堪虞者。盖密自杀翟让以来，颇自骄矜，不恤士众；仓粟虽多，无府库钱帛，战士有功，无以为赏；又厚抚初附之人，众心颇怨。徐世勣尝因宴会刺讥其短，密不怿，使世勣出镇黎阳，虽名委任，实亦疏之。又密破宇文化及还，其劲卒良马多死；其余士卒，亦复疲病，密尝开洛口仓散米，无防守典当者，又无文卷，取之者随意多少；或离仓之后，力不能致，委弃衢路，自仓城至郭门，米厚数寸，为车马所蹂践。群盗来就食者，并家属近百万口，无瓮盎，织荆筐淘米，洛水两岸十里之间，望之皆如白沙。密且自矜喜，谓贾闰甫曰，此可谓足食矣。闰甫对曰：“国以民为

本,民以食为天。今民所以襁负如流而至者,以所天在此故也。而有司曾无爱吝,屑越如此,恐一旦米尽民散,明公孰与成大业哉?"密谢之,乃始以闾甫判司仓参军事。时东都多布乏食,密军足食少衣。王世充请交易,密难之。密长史邴元真等各求私利,劝密许之。先是东都人归密者日以百数。既得食,降者益少。密悔而止。

(三)邙山之战与李密之失败 密既止易粮,王世充欲击之。恐人心不一,乃诈称左军卫士张永通三梦周公,令宣意于世充,当勒兵相助击贼。乃为周公立庙,每出兵,辄先祈祷。世充令巫宣言欲令仆射急讨李密,当有大功;不则兵皆疫死。世充兵多楚人,信妖言,皆请战。世充简练精锐,得二万余人,马二千余匹。八月壬子,出师击密。旗幡之上皆书永通字,军容甚盛。李密闻之,留王伯当守金墉,自引精兵出偃师,北阻邙山以待之。密召诸将会议。裴仁基曰:"世充悉众而至,洛下必虚。可分兵守其要路,令不得东;简精兵三万,傍河西出,以逼东都。世充还,我且按甲;世充再出,我又逼之。如此,则我有余力,彼劳奔命,破之必矣。"密曰:"公言大善!今东都兵有三不可当;兵仗精锐,一也;决计深入,二也;食尽求战,三也。我但乘城固守,蓄力以待之。"魏徵言于长史郑颋,亦谓宜深沟以拒世充。然而陈智略、樊文超、单雄信皆主战,诸将喧然,欲战者什七八。密惑于众议而从之。仁基苦争不得,击地叹曰:"公后必悔之!"于是密军遂与世充兵接战于偃师城北,胜败相当,会日暮,各敛兵还营。时密新破宇文化及,有轻世充之心,不设壁垒。世充夜遣二百余骑潜入邙山,伏溪谷中;命军士皆秣马蓐食。明旦将战,世充誓众曰:"今日之战,非直争胜负,死生之分,在此一举。若其捷也,富贵固所不论;若其不捷,必无一人获免。所争者死,非独为国,各宜勉之。"迟明,引军薄密。密出兵应之,未及成列,世充纵兵击之。世充士卒皆江淮剽勇,出入如飞。世充先索得一人貌类密者缚而匿之,战方酣,使牵以过阵前噪曰:"已获李密矣。"士卒皆呼万岁。其伏兵发,乘高而下,驰压密营,纵火焚其庐舍,密众大溃。密将张童仁、陈智略皆降,密与万余人奔洛口。偃师兵遂翻城迎世充,密将佐裴仁基、郑颋、祖君彦等数十人皆被获。

(四)李密之穷窘降唐 王世充已得偃师,于是整兵向洛口追李

密。时密长史邴元真留守洛口，密将至，邴元真叛，降于世充。单雄信亦叛密而勒兵自据，旋亦以所部向世充降。密自度不能支，乃帅麾下轻骑驰向虎牢，欲奔黎阳。或谓徐世勣不可恃。于是密闻王伯当弃金墉保河阳，乃自虎牢归之。已至河阳，引诸将共议。密欲南阻河，北守太行，东连黎阳，以图进取。诸将皆曰："今兵新失利，众心危惧，若更停留，恐叛亡不日而尽。又人情不愿，难以成功。"密曰："孤所恃者众也，众既不愿，孤道穷矣！"欲自刎以谢众。王伯当抱密号绝，众皆悲泣。密复曰："诸君幸不相弃，当共归关中，密身虽无功，诸君必保富贵。"府椽柳燮亦劝密归唐。于是密帅残众二万人入关。唐高祖闻李密将至，遣使迎劳，相望于道。密大喜，谓其徒曰："我拥众百万，一朝解甲归唐，山东连城数百，知我在此，遣使招之，亦当尽至。此于窦融，功亦不细，岂不以一台司见处乎？"

（五）李密之叛唐及其为盛彦师所邀斩　李密已至长安，不意有司供待遽薄，所部兵累日不得食，众心颇怨。既而以密为光禄卿上柱国，赐爵邢国公。密之对此，甚不满望，因之郁郁不乐。朝臣又多轻之，执政者或来求贿，意愈不平。尝遇大朝会，密为光禄卿当进食，尤以为耻。退以告左武卫大将军王伯当，伯当心亦怏怏，因谓密曰："天下事在公度内耳。今东海公在黎阳，襄城公在罗口，河南兵马，屈指可计，岂得久如此也？"密大喜，乃伪请亲往山东收抚旧部归唐，以谋叛去。时唐高祖闻密故将士多不附王世充，亦欲遣密往收之。群臣多以密必叛去为谏，高祖不听，卒使密帅麾下之半出关。长史张宝德预在行中，恐密叛去，罪相及，上封事言其必叛。高祖之意乃中变。复下敕书令密留所部徐行，单骑入朝，更受节度。密得敕，知事已变化，若还长安，必无生理。遂决意明日举事，以计袭陷桃林县，收其兵粮。旋即驱掠徒众，直趣南山，乘险而东，潜遣人驰告故将襄城张善相，令以兵接应。唐熊州行军总管盛彦师闻之，即帅众逾熊耳山南据要道，令弓弩夹路乘高，刀楯伏于溪谷。令之曰："俟贼半度，一时俱发。"或问曰："闻李密欲向洛州，而公入山，何也？"彦师曰："密声言向洛，实欲出人不意，走襄城就张善相耳。若贼入谷口，我自后追之，出路谷隘，无所施力，一夫殿后，必不能制。今吾先得入谷，擒之必矣。"李密果拥众徐行，逾山南出。彦师击之，首尾断

绝,不得相救,遂斩密及王伯当,传首长安。彦师以功赐爵葛国公,拜武卫将军,仍镇熊州。时武德元年十二月也。

（六）徐世勣降唐之始末　初,李密既为王世充所破而穷窘降唐,徐世勣据密旧境,未有所属。会魏徵随密往长安,久不为唐高祖所知,乃自请安集山东。高祖以为秘书丞,乘传至黎阳,遗徐世勣书,劝之早降。世勣遂决计西向,谓长史郭孝恪曰:"此民众土地,皆魏公有也。吾若上表献之,是利主之败,自以为功,以邀富贵也。吾实耻之,今宜籍郡县户口士马之数以启魏公,使自献之。"乃遣孝恪诣长安。又运粮以饷淮安王李神通。唐高祖闻世勣使者至,无表,止有启与李密,甚怪之。孝恪具言世勣意。高祖乃叹曰:"徐世勣不背德,不邀功,真纯臣也!"赐世勣姓李氏。以孝恪为宋州刺史,使与世勣经营虎牢以东。及李密叛唐被斩,唐高祖遣使至黎阳,示世勣以密首,告以反状。世勣北面拜伏号恸,表请收葬。高祖诏归其户,世勣为之行服,备君臣之礼,大具仪卫,举军缟素,葬密于黎阳山南。然而世勣自此则一心归唐矣。

（七）王世充破李密以后权势之日大　李密既灭,兹且转述王世充。世充大破李密后,收密美人、珍宝及将卒十余万人还东都,越王侗乃以世充为太尉尚书令,总督内外诸军事。自是世充专总隋政,事无大小,悉关白太尉府,台省监署莫不寂然。世充立三牌于府门外,一求文学才识堪济时务者,一求武勇智略能摧锋陷敌者,一求身有冤滞拥抑不申者。于是上书陈事者日有数百。世充悉引见,躬自省览,殷勤慰谕。人人以喜,以为言听计从。然终无所施行。下至士卒厮养,世充皆以甘言悦之,而实无恩施。时马军总管独孤武都为世充所亲任,其从弟司隶大夫独孤机与虞部郎杨恭慎及前勃海郡主簿孙师孝、步兵总管刘孝元、李俭、崔孝仁等皆以世充徒为儿女之态以悦下愚,难成大业,相与谋召唐兵,使孝仁说武都,武都从之。事泄,皆为世充所杀。世充日渐骄横,不复朝谒。其待人,又复多诈。龙骧大将军秦叔宝及将军程知节疾之。会世充与唐兵战于九曲,叔宝、知节皆将兵在阵,与其徒数十骑跃马投唐。唐高祖使二人事秦王世民,世民素闻其名,厚待之。时世充又有骁将李君羡、田留安亦悉世充之为人,帅众投唐,世民亦引置左右。然世充不以为意,惟召文武之附己者,议受禅。长史韦节、杨续及太史令乐

德融等赞之。遂请越王侗加九锡,命世充为相国,假黄钺,总百揆,进爵郑王。郑国置丞相以下官。

（八）王世充之篡位及其弑越王侗　世充已进爵为郑王,东都道士桓法嗣献《孔子闭房记》于世充,言相国当代隋为天子,世充大悦,以法嗣为谏议大夫。世充又罗取杂鸟书帛系颈,自言符命而纵之,有得鸟来献者,亦拜官爵。于是百官劝进,世充因遣段达、云定兴等十余人入奏越王侗,请其禅位。越王侗敛膝据案怒曰:"……若隋祚未亡,此言不应辄发;必天命已改,何烦禅让?"世充更使人谓之曰:"今海内未宁,须立长君。候四方安集,当复子明辟,必如前誓。"公元六一九年,即唐高祖武德二年四月癸卯,世充称越王侗命禅位于郑,遣其兄世恽幽越王侗于含凉殿,虽有三表陈让,及敕书敦劝,越王侗皆不知也。乙巳,世充备法驾入宫,即皇帝位,改元开明,建国号曰郑。旋立其子玄应为太子,玄恕为汉王,余兄弟宗族王者十九人。当是时,礼部尚书裴仁基及左辅大将军裴行俨有威名,世充忌之。仁基父子知之,亦不自安,乃与尚书左丞宇文儒童,尚食直宇文长温,散骑常侍崔德本,谋杀世充及其党,复尊立越王侗。事泄,皆夷三族。齐王王世恽言于世充曰:"儒童等谋反,正为皇泰主(越王侗)尚在故也。不如早除之。"世充从之,遣其家人鸩越王侗。越王侗欲陈启,曰:"更为请太尉,以往者之言,未应至此。"世恽不许。又请与太后辞诀,亦不许。乃饮药,不能绝,以帛缢杀之,谥曰隋恭皇帝。

（九）王世充与唐之争战及其部下之叛亡　先是王世充尝已与唐争城略地相攻,及世充既弑越王侗,遣其将罗士信寇谷州,士信帅其众千余人降唐。初,士信从李密击世充,兵败,为世充所得,世充厚礼之,与同寝食。既而得邴元真等,待之如士信,士信耻之。士信有骏马,世充兄子赵王道询欲之,不与,世充夺之以赐道询。士信怒,故降唐。唐高祖闻士信来,甚喜,遣使迎劳,赐帛五千段,廪食其所部,以士信为陕州道行军总管。世充左龙骧将军席辩与同列杨虔安、李君义,亦皆帅所部降唐。于是唐行军总管刘仁基遣其将种如愿袭王世充河阳城,毁其河桥而还。已而唐将军秦武通军至洛阳,败世充将葛彦璋。自是世充将帅州县降唐者,时月相继,世充乃峻其法:一人亡叛,举家无少长就

戮,父子兄弟夫妇许相告而免之。又使五家为保,有举家亡者,四邻不觉,皆坐诛。杀人益多,而亡者益甚。至于樵采之人,出入皆有限数。公私愁窘,人不聊生。又以宫城为大狱,意所忌者,并其家属收系宫中;诸将出讨,亦质其家属于宫中,禁止者常不减万口,馁死者日有数十。公元六二〇年,即武德三年,夏四月,唐怀州总管黄君汉击王世充太子玄应于西济州,大破之。熊州行军总管史万宝邀之于九曲,又破之。突厥遣阿史那揭多献马千匹于王世充,且求婚,世充以宗女妻之,并与之互市,以示相结。

(十)唐之大举击王世充及其防攻之形势 唐高祖武德三年夏,议大举击王世充。世充闻之,选诸州镇骁勇皆集洛阳以便防御。秋七月,唐高祖诏秦王世民督诸军击世充,至新安,王世充乃遣其魏王王弘烈镇襄阳,荆王王行本镇虎牢,宋王王泰镇怀州,齐王王世恽检校洛阳南城,楚王王世伟守洛阳北面之宝城,太子玄应守洛阳东城,汉王王玄恕守洛阳东北之含嘉城,鲁王王道徇守洛阳东面之曜仪城。世充自将战兵左辅大将军杨公卿,右游击大将军郭善才,左游击大将军跋野纲等马步军共三万人,以备唐。唐秦王世民则遣行军总管史万宝自宜阳南据龙门;将军刘德威自太行东围怀州;上谷公王君廓自洛口断其饷道;怀州总管黄君汉自河阴攻拔回洛城,世民大军屯于北邙,连营以逼之。于是王世充显州总管田瓒以所部二十五州降唐,襄阳声问遂与世充绝。已而王君廓攻拔镮辕,世充尉州刺史时德叡亦帅所部杞、夏、陈、随、许、颍、尉七州降唐,未几,许亳间十一州亦皆请降。自是河南州县降唐者相继。

(十一)李世民与王世充洛阳附近之战争 当唐秦王世民之屯军北邙以逼洛阳也,尝将轻骑觇敌,世充猝与之遇。众寡不敌,道路险厄,为世充所围。世民左右驰射,皆应弦而毙,获其左建威将军燕琪,世充乃退。世民因帅步骑五万进军慈涧,世充避之,拔慈涧之戍归于洛阳。逾月,世民复以五百骑行战地,王世充帅步骑万余猝至,围之。世民与尉迟敬德帅骑兵突围转战,出入世充阵,往返无所碍。屈突通引大军继至,世充兵大败,仅以身免,擒其冠军大将军陈智略及排稍兵六千。未几,世充大将军张镇周、管州总管杨庆等多人皆来降唐。世民于是选精

锐千余骑皆皂衣玄甲,分为左右队,使秦叔宝、程知节、尉迟敬德、翟长孙分将之。每战,世民亲被玄甲,帅之为前锋,乘机进击,所向无不摧破,敌人畏之。唐行台仆射屈突通等将兵按行营屯,猝与王世充遇,战不利,秦王世民帅玄甲救之,世充大败。获其骑将葛彦璋,俘斩六千余人,世充遁归。世充太子玄应将兵数千人自虎牢运粮入洛阳,秦王世民遣将军李君羡邀击,大破之,玄应仅以身免。武德四年春二月辛丑,世民移军青城宫,壁垒未立,王世充帅众二万出临谷水拒唐兵,诸将皆惧,世民以精骑阵于北邙,登魏宣武陵以望之,谓左右曰:"贼势窘矣,悉众而出,徼幸一战,今日破之,后不敢复出矣。"命屈突通帅步卒五千渡水击之,戒通曰:"兵交则纵烟。"烟作,世民引骑南下,身先士卒,与通合势力战。世民欲知世充阵厚薄,与精骑数十冲之,直出其背,众皆披靡。既而限于长堤,与诸骑相失。将军丘行恭独从世民,世充数骑追及之,世民马中流矢而毙,行恭回骑射追者,发无不中,追者不敢前,乃下马以授世民,行恭于马前步执长刀斩杀突阵而出,得入大军。世充亦帅众殊死战,散而复合者数四。自辰至午,世充兵始退。世民纵兵乘之,直抵东都城下,俘斩七千人,遂围之。

(十二)王世充之求援于窦建德　秦王世民既围东都,其所遣刘德威亦攻下怀州,王君廓亦袭拔虎牢,获荆王王行本。惟王世充在东都围城中守御甚严,大炮飞石重五十斤,掷二百步,八弓弩箭如车辐,镞如巨斧,射五百步。世民四面攻之,昼夜不息,旬余不克。唐将士皆疲弊,思归,总管刘弘基等请班师,世民曰:"今大举而来,当一劳永逸,东方诸州已望风款服,惟洛阳孤城,势不能久。功在垂成,奈何弃之而去?"乃下令军中曰:"洛阳未破,师必不还。敢言班师者斩。"众乃不敢复言。唐高祖闻之,亦密敕世民使还。世民表称洛阳必可克;又遣参谋军事封德彝入朝,面论形势。德彝言于唐高祖曰:"世充得地虽多,率皆亲属;号令所行,惟洛阳一城而已。智尽力穷,克在朝夕。今若旋师,贼势复振,更相连结,后必难图!"高祖乃从之。世民遣世充书,谕以祸福,世充不报。先是世充已遣使求救于窦建德,及洛阳被围,世充遣使告急于建德者,益相继于道。至是,建德已大举来援,故世充不报世民书。今可转而一叙窦建德,因之以及王世充之被平。

五　平河朔——窦建德

（一）窦建德建国后势力与疆域之扩张　承前第八章（四），吾人已知窦建德据乐寿称王，已而改建国号曰夏。当其称王以后，隋河间郡丞王琼守郡城以拒群盗，建德攻之岁余不下。及琼闻炀帝被弑，帅吏士发丧，建德遣使吊之，琼乃降。建德诸将以琼久拒其攻，请烹之。建德曰："琼，忠臣也……奈何杀之？往在高鸡泊为盗，容可妄杀人；今欲安百姓，定天下，岂得害忠良乎？"乃以琼为瀛州刺史。于是河北郡县闻之，争附于建德。先是建德陷景城，执户曹张玄素将杀之。县民千余人号泣请代其死，曰："户曹清慎无比，大王杀之，何以劝善？"建德乃释之，以为治书侍御史，固辞，及炀帝被弑，复以为黄门侍郎，玄素乃起。饶阳令宋正本博学有才气，说建德以定河北之策，建德引为谋主，任为纳言。时群盗魏刁儿据深泽，掠冀定之间，众逾十万，自称魏帝，建德伪与连和，刁儿弛备，建德袭击破之，遂围深泽，其徒执刁儿降，建德斩之，尽并其众，易定等州皆降。惟隋冀州刺史鞠稜不下，建德攻陷之，见稜，曰："卿忠臣也。"厚礼之，以为内史令。建德既克冀州，兵威益盛，北攻幽州。总管罗艺用薛万均之策，使羸兵背城阻水为阵以诱建德，而伏精骑于城旁，候建德引军半渡，伏起邀击，大破之。建德乃分兵掠霍堡及雍奴等县，艺复邀击破之。凡相拒百余日，建德不能克，乃还。

（二）建德之灭宇文化及　建德不得志于幽州，乃转而南向以图宇文化及。初，宇文化及自为李密所破后，据魏县，建许称帝。唐高祖武德二年春，唐淮安王李神通击化及于魏县，化及不能抗，东走聊城。神通拔魏县，引兵追化及至聊城，围之。化及乃以珍货诱海曲诸盗，盗帅王薄帅众从之，与共守聊城。建德谓其群下曰："吾为隋民，隋为吾君，今宇文化及弑逆，及吾仇也，吾不可以不讨。"乃引兵趣聊城。李神通惧建德，引兵退。建德遂与化及连战，大破之。化及复入守聊城。建德纵兵四面急攻，王薄开门纳之。建德入城，生擒化及。乃谒隋萧皇后，语皆称臣；素服哭炀帝，尽哀。收传国玺及卤薄仪仗，抚存隋之百官，然后执逆党宇文智及杨士览、武元达、许弘仁、孟景，集隋官而斩之。以槛车载化及并二子承基、承趾至襄国，斩之。建德每战胜克城所得资财，悉以分将士，身无所取；又不啖肉，常食蔬茹粟饭。妻曹氏不衣纨绮，所役

婢妾,才十许人。及破化及,得隋宫女千数,即时遣散之。以隋黄门侍郎裴矩为左仆射,掌选事;兵部侍郎崔君肃为侍中;虞世南为黄门侍郎;欧阳询为太常卿,自余随才授职,委以政事。其不愿留,欲诣关中及东都者,亦听之,仍给资粮,以兵护之出境。隋骁果尚近万人,亦各纵遣任其所之。又尝遣使奉表于越王侗,越王侗封为夏王。已而闻王世充弑越王侗,建德与世充绝,始建天子旌旗,出警入跸,下书称诏。

(三)建德之屡破唐兵与略取唐地　建德灭宇文化及后,复西向扩张其疆土,攻陷唐邢州。执总管陈君宾。武德二年秋八月,建德将兵十余万趣洺州,唐淮安王李神通惧,帅诸军退保相州,洺州遂陷,总管袁子幹降之。建德复引兵趣相州,淮安王神通闻之,帅诸军走就李世勣于黎阳,建德遂陷相州,杀刺史吕珉。淮安王神通使慰抚使张道源镇赵州,建德北攻,陷之,擒总管张志昂及道源。时幽州总管罗艺已受唐封为燕郡王,受赐姓为李氏,南击建德,破之于衡水。建德乃引兵南攻黎阳,克之,掳淮安王神通,李世勣父盖,魏徵,及唐高祖妹同安公主。惟李世勣以数百骑走渡河,数日,以其父故,还诣建德降。卫州闻黎阳陷,亦降于建德。建德以世勣为左骁卫将军,使守黎阳,常以其父盖自随为质,以魏徵为起居舍人。置淮安王神通于下傅,待以客礼,已而李世勣谋杀建德,冀得其父并建德土地以归唐,未成,奔长安。建德群臣请诛世勣之父盖。建德曰:"世勣唐臣,为我所掳,不忘本朝,乃忠臣也,其父何罪?"遂赦之。

(四)唐之请和与建德之内政　先是建德陷黎阳时,李密所属滑州刺史王轨为奴所杀,其奴携轨首诣建德降。建德曰:"奴杀主,大逆,吾何为受之?"立命斩奴,返其首于滑州。吏民感悦,即日请降。于是其旁州县及群盗徐圆朗等,皆望风归附。建德于是还洺州,筑万春宫,徙都之。建德起于群盗,初虽建国,未有文物法度,及得裴矩,为之定朝仪,制律令,建德甚悦,每从之咨访典礼。自徙都洺州,建德益整饬内治,劝课农桑,遂至境内无盗,商旅野宿。时夏之国土日大,国势日张,唐高祖畏之,遣使与建德连和,建德遣同安公主随使者俱还。然建德终不忘幽州,虽与唐和,仍自帅众二十万北攻。建德兵已攀幽州城堞,薛万均、薛万彻帅敢死士百人从地道出其背掩击之,建德兵溃走,斩首千余级。李

艺兵乘胜直薄其营,建德阵于营中,填堑而出,奋击,大破之。建德逐北至幽州城下,攻之不克而还。

(五)建德之赴援王世充　建德自幽州还时,值唐秦王世民击王世充,逼洛阳,世充遣使求救于建德。初,王世充尝侵建德黎阳,建德袭破殷州以报之,自是二国交恶,信使不通。及唐兵逼东都,世充遣使求救,建德未决。中书侍郎刘彬乃说建德曰:"天下大乱,唐得关西,郑得河南,夏得河北,共成鼎足之势。今唐举兵临郑……唐强郑弱,势必不支。郑亡,则夏不能独立矣。不如解仇除忿,发兵救之。夏击其外,郑攻其内,破唐必矣。唐师既退,徐观其变,若郑可取则取之。并二国之兵,乘唐师之老,天下可取也。"建德从之,遣使诣世充,许以赴援。又遣使诣唐,请罢洛阳之兵。秦王世民留之不答。公元六二一年,即武德四年春,建德引兵南下,克周桥,掳孟海公。于是西陷管州,杀刺史郭士安。又陷荥阳、阳翟等县,水陆并进,汛舟运粮沂河西上,众十余万,号三十万,军于成皋之东原,筑宫板渚,遣使与王世充相闻。

(六)李世民之决策东拒建德　先是建德遗秦王世民书,请退军潼关,返郑侵地,复修前好。世民集将佐议之,皆请避其锋。惟郭孝恪主据武牢之险以拒之;薛收亦谓:"世充保据东都……兵皆江淮精锐,即日之患,但乏粮耳,以是之故,为我所持,求战不得,守则难久;建德亲帅大众,远来赴援,亦当极其精锐,致死于我,若纵之至此,两冠合纵,转河北之粟以馈洛阳,则战争方始,偃兵无日,混一之期,殊未有涯也。今宜分兵守洛阳,深沟高垒,世充出兵,慎勿与战;大王亲帅骁锐,先据成皋,励兵训士,以待其至,以逸待劳,决可克也。建德既破,世充自下。不过二旬,两主就缚矣。"世民善之,而萧瑀、屈突通、封德彝皆曰:"吾兵疲老,世充凭守坚城,未易猝拔;建德席胜而来,锋锐气盛。吾腹背受敌,非完策也。不若退保新安,以承其弊。"世民曰:"世充兵摧食尽,上下离心,不烦力攻,可以坐克;建德新破海公,将骄卒惰,吾据武牢扼其咽喉,彼若冒险争锋,吾取之甚易。彼狐疑不战,旬月之间,世充自溃,城破兵强,气势自倍。一举两克,在此行矣。若不速进,贼入武牢,诸城新附,必不能守。两贼并力,其势必强,何弊之承?吾计决矣。"通等又请解围据险观变,世民不许,遂中分麾下,使通等副齐王元吉围守东都;世民自

将骁勇三千五百人东趣武牢以拒建德。

（七）建德对于凌敬蹈虚计策之不用　世民已抵武牢，即自将骁骑五百往觇建德之营。缘道分留从骑，使李世勣、程知节、秦叔宝将之，伏于道旁，才余四骑，与之偕进。去建德营三里许，建德游兵遇之，以为斥候也。世民大呼曰："我秦王也。"引弓射之，毙其一将。建德军中大惊，出五六千骑逐之。世民等回骑按辔徐行。追骑将至，则引弓射之，辄毙一人，追者惧而止，止而复来，如是再三，每来必有毙者。追者不敢复逼，世民逡巡稍却以诱之，入于伏内，世勣等奋击，大破之，获其骁将殷秋、石瓚以归。乃为书报建德，谕以世充亡在旦夕，救之非策，今前茅相遇，又遽崩摧，不如及早择善而从，若不获命，恐后悔难追云云。建德不听。自此建德碍于武牢不得进，留屯累月，数战不利，将士思归。已而世民遣兵抄建德粮运，又破之，获其大将军张青特。凌敬乃言于建德曰："大王悉兵济河，攻取怀州、河阳，使重将守之；更鸣鼓……入上党，徇汾晋，趣蒲津。如此有三利：一则蹈无人之境，取胜可以万全；二则拓地收众，形势益强；三则关中震骇，郑围自解。为今之策，无以易此。"建德将从之。而王世充遣使告急，相继于道。王琬长、孙安世朝夕涕泣，请救洛阳；又阴以金玉啗建德诸将，以挠其谋。诸将皆曰："凌敬书生，安知战事，其言岂可用也？"建德乃谢敬曰："今众心甚锐，天赞我也，因之决战，必将大捷，不得从公言。"敬固争之，建德怒，令扶出。建德妻曹氏曰："祭酒之言，不可违也。今大王自滏口乘唐之虚……以取山北，又因突厥西抄关中，唐必还师自救，郑围何忧不解？若顿兵于此，老师费财，欲求成功，在于何日？"建德以为此非女子所知，亦不听。

（八）李世民之破擒建德　建德伺唐军刍尽，牧马于河北，将袭武牢。世民谍知之，因留马千余匹牧于河渚以诱建德，夕还武牢。建德果悉众而至。时武德四年五月己未，建德为二十里长阵鼓行而进。唐诸将皆惧，世民将数骑升高丘以望之，谓诸将曰："贼……今渡险而嚣，是无纪律；逼城而阵，有轻我心。我按兵不动，彼勇气自衰。阵久卒饥，势将自退。追而击之，无不克者。与公等约，甫过日中，必破之矣。"乃按兵不战。建德列阵自辰至午，士卒饥倦，皆坐列，又争饮水，逡巡欲退。世民命宇文士及将三百骑经建德阵西，驰而南上，戒之曰："贼若不动，

尔宜引归；动，则引兵东出。"士及至阵前，阵果动。世民曰："可击矣！"乃命出战。世民帅轻骑先进，大军继之，直薄其阵。建德群臣方朝谒，唐骑猝来，朝臣趋就建德。建德召骑兵使拒唐兵，骑兵阻朝臣不得过。建德挥朝臣令却。进退之间，唐兵已至。建德窘迫，退依东坡，唐将窦抗引兵击之，战小不利。世民帅骑赴之，所向皆靡。淮阳王李道玄挺身陷阵，直出其后，复突阵而归，再入再出，矢集其身如蝟毛，勇气不衰，射人皆应弦而仆。于是诸军大战，尘埃涨天。世民帅史大奈、程知节、秦叔宝等卷斾而入，出其阵后，张唐旗帜。建德将士顾见之，大溃，追奔三十里。建德中槊，窜匿于牛口渚，唐车骑将军白士让、杨武威逐之，建德堕马。武威遂擒之以见世民。建德将士皆溃去，所俘获五万人，世民即日散遣之，使还乡里。建德妻曹氏遁归洺州。时建德余众走还洺州者，欲立建德养子为主以拒唐，或欲还向海隅为盗。建德左仆射齐善行恐遗毒于民，主降唐。乃悉散府库财物于将士，约其勿复残民，散遣之；然后与右仆射裴矩等帅其百官奉建德〔妻〕曹氏及传国玺以降。建德博州刺史冯士羡复推安王李神通为慰抚使，徇下三十余州，建德之地悉平。

（九）东都之困弊与王世充之降唐　世民既擒窦建德，同时东都日趋困弊。初，唐兵围东都，掘堑筑垒而守之。城中乏食，绢一疋值粟三升，布十疋值盐一升，服饰珍玩，贱如土芥。民食草根木叶皆尽，相与沉取浮泥，投米屑作饼食之，皆病身肿脚弱，死者相枕倚于道。先是人民凡三万家，至是无三千家。虽贵为公卿，糠核不充，往往馁死。然王世充恃有窦建德之援，力守不屈。且尝遣兵出战，败唐齐王元吉兵。及窦建德被擒，秦王世民囚建德、王琬、长孙安世等至东都城下，以示世充。世充与建德语而泣。仍遣安世等入城言败状。世充召诸将议突围走襄阳。诸将皆曰："吾所恃者夏王。夏王今已为擒，虽得出，终必无成。"世充不得已，乃素服帅其太子、群臣二千余人诣世民军门降。世民礼接之，世充俯伏流汗。世民曰："卿常以童子见处，今见童子，何恭之甚耶？"世充顿首谢罪。于是世民部分诸军入东都，封府库，取其金帛颁赐将士，禁兵侵掠。收世充之党罪尤大者段达、单雄信、杨公卿、王德仁、张童儿等十余人斩之。

（十）朱粲窦建德王世充之死　秦王世民之收斩世充党与也，朱粲

与焉。初,朱粲据冠军一带建楚称帝,以过于残忍(见第八章第十二目),诸城堡相帅叛之。淮安土豪杨士林、田瓒起兵攻粲,诸州皆应之,大败粲于淮源。粲率余聚数千奔邓州之菊潭,遣使请降于唐。唐高祖以粲为楚王,听自置官属,以便宜从事;复遣散骑常侍段确往慰劳。确醉侮粲曰:"闻卿好啖人,人作何味?"粲曰:"啖醉人正如糟藏蛆肉。"确怒骂之,粲遂杀确及从者数十人,悉烹之,以啖左右;复屠菊潭,奔王世充,世充以为龙骧将军。至是,亦被收斩。世民斩朱粲等后,世充故地皆来降唐,世民乃帅齐王元吉及诸将班师还长安,俘王世充、窦建德献于太庙。已而斩建德于市,赦世充为庶人,与兄弟子侄徙处蜀。会防夫未备,置雍州廨舍。独孤机之子定州刺史独孤修德为父报仇,帅兄弟矫敕杀世充及其兄世恽。唐高祖诏免修德官。世充所余兄弟子侄,于道亦以谋反诛。时武德四年七月,公元六二一年也。

六 平江陵——萧铣

(一)萧铣势力之盛衰　承前第八章(十一),萧铣于公元六一八年振巴陵称梁帝,封董景珍等功臣七人为王。乃遣宋王杨道生击南郡,下之。遂徙都江陵。又遣鲁王张绣徇岭南,隋将张镇周、王仁寿等拒之,既而闻炀帝遇弑,皆降于铣。钦州刺史宁长真亦以郁林、始安之地附于铣。铣遣人招交趾太守丘和,和不从。铣遣宁长真帅岭南兵自海道攻之,大为和所败。已而和得炀帝凶问,亦遂以郡降。铣又遣舟师东破豫章,林士弘之地多为所取。于是东至九江,西抵三峡,南尽交趾,北距汉川,铣皆有之。胜兵四十万。铣犹思扩张土地,遣杨道生攻唐之峡州,为唐刺史许绍所破;又谋规取巴蜀,亦失败。时铣诸将恃功恣横,好专诛杀,铣患之,乃宣言罢兵营农,欲夺诸将之权。大司马董景珍之弟为将军,怨望谋作乱,事泄伏诛。景珍时镇长沙,叛降唐。铣遣张绣攻之。景珍溃走,为麾下所杀。铣以绣为尚书令。绣又恃功骄横,铣又杀之。由是功臣诸将皆有离心,兵势益弱。

(二)唐高祖之大举攻梁　萧铣之兵势已弱,而唐于是时方平王世充、窦建德,威势甚振,遂大举攻梁。武德四年九月,唐高祖诏发巴蜀[兵],以赵郡王李孝恭为荆湘道行军总管,李靖摄军长史,总十二总管,自夔州顺流东下;以庐江王李瑗为荆郢道行军元帅,出襄州道;使黔

州刺史田世康出辰州道;黄州总管周法明出夏口道,进击萧铣。孝恭方发夔州,会江水正涨,诸将请俟水落进军。李靖曰:"兵贵神速。今吾始集,铣尚未知,若乘江涨倏忽抵其城下,掩其不备,此必成擒,不可失也。"孝恭从之,即帅战舰二千余艘东下。萧铣以江水方涨,殊不为备,孝恭等拔其荆门、宜都二镇,进至夷陵。铣将文士弘将精兵数万屯清江,孝恭击走之,获战舰三百余艘,杀溺者万计。追奔至百里洲,士弘收兵复战,又败之。进入北江。铣江州总管盖彦举五州降唐。

（三）萧铣之败亡 萧铣之罢兵营农也,才留宿卫数千人。闻唐兵至,文士弘败,大惧,仓猝征兵,皆在江岭之外,道途阻远,不能遽集,乃悉以现兵出拒战。孝恭将击之,李靖止之曰:"彼救败之师,策非素立,势不能久。不若且泊南岸,缓之一日,彼必分其兵,或留拒我,或归自守。兵分势弱,我乘而击之,蔑不胜矣。今若急之,彼则并力死战⋯⋯未易当也。"孝恭不从,留靖守营,自帅锐师出战,果败走,趣南岸。铣众委舟收掠军资,人皆负重。靖见其众乱,纵兵奋击,大破之。乘胜直抵江陵,入其外郭。又攻水城,拔之,大获战舰。李靖请尽散之江中。诸将皆谓破敌所获,当藉其用,奈何弃以资敌? 靖曰:"萧铣之地,南出岭表,东距洞庭,吾悬军深入,若攻城未拔,援兵四集,吾表里受敌,进退不获,虽有舟楫,将安用之? 今弃舟舰使塞江而下,援兵见之,必谓江陵已破,未敢轻进。往来觇伺,动淹旬月,吾取之必矣。"铣援兵见舟舰,果疑不进。其交州总管丘和等将朝江陵,闻铣败,悉诣孝恭降。孝恭勤兵围江陵,铣内外阻绝,问策于中书侍郎岑文本。文本劝铣降。铣不得已,帅群臣衰衣布帻请降于孝恭军门。孝恭入据江陵,诸将欲大掠,岑文本说孝恭禁之而止。诸将又请籍没梁将帅家产以赏将士。李靖不许。于是城中安堵,秋毫无犯。南方州县闻之,皆望风款附。铣降数日,援兵至者十余万,闻江陵不守,皆释甲而降。孝恭送铣于长安,以言词忤高祖,竟被斩。

七 平江淮——杜伏威李子通

（一）李子通之雄据江淮与杜伏威降唐 承前第八章（二）（三）,吾人已知公元六一七年左右,李子通据海陵称将军,杜伏威据历阳称总管。已而伏威降于隋越王侗,得封楚王。当是时,江南复有隋吴兴太守

沈法兴战胜攻败,据江表十余郡,于公元六一九年自称梁王,立都毗陵。复有隋江都太守陈稜据江都,与法兴、子通等对抗。已而子通围稜于江都,稜送质求援于法兴及伏威。法兴使其子纶将兵数万,与伏威共救之。两军既抵江都附近,子通纳言毛文深献策募江南人诈为纶兵,夜袭伏威营。伏威怒,复遣兵袭纶。由是二人相疑,莫敢先进。子通得尽锐攻江都,克之。稜奔伏威。子通入江都,因纵兵击纶,大破之。伏威亦引去。子通乃即皇帝位,国号吴。杜伏威则降唐。公元六二〇年,即唐高祖武德三年夏六月,高祖诏以伏威为持节总管江淮以南诸军事、扬州刺史、东商道行台尚书令、淮南安抚使,封吴王。时子通势甚张,渡江攻沈法兴,迭败之,法兴弃毗陵奔吴郡,于是丹阳、毗陵等郡皆降于子通。子通以法兴府掾李百药为内史侍郎、国子祭酒。

（二）李子通之灭沈法兴与杜伏威之灭子通　子通攻沈法兴,取其江南数郡以后,未几,杜伏威遣行台左仆射辅公祏将卒数千攻子通,以将军阚稜、王雄诞为之副。公祏渡江攻丹阳,克之。进屯溧水,子通帅众数万拒之,为方阵而前,公祏前锋殊死战,公祏复张左右翼以击之,子通败走。公祏逐之,反为所败,还壁,闭不出。王雄诞曰:"子通无壁垒,又狃于初胜,乘其无备,击之可破也。"公祏不从,雄诞以其私属数百人夜出击之,因风纵火,子通大败,降其卒数千人。子通食尽,弃江都保京口,江北之地,尽入于伏威,伏威徙居丹阳,子通复东走太湖。收合散亡,得二万人,袭沈法兴于吴郡,大破之,法兴走死。子通军势复振,帅其群臣徙都余杭,尽收法兴之地:北自太湖,南至岭东,包会稽,西距宣城,皆有之。子通帝于余杭,约一年。至武德四年冬十一月,杜伏威复遣王雄诞击子通。子通以精兵守独松岭,雄诞遣兵乘高据险以逼之,多张旗帜,夜则缚矩火于树,布满山泽。子通惧,烧营走保杭州,雄诞追击之,又破之于城下。庚寅,子通穷蹙请降。伏威执子通并其左仆射乐伯通送长安,唐高祖释之。

（三）杜伏威之尽并江淮及其朝唐　先是汪华据黟、歙,称王多年。王雄诞既平子通,还军击华,华拒之于新安洞口,甲兵甚锐。雄诞伏精兵于山谷,帅羸弱数千犯其阵,战才合,佯不胜,走还营。华进攻之,不能克。会日暮引还,伏兵已据其洞口,华不得人,窘迫请降。又有闻人

遂安者,据昆山,无所属,伏威使雄诞击之。雄诞以昆山险隘,难以力胜,乃单骑造其城下,示以祸福,遂安感悦,帅诸将出降。于是伏威尽有淮南江东之地,南至岭,东距海。雄诞以功授歙州总管,赐爵宜春郡公。武德五年秋七月,伏威入朝,唐高祖拜为太子太保,仍兼行台尚书令,留长安,位在齐王元吉之上,以宠异之。以阚稜为左领军将军。李子通谓乐伯通曰:"伏威既来,江东未定,我往收旧兵,可以立大功。"遂相与亡。至蓝田关,为吏所获,俱伏诛。

　　附　　林士弘之消灭　　林士弘自据鄱阳建楚称帝后(见第八章二),尝与萧铣战,铣以舟师破豫章,士弘仅有虔州、南昌及循、潮之地。及铣亡,其卒稍归之,复振。唐赵郡王李孝恭招慰,降循、潮二州。武德五年,士弘弟鄱阳王药师以兵二万围循州,为唐总管杨世略所破斩。士弘请降。未几,遁去,诱溃亡谋复乱,为唐洪州总管张善安所察,以兵讨之。会士弘死,其党遂无形消散。

八　平山东——刘黑闼徐圆朗

　　(第二次平河朔河南)

　　(一)窦建德故将之拥戴刘黑闼举兵　　初,窦建德之败也(见本章第五节),其诸将多盗匿库物,散在民间。彼等皆百战劲将,唐不能抚而用之,无半城之寄足以系累其心,故其居闾里,往往暴横为民患。唐官吏以法绳之,或加捶挞,建德故将皆惊惧不安。高雅贤与王小胡家在洛州,欲窃其家以逃,官吏捕之,雅贤等亡命至贝州。会唐高祖征建德故将范愿、董康买、曹湛及雅贤等,于是愿等相谓曰:"王世充以洛阳降唐,其将相大臣段达、单雄信等皆夷灭,吾属至长安,必不免矣。吾属自十年以来,身经百战,当死久矣,今何惜余生,不以之立事?且夏王得淮安王,遇以客礼;唐得夏王即杀之。吾属皆为夏王所厚,今不为之报仇,将无以见天下之士!"乃谋作乱。卜之,以刘氏为主,吉。因相与之漳南,见建德故将刘雅,以其谋告之。刘雅不可。众怒,且恐泄其谋,杀之。诸将复往诣建德故将汉东公刘黑闼,告以其谋,黑闼欣然从之。黑闼方种蔬,即杀耕牛与之共饮食定计,聚众得百人,于武德四年秋七月甲戌袭漳南县,据之。旋陷鄃县,唐魏州刺史权威、贝州刺史戴元祥与战,皆败死。黑闼悉收其余众及器械。窦建德旧党稍稍出归之,众至二千人。

为坛于漳南,祭建德,告以举兵之意,黑闼自称大将军。旋又陷历亭,执杀唐屯卫将军王行敏。

(二)徐圆朗之举兵应黑闼及其称王　初,隋炀帝末年,徐圆朗为鲁郡群盗,帅众攻陷东平,分兵略地,自琅琊以西北至东平,尽有之,胜兵二万余人。已而附于李密;密败,又归窦建德。及建德与王世充亡,降唐。唐高祖拜为兖州总管,封鲁郡公。刘黑闼起兵,阴与圆朗通谋。唐高祖遣葛国公盛彦师安集河南,行至任城,圆朗执之而举兵反。黑闼以圆朗为大行台元帅。兖、郓、陈、杞、伊、雒、曹、戴等八州豪杰皆应之。于是圆朗自称鲁王,与黑闼呼应。

(三)刘黑闼之屡败唐兵及其尽复建德故地称王　黑闼与圆朗既举兵,唐高祖先后遣淮安王李神通,将军秦武通,定州总管李玄通,幽州总管李艺,引兵会击黑闼。神通将兵至冀州,与李艺兵合,又发邢、洛、相、魏、恒、赵等州兵,合五万余人,与刘黑闼战于饶阳城南,大败,士马军资失亡三分之二。李艺闻神通战不利,引军退,黑闼就击之,艺亦败,薛万均、薛万彻皆为所虏,旋亡归。艺引兵归幽州,黑闼兵势大振。遂陷瀛州及定州,执总管李玄通。黑闼爱其才,欲以为大将,玄通不可,自杀,溃腹而死。时黑闼移书赵、魏,故窦建德将卒争杀唐官吏以应黑闼,据州降黑闼者甚多。黑闼乃转而南,陷冀州,杀刺史麴棱。遂进逼宗城,黎州总管李世勣先屯宗城,弃城走保洺州,黑闼追击世勣,大破之,世勣仅以身免,洺州土豪翻城应黑闼。黑闼祭窦建德而后入。未几,又引兵南攻,拔相州,取黎、卫二州。半岁之间,尽复建德旧境。又遣使北连突厥,颉利可汗遣俟斤宋邪那帅胡骑从之,声势益大。左武卫将军秦武通,洛州刺史陈君宾等皆自河北遁归长安。于是刘黑闼更陷邢州、赵州、魏州、莘州,武德五年正月,黑闼乃自称汉东王,改元天造,定都洺州。窦建德时文武,悉复本位。其设法行政,悉帅建德,而攻战勇决过之。

(四)秦王世民之东讨黑闼　唐高祖第一次命将征讨黑闼既完全失败,乃改命秦王世民讨黑闼。军一至获嘉,黑闼便弃相州退保洺州。世民乃进军洺水之上以逼之。幽州总管李艺将所部兵数万来会,黑闼闻之,留兵万人,使范愿守洺州,自将兵拒艺。夜宿沙河,程名震载鼓六

十具于城西堤上急击之,城中地皆震动。范愿惊惧,驰告黑闼,黑闼遽还,遣其弟十善等将兵一万击艺,十善大败,所亡八千人。会洛水城降,世民遣兵守之,黑闼引兵争洛水,世民使秦叔宝邀击,亦破之。于是世民取邢州,李艺取定、栾、廉、赵四州。然黑闼力争洛水,攻甚急,世民三引兵救之,黑闼拒之不得进。时王君廓守洛水,世民恐其失守,召诸将议之。郯勇公罗士信请代君廓守之。世民乃登城西南高冢以旗招君廓,君廓帅其徒力战溃围而出,士信挽左右二百人乘之入城,代君廓固守。黑闼昼夜急攻,会大雪,救兵不得往,凡八日,城陷。黑闼素闻士信勇武,欲生之。士信词色不屈,乃杀之,时年仅二十。

(五)刘黑闼之败奔突厥 黑闼陷洛水后,逾四日,复为世民所拔。世民乃与李艺营于洛水之南,分兵屯水北。黑闼数挑战,世民坚壁不应,而别遣奇兵绝其粮道。黑闼运粮于冀、贝、沧、瀛诸州,水陆俱进,程名振以千余人邀之,沉其舟,焚其车。世民与黑闼相持六十余日,黑闼潜师袭李世勣营,世民引兵掩其后以救之,为黑闼所围,尉迟敬德帅壮士犯围而入,世民乘之得出。世民度黑闼粮尽,必来决战。乃使人堰洛水上流,谓守吏曰:“待我与贼战,乃决之。”已而黑闼果帅步骑二万南渡洛水,压唐营而阵。世民自将精骑击其精兵,破之,乘胜蹂其步兵。黑闼帅众殊死战,自午至昏,战数合。黑闼力不能支,王小胡谓黑闼曰:“智力尽矣,宜早亡奔。”遂与黑闼先遁。余众不知,犹格战。守吏决堰,洛水大至,深丈余,黑闼之众大溃,斩首万余级,溺死数千人。黑闼与范愿等二百骑奔突厥。远近来降世民,河朔悉平。

(六)世民之讨平徐圆朗 徐圆朗闻黑闼败,大惧,不知所出。河间人刘复礼说圆朗曰:“有刘世彻者,其人才略不世出,名高东夏,且有非常之相,真帝王之器。将军若自立,恐终无成;若迎世彻而奉之,天下指挥可定。”圆朗然之,使复礼迎世彻于浚仪。或说圆朗曰:“将军为人所惑,欲迎世彻而奉之。世彻若得志,将军岂有全地乎?仆不敢远引前古,将军独不见翟让之于李密乎?”圆朗复以为然。世彻至,已有众数千人顿于城外,以待圆朗出迎。圆朗不出,使人召之。世彻知事变,欲亡走,知不免,乃入谒圆朗。圆朗悉夺其兵,以为司马,使徇谯、杞二州。东人素闻其名,所向皆下。圆朗遂杀之。时秦王世民自河北引兵将击

圆朗，会高祖召之，使驰传入朝，乃以兵属齐王元吉。世民至长安，具陈取圆朗形势。高祖复遣之诣黎阳，会大军，趋济阴。世民于是遣军定淮、济。秋七月，以淮济之间略定，遂使淮安王李神通及行军总管任瓌、李世勣逼攻圆朗。其后圆朗数败，任瓌遂围兖州，降者争逾城。圆朗穷蹙，与数骑弃城走，为野人所杀，其地悉平。

（七）刘黑闼势力之恢复　当世民之南讨徐圆朗也，刘黑闼引突厥寇定州，其故将曹湛、董康买亡命在鲜虞，复聚众应之。九月，黑闼陷瀛州，杀刺史马匡武，盐州遂附黑闼。唐高祖乃先后命淮阳王李道玄及齐王元吉讨之，以庐江王李瑗守洛州。十月，黑闼弟十善大破唐贝州刺史许善获于郍县，覆其全军。黑闼亦大破淮阳王道玄于下博，杀道玄，副将史万宝逃归。道玄数从秦王世民征伐，死时年十九。世民深惜之，谓人曰："道玄常从吾征伐，见吾深入贼阵，心慕效之，以至于此！"道玄既败没，华山以东皆震骇，庐江王瑗弃洛州西走，州县皆叛附于黑闼。旬日间，黑闼尽复故地，遂进据洛州。沧州刺史程大买为黑闼所迫，亦弃城走。齐王元吉畏黑闼兵强，不敢进。

（八）唐太子建成之东讨及黑闼之败死　时唐太子建成已与世民有隙，从太子中允王珪及洗马魏徵言，欲建功名以自固，请讨黑闼，高祖许之，诏陕东道大行台及山东道行军元帅河南、河北诸州并受建成处分，得以便宜从事。会黑闼拥兵南攻魏州，魏州总管田留安勒兵拒守，屡攻不下，且为留安所败，丧亡数千人。是时河朔豪杰多杀长吏以应黑闼，上下相猜，人益离怨；留安待吏民独坦然无疑，白事者无问亲疏，皆听直入卧内。每谓吏民曰："吾与尔曹俱为国御贼，固宜同心协力；必欲弃顺从逆者，但自斩吾首去。"吏民皆相戒曰："田公推至诚以待人，当共竭死力报之，必不可负。"有苑竹林者，本黑闼之党，潜有异志。留安知之，不发其事，引置左右，委以管钥。竹林感激，遂更归心。卒收其用，以功进封道国公。黑闼既攻魏州未下，而太子建成、齐王元吉大军已抵昌乐，黑闼乃引兵拒之。魏徵言于建成曰："前破黑闼，其将卒皆悬名处死，妻子系虏，故齐王之来，虽有诏书赦其党与之罪，皆未之信。今宜悉解其囚俘，慰谕遣之，则可坐视其离散矣。"建成从之。黑闼食尽，众多亡，或缚其渠帅以降。黑闼恐田留安兵出，与建成表里击之，遂夜遁。

至馆陶永济渠,桥未成,不得渡,建成、元吉以大军追至,黑闼之众大溃。黑闼仅与数百骑亡去。建成遣刘弘基帅骑紧追之。至饶阳,黑闼从者才百余人,馁甚。黑闼所署饶州刺史诸葛德威出迎,固请黑闼入城,馈之食。食未毕,德威勒兵执之,送诣建成。建成斩之洺州,河朔复平。时武德六年正月,公元六二三年也。

(附)高开道之自亡 高开道之据渔阳建燕称王,已如第八章第十三目所述。其杀昙成以后,未几,因罗艺请降于唐。唐高祖诏以为蔚州总管上柱国北平郡王。但开道旋又谋图艺。武德五年,幽州饥,开道许输艺以粟,艺遣老弱往食,皆厚遇之。艺悦,不为虞,更发兵三千,车数百,马驴千,往请粟。开道悉留不遣。遂北连突厥,告绝于艺,复称燕王,与刘黑闼联兵攻唐。遣将谢稜诡降于罗艺,请兵应接,艺众至,稜纵击破之。因导突厥俱南,恒、定、幽、易等州骚然罹患,且攻马邑,拔之。会黑闼等平,开道欲降唐,自疑反复,恐得罪,不敢降。然将士多山东人,且厌乱,感思乡里,有离心。先是开道选壮士数百为假子,常直阁内,使张金树领之。故刘黑闼将张君立亡在开道所,与金树密谋取开道。金树遣其党数人入阁内与假子游戏,向夕,潜断其弓弦,藏刀槊于床下,合暝,抱之趋出。金树帅其党大噪攻开道阁,假子将御之,弓弦皆绝,刀槊已失,争出降。君立亦举火于外与相应,内外惶扰。开道知不免,先缢妻妾诸子而后自杀。金树陈兵悉收假子斩之,并杀君立,遣使请降于唐。高祖以金树为北燕州都督。

九 再平江淮——辅公祏张善安

(一)辅公祏之反于江南与建宋称帝 承前第七节,杜伏威既平李子通,江淮略定,伏威入朝于唐,留长安。初,伏威与辅公祏相友善,公祏年长,伏威兄事之,军中谓之伯父,畏敬与伏威等。伏威浸忌之,乃署其养子阚稜为左将军,王雄诞为右将军,潜夺其兵权。公祏知之,怏怏不平,与其故人左游仙佯为学道辟谷以自晦。及伏威入朝,留公祏守丹阳,令雄诞典兵为之副,阴诫雄诞勿令公祏为变。伏威既行,左游仙说公祏谋反。而雄诞握兵,公祏不得发。乃诈称得伏威书,疑雄诞有贰心。雄诞闻之不悦,称疾不视事。公祏因夺其兵,使其党谕雄诞以反计。雄诞始悟,悔之,不肯从叛。公祏知不可屈,缢杀之。公祏乃复诈

称得伏威书，云不得还江南，令公祏起兵。于是大修铠仗，运粮储，武德六年秋，称帝于丹阳，国号宋。修陈故宫室而居之。署置百官。遣其将徐绍宗北攻海州，陈正通北攻寿阳。

（二）张善安之反于江西及与公祏连兵　当公祏反时，张善安已反，相与联兵。张善安者，兖州人，隋末，年十七，亡命为盗帅，转掠淮南，袭破庐江，南依林士弘。不见信任，恨之，反袭士弘，去保南康。肃铣取豫章，遣将守之，善安攻夺其地，据以降唐，唐高祖拜为洪州总管。武德六年三月，善安据洪州反。及公祏兵起，与交通，公祏以善安为西南道大行台。将兵北据夏口，拒唐将周法明。时法明屯荆口镇，登战舰饮酒，善安遣刺客数人，诈乘渔艓而至，见者不以为虞，遂杀法明而去。又掠孙州，执唐总管王戎。

（三）唐高祖之命将征讨及张善安之擒斩　张善安辅公祏既反，唐高祖乃诏襄州道行台赵郡王李孝恭以舟师趣江州，岭南道大使李靖以交、广、泉、桂之众趣宣州，怀州总管黄君汉出谯、亳，齐州总管李世勣出淮泗，以讨之。武德六年冬，安抚使李大亮进击善安于洪州，与善安隔水而语，谕以祸福。善安曰："善安初无反心，正为将士所误，欲降，又恐不免。"大亮曰："张总管有降心，则与我一家耳。"因单骑渡水入其阵，与善安执手共语，示无猜间。善安大悦，遂许之降。既而善安将数十骑诣大亮营，语久之，善安辞去，大亮命武士执之，从骑皆走。善安营中闻之大怒，悉众来攻大亮。大亮使人谕之曰："吾不留总管，总管赤心归国，谓我曰，若还营，恐将士或有异同，为其所制。故自留不去耳。卿辈何怒于我？"其党乃大骂张善安相卖，遂皆溃去，大亮追击，多所虏获。送善安于长安，赦之。后得其与辅公祏往还书，乃杀之。

（四）李孝恭李靖之平辅公祏　张善安既擒，李孝恭之军遂顺流东下，势如破竹。于是辅公祏遣其将冯慧亮、陈当世将舟师三万屯博望山，陈正通、徐绍宗将步骑三万屯青林山，仍于梁山连铁锁以断江路，合拒唐军，谋坚壁不战。孝恭遣奇兵绝其粮道，而集诸将议军事。皆曰："慧亮等拥强兵据水陆之险，攻之不可猝拔，不如直指丹阳，掩其巢穴。丹阳既溃，慧亮等自降矣。"孝恭将从之。李靖曰："公祏精兵虽在此水陆二军，然所自将亦为不少。今博望诸栅尚不能拔，公祏保据石头，岂

易取哉？进攻丹阳旬月不下，慧亮蹑吾后，腹背受敌，此危道也。慧亮，正通……立计持重，欲以老我师耳。我今攻其城以挑之，一举可破也。"孝恭然之，使羸兵先攻贼垒，而勒精兵结阵以待。攻垒者不胜而走，慧亮等出兵追之，行数里，过大军，与战，大破之。阚稜时在军，免胄谓慧亮等之军曰："汝曹不识我耶？何敢来与我战？"其众多稜旧部，皆无斗志，或有拜者，由是遂败。孝恭、李靖乘胜逐北，博山、青林两戍皆溃，慧亮等遁归。杀伤及溺死万余人。李靖兵先至丹阳，公祐大惧，弃城东走会稽，至武康，从者仅数十人，为野人所擒获，送于孝恭，枭首丹阳。孝恭等定其余党，江南遂平。

第十一章　太宗之即位及其内政

（一）建成世民元吉之不和　初，唐高祖之起兵晋阳也，皆秦王世民之谋，故高祖谓世民曰："若事成……当以汝为太子。"将佐亦以为请。世民固辞而止。其后世民将兵出征，战无不胜，薛仁杲、刘武周、宋金刚、窦建德、王世充、朱粲、刘黑闼之流，俱世民所手定。高祖以世民功大，特置天策上将，位在王公上，以世民为之，开府置官属。世民以国内浸平，开馆以延文学之士。杜如晦、房玄龄、虞世南、褚亮、姚思廉、陆德明、孔颖达等十八人，并以本官兼文学馆学士，分为三番，更日直宿。世民暇日，辄至馆中讨论文籍，或至夜分。使阎立本图像，褚亮为赞，号十八学士。当是时，高祖已立建成为太子。建成既无功，又好酒色游畋。元吉亦骄侈多过失。以世民功名日盛，建成内不自安，乃与元吉协谋共倾世民。高祖多内宠，建成、元吉曲意谄事诸妃嫔，世民独不事之。由是妃嫔皆誉建成、元吉而短世民。高祖惑之，父子兄弟之间，猜嫌日甚。建成、元吉屡谋害世民，不遂，于是彼此私募壮士，交纳豪杰，以相图。

（二）玄武门骨肉相残及世民之即位　公元六二六年，即高祖武德九年，建成、元吉鸩世民，未死，又密请高祖杀世民，又谋剪除世民羽翼心腹之士，又谋拉杀世民于昆明池。世民僚属皆惧，房玄龄、杜如晦、长孙无忌、尉迟敬德、高士廉、侯君集等力劝世民先发制人，速除建成、元吉，数请，乃决。于是世民密奏建成、元吉专欲杀臣，似为世充、建德报仇。明日，世民帅兵伏玄武门，建成、元吉入参高祖，至门，觉有变，欲

还，世民追射建成，杀之。尉迟敬德射杀元吉。时建成五子、元吉五子皆少，世民尽杀之，并取元吉杨妃。高祖乃立世民为太子，诏军国大小庶事悉委太子，处决，然后奏闻。世民乃以高士廉为侍中，房玄龄为中书令，萧瑀为左仆射，长孙无忌为吏部尚书，杜如晦为兵部尚书，宇文士及为中书令，封德彝为右仆射，杜淹为御史大夫，颜师古、刘林甫为中书侍郎，虞世南、褚亮、姚思廉等皆拜官有差。复以尉迟敬德为右武侯大将军，程知节为右武卫大将军，秦叔宝为左卫大将军，王君廓为左领军大将军，此外侯君集、段志玄、张公谨、薛万彻等并为将军。初，建成官属魏徵常劝建成早除世民，至是，世民召徵，责以离间兄弟。徵举止自若，对不屈，曰："先太子早从徵言，必无今日之祸。"世民素重其才，改容礼之。王珪亦尝为建成谋，世民皆以为谏议大夫。未几，高祖自称太上皇，诏传位于太子。太子即位，是为太宗。

（三）太宗之选贤任能 太宗即位之后，命官一以贤才为主。房玄龄尝言秦府旧人未迁官者皆嗟怨。太宗曰："王者至公无私，故能服天下之心。朕与卿辈日所衣食，皆取诸民者，故设官分职，以为民也，当择贤才而用之。岂以新旧为先后哉？必也新而贤，旧而不肖，安可舍新而取旧乎？"初，高祖欲强宗室以镇天下，立童孺皆为王，王者数十人。及太宗即位，以为诸王多无功，爵命既崇，多费百姓，非所以示天下以至公，乃降宗室郡王皆为县公，惟有功者数人不降。或上言秦府旧兵宜尽除武职追入宿卫，太宗谓之曰："朕……惟贤是与，岂旧兵之外皆无可信者乎？汝之此意，非所以广朕德于天下也。"竟不许。太宗尝谓房玄龄等曰："为政莫若至公。昔诸葛亮窜廖立、李严于南夷，亮卒而立、严皆悲泣，有死者。非至公，能如是乎……朕既慕前世之明君，卿等不可不法前世之贤相也！"

（四）太宗之偃武修文 太宗即位之时，中国大定，即割据北边之梁师都、郭子和及刘武周余党苑君璋皆先后来降或自灭。魏徵亦尝劝帝偃武修文，谓"中国既安，四夷自服"。太宗从之，于是突厥南侵，太宗与和（详下章）。益州獠反，窦轨请发兵讨之，太宗曰："牧守苟能抚以恩信，自然帅服。安可轻动干戈，渔猎其民？"竟不许。又林邑献火珠，有司以其表辞不顺，请讨之。帝曰："好战者亡。隋炀帝……耳目所亲见

也;小国胜之不武,况未可必乎？语言之间,何足介意。"亦不许。惟太宗非不欲耀威四裔也,其成算,盖以"即位日浅,国家未安,百姓未富,且当静以抚之"。逮既富庶,始从事外征也。故自即位以来,置弘文馆于殿侧,精选天下文学之士虞世南、褚亮、姚思廉、欧阳询等,以本官兼学士,令更日宿直。听朝之隙,引入内殿,讲论前言往行,商榷政事,或至夜分乃罢。尝谓群臣曰:"戡乱以武,守成以文。文武之用,各随其时也。"又房玄龄尝奏阅府库甲兵远胜隋世。帝曰:"甲兵武备,诚不可阙,然炀帝甲兵,岂不足耶？卒亡天下。若公等尽力使百姓差安,此乃朕之甲兵也。"

(五)太宗之开言纳谏　太宗秉资睿智英武,已非常人所及;然仍深知一人之耳目有限,思虑难周,非集思广益,难以求治,故自即位以后,恐人不谏,常导之使言,奖之使谏。由是直谏之士云兴。其中最著者为魏徵,前后犯颜直谏者二百余事。若谏而不从,太宗与之言,辄不应。太宗问其故,徵对曰:"臣以事为不可,故谏。若陛下不从而臣应之,则事遂施行,故不敢应。"帝曰:"且应而复谏,庸何伤?"对曰:"昔舜戒群臣,'尔无面从,退有后言'。臣心知其非而口应陛下,乃面从也,岂稷契事舜之意耶?"帝大笑曰:"人言魏徵举止疏慢,我视之更觉妩媚,正为此耳。"徵起拜谢曰:"陛下开臣使言,故臣得尽其愚。若陛下拒而不受,臣何敢数犯颜色乎?"太宗神采英毅,群臣进见者,皆失举措。帝知之,每见人奏事,必假以辞色,冀闻规谏。尝谓公卿曰:"人欲自见其形,必资明镜;君欲自知其过,必待忠臣。苟其君愎谏自贤,其臣阿谀顺旨,君既失国,臣岂能独全?如虞世基等谄事炀帝以保富贵。炀帝既弑,世基等亦诛。公辈宜用此为戒!事有得失,无惜尽言!"又群臣上书可采,及召对,震于太宗之威仪,多失次。帝知之,由是接群臣辞色愈温,欲使各尽其情。尝曰:"炀帝多猜,临朝对群臣,多不语。朕则不然,与群臣相亲如一体耳。"

(六)太宗之警惕骄侈自满　太宗常以骄侈自满为惧。每谓侍臣曰:"君依于国,国依于民。刻民以奉君,犹割肉以充腹。腹满而身毙,君富而国亡。故人君之患,不自外来,常由身出。夫欲盛则费广,费广则赋重,赋重则民愁,民愁则国危,国危则君丧矣。朕常以此思之,故不

敢纵欲也。"又尝曰:"人主惟有一心,而攻之甚众;或以勇力,或以辩口,或以谄谀,或以奸诈,或以嗜欲,辐辏攻之,各求自售以取宠禄,人主少懈而受其一,则危亡随之,此其所以难也。"又尝问侍臣,帝王创业与守成孰难。房玄龄曰:"草昧之初,与群雄并起,角力而后臣之,创业难矣!"魏徵曰:"自古帝王莫不得之于艰难,失之于安逸,守成难矣。"帝曰:"玄龄与吾共取天下,出百死,得一生,故知创业之难。徵与吾共安天下,常恐骄奢生于富贵,祸乱生于所忽,故知守成之难。然创业之难既已往矣,守成之难,方当与诸公慎之。"

（七）太宗之励精图治　太宗之自警省有如上之所云,故常励精图治。数引魏徵入卧内,访以得失。徵知无不言,帝皆欣然嘉纳。其上书言事者,帝皆粘之于壁,得出入省览。每思治道,或深夜方寝。尝谓太子少师萧瑀曰:"朕少好弓矢,得良弓十数,自谓无以加。近以示弓工,乃曰皆非良材。朕问其故。工曰,木心不直,则脉理皆邪,弓虽劲而发矢不直。朕始悟辨者之未精也。朕以弓矢定四方,识之犹未能尽,况天下之务,岂能遍知乎?"乃命京官五品以上,更宿中书内省,数延见,问以民间疾苦及政事得失。帝又以养民者在都督刺史,常书其名于屏风,坐卧观之,得其在官善恶之迹,皆注于名下,以备黜陟。以县令尤为亲民,不可不择,乃命内外五品以上,各举堪为县令者,以名闻。其后马周上疏,言"百姓所以治安,惟在刺史县令,苟选用得人,则陛下可以端拱无为。今朝廷惟重内官,而轻州县之选,刺史多用武人;或京官不称职,始补外任;边远之处,用人更轻,所以百姓未安,殆由于此。"疏奏,帝称善久之,谓侍臣曰:"刺史朕当自选,县令宜诏京官五品以上各举一人。"

（八）房玄龄杜如晦之相业　太宗本身已励精图治若是,而复有良相杜如晦、房玄龄辅佐之,为治益有可观。初,玄龄、如晦仕秦府时,府僚多补外官,如晦亦出。玄龄谓太宗曰:"余人不足惜;杜如晦,王佐之才,大王欲经营四方,非如晦不可。"太宗即奏留之,使参帷幄,剖决如流。太宗每令玄龄入奏事。高祖曰:"玄龄为吾儿陈事,虽隔千里,皆如面谈",太宗既立,未几,以玄龄、如晦为左、右仆射,总领吏、礼、兵、刑、民、工等六部。王珪为侍中,统门下。魏徵以秘书监参预朝政。太宗尝谓玄龄、如晦曰:"公为仆射,当广求贤人,随才授任,此宰相之职也。比

闻听受辞讼，日不暇给，安能助朕求贤乎?"因敕尚书省，细务属左右丞，惟大事应奏者，乃关仆射。玄龄明达政事，辅以文学，夙夜尽心，恐一物失所。用法宽平；闻人有善，若己有之；不以求备取人，不以己长格物。与如晦引拔士类，常如不及。至于台阁规模，皆二人所定。太宗每与玄龄谋事，必曰："非如晦不能决。"及如晦至，卒用玄龄之策。盖玄龄善谋，如晦善断故也。二人深相得，同心徇国。故唐代称贤相者，推房杜焉。史家柳芳赞曰："玄龄佐太宗定天下，及终相位，凡三十二年……然无迹可寻……太宗定祸乱，而房、杜不言功；王、魏善谏净，而房、杜让其贤；英、卫善将兵，而房、杜行其道。理致太平，善归人主。为唐宗臣，宜哉。"王、魏者，王珪、魏徵；英、卫者，英公李世勣、卫公李靖也。

（九）太宗房杜图治之结果　　初，太宗之方即位也，尝与群臣语及教化，曰："今承大乱之后，恐斯民未易化也。"魏徵曰："不然，久安之民骄佚，骄佚则难教；经乱之民愁苦，愁苦则易化，譬犹饥者易为食，渴者易为饮也。"帝深然之。封德彝非之曰："三代以还，人渐浇讹。故秦任法律，汉杂霸道，盖欲化而不能，岂能之而不欲耶?"徵曰："五帝三王不易民而化……汤放桀，武王伐纣，皆能身致太平，岂非承大乱之后耶?"太宗卒从徵言，一意励精图治。或又请重法禁盗。帝曰："民之所以为盗者，由赋役繁重，官吏贪求，饥寒切身，故不暇顾廉耻耳。朕当去奢省费，轻徭薄赋，选用廉吏，使民衣食有余，则自不为盗，安用重法耶?"贞观元年，关内饥；二年，诸道蝗；三年，大水。帝勤而抚之，人民未尝嗟怨。四年，全国大稔，米价甚贱，米斗不过三四钱；终岁断死刑，才二十九人。自是海内升平，风俗淳模。东至于海，南及五岭，史称其"路不拾遗，外户不闭，商旅野宿焉"。

（十）文物之渐盛与四裔之入学　　太宗虽以武功定祸乱，终以文德致治平。崇儒好学，置弘文馆于弘文殿侧，聚经、史、子、集四部书二十余万卷。精选国内文学之士及老师宿儒，欧阳询之流充弘文馆学士，讲论前言往行。又取三品以上子孙充弘文馆学生，俾学文。帝数幸太学——国子监，大征全国名儒为学官；学生能明《礼记》或《春秋左氏传》等一大经以上者，皆得补官。增筑学舍千二百间，增学生满二千二百六十员。自屯营飞骑，亦给博士，使授以经。有能通经者，听得贡举。贞

观十四年,即公元六四〇年,帝赐国子祭酒孔颖达以下至诸生高第帛有差。自是全国学者,云集京师。乃至四裔如高丽、百济、新罗、高昌、吐蕃诸君长,亦遣子弟请入国学。升讲筵者,浸至八千余人。帝以师说多门,章句繁杂,命孔颖达与诸儒撰定五经疏,谓之"正义",令学者习之。五经正义,至今尚行于国中焉。

第十二章　太宗高宗之外征

一　灭东突厥

（一）隋末唐初东突厥之强盛及其侵唐　在前第六章（四）,吾人已言突厥自为隋文帝制服以来,对于隋炀帝极为恭顺。但东突厥启民可汗死后,子始毕可汗嗣立,部众渐强,叛隋,攻隋炀帝于雁门。炀帝遣间使求救于义成公主。始毕始解围去。自是中国盗起,群雄割据,丧乱连年,边民避乱者,多逃奔突厥,于是突厥大盛。东自契丹、室韦,西尽吐谷浑、高昌诸国,皆臣之,控弦之士百余万。始毕可汗死,弟处罗可汗、颉利可汗相继嗣之,势不少衰。中国割据北方诸人如刘武周、郭子和、梁师都、薛举、李轨、王世充、窦建德、高开道、刘黑闼、苑君璋等,无不厚事突厥或向之称臣。即唐高祖初起时,亦卑辞厚礼称臣,希得其助。及中国粗定,待突厥犹优。然突厥因之愈盛而愈益骄恣。且隋既灭亡,突厥内有隋义成公主煽之使犯边,外有北边割据诸人可以利用,故历处罗至颉利,不时入寇,北边数千里皆被其患。武德七年,唐高祖几至迁都以避之,幸世民力谏而止。时始毕之子主治东方,仍称突利可汗。是年八月,颉利与突利倾国大举入寇,至幽州。高祖命世民将兵拒之,将士震恐。突厥尝与唐和亲,世民乃帅百骑驰诣颉利阵,责之曰:"国家与可汗和亲,何为负约深入我地……可汗能斗,独出与我斗;若以众来,我直以此百骑相当耳。"颉利不之测,笑而不应。世民又前告突利曰:"往与尔盟,有急相救,今乃引兵相攻,何无香火之情也?"突利亦不应。世民又前逼;颉利见世民轻出,又闻香火之言,疑突利与世民有谋,乃引兵稍却。时积雨,世民一面潜师冒雨夜出逼颉利,一面又遣人说突利以利害,突利悦,听命。颉利欲战,突利不可。颉利不得已,乃请和亲而去。

（二）太宗即位时东突厥之南侵　颉利一时虽和亲而退,然仍寇北

边未已。公元六二六年，太宗杀建成、元吉即位，颉利与突利乘唐内难，合兵十余万，大举深寇武功。至渭水便桥之北，遣执失思力见太宗，盛陈突厥兵力之盛。太宗意谓若遣思力还，突厥必谓唐畏之，愈肆凭陵，乃囚思力。于是帝仅将高士廉、房玄龄等六骑径诣渭水上，与颉利隔水而语，责以负约。突厥大惊。俄而诸军继至，旌甲蔽野。颉利见执失思力不返，而帝挺身轻出，军容甚盛，有惧色，因请和。帝以即位日浅，国家未安，百姓未富，若与突厥战，所损必多；且突厥结怨既深，惧而修备，则未可以得志，遂许其和，斩白马与颉利盟于便桥之上。帝欲骄之，乃复啗以金帛。颉利既得所欲，即引兵退。自颉利退去以后，太宗积极练军，备将来歼灭突厥。日引诸卫将卒数百人习射于显德殿庭，谕之曰："戎狄侵盗，自古有之。患在边境少安，则人主逸游忘战，是以寇来莫之能御。今朕不使汝曹穿池筑苑，专习弓矢。居闲无事，则为汝师；突厥入寇，则为汝将；庶几中国之民可以少安乎。"乃更设法考功加奖。由是人思自励，数年之间，悉为精锐。

（三）东突厥内变之起与浸衰　当太宗积极练军之际，突厥内变渐起而浸衰。初，突厥人性淳厚，政令质略，颉利可汗得华人赵德言委用之，德言多变更突厥旧俗，政令苛烦，国人始不悦。颉利又好信任诸胡而疏突厥，胡人贪冒多反复，兵革岁动。会大雪深数尺，羊马及杂畜多死，连年饥馑，民皆冻馁。颉利用度不给，重敛铁勒诸部。由是内外离怨，铁勒薛延陀与回纥拔野古等叛之，颉利不能制。时突利仍建牙幽州之北主东偏，太宗贞观二年，奚、霫、契丹等数十部多叛突厥来降，颉利以突利失众，责之。又遣突利讨薛延陀、回纥，突利复败还，颉利怒，拘而挞之。突利怨，谋叛；颉利数征兵，突利不与，而上表降于太宗，请入朝。颉利闻之，遂发兵攻突利。先是太宗知颉利政乱，不能庇梁师都，以书谕之，师都不从，乃遣刘旻等将伺隙图之。旻等多纵反间，离其君臣，其国渐虚，降者相属，遂增军击师都。颉利可汗闻之，大发兵相救，柴绍大破之。已而师都食尽，其从弟洛仁杀之降唐。师都既亡，突厥内部方灾异相仍，骨肉相攻，太宗以为灭突厥之时机已至，遂于公元六二九年—贞观三年冬，遣李靖、李世勣、柴绍、薛万彻等将兵十余万，大举击颉利。

（四）东突厥颉利可汗之败亡　公元六三〇年，李靖袭破颉利于定襄。颉利窜至铁山，遣使见太宗谢罪，请举国内附，身自入朝。帝遣唐俭往抚之。靖与李世勣谋曰："颉利虽败，其众犹盛，若走渡碛北，道阻且远，追之难及。今诏使至彼，虏必自宽，若选精骑一万，赍二十日粮往袭之，不战可擒矣。"遂勒兵夜发。时颉利见唐俭至，大喜，意自安。靖军至铁山，颉利始觉之，惊而走，其众大溃。靖纵军击之，斩首万余级，俘男女十余万，获杂畜数十万，杀隋义成公主。颉利帅万余人欲渡碛北奔，李世勣已据碛口，颉利至，不得渡，其大酋长皆帅众降。颉利将西奔吐谷浑，至宁州西北，为唐行军副总管张宝相所擒。于是突厥诸部落完全惊溃，或北附薛延陀，或西奔西域，其降唐者，亦十万口，漠南遂空。太宗从温彦博谋，悉以降虏处塞内，欲使同化于中国。后因突厥人结社率反，觉不妥，始用突厥降酋阿史那思摩为可汗，命率之还居塞外，为唐屏藩。

二　东西南北诸国之贡附及吐谷浑之讨平

（一）东西南北诸国之贡附　当东突厥之灭亡也，太宗声威，遂震四裔。东西南北诸国，先后入贡或来降。东方如倭国、契丹、靺鞨、奚、霫、室韦；北方如薛延陀、拔野古、仆固、同罗；西方如契苾、高昌、伊吾、康国、焉耆、吐谷浑；西南如东谢、南谢、牂柯、充州蛮、党项、林邑，皆朝贡相踵。是时东突厥酋长之降者，又皆拜都督，或大将军，或将军，或中郎将，布列朝廷，五品以上，凡百余人，殆与朝士相半，因而入居长安者，近万家。公元六三三年，即太宗贞观七年冬，太宗尝奉太上皇（高祖）置酒未央宫，会诸国君长及贡使，上皇命右卫大将军颉利可汗起舞，又命南蛮酋长冯智戴咏诗，笑曰："胡越一家，自古未有也！"太宗奉觞上寿，谓："今四夷入臣，皆陛下教诲，非臣智力所及。"上皇大悦，殿上皆呼万岁。可想一时欢宴诸国君长之盛焉。

（二）吐谷浑之侵唐与讨平　吐谷浑既入贡于唐，未几，叛去，掠鄯州。太宗遣使让之，征其王伏允入朝，称疾不至，且遣兵寇兰、廓二州。又执唐使者赵德楷。太宗遣使谕之，十返；又引其使者临轩亲谕以祸福，伏允终无悛心。贞观八年六月，太宗乃以段志玄为西海道行军总管，樊兴为赤水道行军总管，将边兵及契苾、党项之众击之，伏允败走，

追至青海而还。已而伏允又寇凉州。太宗于是以李靖为西海道行军大总管,节度侯君集、李道宗、李大亮、李道彦、高甑生诸军,并突厥、契苾之众,大举讨伏允。伏允闻警,悉烧野草,轻兵走入碛。君集、道宗引兵行无人之境二千余里,盛夏降霜,人齕冰,马唼雪,追及伏允于乌海,大破之。伏允欲西奔于阗,契苾何力追及,斩首数千级,获杂畜二十余万。伏允脱身走,旋为部下所杀。是时李靖、李大亮、薛万均亦到处获胜,吐谷浑穷蹙,遂举国请降。太宗乃立其质子慕容顺为可汗,国人不附,弑之,而立其子诺曷钵。诺曷钵年幼,大臣争权,国中大乱,太宗乃命侯君集将兵援之。已而乱平,诺曷钵来朝,太宗以宗女弘化公主妻之。未几,其丞相宣王又作乱,欲袭弘化公主而劫诺曷钵奔吐蕃。诺曷钵闻变,轻骑奔鄯善城。果毅都尉席君买帅兵讨斩宣王,太宗又遣唐俭慰抚其民,纳诺曷钵还庭,吐谷浑始定。

三　服吐蕃

（一）吐蕃之入贡与离叛　吐蕃即今西藏之故邦,自古不通中国。唐太宗贞观初,其王弃宗弄赞在位,为人慷慨有勇略;复有良相曰禄东赞,性明达严重,行兵有法,国遂浸强。蚕食他国,威服氐羌,土宇广大,胜兵数十万,四邻畏之。公元六三四年,即贞观八年冬,始遣使入贡于唐,太宗厚遇之,遣冯德遐往报聘。弃宗弄赞闻突厥、吐谷浑皆尚公主,复遣使者随德遐入朝,多赍金宝,奉表求婚。太宗以其悬远,未之许。使者还言于弃宗弄赞,疑为吐谷浑王所间。弄赞怒,遂发兵击吐谷浑。吐谷浑不能支,遁于青海之北,民畜多为吐蕃所掠。又进破党项白兰诸羌,帅众二十余万寇松州,败都督韩威。属羌大扰,羌酉阁州刺史别丛卧施、诺州刺史把利步利,并以州叛归之。

（二）弃宗弄赞之降服　弄赞既寇松州,贞观十二年八月,太宗乃命侯君集为行军大总管,与行军总管执失思力、牛进达、刘简等率步骑五万击之。进达为先锋,掩其不备,败吐蕃于松州城下,斩首千余级。弄赞惧,引兵退,遣其相禄东赞入见太宗,谢罪,因固请婚。帝许之。已而献黄金五千两,珍玩数百,以为聘。贞观十五年,太宗妻禄东赞以琅邪公主外孙女段氏,以文成公主妻弃宗弄赞,命江夏王道宗持节护送。弄赞大喜,见道宗,执子婿礼甚恭。慕中国衣服仪卫之美,自褫毡罽,服

纨绮,为华风,以见公主;且为公主别筑城郭宫室而处之。公主恶其国人以赭涂面之俗,弄赞即下令禁之。又遣子弟留学中国,入国子监,受诗书;复由中国敦请儒者入吐蕃,典章疏,于是中国汉族文化始输入西藏。文成公主本好佛,弄赞又娶尼婆罗王女拜木萨,亦笃信佛教。弄赞染之,乃于吐蕃中广建佛寺,令人民悉皈依佛教,吐蕃浸成佛教国。

四 灭高昌

(一)高昌王麹文泰之朝唐与叛唐　高昌,即前汉车师王庭,后汉戊己校尉故地。居民多汉代以来西征将吏苗裔。晋时,尝以其地置高昌郡。其后五胡乱华,高昌先后为氐族、匈奴族人所据有。南北朝时,阚伯周始建国曰高昌。后更二三姓,至公元四九七年,国人始立麹嘉为王。数传至麹伯雅,服于隋炀帝(见第六章五)。隋亡唐兴,麹伯雅又入贡于唐高祖。公元六二三年,伯雅卒,子文泰立。至六三〇年,即太宗贞观四年冬,麹文泰朝唐,太宗优礼之。时中国乱定未久,西北方元气未复,文泰既朝唐而归,以中国距彼悬远;又见秦陇以北,城邑萧条,迥非隋比,遂有轻唐之意,于是多遏绝西域朝贡。恶焉耆入贡于唐,开碛路,遣兵袭而大掠之;伊吾内属,文泰与西突厥共击之;东突厥亡,中国人在突厥者,或奔高昌,太宗诏文泰归之,文泰匿不遣。旋又与西突厥共击焉耆,焉耆诉于太宗,太宗遣使问状,并征文泰入朝,文泰不省。又遣使薛延陀,谋间薛延陀与唐之交。太宗不得已,乃遣兵击高昌。

(二)太宗之征讨与高昌之灭亡　贞观十三年冬,太宗以侯君集为交河道行军大总管,薛万均副之,将兵伐高昌。文泰闻唐兵起,谓其国人曰:"唐去我七千里,沙碛居其二千里,地无水草,寒风如刀,热风如烧,安能致大军乎……今来伐我,发兵多则粮运不继;三万已下,吾力能制之……何足忧也?"及闻唐兵临碛口,忧惧不知所为,发疾卒。子智盛立,侯君集攻陷田城,直趋其都,智盛逆战而败,围城猛攻,飞石雨下。先是高昌与西突厥相结,约有急相助。故西突厥尝遣其叶护屯可汗浮图城为高昌声援。至是,西突厥沙钵罗叶护可汗惧而西走,其叶护以城降。智盛既失外援,势穷蹙,开门出降。君集分兵略地,下其二十二城,得地东西八百里,南北五百里。太宗以其地为西州,以可汗浮图城为庭州,各置属县,同于内地。于是唐地东极于海,西至焉耆,南尽林邑,北抵

大漠,皆为州县。凡东西九千五百一十里,南北一万九百一十八里矣。

五 灭薛延陀与铁勒诸部之降附

（一）铁勒诸部之由来及薛延陀之强盛 铁勒,又作敕勒,匈奴之苗裔也。其族类甚多,有薛延陀、回纥、都播、骨利干、多滥葛、同罗、仆固、拔野古、思结、浑、斛薛、奚结、阿跌、契苾、白霫等十五部,皆散处碛北,几达于北冰洋。其酋长皆号俟斤,分属于东西两突厥。及东突厥颉利可汗政乱,薛延陀与回纥、拔野古等相帅叛之。颉利遣兵征讨,大为薛延陀、回纥所败。于是突厥北边诸部落多叛颉利,归薛延陀,共推其俟斤夷男为可汗。回纥、拔野古、阿跌、同罗、仆固、白霫诸部皆属焉。会太宗经营东突厥,遣间使册封夷男为真珠毗伽可汗,以树突厥之敌。夷男大喜,于贞观三年遣其弟特勒入贡。及东突厥颉利既亡,漠南北一空（见前）,薛延陀真珠可汗即徙居东突厥故地北部,建牙郁督军山,胜兵二十万,形势渐强。已而太宗以塞内突厥人还居塞外,命阿史那思摩统之,为唐屏藩。薛延陀真珠可汗谋取思摩,发同罗、仆固、回纥、靺鞨、霫等兵,合三十万,南攻。思摩不能御,帅部落逃入塞。公元六四一年,即贞观十五年冬,太宗命李世勣、李大亮、张士贵、李袭誉等分道击之。世勣大破薛延陀军于诺真水,斩首二千余级,捕虏五万余人。

（二）太宗之讨灭薛延陀 薛延陀败后,退还漠北,太宗命阿史那思摩帅突厥人仍北渡河,居塞外。薛延陀真珠可汗甚恶之,复数相攻。已而真珠可汗卒,子拔灼立,是为多弥可汗,屡寇中国北边。然多弥可汗性褊急,猜忌无恩,废弃父时贵臣,专用己所亲昵,国人不附。多弥多所诛杀,人不自安,遂起内乱。回纥酋长吐迷度与仆固、同罗共击之,多弥大败。太宗以为乘势殄灭薛延陀之时机已至,于贞观二十年夏,遂命执失思力将突厥兵,契苾何力将凉州及胡兵,薛万彻、张俭帅中国兵,宇文法帅靺鞨兵,大举分道击薛延陀。薛延陀闻之,诸部惊扰大乱,回纥攻多弥,杀之,并其宗族殆尽,遂据其地。诸俟斤互相攻击,争遣使降唐。薛延陀余众西走,立真珠兄子咄摩支为可汗,太宗命李世勣招降之。其持两端者,世勣纵兵追击,前后斩首五千余级,俘虏三万余人。李道宗、薛万彻等亦招谕,降者相继。

（三）铁勒诸部之归附 是年秋,太宗自诣灵州,招铁勒诸部,于是

回纥、拔野古、同罗、仆固、多滥葛、思结、阿跌、契苾、跌结、浑、斛薛等十一姓，各遣使入贡，乞置官司。帝大喜，诏曰："朕聊命偏师，遂擒颉利；始弘庙略，已灭延陀。铁勒百余万户散处北溟，远遣使人，委身内属，请同编列，并为州郡。混元以来，殊未前闻。宜备礼告庙，仍颁示普天。"已而铁勒诸俟斤咸请拥戴太宗为"天可汗"，称太宗为"天至尊"。十二月，诸部君长复皆来朝。太宗乃以回纥部为瀚海府，仆固为金微府，多滥葛为燕然府，拔野古为幽陵府，同罗为龟林府，思结为卢山府，浑为皋兰州，斛薛为高阙州，奚结为鸡鹿州，阿跌为鸡田州，契苾为榆溪州，思结别部为蟠林州，白霫为寘颜州，各以其君长为都督刺史，而置燕然都护府于今内蒙古乌喇忒西境以统之。

六　平龟兹与胜印度

（一）龟兹之服叛及讨平　龟兹自东晋以来，常称臣于中国北方诸朝。唐初犹然。至太宗贞观二十一年，龟兹王伐叠卒，弟诃黎布失毕立，浸失臣礼，侵渔邻国。焉耆谋叛，诃黎布失毕又遣兵佐之。太宗怒，诏以阿史那社尔为昆丘道行军大总管。契苾何力、郭孝恪副之，将中国及铁勒、突厥、吐蕃、吐谷浑之兵进讨。二十二年冬，阿史那社尔先击斩焉耆王薛婆阿那支，立其从父弟先那准为焉耆王，使修贡职。龟兹大震，守将多弃城走。阿史那社尔将兵趋龟兹都城，诃黎布失毕遣众五万拒战，大败。阿史那社尔遂进拔其都，布失毕西走，被追获。其相那利施引西突厥军谋恢复，终失败，亦被擒。于是阿史那社尔招谕诸城，开示祸福，皆相帅请降，凡得七百余城。龟兹既平，西区震骇，西突厥、于阗、安国争馈驼马军粮，阿史那社尔勒石纪功而还。

（二）王玄策在印度之英举　当龟兹讨平之际，唐威又大震于印度。初，唐僧玄奘以太宗贞观三年至十九年游学印度，尝于乌苌国王尸罗逸多之前陈述太宗神武，中国富强。贞观十五年，尸罗逸多乃自称摩伽陀王，遣使朝贡。太宗降玺书慰问。尸罗逸多大惊，问诸国人曰："自古曾有摩诃震旦使人至吾国乎？"皆曰未之有也。乃膜拜而受诏书。公元六四八年，即贞观二十二年，尸罗逸多死，其臣阿罗那顺自立。时太宗所遣使者王玄策适至。阿罗那顺发兵拒击，玄策帅从者三十人与战，力不敌，从者悉被擒。玄策与其副蒋师仁脱身逃抵吐蕃边境，调吐蕃兵

一千二百人与泥婆罗军七千余骑,反攻阿罗那顺,擒之。因转战前进,凡下城邑聚落五百有余。唐威遂大震于印度。中国汉族与印度发生兵争,史籍上惟此一次,而玄策、师仁以公使赤手擒王,更中国古今所罕见者也。

七 灭高丽百济与败日本

（一）高丽之服叛与太宗之亲征　前第六章、第七章已言隋炀帝屡征高丽不利。逮唐高祖时,高丽王建武始入贡受封,且归还隋末陷没于高丽之中国士民数万,对唐颇恭顺。至太宗贞观十六年,高丽东部大人泉盖苏文弑建武,立建武之侄藏,自为莫离支,专擅国事,与百济共攻新罗,欲塞新罗朝唐之路,取其四十余城。新罗遣使请救。太宗以高丽本汉时四郡地,常有意收复之,辄以山东雕瘵而止,至是,遣使谕泉盖苏文勿攻新罗,盖苏文不听,太宗乃议讨之。公元六四四年,即贞观十八年,决亲征高丽,褚遂良谏,不从。先遣营州都督张俭帅幽、营二都督兵及契丹、奚、靺鞨先击辽东,以观其势。继以张亮为平壤道行军大总管,帅江、淮、岭、硖兵四万,长安洛阳募士三千,战舰五百艘,自莱州泛海趋平壤;又以李世勣为辽东道行军大总管,帅步骑六万及兰、河二州降胡趣辽东,两军合势并进。又诏新罗、百济、奚、契丹分道击高丽。然后太宗车驾发洛阳,亲临指挥。

（二）战胜攻取与顿兵班师　太宗既亲征,高丽大骇,城邑皆闭门自守。贞观十九年,李世勣进拔盖牟城,张亮拔卑沙城。世勣军至辽东城下,高丽步骑四万来救,世勣与江夏王道宗逆击,大败之,遂攻辽东城。旬有二日,太宗引精兵会之,围辽东城数百重,克之。乃进军白岩城,乌骨城以兵来援,契苾何力击破之,白岩城主孙代音请降。于是更进攻安市城。高丽北部耨萨延寿、惠真帅高丽、靺鞨兵十五万救安市,合兵为阵,长四十里。江夏王道宗曰:"高丽倾国以拒王师,平壤之守必弱,愿假臣精卒五千,覆其本根,则数十万之众,可不战而降。"太宗不应。惟布置战事,自将一军,与李世勣、长孙无忌二军,分三面奋击,大破高丽兵,斩首二万余级。延寿、惠真欲归,长孙无忌断其归路,乃皆降。入军门,膝行而前,拜伏请命。太宗官之,并简其酋长三千五百人,授以戎秩,迁之内地。自有此败,高丽损失甚巨,举国大骚,后黄城、银

城皆自拔遁去，数百里无复人烟。太宗以安市城险而兵精，其城主材勇，欲先攻建安。李世勣恐前后受敌，以为不可。高延寿、高惠真及群臣请直攻平壤，长孙无忌以为过于冒险，亦阻之。遂留攻安市，昼夜不息。凡六旬，竟不能下。时将十月，太宗以辽东早寒，草枯水冻，士马难久留，且粮食将尽，乃班师。

（三）太宗高宗之相继用兵　太宗以亲征高丽不能成功，深耻之，且悔不用江夏王道宗之计。在高丽方面，盖苏文以唐军自退，益骄恣，虽遣使入贡，其言率皆诡诞，又待唐使者倨慢，常窥伺边隙，屡敕令勿攻新罗，而侵陵不止。贞观二十一年，太宗乃以牛进达为青丘道行军大总管，李世勣为辽东道行军大总管，将兵万余人，分道复伐高丽。屡破其兵。二十二年，又命薛万彻将兵三万余人自莱州泛海击之。更于剑南、越州等地造大舰，为水战，期发三十万众大举东征。二十三年，方积极准备，太宗遽以是年五月崩殂。子晋王治嗣位，是为高宗，暂罢东征之役。至高宗永徽六年，即公元六五五年，高丽与百济、靺鞨连兵侵新罗北境，取三十三城，新罗王春秋遣使乞援，高宗因遣营州都督程名振、左卫中郎将苏定方，发兵击高丽。虽尝有胜，然于高丽无大损伤，故高丽与百济仍侵新罗不辍。

（四）高宗之讨灭百济　公元六六〇年，高宗以高丽与百济侵新罗益急，乃命苏定方为神丘道行军大总管，将兵十万先伐百济。定方引军自成山渡海，破百济军于熊津江口，直趋其都。百济倾国来拒，复大破之，追奔入其郭。百济王义慈遁走，定方引军追围之，义慈穷蹙而降，定方执之以归。百济三十七郡二百余城，悉为唐有，高宗于是置熊津等都督府，命刘仁愿镇泗沘以抚之。百济既灭，然其宗室鬼室福信仍谋恢复，据周留迎义慈之弟扶余丰于日本而立之，引兵围刘仁愿。公元六六一年，高宗遣刘仁轨发新罗兵救之。仁轨御军严整，转战而前，大破福信于熊津江口，福信乃解围而退。六六二年，高宗以仁愿、仁轨孤军远悬百济之中，欲其拔就新罗，或泛海还国，将士亦思西归。仁轨曰："人臣徇公家之利，有死无贰……主上欲灭高丽，故先诛百济，留兵守之，制其心腹……今……拔，则百济余烬，不日更兴，高丽逋寇，何时可灭？且今以一城之地，居敌中央，苟或动足，即为擒虏，纵入新罗，亦为羁客，脱不如

意,悔不可追。况福信凶悖残虐,君臣猜离,行相屠戮,正宜坚守观变,乘便取之。不可动也。"众从之。已而仁愿、仁轨伺福信稍懈,引兵大破之于熊津东,拔真岘城。福信果与扶余丰相图,丰杀福信,而请救于日本。

（五）刘仁轨大破日本及其治理百济之政绩　当扶余丰请救于日本时,日本天智天皇在位,遣兵三万人援百济。中国方面,高宗亦遣孙仁师将兵浮海助仁愿、仁轨。仁师、仁愿、仁轨既合,军势大振。诸将以加林城水陆之冲,欲先攻之。仁轨曰:"加林险固,急攻则伤士卒,缓之则旷日持久。周留城,虏之巢穴,群凶所聚。除恶务本。宜先攻之。若克周留,诸城自下。"于是仁师、仁愿与新罗王法敏将陆军以进,仁轨与别将义慈太子、扶余隆等将水军及粮船自态津入白江以会陆军,同趣周留。甫发,仁轨遇日本兵于白江口,四战皆捷,焚其舟四百,烟炎灼天,海水皆赤。百济王扶余丰脱身奔高丽,王子忠胜等帅众降,百济尽平。惟别帅迟受信据任存城不下,仁轨使百济降将黑齿常之沙吒相如攻拔之。高宗于是诏留刘仁轨将兵镇百济,召孙仁师、刘仁愿还。百济兵燹之余,比屋彫残,僵尸满野。仁轨乃命瘗骸骨,籍户口,理村聚,署官长,通道途,立桥梁,补堤堰,复陂塘,课耕桑,赈贫乏,养孤老,立唐社稷,颁正朔及庙讳,百济人大悦,阖境各安其业。然后修屯田,储糇粮,训士卒,以图高丽。

（六）高丽之内讧及其灭亡　先是高宗经营百济时,已屡遣兵攻高丽,虽有小胜,俱无大功。及刘仁轨等消灭百济有成,高丽遂失臂助。至公元六六六年,高丽泉盖苏文死,长子男生代为莫离支,出巡国中诸城将还,其弟男建、男产拒而不纳,男建且发兵击之。男生不得已,遣子献诚请救于唐。高宗乘机,乃以李世勣、契苾何力督诸军大举伐高丽,攻新城等一十六城,皆下之。泉男建遣兵求救,左武卫将军薛仁贵迭破之,斩首五万余级,进拔南苏、木抵、苍岩、扶余。扶余川中四十余城,皆望风请服。男建复遣兵五万余人救扶余,李世勣等大破之,斩获三万余人。遂进克大行城,渡鸭绿,复大破高丽兵,拔辱夷。于是诸城遁逃及降者相继。世勣等直趋平壤,围之。月余,高丽王藏遣泉男产帅达官九十八人诣世勣降。男建犹闭门拒守,其部下叛应世勣,男建乃被擒。于是高丽灭亡,其五部一百七十六城皆入于唐,高宗置为九都督府,四十

二州，一百县，设安东都护府于平壤以统之。擢其酋帅有功者为都督、刺史、县令，与华人参理。以右威卫大将军薛仁贵检校安东都护，总兵二万人以镇抚之。时公元六六八年，高宗十九年也。

（七）新罗之讨伐与降服 新罗本因百济、高丽侵陵而请救于唐。百济、高丽既亡，不免自觉危惧。故自高丽亡后，高丽余众之谋叛者，新罗王法敏尝助之，其失败者则收之，又据百济故地，使人守之。时刘仁轨久还中国，高宗闻之，大怒，公元六七四年，以刘仁轨为鸡林道行军大总管，右领军大将军李谨行等副之，发兵讨新罗。明年，仁轨大破新罗兵于七重城，又使靺鞨浮海略新罗南境，斩获甚众，仁轨引兵还，诏以李谨行为安东镇抚大使，屯新罗之买肖城以经略之，三战皆捷。新罗王法敏惧，乃遣使入贡，且谢罪。高宗赦之。自是新罗服唐如旧，世受唐官爵，遣子弟入唐宿卫焉。

八 灭西突厥

（一）西突厥之强盛及其内乱 在前第六章第八条，吾人已述及隋炀帝计致西突厥，拘处罗可汗于中国，而立射匮为西突厥君主，是为射匮可汗。射匮既立，拓地东至金山，西至里海。卒后，弟（或以为子）统叶护可汗立，又北并铁勒，西破波斯，控弦数十万，设庭于今俄属巴尔塔什湖东之千泉，西域诸国皆臣附。统叶护各遣吐屯监之，督其征赋。疆域之广，逾东突厥。公元六二八年，即太宗贞观二年冬，统叶护可汗为其伯父莫贺咄所弑，国遂内乱，争战连年，死伤甚多。直至公元六四一年，始为乙毗咄陆可汗所统一。统一之后，国势又浸强大，西域诸国多附之。复击吐火罗，灭之。自恃强大，侵唐，拘留唐使者，遣兵东寇伊州。公元六四二年，即贞观十六年，太宗遣郭孝恪将兵击败之，乘胜进拔处月，灭降处密之众而还。乙毗咄陆可汗不得志于东，乃西击康居。道过米国，破之，掳获甚多，不分与其下，其将泥孰啜辄夺取之。乙毗咄陆怒，斩泥孰啜以徇。众皆愤怨，离叛，其弩失毕诸部遣使于唐，请废乙毗咄陆，更立可汗。太宗乘机，遣使赍玺书立莫贺咄之子为乙毗射匮可汗，帅诸部攻乙毗咄陆于白水胡城。乙毗咄陆出兵击，乙毗射匮大败。乙毗咄陆招其故部落，故部落皆曰："使我千人战死，一人独存，亦不汝从。"乙毗咄陆自知不为众所附，乃西奔吐火罗。

（二）沙钵罗之降叛及其侵唐　太宗既用以夷制夷之策使乙毗射匮可汗迫乙毗咄陆可汗奔吐火罗,乙毗咄陆之族人阿史那贺鲁帅其余众降唐。太宗以贺鲁为左骁卫将军瑶池都督。一时乙毗射匮与贺鲁对于唐,皆甚恭顺。然未数年,阿史那贺鲁招集离散,庐帐渐盛。及公元六四九年太宗崩,贺鲁谋取唐西、庭二州,旋拥众西走,击灭乙毗射匮可汗,并其众。公元六五一年,即高宗永徽二年,建牙于双河及千泉,自号沙钵罗可汗,西突厥十部皆归之,胜兵数十万,西域诸国多降附。沙钵罗乃反而东向,侵唐庭州,杀略数千人。高宗先后诏左武侯大将军梁建方、右骁卫大将军契苾何力、右屯卫大将军程知节等将兵击之,屡胜。至公元六五七年,高宗复遣左屯卫将军苏定方等发回纥之兵自天山北道讨沙钵罗可汗。又以太宗时西突厥降将右卫大将军阿史那弥射及左屯卫大将军阿史那步真均为流沙安抚大使,自天山南道招集旧部。

（三）沙钵罗之被擒与西突厥灭亡　苏定方等自天山北道进至曳咥河西,沙钵罗帅兵十万来拒战,定方以唐兵及回纥万余人击而大破之,斩获数万人,其五弩失毕等部悉众来降,沙钵罗仅得与数百骑西走。时阿史那步真出天山南道,西突厥左厢五咄陆部落闻沙钵罗败,亦皆诣步真降。定方等乘大雪紧追沙钵罗可汗,直至双河牙帐,纵兵奋击,复大破之,斩获数万人。沙钵罗脱身走石国。定方于是息兵,命西突厥各部各归所居,通道路,置邮驿,掩骸骨,问疾苦,画疆场,复生业,西突厥诸部安堵如故。乃命部将萧嗣业将兵追沙钵罗至石国西北苏咄城,其城主伊沮达官执之,送于石国,石国献于嗣业。西突厥遂亡。高宗分西突厥地置濛池、昆陵二都护府,以阿史那弥射为兴昔亡可汗昆陵都护,以阿史那步真为继往绝可汗濛池都护。其后虽稍有乱事,亦为唐将王方翼所平。

九　四裔之编制与统治之方法

综观以上诸节,吾人知太宗、高宗相继力征经营,专属东北、西北,及西南三面。然声威所播,西南远及波斯,波斯遣王子泥洹师入质。而南方诸小国亦先后朝贡称藩:如占城(今中国交趾)、真腊(今柬埔寨)、扶南(今暹罗)、婆利(今婆罗州)、阇婆(今爪哇)、室利佛逝(今苏门答剌)诸国,皆相继来廷。于是唐威令所行,东综日本海,北逾西伯利亚,西被底格里

斯河,南极印度及海洋洲。中国汉族国势之盛,自古未有如唐代者也。

既拥此广土,除中国本部三百余州分为关内、河南、河东、河北、山南、陇右、淮南、江南、剑南、岭南等十道外;于四裔之征服者,皆置为羁縻府州,其府曰都督府,即以其部落酋长为都督,州则置刺史,皆得世袭。虽贡赋版籍多不上户部,然声教所被,皆边州都督或都护所领,著于令式。其突厥、回纥、党项、吐谷浑隶关内道者,凡府二十九,州九十。突厥别部及奚、契丹、靺鞨、高丽、百济降胡隶河北道者,凡府十四,州四十六。突厥、回纥、党项、吐谷浑之别部,及自龟兹、于阗以西,波斯以东,隶陇右道者,凡府五十一,州百九十八。羌蛮隶剑南道者,凡州二百六十一。蛮隶江南道者,凡州五十一。蛮隶岭南道者,凡州九十三。又有党项州二十四,不知其隶属何道。大凡府州八百五十七,均号为"羁縻"云。都督府为数较多,又分并不常,详见《新唐书·地理志》,兹不具载。都护府数少,每都护府例置大都护一,副大都护二,皆由唐廷特简。兹将其治所及所统,列为简要之表如左,俾得一目瞭然。

（一）安西都护府:统西域天山南路至波斯以东;治西州（今吐鲁番）,后徙龟兹（今库车）。

（二）燕然都护府:即安北都护府:统漠北;治西受降城,后徙天德军（在今河套北）。

（三）单于都护府:统阴山之阳,黄河之北;治振武军（在今托克托西北,后并入瀚海都护府）。

（四）瀚海都护府:统漠南;治云中（今大同）,寻徙金河。

（五）昆陵都护府:统西突厥五咄陆部落,治碎叶川东。

（六）濛池都护府:统西突厥五弩失毕部落,治碎叶川西。

（七）安东都护府:统高丽、百济降户;治平壤,后徙新城。

（八）北庭都护府:统金山以西及天山北路;治庭州（今由化）。

（九）安南都护府:统诸蛮,治交州（今安南东京）。

（十）峰州都护府:统蜀爨蛮,治嘉宁（今安南太原）。

第十三章　武韦之祸
（高宗中宗睿宗时代）

（一）高宗之得位及武氏之为后　初,太宗之太子本为承乾。承乾

不才，弟魏王泰多能，为太宗所宠，潜有夺嫡之志。侯君集负功怨望，以承乾暗劣，欲乘衅图之，因劝承乾反，事觉，废承乾为庶人，君集坐诛。泰谋夺嫡之事亦显露，太宗以其险诈，亦不之立。太宗长孙皇后之兄长孙无忌力劝太宗立泰弟晋王治为太子，太宗从之。及太宗有疾，谓太子治曰：李世勣才智有余，然汝与之无恩，我今黜之，我死，汝用为仆射，亲任之，若徘徊顾望，则当杀之耳。乃左迁世勣为叠州都督。世勣受诏，不至家而去。已而太宗崩（公元六四九年），太子治即位，是为高宗。长孙无忌以高宗舅父，与褚遂良同受遗诏辅政。高宗召李世勣归，以为左仆射，寻为司空。先是太宗才人武氏，故荆州都督武士彠之女也，年十四，太宗闻其美，召入后宫。及太宗崩，武氏年二十六，随众妃入感业寺削发为尼。高宗即位后五年，诣寺行香，见之，武氏泣，高宗亦泣。时高宗皇后王氏与萧淑妃争宠，王后闻之，阴令武后蓄发，劝高宗纳之，欲以间淑妃之宠。武氏巧慧多权数，既入宫，王后与淑妃之宠皆衰。公元六五五年，高宗欲废王皇后而以武氏为皇后，佞臣许敬宗、李义府赞之，褚遂良、韩瑗、来济不可。帝以问李世勣，世勣曰："此陛下家事，何必更问外人？"高宗遂决意，立武氏为皇后。王皇后及萧淑妃皆废，旋为武后所害。褚遂良亦展转被贬于爱州而死。韩瑗、来济皆遭贬。武后又以长孙无忌不助己，深怨之，公元六五九年，令许敬宗诬以谋反，削官，窜黔州，寻杀之，具籍没其家。

（二）武后之得揽政权 初，武后能屈身忍辱，奉顺高宗之意，故高宗排群议而立之。既立后，高宗尝苦风眩头重，目不能视，百司奏事，高宗或使武后决之。后性敏明，涉猎文史，处事皆称旨，由是高宗委以政事，权与人主侔。武后既得志，遂专作威福。高宗欲有所为，动为后所制。高宗不胜其忿，公元六六四年，会与西台侍郎上官仪议事，仪因言皇后专恣，海内所不与，请废之。高宗之意亦以为然，即命仪草诏。左右奔告于后。后遽诣高宗自诉。诏草犹在高宗所，高宗羞缩不忍，复待后如初。犹恐后怨怒，因绐之曰："我初无此心，皆上官仪教我。"于是武后怒仪，使许敬宗诬奏仪谋大逆，下狱，与其子庭芝皆死，籍没其家。自右相刘祥道以下，朝士流贬者甚众，皆坐与仪交通故也。由是高宗每视事，则后垂帘于后，政无大小，皆预闻之。军国大权，悉归于后，黜陟生

杀,决于其口,高宗垂拱而已。公元六七四年,即高宗二十五年,高宗称"天皇",武后称"天后",中外谓之二圣。总之高宗在位三十四年(650—683),政在中宫者二十五年(659—983);又自褚遂良等贬死后,群臣无复敢谏者。李善感因事一谏,人以为凤鸣朝阳云。

(三)武后之废杀诸子　先是高宗未立武后时,已建后宫子忠为皇太子。及武后既立为皇后。生子宏。武后乃废忠,立宏。公元六六〇年,流忠于黔州;六六四年,诬以谋逆,赐死。宏齿日长,为人仁孝谦谨,高宗甚爱之;礼接士大夫,中外属心;然数忤后意,后恶之。义阳、宣城二公主,萧淑妃之女也,坐母得罪,幽于掖庭,年逾三十未嫁。宏见之恻然,遽奏请出降,高宗许之。武后大怒,鸩杀宏,更立次子贤为太子,时公元六七五年也。贤既立,又为后所不悦,遂以搜得皂甲数百领,坐以谋逆。高宗素爱贤,欲宥之。武后曰:"大义灭亲,何可赦也?"公元六八〇年,废贤为庶人,旋流巴州,后又遣邱神勣逼杀之,并杀其子光顺,仅存一子守礼,亦幽于宫中,屡被杖。贤既废,武后更立第三子哲为太子。

(四)高宗之崩与武后之临朝称制　公元六八三年,高宗崩,太子哲即位,是为中宗。中宗尊天后为皇太后,立妃韦氏为皇后。全国政事,咸由太后取决。中宗欲以韦后父玄贞为侍中,大臣裴炎固争。中宗怒曰:"我以天下与韦玄贞,何不可,而惜侍中耶?"炎惧白太后。太后怒,令废中宗为卢陵王,幽于别所。时中宗即位才两月耳。太后既废中宗,乃复立中宗之弟豫王旦为皇帝,是为睿宗。政事尽决于太后,居睿宗于别殿,不得有所豫。于是太后追王武氏祖考,作武氏五代祠堂于京师。诸武渐用事,唐宗室始人人自危,众心愤惋。会李世勣之孙英公李敬业及弟敬猷、给事中唐之奇、长安主簿骆宾王、詹事司直杜求仁、盩厔尉魏思温等,皆以失职怨望,乃起兵于扬州,以匡复卢陵王为辞,传檄讨武氏。魏思温主直指洛阳,专志勤王;而敬业蓄缩自谋,主取江南以为巢穴。公元六八四年,即光宅元年秋,太后遣左玉钤卫大将军李孝逸将兵三十万击敬业,李孝逸初虽数战不利,后用魏元忠火攻之计,大破敬业于高邮之阿溪。敬业欲奔高丽,追擒斩之。其余诸人,亦皆被捕斩。敬业之变遂平。

(五)武后之严刑立威　自徐敬业之变平后,武后疑人多图己;又

以久专国事,且宠僧怀义等,内行不正,知宗室大臣怨望,心皆不服,欲大诛杀以威之,乃盛开告密之门。有告密者,臣下不得问,皆给驿马,供五品食,使诣行在。虽农夫樵人,皆得召见,廪于客馆。所言或称旨,则不次除官,无实者不问。于是四方告密者蜂起,人皆重足屏息。有胡人索元礼知太后意,因告密召见,擢为游击将军,令案制狱。元礼性残忍,陷一人,必令引数十百人。太后数召见赏赐,以张其权。于是尚书都事长安周兴及万年人来俊臣之徒效之,纷纷继起。兴累官至秋官侍郎,俊臣至御史中丞,相与私畜无赖数百人,专以告密为事。欲陷一人,辄令数处俱告,事状如一。俊臣与司刑评事万国俊,共撰罗织经数千言,教其徒网罗无辜,织成反状,构造布置,皆有支节。太后得告密者,辄令元礼等推之。竞为讯囚酷法:作大枷,有"定百脉"、"突地吼"、"死猪愁"、"求破家"、"反是实"、"凤皇晒翅"、"驴驹拔橛"等名号。或倒悬,石缒其首,或以醋灌鼻,或以铁圈毂其首而加楔,至有脑裂髓出者。每得囚,辄先陈其械具以示之,皆战栗流汗,望风自诬。中外畏此数人,甚于虎狼。麟台正字陈子昂疑谏诏狱严刑,太后不听。

(六)武后之大诛唐宗室与称帝建周　武后既严刑以箝制国人,乃潜谋革命,稍除唐宗室。凡唐宗室中之有才行有美名者,尤忌之。唐宗室多不自安,黄公李譔及琅琊王李冲等密有匡复之志。公元六八八年,即睿宗垂拱四年秋,冲起兵于博州。武后闻之,立遣邱神勣将兵讨之,冲起兵仅七日而败,被杀。越王李贞闻冲起,亦举兵于豫州,武后立命张光辅等讨之,贞亦败,与其子规皆自杀。先是诸王往来相结约起兵,未定,而冲先发,惟贞狼狈应之,诸王皆不敢发,故败。冲与贞既败,武后乃大诛唐宗室。先后杀韩王元嘉、鲁王灵夔、范阳王霭、黄公譔、东莞公融、霍王元轨、江都王绪、舒王元名、汝南王炜、东平王续、鄱阳公湮、广汉公谧、汶山公蓁、广都王璹、恒山王厥、江王知祥及其子皎、嗣郑王璥、豫章王亶、蒋王玮、南安郡王颖、鄅国公昭、胜王元婴及其子六人、义阳王琮、楚国公璿、襄阳公秀、广化公献、建平公钦、曹王明,及诸宗室李直、李敞、李然、李勋、李策、李越、李黯、李元、李英、李志业、李知言、李元贞、巨鹿公李晃等数十百人,皆除其属籍。其幼弱存者,亦流岭南,为六道使所杀。又诛其亲党数百家。于是唐之宗室几乎尽矣,后既已大

屠唐宗室贵戚,乃于公元六九〇年,自名曌,称圣神皇帝,改国号曰周。以睿宗为皇嗣,赐姓武氏。立武氏七庙,追尊周文王为始祖。时曌年六十七矣。

(七)武后之大戮群臣　当武后进行革唐建周之际,又大戮群臣,即建周之后,犹连年未已。盖自开告密之门以来,纵酷吏周兴、来俊臣、索元礼、邱神勣等起大狱,指将相俾相连染,一切案以反论,吏争以周内为能,于是诛戮无虚日。大臣则裴炎、刘祎之、邓元挺、阎温古、张光辅、魏元同、刘齐贤、王本立、范履冰、裴居道、张行廉、史务滋、傅游艺、岑长倩、格辅元、欧阳通、乐思晦、苏幹、李昭德、李元素、孙元享、石抱忠、刘奇等数十人;大将则程务挺、李光谊、黑齿常之、赵怀节、张虔勖、泉献诚、阿史那元庆等亦数十人;庶僚则周思茂、郝象贤、薛颐、裴承光、弓嗣业、弓嗣明、弓嗣古、郭正一、弓志元、弓彭祖、王今基、崔詧、刘昌从、刘延景、柳明肃、苏践言、白令言、乔知之、阿史那惠、杜儒童、张楚金、元万顷、苗神客、裴望、裴璡、韦方质、刘行实、刘日瑜、刘行感、张虔通、云宏嗣、李安静、裴匪躬、范云仙、薛大信、来同敏、刘顺之、宇文完志、柳珦、阎知微等数十百人,皆骈首就戮,如刲羊豕。甚至邱神勣、索元礼与来俊臣,向为后出死力以害朝臣者,亦于公元六九一年、六九七年皆杀之。其流徙在外者,又遣万国俊至岭南杀二百余人;旋又遣六道御史至剑南、黔中等郡,尽杀流人。皆惟恐杀人少,不能蒙赏,于是刘光业杀七百人,王德寿杀五百人,自余少者不减百人。已而万国俊等亦相继流窜死。杀戮之惨,亘古罕见也。

(八)武后之诛戮亲族宠幸　武后不仅大戮唐宗室及群臣而已,即其亲族宠幸,亦诛戮不少惜。武元庆、武元爽,后兄也;武惟良、武怀运,则后兄子也,元庆、元爽既坐事死,后姊之女魏国夫人尝为高宗所私,后私毒之死,又归罪于惟良怀运,杀之。然此犹曰异母兄侄,本不相睦也。若夫中宗子邵王重润,则后孙也;永泰公主,则后女孙也;主婿武延基,则女孙婿也;三人尝私言后所宠张易之等出入宫中,恐有不利,后闻之,咸令自杀。太平公主驸马薛绍则亲女婿也,亦以私怨杀之。此则因纵欲而杀所亲,天理灭矣。然此犹曰不便于纵欲而害之也,至于薛怀义入侍床第,宠冠一时,至命为行军大总管,率十八将军讨突厥默啜,以宰相

李昭德、苏味道为其长史司马,可谓爱之极矣。后以嫌,即令有力妇人百余人执而殴杀之,送尸白马寺,焚之以造塔。斯又情之最笃者,亦割爱而绝其命矣。《新唐书》谓其当忍断,虽甚爱,不少隐也。诚然哉。

（九）武后之纳谏知人　武后淫恶虽如此其极,然其纳谏知人,亦自有不可及者。其临朝称制以来,不仅对于刘仁轨、姚璹、王方庆、杜景俭、王求礼、张庭珪、朱敬则、李峤、桓彦范、苏安恒等之论列朝政,多所听从。而朱敬则、桓彦范等直揭其淫秽之丑,后不惟不罪之,反赐敬则彩百段,曰:"非卿不闻此言。"而于彦范以及力攻后之嬖宠如宋璟等者,皆终保护倚任。夫以薛怀义、张易之等床第之间,何言不可中伤善类?而后迄未尝为所动摇,是其别白人才,主持国是,有大过人者。其视怀义、易之等,不过如面首之类,似男君之置妃嫔,聊供娱乐已耳。故当时将相,多称得人,贤才亦乐为之用。其中若魏元忠,若娄师德,若狄仁杰,若姚元崇,若张柬之,皆为名相。而徐有功、杜景俭、李日知、宋璟、敬晖等,均显于朝。陆贽谓后收人心,擢才俊,当时称知人之明,累朝赖多士之用;李绛亦言后命官猥多,而开元中名臣多出其选。《旧唐书·本纪》赞谓:"后不惜官爵,笼英豪以自助,有一言合,辄不次擢用,不称职,亦废诛不少假,务取实才真贤。然则区区帷薄不修,固其末节,而知人善任,权不下移,行政独握其纲,至老不可挠撼,使在丈夫,其雄才大略,当与汉武等也。"

（十）武后之崩及中宗之复位　武后之纳谏知人有如上所述矣,其所信重,尤以狄仁杰为最,常称为国老而不名。仁杰好面折廷争,武后每屈意从之。仁杰屡以老疾乞罢官,后不许,入见,常止其拜,曰:"每见公拜,朕亦身痛。"仍免其宿直,戒其同僚曰:"自非军国大事,勿以烦公。"武后侄武三思营求为皇太子,仁杰从容进言于武后曰:"文皇帝栉风沐雨,亲冒锋镝以定天下,传之子孙;大帝以二子托陛下,陛下今乃欲移之他族,无乃非天意乎?且姑侄与母子孰亲?陛下立子,则千秋万岁后配食太庙;立侄,则未闻侄为天子而祔姑于庙者也。"因劝召还庐陵王。王方庆等亦劝之。武后始无立三思之意,遂召还中宗于房州,立为太子,以睿宗为相王。公元七〇〇年,狄仁杰薨,武后泣曰:"朝堂空矣!"仁杰尝荐张柬之,可为相,又尝荐姚崇、桓彦范等数十人,武后皆如

其言用之。时武后年且八十，嬖张易之、张昌宗兄弟。其后以年老，政事多委之二张，势倾朝野。公元七〇五年，武后疾甚，张柬之与崔玄暐、敬晖、桓彦范、袁恕己率右羽林卫大将军李多祚等举兵诛张易之、张昌宗，奉中宗复辟，武后不得已，传位。中宗上武后尊号曰"则天大圣皇帝"。是岁崩，年八十二。则天立睿宗而称制者七年，易唐为周者十五年矣。

（十一）韦后之淫纵及其弑中宗　中宗既复位，皇后韦氏又复淫纵专恣。初，中宗之被废为庐陵王，在房州，欲自杀，韦氏每止之。中宗与私誓曰："异时幸复见天日，当惟卿所欲，不相禁御。"及复位，韦氏复为皇后。中宗每临朝，后必施帷幔坐殿上，预闻政事，一如武后在高宗之时。中宗有爱女曰安乐公主，适武三思之子承训，三思以是得入宫禁，帝遂与之图议政事。张柬之等五人皆受制。三思与韦后通，共潜柬之等五人，柬之等皆赐王爵而罢政。已而远窜，张柬之、崔玄暐皆以窜死，敬晖、桓彦范、袁恕己皆被杀。安乐公主负势骄横，卖官鬻爵，宰相以下，多出其门。太子重俊非韦后所生，后及武三思等恶之。重俊且怒且惧，公元七〇七年，与李多祚、沙吒忠义等发羽林兵诛武三思父子，入犯宫，败死，李多祚、沙吒忠义等亦被杀。韦后、安乐公主自是益恣横，定州人郎岌上言韦后将为逆乱，韦后白帝杖杀之。许州司马参军燕钦融复上言韦皇后淫乱，干预国政；安乐公主、武延秀、宗楚客，图危社稷。中宗召钦融面诘之，钦融抗言不挠，帝默然。宗楚客遽矫制扑杀之。帝意怏怏不悦。后及其党始惧。时散骑常侍马秦客及光禄少卿杨均皆幸于韦后，恐事泄被诛；安乐公主亦欲韦后临朝，以己为皇太女。乃相与合谋于饼饀中进毒弑帝。帝在位仅六年，时公元七一〇年也。

（十二）韦后之摄政与临淄王隆基之定难　韦后等既弑中宗，中宗之妹太平公主草遗制立皇子重茂，是为殇帝。韦后为太后，自总庶政，临朝称制。已而宗楚客密与韦温、安乐公主谋害殇帝，且谋去太平公主及相王（即睿宗）。相王之子临淄王隆基与太平公主谋先事诛之，借图匡复。遂厚结羽林豪杰，起兵讨乱，斩韦后及安乐公主，其党宗楚客、韦温、上官婉儿等皆被诛，马秦客、杨均等皆枭首。复诛诸韦于杜曲，虽襁褓儿无免者。于是废殇帝，奉立相王，是即睿宗之重祚。睿宗既立，将

立太子,以宋王成器嫡长,而隆基有大功,疑不能决。成器辞曰:"国家安则先嫡长,国家危则先有功。苟违其宜,四海失望。"大臣亦多言隆基功大,宜立。睿宗从之,乃立隆基为太子。隆基复表让成器,不许。

第十四章　玄宗之政绩与武功

(一)睿宗之传位与玄宗之即位　公元七一〇年,睿宗既重祚而立隆基为太子,复以姚崇、宋璟为相。二人协心,革弊政,进忠良,退不肖,赏罚尽公,请托不行,纲纪修举,上下翕然。惟太平公主于诛二张及诛韦氏时,皆曾有力,势甚尊重。睿宗常与图议大政,自宰相以下,进退系其一言,文武之臣,大半依附,权倾人主。公主惮太子英武,欲更择闇弱者立之,以久其权,谋易太子。赖姚崇、宋璟、张说等之谏,感悟睿宗,太子得无变;然姚崇、宋璟由是被贬。公元七一二年,睿宗传位于太子,仍总大政。太子立,是为玄宗,世谓之明皇。太平公主依上皇之势,擅权用事,公元七一三年,阴谋废立,且谋弑玄宗。玄宗与近臣定计,收太平公主之党数十人尽斩之,太平公主逃入南山寺,仍与其子薛崇行、崇敏皆赐死。上皇犹是不预政,后三年,崩。于是玄宗亲政,武韦之祸始完全告终,开元之治启矣。

(二)姚崇宋璟之相业　玄宗既亲政,励精图治,召姚崇为相。崇吏事明敏,裁决如流。其为相,兼兵部尚书,缘边屯戍、斥堠、士马、储械,无不默记。帝专任之,每事谘访。崇应答如响,同僚唯诺而已。崇请抑权幸,爱爵赏,纳谏净,却贡献,杜请谒,帝皆纳之。卢怀慎清谨俭素,休休有容,与崇同为相,自以才不及崇,每事推之。公元七一六年冬,崇因事辞相,荐广州都督宋璟自代。璟风度凝远,人莫测其际。及为相,务在择人,随材授任,使百官各称其职。刑赏无私,敢犯颜直谏。帝甚敬惮之,虽不合意,亦曲意从之。崇、璟相继为相:崇善应变成务,璟善守法持正。二人志操不同,然协心辅佐,使赋役宽平,刑罚清省,百姓富庶。遂使开元之政,比隆贞观。故唐世贤相,前称房杜,后称姚宋,他人莫得比焉。二人每进见,帝辄为之起,去则临轩送之。其后李林甫为相,虽宠任过于姚宋,然礼遇殊卑薄矣。紫微舍人高仲舒,博通典籍;齐瀚,练习时务。姚宋每坐二人以质所疑。既而叹曰:"欲知古,问高

君;欲知今,问齐君,可以无阙政矣!"

（三）姚宋以后之诸相　公元七二〇年即玄宗开元八年,宋璟以微过罢相。盖帝外虽重璟,心实厌畏之也。是后在相位者,率皆常才。张嘉贞吏事强敏,而刚躁自用;张说有文学才智,而好贿,李元纮、杜暹,特清慎俭素;宇文融善言财利,性精敏,应对辩给;其用事,广置诸使,竞为聚敛,由是百官浸失其职。至公元七三三年,即开元二十一年,韩休、张九龄相继为相,俱以直闻。休为人峭直,守正不阿,甚允时望。宋璟叹曰:"不意韩休乃能如是!"帝或宫中宴乐及后苑游猎,小有过差,辄谓左右曰:"韩休知否?"言终,谏疏已至。帝尝临镜默然不乐。左右曰:"韩休为相,陛下殊瘦于旧,何不逐之?"帝叹曰:"吾貌虽瘦,天下必肥。萧嵩奏事常顺指,既退,吾寝不安;韩休常力争,既退,吾寝乃安。吾用韩休,为社稷耳,非为身也。"然数月后竟罢相。此后九龄为中书令,亦峭直守正,遇事力争,为唐名臣。

（四）东突厥之复兴及其被灭　以上乃玄宗开元之内治也,以下略述玄宗之外征,兹且先言突厥。初,东西突厥既为太宗、高宗所灭,一时帖然。至高宗末年,东突厥颉利可汗之疏族有骨咄禄者,起于今山西大同西北之黑沙城,自立为可汗,渐强盛,武后时,屡寇边郡,虽尝为黑齿常之李多祚等所败,势不少衰。骨咄禄死,弟默啜代立,复取漠北,逼回纥渡碛南徙甘凉间。据地万里,有胜兵四十万,西北诸异族皆附之,几恢复颉利时代之旧观。常南侵,破河北州县。中宗时,即公元七〇八年,朔方道大总管张仁愿筑三受降城于河北,首尾相应,默啜始不敢南寇朔方。至玄宗开元初,默啜西并突骑施,虏其可汗莎葛。然默啜昏虐,不能抚诸部,诸部多诣北庭都护府降唐;突骑施部将苏禄亦集余众复据其地,玄宗拜苏禄为忠顺可汗。开元四年,默啜击拔野古,恃胜轻归,为拔野古兵所斩,其子小可汗立,骨咄禄之子阙特勤击杀之,而自立其兄为毗伽可汗。时突厥部落多离散,毗伽可汗患之,用老臣暾欲谷为谋主,与玄宗构和,旋大破拔悉密及唐兵,势大振,尽有默啜之众。开元二十二年,毗伽死,国乱,有骨咄叶护者,自立为可汗。玄宗天宝元年,即公元七四二年,回纥葛逻禄拔悉密三部共攻杀之,惟拔悉密部长为颉跌伊施可汗,突厥余众则自立乌苏米施可汗,拔悉密又攻杀之。突厥又

立乌苏之弟为白眉可汗。于是突厥益乱。公元七四四年,朔方节度使王忠嗣乘机出兵击之。会回纥部长骨力裴罗又攻杀颉跌伊施可汗,而自立为可汗,遣使于唐,玄宗册拜为怀仁可汗。怀仁攻杀白眉。突厥遂灭。其地复为回纥所有。

(五)奚与契丹之平定　契丹与奚皆东胡种。当唐高祖时,契丹大酋孙敖曹来朝。太宗时,契丹帅窟哥及奚帅可度者并帅所部内属,赐姓李,自此世为唐臣。至武后时,窟哥之孙李尽忠及敖曹之曾孙孙万荣举兵反,奚亦同叛。武后遣曹仁师等讨之,大败。已而李尽忠死,孙万荣兼领其众,南侵,河北震动。武后遣王孝杰等将兵十七万讨之,又大败,孝杰死焉。武后续发兵,会奚人叛万荣,突厥亦扰其后,唐将杨玄基始大破万荣于幽州,其奴斩万荣首以降。其余众及奚皆附于突厥。至玄宗即位,奚与契丹仍寇边,唐兵屡失。开元四年,契丹酋李失活(尽忠从弟)及奚酋李大酺始帅所部降唐。玄宗以失活为松漠郡王,大酺为饶乐郡王。及失活死,弟婆固袭爵,为牙将可突干所攻,逃奔营州。营州都督许钦澹为之发兵,使与李大酺共攻可突干,大败,婆固及大酺皆被杀。可突干立婆固从弟郁干为主而专其政,遣使请罪,玄宗赦之,郁干死,弟吐干袭位,又与可突干不协,开元十三年来奔。国人立尽忠之弟邵固,后为可突干所弑。可突干以国人及奚众叛唐,玄宗遣兵讨之,互有胜败。至开元二十二年,幽州节度使张守珪大破可突干之兵,其管记王悔阴结契丹牙将李过折,使图可突干。过折从之,斩可突干来降。玄宗以为北平王,旋为其臣涅里所杀。涅里归于唐,玄宗赦之,以为松漠都督。

(六)吐蕃之叛唐及其款附　第十二章言吐蕃弃宗弄赞于太宗之际已服唐。高宗初,弄赞卒,其相禄东赞专政,遂叛唐。以吐谷浑附唐,击破之;又陷西域十八州,袭据龟兹拨换城。高宗遣薛仁贵、郭待封讨之,先胜而后大败。已而禄东赞卒,其子论钦陵代之秉政。钦陵与三弟赞婆悉多于勃论皆有才略,将兵屡寇西边。高宗遣将讨之,多为所败。吐蕃进据剑南之安戎城。由是西洱诸蛮皆降于吐蕃,吐蕃尽据羊同党项及诸羌之地,东接凉、松、茂、嶲等州,南邻天竺,西陷龟兹、于阗、焉耆、疏勒四镇,北抵突厥,地方万余里,威势极盛。自是以后,吐蕃于唐,愈肆侵寇。唐累岁用兵,类多失败。武后长寿元年,赖王孝杰大破吐

蕃,收复四镇。但未几,孝杰与娄师德俱为钦陵、赞婆所大败,钦陵遣使要求武后割地。会吐蕃赞普器弩悉弄已长,忌钦陵兄弟握权,公元六九八年,执杀钦陵亲党三千余人,使召钦陵兄弟,钦陵等举兵不受命,器弩悉弄将兵讨之,钦陵兵溃,自杀,赞婆与钦陵子论弓仁皆帅众来降。自是吐蕃之势少衰,虽仍入寇,然亦屡遣使入贡,请婚求和。及玄宗即位,吐蕃依然侵寇与请和并进,和事久不成。开元十年,吐蕃围攻小勃律王没谨忙,北庭节度使张嵩遣张思礼将兵赴援,大破吐蕃军,斩获数万,自是累岁吐蕃不敢犯边。开元十五年,玄宗遣王君㚟深入讨吐蕃,大破其大将悉诺逻于青海之西。悉诺逻威名甚盛,河西节度等副大使萧嵩纵反间于吐蕃,云悉诺逻与中国通谋。赞普弃隶蹜赞召而诛之,吐蕃由是更衰。玄宗遣兵攻讨,屡胜。开元十八年,吐蕃遂恐惧入贡,卑辞款附。

（七）边陲十节度经略之设置 东突厥之灭,奚、契丹之平,吐蕃之款附,乃唐代国威之再行振起。玄宗为驾驭塞外异族之故,乃于边陲要地陆续置十节度经略使,委以军马大权,使之经略四方。其一为安西节度,抚宁西域,纪龟兹、焉耆、于阗、疏勒四镇,治龟兹城,兵二万四千。其二为北庭节度,防制突骑施及坚昆;统瀚海、天山、伊吾三军;屯伊西二州之境,治北庭都护府,兵二万人。其三为河西节度,断隔吐蕃、突厥,统赤水、大斗、建康、宁寇、玉门、墨离、豆卢、新泉八军;张掖、交城、白亭三守捉;屯凉、肃、瓜、沙、会五州之境,治凉州,兵七万三千人。其四为朔方节度,捍御突厥,统经略、丰安、定远三军,三受降城,安北单于二都护府,屯灵、夏、丰三州之境,治灵州,兵六万四千七百人,其五为河东节度,与朔方掎角,以御突厥,统天兵、大同、横野、岢岚四军;云中守捉;屯太原府及忻、代、岚三州之境,治太原府,兵五万五千人。其六为范阳节度,临制奚、契丹,统经略、威武、清夷、静塞、恒阳、北平、高阳、唐兴、横海九军,屯幽、蓟、妫、檀、易、恒、定、漠、沧九州之境,治幽州,兵九万一千四百人。其七为平卢节度,镇抚室韦、靺鞨,统平卢、卢龙二军,榆关守捉,安东都护府;屯营、平二州之境,治营州,兵三万七千五百人。其余为陇右节度,备御吐蕃,统临洮、河源、白水、安人、振威、威戎、漠门、宁塞、积石、镇西十军;绥和、合川、平夷三守捉:屯鄯、廓、洮河之境,治鄯州,兵七万五千人。其九为剑南节度,西抗吐蕃,南抚蛮獠,统

天宝、平戎、昆明、宁远、澄川、南江六军，屯益、翼、茂、当、巂、柘、松、维、恭、雅、黎、姚、悉十三州之境，治益州，兵三万九百人。其十为岭南五府经略，绥静夷獠，统经略、清海二军；桂、容、邕、交四管，治广州，兵万五千四百人。此外又有长乐经略，福州领之，兵一千五百人；东莱守捉，莱州领之；东牟守捉，登州领之，兵各千人。凡镇兵四十九万人，马八万余匹云。

第三篇　唐　代　下

第十五章　天宝之政与安史之乱
（玄宗下期及肃宗时代）

（一）玄宗之宠任李林甫　上章言开元下期，玄宗以张九龄为相。当玄宗即位之初，为治甚勤而又极节俭，凡金银器玩，皆销毁以供军国之用；后妃以下，皆不得衣珠玉锦绣，及在位既久，为政浸懈，渐肆奢欲。而九龄遇事无大小，皆力争。是时有吏部侍郎李林甫，柔佞多狡数，深结宦官及妃嫔家，伺候玄宗动静，无不知之，故奏对常称旨，玄宗悦之，以为礼部尚书，同中书门下三品。林甫既得志，益迎合帝意以固宠，欲倾排张九龄。公元七三六年，即开元二十四年，玄宗听武惠妃之谗，欲废赵丽妃所生太子瑛及皇子鄂王瑶、光王琚。九龄力谏，帝不悦，林甫因之日夜短九龄于帝，帝浸疏之，旋罢政事，以林甫代之。明年，帝遂杀三子。而九龄既得罪，自是朝廷之士，皆容身保位，无复直言。李林甫欲蔽塞玄宗视听，自专大权，明召诸谏官谓曰："今明主在上，群臣将顺之不暇，乌用多言？诸君不见立仗马乎……一鸣辄斥去，悔之何及！"补阙杜琎尝上书言事，明日黜为下邽令。自是谏静路绝。林甫性阴险，妒贤嫉能，城府深密，人莫窥其际。好以甘言啖人，而阴中伤之，不露辞色。凡为玄宗所厚者，始则亲结之，及位势稍逼，辄以计去之。虽老奸巨猾，无能逃于其术者。其在相位，凡十九年，屡起大狱，诬陷异己，养成国乱，而玄宗不悟也。

（二）李林甫专权固位之谋　李林甫妒贤疾能，陷害胜己，尤忌文学之士及功名盛著之边将。初，唐兴以来，边帅皆用忠厚名臣，不久任，

不遥领，不兼统。功名著者，往往入为宰相。其四夷之将，虽才略如阿史那社尔、契苾何力，犹不专大将之任，皆以大臣为使以制之。及开元中，玄宗有吞四夷之志，为边将者十余年不易，始久任矣。皇子则庆、忠诸王，宰相则萧嵩、牛仙客，始遥领矣。盖嘉运王忠嗣专制数道，始兼统矣，李林甫深恐边陲大帅得入为相，致夺己权，乃欲杜绝其路。以为宰相当知书，如用不知书之胡人为边帅，则不能入相。因饰词奏言"文人为将，怯当矢石，不若用寒族胡人。胡人则勇决习战，寒族则孤立无党。陛下诚以恩洽其心，彼必能为朝廷尽死。"玄宗悦其言，始用安禄山。而玄宗晚年自恃承平，以为天下无复可忧，遂深居禁中，专以声色自娱，悉委政事于林甫。诸边节度使，亦尽用胡人。且精兵咸戍北边，势成偏重，卒使禄山叛乱，藩镇称兵。凡此，皆出于李林甫专权固位之谋也。

（三）玄宗之宠任安禄山　安禄山者，营州杂胡也，与同里胡人史思明先后一日生，长相爱，俱以骁勇闻。禄山后以军功得为平卢兵马使，性狡黠倾巧，善揣人情，人多誉之。玄宗尝遣左右至平卢，禄山皆厚赂之，于是左右归，称其贤；御史中丞张利贞为河北采访使，至平卢，禄山曲事利贞，乃至左右皆有赂。利贞入奏，盛称禄山之美。玄宗以为贤，遂以禄山为营州都督，充平卢军使及两蕃、渤海、黑水四府经略使，公元七四二年，即天宝元年，复进禄山为平卢节度使。禄山入朝，玄宗宠待甚厚。天宝三年，复使禄山以平卢节度使兼范阳节度使。禄山欲以边功市宠，数侵掠奚、契丹，奚、契丹叛，禄山讨破之。天宝六年，玄宗乃使禄山以范阳平卢节度使兼御史大夫。禄山体充肥，腹大，其在玄宗前，应对敏给，杂以诙谐。玄宗尝戏指其腹曰："此胡腹中何所有，其大乃尔。"对曰："更无他物，止有赤心耳。"玄宗悦。又尝命禄山拜太子亨，禄山不肯拜，曰："臣胡人，不知太子何官。"帝曰："此储君也，朕千秋万岁后，代朕君汝者也。"禄山曰："臣愚，向者惟知有陛下一人，不知乃更有储君！"不得已，然后拜。玄宗以为信然，益爱之。天宝九年，又赐禄山爵东平郡王，使兼河北道采访处置使。

（四）玄宗之嬖宠杨贵妃　当玄宗宠任李林甫、安禄山之际，内嬖杨贵妃。初，玄宗嬖武惠妃。及惠妃薨，帝悼念不已。后宫数千，无当意者。或言寿王妃杨氏之美，绝世无双。寿王者，帝子瑁，武惠妃之所

生也,帝既见杨氏,悦之。乃令妃自以其意乞为女官,号太真。更为寿王娶韦昭训女,而潜纳太真于宫中,太真肌态丰艳,晓音律,性警颖,善承迎帝意。不期岁,宠遇如惠妃。天宝四年,即公元七四五年,册太真为贵妃,宠嬖无比,杨氏举族皆贵盛。杨钊,贵妃之从祖兄也,不学无行,惟善樗蒲,亦遂得幸,判度支事,务聚敛。屡奏帑藏充牣,古今罕俦。帝帅群臣观之,甚悦。由是视金帛如粪土,赏赐贵宠之家,无有限极。贵妃姊韩国夫人、虢国夫人、秦国夫人得帝所赐与及四方献遗,竞开第舍,极其壮丽,一堂之费,动逾千万。帝旋赐杨钊名为国忠;而安禄山入朝,帝亦为之起第,穷壮丽,且日遣诸杨与之游宴。禄山请为贵妃儿,帝许之。常出入禁中,帝与贵妃共坐,禄山先拜贵妃,帝问其故。对曰:"胡人先母而后父。"帝悦。天宝十年,禄山生日,赐与甚厚。后三日,召入,贵妃以锦绣作大襁褓裹禄山,使宫人以彩舆昇之。帝闻后宫欢笑声,问其故。左右以贵妃洗禄山儿对。帝乃赐贵妃洗儿金银,尽欢而罢。自是禄山出入宫掖,或与贵妃对食,或通宵不出。颇有丑声,帝亦不疑也。

（五）安禄山之轻唐及其谋反　天宝十年,安禄山求兼河东节度使,玄宗从之。是时李林甫专政,武备堕弛,禄山既兼领平卢、范阳、河东三镇,赏刑己出,有轻唐之心。归范阳,养同罗、奚、契丹归降之壮士八千余人,蓄家僮百余人,皆骁勇善战,一可当百。又畜战马数万匹,多聚兵仗;以高尚、严庄、张通儒、孙孝哲为腹心;史思明、安守忠、李归仁、蔡希德、牛廷玠、向润容、李庭望、崔乾祐、尹子奇、何千年、武令珣、能元皓、田承嗣、田乾真、阿史那承庆为爪牙,为自强之计。然惮李林甫狡猾逾己,不敢有所动。及天宝十一年,李林甫卒,杨国忠为相,禄山视之蔑如也。由是二人有隙。明年,突厥阿布思为回纥所破,安禄山诱其部落而降之。于是禄山精兵,全国莫及。杨国忠屡言禄山有反状,玄宗不听。天宝十三年,国忠又言禄山必反,且曰:"试召之,必不来。"而禄山闻召即至,帝因此益亲信禄山。加左仆射,使归。由此,国忠之言,不复能入。禄山欲收众心,奏所部将士讨奚、契丹、同罗等有功,乞超资加赏。帝从之,除将军者五百余人,中郎将者二千余人。公元七五五年,即天宝十四年,禄山请以蕃将三十二人代汉将,帝犹许之而不疑。又表

请献马三千匹,每匹二人执鞚,二十二蕃将部送,帝始疑之。遣使止其献,禄山踞床不拜,曰:"马不献亦可。十月,当灼然至京师。"时国忠数以事激禄山,欲其速反,以取信于帝,于是禄山遽发所部兵及同罗、突厥、奚、契丹、室韦等,凡十五万,号二十万,反于范阳。

(六)安禄山陷东京与颜真卿颜杲卿之起兵　安禄山既反于范阳,以讨杨国忠为名,引兵而南,步骑精锐,烟尘千里。时海内承平久,民不识兵革,远近闻之震骇,郡县望风瓦解,无敢抗拒。禄山遂渡河,进陷东京,玄宗所遣拒敌大将封常清、高仙芝退守潼关,玄宗闻河北皆从安禄山,叹曰:"二十四郡,曾无一人义士耶?"已而闻平原太守颜真卿起兵讨贼,大喜曰:"朕不识颜真卿作何状,乃能如是!"真卿使亲客密怀购贼牒诣诸郡,由是济南太守李随、东平太守吴王祇等多应之,而常山太守颜杲卿亦起兵。杲卿,真卿之从兄也,既起兵,真卿潜遣使告杲卿,欲连兵断禄山归路,以缓其西入关中之计。杲卿又遣人徇诸郡。于是河北诸郡响应,凡十七郡皆复归朝廷,其附禄山者,惟范阳、卢龙、密云、渔阳及汲、邺六郡而已。先时禄山欲自将攻潼关,至是,由新安还洛阳,而命史思明、蔡希德将兵击杲卿。公元七五六年,禄山自称大燕皇帝,改元圣武。史思明、蔡希德围杲卿于常山,杲卿遣使向太原尹王承业求援,承业拥兵不救,杲卿昼夜拒战,粮尽矢竭,城遂陷。杲卿被执送洛阳。禄山数其反己曰:"汝自范阳功曹,我奏汝……超至太守,何负于汝而反耶?"杲卿瞋目骂曰:"汝本营州牧羊羯奴,天子擢汝为三道节度使,恩幸无比,何负于汝而反耶……我为国讨贼,恨不斩汝,何谓反也!臊羯狗,何不速杀我?"禄山大怒,缚而剐之。比死,骂不绝口,颜氏一门死者三十余人。史思明等既克常山,引兵击诸郡之不从者,所过残灭。于是广平、巨鹿、赵魏、上谷、博陵、文安、信都等郡,复为贼守有。

(七)安禄山入长安与玄宗传位幸蜀　河北诸郡既复多为安禄山所有,玄宗乃命朔方节度使郭子仪及子仪所荐河东节度使李光弼定河北;而命宦官边令诚斩封常清、高仙芝,另遣河西陇右节度使哥舒翰力疾将兵二十万进取东京。李光弼与史思明战于常山,破之。已而光弼、子仪又与史思明等战于九门城南,大破之;旋又大破之嘉山,斩首四万级,军声大振。时颜真卿及北海太守贺兰进明等亦克魏郡及信都。于

是河北十余郡,皆杀禄山守将而降,禄山由渔阳之后路再绝。后路既绝,禄山大惧,议弃洛阳走归范阳,计未决,而杨国忠猜忌哥舒翰,毁其逗遛。是时哥舒翰主坚守潼关;郭子仪、李光弼亦上言潼关大军惟应固守,不可轻出,愿引兵北取范阳,覆禄山巢穴,使其内溃。奈玄宗惑于杨国忠之言,屡促哥舒翰进兵。翰不得已,痛哭发兵击贼于灵宝,大败,麾下执翰降禄山,禄山遂以兵入潼关,关中大震。玄宗仓皇弃长安出奔,谋幸蜀。次于马嵬,将士饥疲,皆愤怒,以祸由杨国忠,杀而裂之,又逼帝缢杀杨贵妃,然后发。父老遮道请留,帝命太子亨慰抚之。父老又拥太子马,请留讨贼。太子不得行,乃使其子广平王俶驰白帝。帝使谕太子曰:"汝勉之……西北诸胡,吾抚之素厚,汝必得其用。"且宣旨欲传位,太子不受。太子谋适朔方,至平凉,朔方留后杜鸿渐等迎入灵武,请遵马嵬之命。笺五上,太子乃即位,是为肃宗。遥尊玄宗为上皇天帝。玄宗至成都,命相奉传国宝玉册诣灵武,凡在位四十四年。

(八)安庆绪杀禄山及肃宗收复两京　肃宗已即位于灵武,郭子仪将兵五万自河北至,军威稍振。先是京兆李泌幼以才敏闻,肃宗在东宫时,尝与泌为布衣交,至是遣使召之于颍阳隐居,事无大小,皆与之议。已而以广平王俶为天下兵马元帅,请泌为侍谋长史,遣使借兵于回纥。是时禄山据长安,掠民子女财产,人民思唐,群起与禄山为敌。而禄山自举兵以来,目昏,又病疽,性躁暴,动则箠杀人;且爱嬖妾子庆恩,欲以代长子庆绪为嗣。肃宗至德二年春正月,庆绪遂杀禄山而自立,时李光弼大破史思明等十万之众于太原,庆绪乃使思明归镇范阳。李泌请遣兵并塞东北,自妫、檀南取范阳,覆其巢穴;肃宗则以陇右、河西、安西、西域之兵既会,江淮庸调亦至,宜先收复两京。泌曰:"今以此众直取两京,必得之;然贼必再强,我必再困,非久安之策。"帝曰:"何也?"泌曰:"今所恃者皆西北守塞及诸胡之兵,性耐寒而畏暑,若乘其新至之锐,攻禄山已老之师,其势必克两京,春气已深,贼收其余众,遁归巢穴,关东地热,官军必困而思归,不可留也。贼休兵秣马,伺官军之去,必复南来,然则征战之势,未有涯也。不若先用之于寒乡,除其巢穴,则贼无所归,根本永绝矣。"肃宗切于玄宗晨昏之恋,不能用,而以兵径向西京。至凤翔,回纥怀仁可汗遣其子叶护将精兵来援。广平王俶与副元帅郭

子仪乃帅朔方等军及回纥西域之众十五万进击安守忠、田乾真、张通儒等于长安城西，大破之，遂收复西京。广平王留镇抚三日，引军东出，与回纥夹击张通儒等于陕，复大破之，遂又复东京。安庆绪走保邺郡，肃宗入西京，上皇亦自蜀还。

（九）张巡许远之保障江淮及其死　初，当安禄山之陷东京而称帝也，真源令张巡帅吏民哭于玄元皇帝庙，起兵雍丘。守雍丘六十余日，大小三百余战，卒却贼，越数月，安禄山复遣兵围雍丘，相守四十余日，其将六人欲降，巡引而责以大义，斩之，激励士心死守，屡破贼。贼常数万人，而巡众才千余，每战辄克。既而入睢阳，与睢阳太守许远共守，安庆绪遣大将尹子奇将兵十三万攻之。巡、远仅兵六千余人，巡督励将士，昼夜苦战，斩获甚众。远谓巡曰："远懦不习兵；公智勇兼济。远请为公守，公请为远战。"由是远调军粮，修战具，居中应接；巡则筹画战斗，屡挫贼锋。自肃宗至德二年正月至七月，尹子奇数退数攻，增兵益多，于是睢阳城中食尽，四方馈救不至，士卒消耗至一千六百人，皆饥病不堪斗，遂为贼所围。张巡乃修守具以拒之，其所为皆应机立办，尹子奇百计不得逞。至八月，睢阳士卒死伤之余才六百人，巡遣其将南霁云突围往临淮，求救于河南节度使贺兰进明，进明不应。或议弃城东走。巡、远曰："睢阳，江淮之保障，若弃之去，贼必乘胜长驱，是无江淮也。且我众饥羸，走必不达。不如坚守以待援。"于是食茶纸树皮既尽，遂食马；马尽，罗雀掘鼠；雀鼠又尽，巡出爱妾杀以食士，远亦杀其奴，然后括城中妇人食之；既尽，继以男子老弱。人知必死，莫有叛者。至十月，所余凡四百人。城遂陷，巡、远及南霁云、雷万春等三十六人皆被执，不屈，死之。及两京收复，安庆绪北走，陈留人杀尹子奇以降。江淮之免劫掠，皆张巡、许远之力也！

（十）史思明杀安庆绪自立与复取东京　两京已收复，安庆绪既北走保邺。肃宗命郭子仪、李光弼、王思礼、鲁炅、李奂、许叔冀、李嗣业、李广琛、崔光远等九节度使合兵六十万讨庆绪，败而围之。当是时，安庆绪虽犹有河北数十城，然枝党离析，其臣下争权，无复纪纲。蔡希德有才略，张通儒赞而杀之。庆绪又忌史思明雄据范阳，谋诛之，史思明以其所部十三郡及兵八万降唐，并帅其河东节度使高秀严及其所部降。

肃宗因遣乌承恩等往河北宣慰,于是除相州外,河北已率归于唐。虽然,郭子仪等九节度使皆平列,仅以宦官鱼朝恩为观军容使,无统帅,进退不一,自肃宗三年冬至四年春,竟不能破邺。史思明又逼反于范阳,乃引精兵十三万南救安庆绪。公元七五九年,即肃宗四年二月,郭子仪等九节度使之军步骑六十万大溃于相州。邺城围解,安庆绪又谋拒思明,思明杀之,以其子朝义守邺,自引军还范阳,固根本。旋称燕帝。肃宗惩邺城之败,使郭子仪为元帅,总诸道兵。宦官鱼朝恩恶而短之。帝召还子仪,以李光弼代之。光弼治军严整,始至,号令一施,士卒壁垒旌旗,精彩皆变。会史思明进军取东京,光弼以洛阳不可守,移军河阳,北连泽潞,以期表里相应,制贼之后,使不敢西侵。九月,思明入洛阳。

(十一)史朝义杀思明及其势之渐衰 史思明入洛阳后,进攻河阳,李光弼以计降其勇将李日越、高庭晖,与思明战,大破之。自此屡与思明战,互有胜败。惟史思明猜忌好杀,群下小不如意,动至族诛,人不自保。朝义,其长子也,尝从思明将兵,颇谦谨爱士卒,将士多附之,无宠于思明。思明爱少子朝清,常欲杀朝义而立朝清为太子。朝义忧惧,其部将劝之废立,从之。公元七六一年,即肃宗六年三月,朝义部将遂执囚思明,旋被缢杀,朝义即帝位于洛阳。时洛阳四面数百里州县皆为丘墟,而朝义所部节度使,皆安禄山旧将与思明等夷,朝义召之多不至,略相羁縻而已,不能得其用也,于是肃宗诸将屡破朝义兵,其势日衰。

(十二)代宗即位及其诛李辅国与平史朝义 初,肃宗即位灵武后,张良娣有宠,恶皇子建宁王倓,与宦官李辅国谮而害杀之。李泌知肃宗不足与有为,及复西京、东京,固请归衡山。其后肃宗立良娣为皇后,以李辅国掌禁兵,二人相与表里,专权用事。肃宗畏之,而无如之何。已而张后与辅国有隙,会肃宗七年,玄宗崩,肃宗亦疾笃,后召太子豫——即广平王俶,令诛辅国。太子恐震惊帝体,不可。后更令越王係诛之。辅国闻其谋,与宦者程元振夜勒兵幽后,捕越王係等,并以甲兵守太子于飞龙厩。明日,肃宗崩,辅国弑后,并杀越王係、兖王僴,然后引太子立之,是为代宗。代宗畏辅国之握禁兵,内虽不平,外尊礼之,称为尚父而不名,事无大小,皆与咨谋。已而程元振谋夺辅国权,密请代宗裁抑之,乃授辅国王爵而罢其政,寻为盗所杀。或曰,实代宗使之也。

代宗已除辅国,遣使求援于回纥以讨史朝义。时朝义以势日衰,亦诱回纥使助己,回纥登里可汗(牟羽可汗)举国入寇,长安大震。代宗遣蕃将仆固怀恩往说以恩信,始转而助唐。代宗乃以皇子雍王适为元帅,仆固怀恩副之,总诸道兵,与回纥共讨史朝义,大破之,取东京。朝义北走,途中屡败,其将张献诚、嵩薛、张忠志、田承嗣、李怀仙等先后降唐。朝义欲北入奚、契丹,李怀仙遣兵追之,朝义穷蹙自缢,安史之乱遂平。时代宗元年,公元七六三年也。

附　安史乱时其他各地之叛乱　张溥曰:"肃宗立于患难之中,捍安史之乱,时天下正未宁也。即其臣而叛者,若何滔乱于南充,王惟良乱于北庭,康楚元、张维瑾乱于襄州,朱融乱于长塞,刘展乱于江淮,段子璋乱于梓州,王元振乱于绛州,纷纷者史不胜书。然滔执杨齐鲁,卢元裕平之;惟良谋作乱,李嗣业讨之;楚元逐王政,称南楚霸王,韦伦擒之;维瑾杀史翙,来瑱降之;朱融奉嗣歧王珍为乱,邢济告而诛之;子璋杀虢王巨,称梁王,崔光远斩之;元振杀李国贞,郭子仪戮之。皆乱起旋定,不劳大帅。若刘展逞乱,朝廷莫制,展兵横行,李峘退走。李藏用责其不忠不勇,竭力栅拒,后得平卢都知兵马使田神功锐师战胜,展败渡江,斩于贾隐林。是役也,神功之劳虽多,其先完城却敌,功惟藏用。事定之后,牙将高幹诬其谋反,以兵袭杀之……不问……且河东军杀邓景山而杀辛云京,镇西北庭行营兵杀荔非元礼而推白孝德,诏无不从。藩镇之祸实始肃宗哉!"

第十六章　代宗时之外患与宦官藩镇

（一）吐蕃之入寇与入长安　代宗元年,吐蕃入寇。初,玄宗时,吐蕃已服唐(见第十四章)。其后复叛,连年用兵。及安禄山反,西方边兵精锐者皆征撤入援,所留兵单弱,吐蕃稍蚕食之。数年间,西北数十州,相继沦没。至代宗元年,吐蕃陷兰、廓、河、鄯、洮、岷、秦、成、渭等州,尽取河西陇右之地。遂进寇泾州,邠州,奉天,武功,京师震骇。代宗命郭子仪出镇咸阳以御之。时子仪罢兵柄,闲废日久,部曲离散,至是,召募得二十骑而行。至咸阳,吐蕃帅吐谷浑、党项、氐羌二十余万众,弥漫数十里,已渡渭而东。子仪遣使请益兵,宦官程元振遏之。及吐蕃渡便

桥,临长安,代宗仓猝不知所为,遽弃长安,东奔陕州。吐蕃入长安,剽掠府库市里,焚闾舍,萧然一空;而立故邠王李守礼之孙广武田承宏为帝,改元,置百官。子仪东走,行收兵,得四千人,军势稍振。子仪乃泣谕将士以共雪国耻取长安,皆感激受约束。于是子仪向长安进发,多为疑兵,昼则击鼓张旗帜,夜则多燃大炬。吐蕃疑惧,稍稍引军去。子仪将孙全绪又使人入长安阴结少年数百,夜击鼓大呼,吐蕃大骇。全军悉遁,长安始得收复。

(二)唐代宦官之溯源及程元振等之祸国　初,唐太宗定制:内侍省不置三品官,黄衣廪食,守门传命而已。中宗时,嬖幸猥多,宦官渐盛,玄宗诛太平公主,以内给事高力士有功,擢为右监门将军,知内侍省事。是后宦官除三品将军者浸多。玄宗奢豪,宫嫔至四万,阉宦亦随之增多,衣朱紫者千余人,黄衣以上三千余人;而高力士与杨思勖最贵盛。思勖数将兵出平叛蛮,以功为辅国大将军。力士常居中侍卫,表奏皆先呈力士,然后奏御,小事即决之,势倾内外,加骠骑大将军。肃宗在东宫,以兄事之,诸氏公主,则呼之为翁;自李林甫、安禄山辈,皆由之以取将相。然力士性和谨,不敢骄横,故玄宗终亲任之,士大夫亦不甚疾也。及肃宗、代宗以庸弱之资倚宦官为扞卫,于是有李辅国之专横。李辅国既诛,程元振、鱼朝恩相继于代宗之朝,专恣用事,窃弄刑赏,壅蔽聪明,视天子如委裘,陵宰相如奴虏。而代宗皆惯,优宠宦官益甚,奉使四方者不惟不禁其求取,所得颇少,代宗且以为轻其使命。由是宦官公求赂遗,无所忌惮,出使,恒重载而归。其宠任程元振尤深,四方遣人奏事,皆云与骠骑议之,曾不委宰相可否,或稽留数月不还,由是远近疑阻。

(三)宦官程元振等之嫉害诸将及仆固怀恩之叛　程元振等不仅专恣用事,且忌功害能,凡诸将有大功者,常谋陷之。山南东道节度使来瑱在襄阳,程元振有所请托,不从,元振潜而流杀之。郭子仪为都知朔方、河东、北庭、潞仪、泽沁、陈郑等节度行营及兴平等军副元帅,元振忌其功高任重,数谮之,代宗卒罢子仪兵柄,留京师。吐蕃入寇,元振匿不以闻,致代宗弃长安狼狈奔陕。至陕后,诏征诸道兵,李光弼等皆恶程元振居中,莫有至者。时中外切齿,太常博士柳伉上疏请斩元振。代宗不得已,削元振官爵,放归乡里。光弼素与郭子仪齐名,以太尉、河南

副元帅镇临淮,赐爵临淮王,寻迁徐州,终以危疑,拥兵不朝。麾下诸将,因之亦不复禀畏,光弼遂于代宗二年愤郁成疾而卒。又仆固怀恩虽负功骄蹇,实忠于唐,一门死王事者四十六人,亦为宦官骆奉仙、鱼朝恩及河东节度使辛云京等所构陷,不能自明,愤怨,遂反。代宗二年十月,引回纥、吐蕃进逼奉天。怀恩本郭子仪裨将,代宗遣子仪将兵御之,怀恩等不战而退。

（四）怀恩之死与郭子仪单骑说回纥退吐蕃　代宗三年三月,仆固怀恩复诱回纥、吐蕃、吐谷浑、党项、奴剌数十万众大举侵唐。代宗遣郭子仪屯泾阳以备之。会有天幸,怀恩中途忽遇暴疾死,部将内讧,回纥与吐蕃争长,不相睦,围泾阳,各自为战。子仪乘机遣人往说回纥,欲与之共击吐蕃。先是怀恩给言子仪已死,子仪使至,回纥不信,曰:"郭公……果在……可得见乎?"使还报,子仪曰:"今众寡不敌,难以力胜……不若挺身往说之,可不战而下也。"遂与数骑开门而出,使人传呼曰:"令公来。"回纥大惊,其大帅药葛罗执弓注矢立于阵前。子仪免胄释甲投枪而进。回纥诸酋长相顾曰:"是也。"皆下马罗拜。子仪亦下马,前执药葛罗手,让其背恩负约助叛,药葛罗谢罪,子仪因说与击吐蕃,且曰:"吐蕃……马牛鸡畜……弥漫在野,此天以赐汝……破敌以取富,为汝计,孰便于此?"药葛罗许之,子仪取酒共饮,誓约而还。吐蕃闻之,引军夜遁。药葛罗帅众追吐蕃,子仪遣兵与之俱,大破之。子仪勋德并高,为司徒,中书令,汾阳王,以关内河东副元帅镇河中或邠州,代宗礼重之。尝罢废而不怨,闻难而即行,以故谗间不得逞。虽不豫朝政。而夷夏皆服其威名。唐室以其身为安危者殆三十年。其后德宗尊为尚父,公元七八一年,卒。七子八婿皆显,将佐为名臣者甚众。

（五）藩镇之增多及其权势之重　前已言玄宗天宝之初,仅于边陲设十大镇,各置节度使。因节度使各统数州或十数州,州吏尽为其属,故多兼按察、采访、安抚、支度等使。既握甲兵,又掌土地、人民、财赋,是以方镇日强,国势偏重,竟致天宝之乱。及安史据洛阳,河南、山南、江淮诸道,亦皆陆续增列镇府,置节度使。于是州县之政,多归于武臣之手矣。又当安禄山之初反也,其平卢诸将刘客奴、董秦、王玄志等叛禄山归朝,玄宗以客奴为平卢节度使,赐姓名曰李正臣。董秦入朝,赐

姓名曰李忠臣,后为淮西节度使。已而王玄志鸩正臣,自代之。肃宗三年十二月,玄志卒,肃宗遣中使往抚将士,且就察军中所欲立者,授以旌节。裨将高丽人李怀玉遂杀玄志之子而推戴其姑子侯希逸,朝廷因以希逸为平卢节度使。及代宗即位之初,仆固怀恩以回纥败灭史朝义,贼将薛嵩、张忠志、田承嗣、李怀仙皆降。怀恩恐贼平宠衰,因奏留嵩等分帅河北,自为党援。朝廷亦厌苦兵革,苟冀无事,即以张忠志为成德节度使,统恒、赵、深、定、易五州,赐姓名曰李宝臣;薛嵩为相卫节度使,统相、卫、邢、洺、贝、磁六州;田承嗣为魏博节度使,统魏、博、德、沧、瀛五州;李怀仙为幽州卢龙节度使,统幽、莫、妫、檀、平、蓟六州。未几,所统稍有变动,然无大出入。

(六)肃宗代宗姑息政策之结果　由上所叙,足知肃宗、代宗对于安史降将之处置,殊为失当。盖肃代遭唐中衰,幸而复国,是宜正上下之礼,以纲纪四方,不宜偷一时之安,伏永久之患。彼命将帅,统藩维,国之大政也;乃委一介之使,徇行伍之情,无问贤不肖,惟其所欲与者则授之。自是之后,积习为常,君臣循守,以为得策,谓之姑息。乃至偏裨士卒杀逐主帅,亦不治其罪,因以其位任授之。然则爵禄废置、生杀予夺,皆不出于上而出于下,从此权柄倒持矣。且偏裨士卒之杀逐主帅也,不惟不治其罪,乃即以其主帅之位任授之,使之拥麾秉钺,师长一方,是赏之也。赏以劝恶,恶其何所不至乎? 由是为下者,常眈眈焉伺其上,苟得间,则攻而族之;为上者,常惴惴焉畏其下,苟得间,则掩而屠之。争务先发,以逞其志。从此上下交残矣。且夫叛将来降,君主听其所欲;乱军杀将,君主亦从其所求。士卒挟其所求,得以陵偏裨;偏裨挟其所求,得以陵将帅;则将帅之挟其所欲以陵君主,自然之势也。从此上制于下矣。是以肃代以后,祸乱继起,兵革不息,虽唐亡而未已,人民坠于痛苦之中者凡二百余年焉。

(七)藩镇之交结与恣横　肃宗、代宗已种祸乱之根,即于其时便开始爆发。侯希逸既为平卢节度使,旋移镇淄青。代宗三年,即公元七六五年,其将李怀玉逐侯希逸。代宗因以怀玉知留后,赐名正己。时成德节度使李宝臣,魏博节度使田承嗣,相卫节度使薛嵩,卢龙节度使李怀仙,收安史余党,各拥劲卒数万,治兵完城,自署文武将吏,不奉朝命,

不供贡赋；与山南东道节度使梁崇义，及李正己，皆结为婚姻，互相表里，期以土地传之子孙。朝廷专事姑息，不复能制。虽名藩臣，羁縻而已。代宗六年，即公元七六八年，卢龙将朱希彩、朱泚等杀节度使李怀仙，希彩自称留后，代宗即以节度使授之。于是希彩悖慢朝廷，残虐将士。代宗十年，卢龙将吏又杀希彩，推朱泚为节度使；明年，相卫——即昭义——节度使薛嵩卒，弟崿代之，代宗皆因授旄节。代宗十二年，朱泚入朝，使其弟朱滔知幽州卢龙留后。十三年，即公元七七五年，昭义将裴志清逐薛崿，帅其众归魏博节度使田承嗣。田承嗣思吞并昭义，声言救援，引兵袭相州，取之。代宗谕承嗣各守封疆，承嗣不奉诏，遂反，尽吞相、卫、洺、磁之地而据之。

（八）攻讨田承嗣之无功及藩镇之割据　田承嗣于藩镇中本最沈猜阴险，常使人民老弱者耕，壮者悉籍为军，有兵十万；又择精骁者万人自卫，号曰牙兵，及既并昭义，势益强。尝轻成德节度使李宝臣及淄青节度使李正己，以故交恶。至是，宝臣、正己皆上表请讨之。代宗利用其隙，许之；且命幽州留后朱滔，河东节度使薛兼训，及宝臣，攻其北；命淮西节度使李忠臣，永平节度使李勉，汴宋节度使田神玉，河阳三城使马燧，泽潞节度使李抱玉，及正己，攻其南。田承嗣四面应战，互有胜负。当是时，李正己及李宝臣最强，承嗣乃设计破坏其联合：先卑礼厚币使李正己按兵不进，于是河南诸道兵皆不敢进。承嗣既无南顾之忧，得专意北方；会北方李宝臣为中使马承倩所辱，承嗣因又设计使宝臣与朱滔交兵。于是南北之联合皆破坏。代宗十四年，田神玉死，其将李灵曜反，与承嗣相结，虽为李正己、李忠臣、马燧等讨平，而于田承嗣竟无如之何。先是李正己有淄、青、齐、海、登、莱、沂、密、德、棣十州之地，及灵曜之役，正己又得曹、濮、郓、兖、徐五州为己有；其统治，用刑严峻而法令齐一，赋均而轻。于是拥兵十万，雄据东方，邻藩皆畏之。是时田承嗣据魏、博、相、卫、洺、贝、澶七州，李宝臣据恒、易、赵、定、深、冀、沧七州，梁崇义据襄、邓、均、房、复、郢六州，各拥兵数万，相与根据蟠结，虽奉事朝廷，而不用其法令；官爵甲兵，租赋刑杀，皆自专之。代宗无可奈何，一听其所为。朝廷或完一城，增一兵，辄有怨言，以为猜贰，常为之罢役；而自于境内筑垒缮兵，无虚日。以是在唐虽名为藩臣，实则有

如异国焉。

（九）元载之诛鱼朝恩及其专权被诛　代宗之世，藩镇跋扈于外，宦官跋扈于内。盖自程元振被放后，代宗又宠任鱼朝恩，以朝恩为天下观军容宣慰处置使，左监门卫大将军兼神策军使，专典禁兵，权宠无比。后又使之判国子监事。夫以宦者管国学，儒门之大辱，自古所未闻也。时元载、王缙为相，纪纲不修，代宗常与鱼朝恩议国事，势倾朝野。朝恩好于广坐恣谈时政，陵侮宰相。元载虽强辩，亦拱默不敢应。尝执《易》升高座，讲"鼎覆𫗧"以讥缙、载，缙怒，载怡然。朝恩曰："怒者常情，笑者不可测也。"及代宗大历五年，即公元七七〇年，朝政有不预者，朝恩辄怒曰："天下事有不由我者耶？"代宗闻之，不怿。元载乘间奏朝恩专恣不轨，请除之。代宗亦知中外共怨怒，遂令载为方略。元载乃以重赂厚结朝恩之党周皓、皇甫温，与之擒而缢杀之。但元载既诛鱼朝恩，因受代宗宠任，遂志气骄盈，每于广众中大言，自谓有文武才略，古今莫及。弄权舞智，政以贿成，僭侈无度。吏部侍郎杨绾典选平允，性介直，不附载，被迁为国子祭酒。时代宗已征李泌于衡山，元载忌而攻之。代宗虽恶之，容累年，载专横不改。至公元七七七年，代宗始与舅父左金吾大将军吴凑谋而诛之，籍没其家。

第十七章　德宗时代藩镇之跋扈

（一）德宗初政之可观　公元七七九年，代宗在位十七载而崩，太子雍王适即位，是为德宗。德宗颇思振作，励精图治。禁天下献珍禽奇兽；出宫女数百人；罢梨园乐工三百人；减服饰，力崇节俭。其于宦官，严惩出使受赂遗，求货贿。其于藩镇，北庭留后刘文喜拒命，求为节度使，不许；有为之请者，亦不许，卒讨平之。实有一革肃代弊政之志。淄青节度使李正己畏帝威名，表献钱三十万，同平章事崔祐甫请遣使慰劳淄青将士，因以其钱赐之，正己惭服。西川节度使崔宁曾亦据蜀，不供贡赋，至是亦入朝。时人以为太平庶几可望。帝又不次用人，卜相于崔祐甫。祐甫荐杨炎，帝亦素闻其名，故自迁谪中擢同平章事。炎请除财政之弊，欲使公赋由宦官之手仍掌于有司，公开于大臣，得窥其多少，校其赢缩，许之。炎又请为两税法：先计州县每岁所应费用及上供之数

而赋于民。量出以制入；户无主客，以见居为簿，民无中丁，以贫富为差；为行商者，在所州县，税三十之一，使与居者，均无侥利；居民之税，秋夏两征之，其租庸调杂徭悉省，皆总统于度支。帝亦从之。

（二）德宗朝政之浸乱　先是当玄宗时，中国富庶，民口至五千余万。安史之乱，什亡七八；州县多为藩镇所据，贡赋不入，国库耗竭。中原多故，戎狄连岁犯边，所在宿重兵，给费不赀，皆倚办于刘晏。晏善治财计，自肃宗以来，领度支、铸钱、盐铁、转运等使，权盐利，通漕运，制百货之低昂，军国之用，赖以充足，而民不困弊。杨炎虽有才，而与晏不相悦，及既相，乘崔祐甫疾多不视事，独任大政，专事复恩仇，忌刘晏，潜而贬之。人希炎旨，告晏怨望，德宗遣中使缢杀之。由是李正己益不自安，累表请晏罪，讥斥朝廷。德宗二年，擢卢杞，使与杨炎并相。杞貌丑，色如蓝，性阴狡，有口辨。既相，炎轻之，杞怀恨，欲起势立威，潜炎有异志，贬而缢杀于崖州。凡不附杞者，杞必置之死地；引太常博士裴延龄为集贤殿直学士，亲任之。奸邪专权，朝政自此乱矣。

（三）藩镇之连兵拒命　上章言代宗讨田承嗣无功，自是魏博田承嗣，成德李宝臣，淄青李正己，山南东道梁崇义，皆拥兵割据，有如异国。至代宗之末，田承嗣卒，其侄田悦代之；淮西节度使李忠臣为其族子李希烈所逐，德宗以希烈为淮西节度使。德宗二年。李宝臣卒，子惟岳自为留后，奏求旌节，德宗欲革肃代姑息之弊，不许；田悦为惟岳请继袭，又不许。于是田悦与李惟岳、李正己定计连兵拒命，梁崇义亦遥相应助。已而李正己卒，子纳代之，奏请袭父位，德宗亦不许。德宗命四方讨叛藩：内自关中，西暨蜀汉，南尽江淮闽越，北至太原，所在出兵。是年秋，淮西李希烈将兵讨斩梁崇义；河东节度使马燧，昭义节度使李抱真，神策先锋都知兵马使李晟，亦大破田悦于临洺。冬，宣武节度使刘洽及神策都知兵马使曲环、朔方大将唐朝臣等亦大破李纳、田悦之兵于徐州。明年春，马燧、李晟、李芃、李抱真等复大破田悦于洹水；幽州卢龙留后朱滔及张孝忠等亦大败李惟岳于束鹿，惟岳之将王武俊杀惟岳以降。时河北略定，田悦惟保有魏州；河南诸军攻李纳于濮州，纳势亦日蹙。叛藩已指日可平，奈德宗赏罚不信不明，致朱滔、王武俊并反，于是益兵连祸结。

（四）叛藩之蟠结称王　初，德宗曾下明诏，许朱滔得李惟岳城邑，皆隶本镇。及滔克深州，乃不以与滔而以与惟岳降将康日知，复命滔取德棣。又曾下明诏，谓能得李惟岳首者，即以惟岳官爵与之。及王武俊斩惟岳，乃仅以武俊为桓冀都团练观察使，且欲减武俊粮马。于是朱滔、王武俊皆怨望疑阻，不肯奉诏。田悦因乘机使人游说朱滔以共存之利，滔大喜，遂反。滔复使人游说王武俊，武俊许诺，亦反。二人引兵南救悦，大破马燧、李怀光于魏州。朱滔乃自称冀王，田悦称魏王，王武俊称赵王，李纳称齐王，推朱滔为盟主。各置百官；惟不改唐年号，如古诸侯奉周正朔。筑坛同盟，联兵拒命，有不如约者，众共伐之。李希烈亦反于淮西，举兵应四镇，自称天下都元帅太尉建兴王，遣兵四出攻掠。德宗大惧，问计于卢杞，杞恶颜真卿，欲陷之，谓德宗曰："希烈年少骁将，恃功骄慢，将佐莫敢谏止，诚得儒雅重臣，奉宣圣泽，为陈逆顺祸福，希烈必革心悔过，可不劳军旅而服。颜真卿三朝旧臣，忠直刚决，名重海内，人所信服，真其人也。"德宗从之，四年正月，遣真卿往宣慰希烈。人言往必不免，失一元老，为国家羞。真卿慨然就道，至，希烈胁之，不屈。留二岁，竟被杀。

（五）德宗之苛税人民　五镇既联兵共反，德宗用兵征讨日益棘手。计先后命河东、泽潞、河阳、朔方四军屯魏县，讨河北；神策、永平、宣武、淮南、浙西、荆南、江西、沔鄂、湖南、黔中、剑南、岭南十二军环屯淮宁之境，讨河南淮西。旧制诸道军出境，则仰给度支。德宗欲鼓励士卒，每出境，加给酒肉，本道粮仍给其家。以故一兵兼三兵之给。然殊无效果，各道出军往往才逾境而止；而军费则激增，府库不支。于是德宗从大常博士韦都宾、陈京议，令判度支杜佑先括长安富商钱，借之以供军计。长安嚣然，如被寇盗。又括僦柜质钱：凡蓄积钱帛粟麦者，皆借四分之一，封其柜窖，百姓为之罢市。又增诸道税；从赵赞谋，行税间架除陌钱法。所谓税间架者，计臣民屋广狭课税也。每屋两架为间，上屋税钱二千，中税千，下税五百。所谓除陌钱者，无论公私给与或卖买，每缗官留五十钱，每百官税五钱。两种税，敢隐匿者有罚有刑，告匿者有赏，其赏钱，使坐事者出之。于是官民不胜苦，愁怨之声，盈于远近，全国将益乱矣。

（六）陆贽请固邦本之伟见　时两河用兵既久不决，赋役既日滋，翰林学士陆贽以兵穷民困，恐别生内变，乃上奏曰："克敌之要，在乎将得其人；驭将之方，在乎操得其本。将非其人者，兵虽众不足恃；操失其柄者，将虽材不为用……将不能使兵，国不能驭将，非止费财玩寇之弊，亦有不戢自焚之灾。今两河、淮西为叛乱之帅者，独四五凶人而已。尚恐其中或傍遭诖误，内蓄危疑，苍黄失图，势不得止。况其余众，盖并胁从，苟知全生，岂愿为恶？若招携以法，悔祸以诚……其从化者必过半矣。"又曰："益兵以生事，加赋以殄人，无纾目前之虞，或兴意外之变。人者，邦之本也；财者，人之心也。其心伤，则其本伤；其本伤，则枝干颠瘁矣……今师兴三年……税及百物……人摇不宁，事变难测……若不靖于本而务救于末，则救之所为，乃祸之所起也！"又曰："王畿者，四方之本也。太宗列置府兵，分隶禁卫，大凡诸府八百余所，而在关中者殆五百焉。举天下不敌关中，则居重驭轻之意明矣……今朔方、太原之众远在山东，神策六军之兵继出关外。倘有贼臣啗寇，黠虏觇边，伺隙乘虚……将帅之中……或窃发郊畿，惊犯城阙，此亦愚臣所窃为忧者也，夫审陛下复何以备之！陛下倘过听愚计，所遣神策六军士马及点召节将子弟东行应援者，悉可追还。明勑泾、陇、邠、宁，但令严备封守，仍云更不征发，使知各保安居。又降德音，罢京城及畿县所税间架、榷酒、抽贯、贷商、点召等，一切停罢。则冀己输者弭怨，见处者获宁。人心不摇，邦本自固。"

（七）泾原军京师之变与德宗出奔奉天　陆贽请固邦本之奏上后，德宗不能用，仍益发泾原等诸道兵东讨李希烈。泾原兵冒雨役京师，以为必有厚赏；而诏犒军，惟粝食菜饭。众怒，蹴而覆之，因扬言曰：吾辈将死于敌，而食且不饱，安能以微命拒白刃耶？闻琼林、大盈二库金帛盈溢，不如相与取之。遂作乱，入城，喧声浩浩，拥入宫殿府库，掠运金帛。德宗召禁兵御乱，竟无一人至者。小民亦因之入宫盗物。帝遂仓猝出奔奉天。时前泾原节度使太尉朱泚坐朱滔之故，废处京师，心常怏怏，乱兵乃奉朱泚为主。泚引用李忠臣、张光晟、源休等失意文武大臣，图僭逆。司农卿段秀实谋诛泚，不克而死。泚乃自称大奉皇帝。改元应天，易置百官，杀唐宗室郡王、王子、王孙七十七人。未几，泚自将兵

数万急攻奉天。赖左金吾大将军浑瑊等力拒,血战经月;而李怀光、李晟等亦自东方撤兵帅众赴援,泚始败归长安。时宰相卢杞排挤忠良,专总大政,知德宗性好猜忌,往往以疑似离间群臣,劝其严刻御下,中外失望。李怀光既击退朱泚,解奉天之围,欲奏参卢杞罪恶,杞隔之,不得入见,复说于德宗,使怀光取长安。怀光意殊怏怏,虽行,数上书暴杞之奸。众论喧腾,亦咎杞等。帝不得已,始贬之。

(八)德宗用陆贽感化分化之谋与田悦王武俊李纳之归款　是时南方藩镇,各闭境自守,不为朝廷所用。德宗之势良已困屈,乃使人说田悦、王武俊、李纳,赦其罪,厚赂以官爵。悦等皆密归款,而犹未敢绝朱滔,各称王如故。陆贽于是劝帝下诏罪己,谓"宜痛自引过,以感人心……庶令反侧之徒,革心向化"。又劝帝须破坏各反叛者之联合,赦田悦、王武俊、李纳、朱滔、李希烈而专讨凶渠朱泚。德宗从之,乃于公元七八四年,即兴元元年正月,改元大赦,下诏罪己以谢国人。其诏撰于贽手,虽骄将悍卒,闻之读之,无不感激挥涕。王武俊、田悦、李纳见赦令,皆去王号,上表谢罪。诏中又悉罢间架、除陌、竹木、茶漆、榷铁等税,四方人心大悦。惟朱滔未服,李希烈亦自恃兵强财富,遂僭称楚帝。朱泚则更国号曰汉,自称汉元天皇。

(九)李怀光之叛及其与朱泚李希烈之讨平　兴元元年二月,李怀光反于咸阳。怀光自迫德宗贬卢杞后,又胁德宗杀其所信任之宦官翟文秀,意不自安,始有叛意,与朱泚通谋。及德宗屡遣中使促进兵,遂反,与朱泚连兵。德宗惧,由奉天再奔梁州。怀光东据河中,其下多叛之,势日弱。李晟督浑瑊、尚可孤、骆元光、韩游瓌等军攻朱泚,克长安,泚西走,至彭原西城屯,其将梁庭芬等斩之以降。德宗还长安,李怀光请束身归朝。帝使孔巢父往抚。巢父不善宣慰,为怀光左右所杀,怀光于是复治兵拒守。帝遣浑瑊、马燧等讨之,怀光部下多叛,忧惧不知所为,自缢而死。时朱滔为王武俊所攻,一败涂地,殆不能军,亦上表待罪。陆贽乃劝帝力守改元大赦之信,再用感化、分化之策以消灭淮西李希烈,其言曰:"四三叛帅感陛下自新之旨,悦陛下盛德之言,革面易辞,且修臣礼,其于深言密议,固亦未尽坦然。必当聚心而谋,倾耳而听,观陛下所行之事,考陛下所誓之言。若言与事符,则迁善之心渐固;倘言

与事背,则虑祸之态复兴……诚宜……救诸镇与淮西连接者,宜各守封疆,非彼侵轶,不须进讨。李希烈若降,仍当待以不死;自余将士百姓,一无所问。"德宗从之。公元七八六年,希烈之势日蹙,其将陈仙奇毒杀之以降。

（十）大难略平以后德宗之失政　当是时,德宗已征李泌于衡山,使同平章事。泌有谋略,尽心辅导,帝颇任之,为相二岁而卒。至公元七九二年,以陆贽同平章事。七九四年,因论裴延龄奸邪,罢相。贽自藩镇连兵以来,宣力最多,随事论谏,剀切百奏。帝追仇尽言。裴延龄又谮之,七九五年,贬忠州别驾。初,李泌荐处士阳城为谏议大夫,人皆想望风采。城在职七年而不谏,韩愈作《诤臣论》讥之。至是,城率诸谏官守阙,论延龄奸佞,贽无罪。时且相延龄,城曰:"脱以延龄为相,当取白麻坏之。"恸哭于庭,德宗遂沮不相延龄,然城亦坐贬。白麻者,任将相制书也。总之大难略平以后,德宗宠任小人,疏贬贤良;又听信谗间,猜忌功臣,先后罢李晟、马燧、浑瑊等兵权。因之武臣皆愤怒解体,不肯为用。加以注心聚敛,喜为私藏,有如鄙夫。浸宠宦官,以左右神策、神威等军委主之,置护军中尉,位在诸卫大将军上,使窦文场、霍仙鸣等为之,自是禁军常属阉寺。又有枢密之职,机务之重,亦为所参预。于是宦官揽权树威,挟制中外,主势下移,积重难返矣。

（十一）姑息藩镇及藩镇跋扈者之益多　又大难略平以来,德宗浸变为姑息。于是藩镇之中,兵强则逐帅,帅强则叛君;两河诸镇,骄傲尤甚,殆同化外。如魏博,田悦归款后,田承嗣之子田绪杀而代之;公元七九六年,绪卒,子季安袭位。如成德,八〇一年,王武俊卒,自传位于其子士真。如幽州,朱滔困服后,未几,病死,将士拥立刘怦;七八五年,怦卒,子济袭位。如淄青,七九二年,李纳卒,自传位于其子师古;八〇六年,师古又传位于其弟师道。如淮西,陈仙奇杀李希烈而降,德宗以仙奇为节度使,七八七年,希烈爱将吴少诚又杀仙奇,自立,侵掠邻州;八〇〇年,命韩全义统十七道兵讨之,官军不战而溃,明年,诏赦少诚。此外如宣武,拒帅、逐帅、杀帅、立帅之变乱迭起,德宗一意姑息,任其所为。故至德宗之末,总计全国方镇中:其凤翔、鄜坊、邠宁、振武、泾原、银夏、灵盐、河东、易定、魏博、镇冀(即成德)、范阳(即幽州)、沧景、淮

西、淄青等十五镇，皆自行继袭或被杀，不申户口，不纳贡赋。朝廷每岁赋税倚办，止于浙东、浙西、宣歙、淮南、江西、鄂岳、湖南、福建八道而已——比于玄宗天宝税户，四分减三也！

第十八章　宪宗以来之藩镇宦官朋党
（宪宗、穆宗、敬宗、文宗、武宗时代）

（一）宪宗之即位及其振作　公元八〇五年，德宗在位二十六年而崩，太子诵立，是为顺宗。顺宗有风疾，失音，翰林待诏王伾及翰林学士王叔文揽权用事。顺宗在位仅八月，即传位于太子纯，是为宪宗。宪宗时年二十八，性英武，甫即位，即贬王伾、王叔文及其党刘禹锡、柳宗元、韦执谊等。又与同平章事杜黄裳论及藩镇，黄裳有经济大略，陈姑息之弊，欲以法度裁制诸镇，帝深然之。八〇六年，即宪宗元和元年，西川节度使韦皋卒，度支副使刘辟自为留后，使诸将表求旌节，帝不许，辟遂反，侵东川。杜黄裳荐高崇文讨之，请勿置监军，惟命山南西道节度使严砺会讨。屡胜，克成都，崇文擒辟送京师斩之。又夏绥节度使韩全义免职，留后杨惠琳请代之，帝不许，惠琳拒命。帝诏阿跌先进往讨，亦平。二年，镇海节度使李锜求入朝而又徘徊观望，请展朝期。时武元衡为相，谓"锜求朝得朝，求止得止，可否在锜，将以令四海？"帝然之，征锜入朝。锜穷，遂反。帝遣王锷等讨之，执锜，送斩于京师。

（二）宪宗元和政治之清明　既平西川、夏绥、镇海，斩刘辟、杨惠琳、李锜，朝廷之声威渐张。而自杜黄裳、武元衡后，相继为相者，如斐垍、李藩、李绛，皆贤相。垍公忠峻整，人不敢干以私；藩、绛皆好直谏，知无不言，帝重之。绛尤善料事，有如陆贽。与李吉甫同为相，吉甫颇佞媚，绛数与吉甫争论于帝前，帝多以绛言。时在朝名士，如崔群，白居易等，皆谠直，数进忠谏。其后裴度亦相继为相。故元和之世，朝政清明；而削平叛藩，使朝纲一振，亦多赖诸人之力焉。斯时淄青李师道惧，请输两税，请朝廷命官吏，于帝欲根本革河北诸镇世袭之弊。元和四年，成德王士真卒，帝欲乘之自朝廷除人，若拒命，则兴师讨之。李绛一再陈言，以为时机未至，谓"河北之势，与二方（刘辟、李锜）异。何则？西川、浙西皆非反侧之地，其四邻皆国家臂指之臣。故臣等当时亦劝陛

下诛之,以其万全故也。成德则不然,内则胶固岁深,外则蔓连势广……邻道闻代易,必合为一心。盖各为子孙谋,亦虑他日及此故也"。宪宗从之,乃以王士真之子王承宗为节度使。

(三)讨成德王承宗及魏博田兴之归朝　宪宗方授王承宗旌节,会承宗擅执保信军节度使薛昌朝。帝诏释之,承宗不奉诏。帝怒,乃命宦官吐突承璀将神策军发长安;复命成德四面藩镇,各进兵招讨。于是幽州节度刘济攻其北,义武节度使张茂昭攻其东,河东节度使范希朝攻其西。昭义节度使卢从史阴与王承宗交通,宪宗密昭吐突承璀及乌重胤擒而贬之。然承璀攻承宗,逾年战不利。会承宗乞输贡赋,请官吏,求自新,李师道等亦数为之请,白居易亦屡言事势难以成功,于是帝许之而罢兵。七年,魏博田季安卒,其子怀谏年方十一,帝欲乘机讨之。李绛以为"怀谏乳臭子,不能自听断,军府大权必有所归。诸将厚薄不均,怨怒必起,不相服从……不必用兵,可坐待魏博之自归……不过数月,必有自效于军中者矣"。帝从之。魏博军政果决于家臣蒋士则,将士愤怒,推戴兵马使田兴为留后。兴杀蒋士则等十余人,迁怀谏,上言愿守朝廷法令,输赋税,请官吏。李绛复进言宜乘机推心抚纳,结以大恩。帝从之,诏兴为节度使,遣裴度往宣慰,赐钱百五十万缗,犒其军;所统魏、博、贝、瀛、相、卫六州百姓,皆给复一年。军士受赐,欢声如雷。诸藩使者见之,相顾失色。自此田兴凡事请命朝廷,平卢、淮西、成德三镇遣游客间说百方,兴终不听。旋赐兴名弘正。

(四)宪宗讨平淮西吴元济　初,淮西节度使吴少诚于元和四年卒,牙将吴少阳杀少诚子,自领军府,称留后。时宪宗方用兵讨王承宗,无力顾及,不得已,以少阳为节度使。少阳阴聚亡命,牧养马骡,时掠寿州。至元和九年,少阳卒,子元济自领军务,不奉朝命,出兵寇掠,屠舞阳,焚叶县,抄鲁山、襄城,侵及东畿。李绛、李吉甫皆先后请讨之,谓"淮西非如河北,四无党援"。宪宗乃诏宣武等十六道军进讨。吴元济惧,遣使求救于淄青李师道及成德王承宗。师道、承宗数上表请赦元济,帝不许。师道素养刺客奸人,使之募盗潜焚河阴转运院,烧钱帛三十余万缗匹,谷二万余斛。于是人情恇惧,群臣多请罢兵。帝不听,遣裴度宣慰行营。度还,言淮西必可取之状;知制诰韩愈亦上言请帝断然

用兵,武元衡尤力赞之。帝乃以军事悉委武元衡。师道刺客曰:"天子所以锐意诛蔡者,元衡赞之者也。请密往刺之。元衡死,则他相……争劝天子罢兵矣。"师道以为然,即给资遣之。元衡入朝,刺客暗射杀之;又击裴度,伤首。宪宗怒,以刺客为王承宗所遣,昭兵讨之,用军愈急,擢度同平章事,悉以用兵事委之,曰:"吾用度一人,足破二贼。"又间遣兵讨李师道。然诸将讨淮西者,胜则虚张杀获,败则匿之,以故久无功。帝怒,整顿赏罚;且舍淄青、成德而专讨淮西。十二年,裴度兼淮西宣慰招讨处置使,亲督诸将进讨。唐邓节度使李愬(李晟子)先擒淮西将李祐,释而用其计,于是年冬,雪夜引兵袭蔡州城,擒吴元济,槛送京师,斩之。

(五)平李师道与宪宗朝政之浸非 宪宗既平淮西,诸藩震恐。横海节度使程权自以世袭沧景,惧讨,遂举族入朝。王承宗亦大惧,求哀于田弘正,请以二子为质,并献德、棣二州,输租税,请官吏,弘正为之奏请,上表相继,帝乃许之。已而承宗死,其弟承元束身归朝。幽州节度使刘总(刘济子),亦专意朝廷。惟李师道尚持两端,依违不服,帝乃大发兵讨之:命横海节度使乌重胤及魏博节度使田弘正等攻其北;义成节度使李光颜及宣武节度使韩弘等攻其西;武宁节度使李愬等攻其南。元和十四年,李愬、田弘正屡败师道兵,师道部将刘悟斩之以降。自代宗以来,两河藩镇跋扈垂六十年,河南北三十余州,自除官吏,不供贡赋。至李师道平,尽遵朝廷约束矣。然自淮西戡定后,宪宗浸骄侈。度支使皇甫镈及盐铁使程异,皆以聚敛有宠,得为相,朝野骇笑。元之政遂非。镈党挤裴度,罢其政,出为节度使。度自此无意世事;治园池;与诗人觞咏自娱。穆宗、敬宗时,皆一入辅政;至文宗时,亦平章军国重事,与时浮沉而已。然四朝将相,威望远达四夷。四夷见唐使,辄问度安否。度以身系国家轻重如郭子仪者,二十余年焉。

(六)宪宗为宦官所弑及河朔藩镇再叛 宪宗晚年朝政日非,复宠任宦官。宦者吐突承璀欲立澧王恽为太子,太子恒忧之;而宪宗求长生,服金石药饵,躁怒无常,公元八二〇年,即元和十五年,为宦者陈弘志所弑。其党梁守谦、王守澄等共杀吐突承璀及澧王恽,立太子恒,是为穆宗。时叛藩悉定,两河略安,宰相萧俛、段文昌以为天下已平,渐宜

消兵,请诏天下军镇有兵处,每岁百人之中,裁兵八人。穆宗可其奏。军士落籍者众,皆聚山泽为盗。穆宗荒于酒色,不以国事为意。长庆元年,即公元八二一年,幽州节度使刘总弃官为僧,遣张弘靖代之。弘靖及其幕僚骄贵豪纵,又刻扣军士粮赏,动责吏卒为反虏,于是军士激怒,作乱,囚弘靖,相与推朱滔之孙朱克融为帅,再抗朝命。同年,成德兵马使王庭凑杀节度使田弘正,自称留后。克融与庭凑既反,出兵寇掠,被裁军士归之。诏征诸道兵往讨,诸道兵既裁减,乃临时召募乌合之众以行。时诸道各置宦官监军,主将不得专号令。战少胜,监军则飞驿奏捷,自以为功;不胜,则迫胁主将以罪归之;悉择军中骁勇以自卫,遣羸懦者就战,故每战多败。又翰林学士元稹与知枢密魏弘简朋比奸蠹,常沮坏大帅裴度军计,穆宗信任之,惟督令速战,中使络绎如织。故虽以诸道十五万之众,裴度元臣宿望,乌重胤、李光颜皆当时名将,讨幽镇万余之众,屯守逾年,竟无成功。因之魏博兵马使史宪诚阴蓄异志,鼓煽将士叛节度使田布,布自杀,众拥宪诚为留后。宪诚于是与朱克融、王庭凑连结,朝廷不能讨,乃悉以节度使授之而罢兵。由是再失河朔三镇,迄于唐亡,凡八十余年,不能复取。

(七)穆宗之崩及宦官弑敬宗　穆宗在位四年而崩,太子湛立,是为敬宗。敬宗年十五,游戏无度,狎昵群小,善击球,好手搏,视朝月不再三,大臣罕得进见。时宦官王守澄专制国事,势倾中外。翼城人郑注巧谲倾谄,善揣人意,附之。关通赂遗,人莫能窥其迹。敬宗绝不留心政治,惟好召募力士,昼夜不离侧;又好深夜自捕狐狸。性复褊急,力士或恃恩不逊,辄配流籍没;宦官小过,动遭捶挞,皆怨且惧。在位二年,为宦官刘克明及击球将佐明等所弑。枢密使王守澄、梁守谦等发左右神策、飞龙等禁军讨贼,尽斩之,迎皇弟江王涵立之,是为文宗。文宗自为诸王,深知穆宗、敬宗两朝荒淫之弊,及即位,励精求治,去奢从俭,诏宫女非有职掌者皆出之,出三千余人。又放鹰犬,省冗员,罢雕绣,勤视朝,延群臣,访政事,一时中外翕然相贺,以为太平可冀。

(八)文宗平沧景及其谋诛宦官　文宗方积极图治,而沧景反。先是横海(即沧景)节度使李全略卒,其子李同捷擅领留后,重赂邻道以求承继。文宗既即位,欲革袭据之弊,移同捷为兖海节度使,同捷不受诏,

遂叛。成德王庭凑为同捷求节钺，不获，乃阴以兵及盐粮助之。文宗发兵往讨，逾年未能成功，每有小胜，诸军则虚张首虏以邀厚赏，朝廷竭力奉之，江淮为之耗弊。至文宗太和三年，李同捷军势始蹙，横海节度使李祐进拔德州，同捷乃请降，宣慰使柏耆斩之，传首京师，沧景悉平。文宗又患宦官强盛；盖自宪宗末叶以来，宦官益横，建置天子，在其掌握，威权出人主之右，人莫敢言。太和二年，帝亲策制举人贤良方正，昌平刘蕡对策，极言宦官之祸，谓"军容合中官之政，戎律附内臣之职，首一戴武弁，疾文吏如仇雠；足一蹈军门，视农夫如草芥。谋不足以剪除凶逆，而诈足以抑扬威福；勇不足以镇卫社稷，而暴足以侵轶闾里。羁绁藩臣，干陵宰辅，隳裂王度，汩乱朝经。张武夫之威，上以制君父；假天子之命，下以御英豪。有藏奸观衅之心，无伏节死难之义。""臣以为陛下所先忧者，宫闱将变，社稷将危，天下将倾，四海将乱！"考官冯宿等皆叹服。然畏宦官，不敢取，惟取裴休、李郃、杜牧等二十二人，皆除官。物论嚣然称屈，谏官御史欲论奏，执政抑之。李郃曰："刘蕡下第，我辈登科，能无厚颜?"乃上疏乞帝撤回所授己官，不报。盖是时弑逆宪宗、敬宗之宦官，犹有在帝左右者，中尉王守澄尤专横，帝自度不能制，尝与翰林学士宋申锡谋之。

（九）文宗与李训计诛宦官之失败　文宗既与宋申锡谋诛宦官，擢申锡同平章事。王守澄知之，阴为之备。五年，守澄等使人诬告申锡谋废立，帝信之，贬申锡，坐死徙者数十百人。帝恶郑注媚附守澄，欲诛之，然畏守澄，后卒宠之。注引前河阳掌书记李训见守澄，守澄以荐于帝。训倜傥尚气，多权数，帝悦之，擢为翰林侍讲学士。时宋申锡获罪，宦官益横，帝外虽包容，内不能堪。李训、郑注既得幸，揣知帝意，训因进讲，数以微言动之。帝见其才辨，意训可与谋大事；且以训、注皆因王守澄以进，冀宦官不之疑，遂密以诚告之。训、注遂以诛宦官为己任，朝夕计议，所言，帝无不从，声势烜赫，外人不知，以为二人倚宦官擅作威福也。九年，训、注为帝谋，进擢王守澄之仇怨——宦者仇士良为左神策中尉，以分守澄之权。训颇忌注，托以中外协势，出注为凤翔节度使。已而李训同平章事，先遣中使赐鸩鸩杀王守澄；寻令人奏左金吾听事后石榴有甘露，时人皆以甘露为祥瑞，宰相贾餗等帅百官称贺，训劝帝往

观,帝先命宰相视之,训还,奏非真甘露,帝顾仇士良、鱼弘志,令帅宦者复往验之。时训等已伏兵左仗,士良等至,值风吹幕起,见执兵者无数,惊走告变。李训呼金吾卫士等上殿纵击,仅杀伤十余人。训知事不济,易衣出走。仇士良等乃命神策军出战,杀吏卒二千余人,执宰相王涯、贾𫗧、舒元兴等,诬以谋叛,腰斩之;李训亦被捕死;郑注亦为凤翔监军所斩,皆灭其族,孩稚无遗。世谓之"甘露之变"。

（十）文宗之为宦官所制　文宗自诛宦官失败后,仇士良等怨帝,常出不逊语,帝不能堪。朝臣惧宦官,日夜忧破家。惟昭义节度使刘从谏迭上表暴扬仇士良等罪恶,谓"当修饰封疆,训练士卒,内为陛下心腹,外为陛下藩垣;如奸臣难制,誓以死清君侧"。仇士良等惮之,帝倚从谏,差以自强。朝臣郑覃、李石,粗能秉政,忘身殉国,纪纲得以粗立;然仇士良等深恶之,屡遣盗杀之,未成。帝深知其故,而无如之何。故帝自甘露变后,意忽忽不乐,虽宴享音伎,杂遝盈庭,未尝解颜;闲居或徘徊眺望,或独语叹息,或醇酒自醉。而宦官气焰益炽,迫胁文宗,陵暴朝士,无所不至。从此国事皆决于北司,宰相行文书而已。晚年,帝问学士周墀曰:朕何如周赧、汉献?墀惊曰:"彼亡国之主,岂可比圣德!"帝曰:"赧、献受制于强诸侯,今朕受制于家奴,以此言之,朕殆不如也。"因沾下霑襟。在位十四年,立其兄敬宗子陈王成美为太子,临崩,欲以成美监国,仇士良等以成美立不由己,矫诏废之,立皇弟颍王瀍为太弟。帝崩,太弟杀成美而即位,是为武宗。

（十一）武宗会昌之政与牛李朋党　武宗性英明豪迈,既即位,信任李德裕,内抑藩镇,外辑蕃夷,又渐夺仇士良之权。武宗会昌三年,士良以老病致仕,其党送归私第,士良教以固权宠之术曰:"天子不可令闲,常宜以奢靡娱其耳目,使日新月盛,无暇更及他事,然后吾辈可以得志;慎勿使之读书,亲近儒生。彼见前代兴亡,心知忧惧,则吾辈疏斥矣。"其党拜谢而去。是时武宗专任李德裕,故致会昌之治。初,李吉甫相宪宗时,牛僧孺、李宗闵对制策,讥切时政,显及吉甫,吉甫恶之。穆宗初,吉甫子德裕为翰林学士,以夙恨构贬宗闵。自是德裕、宗闵各分朋党,更相倾轧。穆宗以牛僧孺为相,德裕出为浙西观察使。敬宗初,僧孺罢相。文宗征德裕为兵部侍郎,裴度荐其可为相;而李宗闵因宦官

之助,遂相,出德裕为义成节度使,且引牛僧孺并相,相与摈逐德裕之党,并出裴度。旋移德裕镇西川,德裕日召老于边事者,访以地势,练士卒,葺堡障,积粮储,以备南诏、吐蕃,蜀人安之。会吐蕃将悉怛谋以维州叛,请降于唐,德裕受之,僧孺谓吐蕃方与唐和,恐失信于邻国,诏归维州及悉怛谋,吐蕃诛之境上,德裕由是怨僧孺益深。已而僧孺罢,德裕入相,宗闵亦罢。及宗闵以宦官王守澄之助再相,德裕又罢。二党互相排挤,文宗每叹曰:"去河北贼易,去朝中朋党难!"宗闵寻罢。迨武宗立,召德裕为相,始终信任之,遂成会昌致治,威惠夷夏。

(十二)武宗与李德裕之制驭回　回鹘即回纥。初,回纥风俗朴厚,君臣之等不甚异,故众志专一,劲健无敌。及助唐平安史之乱,肃宗、代宗以其有功,赂遗甚厚,于是牟羽可汗自尊大,始筑宫殿,妇人有粉黛文绣之饰。唐为之虚耗,而回纥之俗亦因之以坏。又唐自借援回纥以来,宠待大异诸蕃,恒以帝女嫁回纥,回纥与唐,世为甥舅之国,累叶皆受唐册封。德宗时,回纥愿为唐捍御吐蕃,且改回纥字为回鹘,义取捷鸷如也。迄乎文宗,回鹘衰,黠戛斯部长阿热自称可汗,数击回鹘,破之。黠戛斯,即结骨,古之坚昆,今吉利吉思族之先也。文宗开成四年,回鹘相掘罗勿借沙陀兵,攻杀彰信可汗,国人立㕔馺特勒。明年,黠戛斯大破回鹘,杀㕔馺及掘罗勿,诸部逃散,或奔葛逻禄,或奔吐蕃,或奔安西。而彰信可汗兄弟嗢没斯等各帅其众抵天德塞下,求内附。时武宗即位,朝臣皆以为不可受,且请击之。李德裕独以为"回鹘屡建大功,今为邻国所破,部落离散,穷无所归,远依天子,无秋毫犯塞,奈何乘其困而击之?宜遣使者镇抚,运粮食以赐之,此汉宣帝所以服呼韩邪也"。武宗从之,遂受其降。回鹘遗众立乌介可汗,南逼唐边疆,嗢没斯为唐捍御,麟州刺史石雄复大破乌介于杀胡山,乌介逃依室韦部落黑车子。会黠戛斯求册命,德裕奏宜与之结欢,以制乌介。武宗亦从之,乃册黠戛斯可汗为宗英雄武诚明可汗。乌介之众益散,旋为部下所杀,其国卒以不振。惟其散走西域者,蔚为其地一大族,遂成近世回族分布之形势。

(十三)武宗与李德裕之平泽潞河东　武宗、德裕方外制蕃夷,又内抑藩镇。初,刘悟杀李师道以归朝后(见前),移授昭义(即泽潞)节度

使。悟欲效河朔三镇，其卒时，传位于子从谏，敬宗姑息，因而授之。及武宗会昌三年，从谏卒，其侄刘稹自领军府。时回鹘未平，朝臣皆议许稹权知军事，免兴兵戎。李德裕独曰："泽潞事体与河朔三镇不同：河朔习乱已久，人心难化。是故累朝以来，置之度外。泽潞近处腹心……若又因而授之，则四方诸镇谁不思效其所为？天子威令不复行矣。"武宗问何以制之。德裕曰："稹所恃者河朔三镇，但得镇（成德）魏（魏博）不与之同，则稹无能为也。若遣重臣往谕王元逵（时成德节度使）、何弘敬（时魏博节度使），以河朔自艰难以来，列圣许其传袭，已成故事，与泽潞不同。今朝廷将加兵泽潞，不欲更出禁军至山东，其山东三州隶昭义者，委两镇攻之，兼令遍谕将士以贼平之日，厚加官赏。苟两镇听命，不从旁沮挠官军，则稹必成擒矣。"武宗从之，谕元逵、弘敬，果悚息听命，乃诏官军与二镇兵各进讨泽潞。四年，河东将杨弁作乱，逐节度使李石。武宗遣中使晓谕，且觇之。中使受弁赂，还，言其强盛难取。德裕知弁兵寡，奏称"微贱决不可恕，如国力不及，宁舍刘稹。"武宗从之，诏讨杨弁。河东兵戍榆社者闻朝廷令客军取太原，恐妻孥被屠，乃归擒弁，送京师斩之。其讨刘潞诸将，均因德裕谋画调度极当，所向有功；德裕又洞悉诸将心情，控御得道，即王元逵、何弘敬皆尽力为之用。于是稹势穷蹙，其将郭谊等杀稹以降。谊为稹谋主，德裕劝武宗并谊等诛之，泽潞悉平。

第十九章　宣宗之治及唐末大乱
（宣宗、懿宗、僖宗、昭宗、哀帝时代）

（一）武宗之崩与宣宗即位　德裕既佐武宗平泽潞、河东，而朋党之见则未能泯，诬牛僧孺、李宗闵曾与刘从谏交通，远窜之。且秉政日久，好徇爱憎，人多怨之。宦官谗其太专，武宗亦浸不悦。公元八四六年，武宗崩，宣宗立。宣宗恶德裕之专，罢其政，出为荆南节度使。未几，又贬为东都留守。未几，又贬为潮州司马。未几，又贬为崖州司户，逾年，卒于崖州。宣宗名忱，宪宗庶蘖子也，于敬宗、文宗、武宗为叔父，初封光王，幼号不慧。文宗太和以后，益自韬匿，群居游处，未尝发言。文宗宴集，好诱其言以为戏笑。武宗豪迈，尤不礼之。及武宗疾笃，不

能言,储嗣未立。宦官马元贽等密于禁中定策,矫诏称皇子冲幼,可立光王为皇太叔,令权勾当军国政事。太叔见百官,哀戚满容,裁决庶务,咸当于理,人始知有隐德。已而武宗崩,遂即帝位。

(二)吐蕃衰乱与宣宗恢复河湟　第十六章第一目曾言安史乱时,吐蕃乘虚尽陷唐河西、陇右之地。吐谷浑、党项诸部之畏逼者,请内徙,肃宗使之散处灵、庆等州,后浸繁盛,数寇掠;其留者,皆役属于吐蕃,故吐蕃势益盛,屡寇西偏,甚至侵居内地,有如杜佑所云"今潼关之西,陇山之东,邠坊之南,终南之北,十余州之地,吐蕃已生聚数十万家"。及文宗时,吐蕃赞普达磨荒淫,嗜酒好猎,凶愎少恩,国势始衰。武宗之际,达磨薨,国内乱,大将论恐热与尚婢婢连年相攻。逮宣宗大中三年,陇右诸州归唐,诏募百姓垦辟之。时吐蕃益乱,沙州汉人张义潮阴结豪杰,谋自拔来归。五年,一旦帅众被甲,噪于州门,汉族皆应之,吐蕃守将惊走,义潮遂摄州事,奉表归唐;已而发兵略定其旁瓜、伊、西、甘、肃、兰、鄯、河、湟、廓十州,奉其图籍入见。于是河湟故地尽复。宣宗欲遂平党项,从容与学士毕诚论边事,诚具陈方略。帝悦曰:"不意颇、牧近在禁廷!"即命为邠宁帅。诚招降党项,北边亦安。

(三)宣宗之政及其谋诛宦官之无成　宣宗聪察强记,有司奏全国诸狱吏卒姓名,一览皆记之。尝密令翰林学士韦澳纂次州县境土风物及诸利害为一书,号曰"处分语"。刺史有入谢而出者,曰:"上处分本州事,惊人!"澳问之,皆处分语中事也。好抉摘隐微以惊服群下:小过必罚,而大纲不举,外则藩镇数逐其帅,内则宦官握兵柄自如也。然性严毅沉断,用法无私,从谏如流,重惜官赏,恭谨节俭,惠爱民物。故大中之政,讫于唐亡,人思咏之,谓之"小太宗"。宣宗又尝召韦澳,屏左右问之曰:"近日外间谓内侍权势何如?"澳曰:"陛下威断,非前朝之比。"帝闭目摇首曰:"全未全未! 尚畏之在。"又尝与宰相令狐绹谋尽诛宦官,绹恐滥及无辜,密奏曰:"但有罪勿舍,有阙勿补,自然渐耗,至于尽矣。"宦者窃见其奏,由是益与朝士相恶,南北司如水火矣。帝长子郓王温无宠,十三年,帝疾笃,密以第三子夔王滋属枢密使王归长使立之。帝崩,中尉王宗实杀归长等,迎郓王立之,是为懿宗。

(四)懿宗时南诏入寇及浙东淮泗之乱　宣宗末年,浙东盗起,官

军屡败。及懿宗立,盗帅裘甫众至数万,声震中原。幸懿宗用良将王式讨之,宰相夏侯孜竭力供给军需,式所奏求无不允,遂得以数月之期荡平浙东,擒斩裘甫。然南诏侵扰西南,竟不能定,反引起淮泗之乱。初,姚州之西有六诏夷蛮。诏者,蛮语谓王也。蒙舍诏最在南,故谓之南诏。玄宗开元末,南诏皮逻阁兼并五诏,胁服群蛮,玄宗封为云南王。其后悉取云南地,屡侵西川。至懿宗初,其王酋龙称帝,国号大理,改元建极,出兵寇今贵州、广西、安南等地,陷播州、邕州及安南。懿宗先后遣高骈等破之,咸通七年,骈始将安南克复。先是南诏之陷安南也,敕徐泗募兵二千赴援,分八百人别戍桂州,约三年一代。至咸通九年,戍桂州者已六载,屡求代还,未许,戍卒怒,作乱而北还,推粮料判官庞勋为主,所过剽掠。至徐州,因徐泗观察使崔彦曾,募众攻陷其旁诸州县,淮南士民震恐,多避地江左。懿宗遣右金吾大将军康承训等大发诸道兵讨之。承训奏乞沙陀三部落使朱邪赤心及吐谷浑达靼契苾酋长各帅其众以自随,诏许之。沙陀出自西突厥,劲勇冠诸胡,初属唐,后附回纥及吐蕃,宪宗元和三年,举部三万落归唐,唐置之北边,用以征讨,所向皆捷。至是,康应训以沙陀朱邪赤心将骑兵为前锋,转战无前,遂平庞勋。懿宗于是赐赤心姓名曰李国昌,命为大同军节度使,寻移镇振武。

(五)僖宗时关东盗起与流寇黄巢陷东都 懿宗甚奢侈,每游幸,扈从十余万人,且用兵不息,赋敛愈急,于是人民贫富俱困。懿宗未立太子,在位十四年而崩,宦官中尉刘行深、韩文约等立帝少子普王俨,时年十二,是为僖宗。僖宗专事游戏,政事一委中尉田令孜,至呼为"阿父";籍长安东西两市商货,悉输内库,有陈诉者,杖杀之;关东连年水旱,州县又不以实闻,上下相蒙,百姓流殍,无所告诉,所在相聚为盗。僖宗乾符二年,即公元八七五年,濮州人王仙芝倡乱于曹濮,冤句人黄巢聚众应之。巢善骑射,喜任侠,粗涉书传,屡举进士不第,遂为盗,与仙芝攻剽州县,民之困于重敛者争归之,数月之间,众至数万。时官军将帅非人,剿抚又复靡定,以故多败,仙芝乃横行河南、山南、江淮,侵掠累年。直至公元八七八年,始为招讨使曾元裕破斩于黄梅。其余众归黄巢于亳州,推巢为王。巢势转盛,陷沂州、濮州,西攻叶县、阳翟,南渡江,陷江西吉、虔、饶、信等州,转攻宣州,入浙东,攻剽福建诸州,陷广

州。已而以士卒多罹瘴疫死，趣桂州，北入湖南，屠潭州，乘胜抵江陵，众号五十万。旋为山南东道节度使刘巨容等大败于荆门，巢收余众东走，攻鄂州，转掠饶、信、池、宣、歙、枕等州，势复振，众至二十万。僖宗乃以淮南节度使高骈为诸道行营都统，共将兵七万攻巢，屡破之。会巢屯信州，遇疾疫，卒徒多死，乃致书请降于骈。时昭义、义武等军皆至淮南，骈恐分其功，乃奏贼不日当平，不烦诸道兵，请悉遣归。巢知之，告绝于骈，败其兵，势复振。于是自采石渡江渡淮，进陷东都，鼓行而西，逼潼关。

（六）黄巢入长安称帝及其为李克用所败灭　黄巢之逼潼关也，众号六十万。僖宗惧，命田令孜等率神策军往守关。时神策军士皆长安富家子，赂宦官窜名军籍，厚得廪赐，但华衣怒马，凭势使气，未尝更战陈，闻当出征，父子聚泣，多以金帛雇病坊贫人代行，往往不能操兵。及黄巢攻潼关，军大溃。田令孜奉僖宗由兴元奔蜀，黄巢径入长安，大掠，焚市肆，杀人满街，尤憎官吏，得者皆杀之。大屠唐宗室，在长安者无遗类。公元八八〇年，巢即皇帝位，国号大齐。凤翔节度使郑畋檄藩镇勤王，收复长安；然诸军不整，且肆掳掠，巢诇知之，反袭长安，取之，于是纵兵屠杀，流血成川，谓之洗城。宰相王铎发愤，自请讨贼，征诸道兵集关中，并召李克用会讨。李克用者，李国昌之子也，为沙陀副兵马使，戍蔚州，当河南盗贼蜂起时，大同军诸将李尽忠等谋曰："今天下大乱，朝廷号令不复行于四方，此乃英雄立功名富贵之秋也。李振武（按即李国昌）功高官大，名闻天下，其子勇冠诸军，若辅以举事，代北不足平也。"遣人潜往说克用起兵，克用乃趣云州，取之，朝廷移其父国昌镇大同，欲以制克用，而国昌欲父子并据大同、振武两镇，遂连兵共反。僖宗诏幽州节度使李可举等讨之，国昌、克用皆败，部众溃，父子宗族皆亡入鞑靼。及黄巢据长安，克用复引兵南下，陷忻、代二州，数侵并州、汾州，一面巢表请降。朝廷以黄巢势盛，乃从杨复光之请，赦克用之罪，召使讨巢。公元八八三年，克用与河中、易定、忠武三镇兵大破巢军于梁田陂。从此迭捷，遂复长安，黄巢焚宫室东走。克用等军入城，暴掠无异于贼，长安室屋及民，所存无几！而克用以功得授河东节度使。八八四年，黄巢由蔡州趣汴州，克用将蕃汉兵五万，会许、汴、徐、兖等军，追击破之，

贼党斩巢以降。

（七）秦宗权之称帝与朱温李克用之相图　黄巢虽平，秦宗权复炽。秦宗权本蔡州节度使，因为巢所败，降巢。及巢既灭，宗权据蔡州寇掠邻道：命陈彦侵淮南，秦贤侵江南，秦诰陷襄、唐、邓孙儒陷东都及孟、陕、虢，张晊陷汝、郑，卢瑭攻汴、宋。所至屠翦焚荡，殆无孑遗，其残暴又甚于巢。北至卫滑，西及关辅，东尽青淄，南出江淮，州镇存者仅保一城，极目千里，无复烟火。公元八八五年，僖宗自蜀还长安，荆棘满城，而号令所行，惟河西、山南、剑南、岭南数十州而已，又畏宗权为患，下诏招抚之，宗权不受命，自称帝，置百官。当是时，藩镇各专租税，河南北、江淮无复上供；又互相攻伐，无所禀畏。有砀山人朱温者，本黄巢旧将，从巢入关，后见巢势蹙，以兵降，僖宗赐其名曰全忠，授为宣武节度使。李克用之追灭黄巢至汴也，全忠馆之甚恭。克用乘醉颇侵侮之，全忠不平，发兵围而袭之，克用遁归晋阳，大治兵甲，表请讨全忠。僖宗累诏和解之，不听。

（八）李克用王重荣激叛及僖宗之崩　是时也，李克用之势已甚强，攻昭义节度使孟方立，取其地之平，以与其弟李克修，奏请授为昭义节度使，僖宗许之。由是昭义分为二镇。克用复奏请割振武之麟州及云蔚防御使隶河东，皆许之。幽州节度使李可举及成德节度使王镕恶克用之强，连结云中节度使赫连铎攻之，失败，克用之势益盛，有兵十五万。时河东之南为河中节度使王重荣，据有安邑、解州两池盐之饶，田令孜忌之，欲徙重荣为泰宁节度使而收其利，重荣不肯，令孜结邠宁节度使朱玫及凤翔节度使李昌符攻重荣，重荣求救于李克用。克用方怨朝廷不罪朱全忠，而朱玫、李昌符方与朱全忠阴相结，于是克用怒，引兵救重荣，朱玫、李昌符大败，各走还本镇。克用进逼长安，田令孜劫僖宗奔凤翔，再奔兴元。长安曾为黄巢焚洗，至是复遭乱兵焚掠，宫室人民，鲜所孑遗。公元八八六年，朱玫立宗室襄王熅为帝，遥尊僖宗为太上皇，玫自为宰相专权。王重荣、李克用将讨之，会玫为其部将王行瑜所斩，襄王熅奔河中，重荣杀之，传首行在，时重荣累表请诛田令孜，八八七年，僖宗始削令孜官爵，寻还长安。八八八年，僖宗崩。计在位十五年，惟日与宦官相处，国内大乱，盗贼蜂起未息，藩镇豪杰因起其间，互

相吞噬,全不能制。其将崩也,群臣欲立其长而贤之皇弟吉王保;王观军容使杨复恭迫僖宗立幼弟寿王傑。帝崩,傑即位,是为昭宗。

（九）昭宗之志及李茂贞等之一再谋逆　昭宗体貌明粹有英气,喜文学,以僖宗威令不振,朝廷日卑,有恢复前烈之志。尊礼大臣,梦想贤豪。践祚之初,中外忻忻焉。然而外制于强藩,内制于阉寺,初志成空!帝即位之后数月,李克用大发兵攻昭义节度使孟方立,明年,即公元八九〇年,灭之,取磁、洺、邢三州。又北攻云州防御使赫连铎,铎表请讨克用。幽州节度使李匡威及宣武节度使朱全忠亦请发兵讨之。时宰相张濬好虚谈,亦以功名为己任,帝乃使濬帅兵并诏朱全忠及河朔三镇共讨河东。不意朱全忠仅遣裨将攻泽州,李匡威败而退,而成德、魏博倚河东为扞蔽,皆不出兵,于是李克用遣兵大破张濬,势益振,北克赫连铎,东破成德节度使王镕,大败李匡威、王镕联军十余万。从此屡与匡威、王镕战,均胜。八九三年,匡威为其弟匡筹所逐,匡筹与王镕相攻,克用与幽州降将刘仁恭攻匡筹,大破之,匡筹走死,克用遂并幽州。是时也,克用横行于幽并,李茂贞亦骄恣于关中。茂贞即宋文通,为凤翔节度使,会昭宗欲夺宦官杨复恭军权,复恭据兴元反,与其假子山南西道节度使杨守亮、龙剑节度使杨守贞、武定节度使杨守忠等同举兵拒命,茂贞与邠宁节度使王行瑜擅引兵击拔兴元,复恭等奔阆州。于是茂贞恃功横恣,陵蔑君相。昭宗怒,发禁军讨之,茂贞与行瑜合兵抗拒,禁军望风逃溃,茂贞迫帝诛宰相杜让能,帝不得已,赐让能自尽,茂贞乃退。自是朝廷动息,皆禀于茂贞、行瑜。已而镇国军节度使韩建亦与茂贞等结合。公元八九五年,三人举兵犯阙,杀宰相韦昭度、李谿,谋废昭宗而立吉王保。李克用闻之,大举蕃汉兵南下讨三镇,茂贞、行瑜、韩建惧,退去长安。克用进克邠州,行瑜走死。将移兵凤翔,贵近恐克用之势太盛,沮之,而进克用爵晋王,克用乃还晋阳。八九六年,茂贞复举兵犯阙,昭宗奔华州,长安宫室市肆,燔烧俱尽!茂贞、韩建闻朱全忠营洛阳,将迎驾,皆惧,八九八年,乃奉帝归长安。

（十）昭宗谋诛宦官及朱全忠之强　昭宗外制于藩镇,复内制于宦官。尝谋抑宦官,于神策等军之外,置安圣、捧宸、保宁、宣化等殿后四军数万人,命宗室延王戒丕、覃王嗣周、通王滋等分将之。宦官刘季述

与镇国军节度使韩建恶诸王典兵,于八九七年,发兵杀延王、覃王、通王及沂王、睦王、济王、韶王、彭王、韩王、陈王、丹王等十一王,罢其军。及昭宗既还长安,仍与宰相崔胤谋尽诛宦官。公元九〇〇年,宦官惧,中尉刘季述勒兵囚帝于东内,迎太子裕立之。崔胤密结神策指挥使孙德昭讨季述,九〇一年,季述等伏诛,帝始复位。然而兵权尚在宦官之手,不得不借助于藩镇朱全忠。当是时,藩镇以朱全忠为最强。据宣武,南灭秦宗权;东灭泰宁军节度使朱瑄及天平军节度使朱瑾;东南并徐州时溥;北降昭义节度使李罕之,服魏博节度使罗绍威及成德节度使王镕,击走义武节度使王郜,屡次大破幽州节度使刘仁恭;西降河中节度使王珂及镇国节度使韩建;西北攻河东,李克用几至不能自保。全忠攻城略地,咸以谲胜,论者谓其"贼倍曹操"。其势盛如此,故崔胤结之以诛宦官。

(十一)崔胤召朱全忠诛宦官　公元九〇一年,即昭宗天复元年闰六月,崔胤尽诛宦官之谋泄,事急,胤遗朱全忠书,令以兵迎车驾。当是时,东西两强藩——朱全忠及李茂贞——各有挟天子以令诸侯之意,故全忠得胤书,即由大梁速发兵,西入关。宦官韩全海等知事危,劫昭宗走凤翔,依李茂贞。九〇二年,全忠围之。九〇三年,茂贞不能敌全忠,乃杀韩全海等,与全忠和解,奉帝还长安。全忠以兵驱宦官,杀数百人;其出使外方者,昭宗诏所在诛之,存黄衣幼弱者数十人,以备洒扫。全忠进爵梁王,还大梁。自玄宗开元以来,宦官擅威福者垂二百年:宪宗敬宗,皆其所弑;穆宗、文宗、武宗、宣宗、懿宗、僖宗、昭宗皆其所立,宰相不得预知。居肘腋之地,为腹心之患。其势既成,虽有英君,亦无如之何。公卿大臣,俯伏受制;雄藩巨镇,多出其门。至自称定策国老,目其主为门生。祸始于玄宗,盛于肃代,成于德宗,至昭宗而极。其间伤贤害能,召乱致祸,卖官鬻爵,沮败师徒,蠹害烝民者,不暇遍举。史家谓"东汉之衰,宦官最名骄横,然皆假人主之权,依凭城社,以浊乱天下;未有能劫胁天子,如制婴儿,废置在手,东西出其意,使天子畏之,若乘虎狼而挟蛇虺,如唐世也。所以然者非他,汉不握兵,唐握兵故也"。及为朱全忠所诛,始归歼灭;然唐亦随亡。故论者譬诸木之有蠹,曰"灼木攻蠹,蠹尽木焚",信哉!

（十二）昭宗哀帝之被弑与朱全忠篡唐　朱全忠既破茂贞,诛阉寺,吞并关内,威振四方,遂谋篡位。崔胤惧,修兵备。公元九〇四年,全忠密令其党杀胤,请昭宗迁都洛阳。迁时,全忠以兵促百官东行,驱徙士民,号哭满路,月余不绝。全忠复毁长安宫室及百司人民庐舍,取其材,浮渭沿河而下。长安自此,遂成丘墟！按秦中自古为中国帝王之都,西周及秦、西汉,递都于此;刘赵、苻秦、姚秦、西魏、后周,相间据之。隋文帝营大兴城,在旧长安城东南二里,今西安城是也。唐初因之,后又增筑。当玄宗世,长安之雄丽繁华,前古无比。逮黄巢一焚,襄王煴之乱又焚,其后李茂贞等之犯阙,又三焚四焚,至是,成为丘墟,夷为郡县,从此不复为全国首都矣。全忠已迫昭宗至洛阳,岐王李茂贞及蜀王王建移檄讨全忠,皆以兴复为辞。全忠恐变生于中,即于九〇四年遣人弑帝。时太子德王裕已壮,全忠恶之,以其弟辉王祚幼,立之,更名柷,是为哀帝。全忠旋大杀昭宗诸子;又急于传禅,朝议先加九锡,全忠怒不受。时全忠势益盛,东灭淄青,节度使王师范举族降,南兼襄邓及荆南地,兵力最强。公元九〇六年,遂篡位,建国号曰梁,是为后梁太祖。哀帝寻被杀,唐自高祖至是,凡二十世,约二百九十年而亡。

第四篇　五　　代

第二十章　后梁及列国与契丹

（一）朱全忠篡唐时中国分崩割据之形势　自唐末失政,中国大乱,豪杰割据诸州,互相攻伐吞噬,虽号为藩镇,势与列国无异。当昭宗、哀帝之际,李克用据河东,为晋王;李茂贞据凤翔,为岐王;王建据两川,为蜀王;杨行密据淮南,为吴王,行密于公元九〇五年卒,子渥代之,取江西;钱镠据两浙,亦为吴王;刘仁恭据幽州;王潮据福建,潮卒,弟审知代之;马殷据湖南;刘隐据岭南;而梁王朱全忠据中原,地最大,势最盛。晋王李克用次之,与全忠相仇甚深。及公元九〇七年全忠移唐祚,称皇帝,更名晃,都汴,是为后梁太祖。诸镇畏梁之强,皆禀其正朔,称臣奉贡。惟晋、岐、吴、蜀犹称唐年号。吴王杨渥及蜀王王建移檄,欲兴复唐室,卒无应者。蜀王建乃遗书于晋,请各帝一方。晋王克用复书

曰:"誓于此生靡敢失节。"公元九〇七年,建遂自称蜀帝。蜀帝虽起于卒伍,目不知书,而好与书生谈论,粗晓其理。是时唐衣冠之族多避乱在蜀,蜀帝礼而用之,使修举故事,故其典章文物,有唐之遗风。

（二）梁太祖篡唐后列国变化之大概　梁太祖篡唐后诸镇既多称臣,乃封马殷为楚王,吴王钱镠为吴越王,刘隐为大彭王,以高季昌(后改名兴)为荆南节度使。旋又封王审知为闽王。幽州刘仁恭为其子守光所囚,公元九〇九年,太祖封守光为燕王。旋叛梁,公元九一一年,守光自称燕帝。又九〇九年,太祖改封刘隐为南平王,隐招礼中原人士之避乱者以为用,九一一年,卒,弟刘严(后改名龚)代之,益多延中国士人置于幕府。及太祖崩,渐不肯事梁,至九一七年,自称帝,国号大越,明年,改国号曰汉,是为"南汉"。又九〇九年,吴王杨渥以骄侈为其将张颢、徐温所弑,其弟杨隆演立。温又杀颢,自领升州(今南京)。后又使养子知诰入吴都——扬州,辅政。当是时,岐王李茂贞之势日衰,其山南、陇右诸州,悉先后为蜀帝王建所取。公元九一六年,建改国号曰汉,后二年,复称蜀。至于晋,公元九〇八年,李克用卒,其子存勖嗣位,乃梁太祖之劲敌焉。

（三）晋王李存勖之立及其大破梁兵　初,晋王李克用有养子曰存孝,骁勇善战;又有养子曰存信,疾存孝而谮之。存孝惧祸而叛,克用讨擒之,惜其才,意临刑,必有为之请者。诸将疾其能,竟无一人言营救,遂杀之。又有薛阿檀者,亦雄杰虓武,密与存孝通,恐事泄,自杀。从此克用之养子惟李嗣源等存,兵势浸弱,唐末数为梁人所攻,失数州。梁军围晋阳,克用几欲弃城北走,会梁兵以疫还而止。克用不能与梁争者累年。忧形于色。子存勖年十一,警敏有勇略,进言曰:"物不极则不返,恶不极则不亡。朱氏恃其诈力穷凶极暴,吞灭四邻,人怨神怒……殆将毙矣。吾家世袭忠贞……大人当遵养时晦,以待其衰。奈何轻为沮丧,使群下失望乎?"克用悦。九〇六年,梁兵攻幽州,存勖年十五,又劝其父弃怨救幽州。至九〇八年,克用临终,立为嗣,谓群臣曰:"此子志气远大,必能成吾事。"及卒,存勖袭位,年十七。是时梁兵围潞州,晋将李嗣昭固守逾年,梁筑夹寨窘之。存勖与诸将谋曰:"上党,河东之藩也。无上党,是无河东也。且朱温所惮者先王耳;闻吾新立,以为童子,

未闲军旅，必有骄怠之心。若简精兵倍道趣之，出其不意，破之必矣。取威定霸，在此一举，不可失也。"遂帅师发晋阳救潞，伏三垂冈下，旦乘大雾，直抵夹寨，填堑鼓噪而入，梁兵大溃，南走，潞围遂解。

（四）梁太祖之屡为李存勖所大败　　存勖归自潞，休兵行赏，举贤才，黜贪残，宽租赋，抚孤穷，伸冤滥，禁奸盗，河东境内大治。乃训练士卒，兵遂精整。自此屡与梁战，梁连败。梁太祖叹曰："生子当如李亚子，吾儿豚犬耳！"亚子者，存勖小名也。已而梁太祖欲除移成德节度使王镕及义武节度使王处直，镕与处直叛梁，共推晋王存勖为盟主。梁太祖遣兵攻镇州，晋王与其将周德威大破梁军于柏乡，杀其什七，梁之龙骧、神策精兵殆尽。河朔大震，晋乘胜攻贝州、博州、澶州、黎阳，拔数城。晋王以燕王刘守光在东北，足为后顾忧，谋先取守光，然后专意南征。乃留部将李存审戍赵州备梁，而与成德、义武兵伐燕。梁太祖自将大军，号五十万，救之。然梁兵畏晋，抵魏县，或告曰："沙陀至矣！"士卒恟惧，多逃亡，严刑不能禁。既而复告云"无寇"，上下始定。进至下博，李存审扼之：存审以五百人分为五队，分道专擒梁兵之樵刍者杀之，仅留数人断臂纵归，语之曰："晋王大军至矣！"存审乃更遣六百骑，效梁军旗帜服色，与樵刍者杂行，暮入梁营，纵火大噪，弓矢乱发，左右驰突，梁营大扰，不知所为。断臂者归呼曰："晋军大至矣！"梁太祖大惊，烧营夜遁。太祖先已疾，至是，疾剧，惭愤曰："我经营天下三十年，不意太原余孽，更昌炽如此！吾观其志不小，天复夺我年。我死，诸儿非彼敌也。吾无葬地矣！"因哽咽，绝而复苏。

（五）梁太祖之被弑及梁之内乱　　太祖素荒淫。常征诸子妇入侍，宠假子友文之妻，将立友文为嗣。公元九一二年，帝亲子友珪弑帝而自立，命弟友贞杀友文。友珪既篡位，诸宿将多愤怒，虽曲加恩礼，终不悦。河中护国节度使朱友谦声称欲举兵问罪，友珪遣兵讨之，友谦以河中附于晋，求救。晋王存勖自将助友谦，屡破梁兵。公元九一三年，友珪复为荒淫，内外益愤怒，友贞乃谋诛友珪。先是梁太祖都于汴，号东都开封府，以洛阳为西都。后迁都洛阳，命友贞为东都指挥使。至是，友贞遣兵趣洛阳诛友珪，即位于开封，改名瑱，是为梁末帝。梁末帝之际，晋王存勖以沙陀、吐谷浑、契苾等兵伐燕，入幽州，九一四年，执刘守

光及其父仁恭以归,斩之。魏博军叛梁,劫其节度使贺德伦投晋。于是梁河朔土地,几全入于存勖。已而存勖又袭取德州、澶州,九一六年,大破梁将刘郭之军七万于魏州,梁兵死亡殆尽。梁末帝乃冒险命王檀出奇兵三万袭晋阳,亦无功。末帝叹曰:"吾事去矣!"自此河北皆入于晋,惟黎阳为梁守矣。

(六)契丹之勃兴及其南侵 当晋王存勖势力之南伸于梁也,北屈于契丹。契丹自唐玄宗时平定以来(见第十四章第五目),对于唐,时叛时服。唐末,遥辇氏当国,为刘仁恭所攻,兵衰民困,众选耶律阿保机以代之。耶律氏世为遥辇氏之夷离堇,掌部族军民之政。及阿保机,智勇善骑射,诱契丹各部大人尽杀之;尽并奚、霫、室韦、女真等部;西取突厥故地。至公元九一六年,称帝建元,号曰天皇王,是为契丹太祖。号其妻述律氏曰地皇后。后简重勇果,有权略,太祖行兵,后常预其谋。晋王李克用尝与太祖约为兄弟,及存勖立,以叔父事太祖,以叔母事其后。是时中国丧乱,汉族多北迁,幽琢之人尤多亡入契丹。太祖筑城邑,立市里,以处之,使垦薮荒田,由是汉人安业。又才智之士如韩知古、韩延徽、韩颖、康枚、王郁等,太祖先后招用之,故国势日盛。遂城临潢,以为皇都;作孔子庙,亲谒之;始制契丹字,颁行之。当是时,晋王存勖已取幽州,命周德威守之。德威恃勇不设备,弃榆关之险,契丹太祖乘机取代北及平州,数攻幽蓟,自此晋之北境残弊矣。

(七)晋王存勖之建唐称帝 晋王存勖自大破刘郭以来,旋又袭梁之杨刘城,与梁夹河百战,互有胜负。时蜀帝王建于九一八年殂,子衍立;吴王杨隆演于九二〇年薨,弟溥立。衍与溥皆以书劝晋王称帝,晋王不许,曰:先王有遗言,当务复唐社稷,此议非所敢闻也。既而将佐及藩镇劝进不已,又得唐传国宝于魏州,将佐皆贺,王乃始有称帝之意。初,河东监军张承业,故唐宦者也,为晋王劝课农桑,畜积金谷,收市兵马;征租行法,不宽贵戚。晋王攻战连年,军城肃清,馈应不乏,皆承业力也。承业志在复唐室,闻王将称帝,自晋阳亟诣魏州谏曰:"吾王世世忠于唐室,救其患难,所以老奴三十余年为王捃拾财赋,召补兵马,誓灭逆贼,复本朝宗社耳。今河北甫定,朱氏尚存,而王遽即大位,殊非从来征伐之意……王何不先灭朱氏,复列圣之深仇,然后求唐后而立之,南

取吴，西取蜀，泛扫宇内，合为一家？"王曰："此非余所愿，奈群下意何？"承业知不可止，恸哭曰："诸侯血战，本为唐家。今王自取之，误老奴矣！"即归晋阳，悒悒成疾而卒。已而王即帝位于魏州，改晋为唐，奉唐祀，是为后唐庄宗。时公元二二三年也。

（八）后唐庄宗之灭梁　庄宗既即位，仍与梁战争。帝欲溃梁心腹，命李嗣源帅精兵袭梁郓州，取之。梁末帝大惧，乃以骁将王彦章为大将，图恢复。彦章攻拔唐德胜、潘张、麻家口、景店诸寨，声势大振；趣杨刘，与唐军一日百战，互有胜负。唐将李周悉力拒守，庄宗复自将救之，与梁军昼夜苦战。会彦章为奸臣赵张等所谮，末帝亦恐彦章成功难制，征还大梁，悉以其精兵授段凝。段凝非将才，士卒愤怒，由是不能进取。已而末帝复命王彦章以兵万人屯兖、郓之境，谋复郓州。郭崇韬及梁降将康延孝献计于庄宗曰："陛下若留兵守魏，固保杨刘，自以精兵与郓州合势长驱入汴，彼城中既空虚，必望风自溃。苟伪王授首，则诸将自降矣。"庄宗从之，自将大军抵郓州，中夜进军逾汶水，以李嗣源为前锋，击破梁军，擒王彦章斩之。嗣源帅前军倍道趣大梁，梁末帝不知所为，聚众而哭。犹虑诸兄弟乘危谋乱，尽杀之。左右窃传国宝以迎唐军。末帝乃谓其臣皇甫麟曰："李氏吾世仇，理难降，首不可俟彼刀锯，吾不能自裁，卿可断吾首。"麟不可，末帝强之，麟乃杀末帝而自杀。末帝为人温恭俭约，无荒淫之失；但宠信赵张，使擅威福，疏弃旧臣，不用其言，以至于亡。后梁称帝二世，历时十七载而灭，时公元九二三年也。

第二十一章　后唐及列国与契丹

（一）后唐庄宗威势之极盛与灭蜀　梁末帝死后，唐庄宗入大梁，寻迁都洛阳。梁诸藩镇入朝者，皆复其任。楚王马殷、吴王杨溥、吴越王钱镠、汉帝刘龑并遣使朝贡。荆南帅高李兴自入朝，封为南平王。岐王李茂贞以地入于唐，改封秦王。惟蜀帝王衍不款附。然衍童騃荒纵，不亲政务，日游宴于贵臣之家，及游近郡名山，饮酒赋诗；好为微行，酒肆倡家，靡所不到；或酣饮禁中，鼓吹达旦；或使狎客陪侍游宴，与宫女杂坐，为艳歌相唱和，谈嘲谑浪，鄙俚亵慢。又斥远故老，昵比小人，其用事之臣王宗弼、宋光嗣等，谄谀专恣，黩货无厌。贤愚易位，刑赏紊

乱，君臣上下，专以奢淫相尚。人民愁怨，盗贼渐起。公元九二五年，庄宗乃命皇子魏王继岌及郭崇韬、李绍琛将兵伐蜀。时王衍方东游，在道与群臣赋诗，殊不为意。有告唐兵西上者，犹不信。及至利州，闻唐兵取威武，趣凤州，王衍始信唐兵之来。蜀军降唐者相继，兴州都指挥使程奉琏且先治桥栈以俟唐军，由是唐军长驱入蜀，无险阻之虞，所至，蜀兵望风败溃，诸州争先款附。唐兵以风驰霆击之势直抵成都，王衍君臣惟恸哭相视，竟无一言以救国患。唐使李严入成都抚谕，衍遂率百官出降。计唐自出师至克蜀，仅七十日，得节度十，州六十四，县二百四十九，兵甲财物以千万计。郭崇韬荐孟知祥为西川节度使以镇之。

（二）后唐庄宗之失政　庄宗灭蜀之明年，即以失政而被弑。初，帝自幼善音律，故伶人多有宠，常侍左右。及为帝，时或自傅粉墨，与优人共戏，自取优名曰李天下。灭梁以来，渐骄恣，益耽声色。诸伶出入宫掖，侮弄缙绅，群臣愤嫉，莫敢出气；亦有反相附托，以希恩泽者。四方藩镇，争以货赂结之，诸伶愈蠹政害人，恣为谗慝。帝又宠任宦官，委之事任或监军，以为腹心，宦官浸干政治及军事，凌忽主帅，怙势争权，藩镇愤怨。帝又从宦官言，分财赋为内外府：州县上供者，入外府充经费；方镇贡献者，入内府充游宴及给赐左右。外府常虚竭无余，而内府山积。及郊祀，乏劳军钱，帝吝内府之财不肯赐，于是军士亦怨恨有离心。又帝灭梁之后，封赏未及一人，而先以伶人为刺史：以陈俊为景州刺史，储德源为宪州刺史。时亲军有从帝百战未得刺史者，莫不愤叹。帝又荒于游畋，蹂践民稼，卫兵所过，责民供饷，不得，则坏其什器，撤其室庐，以为薪，人民嗟怨。帝又信伶宦之谗，疏忌宿将。郭崇韬有智略，庄宗之成业，实崇韬佐之，已而位兼将相，摧抑嬖幸，宦官疾之，朝夕短之于帝。及崇韬辅继岌灭蜀，成都虽下，而蜀中盗贼群起，布满山林，崇韬恐大军去而为后患，命将分道招讨，一时难以遽还。宦官乃谗之帝后刘氏，谓崇韬有异志，恐不利于魏王。后泣诉于帝，请诛之。庄宗虽不能无疑，以未知虚实，不许。刘后不得请，退自为教与继岌，密令杀崇韬。

（三）庄宗被弑与明宗即位　崇韬被杀后，中外莫明其故，朝野骇愕，群议纷然。勋旧臣不自保，人情惊扰。会魏博兵戍瓦桥关，代归，敕

留屯贝州，众怒，乘机作乱，奉赵在礼为帅，入据邺都。帝遣李嗣源讨之，至城下，所率军士大噪，杀都将，焚营舍。嗣源叱而问之曰："尔辈欲何为？"对曰："将士从主上十年，百战以得天下；今主上弃恩任威，贝州戍卒思归，主上不赦，云克城之后，当尽坑魏博之军……我辈初无叛心，但畏死耳。今众议欲与城中合势……请主上帝河南，令公帝河北。"乱兵遽拔白刃拥嗣源入城，城中不受外兵，逆击之，皆溃。赵在礼等迎拜嗣源，愿奉为主。嗣源不欲，诡辞得出，谋归成德本镇待罪。中门使安重诲曰："公为元帅，不幸为凶人所劫……不若星行诣阙面见天子，庶可自明。"嗣源乃趋相州。潜者奏嗣源已叛，嗣源上章自理，遏之不得通。嗣源由是疑惧。其女婿石敬瑭劝之反，曰："夫事成于果决而败于犹豫。安有上将与叛卒入贼城，而他日得保无恙者乎？大梁，天下之要会也，愿……先往取之……始可自全！"指挥使康义诚亦曰："主上无道，军民咨怨，公从众则生，守节必死。"嗣源乃以敬瑭为前锋，养子从珂为后殿，引兵而南。庄宗闻之，由洛阳如虎牢关以东，欲自招抚。旋闻嗣源已据大梁，叹曰："吾不济矣！"即命班师。帝之出虎牢也，扈从兵二万五千；及还，已逃亡万余人。伶人郭从谦为亲军将，帅兵攻帝，射而杀之。帝在位仅三岁，鹰坊人敛乐器，覆帝尸而焚之。嗣源闻之痛哭，乃入洛阳。百官上笺劝进，不许。又三请嗣源监国，乃许之。皇子继岌自蜀归，途闻内难，自杀。嗣源始即位，更名亶，是为明宗。时公元九二六年也。

（四）契丹太祖势力之扩张及其崩殂　当庄宗被弑之际，契丹太祖亦崩。先是契丹太祖一面侵后唐，同时又西略。吐谷浑遗族及党项之移居内蒙古西部者，尽征服之。又降阻卜等部，逾流沙，取碛西诸城。欲东北击渤海，恐后唐乘其后，因骋于唐以通好。已而大举亲攻渤海，拔扶余城，进围忽汗城，其王大諲譔乞降，渤海遂亡。太祖改其地为东丹国，册长子突欲为人皇王以主之，还，至扶余而崩（九二六年）。述律后集诸将难制者谓曰，汝思先帝，宜往从之，因杀之。左右有桀黠者，皆送往墓所杀之。有一人不肯行，曰："亲近先帝者莫如后，后往，臣请继之。"后曰："吾非不欲从先帝……顾氏子幼弱……不得往耳。"乃断一腕令置墓中。后舍人皇王而立次子德光，号嗣圣帝，是为契丹太宗。人皇王失位，心怏怏，遂自东丹浮海奔唐，明宗赐以姓名，曰东丹慕华，旋改

赐李赞华，授为怀化节度使。太宗初立，太后决国事，立其侄女为皇后。其后后族述律氏皆赐姓萧，萧氏之盛，比于宗室，世预北府宰相之选，而宗室为南府宰相。总契丹全朝，任国政者，惟耶律氏与萧氏二族而已。

（五）明宗之政及闵帝之立　明宗性不猜忌，与物无竞，即位之年，已逾六旬。每夕于宫中焚香祝天曰："某，胡人，因乱为众所推。愿天早生圣人为生民主！"又俭约，内无声色，外无游畋。不任宦官，废内藏库，赏廉吏，治赃蠹。虽目不知书，然所行暗合儒道。四方奏事，常令枢密使安重海读之，重海亦不能尽通，乃奏请选文学之臣以备应对。帝于是以翰林学士冯道等为端明殿学士，尝曰："吾虽不知书，然喜闻儒生讲经义，开益人智思。"故其过举不至甚。又即位之初，以任圜为中书侍郎同平章事，圜忧公如家，简拔贤俊，杜绝侥幸，期年之间，府库充实，军民皆足，朝纲粗立。其后安重海专权，谗杀圜，然重海亦尚能尽忠补益。要之明宗之世，后唐境内年谷屡丰，兵革罕用，在五代中，粗为小康。公元九三三年，帝在位八年而崩，子宋王从厚立，是为闵帝。

（六）闵帝之被弑及潞王篡位　闵帝性仁厚，于兄弟敦睦，虽于明宗养子潞王从珂，亦无嫌，惟因朱弘昭等之徒横生猜间，致起祸乱而被弑。初，潞王从珂与石敬瑭少从明宗征伐有功，各得众心。明宗以从珂为凤翔节度使兼侍中，石敬瑭为河东节度使兼侍中。及闵帝立，枢密使同平章事朱弘昭等位望素出二人下远甚，一旦执朝政，忌之，欲徙从珂为河东节度使，石敬瑭为成德节度使，罢从珂长子重吉典禁兵，出为亳州团练使。从珂疑惧，谋于将佐。将佐皆谓离镇必无全理。从珂乃决计拒命，移檄邻道，言朱弘昭等专制朝权，别疏骨内，摇动藩垣，将入清君侧。闵帝遣兵攻之，大溃。帝闻之，不知所为，欲自迎从珂以大位让之。侍中判六军诸卫事康义诚欲悉以宿卫兵迎降为己功，诡言固请自往拒从珂。帝信之，空府库劳将士，许以平从珂后更重赏。军士益骄，负赐物扬言于路曰："至凤翔，更请一分。"时从珂帅军东进，所至，诸军迎降；抵陕，康义诚所部将士百十为群，争先款附。闵帝闻之，弃洛阳，出奔卫州。从珂入洛阳，朱弘昭已自投井死，宰相冯道帅百官班迎，一再上笺劝进，从珂遂即帝位，而遣人缢弑闵帝于卫。

（七）石敬瑭引契丹灭后唐　潞王从珂篡位后，石敬瑭又反。初，

敬瑭与从珂素不相悦,及从珂即位,不得已入朝。凤翔旧将多劝从珂留之。时敬瑭久病骨立,从珂不以为虞,复遣还镇河东。敬瑭既还镇,阴为自全之计。从珂疑之,以张敬达为北面行营副总管将兵屯代州,以分其权。敬瑭妻晋国长公主,明宗之女也,辞归晋阳。从珂醉曰:"何不且留?遽归,欲与石郎反耶?"敬瑭闻之,益惧。寻敕移镇郓州,刘知远、桑维翰等劝敬瑭拒命。从珂发兵讨之,敬瑭求救于契丹,令桑维翰草表称臣,且请以父礼事之,约事捷之日,割卢龙一道及雁门关以北诸州与之。刘知远谏曰:"称臣可矣,以父事之,太过。厚以金帛赂之,自足致其兵,不必许以土田,恐异日大为中国之患,悔之无及。"敬瑭不从。表至契丹,契丹太宗大喜,自将骑五万赴之,大败唐将张敬达等之兵于汾曲,册命敬瑭为大晋皇帝,亲解衣冠授之,是为后晋高祖。契丹太宗以高祖南下,又破唐兵,至潞州而还。高祖引兵向洛阳,唐将校皆飞状以迎。唐帝从珂杀李赞华,携传国宝,自焚死。在位三年。后唐四帝,实三姓——庄宗本姓朱邪,明宗姓无考,从珂本姓王——凡十四年而亡。后晋高祖入洛阳,寻迁都汴州,上尊号于契丹太宗,割燕云十六州——幽、蓟、瀛、莫、涿、檀、顺、新、妫、儒、武、云、应、寰、朔、蔚——献之,仍岁输帛三十万匹。契丹乃以临潢为上京,幽州为南京,辽阳为东京。

(八)后唐时代列国变化之大略 本章第一目言后唐庄宗之时,列国多朝贡。及明宗之世,吴王杨溥称帝,不复贡于后唐。时吴丞相徐温卒,养子知诰代温执政,专权恣横,渐有篡位之志。公元九三一年,知诰以中书令出镇升州,增广金陵城周围二十里,留其子景通于江都辅政。九三五年,知诰自为大元帅齐王,以升、润、宣、池、歙、常、江、饶、信、海十州为齐国。至后晋高祖初,即九三七年,遂受禅,即帝位于金陵,奉吴主溥为让皇。知诰本李荣子,自谓唐后,国号唐,是为南唐,寻复姓李,更名昇。又当后唐明宗之世,闽王王审知已卒,子王延翰自称大闽国王,不久即为其弟延钧等所攻杀,延钧嗣位。公元九三三年,延钧称帝,更名璘。璘自以国小地僻,常谨事四邻,境内差安。九三五年,璘为子继鹏所结皇城使李倣所弒,继鹏嗣位,更名昶。又当明宗时,荆南高季兴卒,子从诲代之,仍修职贡于后唐。从诲性明达,亲礼贤士,省刑薄赋,境内以安。又明宗时,楚王马殷卒,遗命诸子兄弟相继。九三〇年,

子希声立，九三二年，卒，弟希范立，皆受命于后唐。又明宗时，吴越王钱镠卒，子元瓘袭位，以遗命事后唐，去国仪，用藩镇法。南汉刘龑则自庄宗之末独立，不复通后唐。至于蜀，自前蜀王氏为庄宗所灭后，西川节度使孟知祥续据其地，公元九三四年，自称帝，是为后蜀。其岁殂，子昶继位。

第二十二章　后晋后汉及列国与辽

（一）后晋高祖谨事契丹及安重荣之叛　后晋高祖既赖契丹得国，事之甚谨。奉表称臣，谓契丹太宗为父皇帝。每契丹使至，帝于别殿拜受诏敕。岁输金帛三十万之外，吉凶庆吊，岁时赠遗，珍异玩好，相继于道。乃至契丹太后，太弟，诸王，大臣，皆有赂遗。小不如意，辄来责让，帝常卑辞谢之。晋使者至契丹，契丹骄倨，多不逊语。使者还以闻，朝野咸以为耻；而帝事之，曾无倦意。成德节度使安重荣恃勇骄暴，每谓人曰："今世天子，兵强马壮则为之耳。"时吐谷浑属契丹，重荣诱而招之。契丹太宗怒，遣使让高祖。重荣耻臣契丹，执契丹使者，上表请伐之，帝不许，重荣遂发兵反。高祖遣杜重威等讨之，斩重荣，函其首，献于契丹。契丹仍责晋招纳吐谷浑，高祖忧悒，不知为计，始有疾。

（二）后晋与契丹之交恶　公元九四二年，高祖在位六年而崩，子重睿幼稚，冯道、景延广奉高祖兄子齐王重贵嗣位，是为出帝。延广以为己功，用事。大臣议奉表称臣告哀于契丹，延广请致书称孙而不称臣。契丹太宗大怒，遣使来责，延广说重贵囚使者。既而遣归，延广大言曰："归语而主，先帝为北朝所立，故称臣奉表；今上乃中国所立……为邻称孙足矣……翁怒则来战，孙有十万横磨剑足以相待。"使者归，以闻，契丹太宗大怒，始有南伐之意。桑维翰屡请逊辞以谢契丹，每为延广所阻。先是刘知远镇河东，高祖遗命召入辅政，出帝重贵寝之，知远由是怨愤。至是，知远知延广必致寇，而畏其方用事，不敢言，但益募兵以备契丹。

（三）契丹太宗之灭晋　公元九四四年，契丹太宗亲伐晋，陷贝州。至澶州，失利，引还，所过焚掠，方广千里，民物殆尽。出帝以刘知远为北面行军都统，命会兵太行山以东，备契丹，知远不行。明年，契丹太宗

复大举南下,与晋将李守贞、符彦卿等战于定州,大败而走。晋出帝既捷,谓天下无虞,心益骄,多造器玩,广宫室,赏赐优伶无度,桑维翰谏,不听。九四六年,下敕北征,期荡平塞北。以杜威(即杜重威)为北面行营都招讨使,会兵北向。杜威本贵戚,性懦怯,其为上将,偏裨皆节度使,但日相承迎,置酒作乐,罕议军事。至恒州,契丹太宗引兵围之滹沱河上,内外断绝,军食且尽,威遂以二十万众降。契丹太宗遣降将张彦泽将兵取大梁,城中吏民大扰,出帝无计,便请降,桑维翰被杀。太宗遣兵捕获景延广于河阳,诘之曰:"致两主失欢,皆汝所为也。十万横磨剑安在?"延景伏地请死,锁之,旋自杀。

(四)契丹太宗之建辽及其崩 公元九四七年,契丹太宗入大梁,后晋百官素服迎之,降封晋出帝为负义侯,徙之黄龙府。黄龙府,即渤海扶余城也。晋藩镇除彰义节度使史匡威及雄武节度使何重建外,皆附契丹。契丹太宗行入阁礼,建国号曰辽,改元大同,以恒州为中京。广受四方贡献;大纵酒作乐;纵胡四出,分番剽掠,谓之"打草谷"。于是中国丁壮毙于锋刃,老弱委于沟壑,自洛阳、大梁及郑、滑、曹、濮数百里间,财畜殆尽。太宗谓判三司刘昫曰:"契丹兵三十万,既平晋国,应有优赐,速宜营办。"时府库空竭,昫不知所出,请括借都城士民钱帛,自将相以下皆不免,又分遣使者数十人诣诸州括借,皆迫以严诛,人不聊生。其实无所颁给,皆蓄之内府,欲辇归其国。由是内外愤怨,始患苦契丹,皆思逐之,所在盗起。太宗犹复以其子弟及亲信左右为节度使、刺史,不知政治,华人之狡猾者多依之,教之妄作威福,掊敛货财,民不堪命,盗益繁兴,多者数万人,少者不减千百,攻陷州县,杀掠吏民。辽太宗闻之,甚惧。及东方群盗陷宋、亳、密三州,太宗谓左右曰:"我不知中国之人难制如此!"居汴仅三月,遂置镇而还。途得疾,崩于恒州之栾城。时述律太后及太弟李胡皇子璟皆留临潢,惟人皇王之子兀欲在军中,大臣奉立之,是为辽世宗。述律太后怒,遣李胡帅师拒之,败还。世宗入上京。幽太后及李胡于祖州,追尊父倍为帝。

(五)刘知远逐辽人及其建立后汉 当辽太宗之在汴也,后晋河东节度使刘知远亦遣使奉表称臣。或劝举兵进取。知远曰:"用兵有缓有急,当随时制宜。今契丹……所利止于货财,货财既足,必将北去。况

冰雪已消，势难久留，宜待其去，然后取之，可以万全。"将佐军士皆欲知远称尊号，郭威、杨邠劝知远顺人心，知远从之，乃称天福皇帝。及辽太宗北归，崩于栾城，知远乃发兵由太原入洛，辽将多弃城遁，后晋藩镇，相继来降，遂入汴。知远本沙陀突厥族人，冒称汉代之裔，故建国号曰汉，是为后汉高祖。即位之明年，即公元九四八年，便崩，皇子承祐立，是为隐帝。杨邠、郭威、史弘肇受顾命辅政。威专主征伐，出平叛藩李守贞，务施威惠，士众归心。寻镇邺都，兼领枢密，以备辽。初，后汉高祖留弟刘崇镇河东，崇与威有隙。及威执政，阴为自全之计，选募勇士，缮修甲兵，罢上供财赋，诏令多不禀承。

（六）后汉之亡与郭威建周　后汉隐帝自即位以来，除郭威主征伐外，杨邠总机政，史弘肇典宿卫，王章掌财赋，皆一念奉公。已而隐帝左右嬖幸浸用事，杨邠等屡裁抑之，帝年益壮，亦厌为大臣所制。邠与弘肇尝议事于帝前，帝曰："审图之，勿令人有言。"邠曰："陛下但禁声，有臣等在。"帝积不能平。左右因谮之，谓邠等专恣，终当为乱。帝信之，遂杀杨邠、史弘肇、王章等并其亲党；又遣密诏，欲杀郭威于邺。将佐劝威入朝自诉，威引大军至，隐帝遣兵拒之，或降或不战而还。帝奔至赵村，为乱兵所杀，在位三年。郭威白太后，迎武宁节度使刘赟，欲立之。赟，刘崇之子，后汉高祖之所爱也。会辽世宗伐汉，太后遣郭威将兵御之。威至澶州，将士大噪，裂黄旗，被威体，以拟天子袍，共扶抱之，呼万岁震地，拥威南行。威上太后笺，请奉汉宗庙，事太后为母。以太后诰，废赟为湘阴公，自为监国，遂代汉为帝。自谓周文王弟虢叔之后，建国号曰周，是为后周太祖。后汉帝中原，仅二世，不满四年而亡，时公元九五〇年也。

（七）刘崇之建立北汉　初，刘崇闻隐帝遇害，欲起兵南向。旋闻郭威迎立赟，则曰："吾儿为帝，吾又何求？"遂按兵不动。及赟废，崇乃遣使请赟归晋阳，周太祖杀之。崇遂于晋阳称汉帝，是为北汉世祖。所有者：并、汾、忻、代、岚、宪、隆、蔚、沁、辽、麟、石，凡十二州。自念国小，尝谓诸将曰："朕以高祖之业一朝坠地，今日位号，不得已而称之。顾我是何天子，汝曹是何节度使耶？"由是宰相俸钱，月止百缗，节度使月止三十缗，自余薄有资给而已。世祖遣皇子承钧伐周，不利，乃遣使于辽，称侄乞师。辽世宗册世祖为神武皇帝，自将援北汉。诸部皆不

欲,辽世宗强之。行至归化州之西火神淀,太祖之侄燕王述轧(即察割)作乱,弑世宗而自立。太宗子齐王述律(即寿安王璟)诛述轧而即位,是为辽穆宗。北汉世祖以叔父事之,请兵以伐周,复不克。

(八)后晋后汉时列国变化之大概 后晋、后汉共计不及十五年,此十余年中,闽主王昶昏虐,专务聚敛,好为长夜之饮,屡以猜怒诛宗室。公元九三九年,叔父曦弑之而自立。曦亦骄淫苛虐,猜忌宗族,多寻旧怨,与弟延政相攻,后晋出帝之世,延政称殷帝于建州。闽将朱文进弑曦而自立,延政讨之,闽人诛文进,传首于殷,殷改号闽。时南唐主李知诰已卒,子李璟在位,窥建州之可取也,遣将攻之。延政遣使奉表称臣于吴越以求救。公元九四六年,南唐兵拔建州,延政出降,闽亡。南唐兵攻福州,吴越王钱弘佐,元瓘之子也,遣军救之,败南唐兵,遂取福州为己有。是时也,楚王马希范卒,将佐舍长弟希萼而立少弟希广,自是兄弟相攻阋。公元九五〇年,希萼陷长沙,杀希广而自立,称臣于南唐。已而其下又逐希萼,改立其弟希崇,南唐主李璟遣将击之,希崇迎降,楚亡,时九五一年也。此外后蜀、荆南、南汉,无重要变化,兹从略。

第二十三章 后周之与列国

(一)后周世宗之即位及其败北汉 后周太祖既篡位,恭俭,增修国政。所任王峻,夙夜尽心,知无不为,军旅之谋,多所裨益;范质明敏强记,谨守法度;李穀沈毅有器略,在帝前议论,辞义慷慨。帝在位三年而崩,无子,尝养妻兄子柴荣为子,封晋王,至是即位,是为世宗。北汉世祖闻周太祖死,甚喜,乞师于辽。辽穆宗遣从弟敌禄将兵万余骑,世祖自将兵三万,共伐周。周世宗自将御之。北汉世祖军于泽州之高平,世宗趣诸将亟战。合战未几,周右军将吏遁走,步兵千余解甲归汉。世宗见军势危急,亲犯矢石督战。宿卫将赵匡胤曰:"主危如此,吾属何得不致死?"与张永德各将二千人进战。匡胤身先士卒,驰犯敌锋,士卒死战,无不一当百,汉兵大败。敌禄不敢救,世祖昼夜北走,仅得入晋阳。世宗收将吏先遁者七十余人,责之曰:"汝辈皆累朝宿将,非不能战,今望风奔遁者,无他,正欲以朕为奇货,卖与刘崇耳,悉斩之。"自是军政一肃,骄将惰卒始知所惧。张永德盛称赵匡胤智勇,世宗擢为殿前都虞

候,其余有功迁拜者数十人。世宗复攻北汉,抵晋阳而还。北汉世祖初以为必可胜周,及屡败,忧愤成疾而崩,子承钧监国,告哀于辽,辽穆宗册承钧为帝,更名钧,是为北汉孝和帝。孝和帝勤于为政,爱民礼士,境内粗安。

（二）后周世宗之整饬政治与军事　周世宗自败北汉还,励精图治。政事无大小,悉皆亲决,百官惟受成而已。帝常思致治之方,未得其要,至寝食不忘;又念自后唐、后晋以来,吴、蜀、幽、并,皆成阻绝,未能混一,乃命近臣献策。王朴进陈收才、丰财、阜民之要,及先取江南、岭南、巴蜀,后规北汉之计,帝欣然纳之。初,后周宿卫之士,承累朝姑息之后,骄蹇不用命;且羸老居多。世宗曰:"兵务精,不务多。今以农夫百,未能养甲士一,奈何浚民之膏血,养此无用之物乎?"乃大简诸军。又诏募诸道壮士,命赵匡胤选其尤者,为殿前诸班。其骑步诸军,各命将帅选之。由是士卒精强,所向克捷。

（三）后周世宗之征后蜀南唐与辽　世宗显德二年,即公元九五五年,遣兵伐后蜀,取秦州、阶州、成州、凤州。时南唐主李璟性和柔,好文华而喜人顺己,谄谀之臣多进用,政事日乱;而既克建州,破湖南,益骄,有吞天下之志,尝遣使通契丹及北汉,约共图周。周世宗闻之,自将伐南唐。九五六年,大败唐兵于正阳;命赵匡胤袭滁州,克之。帝还大梁,留兵围寿州。明年,帝自将攻寿,破唐援兵于寿州城东北之紫金山,寿州人以城降。又攻濠州、泗州,降之。遣兵取扬州、泰州。又明年,帝克楚州、临江,遣水军击破唐兵。李璟惧,奉表献江北地——谓庐、舒、蕲、黄等州,帝乃引还。璟更名景,去帝号,奉周正朔。九五九年,世宗复自将伐辽,取瀛州、莫州、易州,瓦桥关以南之地,悉为周所复。遂趋幽州,会不豫而止。以瓦桥关为雄州,益津关为霸州,置戍而还。往返仅两月。

（四）世宗之崩及恭帝之立　后周世宗为五代特出之君主。当其在藩也,多务韬晦,人不之奇;及即位,破北汉于高平,人始服其英武。自是号令严明,将士莫敢犯;而应机决策,出人意表。江南未降,则亲犯矢石,期于必克;既服,则爱之如子,推诚尽言,为之远虑。其宏规大度,远过后唐庄宗。又勤于政事,发奸摘伏,用法甚严。性不好丝竹珍玩之

物,常曰:"朕必不因喜赏人,因怒刑人。"文武参用,各尽其能,人畏其明而怀其惠,故能破敌广地,所向无前。在位六年崩,崩之日,远迩哀慕。子梁王宗训立,年七岁,是为恭帝。恭帝加赵匡胤检校太尉,领归德军节度使,治宋州。

(五)赵匡胤之篡周　赵匡胤自从周世宗征伐以来,屡立大功,士卒服其恩威。既迁殿前都点检,检校太尉,领归德军,会北汉与辽合师伐周,恭帝诏匡胤率兵御之。时主少国疑,匡胤夕次陈桥驿,将士聚谋曰:"主上幼弱,吾辈出死力破敌,谁则知之? 不如先册点检为天子,然后北征,未晚也。"匡胤弟匡义及归德掌书记赵普部分诸将,环列待旦,驰使入京,报宿卫将石守信、王审琦,二人皆素归心匡胤者。黎明,将士逼匡胤寝所,露刃列庭曰:"诸将无主,愿册太尉为皇帝。"匡胤未及对,黄袍已加身矣。众即罗拜呼万岁,掖之上马还汴。匡胤揽辔曰:"汝等贪富贵立我⋯⋯太后、主上,我北面事者,不得惊犯;公卿皆我比肩,不得侵凌;朝市府库,不得侵掠。"皆应诺,乃肃队入汴,周将相皆降,独侍卫副将韩通死节。恭帝不得已,禅位,匡胤称帝,奉恭帝为郑王。后周凡三帝,九年而亡,时公元九六〇年也。

(六)后周时南方诸国之变化　后周之初,楚王马希崇已为南唐所灭。未几,马氏旧将刘言、王逵(即王进逵)等恢复湖南,据之,而禀命于周。后周太祖使言镇朗州,逵镇潭州。既而逵袭杀言,取朗,令周行逢镇潭。周世宗时,逵为其下所杀,将吏迎行逢入于朗。行逢起于微贱,知民间疾苦,励精为治,严而无私,辟署僚属,皆取廉介之士,约束简要,吏民便之。其自奉甚薄,或讥其太俭,行逢曰:"马氏父子穷奢极靡,不恤百姓,今子孙乞食于人,又足效乎?"荆南自高从海立以来,后唐、后晋、契丹、后汉更据中原,南汉、闽、吴、后蜀皆称帝,从海利其赐予,所向称臣。诸国贱之,谓之高无赖。及其卒,子保融嗣位。保融性迂缓,国事悉委于母弟保勖。周末,保融卒,保勖权知国事。南汉自刘龚卒后,传子玢。玢为弟晟所弑。晟奢侈,掠海上商贾金帛作离宫数百;又残忍,诛戮诸弟无遗。后周世宗时,晟卒,子铱嗣位,国事皆决于宦官,宦者近二万人焉。

三、死文

读顾颉刚君《与钱玄同先生论古史书》的疑问

在《读书杂志》第九期读到顾君颉刚的《与钱玄同先生论古史书》。顾君是要辨论中国的古史,想比崔述那"儒者的辨古史"更进一步,作那"史家的辨古史"底事业。要由看传说的经历做一番"确当的整理"工夫。这种研究底精神是很可钦佩的。自另一方面言之,历来少有人疑经书不是信史,现在顾君却以为拿经书做标准,是立脚不住的;因看古史传说的变迁,遂大大疑起尧、舜、禹底史事来。这种疑古底精神,比崔述确是更进一步,也是很可钦佩的。

但我对于顾君所疑,不惟不很满意,反使我生了好些疑问。所以我信手写下就问于顾君。

顾君说:"《商颂·长发》说:'洪水芒芒,禹敷下土方……帝立子生商。'禹的见于载籍以此为最古。《诗》、《书》里的'帝'都是上帝(帝尧、帝舜等不算)……看这诗的意义,似乎在洪水芒芒之中,上帝叫禹下来布土,而后建商国。然则禹是上帝派下来的神,不是人。《小旻》篇中有'旻天疾威,敷于下土'之句。可见'下土'是对'上天'而言。"

这种推想是很不能使人满意的。因为即把"禹敷下土方"的"下土"说作对"上天"而言,并不见得遂有"禹是上帝派下来的神,不是人"的意思。我们读《鲁颂·闷宫》:"赫赫姜嫄,其德不回。上帝是依,无灾无害,弥月不迟,是生后稷……奄有下土。"及《大雅·下武》:"成王之孚,下土之式。"这两处并言"下土"。如果以"禹敷下土方"说为"上帝叫禹下来布土……禹是上帝派下来的神,不是人"。然则后稷也是上帝叫他下来

奄有下土，武王也是上帝叫他下来为下土之法了，他们也是神，不是人么？

果如顾君所说，"禹敷下土方"，是"上帝叫禹下来布土"，则帝立子生商更明明白白说是上帝置子而生契，若以为禹是神，不是人，则契更是神，不是人了。那末，我们将《诗经》展开来读，神还多哩：如《商颂·玄鸟》有"天命玄鸟，降而生商，宅殷土芒芒。古帝命武汤，正域彼四方"。这里明言上帝叫燕子下来生契，后来又叫汤去正域彼四方。不但契是神，不是人，就是汤又何尝是人呢？又《大雅·文王有声》言："文王受命，有此武功。"《皇矣》亦说："帝谓文王，无然畔援……帝谓文王，予怀明德……帝谓文王，询尔仇方……"看上帝给命与文王，又和文王这样地对语，然则文王也是神，不是人么？

> 顾君说："《商颂》据王静安先生的考定，是西周中叶宋人所作的……这时对于禹的观念是一个神；到鲁僖公时，禹确是人了。《闷宫》说，'是生后稷……俾民稼穑……奄有下土，缵禹之绪。'（按《生民》篇叙后稷事最详，但只有说他受上帝的保卫，没有说他'缵'某人的'绪'。因为照《生民》作者的意思，后稷为始事种植的人，用不到继续前人之业。到《闷宫》的作者就不同了，他知道禹为最古的人，后稷应该继续他的功业。在此，可见《生民》是西周作品，在《长发》之前，还不曾有禹的一个观念）这诗的意思，禹是先'奄有下土'的人，是后稷之前的一个国王；后稷是后起的一个国王。他为什么不说后稷缵黄帝……尧、舜的绪呢？这很明白，那时没有黄帝、尧、舜。"

但是我们翻开《诗经》、《大雅》、《小雅》一读，西周时候的诗如《韩奕》尝言"奕奕梁山，维禹甸之"。《信南山》亦言"信彼南山，维禹甸之"。《文王有声》言"丰水东注，维禹之绩；四方攸同，皇王维辟"。这三诗对于禹的观念也是一个神么？我们且抛开这些，再就顾君所承认为西周宋人所作的《商颂》来看《商颂·殷武》说，"昔有成汤，自彼氐羌，莫敢不来享，莫敢不来王，曰商是常。天命多辟，设都于禹之绩"。这时对于禹的观念也是一个神吗？不然，"西周对于禹的观念是个神，到鲁僖公时禹确是人了"这句话恐怕不能成立吗？

至于《生民》诗作者的意思以"后稷为始事种植的人，用不到继续前

人之业"，顾君已自言之。因为《生民》作者以后稷为始事种植的人，用不到继续前人之业，所以无须把禹的事情牵进去。顾君何以又说"《生民》是西周作品，在《长发》之前，还不曾有禹的一个观念"呢？因用不到牵入禹的事而不将禹牵入诗去。顾君乃遂谓作此诗的诗人那时没有禹的观念，然则此诗也因用不到牵入公刘、太王、王季、文王、武王而不将公刘、太王、王季、文王、武王牵入诗去，我们遂得说《生民》作者那时也没有公刘、太王、王季、文王、武王的观念吗？于是我们可进一步而说《閟宫》也是因为用不着说到。后稷缵黄帝、尧、舜的绪，所以没有牵他们进诗去。顾君因为《閟宫》作者没有牵他们进诗去，遂说，"那时并没有黄帝、尧、舜"；然则《閟宫》也没有牵成王、穆王、隐公、桓公进去，我们遂得说那时也并没有成王、穆王、隐公、桓公吗？

《閟宫》何以不说后稷缵黄帝、尧、舜之绪而只说"缵禹之绪"呢？据我的意思，以为禹是治水甸山，尽力乎沟洫的人，而后稷是开始种植的人。有禹治水甸山将沟洫弄好了，后稷遂得以种植了。因为这个关系，所以《閟宫》作者不说后稷缵黄帝的绪，缵尧、舜的绪，只说"缵禹之绪"了。顾君谓，"那时并没有黄帝、尧、舜，那时最古的人王（有天神性的）只有禹，所以说后稷缵禹之绪。商族认禹为下凡的天神，周族认禹为最古的人王"，那末，未免太武断，大不正确吗？并且顾君既毫无稳妥证据地认禹为天神性，不知道他对于"履帝武敏歆，攸介攸止，载震载夙"而生生的后稷，何以又不认为有天神性？

> 顾君说："在这上，我们应该注意的，'禹'和'夏'并没有发生了什么关系。《长发》一方面说，'洪水芒芒，禹敷下土方'，一方面又说汤'韦顾既伐，昆吾夏桀'，若照后来人说禹是桀的祖先，如何商国对于禹既感他敷土的恩德，对于禹的子孙就会翻脸杀伐呢……禹是他们认为开天辟地的人，夏桀是被汤征伐的一个，他们二人漠不相关，很是明白。（书中最早把'夏'和'禹'二字联属成文的，我尚没有找到）"

顾君这些话最容易引起人首先要发些很平常的问话道：先生以为《长发》、《閟宫》这些诗上没有将"夏"、"禹"连称，遂说"禹"和"夏"没有发生什么关系。那么，第一，先生相信诗篇有省文节字使句子长短整齐

或音节便读底道理吗？第二，《长发》所说："洪水芒芒，禹敷下土方，外大国是疆，幅陨既长，有娀方将，帝立子生商。"是谓禹治水敷土的时候，有娀氏始大，而上帝立子生商。这不过借禹敷土的时候表明商创国的时候；并没有什么感谢禹敷土底恩德的意思，并没有认禹为开天辟地底意思。就依顾君所说，他商国纵有感谢禹敷土底意思，遂谓不会翻脸来杀他的后裔，天下那里有这样的好人？若果如顾君所云，则《大雅·文王》周国也常钦佩"殷之未丧师，克配上帝"；《荡》也不过说"殷不用旧"，说其"虽无老成人，尚有典刑"。何以遂会翻脸来杀商的子孙呢？

顾君说："至于禹从何来？禹与桀何以发生关系？我以为都是从九鼎上来的。禹，《说文》云，'虫也，从内，象形'。内，《说文》云'兽足蹂地也'。以虫而有足蹂地，大约是蜥蜴之类。我以为禹是九鼎上的一种动物，当时铸鼎象物，奇怪的形状一定很多，禹是鼎上动物的最有力者；或者有敷土的样子，所以就算他是开天辟地的人……流传到后来，就成了真的人王了。九鼎是夏铸的，商灭了夏搬到商，周灭了商搬到周……他们追溯禹出于夏鼎，就以为禹是最古的人；应做夏的始祖了。"

这种《说文》迷，想入非非，任情臆造底附会，真是奇得骇人了！我骇了以后一想，或者顾君一时忘却古来名字假借之说。不然，我们要问稷为形声字，是五谷之长，何以不认后稷为植物咧？难道那奇形怪状底象物九鼎上没有稷这种植物么？九鼎上的动物——禹——流传到后来成了真的人王，何以不说稷为九鼎上的植物，流传到后来成了周的祖宗呢？商、周追溯禹出于夏鼎，就以为禹是最古的人，应做夏的始祖，安知周不是追溯后稷出于九鼎，以为后稷是缵禹之绪而引为他们的始祖呢？我底臆想却相信人类知识和文化到了能采金铸鼎，而铸鼎又像物底时期，断不会没有文字（因为怕顾君不相信仓颉造字，故如此说）；断不会没有铸鼎底人的名字和事业流传下来。禹是治水敷土，建功立业，铸鼎象物这么一个伟人，流传下来纵有附会，断不至于绝无其人。如果在《诗经》里毫不带有神秘意味底禹尚不信有其人，则天命玄鸟降而生底商和履帝武敏歆而生的后稷，更不足信有其人了。《大雅》、《小雅》、《商颂》、《鲁颂》虽把商和后稷说得天花乱坠，安知他们不是伪托？杨朱曰：

二、论文 读顾颉刚君《与钱玄同先生论古史书》的疑问 377

"太古之事灭矣,孰志之哉?三皇之世,若存若亡;五帝之事,若觉若梦;三王之事,或隐或显,亿不识一;当身之事,或闻或见,万不识一;目前之事,或存或废,千不识一。"诚如顾君所言,则我们目前的事,千不识一。彼此相告,便可彼此不信。因为你耳闻别人之所见,虽如《诗》之不带神秘意味地以告知我们,我们也可无确实证据地不相信也。

顾君说:"东周初年只有禹,是从《诗经》上可以推知的;东周的末年更有尧、舜,是从《论语》上可以看到的……《论语》中二次连称尧、舜(尧、舜其犹病诸)一次连称舜、禹(巍巍乎舜、禹之有天下也),又接连赞美尧、舜、禹(大哉尧之为君——舜有臣五人而天下治——禹吾无闲然矣),可见当时确以尧、舜在禹之前。于是禹之前,有更古的尧、舜了,但尧与舜,舜与禹的关系还没有提起……(《尧曰》篇虽说明他们的传授关系,但……崔述考定自《季氏》至《尧曰》五篇是后人续入的)在《论语》之后,尧、舜的事迹编造的完备了,于是有《尧典》、《皋陶谟》、《禹贡》等篇出现。有了这许多篇,于是尧与舜有翁婿的关系,舜与禹有君臣的关系了。"

"《论语》较为可靠"是顾君承认的。自《季氏》至《尧曰》五篇,经崔述考定为后人所续,也是顾君承认的。现在我们且抛开《季氏》至《尧曰》五篇不说,只就所余的十五篇首先看看孔子那时是否已有《书》那本书。据《为政》"《书》云:'孝乎惟孝……'",《述而》"子所雅言,《诗》、《书》执礼,皆雅言也"及《宪问》"子张曰:《书》云'高宗谅阴,三年不言',何谓也?子曰,何必高宗,古之人皆然"。是孔子那时确有《书》这部书。所以孔子挪《书》雅言,他的弟子也拿《书》中语句问难。但孔门弟子何以不将孔子所雅言的《书》、《诗》尽记在《论语》里咧?是必因为孔子所雅言的,是讲解《诗》、《书》中整篇整章或整段,只求弟子们能了解意义,有《诗》、《书》在,正不必记入《论语》中以免繁赘,所以仅将孔子对于《书》、《诗》的心得发为抑扬慕叹的记下来。正如我们现在读《史记》,讲《杜诗》,只把心得写下——不勤奋的,即有点心得也不肯去写——断没有将全部《史记》或全篇《列传》,全部《杜诗》或全章《北征》等都写入的道理。孔子对于尧、舜、禹事有了心得发为慕叹,而当时又并不诧为无中生有的,今顾君只因没有看见重重复复地将尧、舜、禹的

事实写上,遂以为《尧典》、《皋陶谟》、《禹贡》是在《论语》之后编造完备。那末,我们也没有看见《诗经》上诗篇重重复复地写在《论语》里,我们遂可说"在《论语》之后,后稷、文王、武王的事迹编造完备了,于是有《生民》、《大明》、《皇矣》等等出现"吗?

稍后于孔子的有墨子。《墨子》中的《尚贤》、《尚同》、《兼爱》、《明鬼》、《非命》等篇,是现在的人所认为真的。在这些篇章中每每引着《禹誓》、《汤诰》、《吕刑》、《大誓》、《仲虺》。是在墨子时也确实有《书》这本书。又每每说及尧、舜、禹君臣的事迹和关系。据我们考察,孔门弟子以曾子为最少,而《论语·泰伯》所记,直至曾子之疾病且死,则《论语》成在曾子的死后,很是明白曾子死前,墨子的学说已风行一时。今顾君以为尧、舜、禹的事迹和关系,是在《论语》之后,尧、舜、禹的事迹编造完备的时候才有,然则墨子能读他身后的书吗?

顾君又引《诗经》和《论语》上的话来证《尧典》出于《论语》之后。我仔细看来,没有个很使人满意的证据。今为便利起见,依顾君的分条,逐一写出我的疑问如下:

顾君说:"《尧典》的靠不住,如梁任公先生所举的'蛮夷猾夏','金作赎刑'都是。"其实梁先生在他的《中国历史研究法》对于"金作赎刑"尚不敢确下否认,就是我们也没有确实证据证明三代以前无金属货币。只有"蛮夷猾夏"一个反证较为稳妥。但不能以这一个证据遂说《尧典》都靠不住,因为梁先生在一四二页上又说:"《尚书》、《尧典》所记'仲春日中星昴仲夏日中星火'等,据日本天文学者所研究,西纪前二千四百年时确是如此。因此可证《尧典》最少应有一部分为尧、舜时代之真书。"自然顾君说《尧典》靠不住,下而还有证据。我们且看他的证据如何。他说:"即以《诗经》证之,《閟宫》说后稷'奄有下国',明明是做国王,它却说成舜的臣子。"夫《閟宫》说后稷"奄有下国",不过如《皇矣》说"维此王季……奄有四方","维此王季……克长克君,王此大邦",又谓文王为"万邦之方,下民之王"。如以为后稷"奄有下国"是做了国君,不当说成舜的臣子,然则王季"奄有四方",文王为"万邦之方,下民之王",遂可说王季、文王不是商纣的臣子吗?他们两个何尝不是明明做国王啊?顾君又说:"后稷的后字,原已有国王之义,《尧典》上舜对稷说'汝

二、论文　读顾颉刚君《与钱玄同先生论古史书》的疑问　379

后稷',实为不辞。"按后稷是两字相连的官名,与共工为两字相连的官名一样。《尧典》中所称"汝后稷"、"汝共工"、"汝羲暨和",皆是古人命官的一种口气。何谓不辞?因为后稷是两字相连的官名,所以《诗经·皇矣》、《生民》、《闷宫》诸篇皆后稷连称。如要把后稷的后字解作国王,何不把王季的王字也解作天子?顾君又说:"《闷宫》说'缵禹之绪',明明是在禹后,它却说是舜的同官。"据"缵禹之绪",虽可证明弃的事业在禹后,但不能证明他们两个不同在舜的朝廷做官。因为禹是尽力乎沟洫的,后稷是从事于种植的。禹把沟洫治好了,使后稷得以种植:这种缵绪,并不须在几十年后或几百年后。若使不必在几十年几百年后,则在舜几十年长底朝廷里,何以不得同官?顾君又以《论语》证之,其说曰:"(1)《论语》上门人问孝的很多,舜既'克谐以孝',何以孔子不举他做例?(2)《论语》上,说'舜有臣五人',何以《尧典》上会有九人?《尧典》上既有九人,各司其事,不容偏废,何以孔子单单截取了五人?(3)南宫适说'禹、稷躬稼而有天下',可见禹、稷都是有天下的,为什么《尧典》上都是臣而非君?(4)孔子说舜'无为而治',《尧典》上说他'五载一巡守,群后四朝',又说他'三载考绩,三考,黜陟幽明',不相冲突吗?这些问题,都可以证明《尧典》出于《论语》之后。"但我却以为这些问题,没有一个可以证明《尧典》出于《论语》之后。(1)《中庸》记孔子所说"舜其大孝也与"且不论(因《中庸》出现较晚)。《论语》上孔子不举舜作例以答问孝的门人,这是孔子不好举例的惯性,并不足以引来证明有《论语》后才有《尧典》。因为我们知道孔子答弟子或其时的君卿,无论他们问君子,问干禄,问使民,问礼,问君使臣,问臣事君,问仁,问善人之道,问政,问友,问士,问耻,或问稼,孔子总是答几句对症下药的简括话,从不远举实例。就是子路问成人,也不过举几个同时或略前的人,说明有了某种知,某种不欲,某种勇,某种艺合拢来使他去观感罢了。这并不是孔子的惯性;这是他百答中一个特答。若果如顾君所说,则孔子对于以上种种的问,也从没有举过《商书》、《周书》、《大雅》、《小雅》那些讲仁德,讲为政,讲使民,讲稼穑,讲孝友,讲做人,讲君子,讲礼义,讲临民的人物或言语作例。难道我们遂可以为《商书》、《周书》、《大雅》、《小雅》出于《论语》之后吗?(2)《论语》说"舜有臣五人"这不过约

指其最贤、最有功或最有名者言之，但言辞之间少了一种修饰词，就不如"余有乱臣十人"的分别清楚。若果按数字死死限定，则孔子尝说"诗三百"，何以实际有三百多篇？孔子屡称他的弟子们为"二三子"，仪封人也谓他们为"二三子"，何以在《论语》上的孔门弟子不止二三？孔子称"殷有三仁"、"周有八士"，果然殷只有三仁，周只有八士吗？子张问"高宗谅阴，三年不言"，孔子答以"何必高宗。古之人皆然"，我们遂可以为古人在居丧的时候，果然三年不说半句话吗？孔子对子路、曾皙、冉有、公西华说："以吾一日长乎尔。"遂可以为孔子只说他们长一日吗？晋文公赏从亡者，就我们所知有狐偃、赵衰、颠颉、魏武子、司空季子，而介之推何以只说他们为二三子？（3）"禹稷都是有天下，为什么《尧典》上都是臣而非君？"这种见解，正和前面把那《閟宫》"奄有下国"，认作弃是国王，便不应说成舜的臣子一样。都是忘记了古代天子之下尚有同公侯一般而有封地的君主。忘记了禹封于有夏，契封于商，弃封于邰；又太呆看了"天下"二字，所以遂说禹、稷不应作舜的臣子了。（4）孔子说舜"无为而治"，也被顾君呆看了。所以将舜视为一事不做的木偶。我要问老子主张"无为"，何以要去作那柱下史？何以又要著五千言的书？退一步说，"舜有臣五人而天下治"了，"舜有天下，选于众，举皋陶，不仁者远"了，所以只要"五载一巡守"、"三载考绩"的优游巡览考视遂够了，并不天天去有为，何以见得相冲突呢？

顾君又说："后稷，周人自己说他们的祖，但是有无是人也不得而知。因为在《诗经》上看……所谓后稷，也不过因为他们的耕稼为生，崇德报功，追尊创始者的称号。"是的，周人因为是耕稼为生，崇德报功，追尊创始者。顾君已承认后稷为创始者了，何以又说有无是人不得而知？

在上面我已经说了一大段了，我自己相信错误一定很多。结局说起来，顾君疑古的精神，是我很表同情的。不过他所举的证据和推想，是很使人不能满意的。他这封书中自然也有些好处，阅者自知，不用我说了。

十二年，五月，十三。

（《读书杂志》第 11 期，1923 年 7 月 1 日）

讨论古史再质顾先生（一）

颉刚先生：

自《读书杂志》第九期上先生那《与钱玄同先生论古史书》很引起我们的疑问后，在第十期上又读到玄同先生答先生的书，及到十一期、十二期始有先生答覆我们的书。这书所讨论的问题很多，所以文也很长。第十一期所载，只仅仅表明先生对于古史的态度；第十二期始有正式答覆我们质问的文字。但是为《读书杂志》底篇幅所限，第十二期才只论及：（1）禹是否有天神性？（2）禹与夏有没有关系？（3）禹的来源在何处？ 第三问题的论文，在第十二期上还没有登完，所以（4）《禹贡》是什么时候作的？（5）后稷的实在如何？（6）尧舜禹的关系如何？（7）《尧典》、《皋陶谟》是什么时候做的？（8）现在公认的古史系统是如何组织而成的？ 及后来增加的"文王之为纣臣"的问题等等，皆在下几期陆续登载去了——这很足使我们欲早日一睹为快的心，陷于渴望的情境。

捺藜近在报纸上时时读到吴稚晖先生的《箴洋八股》及《劝梁任公先生缓提倡国学少葬送青年》等等文章，深感吴先生的见识和爱国的热忱。想来中国现在所处的地位和物质文明的程度，目下中国国民真应当有十分之八九趋向于科学和实业，不应当群集于玄学、文学和国故。有名望的人，真应当提倡切用于中国现在情形的学术，使国民自立自强，使国家得存于东亚得存于世界，真不应当以空疏的和妆饰的学术迷导青年。不过我们从事历史的人，整理史料，辨伪别真，勘错订误，皆是分内的事，是我们应当努力去做的。我希望我们既从事于历史学和文学的人努力去做我们分内的事，从事其他科学或实业的人呢，也不宜妄

自菲薄，也应当努力去做他们分内的事。总之，人于其所从事而不能尽本分以求有成，以符国民之责，以尽人生之职，是最可耻的。

这段对于本书所讨论的问题，本是赘言，若使先生万一看得以下讨论问题的文字有登入《读书杂志》的价值，将其登出，这便是我希望我们大家各尽其分的一点愚忱。

第十期上玄同先生答先生的书，其中所论列乃是(1)孔丘无删述或制作六经之事；(2)《诗》《书》《易》《礼》《春秋》，本是各不相干的五部书；(3)不相干的五部书配成一部而名为"六经"的原故；(4)"六经"配成的时候；(5)"六经"是些什么性质的书。这篇"翻案"的议论，只是要研究所谓"六经"的那几部书的原始面目，只是要研究它们与孔丘有无关系而已。其中虽有为掞藜所不敢苟同之处，但对于先生所欲讨论的那八九问题没有关系，所以我在此处也不牵作一起谈了。

我对于先生所已经登出的答覆，赞成的地方和可佩服的见解固然很多，却是不敢苟同之处亦自不少。我原来的意思，本想等待先生的文章全篇登完后，才作一整篇的文字和先生商量。但是一读了佳作以后，于心所不安之处，辄欲一吐为快，故随手写出，就商于先生。在下几期《读书杂志》将陆续登载的答书，若有不得不与先生讨论之点，仍当逐期奉商。因为这种翻案的议论，这种怀疑的精神，很有影响于我国的人心和史界，心有所欲言，不敢不告也。

（一）关于先生所持古史态度的讨论

信史的建设，先生引胡适之先生的古史大旨三条作为骨干；胡先生的说法，本与我们及一般人的商、周、秦民族观念相同，可不再说。至于推翻非信史方面，先生所说应具的标准有：

（一）打破民族出于一元的观念

（二）打破向来地域一统的观念

（三）打破古史人化的观念

（四）打破古代为黄金世界的观念

关于第（一）条所说，很与我个人的意见相符。我向来以为中国民族在几万年前纵或出于一元，但有史时代的夏、商、周、秦实在各有各的

二、论文 讨论古史再质顾先生(一) 383

始祖。一统的世系笼罩百代帝王,实在不敢信。"中国民族的出于一元,俟将来的地质学及人类学上有确实的发见后,我们自可承认它;但现在所有的牵合混缠的传说我们决不能胡乱承认。我们对于古史,应当依了民族的分合为分合,寻出他们的系统的异同状况"。这话十分赞成。只是说《尧典》乃因"许多民族的始祖的传说……归到一条线上,有了先后君臣的关系"而产生出来,这话尚待先生辨《尧典》的文字登出读后,才敢说赞成或不赞成。

关于第(二)条所说,我却有点意思不同了。先生谓:"《史记》上黄帝的'东至于海,西至于空桐,南至于江,北逐荤粥'……《禹贡》的九州,《尧典》的四罪……乃是战国时七国的疆域,而《尧典》的羲和四宅以交趾入版图更是秦汉疆域的……商朝自限于'邦畿千里'之内。周有天下,用了封建制以镇压四国——四方之国——已比商朝进了一步,然而始终未曾没收了蛮貊的土地人民……到秦并六国而始一统。若说黄帝以来就是如此,这步骤就乱了。所以我们对于古史……不能以战国的七国、秦的四十郡算做古代早就定局的地域。"我以为先生错了。"步骤就乱"不足以证明战国的七国、秦的四十郡不是古代早就定局的地域。因为辖地大小广狭,不是自古至今有一定步骤的,不是古代定局的地域极小而后来定一代一代推广的。我们知道汉朝定局的地域广,到了晋朝,疆域便狭了,到了东晋,更狭小了。唐朝定局的地域广,到了宋朝,疆域便狭了,到了南宋,更狭小了。元朝的疆域极广,不仅为中国前古所无,而且为明清所远不及。如果按步骤去推测,定然是再乱三乱四乱……了,难道遂可据东晋的疆域说《汉书·地理志》所载非汉时早就定局的地域,据南宋、明、清的疆域说《唐书》、《元史》所载非唐、元早就定局的地域吗?如果以黄帝的四至,《禹贡》的九州,《尧典》的四罪所放殛之地为合于战国七国时的疆域,便以为不应是黄帝时、尧时、禹时早就定局的地域,难道遂可说汉代疆域合于唐代的疆域,便不应是汉代早就定局的地域吗?如果以商朝自限于"邦畿千里"之内,周朝始终未曾没收了蛮貊的土地人民,证交趾是秦汉的疆域,不应入《尧典》的版图,难道可以南宋自限于大江之南,清朝始终未曾发展至葱岭以西,遂说汉朝不应服西域,元朝不应跨欧亚吗?

先生或要说如果尧时已将交趾并入版图,何以夏、商来绝无人道及,绝无书提及呢? 这疑问最好以历史上相同的事实解释之。从前亚历山大的帝国版图东至印度河以东,南至尼罗河上流,后来罗马帝国继起,西尽欧洲,北至来因河、布列颠,皆其疆土。此数百年间希腊、罗马的人,谁不知道世界之大。可是到了中世纪罗马既衰,希腊与罗马时之地理知识尽失,只知道有地中海沿海的各地,以耶路撒冷为世界的中心,不复知有东方,亚历山大所亲自到过而收入版图的印度河,再也无人知无人到了。到了欧洲黑暗时代(四七六年至八百年)欧人蒙昧的状态,几欲返乎草昧时代了,甚么学术和知识都不知道了。以此看来,前代入版图的辽远地方,后来失吊了,或竟至于数百年千余年隔绝不知,是常有的事。不可因中间有时隔绝,遂说它不是那时那代的疆土。且交趾非周朝、非春秋、非战国时代的疆域所及,乃"秦汉的疆域",这是先生承认的。先生既只承认交趾为秦汉时的疆土,则必谓《尧典》的羲和四宅以交趾入版图乃《尧典》为秦汉人所伪造之证,至少或亦以四宅为秦汉人窜入之证。若是我所猜的不错,则是先生的意思以为秦汉以前,中国与交趾无关系,中国与交趾远隔绝,所以必没有交趾之可知可言。但是就我所知,春秋之末,秦汉之前,竟时时有人道及交趾,甚且是尧、舜抚有交趾。我且把他们分写如下:

(a)《墨子·节用中》 古者尧治天下,南抚交趾,北降幽都,东西至日所出入,莫不宾服。

(b)《尸子》辑逸文 尧南抚交趾,北怀幽都,东西至日月之所出入。

(c)《韩非子·十过》 昔者尧有天下,其地南至交趾,北至幽都,东西至日月之所出入者,莫不宾服。

(d)《大戴礼记·少闲》 昔虞舜以天德嗣尧,朔方幽都来服,南抚交趾,出入日月,莫不率俾。

在这四条之中,我们纵把(a)条目为汉儒所作,将它和《淮南子·修务训》所云,"尧北抚幽都,南通交趾",贾谊《新书·修政语》所云,"尧抚交趾,北中幽都",《史记·颛顼纪》所云,"南至于交趾",《舜纪》所云,"南抚交趾"等观,而于(a)(b)(c)三条,无论其为墨子、尸子、韩非子亲

写或彼等之徒党所记,总可认为战国时文。然则彼等所言系凭空臆造耶? 抑有所据耶? 岂其预知后世之地名耶? 抑将谓其承前代之旧耶? 如曰汉人窜入,则何不并《论语》《孟子》《荀子》……诸书而俱窜入之以为完全之弥缝? 若曰非秦汉人所窜入,则是秦汉以前知有交趾了。知有交趾,则是早已与交趾有关系了。但是我们知道春秋、东周、西周、商、夏都与交趾没有来往,是墨子、尸子、韩非子等所言,实由尧之抚有交趾也。以韩非之疑古,犹且称道之,则交趾入尧之版图,亦可以无惑。或曰托古改制,则何三子所言,似出诸一口耶? 反复思维,觉先生以交趾为秦汉疆域便疑其不能入尧时版图,实在错了。

先生又说:"我们看,楚国的若敖、蚡冒还是西周未东迁初的人,楚国地方还在今河南、湖北,但他们竟是'荜路蓝缕以启山林'。郑国是西周末年封的,地在今河南新郑,但竟是'艾杀此地,斩之蓬蒿藜藋而共处之'。那里是一统时的样子!"这段话也是欲说明自黄帝至周地域不统一的一个证据。以我看来,不禁发笑。(一)蓬蒿藜藋是容易生长的;某地乱到一年,蓬蒿藜藋便可没人,某地无人一年,蓬蒿藜藋也便可没人,况且有人居的地方,蓬蒿藜藋也须时时斩艾的。这不过可以说明人少;安得据为"地域向来不统一"之证? 山林也是容易长成的,数十年没有人居,后来的人便须启它了。这也不过可以说明人少;安得据为"地域向来不统一"之证? 现在青海、西藏、新疆、蒙古及内地的蓬蒿藜藋的地方和山林,须斩艾启辟的尚多哩,岂可说地域还未像统一? 还未入我国版图? (二)商民族以河南为中心,此适之先生所说,此我们所共承认的。商朝天下自限于"邦畿千里"之内,此先生所说,我也可承认的。商在河南,后来郑亦在河南,其在商代邦畿千里之内是显然的。岂可因在郑封之初须斩艾蓬蒿藜藋遂说"地域向来不统一"吗? 郑封地不属于商统一的邦畿千里之内吗? 楚国地方在今河南、湖北,是我们所公认的。但是《周南》《召南》所歌咏江、汉、汝间的化行俗美,人物繁盛,这也想是先生所肯承认的。然则楚国地方在周朝统一的地域里头显然明了。岂可因若敖、蚡冒的"荜路蓝缕以启山林"遂说"地域向来不统一"? (三)所谓"荜路蓝缕以启山林","艾杀此地,斩之蓬蒿藜藋而共处之"不过是楚、郑的后人表白他们祖先勤劳的意思。且封地于人,岂必先为

之启辟山林,斩之蓬蒿藜藋? 且地经统一,岂山林立即全启,蓬蒿藜藋即不生耶? 反复推求,觉先生欲以此证"不像统一",亦属错了。

所以我的态度只是打破古来各代地域一致的观念。

关于第(三)条所说,我也有些不赞成的地方,即如先生所说:"古人对于神和人原没有界限,所谓历史差不多完全是神话。人与神混的,如后土原是地神,却也是共工氏之子;实沈原是星名,却也是高辛氏之子。人与兽混的,如夔本是九鼎上的罔两,又是做乐正的官;饕餮本是鼎上图案画中的兽,又是缙云氏不才子。"这段似是而非,很足以淆惑视听。谓古史中多神话,是我所承认的;但举这些例来证"古人对于神和人原没有界限,所谓历史,差不多全是神话",是不可不辩的。(a)辩"后土原是地神,却也是共工氏之子"。先生须知道古"有五行之官,是谓五官,实列受氏姓,封为上公,祀为贵神。社稷五祀,是尊是奉:木正曰句芒;火正曰祝融;金正曰蓐收;水正曰玄冥;土正曰后土……曰,社稷五祀,谁氏之五官也? 曰,少皞氏有四叔,曰重,曰该,曰修,曰熙,实能金木及水。使重为句芒,该为蓐收,修及熙为玄冥,世不失职,遂济穷桑,此其三祀也。颛顼氏有子曰犁,为祝融;共工氏有子曰句龙为后土,此其二祀也。后土为社;稷,田正也。有烈氏山之子曰柱,为稷,自夏以上祀之;周弃亦为稷,自商以来祀之"。这段话遂是说治理木火金水土的五个官名,叫作句芒、祝融、蓐收、玄冥、后土。作这五个官的人遂是重、该、修、熙、犁、句龙。他们在生时实列受氏姓,封为上公。因为他们不失职,后人遂感他们的恩惠,祀为贵神,是尊是奉,所谓贵神的神名,遂是那五个官名。犹之田官之长叫作稷,作稷这官的人死了,后人遂祀这作稷官的人为稷神。祀他为神是由后人感他的恩惠而尊奉的,所以如果后来又有做这官的人功劳更大更密切,后人不惜把后来的这个人祀作神,以代替从前那个祀作神的人。夏祀柱为稷,商以来祀弃为稷,便是这个道理。由上看来,不见得"后土原是地神";后土乃原是官名。后来后土成为神名,乃是借官名作神名的。共工氏之子——句龙原不是与地神混,乃是作治土的官——后土,后来人祀他为神,始把他的官名当作神名的。先生这种错误,好像和认"大成至圣先师,文宣王,为原是儒神,却也是叔梁纥之子"一样,尚可说得去么? (b)辩"实沈原是星

名,却也是高辛氏之子"。这句话的错误,和上句一样,均是把事实前后倒认。先生须知道"昔高辛氏有二子,长曰阏伯,季曰实沈,居于旷林,不相能也。日寻干戈,以相征讨。后帝不臧,迁阏伯于商丘,主辰,商人是因,故辰为商星;迁实沈于大夏,主参,唐人是因,以服事夏、商……及成王灭唐而封大叔焉,故参为晋星。由是观之,则实沈,参神也。昔金天氏有裔子曰昧,为玄冥师,生允格、台骀,台骀能业其官,宣汾、洮,障大泽,以处大原。帝用嘉之,封诸汾川。沈、姒、蓐、黄,实守其祀……由是观之,则台骀,汾神也"。这是说实沈迁于大夏,"主祀"参星,后来人奉他为参神,一如台骀被封于汾川,死后沈、姒、蓐、黄祀他,奉之为汾神一样。是参原是星名,实沈原是人名,而不原是星名,明矣。是因实沈居于大夏,而大夏为参星之分野,遂"主祀"之,后人因谓参星为实沈,犹之豕韦氏处于卫地,卫地为营室之分野,后人因谓营室为豕韦一样。是实沈原是人名,而后人以他的人名名星益明矣。先生这种错误,岂不是和上句相同吗? 退一步言之,以星名名人者后世多有,如"参原是星名,却也是曾皙之子;太白原是星名,却也是杜甫之朋"。难道遂可以说"人与神混",春秋和唐朝的"人对于神和人原没有界限"么? (c)辩"夔本是九鼎上的罔两,又是做乐正的官"。关于这事,先生又在《读书杂志》第十二期论"禹的来源在何处?"内第(3)条的说:"彝器上的夔系属兽形,《吕氏春秋》又记乐正夔有一足的传说(《察传》),《尧典》上又说他会使'百兽率舞'夔之为兽,实无可疑。"我以为(一)各书上不是传说的事,先生犹多怀疑。何以《吕氏春秋》明明载是传说的话,先生反如此相信? 且《吕氏春秋》所载,乃"鲁哀公问于孔子曰,乐正夔一足,信乎? 孔子曰,昔者舜欲以乐传教于天下,乃令重黎举夔于草莽之中而进之,舜以为乐正。夔于是正六律,和五声,以通八风,而天下大服。重黎又欲益求人。舜曰,夫乐,天地之精也,得失之节也,故惟圣人为能和,乐之本也。夔能和之,以平天下;若夔者,一而足矣。故曰,夔一,足;非一足也"。这明明是说夔非一足,这明明是传说之误,这明明是《吕览》教人须"察传",这明明警人得如"夔一足"一类的话,须"熟论其于人,必验之以理"。若先生相信"夔之为兽"而夔兽又只有一足,验之于古今动物界,有是兽乎? (二)退一步言之,无论夔兽为几足,亦无论夔为魖兽。

古今以鬼以兽等等名人者多矣。如桓魋，以鬼名者也；如夔同时之虎、熊、罴，春秋时之郤豹、成熊、羊舌虎、窦犫等，俱以兽名者也；祝鮀、史鳅、梁鳣、孔鲤，以鱼名者也；公孙蛮，以毒虫名者也；其他以物名者，不可胜举，至今阿毛阿狗之类犹多。那些耍把戏的阿毛阿狗之类，都能使狗和兽率舞，遂可说他们为兽，实无可疑吗？至如夔所以名夔之故，或者以其生来之容貌丑恶强健因之以夔名之，如柳宗元所传郭橐驼，只因背驼，遂因人呼橐驼而即以为名之类。或者以其与夔兽有什么关系，因名为夔，如斗榖於菟为於菟所乳，遂名为於菟之类。或者以其好畜夔，因名为夔，如豢龙、御龙之因扰龙，狙公之因养狙而名之类，皆不可知。即无此诸因，亦何尝不可名？今以铸鼎象物的夔是兽形，遂证夔为罔两为兽，先生亦可以彝器上的虎豹、鮀鲤、蛮驼，系属兽形、鱼形、虫形遂证於菟、郤豹、祝鮀、孔鲤、公孙蛮、郭橐驼，为兽为鱼为虫，以彝器上的魑为鬼形遂证魋为罔两吗？（三）再退一步言之，即使夔只有一足，或因夔之一足而名夔，也不能即证明其为罔两，证其不是乐官。我们知道古代乐官，多是残体人做的，取其静而不便动，宜于审音律也。如师旷之聪，因其目瞽，即其著例。夔纵只有一足，何不可为乐官；墒保己一生而盲，犹能编辑《史料》及《武家名目钞》等书至千余卷，"验之以理"，怎么夔不可为乐官呢？至于"禹的来源在何处？"中第（2）条，其证明夔是罔两，逻辑异常错误，更不足称证据，等到讨论"禹的来源"时再说去吧。

（d）辩"饕餮本是鼎上图案画中的兽，又是缙云氏的不才子"。这话的误处，也和上句一样。以为鼎上图案画中有这种兽，便说缙云氏的不才子，即是此兽，不是人，须知图画自图画，人自人，不容混证，好像鼎上图案画中有虎，我们不能遂将反证斗榖於菟便是虎，或把来证"人与兽混"、"古人对神和人原没有界限"，且《左传》不是说"缙云氏有不才子，贪于饮食，冒于货贿，侵欲崇侈，不可盈厌；聚敛积实，不知纪极，不分孤寡，不恤穷匮，天下之民，以比三凶，谓之饕餮"吗？这是因他为人贪婪无厌，天下之民恶之，以为他与饕餮这兽无异，《吕氏春秋·先识》篇曰："周鼎着饕餮，有首无身；食人未咽，害及其身。"《经义述闻》王念孙曰："饕餮本贪食之名，故其字从食，因谓贪得无厌者为饕餮耳。"可知兽之号为饕餮，亦以其贪而名之如此。因谓之为饕餮，正如南子与宋朝淫

乱,宋人恶之,以为他们与豕类无异,因喻南子为娄猪,宋朝为艾豭,一样。若说"娄猪艾豭是鼎上、彝器上图案画中的兽,又是卫灵公的夫人和她的情人"以证"人和兽混"还可通吗?是故浑敦、梼杌、穷奇、饕餮固是兽(此本服虔、张揖之说),不得因把他们名四不才子,或彝器上有这类的像,遽断古人对于人和神原没有界限,或四不才子本无其人也。

故我对于古史,只采取"察传"的态度,参之以情,验之以理,断之以证。

关于第(四)条所谓"打破古代黄金世界的观念",是我很赞成的。虽然这条的解释,如说《尧典》、《皋陶谟》等极盛的人治和德化出于战国时一班政治家托古之类很引起我怀疑,但是先生还有《辩〈尧典〉》、《辩〈皋陶谟〉》的文章在后,将陆续登出,等到读了那文,如果满意,当然不要说了;如不满意,那时再说罢。

王充说得好,他谓"古之戎狄,今为中国;古之裸人,今被朝服;古之露首,今冠章甫;古之跣跗,今履商舃。以盘石为沃田,以桀暴为良民,夷坦坷为均平,化不宾为齐民,非太平而何? 夫实德化,则周不能过汉,论符瑞,则汉盛于周,度境土则周狭于汉,汉何以不如周?"(《论衡·宣汉》篇)我们知道尧有八恺八元不能举,有四凶不能去;舜的父顽母嚚弟傲,又流共工于幽州,放驩兜于崇山,窜三苗于三危,殛鲧于羽山。他们所居,又茅茨不翦,采椽不斫;饭于土塯,啜于土形;禹也是恶衣服,卑宫室。人民"食果蓏蚌蛤,腥臊恶臭"。婚姻未别:尧的两女同嫁一夫,简狄、姜嫄私淫野合而生契、稷(予以为"履帝敏武","天命玄鸟降而生商",皆是淫奔野合,生子而不知有父之证)……凡此皆草昧獉狉的现象,有什么黄金世界之可言? 其使民亦不过如先生所说"依天托祖的压迫着人民就他们的轨范",实在没有什么黄金世界的样子。不过尧、舜、禹这几个帝王能努力尽职,时代没有后来的扰攘,后来的人遂叹为不可及,而不知那时地旷人稀,人易于生。简单朴素,自是当然。而所以为草昧,亦正以此也。

以上关于先生所持古史态度的讨论完了。钱玄同先生说我很有"信经"的色彩,其实我所持的态度却有不然。于可信者信之;不可信者还是不信。今赶这里和先生讨论"态度"之便,略附论之如下,得以请益

于玄同先生！

例如孟子的话，我间或有些不敢相信。我且举出二事言之：（一）孟子说伊尹耕于有莘之野，汤三使往聘之，然后就汤，是伊尹不苟进也。乃孟子又曰，五就汤，五就桀者，伊尹，且言治亦进，乱亦进，而为圣之任，夫伊尹既不枉己而正人，辱己而正天下，洁身至矣。何以又五就汤，五就桀；治亦进，乱亦进呢？当汤未聘伊尹之先，夏固已乱矣，而伊尹不往夏以正桀，可谓乱亦进耶？当汤三聘之之后而后始往商以就汤，可谓治亦进耶？若说伊尹之五就汤，五就桀乃是谓汤既得伊尹而命之就桀，桀不用而复返就汤，汤复命之就桀，如是往返去就，至于四五，然则迹虽近于治亦进、乱亦进，而实则非其本心，不过为汤所促迫而如此耳，尚得为圣之任者耶？否则其五就汤，五就桀在汤未得之之前也，何以汤又三使往聘？且若其五就汤五就桀而在汤未得之之先也，何以伊尹得为"不枉己而正人，辱己而正天下"，"归洁其身而已"者耶？反往参验推证，何孟子之言自相矛盾如此！毋乃汤与伊尹的事，已无征于战国之际，故《墨子》、《庄子》、《韩非子》和《吕氏春秋》所言臆测而孟子之言亦自相矛盾也欤？（二）《武成》言武王之伐纣也，曰"血流漂杵"。以《逸周书·世俘》篇证之，似乎这事属事实。而孟子以武王之仁声仁问推想武王不至如此——或欲"托古改制"为他强勉辩护，因以为书不可尽信；但我以为孟子错了——或以为他欲"托古改制"的破绽露了：武王杀敌纵不如《世俘》所言，要必不少。战国时代一种口头禅，谓仁人之师不多杀戮。但是我们知道，文王至仁，乃当其伐崇之役，尝"执讯连连，攸馘安安"，"是绝是忽"，是仁人之师未尝不多杀戮。我们也知道周公至仁，乃当其征东之役，尝"破斧缺斨"，"缺镈缺锜"，是仁人之师未尝不杀戮。以文王周公用兵之多戮，可知武王与纣之大战，其必多杀戮无疑。孟子虽当强勉辩护，他的话岂可相信？

以上两例，略表示我对于经书或任何子书，不敢妄信；但也不敢闭着眼睛，一笔抹杀，总须度之以情，验之以理，决之以证。经过严密的考量映证，不可信的便不信了。但不能因一事不可信，便随便说他事俱不可信；因一书一篇不可信，便随便说他书他篇皆不可信。如玄同先生在《读书杂志》第十期《答顾颉刚先生书》中说："我从前以为尧、舜二人一

定是'无是公'、'乌有先生'。尧,高也;舜借为'俊',大也(《山海经》的《大荒东经》作"帝俊");'尧'、'舜'的意义,就和'圣人'、'贤人'、'英雄'、'豪杰'一样,只是理想的人格之名称而已。中国的历史应该从禹说起。各教都有'洪水'的传说,想来是实有其事的……"这种薄弱的证据和推想,我却不敢以之不相信有尧有舜:因为(1)玄同先生相信有禹,是由各教都有"洪水"的传说,想来是实有其事。何以各教都有"尧"、"舜"的传说,却又想来一定是"无是公"、"乌有先生"呢?(2)就"尧"、"舜"二字的意义说"尧",高也;"舜",大也,遂决定尧、舜只是理想的人格之名称。但是我们知道"高宗"、"高祖"、"太宗"、"太祖"都是"高"、"大"的意思,难道遂可断定历来许多高宗、高祖、太宗、太祖都只是理想的人格之名称而无其人吗?即以尧、舜或为名字论之,我们知道春秋时有伯嚭,嚭,大也;有卜商字子夏,商通章,章,大也,夏亦大也;有郭贾字子方,贾通夏,方亦大也。又有侨字子产,侨,高也,产大也;有驷带字子上,带读为懘;懘,高也,上亦高也。其余以"高"、"大"名者不可胜数。若使如玄同先生所说,我们应以为以这班人都是"无是公"、"乌有先生","只是理想的人格之名称"了,以此疑古,不是笑话么?这种错误,皆是迷于《说文》的余毒,而不知诉于逻辑,大前提早已错了,怎能推论得合法呢?

(二) 讨论禹是否有天神性

先生上次"所以疑禹为天神,是由'洪水芒芒,禹敷下土方'而来。"现在已承认"下土"二字不能证明禹是天神了:但又据《诗》、《书》上说禹的话归纳出下列四种:

(a) 禹平水土是受上帝的命。

(b) 禹的"迹"是很广的。

(c) 禹的功绩是"敷土"、"甸山"、"治水"。

(d) 禹是一个耕稼的国王。

上列四条,本少"禹有天神性"的意味;但先生一句总话:说"依旧以为禹是一个神"。我初看这句话,以为下文一定有很好的意思足以说明禹是一个神。那想将下文一看,不觉大失所望。

392　刘掞藜史学论著集

在这四条中,先生以为"禹的最有天神的嫌疑的地方……乃在(c)条上"。我们且把(c)条先行讨论:(c)条所归纳出"禹的功绩是'敷土'、'甸山'、'治水'"是根据:

《诗》——(1)信彼南山,维禹甸之。(《信南山》)

(2)丰水东注,维禹之绩。(《文王有声》)

(3)奕奕梁山,维禹甸之。(《韩奕》)

(4)洪水芒芒,禹敷下土方。(《长发》)

《书》——(5)皇帝清问下民,鳏寡有辞于苗……乃命三后,恤功于民。伯夷降典,折民惟刑;禹平水土,主名山川;稷降播种,农殖嘉谷。三后成功,惟殷于民。(《吕刑》)

由上五条,先生发了"土是怎样敷法? 山是怎样甸法?"的疑问。因为先生早已有"禹有神性"的主见在脑子里,将前人把"敷"字解作"分",解作"赋";把"甸"字解作"治"的一并抹杀,自己牵强傅会,将"敷"换作"铺",用之解"禹敷下土方"为"禹铺放土地于下方"将"甸"依汉朝或本作"敶"的解作"列",说为"排列分布"之意,用之解"维禹甸之"为"山亦为禹所陈"。又凭空说"治水"的"治"字是后人加上去的。又硬把"丰水东注,维禹之绩"的"绩"字当作"迹",原来《传》训"绩"为"业",《笺》训"绩"为"功"是极好解、极通顺的,弄到极不通。(原来是说"丰水之向东流,乃禹之功绩",意谓丰水为禹所治好而向东流,今改作迹;《说文》"迹,步处也"。我们解起来是"丰水之向东流,乃禹之步处",尚可通么)于是胡乱说"那时人看得土是禹铺的,山是禹陈的,道水自然也是禹所排列的了"——这样一牵强傅会,遂算作证明"禹的最有天神性的嫌疑"。

这种主观的意见,是我所最不赞成的。我们解释古书上的字,应当依古代的解说。若穿凿傅会,迁就己意,是朴学者所最忌的。我们解释"敷"字,应当从最古的解法,《孟子》曰:"当尧之时,天下犹未平,尧独忧之,举舜而敷治焉。"这"敷治"是两字连用的动词。凡两字连用的动词,意义是一样的,故用时可独用,亦可双用。例如"变化"、"迁徙"、"辨别"、"处理"、"替代"、"逼迫"、"忧愁"、"奔走"……不数枚举,用时皆可分之为二,合之为一;可单用,可双用,意义是毫不变的。《孟子》把"敷

治"两字连用，是《孟子》时代解"敷"作"治"的证据。我们再看《荀子·成相》"禹傅土"。《广雅·释言》"傅，敷也"；《释诂》："傅，治也。""傅"="布"，是"敷"="治"也。此"敷"解作"治"的又一证据。上两证是直接的。我们再看古人把"敷"解作"分"字的到底怎样：《禹贡》"禹敷土"马注，"敷，分也"。"分"者，《论语》曰"五谷不分"，郑注，"分，犹理"也。"理"即"治理"之意。（《说文》"理，治玉"也；《广雅·释诂》三，"理，治"也）此间接证明"敷"之解为"治"也。我们再看《山海经·海内经》"禹鲧是始布土"注，"犹'敷'也"。"布"、"敷"古同音通用，故"敷土"即是"布土"。到底"布"字的意义又怎样呢？《广雅释诂三》"列，布也"；又"列治"也。"列"="列"，是"布"="治"也。"敷土"即是"布土"，而"布土"即是"治土"，是"敷土"亦即是"治土"而训"敷"为"治"也。《山海经》虽伪书，太史公已曾读之，其为战国或秦代之作可知，是又汉前训"敷"为"治"之证也。由上诸证，可知"禹敷下土方"本作"禹敷治下方土地"解，毫无疑义。既然是"禹敷治下土方土地"，那么，这"禹敷治下方土地"就是如《孟子》所说的"尧举舜来敷治天下"或孟子自己担当的"能平治天下"一样，没有"天神性的嫌疑"了。岂容牵强傅会？至于《天问》言禹治水，有"洪泉极深，何以寘之？"的"寘"字同"填"，训"塞"，解作"洪水渊泉极深，大禹何用寘塞而平之乎？"这是极平常的话。怎见得有"天神性的嫌疑？"譬如我说"黄河决堤，水大得很，顾先生将何以寘塞它？"难道遂可以说顾先生有天神性的嫌疑么？（况且寘字又即是寘字，古者寘寘双声通假。寘，止也。把来解"何以寘之"为"何以止之"又甚通顺。而寘寘的古训又常解作"是"；"是"者，《楚语》"王弗是"注，"理也"，是寘又有"敷理"、"敷治"之义也）

论到"甸"字呢，我们也不可牵强傅会。先生以《诗经》上两个"维禹甸之"为"从前人讲作'治'"，不合于先生的成见，凭空说"这不过看见《禹贡》上有'治梁及岐'的话而牵引上来，了无根据"。好，我们且把"甸"字造字的原意研究研究，看毕竟是古人了无根据呢？还是先生了无根据？"甸"字从田包省。按从勹、田会意，田亦声。勹，裹也。中有田而外有所包裹，显然是田外围以田塍之意——即作介画也，畔也。这岂不是治田吗？我们再看从田得声的有"佃"，有"畋"，有"畕"。"佃"，

中也；中者正也，已有正经界之意，而《易系辞》的"以佃以渔"则训佃为治田矣。"畋"，平田也。平田即治田也，《书·多方》"畋尔田"训为"治尔田"是也。"畕"，比田也，从二田会意，为次比田土之意，是亦治田也。甸字本意既是治田之义，而同声同偏旁之字又皆为治田之义。范之以"音同义同"、"同声通假"之凡例，已无不凿凿可据，而先生乃说《毛传》之训"甸"为"治"是了无根据，不知果何所据而云然？抹杀"甸"字的武断话不能成立了，我们且退一步而论"敶"字。《说文》"敶"，列也，列者。《广雅·释诂三》曰："治也"。又《广雅·释诂》三"敶，布也"，而布＝敷，训为"治"，于上文已证之昭然。是"维禹敶之"与"维禹甸之"的解释毫无差异，岂容强为傅会？先生所说的"分"、"列"、"布"在古本皆有"治"的意义；但先生欲牵强傅会，因将他们连携来作"排列分布"，解为现在的意思，以迁就所谓"神性的嫌疑"。殊不知现在所谓"排列分布"，必定要有许多东西在那里等待"排列分布"而后可说的，我们看《信南山》所说只有一个南山，而《韩奕》所说又只有一个梁山。一个山怎能说得"排列分布"？譬如说"彼许多兵士，维将官排列分布之"，这才可以；若说"信彼顾先生，维将官排列分布之"，这岂可通？由上结局起来，"信彼南山，维禹甸之"，"奕奕梁山，维禹甸之"，即是"信彼南山，维禹治之"、"奕奕梁山，维禹治之"，与《天作》"天作高山，大王荒之"，"昀昀原隰，曾孙田之"一样地没有什么"天神性的嫌疑"。否则天作的高山（岐山），大王且能大之（"荒"《传》曰"大也"。此本于《晋语》。《晋语》郑叔詹曰："在《周颂》曰，'天作高山，大王荒之'。荒，大之也"）。如果咬文呆看，这是何等的有天神性！

论到"治水"的"治"字，虽欲牵强傅会而不可能，盖因"治"字的意义最明显，最为人所熟知故也。于是凭空说："治水的'治'字是后人加上去的。"我把这句话足足看了四五遍，又反复看了前后，总不知先生何所指。这段迷离惝恍，前后不贯，既然说不出什么道理来，所以我也不论。《洪范》言禹治水虽不明白，但不能因不言禹治水，遂谓禹为神。且《洪范》之言"帝乃震怒，不畀洪范九畴"，乃由"鲧陻洪水，汩陈其五行"。是则"天乃锡禹洪范九畴"，乃由"禹平水土"（《吕刑》）。此处虽未言"禹平

水土"，按文意却是天之锡禹《洪范》九畴，乃在禹有所成之后，明甚。而先生乃曰"似乎他（禹）一得到了上帝的九畴，洪水就自会平复似的"——这完全将"禹有所成而天乃锡禹"倒作"天锡禹而禹始有所成"了；这全是先生自己之意，非《洪范》之意，足见先生蔽于成见矣。

以上辨"禹的最有天神的嫌疑的地方"在"禹的功绩是'敷土'、'甸山'、'治水'"之说不能成立。

次之，讨论(a)条。(a)条所归纳出"禹平水土是受上帝的命"是根据：

《书》——(1)鲧陻洪水，汩陈其五行。帝乃震怒，不畀洪范九畴，彝伦攸斁，鲧则殛死。禹乃嗣兴。天乃锡禹洪范九畴，彝伦攸叙。（《洪范》）

(2)皇帝清问下民，鳏寡有辞于苗。……乃命三后恤功于民：伯夷降典，折民惟刑；禹平水土，主名山川；稷降播种，农殖嘉谷。三后成功，惟殷于民。（《吕刑》）

先生说："《洪范》上'天'、'帝'互称，可见帝即是天"，这很对的。又说"殛鲧的是天，兴禹的亦是天"，这便错了。我们只要略略小心一读《洪范》这段，便只看出"不畀洪范九畴"的是天，"锡禹洪范九畴"的也是天。鲧之殛死，乃由"彝伦攸斁"；禹之嗣兴，乃由鲧之殛死，并不见得"殛鲧的是天，兴禹的亦是天"。这里又只言禹之嗣兴，并未说禹受天命而平水土，是"禹平水土是受上帝的命"的话与这里没有关系，不能引这里作证。退一步言之：这里有"天乃锡禹洪范九畴"，可据以说天和禹有关系；但不能因此遂说可证明"禹是一个神"。因为我们知道《閟宫》说："天锡公（僖公）纯嘏"，不能遂谓僖公是一个神；《大诰》说"于天……遗我大宝龟"不能谓周公是一个神；《大明》说"天作之（文王）合"，不能谓文王是一个神；《既醉》说"天被尔禄"，不能谓那班士君子俱是神；《召旻》说"天……瘨我饥馑"，不能谓凡伯是一个神；《烝民》说，"天……保……天子，生仲山甫"不能谓天子（宣王）和仲山甫皆是神，故也。再退一步言之：即使说"帝殛鲧，天兴禹"（这本非《洪范》之意：禹嗣兴，禹是主词，兴是自动字；天兴禹，禹是宾词，兴是他动字——这天兴禹是依先生的意思说的），也不能因此遂说可证明"禹是一个神"，因为我知

道《皇矣》说："上帝耆之（耆，恶也，又斥也；之指夏商）憎其式廓。乃眷西顾，此维与宅（此指文王）"，不能谓夏商人和文王是神；《黄鸟》说："彼苍者天，歼我良人"，《天保》说："天保定尔，以莫不兴"，不能谓奄息、仲行、铖虎等是神；《西伯戡黎》说："天既讫我殷命"，《大诰》说："天……兴我小邦周"，不能谓殷周之王是神，《微子》说："天毒降灾荒殷邦"，《洪范》说："惟天阴骘下民"，不能谓殷人下民皆是神，故也。

（《读书杂志》第十三、十四期，1923 年 9 月 2 日，10 月 7 日）

讨论古史再质顾先生(二)

《吕刑》上的"皇帝"的解说,向来已有两种:郑康成以为皇帝指尧(此"皇帝清问下民"之皇帝;至"皇帝哀矜庶戮之不辜"之皇帝,郑氏以为是颛顼)。《三国志·魏志·钟繇传》繇上疏引此经所说,亦以"皇帝"为尧——此今文义也。赵岐注《孟子》引《甫刑》皇帝作帝(按《吕刑》马注亦曰,皇帝一作帝。惟《墨子·尚贤》中作,"皇帝清问下民",与今本《书》合)谓帝为天,此今文欧阳夏侯异说也。无论解"皇帝清问下民"之"皇帝"为"上帝"或"帝尧",参之以上下文义皆可通。不过依郑康成据《楚语》等言苗民作刑之历史,以为"苗民谓九黎之君也。九黎之君于少昊氏衰而弃善道,上效蚩尤重刑。必变九黎言苗民者,有苗,九黎之后。颛顼代少昊诛九黎,分流其子孙。居于西裔者为三苗,至高辛之衰,又复九黎之恶,尧兴,又诛之。尧末,又在朝,舜臣尧,又取之。禹摄位,又在洞庭逆命,禹又诛之。穆王恶此族三生凶恶,故著其氏而谓之民"之说观之,"皇帝哀矜庶戮之不辜"指颛顼,"皇帝清问下民"指帝尧,似乎很正确。且若两"皇帝"皆指"上帝",则《吕刑》此段前有"上帝监民罔有馨香德"的"上帝"领起,下两"皇帝"皆不应着。复次,"命重黎……","命三后……"乃颛顼、帝尧两时代之事,故各用"皇帝"领起——总之不论"皇帝"解为"上帝"或"人帝",皆不能证明"禹是一个神",揆藜前面讨论《洪范》所引许多"天和人的关系"的证据,已足解惑。如果先生以为"皇帝既是上帝,他所命的三后当然含有天神性",我且再举些上帝和天命人的例,请先生看他们都有天神性没有:(一)《诗》(A) 天命多辟,设都于禹之绩——《殷武》;(B) 思文后稷……贻我来牟,帝命率育——《思文》;(C)《昊天有成命》,二后受之——《昊天有成命》;(D) 保右命

之，自天申之——《假乐》；（E）古帝命武汤，正城彼四方——《玄鸟》；（F）帝谓文王——《皇矣》；（G）有命自天，命此文王——《大明》；（H）商之孙子，其丽不亿，上帝既命，侯于周服——《文王》。（二）《书》（A）惟时上帝集厥命于文王——《文侯之命》；（B）亦越成汤陟丕厘上帝之耿命——《立政》；（C）帝……俾我有夏，式商受命——《立政》；（D）天……简畀殷命——《多方》；（E）乃惟尔辟以尔多方大淫图天之命……——《多方》；（F）我不敢宁于上帝命——《君奭》；（G）在昔上帝割申劝宁王之德，其集大命于厥躬——《君奭》；（H）惟时天……乃命尔先祖成汤革夏——《多士》；（I）今惟我周王丕灵承帝事，有命曰割殷——《多士》；（J）天乃大命文王殪戎殷——《康诰》；（K）尔既孚命正厥德——《高宗肜日》……（三）最奇者《墨子》之说天命汤等也，其《非攻下》曰："还至乎夏王桀，天有酷命：日月不时，寒暑杂至，五谷焦死，鬼呼于国，鹤鸣十夕余，乃命汤于镳宫，用受夏之大命，'夏德大乱，予既卒其命于天矣，往而诛之，必使汝堪之'。汤焉（焉，乃也）敢奉率其众，是以乡有夏之境。帝乃使阴暴毁有夏之城。少少有神来告曰：'夏德大乱，往攻之，予必使汝大堪之。予既受命于天；天命融隆火于夏之城间西北之隅。汤奉桀众以克有（夏），属诸侯于薄，荐章天命，通于四方，而天下诸侯莫敢不宾服。'"下接着说："天命周文王伐殷有国"亦是同样离奇——先生于上面所举许多天命的人也要说他们"当然含有天神性"否？汤与天，神，鬼，完全混作一团，先生更当说他是一个神"自无可疑"吗？孔丘也常言，"畏天命"，"知我者其天"，"天丧予"，"天生德于予"，子贡且谓"天纵之将圣"想先生也必以为孔子有天神性无疑了？所以如果先生以为"禹是一个神"，便该承认孔子及其前头"三代"的帝王人民皆是神，且更当从"天命玄鸟，降而生商"，"赫赫姜嫄……上帝是依……是生后稷"的商稷说起如果不承认孔子以前的人都是神，则"禹是一个神"的话不能成立。

先生自然也说过："古帝命武汤，正域彼四方"，"帝谓文王，予怀明德"等为"他们说上帝与之接近，是为自己的声势计"；但是我们看《闷宫》"天锡公纯嘏"，《既醉》"天被尔禄"，《召旻》"天瘨我饥馑"，《烝民》"天……保……天子，生仲山甫"，《黄鸟》"彼苍者天，歼我良人"，《天保》

"天保定尔，以莫不兴"，《西伯戡黎》"天既讫我殷命"，《微子》"天毒降灾荒殷邦"，《洪范》"惟天阴骘下民"、"天乃震怒，不畀《洪范》九畴"，《殷武》"天命多辟，设都于禹之绩"，《文侯之命》"亦越成汤陟丕厘上帝之耿命"，子贡谓孔子"固天纵之将圣"……何尝是他们说上帝与之接近乃为自己声势计耶？我因此知道古人说天说上帝，不是以为"人含有天神性"倒是以为"天神含有人性"，所以任何事皆牵及天，不仅仅是王者称天而治己也。适之先生说得好："老子以前的天道观念，都把天看作一个有意志、有知识、能喜能怒、能作威作福的主宰。试看《诗经》中说'有命自天命，此文王'——《大明》；又屡说'帝谓文王'——《皇矣》，是天有意志。'天监在下，上帝临汝'——《大明》；'皇矣上帝，临下有赫，监观四方，求民之莫'——《皇矣》，是天有知识。'有皇上帝，伊谁云憎？'——《正月》；'敬天之怒，无敢戏豫；敬天之渝，无敢驰驱'——《板》，是天能喜怒。'昊天不佣，降此鞠凶；昊天不惠，降此大戾'——《节南山》；'天降丧乱，降此蟊贼'——《桑柔》；'天降丧乱，饥馑荐臻'——《云汉》，是天能作威作福。"因为古人有这种天道观念，所以不仅《吕刑》上皇帝所命的禹平水土，伯夷降典，稷降播种，不能说他们为神，即凡古书上"天和人有关系"的人，也不能随便说他们为神了。

先生又说："武汤文王的来踪去迹甚是明白，他们有祖先，有子孙，所以虽有神话而没有神的嫌疑。至于禹，他的来踪去迹不明，在古史上的地位是独立的；父鲧子启全出于伪史，不足信。"先生所谓伪史，大概是指《尧典》、《皋陶谟》、《禹贡》；先生尚有辩论文在后未登，虽然不知道能否成立，但是现在我暂且承认先生所说不提——前面所以不提三篇之故，也是如此。《洪范》非伪史，是几千年来的人所共认的；先生尝引来作证，是先生也承认，无疑了。既然承认《洪范》非伪史，于是我敢说禹是鲧的后裔。因为《洪范》说"鲧则殛死，禹乃嗣兴"。我们知道"嗣"古文作"司子"，一见而知其为"子"的意义。再看说文嗣，诸侯嗣国也。请问"诸侯嗣国"该不该承认是"子继父位"的？再看《左传》襄公二十六年的齐庆嗣字子息。请问"子息"是不是"儿子"的意思？再看《诗·小雅·斯干》"似续妣祖"，似嗣古同声，通用，故传曰，似，嗣也。"嗣续妣祖"，是不是"承继先人"的意思？再看《书》上所说的"闵予小子嗣"，"命

汝嗣训,临君周邦","嗣守文武大训","继自今嗣王则其无淫于观于逸……","嗣王其监于兹!","洪惟我幼冲人,嗣无疆大历服"……皆是子孙嗣祖先。由是禹之为鲧子亦明矣。至启为禹子,除《皋陶谟》外,孟子言之最详,孟子虽战国时人,然其言此也,必有所据。且禹传位于启事,由万章问之,可知此事为当时所通知,是必为旧史明矣。然则启为禹子亦无可疑。(详见下论"禹与夏有没有关系"条)既然鲧为禹父,启为禹子,夏的来踪去迹何尝不明?"父鲧子启全出于伪史,不足信"之说岂能成立?

以上辩禹"当然含有天神性"乃在"禹平水土是受上帝的命"之说不能成立。

复次,为(b)条。(b)所归纳出"禹的'迹'是很广的"是根据:

《诗》——(1)信彼南山,维禹甸之。(《信南山》)

(2)奕奕梁山,维禹甸之。(《韩奕》)

(3)丰水东注,维禹之绩。(《文王有声》)

(4)天命多辟,设都于禹之绩。(《殷武》)

《书》——(5)其克诘尔戎兵,以陟禹之迹,方行天下,至于海表,罔有不服。(《立政》)

在这条上,先生说:"我们无从悬揣他是神是人。"所以无可讨论之处。

复次,为(b)条。此条只根据《诗·閟宫》:"是生后稷……缵禹之绪",生出一个"禹是一个耕稼的国王"的断语,以为与《论语》"子曰,禹,吾无间然矣……卑宫室而尽力乎沟洫"——《泰伯》;"禹稷躬稼而有天下"之说相合。先生且言:"……所记……如《閟宫》和《论语》,禹确是人王。不应当再有天神的怀疑了。"所以此条于禹不惟不能证为天神,乃反可证明为人王,我也不再说了。

惟是先生于这条附带说:"禹若果是在后稷之前的一个耕稼的国王,后稷之名也却不会有了!后稷之所以为后稷,原是尊崇他倡始耕稼,加上的名号;若他只有缵绪,也不应独居此名了。"我却有点意思,请分言如下:

(1)禹不是后稷之前的一个耕稼的——"纯其艺黍稷"的国王。先

生所以疑禹为后稷之前的一个耕稼的国王,乃由于误看了《论语》南宫适所说的"禹稷躬稼而有天下",笨看了《诗·闷宫》所说的"是生后稷……缵禹之绩"。请更分言如下:

(a) 误看了"禹稷躬稼而有天下"。禹本是一个"平水土"、"尽力乎沟洫"的人,而"平水土"、"尽力乎沟洫"虽非耕稼,却是耕稼前头的第一步紧要事。因为平水土,开沟洫,与耕稼的关系好像是一件事,所以最容易作一事混谈。古人于这种连类的混谈,是数见不鲜的。我且请顾炎武和俞樾帮我举几个例:《古书疑义举例·两事连类而并称例》引《日知录》曰,"孟子云,'禹稷当平世,三过其门而不入'"。考之《书》曰,"启呱呱而泣,予弗子"。此禹事也,而稷亦因之受名。(例一)"华周杞梁之妻,善哭其夫而变国俗"。考之《列女传》曰:"哭于城下七日而城为之崩。"此杞梁妻事也,而华周妻亦因之以受名。(例二)"……《吕氏春秋》曰,孔丘、墨翟昼日讽诵习业,夜亲见文王、周公旦而问焉"。考之《论语》"吾不复梦见周公",此孔子事也。乃因孔子而及墨翟,因周公而及文王。(例三)——揆藜谓"禹稷躬稼而有天下"亦属此类。考之《诗·生民》、《思文》与《书·酒诰》等,躬稼者乃后稷,绝无禹亦从事稼穑之文,是以孔子只说,"禹……尽力乎沟洫"。然则因稷而连及禹,昭然明矣。故曰,禹不是一个耕稼的——"纯其艺黍稷"的国王也。

(b) 笨看了"是生后稷……缵禹之绩"。

凡诗——包括古今诗歌——最不可笨看的。若将《诗经》笨看,便会为它所误。例如前面所举许多天和人有关系的字句,若果将他们笨看,必定会疑春秋时代以前只有神而无人。这是因为"老子以前的天道观念"与后来不同,所以不可笨看者一。崔述《丰镐考信录》谓《闷宫》诗语夸诞:如僖公本乞师于楚以伐齐,而此诗反谓"荆舒是惩";太王居岐之阳时而谓"实始翦商"。这是诗歌言语浮夸,所以不可笨看者二。凡诗人发舒情感而发为言辞,往往形容过当。如《召旻》言:"民卒流亡,我居圉卒荒";《云汉》言:"周余黎民,靡有孑遗";《文王》言:"有商孙子,其丽不亿?"《小明》言:"念彼共人,涕零如雨";《节南山》言:"国既卒斩"等,岂其可信。此因诗歌常过于形容而非事实,所以不可笨看者三。《闷宫》言:"……后稷……缵禹之绩",正亦是诗语夸诞者之一。因为我

们已知道禹为"平水土"、"尽力乎沟洫"的人，不是耕稼的人，而《閟宫》引以为荣，乃说后稷缵他的绩，岂非夸诞？乞援于楚与惩楚是绝对相反的事，尚且言之如此，何况"平水土"、"尽力乎沟洫"是和耕稼有紧要关系的第一步事，自然要引以为荣而说"后稷……缵禹之绩"了。

（2）后稷不是一个最初"倡始耕稼"的人，乃是一个"洪水滔天"扫荡稼穑后而复始"纯其艺黍稷"的人。《鲁语》曰："昔烈山氏之有天下也，其子曰柱，能殖百谷百蔬——夏之衰也，周弃继之：故祀以为稷。"又《左传》曰："有烈山氏之子曰柱，为稷，自夏以上祀之，周弃亦为稷，自商以来祀之。"这断不是凭空杜撰的。因为我们知道人类生在地球之上，已不止几千年了。人类一生了，便须吃动物和植物的。好吃的植物和动物，在蚁类且知道将他们蓄养种植起来，以供食用；何况于人，反不能培种植物吗？后稷之生至乎今日，不过四千年左右。而人类之生已不止万年，所以烈山氏时有"殖百谷百蔬"之可能者一。中国、埃及为世界上首先文明之国，这是各国史家所公认的。我们知道帝尧之前二千余年，埃及已入金器时代；帝尧之前千余年，埃及已为金字塔时代（The Pyramid Age）；帝尧之前七八百年，塞姆种之游牧民族，已定居于巴列斯登等处，自是（Zoser、Khufu、Sorgon）等王继起，时尚在尧前三四百年也。埃及、巴比伦于尧前已进于文明如此。中国民族进化虽迟，岂有尧前尚不知种植之理？此烈山氏时有"殖百谷百蔬"之可能者二。有此二理，故可断《国语》《左传》所言实非虚造。纵或烈山氏与柱果为真为伪，尚不可知，后稷之前必有人类也当无疑。人必藉动植物以生；既有动植物矣，则必有谷有蔬也无疑。夫所谓种植耕稼者，不过以一举手一投足之劳，扫荒秽，培所欲之植物而已，此植物即所谓"百谷百蔬"也及夫。"洪水芒芒"，"荡荡怀山襄陵"，则陵上之植物已被淹盖，况乎平原下隰，宁有不扫荡之理。然而水虽"怀山"，则山上犹有植物可食用可耕稼也，是以有"舜耕于历山"。斯时也，"尧独忧之，举舜而敷治焉。舜使益掌火，益烈山泽而焚之……禹疏九河，瀹济、漯而注诸海，决汝、汉，排淮、泗而注之江，水由地中行"，然后水土平，后稷乃得"播种，农殖嘉谷"，而"俾民稼穑"矣。当此之际，柱之农功已尽，君民上下惟知周弃"纯其艺黍稷"，"立我烝民"，于是舜命弃为官，曰"弃，黎民阻饥。汝，后

稷(言以汝为后稷之官也,即"田正"也),播时百谷",故后稷得"奄有下国,俾民稼穑"也。此所以"烈山氏之子……柱为稷,自夏以上祀之;周弃亦为稷,自商以来祀之"耳。此事线索甚明,次序甚整,诸书所言,若合符节之毫无舛触,所谓"舜发于畎亩之中"又何足疑? 至于先生说:"若果有神农,柱……的耕稼在前,则到周初已有一二千年了,农业的发达已久了,又何必这样的(指《酒诰》、《公刘》、《无逸》)郑重鼓吹呢?"我且以问作答而说道:"自周初到现在又有三千多年了;农业的发达更久了,又何必立农业大学或如章士钊先生想倡'农业立国论'一样地去郑重鼓吹呢?"

以上附辩禹非"是一个耕稼的国王"及后稷不是一个最初"倡始耕稼"的人。

(a)(b)(c)(d)四条在前面都已讨论完了,可算足以证明禹确是人而非神。于是先生说:"若禹确是人而非神,则我们看了他的事业真不免要骇昏了。人的力量怎能够……分画九州……随山刊木……疏瀹江河。试问这事要做多少年? 据孟子说,他做这番事业只有八年,就硬用《禹贡》的'作十有三载乃同'之句,也不过十三年,试问有何神力而致此?"这种疑问,西洋史家夏德的《支那太古史》也尝言之。但是我们不必骇昏;不要以为禹是一个人独力做这番事业。我们看:

> 墨子称道曰:"昔者禹之湮洪水,决江河,而通四夷九州也,名山三百,支川三千,小者无数。禹亲自操橐耜,而九杂天下之川,腓无胈,胫无毛;沐甚雨,栉疾风,置万国。"(《庄子·天下篇》引)

所谓"亲自"者,"非亲自"之对言也。言"禹亲自操橐耜而九杂天下之川",则禹外尚有人,非只禹一人可知也。譬如说:"欲办好这事,先生须亲自去",则知办这事者,除先生以外,尚有人也;又如说:"昔者欧战方殷,德皇亲自出马而战世界之兵",我们断不能说是德皇一个人,一见此文而知德皇之外,尚有多人也。我们更观之《史记》以明吾说:例如《始皇本纪》梁父刻石曰:"皇帝……亲巡远方黎民",吾人一读此文,不惟知道平时有官吏巡远方黎民,且知此时必不止始皇一人。(例一)又《项羽本纪》:"项王……曰,天下初发难时,假立诸侯以伐秦,然身(亲自也)被坚执锐……三年灭秦定天下者,皆将相诸君与籍之力也。"吾人亦

必不以为被坚执锐者只将相诸君与籍，必还有许多士卒。（例二）又《高祖本纪》"赵相国陈豨反代地……上自（亲自）东往击之"；"淮南王黥布反……高祖自往击之"。无论何人，岂能说只高祖一人击陈豨击黥布么？（例三、例四）凡此等例，不可胜举，故曰，由墨子之言，知治洪水者，非只禹一人也。于是因此而知墨子之前，《春秋》以上必有禹率人治水之史无疑。

虽然，此尚未明言禹外有何人也，我们可再看《国语》和《荀子》。《周语》既言禹之治水有"四岳佐之"，而荀子亦说：

> 禹傅土，平天下，躬亲为民行劳苦，得益、皋陶、横革、直成为辅。（《成相》篇）

由此观之，是禹之"傅土"和"平天下"，皆有益、皋陶、横革、直成等为辅也明甚。且此亦非荀子一人之言也，《吕氏春秋》亦尝言之。《吕览·求人》篇曰："得陶、化益（《困学纪闻》曰，化益即伯益）、真窥（卢文弨曰，窥与成音同，与窥形似；《吕氏春秋》盖本作窥，传写误为窥耳；直与真亦形似——掞藜按直真古双声通假）、横革、之交五人佐禹，故功绩铭乎金石，著于盘盂。"夫禹之功绩莫大乎治洪水，《诗》、《书》颂之，孔孟叹之，诸子称之，是此处所谓"功绩"指"敷土"、"治水"也；得五人佐禹而后功绩铭乎金石，著于盘盂，是禹得此五人为辅而后治水敷土始有成也。然则禹非一人独力治水也又明。

岂独此五人佐禹治水么？曰：不止此。我们可再看韩非子所说：

> 《五蠹》篇曰："禹之王天下也，身执耒臿以为民先，股无胈，胫不生毛，虽臣虏之劳，不苦于此矣。"
>
> 韩子曰："禹凿龙门，通大夏；决河亭水放之海，身自持筑臿，胫毋毛，臣虏之劳，不烈于此矣。"（《史记·始皇本纪》秦二世引）

夫韩非，一最疑古之人也，其有所信，必极审慎，此观于《难一》、《显学》等篇攻击孔墨之称道尧舜而可知也。彼既曰："无参验而必之者，愚；弗能必而据之者，诬"，然则凡其所据，必有参验者也；其言禹事也，既所据有参验，则禹之治水"身执耒臿以为民先"为三代以来信史，明

甚，且可证明《周语》太子晋和《荀子》所言皆有所据。退一步言之，今人疑古过甚，往往妄疑古书，或者以《韩非·五蠹》为伪。然吾人皆知《五蠹》为太史公所尝读，而二世且引其中之语以为谈，岂为伪造？夫《韩非·五蠹》之可靠如此，然则禹之治水，乃有天下人民帮助，不独陶、化益、真窥、横革、之交五人佐之，更非一人独力治水也又明。

岂独韩非子言之耶？维《淮南子·要略》亦有之，其言曰：

> 禹之时，天下大水，禹身执累垂，以为民先。

《淮南子》一书，固多"妄作妖言"（《史记·淮南衡山列传》），然此条实非"妖言"，因吾人参验之《淮南子》以前的《墨子》、《荀子》、《韩非子》、《吕览》所言而知其可据也，是则禹与民共治水也又明。

由是吾人纵或于《伪孔传》所云："治洪水，辅成之：一州用三万人功，九州二十七万庸"以为非确数，而于《史记·夏本纪》所云："禹与益、后稷奉帝命，命诸侯百姓兴人徒以傅土"，则断其为"……文直……事核，不虚……"（班固语）既为信史，则于禹成治水傅土事业何疑之有？以有许多人佐禹，复命诸侯百姓兴人徒，而禹又亲自操橐耜，执耒舀累垂，以为民先，至于股无胈，胫无毛，沐甚雨，栉疾风，则欲"高高下下，疏川导滞，钟水丰物，封崇九山，决汩九川，陂鄣九泽，丰殖九薮，汩越九原，宅居九隩，合通四海"（《周语》下），何难之有？而况本之以"三过其门而不入"，闻"启呱呱而泣……弗子"之精神，延及八年或十三年之时日，焉往而不成功？

曰：何以禹独言"予决九川，距四海；浚畎浍，距川"耶？曰，度之以情，验之以理，参之以证，言"予"言"予"，乃人之常情，事所时有，毫不足怪。谓予不信，请看《史记》（任取之以便举例）高祖曰："项羽有一范增而不能用，此其所以为我擒也。"其实项羽本是自刎而后为王翳、杨喜、吕马童、吕胜、杨武所分，且围项羽于垓下者，有淮阴侯将三十万；有刘贾军；有大司马周殷举九江兵，有齐梁诸侯；更有彭越、孔将军、费将军、绛侯柴将军等，而高祖乃只曰："为我擒"，此凡首领能以"我"字代表全体之例一。（《史记·高祖本纪》）又高祖入关时与父老约法三章："吾所以来，为父老除害，非有所侵暴，无恐。"其实此时从之入关者，将士甚多，而亦只曰："吾所以来"，此首领能以"吾"字包举全体之例二（同上）。

此类例证,举不胜举,皆可以证知禹之称"予决九川……",实非止禹一人也,乃以禹为治水之首领之故,遂得称"予"以包举全体人员耳。

何以《禹贡》亦只言曰:"禹敷土……"耶? 曰:《禹贡》本史臣纪功颂德之作,其性质体例,正与李斯为始皇作刻石文同。所有峄山、泰山、琅邪台、碣石、会稽诸刻石文,无不只曰:皇帝能力怎样大,功德怎样高,做了怎样的大事。所以我们不能以只言"禹"遂疑治水为一人独力所为,犹如不能以李斯刻石文仅言"皇帝"遂说征服六国,统一天下为始皇一人独力所为也。

以上辩"认禹平水土为一人独举"之非。

禹既是人而非神,自然先生的"禹的神职"之说不攻自破了。虽然,不言及之,犹恐不足以服先生之心也,故略为讨论之。大概先生的说法如下:

(a)"禹平水土,主名山川"解作"禹平了水土……乃……主领名山川,为名山川之神"。

(b)读《鲁语》"昔烈山氏之有天下也,其子曰柱,能殖百谷百蔬。夏之衰也,周弃继之,故祀以为稷。共工氏之伯九有也,其子曰后土,能平九土,故祀以为社",而恍然大悟"社之为禹",且说《国语》虽无明文,而看其'能平九土'之语,实即是禹",由此,先生的结论是"禹为山川之神;后来有了社祭,又为社神"这便先生所谓"禹的神职"。

其实(a)(b)两条说法,大是笑话;真如适之先生所尝说的"不值一驳"了。因为两条都是臆测的牵强傅会,(b)条尤误。我且分言如后:

(a)条是臆测的牵强傅会。因为先生解"主名山川"为"主领名山川,为名山川之神","为名山川之神"——尤其是"神"字,乃是先生所私加的。这正犯了"增字解经"的毛病。凡是"增字解经",没有不是自己先有了成见,去牵强傅会原文,以迁就自己的臆测的。故清代汉学大家,都以"增字解经"为大忌,盖以一经"增字"解释,便将原文的本意失掉,变成解者之私意故也。"主名山川",前人本解作"命山川以名",先生将他换解为"主领名山川"这还可以;硬要加上"为名山川之神"——尤其是"神"字,这便是凭空傅会了。我们若将凭空加上的——即私增的"为名山川之神"删去使原文回复本意,先生的说法说即不攻自破。

无论"主名山川"为"题山川的名字"或是"主领名山川"，皆不见得有什么"神职"的意味。因为"题山川的名字"是任何人所能，固然不待乎神；即"主领名山川"也。不过如孔子所说的"颛臾为东蒙之主"——《论语》"夫颛臾，昔者先王以为东蒙主"，又何尝是"神职"？〔按黎因先生解"名山川"为"名山名川"，另生了一个解说，即是"禹平水土，主名山川"者乃是说"禹之平治水土也，以名山名川为主"也。这是因为《庄子·天下篇》有"名川三百（川原作山，今依俞樾《诸子平议》说改正），支川三千，小者无数，禹……"之言，而《墨子·节用中》又有"慎其行"一语以释"禹平水土，主名山川"，故予以为禹之平治水土，以名山名川为主；次之乃及于支川；最后乃及于小者。先大后小，以泄水之下流而后乃更治水之源流也（凡小水必在源流；大水必为下流。名川必为长大之水，众小水和支川所会集者也），故曰："慎其行"，以求有功而"惟殷于民"耳——此虽不敢以为正解，但亦可备一说。〕

（b）条是为"少见多怪"而臆测的牵强傅会。

因为先生读了《国语》而忘却了《左传》，故恍然大悟的"社之为禹"，竟是错悟了。我们知《国语》固然说着"共工氏之伯九有也，其子曰后土，能平九土，故祀以为社"。但是我们又知道《左传》昭公二十九年传也说"共工氏有子曰句龙，为后土（后土，土正也……官名）……祀……后土为社"，此祀共工氏子句龙为社也明甚。句龙是一个人，禹又是另一人，岂可谓"社之为禹"？"平九土"是一事，"平水土"又是另一事，岂可说《国语》虽无明文，而看其'能平九土'之语，实即是禹？"纵或说"平九土"、"平水土"为一样的事，也不可臆测两人是一人，譬如起于布衣而统一天下是一样的事，但是不可臆测朱元璋遂是刘邦。因为先生有此"恍然大悟"的大误，而加以要迁就自己的"社神之说起于西周后期"的臆说，于是遂大大武断起来，凭空便说"《甘誓》虽有'戮于社'之言，但《甘誓》本伪书，不足信。《论语》哀公问社，宰我答的'夏后氏以松，殷人以柏'，恐亦是无征之言"。又加以要牵强傅会"禹为社，稷为稷，禹稷之所以连称由于社稷的连称，禹稷之所以并尊由于社稷的并称"之臆测，于是又武断的说"《閟宫》与《论语》所说，恐即由社神与田祖的传说上来"。"恐亦是"、"恐即由"、"本伪书"九字，何以服职者？且纵或祀禹为

社,亦是后人尊功(平水土)。报德之举,加之之名,岂为"神职"？纵或祀禹为社,如祀弃之为稷,则亦由禹稷并尊而后社稷连称,岂容倒为"禹稷之所以连称由于社稷的连称,禹稷之所以并尊由于社稷的并尊?"

以上辩"神职"等说之谬。

全篇讨论已完,依先生现在的证据和说法,我老实不客气地辩驳,觉得先生所说俱不能成立。但是先生有很好的证据和说法时,我愿恭恭敬敬地承命将这篇大话一笔勾销,以表示我毫无成见。先生这个翻案很足影响人心;我所不安,不敢不吐,所以我对于这篇暂时的结论是:

禹并没有天神性。

(《读书杂志》第 15—16 期,1923 年 11 月 4 日,1923 年 12 月 2 日)

史法通论·我国史法整理

目次

（一）弁言　（二）史学　（三）史识　（四）史体　（五）通史（六）史限　（七）详略　（八）史才　（九）史文　（十）史德（十一）自注　（十二）史论　（十三）史称　（十四）阙访　（十五）史表　（十六）史图　（十七）纪元　（十八）叙源　（十九）句读

一　弁言

史也者，所记人或人类活动——思想言辞行事——之迹也。许慎《说文解字》谓史为"记事者，从又持中；中，正也"。据我国造字本意，可知持正直书，斯谓之史（吴大澂《说文古籀补》、章太炎《文始》所说，余以为不如《说文解字》之解释为合理）。近人定义纷纷（如谓史为"研究人类进化之现象"，"研究人类进化阶级及法则"之类，乃"史学"非"史"字之义也），未有如《说文》之说之得者。英文"history"一字盖本拉丁文"historia"，亦谓有次序有组织之事实记载。"systematic account of events"则史字之义益明。而西洋史家杜乐泥垓谓史为"以例教人之哲学"，马克来谓史为"诗与哲学之混合"，哈密登谓史为"文之载具时日本末者"，盖惟乃谓史为纪载政治者，富里孟谓史为"过往之政治"，揩拉衣谓史为"大人之传记"，挨路乐谓史为"社会之传记"（以上诸家之说均见浮田和民《新史学》），皆知其一而未知其全也。

至于史之类别：就空间言之，则有世界史、一洲史、一国史、一省一乡史、一家史、一人之史等。传状志述，一人之史也。家乘谱牒，一家之史也。部省县志，一省一乡之史也。综纪一国，一国之史也。统述一

洲，一洲之史也。总括天下，世界之史也。就时间言之，通述古今，则为通史，司马迁《史记》、司马光《通鉴》、Wells：*The Outline of History* 之属是也。专述一代，则为断代史，班固《汉书》、高山林次等之《日本维新三十年史》、Botsford：*History of Rome* 之属是矣。就事实上言之，如秦蕙田《五礼通考》之类，专述国家活动，则为政治之史。其有专叙社会活动与状态，则为文明之史。由文明史而分别部类之，则为商业史、风俗史、工艺史、学术史、美术史、宗教史、教育史、文学史等等。史类之多如此，然史法实一焉。我国论史法者如刘子玄、章实斋，识见甚卓。证诸西史，相合至多。其著作如《史通》、《文史通义》、《校雠通义》等久为史学者所称颂。即吕夏卿《唐书直笔》，亦常有一得。惟刘、章生千年百载之前，少参比互证之际，时殊势异，法尚未周，理论参差，尚欠统系。兹本刘、章二子所言，旁及他书，插以己意，遂成斯篇。余初从事史学，敢云有裨前人？故补缺去疵，正有待于来日。

二 史学（我国现在所谓史学与昔日所谓史学有别，此节所言乃章实斋所谓史学之意）

夫史非可臆造者也，必有所藉。昔《左传》凭《周志》、《晋乘》、《郑书》、《楚梼杌》等篇而成，《史记》因《尚书》、《国语》、《世本》、《国策》、《楚汉春秋》诸书而就，《汉书》半取《史记》，又杂引刘氏《新序》、《说苑》、《七略》之辞而作。夫珍羞以众腋成温，广厦以群材构合，自非广求记载，博采群言，不足以成史。虽然，博采广求，犹未足以成史也。是以史学尚焉。史学者，殚见洽闻而锻冶史事之谓也。章实斋有言："史所……具者事"，而"非学无以练其事"。又曰"记诵以为学，……非良史之学"也（《文史通义·内篇·史德》）。窃尝即其言而反复思之，史学盖有三步骤焉：

> 最先则为搜集史材。章实斋谓六经皆史，本其言而扩充之，则凡百科之书，百家之作，谱牒计帐，"文士雅言"，"胥吏簿书"，莫非史料。即遗物如建筑器具，泉币骸骨，"残碑断石，余文剩字，不关于正义者"，亦"往往藉以考……制度，补……遗阙"（《文史通义·内篇·古文十弊》）。故欲为何史，则可就其有关斯史者而搜集之。聚不厌多，征不厌广。

其次，既得史料，然后从事校雠。校雠之法，宜先取搜罗之籍，"择其中之人名、地号、官阶、书目，凡一切有名可治，有数可稽者，略仿《佩文韵府》之例，悉编为韵，乃于本韵之下，注明原书出处及先后篇第，自一见再见以至数十百见，皆详注之……以为群书之总类。至校书之时，遇有疑似之处，即名而求其编韵；因韵而检其本书。参互错综，即可得其至是。此则渊博之儒穷毕生年力而不究殚者，今即中才校勘，可坐收于几席之间"。"于书有讹误，更定其文者，必注原文于其下。其两说可通者，亦两存其说。删去篇次者，亦必存其阙目"。删去片段者，亦必注明删削之处及所以删削之故。盖"备后人之采择，而未敢自以谓必是也"(《校雠通义·校雠条理》)。

其次，校雠之道既终，乃从事比次之业。比次之业者，综核故事、典章、案牍、图牒、官司，纂辑比类，所谓整齐故事之业也。其法：(一)征故实，当仍本文，不得易字句，漓其本质；(二)因比类相从，本非著作，故汇收故籍，当著所出何书，以免一似己所独得，而足使人征信；(三)传闻异辞，记载别出，当兼收并录，以待作史时之决择，不可遽定去取；(四)图绘之学，当入史材，金石之文，宜录原式，使有所考核征信；(五)专门之书，已成巨编，当为采录大凡，预防孤行亡逸，渐致湮没；(六)不可拘牵类例，取足成书，当于法律之外，多方购备，以俟作史时之辨裁(六条略本《文史通义·内篇·答客问下》)。此所谓"比次之法，不名家学，不立识解"者也(《文史通义·内篇·答客问中》)。比次之书成，则为掌故令史之孔目，簿书记注之成格。其用足以备稽检而供采择。独断之学所从取材，考索之功所从按据，如旨酒之凭乎糟粕，嘉禾之藉乎粪土也(略本《文史通义·答客问中》)。

昔司马君实为《通鉴》先猎群书，整辑排比，参互搜讨，辨同考异，谨慎覈核，作成长编，以为《通鉴》之薪槱。此非夸多而务尽也。盖不广览敏求，多闻博学，使文献征信，故事翔实，无以为作史时决择约取地也。此所以为史须具史学耳。

三 史识

既具史学，又须有史识。夫史学之事，谨守绳墨而纂辑故事，供备

史材，"以博雅为事，以一字必有按据为归，错综排比"以"整练而有剪裁……为美"（《文史通义·外篇·报广济黄大尹论修志书》），尚非独断之事。独断之事，斯为史识。虽然，"其中固有似是而非者也……击断以为识也，非良史之……识也"。（《文史通义·内篇·史德》）具良史之识者，于决择去取，必有别识心裁：或详人之所略，或弃人之所取，或重人之所轻，或忽人之所谨；绳墨之所不可得而拘，类例之所不可得而泥。古之糟粕，常取为今之精华。非贵糟粕而直为精华也，因糟粕之存而可以想见精华之所出也。古之疵病，常取为后世之典型。非取疵病而直以之为典型也，因疵病之存而可以想见典型之所在也（以上语句略本《文史通义·外篇·亳州志人物表例议上》及《内篇·答客问上》、《内篇·说林》等）。具良史之识者，聚公私之记载，杂百家之短长，能曲证旁推，闻见相参，辨其是非，摧其得失，显微阐幽，折衷至当。昔百家言黄帝，其言不雅驯。而史迁能访于长老，参以古文，好学深思，心知其意，断厥是非，论次尤雅。《禹本纪》、《山海经》言怪物，而史迁东渐西至，实验《尚书》，旁引张骞，推证经纪，折彼虚实，置而不言。至于汉志《五行》，叙灾推怪。且"董京之说，前后相反；向歆之解，父子不同"。而班固曾靡诠择，品验是非，"遂乃双载其文，两存厥理"（《史通·内篇·书志》）。"苟出异同，自矜魁博"，以致释灾牵引，全违故实，"敷演多端，准的无主"（《史通·外篇·汉书五行志错误》第三科）。具良史之识者，不为妄言所惑，不为诬说所愚；取传闻之异辞，比别出之叙录，准情度理，审势明时，严于去伪，慎于治偏。我国诸子所言，百家所著，战国以来，类多取诸胸臆，自我作故，苟出异端，虚益新事。或广录奇说，好聚寓言，妄载传闻，多摭图谶。是以"禹生启石，伊产空桑，海客乘槎以登汉，姮娥窃药以奔月"，"王乔凫履……左慈羊鸣"，"黄帝乘龙上天"，"刘根窜形入壁"。举凡《洞冥》、《拾遗》、《语林》、《世说》、《幽明》、《搜神》之属，悉皆记载诙谐小辩，虚构怪物鬼神，竟有持为轶事，收入史篇！（句语略杂本《史通》采撰、杂述、暗惑等）又如往昔帝王惑于符瑞，臣下欺以祯祥。"德弥少而瑞弥多，政逾劣而祥逾盛。……桓、灵受祉，比文、景而为丰；刘、石应符，比曹、马而益倍"。夫彼事悉凭虚，词多乌有，而历来史官竟"征其谬说，录彼邪言"，以彰灵验（本《史通·内篇·书事》）。又如敌国相仇，交兵结怨，矜示己美，诬致人

非；或子孙富贵，粉饰祖先，事有不同，言多爽实。故东观出中兴之史，极诽更始无能；《蜀志》立诸葛之传，多隐美谈弗叙。然《后汉书》空传伪录，而习凿齿申述真情。具良史之识者，知天时人事，异地不可强同；制度典章，异时不相沿袭。不重古而轻今，不舍本而逐末。详所切于民生，略所远于人事。"人之初生，至于什伍千百，以及作君、作师、分州、画野，盖必有所需而后从而给救之。羲、农、轩、颛之制作，初意不过如是尔。法积美备，至唐、虞而尽善焉。殷因夏监，至成周而无憾焉。譬如滥觞积而渐为江河，培塿积而至山岳，亦其理势之自然，而非尧、舜之圣过乎羲、轩，文、武之神胜于禹、汤。……三皇无为而自化，五帝开物而成务……则犹暑之必须为葛，寒之必须为裘"（《文史通义·内篇·原道》）。故礼以时为大，识以通为贵。昧今而博古，慕古而轻今，非所宜于史。是以良史无不各重当时民风土俗、政教典章。史识之大者既如上矣，然犹有可言者：凡良史之识，其于断制凡例，自厘然有当于人心；诠配纪纲，划然分明于阅读；先后咸宜；长短适合。于是总上所言而为之结曰：取纂辑比类之史料，"知"足以决去取，定歧说，治偏伪，审重轻，断凡例，而又非击断之"明"，斯为史识。惟史识有天赋，有人为。天赋者高明；人为者精明。高明者不可学而能；精明者则可养而至。中才之人，苟先沉浸乎科学与其法，治史学时复不卤莽灭裂而能博览深思，达宏通之域，纵不高明，亦得为精明之识矣。

四 史体

史学史识既具矣，乃可进而定史体。史体大概有三：（一）纪事本末体；（二）编年体；（三）纪传体。今即我国诸史言之：《尚书》、宋袁枢《通鉴纪事本末》、徐梦莘《三朝北盟会编》、近世魏源《圣武记》等皆纪事本末体也；《左氏春秋》、司马光《资治通鉴》之属，皆编年体也；自《史记》、《汉书》下至《明史》，凡前清乾隆所定为正史者，皆纪传体也。三体可简可繁，可断可续，可伸可缩。伸之续之，则为通史，《通鉴纪事本末》、《资治通鉴》、《史记》是矣。缩之断之，则为断代之史，《左氏春秋》、陈邦瞻《宋史纪事本末》、《汉书》是矣。然而三体各有其利弊焉：

（一）编年体之利弊　按编年之为体也，"系日月而为次，列岁时以相续；同年共世，莫不备载。其事，形于目前。理尽一言，语无重出，此其所以为长也"（《史通·内篇·二体》）。然按年纪事，"束于次第，牵于混并；举其大纲而简于叙事。是以多阙载，多逸文"。（《唐文粹》、皇甫持正《编年纪传论》）其有事当冲要者，则"盱衡而备言；迹在沉冥者，不枉道而详说。如《左传》绛县之老，杞梁之妻，或以酬晋卿而获记，或以对齐君而见录"。至于"贤如柳惠，仁若颜回，终不得彰其名氏，显其言行……论其细也，则纤芥无遗；语其粗也，则丘山是弃"。（《二体》）故不得不别著《国语》以备书之语言，而尽事之本末。《左传》、《国语》，"合之则繁，离之则异，削之则阙"（《编年纪传论》）。且一事首尾，断续隔离，散见于数十百年之中，杂出于数十百页之里。著者累焉，读者病焉，此其所以为短也。

（二）纪传体之利弊　按纪传之为体也，于本纪则系日月以成岁时，书元首以显头脑；于列传则历叙人生之本末，详载平日之言辞；于谱、表则统该历年之世系与大事，兼存无功之显贵与侯王；于书志则记天文、地理、艺文、风土之形、叙刑、法、礼、乐、律、历、食货、官、服之制。"纪以包举大端；传以委曲细事；表以谱列年爵；志以总括遗漏。"事迹话言，朝章国典，显隐必该，洪纤靡失；首尾具述，源流毕彰，此其所以为长也。然"同为一事，分在数篇；断续相离，前后屡出"。如《史记》"于《高纪》则云事在《项传》，于《项传》则云事具《高纪》"。举凡本纪、列传、书志，互为纪纲。须辗转相交错，表里相发明。"又编次相类，不求年月。后生而擢居首帙，先辈而抑归末章，遂使汉之贾谊，将屈原同列；鲁之曹沫与荆轲并编"（以上杂采《史通》内篇、二体语句）。著者勦切为难，诠配易失。读者时间观念恒迷，空间观念常变，须反复参考，方得了然，此其所以为短也。

（三）纪事本末体之利弊　按纪事本末之为体也，"因事命篇，不为常格"。而一事一篇，各详起讫。篇编年月，自为首尾。网罗隐括，条理分明，"文省于纪传，事豁于编年，体圆用神"，极便观览（略本《文史通义·内篇·书教下》），此其所以为长也。至于国内国外同年共世之事，不能并载，须在篇前篇后题殊代异之中，牵连叙明，如 Robinson and Beard：

Outlines of European History 述 James Hargreaves 于"工业革命"之内,而其事则在"法国革命"之前。读者每注意一事而遗其他,每缩长时而忘其久。时间之念简促,空间之观单纯,此其所以为短也。

夫三体各有所长短,故古昔史家创体,各欲革旧开新以救短而补偏。就我国言之,首为《尚书》纪事本末之体。其后"一变而为左氏之《春秋》。《尚书》无成法而左氏有定例,以纬经也。左氏一变而为史迁之纪传。左氏依年月,而迁书分类例,以搜逸也"。夫"《尚书》变而为《春秋》,则因事命篇,不为常例者,得从比事属辞,为稍密矣。《左》、《国》变而为纪传,则年经事纬,不能旁通者,得从类别区分,为益密矣"。换言之,"左氏编年,不能曲分类例。《史》、《汉》纪表传志,所以济类例之穷也"。"纪传行之千有余年,学者相承……无更易矣;然无别识心裁……为类例所拘,以致书繁而事晦",是以"司马《通鉴》病纪传之分而合之以编年。袁枢《纪事本末》又病《通鉴》之合而分之以事类"。转展治弊,复返《尚书》无例之初。"夫史为记事之书。事万变而不齐。史文屈曲而适如其事,则必因事命篇,不为常例所拘,而后能起讫自如,无一言之或遗而或溢……神明变化……不致以文徇例……或考典章制作,或叙人事终始,或究一人之行(即列传、本纪,搽藜按在西洋通史则如 Robinson:*The Development of Modern Europe* 之 Napolean Bonaparte 之类是也),或合同类之事(搽藜按在西史则如工业革命 The Industrial Revolution 之类),或录一时之言(训诰之类),或著一代之文,因事命篇……可无局于年月后先之累。较之迁史之分列,可无歧出互见之烦。文省而事益加明,例简而义益加精……至于人名事类,合于本末之中,难于稽检,则编为表以经纬之;天象地形、舆服仪器、古物、风土、习俗、建筑、人物、技艺(上十二字搽藜所加),非可本末该之,且亦难以文字著者,别绘为图以表明之"。书末复通为大事编年之表。则"通《尚书》之本原,而拯《左传》(二字搽藜所加)、马《史》、班《书》之流弊,其道莫过于此"。果能依是体成史,则可断可续,可合可离。续合古今中外,即为通史。断离古今,即为断代之史。断离中外,即为国别之史。无不衔之处,无相牴之虞。体圆用神,亦莫逾乎是矣(此段几全采《文史通义·内篇·书教下》而婉转缝合之。章实斋生百年之前史体之识周到如此,即最善西方通史几亦不能再出其范围,于是不能不服先生空前之卓识)。

五　通史

史体之利弊已如上述,而史分断代、国别与通史,前亦既言之,今请进而论其得失。大凡通史有笔削独裁,错综参互,如《太史公书》者;有纂辑正史——纪传体史,略以次比,本无增损,但易标题,如郑樵《通志》者;有取纪传之互文,增损文字,决断去取,按年编次,如司马《通鉴》之属者;有条别事实,剪切铨编,如袁枢《通鉴纪事本末》者。史体虽不同,其为通史一也。章实斋《文史通义·释通》尝论"通史之修,其便有六:一曰免重复,二曰均类例,三曰便铨配,四曰平是非,五曰去牴牾,六曰详邻事。其长有二:一曰具剪裁,二曰立家法。其弊有三:一曰无短长,二曰仍原题,三曰忘标目"。章氏之论善矣,尽矣。取通史之便之长反之,则为断代史、国别史之不便无长。惟章氏之论,专为郑樵《通志》言也。《通志》为纂辑之书,故指摘其三弊,表彰其六便二长。然而六便二长实为通史之定律。今请本章氏《释通》六便、二长之诠说,或全采之,或扩充之,以明通史之所以善,与断代史、国别史之所以不善:

"夫鼎革之际,人事事实,同出并见;胜国无征,新主兴瑞,即一事也。前朝草窃,新主前驱,即一人也。董卓、吕布,范、陈各为立传;禅位册诏,梁、陈并载全文,所谓复也。《通志》总合为书,事可互见,文无重出",简编可省,实际蝉联,所谓免重复也。此通史之所以善,断代史国别史之所以不善者一。

"马立《天官》;班创《地理》;《齐志·天文》,不载推步;《唐书·艺文》,不叙渊源,依古以来,参差如是。郑樵著《略》,虽变通史志章程,自成家法;而六书七音,原非沿革,昆虫草木,何尝必欲易代相仍乎?惟通前后而勒成一家,则例由义起,自就隐括。《隋书·五代史志》,梁、陈、北、齐、周、隋——终胜沈、萧、魏氏之书矣。沈约《宋志》、萧子显《南齐志》、魏收《魏志》皆参差不齐。"——此所谓均类例。此通史之所以善,断代史、国别史之所以不善者二。

"包罗诸史,制度相仍。惟人物挺生,各随时世。自后妃宗室,标题著其朝代,至于臣下,则约略先后,以此为比。……然子孙附于祖父,世

家会聚宗支……一门血脉相承,时世盛衰亦可因而见矣。即楚之屈原与汉之贾生同传,周之太史偕韩之公子同科",聚天下之哲学家、文学家、科学家于一篇,括数百年之创物家、美术家、技艺家于一类,正相附而彰,相比益明。铨配自如,义有独断,此通史之所以善,断代史、国别史之所以不善者三。

"夫曲直之中,定于异代;然晋史终须帝魏,而周臣不立韩通,虽作者挺生,而国嫌宜慎,则亦无可如何者也。惟事隔数代,而衡鉴至公,庶几笔削平允"。又主客之偏,成于敌国,故《汉书》诬更始之懦弱,日本诋韩人之冥顽。此作者身居主位而心术自私,则亦常有事也。惟事传异国,而镜烛至明,庶几折衷适当,此所谓平是非。此通史之所以善,断代史、国别史之所以不善者四。

"断代为书,各有裁制。详略去取,亦不相妨。惟首尾交错,互有出入,则牾牴之端从此见矣。居摄之事,班殊于范;二刘始末,刘表、刘焉,范异于陈"。又国别为史,各录所知。彼此关连,互有详略。苟比肩并列,聊一对参,则牾牴之端亦从此见矣。如成吉思汗西征之事,中西多殊;朝鲜古代之史,中日互异。使统合为编,庶几免此。此通史之所以善,断代史之所以不善者五。

"僭国载纪,四裔外国,势不能与一代同其终始;而正朔纪传,断代为编,则是中朝典故居全,而蕃国纪载乃参半也。惟南北统史,则后梁、东魏悉其端。而五代汇编,斯吴越、荆、潭终其纪也"。此所谓详邻事。此通史之所以善,断代史、国别史之所以不善者六。

总上六端,得失之道显然明矣。且就学者一方面言之,习一"国别"、"断代"之史,则束于一域,囿于一时。纵无以观古今之会通,横无以知天地之广阔。岂若治一纵通横通之史,可以瞭上下古今、东西中外也哉?惟史欲纵通横通,必须统合诸史。夫统合诸史,"岂第括其凡例,亦当补其缺略,截其浮辞。平突填砌,乃就一家绳尺",而后文省前人,事详往牒。故具蒭裁之长。且统合诸史,汗牛充栋。若不别裁独见,则陈编分部具在,何贵重与编摩?是当识大体,为要删,方成一家一学业。故具断制之长。由通史之本身言,其得则如彼。由读者作者言之,其言又如此。此章氏论修史之所以取通也。

六　史限

通史之善固矣；然断代史、国别史断不能因之废而不为。盖时与时相续而成古今，地与地相接而成中外。其间事迹固属如线之垂，如波之扩，未尝一刻一丝隔绝也。但其代代相随，波波相次，若有步骤者焉。若通史断之分之，则为断代史、国别史。断代史、国别史续之合之，即成通史。不过以翦裁断制之道，如前所云去其重复，均其类例，平其是非，除其牴牾，平叙邻事，重为铨配而已。是则断代史、国别史者，通史之源，焉可无也。

虽然，为断代史、国别史等而识有不明，神有不通，则采撰失当；或部袟求丰，醉心现博，则援引多猥。综观我国历代史书，类多斯弊。夫《虞书》始舜，而云"粤若稽古帝尧"；《左传》先隐，"而云惠公元妃孟子。此皆正其疆理，开其首端，因有沿革，遂相交互。事势当然，非为滥轶"（《史通·内篇·断限》）。"《史记》包括所及，区域绵长，书有天官"，亦非乖越（《史通·内篇·书志》）。及班固《汉书》"分迁之记，判其去取。纪传所存，唯留汉日；表志所录乃尽牺年"。"案马《记》以史制名，班《书》持汉标目。《史记》者，载数千年之事，无所不容。《汉书》者，纪十二帝之时，有限斯极"（《断限》）。若有古今测验不同，则可以不同者归之历志。今乃古今天象无异，必欲刊相同者施于汉时。胶柱调瑟，逾其史限者矣！而后之作者，咸习其迷，承其蹉驳。"《宋史》则上括魏朝，《隋书》则仰苞梁代。求其所书之事，得十一于千百"，不亦谬耶！"当魏武乘时拨乱，电扫群雄，锋镝之所交，网罗之所及者，盖唯二袁、刘、吕而已。若进鸩行弑，燃脐就戮，总关王室，不涉霸图，而陈寿《国志》引居传首。夫汉之董卓，犹秦之赵高。昔车令之诛，既不列于《汉史》，何太师之毙，遂独刊于《魏书》乎？兼复臧洪、陶谦、刘虞、孙瓒生于季末，自相吞噬。其于曹氏也，非惟理异犬牙，固亦事同风马。汉典所具，而魏册仍编，岂非流宕忘归，迷而不悟者耶"？至如魏道武未帝之先，"张、李诸姓据有凉、蜀。其于魏也，校年则前后不接，论地则参商有殊，何预魏氏而横加编载"？"昔春秋诸国，赋诗见意，《左氏》所载，唯录章名。如地理为书，论自古风俗，至于夏世，宜云《禹贡》已详"。而《汉书·地理志》首全写《禹贡》，

"降为后书，持续前史"，可谓逾闲辞费者矣（以上杂采《断限》）！

妄入编次，虚张部帙，求之历朝，"何书不有？而作之者曾不知前撰已著，后修宜辍；遂乃百世相传，一字无改。盖骈指在手，不加力于千钧；附赘居身，非广形于七尺"（《断限》）。为断代国别之史，而滥引他事以丰部帙，欲以称博，其如史限何哉？

以上所言，明一史与他史有断限耳。至于本史叙次，亦有断限可言者。夫一史区分类聚，概当统体相符，不得朱紫混淆，滥编名实或异。昔楚元王封于汉始，地启列藩；刘向、歆居于刘末，职才卿士。昭穆既疏，家国又别。乃班书题标《楚元王传》，而事入向、歆一家。至如居摄建年，不编《平纪》之末；孺子主祭，咸书《莽传》之中；二世人才，赞于《公孙传》后；宗庙迭毁，述于《元成传》终，以断限绳之，斯皆谬矣（略本《史通·内篇·编次》，但刘氏论编次与此稍殊）。

七　详略

史有详略，良史无不皆然。无所省烦，族史类多斯病。盖人识有通塞，神有晦明，去取以之不同，笔削由斯各异。是以通明者采取重大，省去猥纤；晦塞者多载琐言，比于要事。譬之人身，良史所著，肢体毛发，大小轻重恰如；族史所为，则有指大如躯，毛巨如手，几不知有大小轻重矣。昔荀悦云立典有五志：一曰达道义，二曰彰法式，三曰通古今，四曰著功勋，五曰表贤能。干宝释以体国经野之言则书之，用兵征伐之权则书之，忠臣烈士、孝子贞妇之节则书之，文诰专对之辞则书之，才力技艺殊异则书之。刘知几复广以礼仪用舍、节文升降则书之，君臣邪僻、国家丧乱则书之，幽明感应、祸福萌兆则书之。总三君之所言，稽诸史之所载，我国往昔良史，大率不外是也。今虽时异势殊，觉三君之言或有陈腐，其实苟为切合近代之史，大较亦难外之。兹请本三君之言而换之扩之曰：凡史，体国经野之制则书之，政治社会之变动则书之，文化——学术风气制作等——进退则书之，用兵争战则书之，外交胜败则书之，国家丧乱则书之，时势影响则书之，祸福因果则书之，忠人义士之侠烈则书之。过此而采撰繁猥琐屑，鬼怪神奇，则可谓不知所裁者矣。

于是纵观我国史书，烦省详略失当者多矣。有如春秋之际，诸侯争雄，经书某使来聘，某君来朝者，盖明和好所通，邦交所及。此皆国之大事，不可阙如。而自史汉以还，藩王朝会，本为常理。亦复书之本纪，载诸简编。此所谓详其所可略者一也。瑞祥之出，非关理乱，盖愚君所惑，臣下相欺。而史书征其谬说，录彼邪言。此所谓详其所可略者二也。百职迁除，千官黜免，其可书名本纪者，盖惟卿相大僚而已。乃或自三公以下，一命以上，苟沾厚禄，莫不备书。此所谓详其所可略者三也。历代贤良，世禄不坠，约书于传可也。乃或父官令长，子秩丞郎，声不著于一乡，行无闻于十室，而乃叙其名位，一二无遗。此实家牒，非关国史。此所谓详其所可略者四也。至如范晔汉典滥采迂诞方术，诡越奇谈；王、何《晋史》专访委巷琐言，州闾细事；《宋书》载膳痂之事；《南史》叙伤赘之行，其事芜秽，其辞猥杂，而历代之史，持以雅言，苟使读之者为之解颐，闻之者为之抚掌（以上杂本《史通·内篇·书事》）。于是"不才之子，群小之徒，或阴情丑恶，或素餐尸禄，其罪不足以曝扬，其恶不足以惩戒"，后世史书，"莫不搜其鄙事，聚而为录，不其秽乎"《史通·内篇·人物》）？

以上所言，就断代史、国别史而论其详略失当耳。至于通史，不仅书大省细，更当详近略远。详近代近国，略远代远国。昔春秋《左传》"于秦燕之据有西北，楚越之大启东南"，因其"地僻界于诸戎，人罕通于上国，故载其行事多有阙如。且其书自宣成以前，三纪而成一卷；至昭襄已下，数年而占一篇"（《史通·内篇·烦省》）。是知纵通横通之史，于国阻隔者记载不详，年浅近者撰录多备。此《左传》可为例证者一。《史记》于齐、鲁等世家，取材《左》、《国》，《左》、《国》详之如彼，而《史记》略之如此。又如晏子之事，见于《左传》者多如彼，而取于《史记》者少如此。至于汉时人物，备叙详书。是知纵通横通之史，于年辽远者记载粗疏，于时浅近者撰录完密。此《史记》之可为例证者二。凡通史当详近略远，不独理有宜然，抑亦势所必至。盖"通……史所书事迹，多取简编故实，非如当代记载，得于耳闻目见，虚实可以互参。而既为著作，自命专家，则列传去取，必有别识心裁，成其家言；而不能尽类以收，同于排纂，亦其势也"（《文史通义·外篇·亳州志人物表例议上》）。况为读者计，又须适合当代日用之需，使备知切身之事，安得不详近而略远乎？

八 史才

史体既定，史材既辑，去取既决，铨配既均，详略既明，乃真达操笔为史之地步。于是足以见史才。史才者，运用史料而操笔叙述时之能力也。良史之才，其运用史料而操笔叙述也，足使史事活现。叙一人也，足使读者如见其人。述一言也，足使阅者如闻其声。虽史事纷至沓来，而处置裕若。虽战争扰攘，而条理秩然。其于史料之腐臭，概足以化为神奇。昔太史公为《史记》"出入周秦，牢笼战国"，今取"诸子百家……现存者，证以百三十篇之所去取，可谓临淮入汾阳军，旌旆壁垒为之改观矣"。(《文史通义补编·与陈观民工部论湖北通志书》)此何故哉？盖由彼具良史之才，成文史料经其斧凿剪裁，陶熔变化，遂使著于书者粹然善，诵其辞则浑然一也。

夫史家"著书之旨，本以删著为能事"者也。(《文史通义·内篇·黠陋》)其记事记言，因袭成文或点窜涂改，非好同，亦非好异也，理势之不得不然耳。(本文《史通·内篇·古文公式》及《说林》)盖史料成文，往往有记事极意敷张，其事弗显，及经良史刊落浓辞，微文旁缀，而情状跃然者。亦有记言原文繁富而意未昭明，及经良史减省文句，而意转刻露者。是皆史家斧凿刊削之才也。又如古语不可入今，则常疏以达之；俚言不可杂雅，则常温以润之；辞则必称其体；语则必肖其人；质野不可用文语，而猥鄙则删；急遽不可以为宛辞，而曲折仍见；文移虽从公式，而案牍又不徇；骈丽不入史裁，而诏表则不废：是则史家调剂熔化之才也。(杂本《文史通义补编·与陈观民工部论湖北通志》)

总之良史之才，无论斧凿成文，或调剂原料，或自叙耳闻目见，不仅使史事跃然如生，而且能文约事丰，文晦事显。例如《虞书》云帝乃殂落，百姓如丧考妣；《周书》称前徒倒戈，血流漂杵。此皆文如阔略，则语实周赡；字虽不多，而事溢句外。又如《左传》言士会为政，晋国之盗逃奔于秦；谓楚子巡师，三军之士皆如挟𬘡。斯皆言近旨远，辞浅义深，"虽发语已殚，而含意未尽，使夫读者望表而知里，扪毛而辨骨，睹一事于句中，反三隅于字外"。(杂本《史通·内篇·叙事》)凡此不待繁词褥说，而事丰义显之道，大率由于旁缀微文。而能妙缀微文，大率又由才力。是以如《左传》叙晋邲之败，而云上军下军争舟，舟中之指可掬；《史记》

叙高祖亡萧何,云如失左右手;叙汉兵败绩,云睢水为之不流;《汉书》叙翟公之废,云门外可张雀罗;《齐志》述高季式破敌于韩陵,云夜半方归,渫血满袖……览之初疑甚易,而为之则觉甚难。足知史文简洁纯粹,不易为功;叙事畅适开明,在乎才力。故后世作者芜词累句,泉涌云蒸,而事反多阙多遗,多晦多死矣。

然则史才亦可学而至乎?曰,是有二:天才不可学而能,其次则可养而就。章实斋有言:"识,生于心也。才,出于气也。学也者,凝心以养气炼识,而成其才者也。"是以作史必先读史。如太史公作《史记》必先读《尚书》、《春秋左氏》、《国策》、《世本》、《楚汉春秋》之属——"史所载者事也……事不能无得失是非。一有得失是非,则出入予夺相奋摩矣。奋摩不已,而气积焉。事不能无盛衰消息。一有盛衰消息,则往复凭吊,生流连矣。流连不已,而情深焉。凡文……所以动人者,气也……所以入人者,情也。气积而文昌,情深而文挚"。(《文史通义·内篇·史德》)文昌而文挚,则良史矣。以论史才,则良才矣(惟气能违理以自用,情能汩性以自恣,自用自恣即忤于大公,而有伤于史德)。

九　史文

史所凭者文也。非才无以善其文,前既言之矣。然"其中有似是而非者",即"辞采以为才也"。夫史之传人,贵适如其人;史之叙事,贵适如其事耳。是"当辩而不华,质而不俚……其文直,其事核,若斯……已可也……必令同文举之含异,等公幹之有逸,如子云之含章,类长卿之飞藻,此乃绮扬绣合,雕章缛彩。欲称实录",难矣。乃自《史》、《汉》已来,多虚加练饰,轻事雕彩。或"编字不只,捶句皆双,修短取均,奇偶相配。应以一言蔽之者,辄足为二言;应以三句成文者,必分为四句"。致句尽剩余,字皆重复,体兼赋颂,词类俳优。或又谬托高雅,简略其辞;假借古词,翻异今语。有如画史徒欲丹青之善,而不必肖所图者之形。(以上语句多杂本《史通·内篇·鉴识》、《叙事》、《文史通义·内篇·史德》、《古文十弊》、《文史通义补编·杂说上》)是则辞采彰而史事亡矣。欲称实录,其可得乎!

史家之文与文士之文,较然异辙者也。即今文体大有变动,但依然

有文士文与史家文之分——盖"文士撰文,惟恐不自己出;史家之文,惟恐出之于己……史体述而不造。史文而出于己,是为无征。无征,且不信于后世"。(《文史通义补编·与陈观民工部论湖北通志书》)是以史家记述,"但须据事直书,不可无故妄加雕饰。妄加雕饰,谓之割肉为疮"。(《文史通义·内篇·古文十弊》)昔"裴景仁《秦记》称苻坚方食,抚盘而诟。王劭《齐志》述洛干感恩,脱帽而谢。及彦鸾撰以新史,重规删其旧录,乃易'抚盘'以'推案',变'脱帽'为'免冠'。夫近世通无案食,胡俗不施冠冕。直以事不类古,改从雅言。欲令学者何以考时俗之不同,察古今之有异"?(《史通·内篇二·叙事》)此皆溺于文辞,妄加雕饰,撰叙今事而模拟古文,徒务美观而全亡事实,良史所不为也。良史所谓工文者,贵适如其人,适如其事。故传人或缛或质,书事或简或详,体格虽百变不齐,而人事则必从实,制度则必从时,从不妄为粉琢,以秦汉之衣冠,绘明人之图像。而世之作者于斯多不致思,谬以辞采为工史文,遂溺于文辞,以为观美之具。舍本逐末,史事不堪问矣。

记事之文,作者之言也,便非妄加雕饰,其为质为文,可惟所欲,期适如其事而已矣。至于记言之文,则非作者之言也。为文为质,期于适如其人之言,非作者所能自主也(本《文史通义·内篇·古文十弊》)。盖古往今来,语言各异;区分壤隔,称谓不同。例如:乃(《祭统》"若纂乃考服")、而(《史记·留侯世家》"竖儒几败而公事")、尔(《尚书·西伯戡黎》"不无戮于尔邦")、若(《史记·高祖本纪》"吾翁即若翁");今日"你"的之辞,汝(《尚书·尧典》"汝能庸命")、尔(《尚书·顾命》"尔尚明时朕言")、君(东坡《墨君堂记》"凡人相与称谓,贵之则公,贤之则君")、卿(《韵会》"敌体相卿,隋、唐以来下已则称卿"),现在"你"、"您"之义;而南人又呼北人曰"伧"(《晋书·周玘传》"杀我者诸伧子"。《宋书·索虏传》"伧人谓换易为博"。此皆指北人);西人又谓东人为"虏"(《史记·高祖纪》"虏中吾指"。又《娄敬传》"齐虏以口臭得官"。此皆指东人);轻加侮辱,复骂老奴(《魏志·王陵传》注谓单固临刑骂杨康曰:"老奴汝死自分。")、役夫(《左传·文公元年》江芈怒商臣曰呼"役夫");曲相敬崇,复尊王孙(《史记·淮阴侯传》漂母怒韩信曰:"吾哀王孙而进食,岂望报乎?")、处士(《后汉书·弥衡传》衡为江夏太守黄祖作书记,各得体宜,祖持其手曰:"处士正得祖意");意存鄙薄,亦有公(《史记》"公等碌碌")、子(《论语》有"是哉,子之迂也")之称;愚客楚言,则有夥颐之唤(《史记·陈涉世家》载陈王与庸耕者俱归

入宫,见殿屋帷帐,客曰:"夥颐!涉之为王沈沈者。")。此不过一言之变,已自如此不同,何怪《周诰》、殷《盘》绝异后代?举此一端,可知时人出言,史家入记,务存其真。是以《左传》之说,既不符于《尚书》,《史》、《汉》之词,又多违于《国策》。于今学者藉之,足以知岁时之不同,验民俗之递改。乃后来史家"通无远识,记其当世口语,罕能从实而书,方复追效昔人,示其稽古。是以好丘明者,则偏模《左传》;爱子长者,则全学史公。用使周秦言辞,见于魏晋之代,楚汉应对,行乎宋齐之日,而伪修混沌,失彼天然,今古以之不纯,真伪由其相乱。故裴少期讥孙盛录曹公平素之语,而全作夫差亡灭之词。虽言似《春秋》,而事殊乖越者矣。唯王宋著书,叙元高时事,抗词正笔,务存直道。方言世语,由是毕彰。而今之学者,皆尤二子以言多淳秽,语伤浅俗。夫本质如此,而推过史臣,犹鉴者见嫫姆多媸,而归罪于明镜"(《史通·内篇·言语》),多见其无识也。总之世俗腐儒,冥顽学究,既不明古,又不通今。生于数千百年之后,高慕数千百年之前。不仅守昔时思想之糟粕而不敢逾,而且拘于古代之文词而不敢越。身居二十世纪之际,必法周秦汉魏之言。于是有所叙述,"虽耕氓役隶,矢口皆叶宫商"(《文史通义·内篇·古文十弊》);愚妇匹夫,辞气尽含文雅。夫以此为文,已失"辞达而已"之义。此以为史,其如"史者实录"之意何哉。大概世俗腐儒,顽梗文士,于"楚汉世隔,事已成古,魏晋年近,言犹类今。已古者即谓其文,犹今者乃惊其质。夫天地长久,风俗无恒,后之视今,亦犹今之视昔。而作者皆怯书今语,勇效昔言,不甚惑乎"(《史通·内篇·言语》)!今者有人辞而辟之,倡而导之,彼顽固之夫,方深固闭拒,目为洪水猛兽,诋为非圣无法,此所谓墨守愚夫,食古不化者也。食古不化之流,不足与言文,奚能与道史乎?是以治史者流,当通古今情势,识史道之由来。文虽求工,辞不雕饰,以期事皆不谬,言必近真。庶几史成实录,不诬当时而欺后世也。腐儒学究之丑诋,直可目为蚍蜉撼大树,斥鷃笑鹏游,何足顾哉。

虽然,史家不宜以事不类古而改从雅言,固矣。至于事有贸迁而言无变革,则又所谓胶柱调瑟、刻舟求剑者也。夫"著鲁史者,不谓其邦为鲁国;撰周书者,不呼其上曰周王",以有宾主之别也。"《史记》……事总古今,势无主客,故言及汉祖,多为汉王,斯亦未为累也。班氏既分裂

《史记》,定名《汉书》。至于述高祖为公、王之时,皆不除沛、汉之字,凡有异方降款者,以归汉为文",此则失矣。又"《史记·陈涉世家》称其子孙至今血食。《汉书》复有《涉传》,乃具载迁文。案迁之言今,实孝武之世也;固之言今,当孝明之世也。事出百年,语同一理,即如是,岂陈氏苗裔祚流东京者乎? 斯必不然"。又《汉书》载"严君平既卒,蜀人至今称之"。皇甫谧全录斯语,载于《高士传》。夫孟坚、士安,年代悬隔,至今之说,岂可同云……若乃韦、耿谋诛曹武,钦、诞问罪马文,而魏、晋史臣书之曰贼。此乃迫于当世难以直言。至如荀济、元瑾兰摧于孝靖之末,王谦、尉回,玉折于宇文之季,而李刊《齐史》,颜述《隋篇》,时无逼畏,事须矫枉,而皆仍旧不改,谓数君为叛逆,岂非固执不通者哉? (以上本《史通·内篇·因袭》)亦有州郡废置,名目古今已殊;迁徙无常,人物家乡已变。是当随时而书,以明审实。若废置或迁徙已久,而犹以原号为名,本乡为记,是亦陋也。是以传称因俗,而易贵随时。此史法所宜然,并非务为辞采也。

十　史德

史事出于自然,而史文不能不藉人力以成之,于是史德问题生焉。史德者,史家著述之心术循乎道德也。具史德者,其作史也,"慎辨于天(按谓自然)人之际,尽其天而不益以人"(《文史通义·内篇·史德》)。有似"明镜之照物……妍媸必露,不以毛嫱之面或有疵瑕,而寝其鉴也"。有如"空虚之传响,清浊必闻,不以绵驹之歌时有误曲,而辍其应也……爱而知其丑,憎而知其善,善恶必书"(《史通·外篇·惑经》),无所隐讳者也。然而史德甚难言也。盖史事有得失,则出入予夺,心相奋摩而气积。史事有盛衰,则往复凭吊,心生流连而情深。气能违理以自用,情能汩性以自恣。自用则宕则激则骄,自恣则流则溺则偏。发为史文,则予夺分合、抑扬咏叹之际,潜移默运,不期而忤于大公之道而不自知。此史德之难言一也。善善而恶恶,褒正而嫉邪,凡欲托文辞以不朽者,莫不有是心也。夫物有恒准,而鉴无定识,欲求铨窍得中,又甚难。以不中之鉴识,而加以不朽之名心,则片言是非,文外扬抑之际,默运潜移,亦不期而忤于大公之道而不自知。此史德之难言二也。爱国之心,谁人

不有。敌忾之意,何国而无。使互为仇雠,则是己非人,或诋人美己,不仅情有宜然,抑亦势所必至。故父为子隐,子为父隐,见乎孔子之言。略外别内,掩恶扬善,又为《春秋》之义。此明知隐讳标扬有忤于大道之公,而情势不得不然。此史德之难言三也。直笔"为于可为之时则从,为于不可为之时则凶。如董狐之书法不隐,赵盾之为法受屈,彼我无忤,行之不疑,然后能成其良直,擅名今古。至若齐史之书崔弑,马迁之述汉非,韦昭仗正于吴朝,崔浩犯讳于魏国,或身膏斧钺,取笑当时,或书填坑窖,无闻后代"。(《史通·内篇·直书》)世途多隘,史家遂苟且阿时。此史德之难言四也。有此四难,虽孔子《春秋》已不免多乖史德,如刘子玄《史通·惑经》所云云也。

故史家欲成良史,符于史德,须尽去违天(自然)自用之气,汩性(理性即客观心)自恣之情,不中之铨窍,不朽之名心;秉公奋笔,无所阿容;宁为兰摧玉折,不作瓦砾长存(今之报纸即现时史事之注记,正宜本此等精神)。若使史为古今中外通史,更须打破国家观念,置身世界大同。盖世界通史与国别史绝异。前者总宇宙,势无主宾。后者事属一邦,情有彼此。性无主宾者,不容有人我之见存。性有彼此者,尽许有人我之念在。因在相殊形情之下,史德常异其观也。此说最好以梭格拉底(Socrates)与由塞德马司(Euthydemus)之论道德之事明之。昔梭格拉底问由塞德马司以何者为道德。由答以假伪、欺骗、偷窃,与奴辱他人。梭曰,设一将为国胜敌而奴辱之,此岂非耶? 由曰,当然非非。梭曰,设此将诱其敌入于陷阱,此何如耶? 由曰,诚属正当;第余所谓不德,指欺友或虐待友也。梭曰,然则在某种形情,不道德亦可为有道德乎? 由曰,然。梭曰,今以友为限,设将军欺其士卒以振其颓唐之气,因以获胜。此何如耶? 由曰,余意为道德也。梭曰,童子病而不欲服药。其父欺以此物甚佳而使之饮,因以治病。此何如耶? 由曰,为道德。梭曰,汝友神狂。子恐其有刃而自戕,因窃其刃。此行何如? 由曰,亦道德(事见雪落芬 Xenophon 所记)。由是观之,若使其利不在史家一己之身(有利于国等则,非为自身谋。至如自用乖气,自恣偏情,存不朽之名心,妄为铨窍,恐己身之及祸,遂尔阿容,则全为自身谋矣),则在通史之所谓不德,而在国别史则又为合德者也。

以上所言，谓史家著述，常因（一）情气之易偏，（二）鉴识之无定，（三）国家之存怀，（四）世途之多隘，或违史德。此理有所难，吾人有时尚当原谅者也。至于附会残书，伪造史事，或剽袭成文而埋灭人名，或假美诬恶而报仇罔利，此则"记言之奸贼，载笔之凶人，虽肆诸市朝，投畀豺虎可也"（《史通·内篇·曲笔》）。兹请一一申论之：（一）事有遗篇，史有逸句，此常有之事也。史家正宜阙疑待访，不宜望文附益。盖"遗篇逸句附于阙文，而其义犹存。附会成书，而其义遂亡也"（《文史通义》）。（二）事有缺载，史有失传，此亦常有事也。史家但宜据其所知，笔诸史册。其所不知，盖阙如也。若乃直取胸臆，自我作古，虚构蜃楼，足其事迹，则真伪混淆而实事亦亡矣。（三）史家以笔削史材为能事者也。惟迁取古书，班袭迁史，未尝埋灭成文之作者。其自序固已显标其所取材，即如"《史记》赞秦，全用贾生三论，则以'善哉贾生推言'一句引起。《汉书·迁传》全用《史记自序》，则以'迁之自叙云尔'一句作收。虽用成文，而宾主分明，不同袭善"（《文史通义·外篇·答甄秀才论修志第二书》）。若引援著作而不标所出，则自文其剽窃之私而致人生疑惑之念矣。（四）"王沈《魏录》滥述贬甄之诏，陆机《晋史》虚张拒葛之锋，班固受金而始书，陈寿借米而方传"，"用舍由乎臆说，威福行乎笔端"（《史通·内篇·曲笔》），于是史书成为利禄之渊薮，报仇之工具，而史实亦亡亦伪矣。夫史者实录。作史者"宜尽其天而不益以人"也。而乃以好名、好功、好事、好利之故，附会伪造，剽窃窜易，诬罔是非，颠倒黑白，此实有心之恶行，与前所举"四非史德者"又殊，故曰此乃记事之奸贼，载笔之凶人，虽肆诸市朝投畀豺虎可也。

十一　自注

足备史德之一端而大有助于史文之简洁周赡者，则为自注。夫史家"删改旧文，取其易就凡例，本非有意苛求。然淮阴带剑，不辨何人（太史公《韩信传》云：淮阴少年辱信云，若虽长大，中情怯耳。班固删去"若"字，文义便晦。），太尉携头，谁当假借？（前人议《新唐书·段秀实传》云：柳宗元状称太尉曰，吾带吾头来矣。文自明白。《唐书》改云：吾带头来矣。是谁之头耶？）不存当日原文，则三更其手，非特亥豕传讹，将恐虫鱼易体矣。"（《文史通义·和州志前志列传序例下》）此须以自注存原文者（一）。"史文有讹谬

而……订正之，则必证明其故，而见我之改易，初非得已"(《文史通义·外篇·永清县志列传序例》)。至于校雠同异错误，"其两说可通者，必两存其说；删去篇次者，亦必存其阙目。所以备后人之采择，而未敢自以谓必是也"(《校雠通义·校雠条理第七》之四)。此亦非可混于正文，必须作为自注。此自注为必需者（二）。传闻每有异辞，记载或多歧说，则必有所去取。取者载于正文，去者不宜删灭，必存之以广异闻，亦所以备后人之采择。此自注为必需者（三）。"网罗散失，绅绎简编，所见所闻，时得疑似……夫疑似之迹，未必无他说可参"(《文史通义·外篇·和州志阙访列传序列》)。是当载其信而注，所疑以待访。若不注所疑，是则所谓疑者削之灭之，非所谓阙疑也。此自注为必需者（四）。笔削旧文，援引成语。字句略换，则文采大殊。或字句无更，而文指绝异。是当注明来处，以备读者之参考稽查。一以免剿袭之嫌，二以见运用之妙(《文史通义补编·与陈观民工部论湖北通志》曰：剿袭者惟恐人知其所本，运用者惟恐人不知其所本)。此自注之为必需者（五）。"志存该博，而才阙伦叙，除烦则意有所吝，毕载则言有所妨"(《史通·内篇·补注》)，是当取彼重大，列于章句，叙彼轻小，存于细书。此自注为必需者（六）。"国有弛张，乡有并省……州郡则废置无恒，名目则古今各异。"今人述古，不可改古名以就今，正当将今地以释古。一以见作者之功力，一以免读者之空间观念茫然。此自注为必需者（七）。吾国纪元，初无一定，一朝百变，一帝十更，复杂纷歧，昏头眩目。是当叙及某帝某年之时，须释以西历纪元。既足使远近之时间观念分明，复可使人思及同时发生之西方事迹。此自注之为必需者（八）。夫史体既取详赡，行文又贵简洁，非加自注，何以明畅？"且人心日漓，风气日变，缺文之义不闻，而附会之习，且愈出而愈工焉。在官修书，惟冀塞责。私门著述，苟饰浮名。或剿窃成书，或因陋就简。使其术稍黠，皆可愚一时之耳目，而著作之道益衰。诚得自注以标所去取，则见闻之广狭，功力之疏密，心术之诚伪，灼然可见于开卷之顷"(《文史通义·内篇·史注》)。其次，征材所取之书后日或亡，则因自注之援引所及，而得存先世藏书之大概。(亦本《史注》)其次，因古昔地名之今释，年代之照以西历纪元，则空间时间观念，划然清晰于俄顷。凡此皆史注为益之尤大者也。

十二　史论

　　史者实录。史家据事直书，善恶自见。其或事有疑惑凝滞，乃辨之以论。若其事本智愚共了，无俟商榷，而史家亦铨之以说，裁之以言，则无异于骈于足而连无用之肉，枝于手而树无用之指，著之者虽不惮劳烦，读之者实厌之矣。乃自是非褒贬、惩恶劝善之说深中乎人心，史家类以一字褒贬、微文扬抑为史职之大权，于是事无大小，人无轻重，传无长短，莫不勉强结撰，加之论断。论断之道乃由辨释疑惑凝滞，褒贬善恶是非，一变而为谈论常事；再变而为重列前事；三变而为论上加赞；四变而为有论赞，无叙事。递变至此，纯为作意轩轾，故恣吊诡，史迹亡而史论之道亦失。夫左丘明之以君子曰著论也，即所谓辨疑惑，释凝滞，平是非，别善恶者也。故随事立言，初无一定；若使事不足论，虽隔十百事亦无一言；事而不得不论，一事之中，断语常数见焉。及司马迁《史记》"始限以篇终各书一论。必理有非要，则强生其文"，事本无疑，辄裁以论。"此皆私徇笔端，苟衒文彩"。"论史之烦，实萌于此"（《史通·内篇·论赞》）。然其论常"落落数语，引而不发。褒贬意每使人于言外得之"（《三余偶笔》）。且每"别加他语，以补书中"，以使"事无重出"。（如太史公曰：观张良貌如美妇人；项羽重瞳，岂舜苗裔?）班固《汉书》继之，其赞语之作，始多录纪传之言，加以文饰，演为长篇。虽有"片言如约，而诸义甚备"者（如曰：石建之浣衣，君子非之；杨王孙裸葬，贤于秦始皇远矣），然益开滥论之门。于是范晔《后汉书》传后用论，论后复系之以赞。叙论不殊，已徒为再列；而论赞何异？又复作此重烦。且赞语用韵，体变为诗。人之善恶，事之是非，史之褒贬惩劝，何假于此？斯风一煽，后人迷而不悟，流而不返，遂竞"以饰彼轻薄之句，而编为史籍之文"，真"无异加粉黛于壮夫，服绮纨于高士"（《史通·内篇·论赞》），史论与史迹背然相违矣。逮乎清世，论断之弊至极，而事迹全亡。传一人也，"断而不叙：士曰孝友端方，慈祥恺悌；吏称廉能清慎，忠信仁良；学尽汉儒；贞皆姜女，千篇一律，葭苇茫然"（《文史通义·外篇·和州志阙访列传序例》）。"其文字之休，尤不可通；或如应酬肤语，或如案牍文移，泛填排偶之辞，间杂帖括之句。循名按实，开卷无稽"（《文史通义·外篇·永清县志阙访列传序

例》）。夫论本以"辨疑惑，释凝滞"（《史通·论赞》），即"是非褒贬，第欲其平……不可作意轩轾，亦不得故恣吊诡。其有是非显然，不待推论，及传文已极抑扬，更无不尽之情者，不必勉强结撰"。（《文史通义·外篇·修志十议》）而千数百年来史家文士，多昧于斯，竞骛辞章，苟衔文采。传后论赞，为已烦矣，乃复虚美繁称，全弃事迹而不叙，陈腔滥用，又乖文义而不通。如"柏舟者，以柏木为舟耳。诗人托以起兴，非柏舟遂贞节之实事也"。而为节妇著传者，"不叙节妇行事，往往称为矢志柏舟"。此何异《关雎》兴淑女而遂指关雎为淑女，《鹿鸣》兴嘉宾而遂指鹿鸣为嘉宾，文指尚可得而解哉？（本《文史通义·外篇·与石首王明府论修志》）

十三 史称

史者实录，而叙述则作者之言，故当其述事时，书人姓名，不可繁称而比于礼文之言，亦不可简称而遂语句之便。昔"《左氏春秋》……书人名字……名……字……谥……随意杂举'连书'（二字揆藜所加）而无义例。且名氏谥行以外，更及官爵封邑。一篇之中，错见互出。苟非注释相传，有受授至今，不复识为何如人"。"此则称于礼文之言，非史文述事之例也"。"史迁列传……列人名目，亦有不齐……或爵（淮阴侯之类），或官（李将军之类），或直书名（伯夷之类）"，或但书姓（管晏之类），或称子（老子、孙子之类）、生（贾生之类）、或称字（伍子胥之类）、号（万石之类），"虽非左氏之错出，究为义例不纯"。如谓标目以示褒贬，而"七十列传称官爵者，偶一见之，余并直书姓名……又非例之所当贬"（杂本《文史通义·内篇·繁称》）。此亦或称于礼文之言，或遂其语句之便，非标目之例。其史文依之述事，亦不能无失也。自是以来，史氏称呼，"实同儿戏。有天子而称讳者，若姬满、刘庄之类是也。有匹夫而不名者，若步兵、彭泽之类是也……班述之叙圣卿也，而曰董公惟亮。范赞之言季孟也，至曰陨王得士。习谈汉主，则谓昭烈为玄德（习氏《汉晋春秋》以蜀为正统，其编目叙事皆谓蜀先生为昭烈皇帝，至于论中语则呼为玄德）。裴引魏室，则目文帝为曹丕……意好奇而辄为，文逐韵而便作（班固《哀纪述》曰：宛娈董公，惟亮天功。《隗嚣公孙述传赞》曰：公孙习吏，陨王得士。按公、功、吏、士，皆逐韵也），用舍之道……通多……失矣"（《史通·内篇·称谓》）。而斯风所煽，

习俗日非，争奇吊诡，各随其意，以文语相与新鲜。至于六朝，竞标门第。逮唐末五代，"称人不名不姓，多为谐隐寓言。观者乍览其文，不知何许人也。如李曰陇西，王标琅琊，虽颇乖忤，犹曰著郡望也。庄姓则称漆园，牛姓乃称太牢，则诙嘲谐剧，不复成文理矣。凡斯等类，始于骈丽华词，渐于尺牍小说，而无识文人，乃用之以记事"。于是吊诡益甚。称号之繁，从山泉、林薮、堂轩、亭苑，至于臆造之山川，虚构之楼阁。又有谐声隐语之风，炽于明清。一号不足，至于三且五焉（杂本《文史通义·内篇·繁称》），此种诡僻繁数之称，史氏岂可用以标目述事。故愚以为人有自造繁称，虽不妨为著录，至于述彼事迹之际，必须弃去繁号，但取正名；不当随意杂举，称于礼文之言。其有氏姓本复，亦不可减省从单——如"或去万纽而留于，或止存狄而除厍"，遂其文句之便。庶几史家述事之例得矣。

至于"古者二国争盟，晋、楚并称侯伯。七雄力战，齐、秦俱曰帝王。其间虽胜负有殊，大小不类，未闻势穷者即为匹庶，力屈者乃成寇贼也。当汉氏云亡，天下鼎峙，论王道则曹逆而刘顺，语国祚则魏促而吴长……亦犹秦缪、秦庄，与文、襄而并霸。逮作者之书事也，乃没吴、蜀号谥，呼权、备姓名，方于魏邦，悬隔顿尔。……续以金行版荡，戎、羯称制，各有国家，实同王者。晋世臣子党附君亲，嫉彼乱华，比诸群盗。……至萧方等始存诸国名谥，僭帝者皆称之以王"。（《史通·内篇·称谓》）夫文檄可以苟狗私忿，史册岂许乖越至公。乃中世作者谄世阿时，党同伐异，爱憎出于方寸，与夺由其笔端，称必不经，名惟骇物，则亦失史文述事之道矣。

十四　阙访

史家为史，当其"网罗散失，绅绎简编，所见所闻，必时得疑似"。或有一事传歧而莫衷一是者，或有怪诞荒唐邪僻者，或有人著而事不详者，或有显列名品未征事实者，或有旧著其文而今亡其说者。诸如此类，或由故书残阙，或由虚声泛采，或由载笔误删，或由好事附会，或由丛言淆乱，"难凭臆断，当付传疑"。正文——或正编——将毕，别裁阙访之篇，一以副慎言之道，将来或有他说可参，得以重加裁定，即于其身

不能论正,后之观者亦得以考求;一以清疑信之类例,且因不附著于正文之内,文辞得以粹洁。"若以形涉传疑,事通附会,含毫若断,故牒难征,谓当削去篇章,方合阙文之说;是乃所谓疑者灭之而已,更复何阙之有"(《文史通义·外篇·和州志阙访列传序例》)?

昔"《尚书》断自《尧典》,疑者阙而弗竟,阙者存而弗删"(《和州志阙访列传序例》);《春秋》于一事两传而难衷,一如陈侯鲍卒者,则并存甲戌己丑之文,于旧著其文而今亡其说者,则有书夏五郭公之法,于恒星不见,仅书见闻而不自为解释——如言恒星之陨之类(本《文史通义·永清县志阙访列传序例》),斯皆"多闻阙疑,慎言其余"之道也。及司马迁为《史记》"其于传闻异辞,折衷出取,可谓慎矣。顾石室金匮,方策留遗,名山大川,见闻增益。其叙例所谓疑者阙之,与夫古文乖异,以及书阙有间,其轶时时见于他说云云者,但著所取而不明取之之由;自以为阙,而不存阙之之说"。班固《汉书》,亦循斯轨,夫"存其信而不著所疑以待访,是直所谓疑者削之而已矣,又复何阙之有"(同上)? 惟"陈寿《蜀志》,以诸葛不立史官,蜀事穷于搜访,因录杨戏季汉名臣之赞,略存姓氏以致其意,是史牒阙文之旧章也(寿撰《益部耆旧传》十卷,是寿未尝略蜀也。《益部耆旧传》不入《蜀志》,体例各有当也。或以讥寿,非也)。自史学失传,中才史官不得阙文之义。喜繁辞者,或杂奇衺之说;好简洁者,或删经要之言——《晋书》尽采小说,《唐书》每删奏章(按章实斋《文史通义·外篇·奏议第一》、《奏议序录》及《内篇·书教书下》,尝论史料当重奏议,以其信而有征),多闻之旨不遵,慎言之训误解"(《和州志阙访列传序例》),史家阙访之道,遂千余年无闻矣。

自史无阙访之篇,遂生十有一弊:"一己之见,折衷群说,稍有失中,后人无由辨正,其弊一也。才士意在好奇,文人义难割爱。猥杂登书,有妨史体,削而不录,又阙情文,其弊二也。传闻必有异同,势难尽灭其迹,不为叙列大凡,则稗说丛言起而淆乱,其弊三也。初因事实未详,暂置不录,后遂阙其事目,等于入海泥牛,其弊四也。载籍易散难聚,不为存证崖略,则一时之书遂与篇目俱亡,后人虽欲考求,渊源无自,其弊五也。一时就所见闻,易为存录,后代蜷蜷补缀,辞费心劳,且又难以得实,其弊六也。《春秋》有口耳之受,马、班有专家之学,史宗久失,难以

期之马氏外孙，班门女弟。不存阙访，遂致心事难明，其弊七也。史传之立意命篇，如《老庄》、《屈贾》是也，标题类叙，如《循吏》、《儒林》是也；是于史法皆有一定之位置，断无可缀之旁文。凡有而不详，疑而难决之事，不存阙访之篇，不得不附著于正文之内，类例不清，文辞难称粹洁，其弊八也。开局修书，是非哄起，子孙欲表扬其祖父，朋党各自逞其所私，苟使金石无征，传闻难信，不立阙访以杜请谒（如云事实尚阙，而所言既有如此，谨存其略，而容后此之参访，则虽有偏心之人，亦无从起争端也），无以谢绝一偏之言，其弊九也。史无别识心裁，便如文案孔目；苟具别识心裁，不以阙访存其补救，则才非素王，笔削必多失平，其弊十也。"（《永清县志阙访列传序例》）"标名略注，事实难征，世远年湮，不可寻访，存之则无类可归，削之则潜德弗曜"，不篇为阙访，遂不得不忍心灭之，后来者无由别择（《和州志阙访列传序例》），其弊十一也。

　　总之"马、班以还，书闻见而示意者，盖有之矣；一事两书以及空存事目者，绝无闻焉。如谓……史笔不便于自著而自释——按即自注，见前——则别存篇目，而明著阙疑以俟访，未见体裁之有害也"。（《永清县志访阙列传序例》）乃皆凭一己之见，存其信而不著所疑，慎言之道失，史编之病丛生矣。

十五　史表

　　"表之为体，纵横经纬，所以爽豁眉目，省约篇章，义至善也"（《文史通义·报广济黄大尹论修史书》）。自太史公《史记》昉于周之谱牒作十表，以与纪传相为出入。于是三代世次，诸侯年月，一览了然。此所谓爽豁眉目者也。凡列侯将相、三公九卿功名表著者，既为立传。此外亲若宗房，贵如宰执，无功无过者，传之不胜传，而又不容尽没，则载于表以总括之。此所谓省约篇章者也。以后诸史，或有表，或无表。及前清顾栋高治《春秋》，于《左传》所载事迹，悉以表体行之。其便于学者益多，应用表谱之法益广矣。兹请举其大要：一国或各国同年共世之大事，不载于异书异篇，即载于异章异段。且时与时相续，事与事相接，非以表之简括，无以观其会通，所以《历代帝王年表》、《史鉴年表》、《汇编四裔年表》之属甚重要也。帝王总统之世系；宗教学术之传授或派别；种族

434　刘挻藜史学论著集

之发展或分布;国家之兴灭与吞并;地理之沿革;人口之比较;官阶之等级;以及种种制度之升降;种种社会现象之异同,史文叙之,往往凌乱纠纷者,以表御之,无不简洁明晰也。

至于表之体式,大约不外二种:(一)纵横经纬,旁行斜上;(二)枝干分合,两式是也。今举例以明之如后。

(一)纵横经纬旁行斜上者:

(甲)如世界大事编年表任截一年则可为左式

清西历乾一隆七四六一年	中国	日本	印度	波斯	意大利	日耳曼	普鲁士	荷兰	俄罗斯	挪威瑞典	法兰西	英吉利	西	土耳其	美利坚	非洲
	将军阿桂平金川	诣日光庙	与英人和割地与之		始制电池				是时国政更新	赠华盛顿饷械助之独立		美洲各部长叛英		始建兵法院	十三州建北美合众国	

(乙)制度改革——普鲁士之兵制——有如左式(采李泰芬《西洋历史》)

年度　　役种	常　备　军		后备役	国民军	合　计
	现役	预备役			
一八一四年	三年	二年	七年	七年	十九年
一八六〇年	三年	四年	五年	七年	十九年
年　龄	自二十至廿三	自廿三至廿七	自廿七至卅二	自卅二至卅九	自二十岁至三十九

(二)枝干分合者

(甲)如《诗经》之传授及派别

(乙)如五胡十六国之兴亡(略本梁任公《历史研究法》)

二、论文　史法通论·我国史法整理　435

```
孔        毛  子夏 (徐整说)—高行子—薛苍子—妙帛子—
子                 (陆机说)—曾申—李克—孟仲子—根牟子—荀卿—  毛亨—毛苌—(今存)
所
删        齐—?—辕固生 辕固生之子等
诗                        夏侯始昌—后苍—翼奉—(其后亡于魏代)

          韩—?—韩婴—贾生—(其后亡于南宋)

          鲁子夏—?—孙卿—浮丘伯 申培公—(其后亡于西晋)
                                  楚元王
```

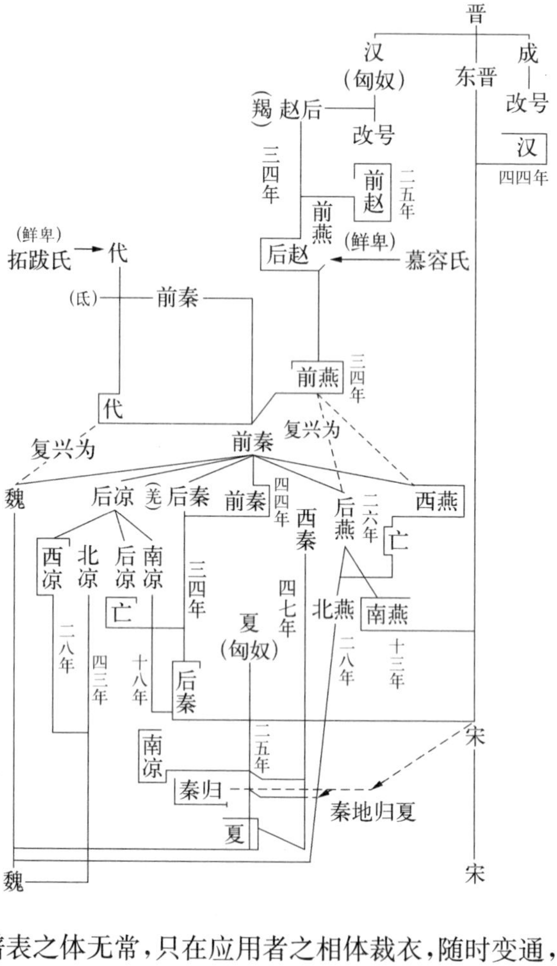

总之谱表之体无常，只在应用者之相体裁衣，随时变通，随事处理。若史家叙述纷繁，徒求之篇章字句而不求之谱表，则条理线索，必至纠纷，学之者亦必昏眩如坠雾中矣。

十六 史图

表之为用，上既言之，惟表可以齐名目而不可以齐形象。欲齐形象，则须史图。夫史有有文辞之史，有无文辞之史。纪、传、书、表，有文辞之史也。绘图，无文辞之史也。有文辞之史，声也。无文辞之史，形也。为纪、传、书、表而不为图，则有其声而无其形。为图而不为纪、传、书、表，则有其形而无其声。有声无形，或有形无声，均非史道之全。盖纪、传、书、表之与图绘，实"虚实相资，详略互见"，相辅而行，虽欲阙一而不可者也。

迁、固以来，但为纪、传、书、志而不绘图，遂使后之读者，于其时天下大势，社会现象，个人痕迹，制作情形，不能了然于目，不可豁然于心；但知本周谱而作纪传之表，不知溯夏鼎而为纪、传、书、志之图，遂使古人之世次年月可以推求，而前世之形势名象，无能踪迹。夫纪、传之需表而整齐，犹纪、传、书、志之待图而明显也。先儒尝谓表阙而列传不得不繁，殊不知其图阙而书、志、纪、传俱不俱不冗也（略本《文史通义·永清县志舆地图序例》及《永清县志建置图序例》）。

"史不立表，而世次年月，犹可补缀于文辞；史不立图，而形状名象，必不可旁求于文字。此耳治目治之所以不同，而图之要义，所以更甚于表也。古人口耳之学，有非文字所能著者，贵其心领而神会也。至于图象之学，又非口耳之所能授者，贵其目击而道存也"（《文史通义·外篇·永清县志舆地图序例》）。是以"古之学者，为学有要，置图于左，置书于右，索象于图，索理于书。故人亦易为学，学亦易为功，举而措之，如执左契"（《通志·图谱略·索象》）。自司马迁为史，诸儒治经，俱不取象魏悬法之掌，列为诸图。于是后学相承，篇章愈繁，图经浸失。好古之士，载考陈编，口诵其辞，目述其象，举凡方州形势，名物制度，方圆曲直，均无由知。故"人亦难为学，学亦难为功。虽平日胸中有千章万卷，及真之行事之间，则茫然不知所向。……议一典礼，有如聚讼，玩岁愒日，纷纷纭纭。纵有所获，披一斛而一粒，所得不偿劳矣"（《通志·图谱略·索象》）。是以"以郑康成之学，而凭文字以求，则娑尊诂为凤舞。至于凿背之牺既出，而王肃之义长矣。以孔颖达之学，而就文义以解，江源出自岷山。

至金沙之道既通,而《缅志》之流远矣。此无他,一则困于三代图亡,一则困于班固地理无图学也。(《地理志》自班固始,故专责之)虽有好学深思之士,读史而不见其图,未免冥行而擿埴矣。"(《文史通义·外篇·永清县志舆地图序例》)

昔"建章宫千门万户,张华遂能历举其名;郑樵以为观图之效,而非读书之效……朱子尝著《仪礼释官》,以为不得其制,则仪节度数无所附著。盖古今宫室异宜,学者求于文辞而不得其解,则图阙而书亦从而废置"。(《文史通义·外篇·永清县志建置图序例》)不仅止于解书多舛,读史如迷而已。

故吾人不为史则已。如欲为史,则须返古之道,循章氏之说,仿西氏之法,精选有清治史学者之所补苴,补著作中所叙往世政治与社会之现象,创作之名物、仪器、舆地之形势,概宜系之以图。或有古物存留,足资印证者,尤宜摄影列之篇中,以便虚实相资,形声互助。"图不详而系之以说,说不显而实之以图",于是"文省而事无所晦,形著而言有归……亥豕不得淆其传,笔削无能损其质"。使学者虽不深于文,不履其地,不生其时,而依检其图,洞如观火,往世现象,影然见于眉宇之间,不俄顷而情况晰然明矣(中数语本《文史通义·外篇·和州志舆地图序例》)。此图绘之效也。

至于国有弛张,乡有并省,州郡则废置无恒,名目则古今各异,图虽可得形象,而形象之沿革在两次以上,则非图之所得概焉。是宜以现世形象为底,随往代形象之沿革而各为之图;以红色表今,以黑色表古。取杨守敬《历代治革地图》之法,去其割裂之弊,加以今世印刷之技,使览之者不仅一望而周知方州大势,且深明古今同异焉。功效何如其大也!

图绘于史道之重要固然矣,但无识者为之,常入于流弊。"其弊有二:一则逐于景物,而山水摩画,工其绘事,则无当于史裁也。一则厕于序目凡例,而视同弁髦,不为系说命名,厘定篇次,则不可以立体也"(《文史通义·外篇·永清县志舆地图序例》)。夫争于绘事,附会名胜,厕于弁髦,苟悦耳目,此丹青末艺之观,市易技术之道,岂可语于史道之精微耶?

十七 纪元

欲确定某地在地球上之位置,则借乎经纬;欲确定某事在历史上之

位置,则借乎纪元。不用经纬而以左右邻近比明某地,片段之空间观念虽清,其于全宇之空间观念终不清也;不用纪元而以前后帝王比明某事,片段之时间观念虽明,其于全宙之时间观念终不明也。且用经纬,而各国各以其国都为经度之起点,聚各国之制图,则经度纠纷矣;而纪元,而各国各以其所准为纪元之起点,聚各国之史书,则纪元杂乱矣。自西历一千八百八十四年统一经度以来,地学家之研究便矣,而纪元则未统一,史学者之时间观念不无游移之苦焉。

世界统一之纪元固未定也。而在我国,则本国一国统一之纪元亦犹未定。《尚书·金縢》云,"既克商二年,王有疾",则是以事为纪元者也。后以君主即位之年为纪元,一君一易。西汉以来,纪元之号,一君始有数更,如文帝有元年、后元年,景帝有元年、中元年、后元年。至于武帝,年号益多,改元十一,如建元、元光、元朔、元狩、元鼎、元封、太初、天汉、太始、征和、后元,诸称。其后王莽复用三字——始建国——纪元,宋太宗复用四字——太平兴国——纪元,西夏惠宗至用六字——天赐礼盛国庆——纪元。夫一帝一易纪元,已不胜其烦矣,而况一帝又数易或十数易,纪元何纷如之!治史学者时间观念焉得不迷!焉得不难为功!焉得不枉费时日精力而无益于史学!是以有清末叶倡议自古迄今改用一定纪元;而或主以黄帝为起点,或主以孔子为起点,或主以民国为起点,卒无一定。

愚意既无一定,即亦不必一定。幸不一定,吾人可迳假西历纪元而使时间观念一定,且一方面又可与读西史时之时间观念统一。然吾非谓迳以西历纪元为我国纪元也,乃欲于历史叙述某帝某年某事时,随时附注西历纪元也。如随时附注西历纪元,则某事发生距之远近观念,可转瞬而明。检阅原书,仍可按某帝某年而立得其事。既不失本来面目,复借以易于连想西洋同时发生之事迹。且西历纪元既为现代世界所通用,于治各国史时时间观念仍一致也。此迳用西历纪元作注之便,于史法亦一端者也。

十八　叙源

史家援引成文,须标所自,前既言之矣。逮夫著作成书,又必须取

前人撰述，汇而列之。此非炫己之博，乃所以辨家学之渊源，明折衷之有自，释后人之疑惑，俾来者之有考也。昔太史公之为《史记》也，已似恐后人不如其所云。所称"总之不离古文者近是"，"乃考信于六艺"云云，皆百三十篇之宗旨，或殿卷末，或冠篇端。而著述既成，复有自叙之作，以与《十二诸侯年表》所言《吕览》、虞卿、铎椒、左丘明诸家所为春秋家言，或断其义，或骋其辞，或取其年月，或隆于神运等等之说，相呼应，反复推明述作之本旨，而见去取之从来，此实与西史每书或每篇每章之末汇列参考书有暗合者也。（略本《文史通义·内篇·史注》及《外篇·永清县志前志列传序例》。）

且文史之籍日以繁滋，充栋汗牛，读者厌弃。故"一编刊定，则征材所取之书，不数十年，尝失亡其十之五六。宋元修史之成规，可覆按焉"。如汇列前人撰述，表明去取所自，则原书虽亡，后人犹可藉以知先世藏书之大概。而作者"见闻之广狭，功力之疏密，心术之诚伪，灼然可见于开卷之顷"（《史注》），学者之疑以释。即不然，原书未亡者，亦可依之以稽考而参证。作者读书之间，终必因之而释然。不得谓无益也。

十九　句读

史法大要，上已论之详矣。所欲附论者，兹惟句读一道而已。我国著述通弊，不自句读，从古已然。至于子夏，始发明章句。（见《后汉书·徐防传》）其后汉人治经，各以其口耳授受为章句之篇。家法分歧，遂多差异。如《周官·天官》"宫正春秋以木铎修火禁，凡邦之事，跸宫中庙中则执烛"，郑玄与郑众之读不同。何休《公羊传序》亦言"援引他经，失其句读"，《晋书·乐志》亦言"其解说既古，莫能晓其句读"。此无他，弊在古人著述不自句读，遂使后之学者难为学，学亦难为功，虚耗时间精力于句读之研求而忘为学之本，甚至引起纷争，讫无一定，而论辨之文已连篇累牍矣。此汉儒之学所以多微末也。

逮乎有宋，圈点之法始兴。宋岳珂《九经三传沿革例》尝言"监蜀诸本，皆无句读；惟建本始仿馆阁校书式从旁加圈点。开卷了然，于学者为便"。《增韵》亦言"今秘书省校书式凡句读则点于字之旁，读分则微点于字之中间"。是句读之法，视古人已为昭晰。然而当时惟用以校书读书，未闻著述者流，著述有成，自加句读者也。

窃常思之，有所著述而不自加句读，实有数弊。其在作者，常使后人于吾所为，断句有误，而失吾本来之真，其弊一也。因断句有误而误会所言之意，甚至与原意相反，其弊二也。其在读者，开卷茫然，纵能了解，终多耗时间精力，其弊一也。或因句读之研求而忘为学之精要，其弊二也。因断句有误，误会原意，往往附会之而成为己说，及人各不同，遂起纷争，其弊三也。若使人自著书，人自句读，不惟便于读者滋多，即本来面目亦可保存，一切纠纷附会自然免矣。

惟圈点之法，尚非句读之全道，盖变化简单，以之分析文义，表示情态，未能详尽也。近世中外交通，西书句读之法渐随学术而采用于我国。学者就我国所固有而挽以西式，于是有"，"以表一顿，"；"以表平列两顿以上之长读，"："以表冒下文或总结上文，"。"以收句。其有疑问，则以"？"表之；感叹则以"！"表之；文意忽转，或总结上文数小段，或夹注字句，则以"——"表之。复有"……"以表字句之删节；「　」『　』以表字句章节之征引，或叙述语言，或特提字句。于字之左或右作＿＿，则以表人名朝名地名；于字之左或右作～～，则以表书名篇名。其于章段复有别行另起之法——此法章实斋已行之，于是标识分明，节族显豁，意态昭彰，既足以使语句便读，复足以助文字生神。此不独宜用于作史，凡有著述，概当自行施之。乃吾国泥古拘墟之士，冥顽不灵之流，以谓此非华夏古道，拒而不用。以为卫道，非所敢闻。以为爱国，非所敢知。颟己守残，深固闭塞，所谓井底之蛙，不可与语天也！

民国十一年十二月作于南高

（《史地学报》第 2 卷第 5、6 号，1923 年 7、8 月）

为疑尧舜禹史事者进一解

斯文乃一年之前所作。以为绝伦精当，则实非所敢云；以为价值全无，则又非所敢任。故愿发表于此，为国人进一说焉。

(一) 绪论

中西史家多不考今而考古；盖因后世载籍繁富，史事丰盈，往古记载飘零，史事稀简，故往古一人一事，史家恒视为考察古昔人类活动之奇珍，研求古今人类演变之瑰宝。然以其人其事尝在隐约之间也，史学者乃多方为之考证，以求其人其事之真。特以学力不同，于是解说互异。在中国古史有然，在西洋古史亦未尝不然。是以 Homer（荷马）有无之辩，生灭之争，迄今始定。其争辩之际，研求者数十百人，为时延至数十百年，甚或以一生之韶华，毕世之精力，供一人一事之考究。在中国流俗之人，未尝不笑其劳且迂也。逮其研究有获，在历史上不为无功矣，而流俗则亦不过一笑以置之。故求真之学士难得，科学家所以罕见于中国也。科学家之所考究，无非至微或至平常之物：苹果堕地，人人所睹，然地心吸力之解释独成乎奈端；日月经天，人人所见，然日静地动之学说独创乎哥伯尼。在昔欧西人士，则闻而惊为问题，若在中国，则一笑置之矣。欧美人研究 Homer 有得，皆重视之，有若一行星发现发明之可欣，若在中国，则或以为不值一笑矣。（余处于不重考究之环境感此特深，有暇时当为文论之）虽然，求真之士，求得其真，释本人之疑，安本人之心而已，奚暇外慕耶？

我国上古之事，荒远难稽，史册所垂，残阙失次；古物之发见而足资推证者复极寡，欲明三代真迹，显已难矣，况三代以上乎？然尧舜禹之

事，我国学者多称道之，孔子删存《尚书》所载尧舜禹言行，自太史公以来，无不信也。及《汲冢书》出而刘知幾始疑之：以谓《虞书》之美放勋也，曰："克明俊德……黎民于变时雍。"而《左氏春秋传》载八元八凯世济其美，不陨其名，以至于尧，尧不能举；浑沌、穷奇、梼杌、饕餮世济其凶，增其恶名，以至于尧，尧不能去。《论语》则云舜举皋陶，不仁者远。是则尧时君子沉沦，群小在位，安得谓之"克明俊德，黎民于变时雍也乎"？《虞书》之言尧舜禅让也，云："帝曰：格，汝舜……汝陟帝位。舜让于德，弗嗣。正月上日，受终于文祖……二十有八载，帝乃殂落……月正元日，舜格于文祖。"《论语》则有"尧曰，咨，尔舜！天之历数在尔躬，允执其中！四海困穷，天禄永终！舜亦以命禹"。万章亦尝闻尧以天下与舜。孟子至谓尧崩，舜避尧之子于南河之南，及天下归之，然后践天子位。而《汲冢琐语》则云舜放尧于平阳。《山海经》亦列尧子丹朱于帝，又言丹朱葬于苍梧之阴。是则舜之为帝，盖由篡夺放逐以成，安得有所谓禅让乎？《虞书》又言舜五十陟方乃死；《礼记》谓舜葬苍梧，二妃不从；《史记》载舜南巡狩，崩于苍梧之野，葬于江南九疑。夫当时苍梧险远，百金之子，犹惮经履其途，乃万乘之君，而堪巡狩其国，竟以野死。斯则陟方之事，其殆文命之意乎？且舜禹万里暌离，又安得有所谓"舜……命禹"之禅让耶？（以上略依《史通·疑古》说）于今梁任公深信《汲冢书》之真（见其所著《历史研究法》——《汲冢书》之可信与否详后），胡适之深疑《尚书》为儒家所造以"托古改制"，而周秦诸子争称道尧、舜、周公，亦莫非"托古改制"之言。（见其所著《中国哲学史大纲》卷上十八及二十四页——其说之当否见后）则尧舜禹之事迹为真为伪，可信或不可信，治史者所亟宜考究而裁决之者也。

（二）论可资印据之旧籍

虽然，欲考究裁决，先有困难焉：盖证史必资印据。唐虞时代记载之器物发见于今者尚无，古史之传于今者又惟《尚书》而已。《大戴记·五帝德》《帝系姓》为儒家晚出之书，记尧舜禹之事既甚略，复有所讹误（详见孔广森注），孔孟所言，左氏所载，太史公已多采入本纪。《世本》既亡，已无他史可资互证（左氏传《春秋》，章太炎《读左叙录》论之甚精

详。其书本可恃。《世本》为战国时好事者为之——详《史通》——其所录之可恃与否,不过与孟子、荀子所言等耳),是以不能不于儒家之外,更旁求诸子百家之言。然百家之文多不雅驯,汉初荐绅先生已难言之,太史公著书,已尝反覆申之矣。故其时虽载籍极博,而《史记》所录,惟"考信于六艺"(今周秦百家书多亡;其存者亦多残错、失本来面目)。盖如《庄子》之书,荒唐诙诡,空无事实(《庄子》本书《天下》篇已自言之,且见《史记》),既大率庽言,复多后人附益(章实斋谓《盗跖》、《让王》诸篇为庄学者所附益),则证史有不可恃者矣。《山海经》战国人士伪托,且系小说之伦(本纪昀说),等于《西游》诸记。所言怪物情事,出乎幻想虚描。马迁已谓其不经,《史记》所不敢采录(见《史记·大宛列传赞》)则证史有不可恃者矣。《淮南鸿烈》解为淮南王宾客所合成,史载其"所招致多浮辩"(《汉书·景十三王传》),"妄作妖言诡谀王"(《史记·淮南衡山列传》)。今观所言尧舜禹事,确多妖言。其勦袭周秦诸子者,尚足为诸子之辅证,外此实难可凭,则证史有不甚可恃者矣,《列子》原书已亡,今本纯系后人伪造,大率杂取《山海经》、《庄子》、《淮南子》、《管子》、《晏子春秋》、《尸子》、《吕氏春秋》之属,杂缀晚成(此书之伪,前人已众口一辞,姚际恒、汪继培、马叙伦已论之详矣),则证史尤不可恃者矣。然如《管子》、《墨子》、《韩非子》诸书,虽属后人杂凑缀辑,多为治其学者所附加,非尽本身所论述(叶水心、章实斋等以为《管子》言西施,《墨子》言坚白,《韩非子》载其李斯驳议,即后人附益之证)。要之太史公尝读之,至谓"详哉其言之","十余万言,甚具",是则诸书部帙故丰,即其所附益,亦不出周、秦、汉初所为;其所述闻,犹胜于《新书》、《说苑》、新论《论衡》,故有可资印证者焉。尸子、公孙尼子之流,零篇断简,引言逸句,尚存人间,故有可资印证者焉。《晏子春秋》乃墨学者所为,因所述为晏子事,即以晏子名其篇,犹之《孟子》有《告子》、《万章》之篇,并非伪造,亦非寄托(本柳宗元、章学诚说),司马迁既谓"详哉其言之",又曰"其书世多有之",是则虽非晏子之书,要为周秦之作,故有可资印证者焉。《吕氏春秋》为三千食客各著所闻,复悬万金延诸侯、游士、宾客增损一字,慎重之意,千百淮南;古者传言,粗具于是,故有可资印证者焉。《新书》、《说苑》及其他前汉人之说,去古未远,其有所云,必有所据,故有可

资印证者焉。汲冢《竹书纪年》发乎晋世，出自冢中，事实昭然，断非伪造。虽其成于战国，未可视为确凿之信史，然亦可等诸百家之著述，亦有可资推证者焉。皇甫谧作伪之魁，其有所造，往往托诸古人古书，独《帝王世纪》以其自身之名义当之，决焉无所恐，当时无所非，殆其采取史迁唾弃之余，收拾古来传异之说，故亦有可资推证者焉。惟百家之引尧舜为重也，或附会之，或张大之，各以其道为尧舜之道，故《孟子》有"尧舜不胜其美"，与"传言失指"之叹（见《风俗通义·正始》篇），复有"尽信书则不如无书"之疑；《尸子》亦曰"尧为善而众美至焉"。《韩非子》有言："孔子、墨子俱道尧舜，而取舍不同，皆自谓真尧舜。尧舜不复生，将谁定儒墨之诚乎？"（王充《论衡》亦多疑古说之不经）虽然，天下之善皆归，必有所以归之之道；百家俱称道尧舜，纵其取舍不同，必有所以见称所以取重者也。所称虽或异，其所本之原必有相同者也。例之于人，大小、长短、老幼、美丑、智愚、贤不肖虽至不齐，必有所谓人者在也，乌得概以"托古改制"一武断语抹之耶故？今据可资印证与推考之书，取其称谓之同，度之以情，忖之以理，以次论定儒家所言尧舜禹事之可信或不可信者如左：

（三）论帝尧初政中政之时，群小在位

"帝尧初政、中政之时，群小在位"。已为断语。欲明斯断，须先知帝尧以前及其即位以后之情形。案：

《竹书纪年》：帝子挚立九年而废。

《史记·五帝本纪》：帝挚立，不善，崩；而弟放勋立，是为帝尧。

《史记索隐》引卫宏说：挚立九年而唐侯德盛，因禅位焉。

《帝王世纪》：挚在位九年，政微弱。而唐侯德盛，诸侯归之，挚服其义，乃率群臣造唐而致禅唐侯。

由上观之，帝挚或废或崩或禅，诸说虽各不同，但有可窥知者三事焉：帝挚在位不久，（一）也；帝挚时政治不良，（二）也；帝尧嗣帝挚而为帝，（三）也。然帝尧即位之际，其年龄果何如乎？案：

《绎史》引《外纪》：帝尧年十六，即天子位。

《史记集解》引皇甫谧说：尧以甲申岁生，甲辰即帝位，甲午征舜，甲寅舜代行天子事，辛巳崩，年百十八，在位九十八年。

《帝王世纪》：尧年十五而佐帝挚……二十而登帝位。

由上观之，尧即位时之年龄虽不可确知其，在少小则断可言也。明乎此，乃可以读左氏所载。按《左氏春秋传》文公十八年曰：

高阳氏有才子八人：苍舒、梼戗、梼戜、大临、尨降、庭坚（杜注：即皋陶字），仲容、叔达，齐圣广渊，明允笃诚，天下之民谓之八恺。高辛氏有才子八人：伯奋、仲堪、叔献、季仲、伯虎、仲熊、叔豹、季狸，忠肃共懿，宣慈惠和，天下之民谓之八元：此十六族也，世济其美，不陨其名，以至于尧（"以至"二字重读），尧不能举。（"不能"二字重读）

又：

帝鸿氏有不才子，掩义隐贼，好行凶德，丑类恶物，顽嚚不友，是与比周，天下之民，谓之浑敦（杜注谓驩兜）。少皞氏有不才子，毁信废忠，崇饰恶言，靖谮庸回，服谗搜慝，以诬盛德，天下之民谓之穷奇（杜注谓共工）。颛顼氏有不才子，不可教训，不知话言，告之则顽，舍之则嚚，傲狠明德，以乱天常，天下之民谓之梼杌（杜注谓鲧）：此三族也，世济其凶，增其恶名，以至于尧（"以至"二字重读），尧不能去。（"不能"二字重读）

由上"以至于尧尧不能举"，及"以至于尧尧不能去"观之，则知不能举贤，不能去恶，唯为帝尧初政之事。不特帝尧初年不能去恶举贤已矣，即其中年为政，亦未尝能去恶举贤焉。何以明之？盖：

《尚书·虞书》曰："帝曰，咨，四岳，朕在位七十载，汝能庸命，巽朕位。"其后四岳既荐舜，尧已试舜以功，"乃命以位……二十有八载，帝乃殂落"。

《孟子·万章》：舜相尧，二十有八载。

《竹书纪年》：七十年春正月，帝使四岳锡虞舜命。七十一年，帝命二女嫔于虞。一百年，帝陟于陶。（《墨子·尚贤》曰"尧举舜于服泽之阳"）

《史记·五帝本纪》：尧立七十年得舜，二十年而老……避位凡二十八而崩。

《史记·集解》引徐广说：尧在位凡九十八年。

《史记集解》引皇甫谧说：在位凡九十八年。

由上观之，知尧在位凡九十八年或一百年，其第七十年始得舜也。又按舜未受举以前，《尚书·尧典》载尧求若采，而驩兜且荐共工；求义洪水，而众佥荐鲧。《竹书纪年》载其十九年，命共工治河；六十一年，命崇伯鲧治河；六十九年黜崇伯鲧。是则帝尧初年、中年未能去恶，即其黜崇伯鲧，亦不过因其治水无功而黜其官，固未能殛之也。

于是可由推理而作帝尧初政、中政之断曰：帝挚在位不久而尧嗣位。帝挚之世，初帝尧之初，贤者未举，恶者未除。是盖尧以少小嗣立，德性、智慧、才能，未必达成立；而四凶皆贵族，少主之威信，未必孚臣民，欲有黜陟，势实难行。及其成长，凶族仍朋比挟持，权无从使。故《尧典》载尧求若采，而驩兜以共工进，又求治洪水而佥以鲧进。夫尧既已知共工之"静言庸违，象恭滔大"与鲧之"方命圮族"，嗟叹之间，意欲不用，而岳且惊曰"异哉！试可乃已"，卒至鲧九载绩用弗成而始黜之（尧六十九年），况无大罪而遽去之乎？是故谓尧"钦明"者非虚语也，谓尧初年、中年群小在位者，亦非诬言也。当少主孤立之初，权臣弄柄，长成之际，为所挟持，及其得一良辅弼而后吏治整饬，国政清平者，四千年以来，历历可数也，奚独于尧而怪之？故尧初政之善者，惟命羲和历象（《尧典》叙命羲和最先，《竹书纪年》亦于尧即位后，即纪命羲和历象），逮乎晚年得舜，然后百治具张。此无他，亦以历象职闲，无擅威之可羡，其他位重，有据势之可能，权势轻者，黜陟易行；权势重者，用撤难使也。而刘子玄遽以群小在位概断唐尧一代，谬矣；以表面未能及早去恶举贤，而遽谓尧不钦明，诬矣。

（四）论尧实克明俊德以使时雍

尧晚年始得舜，已证明如上矣。自是以后，政治果何如乎？据：

《左氏春秋传》：舜臣尧，举八恺，使主后土，以揆百事，莫不时序，地平天成，举八元，使布五教于四方，父义母慈兄友弟共子孝，

内平外成……宾于四门,流四凶族,浑敦、穷奇、梼杌、饕餮,投诸四裔,以御螭魅。

《竹书纪年》:七十五年,司空禹治河。

《淮南子》:尧之治天下,舜为司徒,契为司马,禹为司空,后稷为大田师,奚仲为工。其导万民也,水处者渔,山处者木,谷处者牧,陆处者农。

《说苑·君道》:当尧之时,舜为司徒,契为司马,禹为司空,稷为田畴,夔为乐正,倕为工师,伯夷为秩宗,皋陶为大理,益掌驱禽。尧体力便巧,不能为一焉。尧为君而九子为臣,其故何也? 尧知九职之事,使九子者各受其事,皆胜其任,以成九功,尧遂成厥功以王天下。

由上观之,则知《尚书》所载四岳荐舜,而尧命舜以位之后,内外整饬,吏治大新。斯固舜之贤能,然亦不可谓非尧之知人之明,与善任而专。有如汉高擢陈平于亡命,拜韩信于逋兵,不可谓非有大过人者在也。且尧之德,其见称于诸子者有如左:

《墨子·节用中》:尧治天下,南抚交趾,北际幽都,东西至日所出入,莫不宾服。逮至其厚爱,黍稷不二,羹胾不重,饭于土塯,啜于土形,斗以酌。

《尸子》(汪继培辑):人之言君天下者瑶台九累,而尧白屋;黻衣九种,而尧大布;宫中三市,而尧鹑居;珍羞百种,而尧粝饭菜粥,麒麟青龙,而尧素车玄驹。

《韩非子·五蠹》:尧之王天下也,茅茨不翦,采椽不斫,粝粢之食,藜藿之羹,冬日麑裘,夏日葛衣。

《韩非子·十过》:尧有天下,饭于土簋,饮于土铏;其地南至交趾,北至幽都,东西至日之所出入,莫不宾服。

《淮南子·精神训》:尧,朴桷不斫,素题不枅……粝粢之饭,藜藿之羹……布衣掩形,鹿裘御寒,养性之具不加,而增之任重之忧。

又:尧之有天下也……身服节俭之行……是故茅茨不翦,采椽不斫,大路不画,越席不缘,太羹不和,粢食不毇。

由上观之,则尧之以俭德服民概可见矣。然此或曰古代文明尚浅,嗜欲不高,民俗质朴,俭德易为也,惟吾人一考之诸子,尧之他德,有足多焉。试观:

《管子·桓公问》:尧有衢室之问者,下听于人也;舜有告善之旌而主不蔽也。

《尸子》(汪继培辑):尧有建善之旌。尧立诽谤之木。

《吕氏春秋·自知》:尧有欲谏之鼓。

《淮南子·主术训》:尧置敢谏之鼓。

由上观之,则尧求过之德概可见矣。不特此也,其仁慈之意,亦尝见称焉。试观:

《新书·修政语》上:帝尧曰,吾存意于先古,加意于穷民,痛万姓之罹罪,忧众生之不遂也,故一民或饥,曰,此我饥之也;一民或寒,曰,此我寒之也;一民有罪,曰,此我陷之也。仁行而义立,德博而化富,故不赏而民劝,不罚而民治。先恕而后行,是以德音远也。

《说苑·君道》篇引河间献王说:尧存心于天下,加志于穷民,痛万姓之罹罪,忧众生之不遂也,有一民饥,则曰,此我饥之也;有一民或寒,则曰,此我寒之也;一民有罪,则曰,此我陷之也。仁昭而义立,德博而化富,故不赏而民劝,不罚而民治。

由上观之,则尧仁慈之德,概可见矣。又:

《墨子·节用中》:尧治天下……俛仰周旋威仪之礼。

《管子·任法》篇:昔者尧之治天下也,犹埴之在埏也,唯陶之所以为;犹金之在炉,恣冶之所以铸。其民引之而来,推之而往,役之而成,禁之而止。故尧之治也,善明法禁之令而已矣。

《淮南子·人间训》:尧戒曰:"战战栗栗,日慎一日,人莫踬于山而踬于垤!"

由上观之,则尧钦慎之德略可知,明刑罚而不怙以"贼人",亦可见,不独《尚书》之言之也。

总之,尧有求过之切,知人之明,任人之一;居己敬,用刑严;勤劳天下而自养啬焉,惠爱人民而克己至焉。故举舜而元凯登,皋陶用而不仁

远,卒之德化,光被四表,黎民于变时雍。刘向有言,王道知人,臣道知事,《韩诗外传》以为辟土殖谷者后稷,决江疏河者禹,听狱执中者皋陶,然而有圣名者尧。盖"股肱不备,则主恩不流,化泽不行"。故知人善任,识远量宏,乃元首惟一之德。苟能是,是亦克明俊德也,已而刘子玄疑其未克明德,岂非未之思哉?如曰诸子所言,彼此互异,各人所称,多与其自为之学说相通,因为"托古改制"之说。斯则未知征引往古同于己之事以为重,乃人情之常。譬之曾涤生于今,治文者往往仅引其论文之言,修身者往往仅引其省克之论,而为将者又往往仅引其治军之术自力矣。夫曾氏一人,引者各随其所需要之方面而异者势也。设吾方引其言以论为文之道于此,而或人方引其事以论治军之术于彼,世之论者,乃因彼此征引不同,而遽昌言曰此皆"托古改制",岂不诬哉?岂不谬哉?今以"托古改制"概诸子所引而悉抹杀之。其诬谬何以异是?

(五) 论尧舜禅让之事实真

尧之得舜与其德,已证论之如上矣。然则《论语》、《孟子》所言尧舜禅让之事,与夫《荀子·成相》所谓"尧授能,舜遇时……尧不德,舜不辞"者,果附会《尚书》而成其"托古改制"欤,抑非邪?据:

> 《墨子·尚贤》中、下:舜耕历山,陶河滨,渔雷泽,尧得之服泽之阳,举以为天子,与接天下之政,治天下之民。
>
> 《尸子》(汪继培辑):舜一徙成邑,再徙成都,三徙成国,尧闻其贤,征之草茅之中,与之语乐礼而不逆;与之语政,至简而行;与之语道,广大而不穷,于是妻之以媓,媵之以娥,九子事之,而托天下焉。
>
> 《公孙尼子》:舜牧牛于潢阳,尧举之以为天子。
>
> 《韩非子·十过》:尧禅天下,虞舜受之。
>
> 《吕氏春秋·孟春纪》:尧有子十人。不与其子而授舜。
>
> 又《恃君览》:尧授舜　又《贵因》篇　舜一徙成邑,再徙成都,三徙成国,而尧授之禅位,因人之心也。
>
> 又《孝行览》:夫舜遇尧,天也……其未遇时也,以其徒掘地

财，取水利，编蒲苇，结罘网，手足胼胝不居，然后免于冻馁之忧。其遇时也，登为天子，贤士归之，万民誉之，丈夫女子，振振殷殷，无不戴悦。

《竹书纪年》：洪水既平，归功于舜，将以天下禅之。

《淮南子·精神训》：尧养性之具不加厚而增之以任重之忧，故举天下而传之于舜，若释重负然（此殆袭取《庄子》文）。又《缪称训》：尧舜传大焉，先形乎小也：刑于寡妻，至于兄弟，禅于家国而天下从风……尧王天下而不解，授舜而忧释。

由上观之，尧舜禅让之事，不仅儒者有是言也。诸家殆皆有之。虽以韩非之疑古（见《难一》篇及《显学》篇），亦尝言尧传天下于舜，则禅位事之为真也无疑。且《尚书》载尧曾异位于四岳，《韩非子》《庄子》《荀子》《吕氏春秋》尝言尧尝让位于许由，则其禅舜，益为所有事。惟禅位事之施行也，甚为鲧与共工所反对。儒家正史，皆置而不言。独《韩非子·吕览》特然纪录之。《韩非子·外储说》之记曰："尧欲传天下于舜，鲧谏曰，'不详哉！孰以天下而传之于匹夫乎？'举兵而诛杀鲧于羽山之郊。共工又谏曰，'孰以天下而传之于匹夫乎？'尧不听，又举兵而诛共工于幽州之都。于是天下莫敢言'无传天下于舜'。"《吕氏春秋·恃君览》之记曰："尧以天下让舜，鲧为诸侯，怒于尧曰，'得天之道者为帝，得地之道者为三公，今我得地之道而不以我为三公！'以尧为失论，欲得三公；怒甚；猛兽欲以为乱……召之不来，仿佯于野以患帝。舜于是殛之于羽山，副之以吴刀。"夫鲧与共工，原为不才之子，而复身居贵族，列为诸侯，朋比挟持帝尧者有年，舜之为相也，当已深衔之矣。今睹堂堂天子之位，拱手欲授于匹夫，其理不能无忌，其势不能不叛。掞藜居恒怪儒言"四罪而天下咸服"，不知其所谓罪者云何。读屈子《离骚》所云"鲧婞直以亡身兮，终然夭乎羽之野"，知鲧乃以婞直死，而犹未明其所为婞何事。及读韩非、吕氏书，始释然于所谓"方命圮族，傲很明德"……与夫共工之所以流，鲧之所以殛，三苗之所以杀，皆由于反抗尧之禅舜也（《博物志》曰"昔尧以天下让于虞，三苗之民非之，帝杀有苗之民"。是三苗之叛，亦因禅让事也）。于是可知四凶未去，尧欲禅舜而未能，逮乎四凶既去，然后尧乃实行禅位于舜矣。

(六) 论尧之殂落，非以放死。

知尧舜之禅让，明帝舜之贤能，于情于理，已略可推知舜之必不至放尧矣，且据：

> 《墨子·节葬下》：尧北教乎八狄，道死，葬蛩山之阴。衣衾三领，谷木之棺，葛以缄之……满坎无封。
>
> 《竹书纪年》：九十年，帝游居于陶。一百年，帝陟于陶。帝子丹朱避舜于房陵，舜让不克，朱遂封于房，为虞宾。三年，舜即天子之位。
>
> 《吕氏春秋·安葬》：尧葬于谷林，通树之。（高诱曰，尧葬成阳。此云谷林，成阳山下有谷林也）
>
> 《史记集解》刘向说：尧葬济阴丘陇山。又引《皇览》尧冢在济阴城阳。
>
> 《帝王世纪》：尧葬于济阴之城阳西北，是为谷林。

由兹异说，大率尧即命舜摄行天子之政以后——即禅位——己则游行各地以自娱老。虽不能决其死于何所，但可断其放死，因《墨子》尝言其教乎北狄而道卒，《竹书纪年》载其游居于陶而殂落也。惟其非放死，故舜放尧于平阳之说，《魏史》不载于《纪年》而只存异说于《琐语》耳。

(七) 论舜禹禅让之事亦真，但舜之崩葬可疑。

舜禹禅让之事，亦不仅《论语》、《孟子》言之，即《荀子·成相》篇亦尝言，"舜授禹，以天下，尚得推贤不失序(注，得当为德)；外不避仇内不阿亲贤者予"。（注，谓殛鲧兴禹，又不私其子)不仅《荀子》言之也，即诸子亦尝言之：

> 《韩非子·十过》：舜禅天下而传之于禹。
>
> 《竹书纪年》：十四年，命禹代虞事。三十二年，帝命夏后总师，遂涉方岳(《伪古文·大禹谟》曰："帝曰，格，汝禹，朕宅帝位三十有三载，耄期倦于勤，汝惟不怠，总朕师。"与《竹书纪年》略合)。

三十三年,春正月,夏后受命于神宗。

《吕氏春秋·孟春纪》:舜有子九人,不与其子而授禹,至公也。

《吕氏春秋·恃君览》:舜授禹,伯成子高辞诸侯而耕。禹往见之,则耕在野。禹趋下风而问曰,"尧理天下,吾子立为诸侯,今至于我而辞,子故何也?"伯成子高曰,"当尧之时,未赏而民劝,未罚而民畏……今赏罚甚数而民争利,且不服,德自此衰,利自此作,后世之乱自此始!夫子盍行乎?无虑吾农事"!(此与《庄子·天地》篇略同。《天地》篇曰:"舜授禹,伯成子高辞为诸侯而耕。禹往见之,则耕在野。禹趋就下风,立而问焉,曰:昔尧治天下,吾子立为诸侯。尧授舜,舜授予,而吾子辞为诸侯而耕,敢问其故何也?子高曰,昔尧治天下,不赏而民劝,不罚而民畏,今子赏罚而民且不仁,德自此衰,刑自此立,后世之乱自此始矣!夫子阖行耶?无落吾事!")

又《孝行览》:夫禹遇舜,天也。禹周于天下以求贤者,事利黔首,水潦川泽之湛滞壅塞可通者,禹尽行之,人也。

由上观之,则舜禹之禅让非儒家"托古改制"断可知矣。且《晏子春秋》称舜之德也,以为"舜……处民之中,则自齐乎士;处君子之中,则齐乎君子;上与圣人,则固圣人之林"。夫以其德之盛如彼,其任禹之专如此,而禹之功又隆,则其禅位也,举所受于尧而授之禹,又岂非所有事耶?若使禹而篡位,则伯成子高之非之也,岂仅举其赏罚甚数之失而已耶?

知舜禹之禅让为真,则知舜之殂落非以放死,即以大禹平生顺命尽职忠于天下之事推之,必不至于放舜。然而舜崩之事,颇有可疑,盖诸书之言。约有三说焉:

《墨子·节葬下》:舜西教乎七戎,道死,葬南己之市。

《吕氏春秋·安死》:舜葬于纪,市不变其肆。

此皆谓舜死于南己,而南己之地位似在西戎,其说(一)也。

《孟子·离娄下》:舜生于诸冯,迁于负夏,卒于鸣条,东夷之

人也。

《竹书纪年》：四十九年，帝居于鸣条。五十年，帝陟。又曰，"鸣条有苍梧之山，帝崩，遂葬焉，今海州"。

此皆谓舜死葬于鸣条，而鸣条当在东夷，其说（二）也。

《史记·五帝本纪》：南巡狩，崩于苍梧之野，葬于江南九嶷，是为零陵。

《礼记》：舜葬苍梧，二妃不从。

《淮南子·修务训》：舜……南征三苗，道死苍梧。

又《齐俗训》：昔舜葬苍梧，市不变其肆。

此皆谓舜死葬于苍梧，而苍梧又在江南，其说（三）也。

凭斯异说，舜之死葬，实为可疑。后人高诱（《吕氏春秋注》）、王应麟（《困学纪闻》）、罗泌（《路史》）、毕沅（《墨子注》）之徒，均欲强勉牵傅，合为一地，而不知其不可通也！故于此事，当存疑焉。

（八）结论

要之，春秋以上，史事难稽。盖孔子仅及史之阙文，司马迁亦云"书阙有间"。以韩非子生当战国之际，犹谓"欲审尧舜之道于三千岁之前，意者其不可必"，乃后人生数千载之外，而于所传尧舜禹事，一一笃守而固信之，愚矣。无参证而遽以儒、墨、道、法等一家之言为真，诬矣。今日而言上古之事，苟非慎之又慎，必至"非愚即诬"。甚哉，古史之难治也！故愚于尧舜禹事为刘知幾以来学士所疑者，略进一解焉。其为世所公认为真者——如舜之政绩，禹平水土之类——斯不复赘及。

民国十一年十月于东大

（《学灯》第五卷第二十册第二十号、第廿一号，民国十二年，十二月，二十日）

儒家所言尧舜禹事，伪耶？真耶？

绪论

上古之事，荒远难稽；史册所垂，残阙失次；古物之发见而足资推证者复极寡，欲明三代真迹，顾已难矣，况三代以上乎？然尧、舜、禹之事，我国学者多称道之，孔子删存《尚书》所载尧、舜、禹言行，自太史公以来，无不信也。及《汲冢书》出而人如刘知幾——始疑之：以谓《虞书》之美放勋也，曰"克明俊德……黎民于变时雍"。而《左氏春秋传》载八元、八凯世济其美，不陨其名，以至于尧，尧不能举；浑沌、穷奇、梼杌、饕餮世济其凶，增其恶名，以至于尧，尧不能去。《论语》则云舜举皋繇，不仁者远。是则尧时君子沉沦，群小在位，安得谓之克明俊德，黎民于变时雍也乎？《虞书》之言尧舜禅让也，云："帝曰，格汝舜……汝陟帝位。舜让于德弗嗣。正月上日，受终于文祖……二十有八载，帝乃殂落……月正元日，舜格于文祖"。《论语》则有"尧曰，咨尔舜！天之历数在尔躬，允执其中！四海困穷，天禄永终。舜亦以命禹"。万章亦尝闻尧以天下与舜。孟子至谓尧崩，舜避尧之子于南河之南。及天下归之，然后践天子位。而《汲冢琐语》则云舜放尧于平阳。《山海经》亦列尧子丹朱于帝，又言丹朱葬于苍梧之阴。是则舜之为帝，盖由篡夺放逐以成，安得有所谓禅让者乎？《虞书》又言舜五十陟方乃死，《礼记》谓舜葬苍梧，二妃不从；《史记》载舜南巡狩，崩于苍梧之野，葬于江南九疑。夫当时苍梧险远，百金之子，犹惮经履其途，乃万乘之君，而堪巡狩其国，竟以野死。斯则陟方之事，其殆文命之意乎？且舜、禹万里暌离，又安得有所谓"舜……命禹"之禅让耶？（以上略依《史通·疑古》）于今梁任公深信《汲冢书》之真（见其所著《历史研究法》——《汲冢书》之可恃与否详

后），胡适之深疑《尚书》为儒家所造以"托古改制"，而周秦诸子争称道尧、舜、周公，亦莫非"托古改制"之言。（见其所著《中国哲学史大纲》卷上十八及二十四页——其说之当否见后）则尧、舜、禹之事迹为真为伪，可信或不可信，治史者所亟宜研究而裁决之者也。

虽然，有困难焉：盖证史必资印据。唐虞时代记载之器物发见乎今者既无，古史之传于今者又惟《尚书》而已。《大戴记·五帝德》、《帝系姓》为儒家之书，记尧、舜、禹之事尤略，复有所讹误（观孔广森注即知）。孔孟所言，左氏所载，太史公已多采入本纪。《世本》既亡，已无他史可资互证（左氏传《春秋》，章太炎《读左叙录》论之甚精详。其书本可恃。《世本》为战国时好事者为之——详《史通》——所录之可恃与否，不过与孟、荀所言等耳），是以不能不旁求诸诸子百家之书。然百家之文多不雅驯，汉初荐绅先生已难言之，太史公著书，已尝反覆申之矣。故其时虽载籍极博，而《史记》所录，惟"考信于六艺"（今周秦百家书多亡，其存者亦多残错失本来面目）。盖如庄子之书，荒唐诙诡，空无事实（庄子本书《天下篇》已自言之并见《史记》），既大率寓言，复多后人附益（章实斋谓《盗跖》、《让王》诸篇为庄学者所附益），则证史有不可恃者矣。《山海经》战国人士伪托，且系小说之伦（本纪昀说），等于《西游》诸记。所言怪物情事，出乎幻想虚描。马迁已谓其不经，《史记》所不敢采录（见《史记·大宛列传赞》），则证史有不可恃者矣。《淮南鸿烈解》为淮南王宾客所合成，史载其"所招致率多浮辩"（《汉书·景十三王传》），"妄作妖言诡谀王"（《史记·淮南衡山列传》）。今观所言尧、舜、禹事，确多妖言。其剿袭周秦诸子者，尚足为诸子之辅证，外此实难可凭，则证史有不甚可恃者矣。《列子》原书已亡，今本纯为后人伪造，大率杂取《山海经》、《庄子》、《淮南子》、《管》、《晏》、《尸》、《吕》之属，杂缀晚成（此书之伪，前人已众口一辞，姚际恒、汪继培、马叙伦已论之详矣），则证史尤不可恃者矣。然如《管子》、《墨子》、《韩非子》诸书，固属后人杂凑缀辑，多为治其学者所附加，非尽本身所论述（如《管子》言西施；《墨子》言坚白；《韩非子》载其李斯驳议，即后人附益之证——略本叶水心、章实斋说），要之，太史公尝读之，至谓"详哉其言之"，"十余万言……甚具"，是则诸书部帙故丰，其所附益，不出周、秦、汉初所为；其所述闻，犹可等

于《新书》、《说苑》、《论衡》、《新论》,故有可资印证者焉。《尸子》、《公孙尼子》之流,零篇断简,引言逸句,尚存人间,故有可资印证者焉。《晏子春秋》乃墨学者所为,因所述为晏子事,即以晏子名其篇,犹之《孟子》有《告子》、《万章》之篇。并非伪造,亦非寄托(本柳宗元、章实斋说)。司马迁既谓"详哉其言之"又曰"其书世多有之",是则虽非晏子之书,要为周秦之作,故有可资印证者焉。《吕氏春秋》为三千食客各著所闻,复悬千金延诸侯游士宾客增损一字。慎重之意,千百淮南;古昔传言,粗具于是,故有可资印证者焉。《新书》、《说苑》及其他汉人之说,去古未远,其有所云,必有所据,故有可资印证者焉。汲冢《竹书纪年》发乎晋世,出自冢中,事实昭然,断非伪造。虽其成于战国,未必可视为确凿之信史,然尚可等诸百家之著述,亦有可资推证者焉。皇甫谧作伪之魁,其有所造,常托古人或古书,独《帝王世纪》以其自身之名义行之,决焉无所恐,当时无所非,殆采取史迁唾弃之余,收拾古来传异之说,故亦有可资推证者焉。惟百家之引尧、舜为重也,或附会之,或张大之,各以其道为尧、舜之道,故《孟子》有"尧舜不胜其美",与"传言失指"之叹(见《风俗通义·正始》篇),复有"尽信书则不如无书"之疑;《尸子》亦曰"尧为善而众美至焉"。韩非子有言:"孔子、墨子俱道尧、舜而取舍不同。皆自谓真尧舜。尧、舜不复生,将谁定儒、墨之诚乎?"(王充《论衡》亦多疑古说之不经)虽然,天下之善皆归,必有所以归之之道;百家俱称道尧、舜,纵其取舍不同,必有所以见称所以取重者也;所称虽或异,其所本之原必有相同者也。例之于人,大小、长短、老幼、美丑、智愚、贤不肖虽至不齐,必有所谓人者在也。乌得概以"托古改制"一武断语抹之邪?故今据可资印证与推考之书,取其称谓之同,度之以情,忖之以理,以次论定儒家所言尧、舜、禹事之真伪如下:

〔断一〕 尧之初政中政之时,群小在位。

欲明斯断,须先知帝尧以前及其即位以后之情形。案:

《竹书纪年》:帝子挚立九年而废。

《史记·五帝本纪》:帝挚立,不善,崩,而弟放勋立,是为帝尧。

《史记索隐》引卫宏说:挚立九年而唐侯德盛,因禅位焉。

《帝王世纪》：挚在位九年，政微弱。而唐侯德盛，诸侯归之，挚服其义，乃率群臣造唐而致禅唐侯。

由上观之，帝挚或废，或崩，或禅，诸说虽各不同，但有可知者三事焉：（一）帝挚在位不久也；（二）帝挚时政治不良也；（三）帝尧嗣帝挚而为帝也。然帝尧即位之际，其年龄何如乎？按：

《绎史》引《外纪》：帝尧年十六，即天子位。

《史记集解》引皇甫谧说：尧以甲申岁生，甲辰即帝位，甲午征舜，甲寅舜代行天子事，辛巳崩，年百十八，在位九十八年。

《帝王世纪》：尧年十五而佐帝挚……二十而登帝位。

由上观之，尧即位时之年龄虽不可确知，其在少小则断可言也。明乎此，乃可以读左氏所载（《左氏春秋传》文公十八年）：

高阳氏有才子八人：苍舒、隤敳、梼戭、大临、尨降、庭坚（杜注即皋陶字）、仲容、叔达，齐圣广渊，明允笃诚，天下之民谓之八恺。高辛氏有才子八人：伯奋、仲堪、叔献、季仲、伯虎、仲熊、叔豹、季狸，忠肃共懿，宣慈惠和，天下之民谓之八元。此十六族也，世济其美，不陨其名，以至于尧（"以至"二字重读），尧不能举。（"不能"二字重读）

帝鸿氏有不才子，掩义隐贼，好行凶德，丑类恶物，顽嚚不友，是与比周，天下之民，谓之浑敦（杜注谓驩兜）。少皞氏有不才子，毁信废忠，崇饰恶言，靖谮庸回，服谗蒐慝，以诬盛德，天下之民谓之穷奇（杜注谓共工）。颛顼氏有不才子，不可教训，不知话言，告之则顽，舍之则嚚，傲狠明德，以乱天常，天下之民谓之梼杌（杜注谓鲧）。此三族也，世济其凶，增其恶名，以至于尧（"以至"二字重读），尧不能去。"（"不能"二字重读）

由上"以至于尧，尧不能举"，及"以至于尧，尧不能去"观之，则知不能举贤，不能去恶，确为初年事也。不仅为尧初年事已矣，且其中年亦未尝能去恶举贤。何以明之？按：

《尚书·虞书》："帝曰，咨，四岳，朕在位七十载，汝能庸命。巽朕位。"其后四岳既荐舜，尧已试舜以功，"乃命以位……二十有八

载,帝殂落"。

《孟子·万章》：舜相尧二十有八载。

《竹书纪年》：七十年春正月，帝使四岳锡虞舜命。七十一年，帝命二女嫔于虞。一百年，帝陟于陶。（《墨子·尚贤》曰："尧举舜于服泽之阳"）

《史记·五帝本纪》：尧立七十年得舜，二十年而老……避位凡二十八年而崩。

《史记集解》引徐广说：尧在位凡九十八年。

《史记集解》皇甫谧说：在位凡九十八年。

由上观之，知尧在位凡九十八年或一百年，其第七十年始得舜也。又按：舜未举以前，《尚书·尧典》载尧求若采，而骦兜且荐共工；求义洪水，而佥且荐鲧。《竹书纪年》载十九年命共工治河；六十一年命崇伯鲧治河；六十九年黜崇伯鲧。是则尧初年中年未能去恶，即其黜崇伯鲧，亦不过因其治水无成而黜其官，固未殛之也。

于是可由推理而作帝尧初政、中政之断曰：帝挚在位不久而尧嗣立。帝挚之世，帝尧之初，贤者未举，恶者未除。是盖尧以少小嗣位，德性智慧才能，未必达成立；而四凶皆贵族，少主之威信未必孚臣民，欲有黜陟，势实难行。及其成长，凶族仍朋比挟持，权无从使。故《尧典》载尧求若采，而骦兜即以共工进，又求治洪水而佥以鲧进。夫尧既已知共工之"静言庸违，象恭滔天"与鲧之"方命圮族"，嗟叹之间，意欲不用，而岳且惊曰："异哉！试可乃已"，卒至鲧九载绩用弗成而始黜之（尧六十九年），况无大罪而遽去之乎？是故谓尧"钦明"者非虚语也，谓尧初年中年群小在位者，亦非虚语也。当少主孤立之初，权臣弄柄，长成之际，为所挟持，及其得助而后吏治整饬者，四千年以来，历历可数也。故尧初政之善者，惟命羲和历象（《尧典》叙命羲和最先，《竹书纪年》亦于尧即位后即纪命羲和历象），逮乎晚年得舜，然后百治具张。而刘子玄遽以群小在位概断唐尧一代，谬矣。

〔断二〕 **尧实克明俊德，以使时雍。**

尧晚年得舜，已证明如上矣。自是以后，政治果何如乎？据：

《左氏春秋传》：舜臣尧，举八恺，使主后土，以揆百事，莫不时

序,地平天成,举八元,使布五教于四方,父义、母慈、兄友、弟共、子孝,内平外成。……宾于四门,流四凶族,浑敦、穷奇、梼杌、饕餮,投诸四裔,以御魑魅。

《竹书纪年》:七十五年,司空禹治河。

《淮南鸿烈解》:尧之治天下,舜为司徒,契为司马,禹为司空,后稷为大田师,奚仲为工。其导万民也,水处者渔,山处者木,谷处者牧,陆处者农。

《说苑·君道》:当尧之时,舜为司徒,契为司马,禹为司空,稷为田畴,夔为乐正,倕为工师,伯夷为秩宗,皋陶为大理,益掌驱禽,尧体力便巧,不能为一焉,尧为君而九子为臣,其故何也?尧知九职之事,使九子者各受其事,皆胜其任,以成九功,尧遂成厥功以王天下。

由上观之,则知《尚书》所载四岳荐舜,尧命以位之后,内外整饬,吏治大新。夫此固舜之贤能,亦不可谓非尧之知人之明与善任而专。且尧之德见称于诸子者有如下:

《墨子·节用中》:尧治天下:南抚交趾,北际幽都,东西至日所出入,莫不宾服。逮至其厚爱,黍稷不二,羹胾不重,饭于土塯,啜于土形,斗以酌。

汪继培辑《尸子》:人之言君天下者,瑶台九累,而尧白屋;黻衣九种,而尧大布;宫中三市,而尧鹑居;珍羞百种,而尧粝饭菜粥;麒麟青龙,而尧素车玄驹。

《韩非子·五蠹》:尧之王天下也,茅茨不翦,采椽不斫,粝粢之食,藜藿之羹,冬日麑裘,夏日葛衣。

《韩非子·十过》:尧有天下,饭于土簋,饮于土铏;其地南至交趾,北至幽都,东西至日月之所出入者,莫不宾服。

〔附〕《淮南子·精神训》:尧,朴桷不斫,素题不枅……粝粢之饭,藜藿之羹……布衣掩形,鹿裘御寒,养性之具不加,而增之任重之忧。

又《淮南子》:尧之有天下也……身服节俭之行……是故茅茨不翦,采椽不斫,大路不画,越席不缘,大羹不和,粢食不毇。

由上观之,则尧之以俭德服民概可见矣。

《管子·桓公问》篇:尧有衢室之问者,下听于人也;舜有告善之旌,而主不蔽也。

汪继培辑《尸子》:尧有建善之旌。尧立诽谤之木。

《吕氏春秋·自知》篇:尧有欲谏之鼓。

〔附〕《淮南子·主术训》:尧置敢谏之鼓;舜立诽谤之木。

由上观之,则尧求过之德概可见矣。

《新书·修政语上》:帝尧曰,吾存心于先古,加志于穷民,痛万姓之罹罪,忧众生之不遂也。故一民或饥,曰,此我饥之也;一民或寒,曰,此我寒之也;一民有罪,曰,此我陷之也。仁行而义立,德博而化富,故不赏而民劝,不罚而民治。先恕而后行,是以德音远也。

《说苑·君道》引河间献王说:尧存心于天下,加志于穷民,痛万姓之罹罪,忧众生之不遂也。有一民饥,则曰此我饥之也;有一民寒,则曰此我寒之也;一民有罪,则曰此我陷之也。仁昭而义立,德博而化广,故不赏而民劝,不罚而民治。

〔附〕《淮南子》:尧之有天下也……以为百姓力征,强陵弱,众暴寡,于是……明相爱之仁以和辑之……巡狩行教勤劳天下。(又《修务训》:"尧立,孝慈仁爱。")

由上观之,则尧仁慈之德概可见矣。

《墨子·节用中》:尧治天下……俛仰周旋威仪之礼。

《管子·任法》篇:昔者尧之治天下也,犹埴之在埏也,唯陶之所以为;犹金之在炉,恣冶之所以铸。其民引之而来,推之而往,使之而成,禁之而止。故尧之治也,善明法禁之令而已矣。

〔附〕《淮南子·人间训》:尧戒曰:"战战栗栗,日慎一日。人莫踬于山而踬于垤。"

由上观之,则尧钦慎之德略可知,明刑法而不怙以"贼刑"亦可见矣。

总之,尧有求过之切,知人之明,任人之一;居己敬,用刑严;勤劳天下而自养啬焉,惠爱人民而克己至焉。故举舜而元凯登,皋陶用而不仁

远,卒之德化,光被四表,黎民于变时雍。刘向有言,王道知人,臣道知事;《韩诗外传》以为辟土殖谷者后稷,决江疏河者禹,听狱执中者皋陶,然而有圣名者尧。盖"股肱不备,则主恩不流,化泽不行",故知人善任,识远量宏,乃元首惟一之德。苟能是,尚非克明俊德乎哉?

〔断三〕 **尧舜禅让之事实真。**

尧之得舜与其德,已证明如上矣。然则《论》、《孟》所言尧舜禅让之事,与夫《荀子·成相》所谓"尧授能,舜遇时……尧不德,舜不辞"者果附会《尚书》而成其"托古改制"欤? 抑非耶? 据:

《墨子·尚贤》中、下:舜耕历山,陶河滨,渔雷泽,尧得之服泽之阳,举以为天子,与接天下之政,治天下之民。

汪继培辑《尸子》:舜一徙成邑,再徙成都,三徙成国,尧闻其贤,征之草茅之中,与之语礼乐而不逆;与之语政,至简而行;与之语道,广大而不穷。于是妻之以媓,媵之以娥,九子事之,而托天下焉。

《公孙尼子》:舜牧牛于潢阳,尧举之以为天子。

《韩非子·十过》篇:尧禅天下,虞舜受之。

《吕氏春秋·孟春纪》:尧有子十人,不与其子而授舜。 又《恃君览》:尧授舜。 又《贵因篇》:舜一徙成邑,再徙成都,三徙成国,而尧授之禅位,因人之心也。 又《孝行览》:夫舜遇尧,天也。……其未遇时也,以其徒掘地财,取水利,编蒲苇,结罘网,手足胼胝不居,然后免于冻馁之忧。其遇时也,登为天子,贤士归之,万民誉之,丈夫女子,振振殷殷,无不戴悦。

《竹书纪年》:洪水既平,归功于舜,将以天下禅之。

〔附〕《淮南子·精神训》:尧养性之具不加厚,而增之以任重之忧,故举天下而传之于舜,若释重负然。(此殆袭取《庄子》文)又《缪称训》:尧、舜传大焉,先形乎小也。刑于寡妻,至于兄弟,禅于家国,而天下从风。……尧王天下而忧不解,授舜而忧释。

《韩非子·外储说》:尧欲传天下于舜,鲧谏曰:"不详哉! 孰以天下而传之于匹夫乎?"举兵而诛杀鲧于羽山之郊。共工又谏曰:"孰以天下而传之于匹夫乎?"尧不听,又举兵而诛共工于幽州

之都。于是天下莫敢言"无传天下于舜"。

《吕氏春秋·恃君览》：尧以天下让舜。鲧为诸侯，怒于尧曰："得天之道者为帝，得地之道者为三公。今我得地之道，而不以我为三公。"以尧为失论，欲得三公；怒甚；猛兽欲以为乱……召之不来，仿佯于野以患帝。舜于是殛之于羽山，副之以吴刀。

由上观之，尧舜禅让之事，不仅儒者有是言也，诸家殆皆有之。虽以韩非子之疑古（见《显学篇》及《难一篇》）亦尝言尧传天下于舜，则禅位之事实真。且《尚书》载尧曾巽位于四岳，《韩非子》、《庄子》、《荀子》、《吕氏春秋》尝言尧尝让位于许由，则其禅舜，益为所有事。惟禅位为鲧与共工等所反对，儒家正史，皆置而不言。夫以鲧等原为不才之子，而复身居贵族，列为诸侯，朋比挟持帝尧者有年，舜之为相也，当已深衔之矣。今睹堂堂天子之位，拱手欲授于匹夫，其理不能无忌，其势不能不叛。居恒怪儒家言"四罪而天下咸服"，不知其所谓罪者云何。读屈原《离骚》所云"鲧婞直以亡身兮，终然夭乎羽之野"，知鲧乃以婞直死，而不明其所为婞直者何事。及读韩、吕书，始释然于所谓"方命圮族，傲狠明德"，与夫共工之所以流，鲧之所以殛，三苗之所以杀（《博物志》曰："昔尧以天下让于虞，三苗之民非之，帝杀有苗之民。"是三苗之叛，亦因禅让事也）。盖四凶既去，而尧乃实行禅位于舜矣。

〔断四〕　尧之殂落，非以放死。

知尧舜之禅让，明帝舜之贤能，于情于理，已可推知舜决不至放尧。且据：

《墨子·节葬下》：尧北教乎八狄，道死，葬蛩山之阴。衣衾三领，谷木之棺，葛以缄之……满坎无封。

《竹书纪年》：九十年，帝游居于陶。一百年，帝陟于陶。帝子丹朱避舜于房陵，舜让不克，朱遂封于房，为虞宾。三年，舜即天子之位。

《吕氏春秋·安葬》：尧葬于谷林，通树之。（高诱曰：尧葬成阳，此云谷林，成阳山下有谷林。）

《史记集解》刘向说：尧葬济阴丘陇山。　又引《皇览》：尧冢在济阴城阳。

《帝王世纪》：尧葬于济阴之城阳西北，是为谷林。

由兹诸说，大率尧既命舜摄行天子之政以后——即禅位，己则游行各地。虽不能决其死于何所，但可断其非放死，因墨子言其教乎北狄而道卒，《竹书纪年》载其游（此字重读）居于陶而殂落也。惟其非放死，故舜放尧于平阳之说，《魏史》不载诸《纪年》而只存异于《琐语》也。

〔断五〕 **舜禹禅让之事亦真，但舜之崩葬可疑。**

舜禹禅让之事，亦不仅《论语》、《孟子》言之，即《荀子·成相》篇亦尝言"舜授禹，以天下；尚得推贤不失序（注"得"当为"德"）；外不避仇，内不阿亲。贤者予"（注谓殛鲧兴禹，又不私其子）。不仅荀子言之，即诸子亦尝言之：

《韩非子·十过》：舜禅天下而传之于禹。

《竹书纪年》：十四年，命禹代虞事。三十二年，帝命夏后总师，遂涉方岳。（《伪古文大禹谟》曰："帝曰，格，汝禹，朕宅帝位三十有三载，耄期倦于勤，汝惟不怠，总朕师。"与《竹书纪年》略合）三十三年，春正月，夏后受命于神宗。

《吕氏春秋·孟春纪》：舜有子九人，不与其子而授禹，至公也。

《吕氏春秋·恃君览》：舜授禹，伯成子高辞诸侯而耕。禹往见之，则耕在野。禹趋下风而问曰："尧理天下，吾子立为诸侯，今至于我而辞，子故何也？"伯成子高曰："当尧之时，未赏而民劝，未罚而民畏……今赏罚甚数而民争利且不服，德自此衰，利自此作，后世之乱自此始！夫子盍行乎？无虑吾农事！"

〔附〕《庄子·天地篇》：舜授禹，伯成子高辞为诸侯而耕。禹往见之，则耕在野。禹趋就下风，立而问焉，曰："昔尧治天下，吾子立为诸侯。尧授舜，舜授予，而吾子辞为诸侯而耕。敢问其故何也？"子高曰："昔尧治天下，不赏而民劝，不罚而民畏。今子赏罚而民且不仁，德自此衰，刑自此立，后世之乱，自此始矣！夫子阖行耶？无落吾事！"

《吕氏春秋·孝行览》：夫禹遇舜，天也。禹周于天下以求贤者，事利黔首，水潦川泽之湛滞壅塞可通者，禹尽行之，人也。

由上观之，则舜、禹之禅让非儒家之"托古改制"断可知矣。且《晏子春秋》称舜之德也，以为"舜……处民之中，则自齐乎士；处君子之中，则齐乎君子；上与圣人，则固圣人之林"。夫以其德之盛如彼，其任禹之专如此，而禹之功又隆，则其禅位也，举所受于尧而授之禹，又岂非所有事耶？若使禹而篡位，则伯成子高之非之也，岂仅举其赏罚甚数之失而已耶？

知舜、禹之禅让为真，则知舜之殂落非以放死，即以大禹平生顺命尽职、忠于天下之事推之，必不至于放舜。然而舜崩之事，颇有可疑，盖诸书之言有三说焉：

> 《墨子·节葬下》：舜西教乎七戎，道死，葬南己之市。
>
> 《吕氏春秋·安死》：舜葬于纪，市不变其肆。

此谓死葬于南己，而南己似在西戎，其说（一）也。

> 《孟子·离娄下》：舜生于诸冯，迁于负夏，卒于鸣条，东夷之人也。
>
> 《竹书纪年》：四十九年，帝居于鸣条。五十年，帝陟。 又曰："鸣条，有苍梧之山，帝崩，遂葬焉，今海州。"

此谓死葬于鸣条，而鸣条当在东夷，其说（二）也。

> 《史记·五帝本纪》：南巡狩，崩于苍梧之野，葬于江南九嶷，是为零陵。
>
> 《礼记》：舜葬苍梧，二妃不从。
>
> 〔附〕《淮南子·修务训》：舜……南征三苗，道死苍梧。又《齐俗训》：昔舜葬苍梧，市不变其肆。

此谓死葬于苍梧，而苍梧又在江南，其说（三）也。

凭斯异说，舜之死葬，实为可疑。后人高诱（《吕氏春秋注》）、王应麟（《困学纪闻》）、罗泌（《路史》）、毕沅（《墨子注》）之徒，均欲强勉牵傅，合为一地，而不知其不可通也！故于此事，当存疑焉。

结论

要之春秋以上，史事难稽。盖孔子仅及史之阙文，马迁亦云书缺有

间。韩非子生当战国之际,犹谓"欲审尧舜之道于三千岁之前,意者其不可必",后人生数千载之外,而于所传尧、舜、禹事一一笃守而固信之,愚矣。无参证而遽以儒、墨、道、法等一家之言为真,诬矣。今日而言上古之事,非愚即诬,甚哉古史之难治也!故蘩于尧、舜、禹事为人所疑者,略进一解焉。其为世所公认为真者——如舜之政绩、禹之治水等——斯不复赘及。

民国十一年十一月南高

(《史地学报》第2卷第8号,1924年2月)

月氏与东西文化之关系

中国史籍虽经过明清以来的人研究补苴，但是这里面依然不知道有多少疑难问题没有解决，不知道有多少谬误没有纠正，也不知道有多少重大事件没有提出讲来。例如我们若是读过《史记·五帝本纪》的，总会起一种心思，要问问苗族在五帝的时代到底是怎么一回事；若是读过《货殖列传》的，总会怀疑白圭是魏文侯时候的人，怎么会说及几十年后的"商鞅行法"？若是读过《隋书·律历志》的，总会惊诧中国南朝宋末，竟有祖冲之那样精绝的圆周率之发明；月氏（Yueh-Chi）呢，也是如此。他在汉代不仅有关于中国的政治外交，而且在东西文化上也有很重大的关系。所以我提出研究研究。

引　月氏与中国古籍

一　月氏人究竟是属什么种族？

二　月氏人原于何时何地建国？

三　月氏与匈奴之战争

四　月氏败于匈奴及其第一次西徙

五　月氏败于乌孙及其第二次西徙

六　月氏征服大夏后的建设

七　月氏承受于大夏的文化

八　月氏引起东西文化接触的原因

九　月氏引起东西文物交输的事实

十　月氏雄长中亚及其与四邻的交涉

十一　月氏张皇印度文化的最盛时代

十二　月氏转输印度文化于中国的原委

十三　月氏衰亡及其传布文物的余音

引　月氏与中国的古籍

我想我们要求明了月氏与东西文化之关系，莫如先求知道月氏的历史。若使知道了月氏的历史，月氏与东西文化之关系自然明白。可是月氏的历史不很容易清楚，因为他们自家没有什么历史记载流传给我们。我们所靠的，只有一点点欧洲人发见他们的遗物，印度和我们中国历史书籍上所联带记及他们的事迹。这种联带记及的事迹，不惟很少——很破碎不完，而且颇渺茫——颇模糊不明。这层原故，是因古代交通不便，消息不灵，没有我们现在电报一样的通报事情，没有我们现在报纸一一的传达事实，更没有现在我们访员一般的人往月氏国里去调查情形。无论我们中国或印度或欧洲的古代历史家是谁，我们联带记载月氏的史事，都不过是耳闻，都不过是由道听途说得来。若使这些史家根据"往还于本国和月氏间的使者或商人的直接谈叙"，还比较可靠，还比较清楚；若使他们根据人们间接的传闻，则以讹传讹，月氏的情形便涉渺茫了。加之时有妄人造作奇谈，僧侣杜撰神怪以迷惑国人，于是月氏的事，愈觉模糊茫渺。这不仅是月氏如此，凡属古时中亚(Central Asia)西亚(Western Asia)诸国——我们中国所称为"西域诸国"者，莫不如是。所以《西域图志》尝说："在昔志西域者，文人务诡华词，释氏尤涉荒渺，揆诸事实，多不足征。"现在我们要想明白月氏的历史，应注意这一点。能注意这一点，或差可得到月氏史事的真象；也或可以因此参稽而纠正古人记载的谬误；并且有时还可以因参稽而反证我国古籍的真伪，推察其伪托的时期。

考"月氏"这个名词，在我们中国的古籍里，可以说首现于《山海经》，次现于《逸周书》。《山海经·海内东经》曰："国在流沙之外者，大夏月氏之国。"《逸周书·王会》篇曰："伊尹为四方令曰：'正北空同、大夏、莎车、姑他、旦略、豹胡、代翟、匈奴、楼烦、月氏、孅犁、其龙、东胡请令以橐驼、白玉、野马、骒、䮽䮌、良弓为献。'汤曰，善。"因此，有人根据刘歆校定《山海经》为"禹任土作贡而益等类物善恶"时所著，和后世"《逸周书》出于文、武、周、召之手"的话说月氏建国，必远在禹、益以前，直经过商周至秦，前

后二千年,国势强盛。这种说法,未免太粗心了,太无见识了。凡是稍有眼光的人随手翻阅《山海经》和《逸周书·王会》篇,便可以引起疑心,觉得这种谬悠之辞,荒唐之言,决非文、武、周、召所作,并且随即可以觉得《山海经》决非战国以前和战国前期的书,《逸周书》虽或有一部分是战国以前的书,而《王会》篇必为战国末叶以下的人所作。怀疑《山海经》者很多,最显著的最早的莫如司马迁。他在《史记·大宛列传赞》中尝谓"《山海经》所有怪物,余不敢言"。表示他作《史记》时所不采录的意见。后来胡应麟《四部正讹》怀疑《山海经》,并及《逸周书·王会》,谓《山海经》乃"战国好奇之士,本《穆天子传》之文与事而侈大博极之,杂传以《汲冢纪年》之异闻,《逸周书·王会》之诡物,《离骚·天问》之遐旨,《南华》郑圃之寓言,以成"。纪昀《史通削繁》亦说《山海经》是小说之伦,为战国人士所伪托。以我的意见看起来,《山海经》和《逸周书·王会》直是战国将终的三十年间所作,不然便是秦代或汉初所成怎见得呢? 因为我们知道中国古书里面所有的大夏就是西洋史籍里面所谓 Bactsia。Bactriana之叛离塞留古帝国(Seleucid Empire)而独立建国,在西历纪元前二五〇年,当中国周亡后六年,秦庄襄王元年,秦统一中国前三十年。西历纪元前二五〇年以前,中亚并无所谓 Bactria 一国,即西域并无所谓大夏一国。而上面所引的《山海经·海内东经》说"国在流沙外者,大夏、月氏之国"。《逸周书·王会》说"正北空同、大夏、莎车……匈奴……月氏"。足见《山海经·海内东经》和《逸周书·王会》皆是大夏建国以后之作,皆是西历纪元前二五〇年后大夏国名东播时所成。这不过是一个证据,其余足以证明"《山海经》和《逸周书·王会》是战国时期将终之际所作,或秦代或汉初所成"之点颇多;惟非本题所宜繁论,可不赘及。

明白《山海经·海内东经》和《逸周书·王会》篇是战国将终或秦代或汉初之书了,我们便可进而研究月氏建国的时期。但欲谈月氏建国的时期,尚须先研究两个疑问:(一)月氏是属什么种族耶? (二)他们原来是在什么地方的呢? 不论能解决或不能解决,总要谈谈这两个疑问,然后才可以说得到月氏建国的时候。

一 月氏人究竟是属什么种族?

这实在是很难回答的问题。据 V. A. Smith 的 *The Oxford*

Student's History of India，说他们这种人的族属难明，大约是与突厥人（Turks 今通译为土耳其人）同种，也许或是属于阿利安人（Oryans），据桑原骘藏的《东洋史要》，说月氏盖土耳其族。据威尔士的《历史大纲》（H. G. Wells：*The Outline of History*；1923；*The 3rd Edition*），说月氏人与匈奴人为血族之亲。据《史地丛刊》引梁任公《佛教东来之历史地理的研究》，又说月氏人是属于氐羌的氐种。归纳起来，共有四说：（一）月氏为土耳其种；（二）为阿利安种；（三）为匈奴种；（四）为氐种。但是桑原骘藏尝以为土耳其种即是匈奴种，我国人也有些说土耳其族是匈奴苗裔的化名。其实土耳其族是否即匈奴种族，也是一个疑问。纵使土耳其族即是匈奴种族，尚有三说：（一）月氏为匈奴种；（二）为阿利安种；（三）为氐种。到底月氏是属于哪一种呢？

依我看来，上面诸人的说法，大半是凭空推想。如史密斯（Smith）所说"月氏人大约是与突厥人同种，也或许是属于阿利安人"；桑原骘藏所说"月氏盖土耳其族"，固然是没有证据，妄行猜测。即威尔士由月氏与匈奴接近一方面着想，说"月氏人与匈奴人为血族之亲"。梁任公由月氏曾居氐羌之地一方面着想，说"月氏人是属于氐羌族中之氐种"，又何尝是坚强证据而非妄行推度呢？因为我们若使根据两国地位接近便说两国人有血族之亲，则我们中国那时也与匈奴接壤，难道可以说汉族与匈奴为血族之亲吗？若使根据乙国人曾居甲国之地便说乙国人是属于甲国人种，则我们中国人也曾为蒙古人——元朝人居处，难道可以说蒙古人是属于汉族吗？

所以我们研究月氏人的族属，不应如此推想，应查一查古昔记载，研究一研究月氏人的体态状貌和风俗习惯。因为人种学者研究人种的异同，没有不从研究体态状貌和风俗习惯入手的。假如有两国人于此，他们的体态状貌相同，风俗习惯也相同，这便是同种的铁证；反之，他们的体态状貌和风俗习惯都不相同，这是不同种的铁证。好像我们若跑到美国南部去，看见有些人是黑色皮肤，黑眼平鼻；有些人是白色皮肤，青眼高鼻。即不问他们的风俗习惯同异，已可剖判他们定是两种人。若论他们所属的种族，一定要将白色皮肤青眼高鼻的属于印欧人（Indo-European peoples），黑色皮肤黑眼平鼻的属于黑种——内革罗

人（Negroes）。所以我们研究月氏人的族属，也须用同样的方法。可是月氏人久已不单独存在了，古来纯粹的月氏人的苗裔久已同化于他族，现在无从分别了。因此我们要研究月氏人古昔的体态状貌和风俗习惯以定他们的原来族属，便不可不查故书的记载。

中国故书记载古昔月氏人体态状貌和风俗习惯，就我们现在所知道者说来，当然要推《史记》、《汉书》和《史记正义》引万震的《南州志》。《史记·大宛列传》说月氏人的风俗习惯曰："月氏……行国也。随畜移徙，与匈奴同俗。"《前汉书·西域传》亦曰："大月氏本行国……随畜移徙，与匈奴同俗。"是月氏人与匈奴人一样的"无城郭，常处耕田之业……毋文书……士力能弯弓，尽为甲骑……宽则随畜因射猎禽兽为生业，急则人习战攻以侵伐……其长兵则弓矢，短兵则刀铤；利则进，不利则退。不羞遁走，苟利所在，不知礼义；自君王以下，咸食畜肉，衣其皮革，被旃裘；壮者食肥美，老者食其余，贵壮健，贱老弱；父死，妻其后母；兄弟死，皆取其妻妻之"了。但《前汉书·西域传》又曰："大月氏……南与罽宾接，土地，风气，物类，所有民俗，钱货，与安息同。"考安息的风俗习惯等等和罽宾、乌弋一样，"其民巧雕文刻镂，治宫室，织罽，刺文绣，好治食；有金银铜锡以为器，市列；以金银为钱"，"文独为王面，幕为夫人面"，"土著耕田……城邑如大宛……市民商贾用车及船行……书革旁行以为书记"。安息这些风俗习惯是与匈奴根本相反的，怎么《前汉书》既说月氏人与匈奴同俗，又说月氏人与安息同俗呢？

原来其中有个道理，就《前汉书》读来，我们便可知道他说月氏人与匈奴人同俗，是指在葱岭以东的真正月氏人。至于他又说月氏与安息同俗，便不是指在葱岭以东的真正月氏人了，乃是指葱岭以东的真正月氏人转徙到葱岭以西去后，所征服葱岭以西的大夏人了。大夏的风俗习惯，本来是与安息同的。《史记·大宛列传》尝说"大夏在大宛西南……其俗土著，有城屋，与大宛同俗"。又说"安息……俗土著，耕田……城邑如大宛"。可见大夏之俗与安息无异。月氏由葱岭以东转徙到葱岭以西去征服大夏，大夏的土著人民并没有逃跑走开，不过是臣属于月氏，自然是他们的风俗依然和安息一样。且《史记》说月氏之"臣畜大夏，大夏民多可百余万"。而月氏人到葱岭西边去征服大夏而居之

者,不过一二十万,只有月氏人的风俗渐渐同化于大夏人。即不说同化,自然谈风俗者也要举多数而言。况月氏征服了大夏,他们大概都是当兵(据《前汉书》记载月氏征服大夏后生息了多年的情形,说他们的"国王治蓝氏城……户十万,口四十万,胜兵十万人"。这定是指真正月氏人说的。男女老幼一共仅四十万,而胜兵有十万人,可见他们的壮者都是当兵,以便制服大夏人),不是普通的人民。所谓普通的人民,都是大夏人。既然都是大夏人,自然是他们的风俗依然和安息一样。所以《前汉书》说"大月氏……民风、钱货与安息同"。这明明是说月氏人统治之下之普通人民——大夏人的风俗同于安息,不是说真正月氏人的风俗同于安息了。

因此我们可以根据《史记》、《汉书》同说的话,断定月氏人确是"与匈奴同俗"。不仅是开初在葱岭以东时如此,而且转徙到葱岭以西时的初期还是如此。不过后来渐渐改变,成为土著,风俗也就以次同化于大夏人了。既然断定月氏人原来与匈奴同俗,我们便可以说月氏人原来与匈奴人同种吗?曰,尚未能。我们还须研究他们彼此的体态状貌。可是这件事情极为困难。因为中国关于记载匈奴人和月氏人的体态状貌者绝少。仅仅《晋书·载记》里有两句话可藉以间接的考知匈奴人的面貌。这两句话是什么呢?就是《载记·第六石季龙》上说:石宣,"诸子中最胡状,目深";和《载记·第七石季龙》下说:"石闵率赵人诛胡羯,死者二十余万人,于时高鼻多须,至有滥死者。"我们仅侥幸靠有这两句话,还可借以考出匈奴人的面貌来。因为"五胡乱华"的时候,羯就是匈奴人的一支(其余入居中塞内的十八支,俱见《晋书·匈奴传》),故羯人可以代表匈奴人。《晋书·载记》既说羯人石宣最为胡状目深,又说羯人大遭汉族屠戮时,汉族中高鼻多须,至有滥死者,可想见羯的少年人一定都是目深高鼻,而羯的老人则一定都是目深高鼻多须的了。换言之,也遂可想见匈奴人一定都是深目高鼻多须的了。"目深"、"高鼻多须"自然是匈奴人与羯人之特点;若不是特异之点,《晋书·载记》必不记载。今《晋书·载记》不复记及其他,又可想见匈奴人除"目深"、"高鼻多须"以外,其他体貌,必是相同于汉人,详言之,必是和汉人一样的黄色皮肤,黑色眼睛,黑直头发,身体平均高度相等。

匈奴人大约可说是黄色皮肤的人了,然则月氏人又是怎么样的人呢?据《史记·大宛列传》正义引万震的《南州志》,说大月氏"人民赤白色",这岂不是显然白种人的样子了吗?曰,然。虽然,《南州志》的记载,不是指在葱岭以东时的真正月氏人,乃是指月氏人转徙到葱岭西边征服大夏而臣畜之的大夏人。换言之,即是指真正月氏人占领大夏立国曰"大月氏"后的"冒名大月氏的大夏人"。原来葱岭以西,自古即为白种人根据地。当西历纪元前二千年顷,固然如 J. H. Breasted 等所考得,有白种印欧人中的阿利安人(Aryans),一大民族游牧于葱岭以西里海(Caspiansea)以东的大草原。其后,约纪元前一千八百年时,阿利安人因随畜移徙,分而为二。其西向者,渐西南折而入西亚"肥沃月湾"(Fertile Cresent)东部崇山中,后来建立国家曰米底亚(Media),与波斯(Persia)。其东南向者,越兴都库什岭(Hindu Kush)而入于印度,建立许多小国。至于葱岭以西里海以东的大草原,也许依然有阿利安人存留。所以后来在这里出现的耶宛人(Yavana)、塞人(Sakas),西洋史家多拟他们属于阿利安族。除这些人以外,到了纪元前四世纪末叶,马基顿(Macedonia)王亚历山大(Alexander the Great)吞并了希腊诸国,率领希腊人(Greeks)——即与阿利安人同种,为印欧人一支之在巴尔干半岛(Balkan P.)者,灭同种的波斯,略同种的印度,建前古未有之大帝国,东抵葱岭,又散布一些白种人于葱岭波斯之间。亚历山大死后,帝国分裂,其部将塞留古(Seleucus)据葱岭以西亚洲领土全部,自立为叙里亚(Syria)王。后来其东方又分裂为二:在葱岭下乌浒河流域者曰巴克特利亚(Bactria),因其建国之王曰大夏朵都(Diods tus),故中国《史记》谓之曰大夏;在里海东南者曰帕提亚(Parthia),因其建国之王曰安息西(Arsaces),故中国《史记》谓之曰安息。大夏之东北,亦为印欧人所分布,曰耶宛(Yavana)即大宛。因为这都是白种的印欧人,所以《史记·大宛列传》说:"自大宛以西至安息国,虽颇异言,然大同俗,相知言。其人深目多须髯,善市贾,争分铢,俗贵女子,女子所言而丈夫乃决正。"(《汉书·西域传》上所言同)于是我们可回转来看《南州志》的话了。《南州志》曰:"大月氏在天竺(印度)北可七千里,地高燥而远。国天王称天子。国中骑乘常数十万匹,城郭宫殿与大秦罗马国

同,人民赤白色,便习弓马。"这不是明明指月氏人转徙到葱岭西边征服大夏建立大月氏国后,冒名大月氏的白种大夏人吗? 前面尝说过月氏人转徙到葱岭西边,去征服大夏而居之者,不过一二十万,而大夏民多可百余万,若有人跑到这表面挂着大月氏招牌的国里去,自然是处处看见的多是白种大夏人,自然要说月氏的"人民赤白色"了。所以我前面断言《南州志》的记载,不是指在葱岭以东时的真正月氏人,乃是指月氏转徙到葱岭西边征服大夏,臣而畜之的大夏人。

既然如此,然则月氏人到底是怎么样的人,还是不能解决。于是我们只好换一个方法来推考。按《前汉书·西域传》叙西域诸国的情渐,似乎葱岭西东有显然的分界。上边既详说自葱岭下大宛以西至安息由来为白种人的根据地了,现在我们据《汉书》记载看来,葱岭以东似乎完全为黄种根据地。《汉书·西域传》上曰:"东⋯⋯陉阳关,西⋯⋯限葱岭。其⋯⋯国⋯⋯出阳关,自近者始,曰婼羌⋯⋯随畜逐水草,不田作⋯⋯西北至鄯善⋯⋯民随畜牧逐水草⋯⋯鄯善⋯⋯与婼羌同⋯⋯西通且末。自且末以往,皆种五谷。土地草木,畜产作兵略与汉同,有异乃记云。"所谓"自且末以往⋯⋯有异乃记"者,谓自且末以西逾葱岭一直至安息也。葱岭以西自大宛至安息大异乎葱岭以东之点,我们上面已引过《汉书》和《史记》的总叙,即"自大宛以西至安息,国虽颇异言,然大同俗,相知言。其人皆深眼多须髯,善市贾,争分铢。俗贵女子,女子所言而丈夫乃决正"。人民又皆为土著,有城邑。而葱岭以东至且末《史记》、《汉书》皆没有特异的记载,仅仅《汉书》对于西夜国说他"与胡(指匈奴)异,其种类羌氏行国,随畜逐水草往往来"。又说蒲黎国依耐国、无雷国俗与西夜同。羌氏、匈奴都是黄种。《汉书》既言阳关、葱岭间诸国,人民风俗状貌,或如匈奴,或"略与汉同",或"种类羌氏行国",自然都是黄种了,所以我说葱岭以东似乎完全为黄种根据地。

《史记》、《汉书》上所表现既然是古时葱岭以西为白种人,葱岭以东为黄种人;而《史记》、《汉书》又同说月氏在葱岭东时本行国,随畜移徙,与匈奴同俗,于是我们可以断定月氏人确是黄种人了。既确是黄种,Smith 的"月氏或属于阿利安人"之说,便不能成立,既确是黄种而无"俗同于氏羌,种同于氏羌"的证据(《史记·匈奴传》说:匈奴"西接月

氏、氐、羌",可见月氏非羌、氐。而《大宛传》上说月氏为匈奴所败逃,其余小众不能去者"保南山羌",号小月氏,更是月氏不与羌同种的证据。因为若是同种,必不可说"保南山羌",只可说"保南山"了),梁任公"月氏人是属于氐、羌的氏族"之说似乎也不能成立。既确是黄种而又与匈奴同俗,Wells 谓"月氏人与匈奴人为血族之亲"之说。殆近是了,我们现在只好采取他罢。

二 月氏人原于何时何地建国?

上面勉强考证得月氏人属于黄种的匈奴族了,我们便可进言月氏建国的地点和时代。近人本日本人之说,谓"月氏旧居阿尔泰山下,为天然现象所驱,逐渐南下,移居甘肃西境,与乌孙比邻"。不知他们果何所据而云云如此?《史记》上并没有这些话和暗示,《大宛列传》只说"始月氏居敦煌、祁连间"。张守节的《正义》解释,他也只说:"初,月氏居敦煌以东,祈连山以西"。即他的《匈奴传》正义引《括地志》"凉、甘、肃、延、沙等州地,本月氏国"云云,亦只谓现在甘肃省甘凉、安肃两道本来为月氏的国土(《前汉书·张骞传》注师古曰:"大月氏在祁连山以东,敦煌以西"。他实在是把东西弄错了。徐松《汉书·西域传》补注乃以师古说为是,《史记正义》说为非,更是错中之错,他对于祁连、敦煌的地位,未免太不清楚)。《山海经》所云"国在流沙外者,大夏、月氏之国",则是指后来移徙到葱岭以西的月氏,而非指开初的月氏。所以我们应当根据《史记》的话,说月氏建国的地点,本来就在敦煌祁连间。

至于月氏建国的时候,各书都没有明说。不过据《史记·匈奴传》推想,大约在中国战国时代——公元前四七八至二二二年已经建国。"后秦灭六国……之时……月氏盛",奄有"凉、甘、肃、延、沙等州地"。今河套上游,黄河以西,殆皆其领土。据《北史·西域传》及《隋书·西域传》,其"王姓温,居祁连山北之昭武城"。(今甘肃张掖县西北)人民颇多,"控弦者可一二十万,故时强,轻匈奴"。

三 月氏与匈奴之战争

当月氏强盛之际,匈奴单于曰头曼,屡扰秦北边,秦始皇使蒙恬将

兵击走之,遂北徙。后始皇崩,蒙恬死,中国乱,匈奴复乘机南下,头曼有太子名冒顿。后有所爱阏氏生少子,头曼欲废冒顿而立之。乃使冒顿质于月氏。冒顿既质于月氏,而头曼急击月氏。月氏欲杀冒顿,冒顿盗其良马,骑之逃还匈奴。头曼以为壮,令将万骑。冒顿于是设法把头曼弑了,自立为匈奴的单于。这时候匈奴东边的东胡很强盛,向冒顿求千里马和阏氏,冒顿都顺他的意,奉送千里马和阏氏给他,使他们心骄轻敌。后来因东胡求地,冒顿激励国人,乘东胡不备,袭击之,大破东胡。匈奴从此遂大强盛,西与月氏为难。

月氏敌不过匈奴,为冒顿所破走。是为月氏第一次败于匈奴,时约在公元前二〇五年左右,中国内部正汉高祖与楚项羽相对抗。因此之故,匈奴得益强,征服四方的国甚多,据《史记·匈奴传》引冒顿《遗汉书》,公元前一七七至一七六年,即汉文帝三四年之间,冒顿又使右贤王西求月氏击之,斩杀降下者甚众(《汉书·西域传补注》说这事在汉孝文二三年间,是错的),乘胜抵月氏原土之西,定楼兰、乌孙、呼揭及其旁二十六国,是为月氏第二次败于匈奴。

已而冒顿殂,老上单于继立(公元前一七四至一七一),又兴兵攻破月氏,"杀月氏王,以其头为饮器"。据《汉书·匈奴传》,此头做的饮器,一直到汉元帝(公元前四八——前三三)尚存。所以元帝"遣使车骑都尉韩昌,光禄大夫张猛与匈奴盟,以老上单于所破月氏王头为饮器者,共饮血盟"。但是月氏王被杀之后,月氏人又随即再立了王,不过有两个不同的记载:就是《史记·大宛列传》说"大月氏王为胡所杀,立其太子为王";而《汉书·张骞传》则说"立其夫人为王"。《史记正义》引徐广语,亦曰"一云夫人为王"。惟据《北史·西域传》、《小月氏传》读来,似乎《史记》所云"立其太子为王"之说为确,且此王之名曰寄多罗云——这是月氏第三次为匈奴所破败。

四 月氏败于匈奴及其第一次西徙

有以上的三次失败,月氏大衰。而匈奴这时候正是极强,四围诸国,几皆服属于他,虽是泱泱大国的汉文帝,也恭恭敬敬向他低首下心。所以他时时逼迫中国,也时时逼迫月氏,月氏因此在敦煌祁连间不复能

立足，其中大部分遂遁逃远去，西向跑过葱岭，"其余小众不能去者，保南山——祁连山——羌，号小月氏"。据《北史·西域传》小月氏条，这遁逃远去，西向跑过葱岭者，似乎就是上面所说的寄多罗；其不能去而退保南山羌者，就是寄多罗的儿子。寄多罗的儿子保了南山羌，更立一国都，曰富楼沙城。所以《北史》曰："小月氏国都富楼沙城，其王本寄多罗子也。寄多罗为匈奴所逐西徙后，令其子守此城，因号小月氏。"（这件事颇多疑问。我们单就上面几句话看，可以无疑，若将《北史·西域传》的大月氏条和小月氏条对看，便有疑问了。即把小月氏条全看，也有疑问了。若将丁谦《西域传》考证参看，疑问更多。为减省本文繁累和枝节起见，此处不必赘论）又据《汉书·赵充国传》，"征和五年——武帝年号，当西历纪元前八八年，先零豪封煎等通使匈奴，匈奴使人至小月氏，传告诸羌"。可见小月氏依然和匈奴有交涉。但小月氏以后与东西文化这个问题少有关系，我们从此便放下小月氏不提，只单单讲西徙的大月氏的事迹。

却说大月氏为匈奴所逼，与小月氏分手，便无目的地似的只向西方转徙遁逃。这时候，葱岭以西有好几个国家。即是——紧紧依着葱岭西面的，名叫大宛国。大宛国的南方，便是罽宾；罽宾的东南，便是天竺——即身毒，即印度。大宛的西方和西南方，便是大夏（Bactria）；大夏之西，便是安息（Parthia）；安息之西，便是塞留古帝国（Seleucid Empire）。大宛的北方便是康居；康居的西北，便是奄蔡；至于葱岭之北，大宛之东，康居之东南，便是将来的乌孙。按现在的地名说来，乌孙国土即是新疆的伊犁河流域，西临巴尔喀什湖；他这地土，本是"塞地"——本是白种中"青眼赤须，状类弥猴"的塞人（Sakas）之土地。（前《汉书·西域传》、《乌孙传》注颜师古曰"乌孙于西域诸戎，其形最异今之胡人，青眼赤须，状类弥猴，本其种也"云云。按此种状貌的人，实为塞人，非乌孙人。乌孙国本为塞人土地，后虽为乌孙占据，依然人民中"有塞种"。师古盖以乌孙国中塞种包括真正乌孙人；其实乌孙人"与匈奴同俗"，与塞种异，细读《汉书》所载乌孙事即知）据《史记·大宛传》、《汉书·张骞传》、《西域传》，月氏之西向转徙遁逃，似由天山北路首先击袭塞人，破走塞王。塞王向南奔，越县度，君于罽宾，塞种分散，往往

二、论文 月氏与东西文化之关系 477

为数国。伊犂河一带，遂为月氏人所有。此为月氏人西徙事迹的第一段，此为月氏第一次西徙的结果。

五 月氏败于乌孙及其第二次西徙

可是月氏人刚才占有塞种人的土地，他的大难又从东方来了。什么大难呢？就是乌孙人又要击他。原来"乌孙本与大月氏共在敦煌间"立国。据《汉书·张骞传》及《史记·条支传》，他在祁连、敦煌间和大月氏一同立国时，他——乌孙有个国王号难兜靡。不知道因甚么事启衅，大月氏把难兜靡攻杀（《史记·大宛列传》中《条支传》说是匈奴把他攻杀，似误，所以这里从《汉书·张骞传》），夺取了乌孙人的土地。乌孙的人民，都亡走匈奴。难兜靡的儿子昆莫那时刚才产生，他的傅父布就翎侯将他抱着逃走。布就看见昆莫饿了，因将他安置在野草之中，为他求食。及布就求食回来，只见豺狼已经在那里把乳喂昆莫，并且还有乌鸦衔肉蜚其上，翔其旁。布就骇了，以为神，遂持往匈奴。单于闻之，亦惊怪以为神，爱养收长之。到昆莫壮年成人的时候，单于任他为将，使带兵，往往建立功劳。于是单于又把昆莫的父亲难兜靡的人民也交给昆莫，令他长守于西城。昆莫有了这个机会，因遂收养其民，攻旁小邑，控弦数万，习攻战。这时候，月氏已为匈奴所破逃，西击塞王，塞王南走远徙，月氏占据塞王伊犂河流域的土地——如前述，于是昆莫自请单于报父怨，所以遂西击大月氏。

大月氏敌不过昆莫的兵，被昆莫攻破了。于是大月氏又逼迫得不能不向西方逃走。他逃走的路线，是由大宛经过，一直西向大夏。据 W. E. Clark 的 The Importance of Hellenism from the Point of View of Indic-Philology 所考据，这时候，大夏的名王——屡侵印度，奄有印度河流域及 Gujarat 一带的——德米托利阿斯 Demitrius 已卒，国内纷乱，分为许多小邦，互相争斗。精神既耗于内讧，自无余力御外侮。所以《史记》、《汉书》也同样的说："大夏……无大君长，城邑往往置小长，民弱畏战，故月氏徙来。"一攻即败之。大月氏于是臣属大夏人民百余万。时约西历纪元前一三五年，当汉武帝即位后六年。此为月氏人西徙事迹的第二段，此为月氏第二次西徙的结果。

六 月氏征服大夏后的建设

月氏人既征服了大夏，便立都妫水——现在的阿母河（Amu），古代西史上的 Oxus 河之北，作为王庭。一部分不肯臣服于月氏的大夏人，向南逃走，侵入印度；逾兴都库什山（Hindu Kush），据喀布尔河（Kabul）流域，建立高附国，与塞人所建立的罽宾国，分割印度河流域上流。其留居故土者，月氏将他们分成五部，名为五翎侯。五翎侯有二种小异的记载。即《前汉书》谓五翎侯是（一）休密翎侯；（二）双靡翎侯；（三）贵霜翎侯；（四）肸顿翎侯；（五）高附翎侯。《后汉书》则谓《前汉书》将高附拉入五翎侯之中，是错的。他说，"高附国在月氏西南，亦大国也。其俗似天竺而弱，易服。善贾贩，内富于财。所属无常；天竺，罽宾，安息三国，强则得之，弱则失之；而未尝属月氏。《汉书》以为五翎侯数，非其实也。后属安息。及月氏破安息，始得高附"。所以《后汉书》以都密代高附，谓休密、双靡、贵霜、肸顿、都密是五部翎侯。

这五部翎侯，是皆统属于月氏之下的。五部的地位，《前汉书·西域传》和《汉书·西域传补注》说得很详。我且把他引录如下：（一）休密翎侯，治和墨城，去都护二千八百四十一里，去阳关七千八百二里。（《补注》曰：《后魏书》曰，休密翎侯，在大月氏东一千五百里。是当作去都护三千四百七十四里，去阳关六千二百一十二里）（二）双靡翎侯治双靡城，去都护三千七百四十一里，去阳关七千七百八十二里。（《补注》曰：《后魏书》云，双靡在休密西五百里。是当作去都护三千九百七十四里，去阳关六千七百一十二里）（三）贵双翎侯治护澡城，去都护五千九百四十里，去阳关七千九百八十二里。（《补注》曰：据《后魏书》云，贵霜在双靡西六十里，去都护四千三十四里，去阳关六千七百七十二里）（四）肸顿翎侯治薄茅城，去都护五千九百六十二里，去阳关八千二百二里。（《补注》曰：据《后魏书》，肸顿在贵霜西一百里。是当作去都护四千一百三十四里，去阳关六千八百七十二里）（五）高附翎侯治高附城，去都护六千四十一里，去阳关九千二百八十三里。（《补注》曰：据《后魏书》，高附在肸顿南一百里，当作去都护四千二百三十四里。去阳关六千九百七十二里。若以偏南不近孔道，则去阳关或近数十里）简

二、论文 月氏与东西文化之关系 479

单说起来,是休密最东;休密之南为双靡;双靡之西为贵霜;贵霜之西为肸顿;肸顿之南为高附。但依范晔《后汉书》,高附不宜在五翎侯之列,应将高附以都密代之,至于都密在甚么地方呢? 书缺有间,无可考矣。以上所说,便是月氏西徙征服大夏后一点政治上的设施。

七 月氏承受于大夏的文化

月氏人除这一点政治上的设施外,还创造什么文化么? 关于这个问题,我们可以回答道:月氏人这时候自己创造文化似乎是没有,不过承受大夏人的文化以为文化是尽有的。然则大夏人的文化是些什么呢? 我想我们欲明了这个大夏的文化是什么的问题,莫如先求明了大夏文化的来源。现在我且把他文化的来源简叙如下:

原来在西历纪元前二五○年左右大夏立国以前,西洋早进于文明的民族久已使他们的文化由幼稚而少壮,由少壮而衰老。在西亚苏末人(Sumerians)首先创造文字、文具、文学器用及其他许许多多精神上、物质上必需之物,传给塞米种族(Semitic tribe)的亚坎地人(Akkadians)、呵摩乃人(Amorites)、亚述里亚人(Assyrians)、加勒邸人(Chaldeans)和腓尼基人(Phaenicians)、希伯来人(Hebrews)使他们继继绳绳,扩充发展,传播散布。到了西历纪元前五○○年前不久,一举而灭于波斯(Persia)。在北非(Africa),含米族(Hamitic tribe)的埃及人(Egyptians)首先创了文字、文具、文学器用建筑雕刻及其他许许多多精神上物质上需用之物,他们自家继继绳绳,扩充发展,一面传给腓尼基人、克利脱人(Cretans)……使他们传播散布。到了西历纪元前五○○年前不久,一举而灭于波斯。

西亚诸国和北非、埃及既灭于波斯,波斯人既历睹巴比仑(Babylon)城堡之雄伟,建筑之华丽,商务之昌盛,与夫尼罗河(Nile)沿岸诸城市之繁荣,大受影响。于是吸收其文化,模仿其建筑雕刻,改造其文字器用,使西亚、北非文化混合而荟萃于波斯。英主大流士(Darius 521—485 B.C.)之世,更引欧洲希腊(Greece)文化和爱琴文化(Aegean Civilization)东向。那时候,波斯帝国的领土最广:东自印度河,西抵爱琴海;北自里海咸海,南至印度洋;东北远抵葱岭西北,包药

克沙特河(Jaxartes)西南远括埃及,有尼罗河大半,版图之阔,前古未有。在这广大领土之中,开广道路,传布文化。所以大夏这块地方,那时多少已传播了些西洋文明。

据 W. E. Chark 的 The Importance of Hellenism from the point of View of Indic-Philology 所考证,并且当波斯强盛的时候,曾有许多希腊人被波斯放逐到大夏来,希罗多德(Herodotus)说在 Lade 之战以前,波斯曾将 Ionian 叛变的希腊人强迫流徙于大夏;又说在大流士的时候,大流士把巴克(Barke)的居民,无论男女,都迁移到大夏,即将巴克这名字依然名这迁居的村乡。这些人到希罗多德的时候,犹聚居一处。Curtius 和 Strab 更说希腊有一个颇著名的人名曰 Branchidoe者,在波斯王泽耳士(Xerxes)之际,因卖 Apollo 神庙于波斯人引起他乡国 Miletus 地方人民的恶感,泽耳士欲他避祸,使他定居阿克萨河(Oxus)外之粟特(Sogdiana)。可见这些人多少又足以传播些西洋文化于大夏。

其后马基顿王(Macedonia)、亚历山大王(Alexander the Great)出来了,大夏也遂愈受西洋文明的传布浸灌了。因为亚历山大生在希腊文化盛到极端,开了花,结了子的后面。他统一了希腊,又离欧洲征服了小亚细亚、腓尼基、埃及,更转兵而东,克取了波斯全土,于公元前三三一年,由巴比仑起身,经过苏沙(Susa)、波塞波黎(Persepolis)、依克巴达拉(Ecbatana),至公元前三〇年,抵大夏。明年更渡大夏中阿克萨河——今阿母河,入粟特,又明年,达葱岭之下,始还师渡阿克萨河侵入印度之西。当他征服了这许多地方之后,他尽力调和波斯、埃及和希腊的文化,尽力输灌传播希腊文化于兵力所到之区。任至何处,他的兵士便成了教师,他的兵营便成了学舍。并且他随处建立希腊领土。他七十几处领土之中,便有八处在大夏和粟特之间。此八处不仅是军事上的重地,而且也是商务上的要冲。欧美考据家考得现在的 Herat和 Kandahar 都是亚历山大曾建立过城垣作领土的。在这些领土城垣里面,亚历山大移殖了许多希腊人:例如大夏东南近兴都库什山(Hindu kush)之处,Curtius 考证得亚历山大曾移殖 Caucasian(高加索人)人和马基顿人凡七千。Diodorus 则谓自此行一日程至其他各城,

有移住之蛮族七千，游牧人种三千，及为前锋之军士许多人，且说亚历山大死后，希腊人之在大夏者凡二万三千人云。由这些事实，我们益可想西洋文化输灌传播于大夏。

西历纪元三二三年，亚历山大死了，帝国分裂，部下将士纷起割据。亚洲土地——中亚、西亚全土，几全为塞留古（Seleucus）所有。塞留古这个人很能承继亚历山大的志愿，尽力把许多希腊的思想制度及其他文物输入西亚、西南亚、中亚来。其中最显著的，便是希腊式的许多自由城市出现于这些土地上，便是"贵女子"等许多希腊风俗出现于这些人民中，葱岭以西的种族本来都是白种印欧人之类，现在又经过波斯帝国塞留士（Cyrus）、大流士等和亚历山大、塞留古等将他们混合作一起，陶冶数百年，使文化转相输灌数百年。所以到了西历纪元前二五〇年，体我朵都（Theodtrs）据阿克萨河叛塞留古帝国（Seleucid Empire＝Syria）而建大夏王国的时候，大夏的文化早已和波斯故土及小亚细亚、希腊一样，"其俗土著，有城屋……无大王长，往往城邑置小王长。其人……深目多须髯，善市贾，争分铢，贵女子，女子所言而丈夫乃决正"。亦已和大宛、罽宾、安息——都是故波斯帝国故亚历山大帝国的领土——一样："其俗……耕田，田稻麦，有蒲陶酒，多善马。""俗嗜酒，马食苜蓿"，"民巧雕文刻镂，治宫室，织罽，刺文绣；好治食，有金银铜锡以为器；市列，以金银为钱，文为骑马，幕为人面"。或"文独为王面，幕为夫人面。王死辄更铸钱，效王面焉。画革旁行以为书记"。这就是大夏所得于波斯希腊的文化。

大夏文化来源的大概既经明白，"大夏文化是些什么"也略清楚，于是我们对于月氏所承受于大夏的文化便自然分晓，不必将上面所说大夏的文化再来重说。我们所最当注意者就是月氏承受了大夏的文化后，遂骤然成了机会，将西洋文明介绍于东洋，使希腊文明得引带到中国来。若换一句话说，就是侥幸月氏遭匈奴、乌孙攻击西徙，征服大夏，承受他的文化，引起中国交通西域，联络月氏，因而使东洋人与西洋文明接触，俾希腊文物得以转输到中国来。现在我们且看月氏怎么样能够引起中国要去联络他，因而成为"通西域"，使东洋人——中国人与西洋文明触接。

八 月氏引起东西文化接触的原因

原来自月氏为匈奴所败西徙后，匈奴日强。东西北三面既为他征服了许多国，他又时时南下侵扰中国边疆。中国那时承积年内乱之后，民生凋敝，人心厌兵，经惠、吕、文、景四朝，首务休养生息，不愿和匈奴构兵，往往向他摇尾乞怜，伈伈俔俔。所以匈奴到了文景之际，他的领土，南抵万里长城，北抵贝加尔湖（Baical Lake），东逾兴安岭，包有漠南漠北，为亚洲第一大国。但是这些地方多是沙漠，硗瘠荒寒，土产极少，不很够供给衣食。而天山南路塔里木河流域土地肥饶，富于水草，环河而居者三十六国，人民都是土著，有城郭，农业发达，物产丰足。匈奴垂涎他的富饶，遣兵征服其地，置使监护其国，倚为外府，征收租税。衣食粮饷，多取足于此。更挟其强盛，屡窥伺中国黄金之区，不自知足。碰着中国那时有一个雄武皇帝汉武帝（在位时 140—87 B.C.）产生，于是开始不容他肆行无忌。

武帝经营匈奴，由两方面并进。就是一方面倚恃兵力，而一方面很注重外交。他于外交，是采取远交近攻之策：想离间匈奴的党羽，解散匈奴的属国；收抚西域诸小邦，以断匈奴的粮道；招致西域诸大国，以夹击匈奴。那时，匈奴有归降于中国的人，说大月氏故居敦煌祁连间，为西方强国，与匈奴为敌。匈奴攻破月氏，杀"月氏王，以其头为饮器。月氏遁而怨匈奴，无与共击之"。武帝正欲远交大国以灭匈奴，闻此言，欣欣然便想招致月氏，以谋将匈奴东西夹击。不过这时候，河西甘肃一带地方，已为匈奴所有，欲着人往使月氏，必先经过匈奴的地域。武帝于是下诏募能通使月氏的人——这就是月氏所以能够引起中国要去联络他的原故，这也就是月氏骤成了东西文化接触的机缘。

九 月氏引起东西文物交输的事实

武帝下了诏，募能通使月氏者后，中国有一个特出豪杰张骞便起而应募。他是汉中人，在武帝朝为郎，既应了募，便即行出使月氏。那时候，中国通西方的路约有两条，曰南道、北道。据《汉书·西域传》，"从鄯善傍南山北波河西行，至莎车，为南道。南道西逾葱岭，则出大月氏、

安息"。按现在的地理说起来,就是如《西域道里考》所谓"南道自汉玉门关、阳关,今敦煌县之西南,经汉鄯善,今鄯善县,傍汉南山今祁连山,沿波连尔成河,经戎卢、于阗至汉莎车国今莎车府,是为南道。南道西逾葱岭,则汉大月氏国,今布哈耳。再西渡阿母河,即汉安息国境"。张骞之出使月氏,是率领百余从人和一个胡人堂邑氏奴甘父俱出陇西,经匈奴中而去。

不幸张骞想由匈奴通过的时候,为匈奴所得,把他传诣单于。单于给骞曰:"月氏在吾北,汉何以得往?使吾欲使越,汉肯听我乎?"因留着张骞不放。骞在匈奴十余岁,有妻有子。但这事毫不足以消磨豪杰的雄心,他依然持汉节不失。等到居匈奴西部的时候,骞"因与其属亡乡月氏。西走数十日,至大宛。大宛闻汉之饶财,欲通不得,见骞,喜问欲何之。骞曰:'为汉使月氏而为匈奴所闭,道脱亡。唯王使人道送我诚得至,反汉,汉之赂遗王财物,不可胜言。'大宛以为然,遣骞,为发译道抵康居。康居传致大月氏"。张骞尝了多少艰难,这时候,可算目的地已达。

目的地虽达到了,可是联络月氏这件事没有成功,终归失败了。原来月氏这种人是得过且过的,他"既臣大夏而君之,地肥饶,少寇,志安乐,又自以远汉,殊无报胡之心"。所以张骞说他与汉夹击匈奴,复仇报怨,他只是不听。张骞留月氏岁余,"竟不能得月氏要领"。没法子可设,张骞只好还中国,遂并南山欲从羌中归。这本想要避免匈奴人的察觉。奈何不幸,又为匈奴人所得。留在匈奴又过了一年多。幸单于死了,匈奴内乱,骞乃得与胡妻及堂邑父俱亡归汉土中国。

历史上的事迹,往往有其本身无甚结果,而他的影响所被,反有至为远大者。这回张骞为汉武西通使月氏,本意在招抚月氏以谋夹击匈奴。我们就政治上、军事上、外交上的直接效果言,当然可以说武帝和张骞大失败,但是我们就东亚与中亚西亚的交通和东西洋文物的传播言,实在又可以说武帝和张骞大成功。他们两人本来无意于中西交通及文物传播,然而这种间接的成功,比那直接的成功还要可以永久存在些,这种间接的效果,比那直接的效果还要有价值些。现在我们且把"中西交通"和"东西文化接触传播"这两件事分条简叙如下:

"中西正式交通"这件事,实在可以说始于张骞。据比较可信的书如《史记》,对于中国古人往西方去的记载,仅说"黄帝西至于空桐","颛顼西至于流沙","穆王……西见王母"。考其地,皆不逾葱岭以西。中国人往西方去而西逾葱岭者,实自张骞始。自张骞始,故《汉书·西域传》言"西域以孝武时始通"。当张骞之使于月氏也,"骞身所至者,大宛、大月氏、大夏、康居,而传闻其旁大国五六"。既还,具为汉武帝言其地形所有,语皆具《史记·大宛列传》。从此往来东西的人开始频繁,中亚西亚的状况和事迹,始现于中国史籍,二十余史中明记他们的历史,于此发端。并且由张骞这次通使,又引起交通南亚印度之议,开佛教渐入中国之路,尤为一件大事。原来张骞将西域情形报告汉武帝时,他又说:"臣居大夏时见邛竹杖、蜀布,问曰:'安得此?'大夏国人曰:'吾国人往市之身毒。身毒在大夏东南可数千里,其俗土著,大与大夏同,而卑湿暑热。云其人乘象以战。其国临大水焉。'以骞度之,大夏去汉万二千里,居汉西南。今身毒国又居大夏东南数千里,有蜀物,此其去蜀不远矣。今使大夏从羌中,险,羌人恶之;少北,则为匈奴所得;从蜀宜径,又无寇。"武帝"既闻大宛及大夏、安息之属皆大国,多奇物,土著,颇与中国同业,而兵弱,贵汉财物;其北有大月氏、康居之属,兵疆,可以赂遗设利朝也。且诚得而以义属之,则广地万里,重九译,致殊俗,威德遍于四海"。所以武帝欣然"以骞言为然。然令骞因蜀犍为发间使,四道并出:出駹,出冉,出徙,出邛、僰,皆各行一二千里。其北方闭氐笮,南方闭嶲、昆明。昆明之属无君长,善寇盗,辄杀略汉使,终莫得通。然闻其西可千余里,有乘象国,名曰滇越,而蜀贾奸出物者或至焉,于是汉以求大夏道始通滇国。初,汉欲通西南夷,费多,道不通,罢之。及张骞言可以通大夏,乃复事西南夷"。后来武帝屡次遣将伐西南夷,降滇王,破昆明,虽通使大夏和印度之路,尚未得达,而开佛教和其他印度文明渐入中国之路,从此始矣。这是张骞为汉武帝通使月氏所生中西交通上的影响和效果。

至于"东西文化接触传播"这件事呢,我们可分开来说:(一)西洋传播到东洋来的有什么?(二)东亚传播到中亚西亚去的有什么?

(一)西洋文物因张骞出使月氏而带还到东洋中国来的,据近世欧

美和日本史学家所考据，多属物质上之文明。这些物质上之文明至今犹为日用必需之要品者曰植物。张骞与其他稍后的汉使自大月氏、大夏带归的植物，种类很多。其见于《史记》者，有苜蓿、蒲陶两种；载于《本草纲目》，近人说他们至今犹历历可征者，约有十种。梁任公《饮冰室丛著》的《张博望班定远合传》和王桐龄的《东洋史》尝引录之曰："一、葡萄（Vitis Vinitera），二、苜蓿（Meciags Sativa），三、撒夫蓝（Safran or Crocus Satinus），四、胡麻（Sesamum Grientale），五、胡瓜（Cucumis Satinus），六、胡豆（Faba Sativa），七、胡荽（Cariandrum Satinum），八、胡蒜（Allium Scoradoprasum），九、胡桃（Juglaus Regia），十、安石榴（Panica Granatum）。"所谓葡萄者，即是希腊语Batrus 的译音；所谓苜蓿者，即是希腊语 Medikai 的译音。其余八种，以字音推之，都是希腊植物。所以叫作胡麻、胡瓜、胡豆者，因汉朝时候的外国，以匈奴为大，尝目之曰"胡"，因此对于从外国输入的物品，多冠以"胡"字，便与中国内地的土产区别，非谓真来自匈奴也。除植物以外，东西史学者考得张骞所带归西洋的文化，还有美术。说：汉以前的中国绘画和雕刻，都简单幼稚；其构思及体裁虽庄重古雅，但是粗朴笨涩，变化太少，往往千篇一律陈陈相因。到了武帝遣张骞通使西域以后，美术界忽然大有进步，古代朴陋生硬之风尽脱，渐渐趋向自然精致之域。据王桐龄《东洋史》引日本坪井九马三的《史学研究法》，说他们往往发现汉代以前未有的新画像。其至今尚遗存者，为汉代的古青铜镜。就是今山东济宁道嘉祥县南紫云山（一名武宅山，一名武翟山）汉武梁祠中的种种石刻画像，也颇有昔日之欧风。（汉武梁祠的石刻，《中国两汉时之石刻》Sa Sculpture Sur Pierre en Chine an Temps Des Deux Dynasties Han 和戴岳所译 S. W. Bnshell 的《中国美术》详之，但前者我尚没有看过）这便是西洋希腊文化输入中国的影响。

　　（二）讲到中国的文物传播到中亚西亚去的呢，我们可以根据《史记》、《汉书》来说。《史记》、《汉书》谓：张骞自月氏归后，武帝封他为博望侯。已而骞从击匈奴后期，失了侯爵；但武帝因他对于西域的事情很清楚，依然屡屡把"大夏之属"问他，想再求可与夹击匈奴者。这时候，乌孙国王昆莫势强，已据天山北路，叛匈奴而独立，匈奴攻之，不克。张

骞于是建议以厚币招乌孙,使他东徙,还他的故地,以断匈奴右臂。武帝以为然,即又拜"骞为中郎将,将三百人,马各二匹,牛羊以万数,赍金币帛值数千巨万,多持节副使,道可使,使遗之他旁国"。"骞既至乌孙,致赐谕旨,未能得其要领。"于是骞"分遣副使使大宛、康居、大月氏、大夏、安息、身毒、于寘、扞罙及诸旁国。乌孙发导译送骞还。骞与乌孙遣使数十人,马数十匹报谢,因令窥汉,知其广大。其后岁余,骞所遣使通大夏之属者皆颇与其人俱来。汉因益发使抵安息、奄蔡、黎轩、条枝、身毒,使者相望于道。诸使外国一辈,大者数百人,少者百余人,人所赍持大仿博望侯时。其后益习而衰少焉。汉率一岁中使多者十余,少者五六辈;远者八九岁,近者数岁而反。自此,西北外国使更来更去"。中国文物随之传播者更多。例如,在汉通西域以前,"自大宛以西至安息,皆无丝漆,不知铸钱器。及汉使亡卒降,教铸作他兵器,得汉黄白金,辄以为器,不用为币"。而"抵大夏使者既多,外国益厌汉币,不贵其物"。且自汉通西域后,中国蚕丝之属、帛素之类流行于葱岭以西,故 Walter Eugene Clark 考得西历纪元以前,印度久已道及中国和中国之丝云。

十 月氏雄长中亚及其与四邻的交涉

上面我们将月氏引起东西文物交互灌输的事实说过了。但是我们要知道这不过是第一次,这不过是东洋文化与西洋文化——中国文物与希腊文物接触交输。除此以外,稍后不久,印度文化又藉月氏人东向,且藉他们的张大传布,益转输到中国来。这中间,月氏很有点历史可讲,现在我们且看他的历史。

自从月氏于西历纪元前一三五年左右征服了大夏后,如前所述,他一面在外交上与中国公使张骞周旋,一面在内政上将大夏土地分为五部,名为五翎侯。不久,五翎侯中贵霜翎侯渐强起来了。到了西历纪元前第一世纪的末期——西汉的末叶,贵霜(Kushan)翎侯丘就却(Kuiura Kadphises)武勇有大略,并吞休密、双靡、肸顿、都密四翎侯地,起兵灭突厥王朝,取阿母河流域,自立为大月氏王,是为贵霜王朝。《后汉书·西域传》称他攻灭四翎侯自立为王国后,又西南"侵安息,取高附地。又灭濮达、罽宾,悉有其国。丘就却年八十余死,子阎膏珍代

为王"。

阎膏珍者,西洋史上所谓 Hema Kudphises,称为 Kadphises Ⅱ 者也。这个人之英武,不下于其父。由罽宾把西北两印度几乎完全吞并,将在西北两印度中的希腊诸侯和安息诸侯(Indo Greek Indo Parthian Princes)完全克服。于是大月氏的疆土:北逾阿母河;东逾葱岭,至天山南路之西偏,与汉领之西域接境;东南有西北两印度,逾印度河(Indus R.);西南邻安息。建都于喀布尔河(Kabul R.)与印度河合流处的建达拉(Jandhara)。为西历纪元后第一世纪时中亚南方第一强大之国。据司密士(Vincent A. Smith)《印度史》(*The Oxford Students' History of India*,1919)中所引英国人的考据,说阎膏珍约以西历纪元后七八年即位,约以纪元后一一〇年崩,在位三十二年。

阎膏珍虽这么英武,虽使月氏这样强大,然而敌不过中国汉朝一个盖世豪杰班超(A.D. 32—102)。原来班超这位大英雄那时有这么样的大魄力大威风:据《后汉书·班超传》,他仅仅将三十六个人,于西历纪元后七三年至七八年的六年之间,已手定鄯善、于阗、疏勒、尉头、姑墨五国,使臣服者又有拘弥、莎车、乌孙、康居等国。超因此欲遂平定西域全土。乃上疏汉章帝,陈"以夷狄攻夷狄之法",以为若平龟兹,则西域未服从者仅百分之一,而匈奴之右臂可断,中国之边患可以永弭。书奏,章帝知其功可成,于建初五年——纪元后八〇年,以徐幹为假司马,将义勇兵千人就超。超由是益有所借以行其志,遂定乌孙,降莎车,退龟兹,威震西域。于是与月氏开始发生冲突。

初,月氏本与汉相好,尝助汉击车师有功。并且当班超击疏勒王忠而康居遣精兵救疏勒的时候,班超见"月氏新与康居婚,相亲,超曾使使多赍锦帛遗月氏王,令晓示康居王……罢兵"。得以击擒疏勒王使他降服。到了汉章帝章和二年——西历纪元后八八年,月氏王阎膏珍犹使人来汉贡奉珍宝、符拔、狮子。但是他这次贡献物件并非由畏汉,乃是由他要得汉朝的公主,所以他就向班超"求汉公主,超拒还其使,由是怨恨"。刚刚只过一年多,当汉和帝永元二年——西历纪元后九〇年的时候,月氏王阎膏珍挟其盛大之威,"遣其副王谢将兵七万攻超。超众少,皆大恐。超譬军士曰:'月氏兵虽多,然数千里逾葱岭来,非有运输,何

足忧耶? 但当收谷坚守,彼饥穷自降。不过数十日,决矣.'谢遂前攻超,不下。又抄掠,无所得。超度其粮将尽,必从龟兹求救,乃遣兵数百于东界要之。谢果遣骑赍金银珠玉以赂龟兹,超伏兵遮击,尽杀之。持其首以示谢,谢大惊,即遣使请罪,愿得生归。超纵遣之,月氏由是大震,岁奉贡献",与中国相亲——这便是月氏鼎盛之时,乃不能敌一个汉将班超的故事。

十一 月氏张皇印度文化的最盛时代

但是月氏虽挫折于班超,他的国势却未因此而受影响。即阎膏珍死后,国势强盛,依然如前。到了西历纪元后一二〇年左右,法吉黑喜喀的儿子迦腻色迦(Kanishka, Son of Vajheshka)嗣位为大月氏王,国势益盛到绝顶。他用兵多年。往时北印度未完全为阎膏珍所吞并者,至是全北印度(All Northern India)都为所征服,他的领土一直伸张到罗背陀(Narbada)、喀布尔(Kabul)、喀什米尔(Kashmir)一带也依然为他所统有。那时中国豪杰汉将班超已死,继起无人,所以迦腻色迦更得并吞喀什噶尔(Kashgar)和夸东(Khatan)。他便由建达拉迁都于普罗什阿普拉(Purushapura),就是现在北印度的佩喜华(Peshawar)。

迦腻色迦王时,不仅是大月氏国势最盛,威权最高,为中亚、西南亚的政治霸主,而且是大月氏佛教勃兴,文化骤进,为中亚、西南亚的文物中心。原来迦腻色迦之前,中印度迦比罗卫(Kapilavasiu)城王的儿子释迦牟尼(Sakyamuni)所创佛教早已风行。释迦入寂之年,他的高足弟子摩诃迦叶(Mahakasyapa)即会聚佛教徒五百人于王舍城(Rajagriha),编纂经典,是为第一次三藏结集。其后稍有倡异说者,越百年,佛教徒七百人又会聚于毗舍离(Vaisali),订正经典,是为第二次三藏结集。从此以后,佛教遂流行于印度恒河(Ganges)流域。到了西历纪元前三世纪印度摩揭陀(Magadha)国孔雀王朝(Maurya)的阿输迦王即位,国势甚张,有中、西、北三印度,版图之阔,为阿利安人入印度以来所未有。因羯陵伽(Kalinga)之役,王转心崇奉佛教,遂定之为国教。会教徒于国都华氏城(Pataliputra),以目犍连(Moggali)子帝须(Tissa or Tishya)为首,开第三次结集,是为《比尼藏》(*BhiIsa or*

Bhalsa）结集。结集之后，即遣高僧末阇提（Majjhantika）等分道传教于外国，西自埃及，西北至大夏，南至狮子国，皆有传教之僧；举印度全境，中、东、西、北各部，皆渐宗奉佛教，这是佛教最盛的时代。从此以后二百余年，摩揭陀国为南印度安度罗王朝（Andhra）所灭亡，佛教徒失其保护，渐为婆罗门（Brahman）教徒所压迫，奔避西北两印度。适大月氏王阎膏珍南侵，占领印度河流域，保护佛教，佛教徒所以多往依之。及迦腻色迦嗣位为大月氏王的晚年，复笃嗜佛教，皈依佛法，故大月氏佛教勃兴。

迦腻色迦王仿阿输迦王的办法，也会集教徒五百人于罽宾，开第四次结集。这件事的原委，唐玄奘《大唐西域记》记载得很详。他说："迦腻色迦王以如来涅槃之后第四百年应期抚运，王风远被，殊俗内附。机务余暇，每习佛经，日请一僧入宫说法。而诸异议部执不同，王用深疑，无以去惑。时胁尊者曰，如来去也，岁月逾邈，弟子部执，师资异论，各据闻见，甚为矛盾。大王凤植善本，多资福祐，留情佛法，是所愿也。王乃宣令远近，召集圣哲。七月之中，日事供养。既欲法议，恐其喧杂，王乃具怀白诸僧曰：证圣果者住，具结缚者还。如是尚众。又重宣令：无学人住，有学人还。犹复繁多。又更下令曰：具三明六通者住，自余各还。然尚繁多。又更下令：其有内穷三藏外达五明者住，自余各还。于是得四百九十九人。建立伽蓝，结集三藏。诸尊者世友为上座。凡有疑义，咸取决焉。是五百圣贤先造十万颂《邬波第铄论》，释《素呾缆藏》，次造十万颂《毗奈耶毗婆沙论》，释《毘奈耶藏》，后造十万颂《阿毗达摩毗婆沙论》，释《阿毗达磨藏》。凡三十万颂，六百六十万言，备释三藏，悬诸千古。莫不穷其枝叶，究其浅深。大义重明，微差再显，广宣流布，后进赖焉。迦腻色迦王遂以赤铜为鍱，镂写论文，石函缄封，建窣堵波藏其中。"据 Vincent A. Smith：*The Oxford Students History of India*，那时与会者，有两个最著名的高僧：一曰烈迦朱拿（Nagajuna），一曰阿司凡弋什（Asvaghosha），盖即世友、马鸣也。当是时，因恒河以北阿利安民族的佛教徒多往与会，人种复杂，语言不能统一，故用古来印度公文上通行的梵语（Sanskrit）编订佛经，这便是后来流行东亚各国的佛经原本。

490　刘揆藜史学论著集

迦腻色迦王不惟笃嗜佛法,而且又很好医术。在他的时代,所以也产生了一个著名医学家,名曰迦罗迦(Charaka),著作甚多。并且因为他深信佛教,故又大从事于建筑佛寺和窣堵波(Stupas)。佛寺皆伟大庄严。建筑的材料,用砖和木,佛寺上面,雕刻种种故事,以为装饰。现在 Mathura,Peshawar 及其他各地,往往发现他那时代的旧寺。在Peshuwar 地方者,完全的雕刻物尚存有许多。欧美人且谓那佛寺的体制,很似西历纪元后三世纪中 Graeco Roman 制作的体裁。至于窣堵波的建筑,皆为圆顶。通常以砖砌成,用以龛置圣骨或圣物。其大者,往往雕刻华丽的石栏杆绕于四周,装饰至为精致,现在尚有存在者云。

迦腻色迦王死后,国内似乎有点分裂的痕迹。据欧美史学者所引印度的传说,说在迦腻色迦未死之前,有两个人帮他统治国家。两人一名法什色迦(Vashishka),一名呼毗色迦(Huvishka)。人们都猜想他们两个大概是迦腻色迦的儿子。当迦腻色迦外出的时候,这两人往往为他相继处理政务。后来迦腻色迦为反侧的官吏窒息闷死了,好像还是这两人统治月氏。约至西历纪元后一五〇年或一五三年,呼毗色迦始嗣立为全月氏之主。在呼毗色迦时代,国势依然很盛,他依然很有威权,也崇拜佛教,尝建一城于喀什米尔(Kashmir),又建一寺于马须拉(Mathura)。约至西历纪元后一八二年左右,呼毗色迦殂,佛苏德哇(Vasudeva)嗣立,月氏自是始衰。

十二　月氏转输印度文化于中国的原委

由上所说看来,可见从迦腻色迦即位到呼毗色迦之死,可算是大月氏国势和文化最盛的时代。印度佛教经他们继承阿输迦王起来张皇推广,于是益行远播。我们知道在阿输王迦时,大夏已有佛教,但是不见得盛行。大月氏征服大夏的初期,国内的佛教仍然不见得盛行。自从阎膏珍王侵入印度,保护佛教,佛教徒始多集西北印度。到了迦腻色迦召开第四次三藏结集,因为月氏成了佛教的中心,于是由此广布于他的属境。桑原骘藏的《东洋史要》叙佛教由月氏传入中国的历程,说:"自西北两印度经中亚,囊括葱岭以东于阗疏勒诸国。故天山南路地未几佛法遂昌。会中国汉明帝出,锐意辟疆,与西域之关系滋深,佛法于中

国境浸获东渐之机。"其实这话很不精细。现在我们可以研究研究,看月氏佛教勃兴之前,中国到底已经传入了佛法未?看月氏佛教勃兴之后,中国到底又受他的影响如何?

考《魏书·释老志》曰:"案汉武元狩中,遣霍去病讨匈奴,至皋兰,过居延,斩首大获。毗邪王杀休屠王,将其众五万来降,获其金人。帝以为大神,列于甘泉宫。金人率长丈余,不祭祀,但烧香礼拜而已,此则佛道流通之渐也。及开西域,遣张骞使大夏还,传其旁有身毒国,一名天竺,始闻有浮屠之教。"魏收这话,有对有不对。他说张骞使大夏还,始闻有浮屠之教,这大约是真的。至说霍去病获休屠王金人是佛道流通之渐,那未免太傅会了。即所获金人是佛像,不见得遂为佛教流通之渐,何况金人还不是佛像,怎么能说为佛教流通之渐呢? 日本羽溪了谛的《休屠王金人考》曰:"霍去病获金人时,当元狩二年——西历纪元前一二一年,印度尚未有佛像之制作。印度史上有名的阿育王时代——西纪前二七二至二三二年——所建佛陀伽耶之摩诃菩提寺,始有雕刻。至西历纪元前一二世纪制作之石垣石门,均无佛像。前者惟有佛座,后者只表佛足之形。缘其时学者以为佛之形象神圣不可亵渎也。其后至建陀罗,美术中始有佛像之制作。实当西历纪元后一二世纪顷。故知西历纪元前一世纪无所谓金身佛像"云云。可见获休屠王金人,不足为佛道流通始及中国之证。

佛道之最初流入中国,盖在张骞武帝死后,约当西汉末期那时大月氏承继大夏,国内虽已有佛教,犹未兴盛。据鱼豢《魏略》和《魏书·释老志》,汉哀帝元寿元年——西历纪元前二年,博士弟子秦景宪受大月王使伊存的口授浮屠经。中土闻之,未之信了。虽然,据《后汉书·楚王英传》所云:"永平八年,英奉黄缣白纨赎罪。诏报曰,'楚王诵黄老之微言,尚浮屠之仁祠,洁斋三月,与神为誓,何嫌何疑? 当有悔吝。其还赎以助'伊蒲塞'、'桑门'之盛馔。"足见东汉之初,明帝永平八年——西历纪元后六五年以前,佛道流入中国,信了之者已大有人。若据《释氏稽古略》,袁宏《汉纪》,《魏书·释老志》,汉明帝亦已于永平八年前受了佛教影响,曾使人往西域特求佛法了。

《释氏稽古略》曰:"佛教流通中国之始,永平七年,帝梦金人,长大,

顶有白光，飞至殿庭。且问群臣。太学闻人傅毅奏曰：'周昭王时西域有佛出世，其形长一丈六尺，而黄金色。陛下所梦，将必是乎？'博士王遵推周《书异记》佐之。帝遂遣中郎蔡愔、博士秦景等十八人使西域求佛法。蔡愔等至天竺邻境月氏国，遇摄摩腾竺法兰二人奉佛经像来震旦，遂同东还。"《魏书·释老志》曰："孝明帝夜梦金人，顶有白光，飞行殿庭，乃访群臣。傅毅始以佛对。帝遣中郎蔡愔，博士弟子秦景等，使于天竺，写浮屠遗范。愔仍与沙门摄摩腾竺法兰东还洛阳。中国有沙门及跪拜之法，自此始也。"他如袁宏《汉纪》所说，大略相同，《后汉书》亦有"世传明帝梦见金人"之言。不过这事却很奇怪，就是除了魏晋以后的书说之外，汉朝人的著作绝无道及或记载者。这是可疑之点一。梁任公的《历史研究法》又曰："向来言中国佛法起源者，皆云汉明帝永平七年遣使臣经西域三十六国入印度求得佛经佛像。但吾侪据《后汉书·西汉传》及他书，确知西域诸国自王莽时，已与中国绝，凡绝六十五年，至明帝永平十六年始复通。永平七年，正西域与匈奴连结入寇之时，安能派使通过其国？"这是可疑之点二。

虽然，现在我们可以不要考证这个疑难问题，我们暂且将他认为事实。即不认为事实，也无妨于"汉明帝时中国早已输入浮屠之言"。这件事若是我们暂时认汉明帝使蔡愔等往印度求佛法为真了，我们便继续来引《魏书·释老志》等说蔡愔之流在月氏得佛经和僧侣东还后的事迹。《释老志》曰："愔得佛经四十二章及释迦立像。明帝令画工图佛像置清凉台及显节陵上，经缄于兰台石室。愔之还也，以白马负经而至，汉因立白马寺于洛城雍关西。摩腾、法兰咸卒于此寺。"据《高僧传》，"摄摩腾本中天竺人，解大小《乘经》，冒涉流沙，至乎雒邑，明帝甚嘉赏，接于城西门外，立精舍以处之。腾译《四十二章经》一卷，初缄在兰台石室第十四间中"。又"竺法兰亦中天竺人，既达洛阳，与腾同止。少时，便善汉言。愔于西域获经，即为翻译所谓《十地断结》、《佛本生》、《法海藏》、《佛本行》、《四十二章》等五部"。这些话如果可信，便是中国造佛寺译佛经之始。

以上所说的事迹，都是在汉明帝以前研究得大月氏国里佛教未兴盛时，中国早已传入了佛法。到了汉明帝以后，中国和西域的交通完全

恢复；大月氏贵霜王朝的武功既盛，文化增进，佛教勃兴，于是月氏和安息等地的高僧，更接踵来中国。我们上面已经叙述过迦腻色迦嗣位为大月氏王是在纪元后一二〇年左右，他的嗣位人呼毗色迦是在一五〇年或一五三年为全月氏之主。又说迦腻色迦晚年皈佛，开会结集，佛教勃兴，呼毗色迦继之，崇佛布教，一八二年左右他死时，然后月氏的国势和佛教始衰。因为如此，所以当迦腻色迦的晚年和呼毗色迦时代，大月氏和大月氏属国印度大部及安息之属的高僧东来传教中国者很多。换着我们中国说来，就是当汉桓帝、灵帝时代——纪元后一四七年至一八九年，大月氏和大月氏属国印度大部及安息之属的高僧东来传教中国者很多也。现在我们可看有什么高僧来中国：

《高僧传》曰："安清，字世高，安息国太子也。讽持禅经，备尽其妙。游方宏化，遍历诸国，以汉桓之初始到中国。才悟机敏，一闻能达，至止未久，即通习华言。于是宣译众经，改梵为汉。先后所出经论凡三十九部。支娄迦谶，亦云支谶，月氏人。汉桓灵时游于雒阳。以光和中平之间，传译梵文出《般若道行》、《般舟》、《首楞严》等三经。竺佛朔，天竺沙门。亦汉灵时赍道行经来适洛阳。即转梵为汉，弃文存质，深得经意。安玄，安息国人。亦以汉灵之末游赍雒阳。以功号曰骑都尉。常以法事为己任。渐解汉言，志宣经典。常与沙门讲论道义。支谦，字恭明，月氏人，来游汉境。桓灵之世，有支谶译出众经。有支亮，字纪明，资学于谶。谦又受学于亮，博览经籍，通六国语。谦以大教虽行，而经多梵文，未尽翻译，已妙善方言，乃收集众本，译为汉语。"凡此，皆是桓灵时代，月氏佛教盛兴之际所东来之僧侣。据《开元释教录》说，"汉自永平年至建安末，缁素十二人，译佛经律二百九十三部，计三百九十五卷"。其中实以桓、灵之际所译为最多云。

高僧来中国者既多，影响甚大。据史传所载，当时以浮屠与老子并重。如《后汉书·桓帝纪论》言桓帝"设华盖，以祠浮图老子"。又《襄楷传》楷谏桓帝疏曰："闻宫中立黄老、浮屠之祠。此道清虚，贵尚无为，好生恶杀，省欲去奢。或言老子入夷狄为浮屠。浮屠者，不三宿桑下，不欲久生恩爱，精之至也。"又《释氏稽古略》曰："桓帝永兴二年，帝铸黄金浮屠老子像，覆以百宝盖，宫中身奉祠之。世人以金银作佛像，自此而

始。"皆足以见桓帝嗜佛之深。虽然当时虽任中国人信佛,犹禁中国人出家。《高僧传》引石虎时著作郎王度之言曰:"汉明感梦,初传其道。惟听西域人得立寺都邑,以奉其神。其汉人皆不得出家。魏承汉制,亦循前轨。"然而上之所好,下必有甚。帝王既奉佛如此,故佛教传布易于为功。是以至魏晋时代,中国学术思想,遂一变而入于佛矣。

十三 月氏衰灭及其传布文物的余音

好,月氏转输印度文化于中国的原委,我们已经说过了,于是我们又可转而看月氏的国势怎样。说来也可叹:自从呼毗色迦于纪元后一八二年左右死后,嗣立的佛苏德哇第一(Vasudeva I)便不能如他的祖先般振作,从此遂一年一年地衰下去了。不过与中国尚有点关系,就是在三国时代魏明帝的大和四年——纪元后二三〇年,月氏王波调犹贡献于魏,魏封调为亲魏大月氏王。那时月氏在印度境内的属土,渐行背叛;印度中南部的安度罗王朝势亦不振,群雄蜂起,割据土地。至纪元后三四世纪,印度笈多王朝(Gupta Dynasty)勃兴。有旃陀罗笈多(Chandra Gupta)者,起兵女曲城(Kanoj),次第攻略印度诸部,皆下之。锡兰(Ceylon)、尼泊尔(Nepal)等地,亦为他屈服。他遂乘方张之势,尽取印度境内的大月氏属地,把大月氏人逐驱于境外。时约在纪元后三二〇年左右。

大月氏既南败于印度,西南面又时为波斯所侵,国势益衰,部众益解。突厥族的哒哒渐兴起于北方,乘势并吞大月氏的部落,威振于中央亚细亚。哒哒者,汉朝丁零的苗裔,逐水草迁徙,栖息于阿尔泰山附近。相传后汉顺帝永建初年,有八滑者,从汉将班超的儿子班勇击匈奴有功,以为后部亲汉侯。至南北朝时,号滑国。当元魏居桑乾的时候,滑国尚很小,服属于柔然。后七八十年,稍强大,征服其旁诸国。韦节《西蕃记》谓其国王姓挹阗,故遂以姓为国号,亦写为挹怛,亦写为哒哒。那时哒哒尚未侵略月氏,月氏尚与元魏有来往:太武帝时(四二四年即位),月氏国的商人"贩京师,自云能铸石为五色琉璃。于是采矿山中,于京师铸之。既成,光泽乃美于西方来者。乃诏为行殿,容百余人,光芒映彻。观者见之,莫不惊骇,以为神明所作。自此国中琉璃遂贱,人

不复珍之"。(《北史西域传》)至元魏文成帝以后,哒哒既日强盛,遂乘大月氏之衰,攻并其部落;而大夏遗裔亦起而应之,恢复葱岭西大夏故地,建国曰吐火罗(Tokara),月氏遂灭。

然近世的考据者谓月氏未灭,以为哒哒即月氏。《汉西域图考》曰:"《魏书》分月氏、哒哒为两传,以侵入天竺为月氏王寄多罗事,而《乾陀罗传》云,本名叶波,为哒哒所破,因改焉。是哒哒即月氏也。"此说也,盖以为"月氏王姓哒哒"。他如《西域传考证》,亦曰:"哒哒为大月氏改名。魏后修史者俱不明大月氏、哒哒、吐火罗之沿革,《唐书》始言大月氏击臣大夏,大夏即吐火罗。哒哒,王姓也,后裔以姓为国号,讹为挹怛,亦曰挹阗。然以姓为国究在何时,亦未能详。考印度史纪元后三百十六年至四百七十年间,古普塔王为新来匈奴所征服。新来匈奴即大月氏。古普塔本中印度乌德部主,前逐贵霜王后裔而得北印度。至是为寄多罗王所败,其地仍属月氏。月氏改号哒哒,当在是时。"这两书的考证,殊未正确,可疑之点颇多,但是要想研究清楚,也很不容易。我们这题既为"月氏与东西文化之关系",而确实可靠的月氏与东西文化之关系已经说过如上了。且从元魏以后,月氏的事迹的确不见于中国史书和印度典籍了,我们只好把这疑问留待将来解决,月氏与东西文化之关系也遂于此作结了罢。

(《文艺》第 1 卷第 1、2 期,1925 年 4 月至 1926 年 2 月)

史学与史法简编

今年秋季开学后两星期,忽承学校命添任"史学与史法"一课。以目下国内尚无适当成书可用,爰匆匆编撰讲义。拟于一年内随编随讲,毕后刊成一书,以质当世。乃甫着手,同学魏君世珍复以草稿投登《文艺》杂志为请。敦促再三,不能辞却,姑漫与之。修正补苴,只得俟诸异日。

民国十四年十二月十八日刘掞藜识

- 一　开宗明义
- 二　史之源流及史体演变
- 三　史中三体之利弊
- 四　史著目的及史性变迁
- 五　史之功用之真义
- 六　史家职务与道德
- 七　史文问题与史才

一　开宗明义

何谓史?今之所谓历史者云何?伊古以来,解释者纷纭。就我国言之,上起《说文》,下迄于今,据造字本义释"史"者约有三说,复有望文生义者焉。据造字本义释史者,(一)为许慎之说。许氏《说文解字》曰:"�META,记事者也。从又持中;中,正也。"此说也。段玉裁《说文解字》注从之,且引《玉藻》"动则左史书之,言则右史书之"之文,谓许氏解释,以记事包记言;又引《左传》"君举必书"、"良史书法不隐",以释许氏持

正之说。近人因之,谓古者记事官、记言官态度中正不偏,据言、据事直书之谓"史"。(二)为吴大澂等之说。吴氏《说文古籀补》常考钟鼎籀文,昌言:"甲,记事者也:象手执简形。古文,中,作甲,无作甲者:推其意,盖以甲当作从,即册之省形。册为简策本字。持甲,即执简册之象也。"江永《周礼疑义举例》之言亦类是,以为"凡官府簿书谓之中。故诸官言治中,受中;小司寇断庶民狱讼之中,皆谓簿书。犹今之案卷也。此中字之本义。故掌文书者,谓之'叓'。其字从又从中:又者,右手以持簿书也"。近今章太炎《文始》复从二氏之说引证而演绎之,谓"中字作从,乃纯象册形。中本册之类,故《春官·天府》,'凡官府、乡州及都鄙之治中,受而藏之'。郑司农云,'治中,谓其治职簿书之要'。《秋官·小司寇》'以三刺断庶民狱讼之中,岁终则令群士计狱弊讼,登中于天府'。《礼记·礼器》曰,'因名山升中于天'。升中即登中,谓献民数政要之籍也。尧曰'咨,尔舜,天之历数在尔躬,允执其中'。谓握图籍也。《春秋·国语》曰,'余右执殇宫,左执鬼中'。《韦解》以中为录籍。汉官亦有治中,犹主簿耳。史字从中,谓记簿书也;自太史、内史以至府史,皆史也"。以上吴、江、章三氏之说,互相发明;总结其意,皆谓持简册簿书记载一切者谓之"史"。(三)为近今王静庵之说。王氏《释史》稽考古籍,谓甲为古盛算之器;凵作盘形,象柄。古时算与简筴本同物,故盛算之甲,亦用以盛简。以为"史"字本义,指手持盛筴之器记事之人——上列三说,皆考造字之本义以释"史"字者也:虽有差异,实则相得益彰。吾人不必起造字者于九原而问其史字本意究竟何如,径可凑合上列三说以定"史"字之义曰:史字原义,实指书记官而言。古者称手持简册簿书筴器而记载一切之书记官曰"史";后世引申其谊兼称史官所记载一切之簿书简册,亦曰"史"焉。迄于近世,以为史籍纪录历代史迹,于是又有"历史"之称。近今萧君一山《清代通史·导言》且为下定义,谓"历史者,宇宙现象之叙述录",其说良是。乃望文生义凭心自撰者流,或谓"史者,研究人类进化之现象";或谓"史者,研究人类进化之阶级及法则"。诸如此类,悉释"史学"意义之一端,非"史"字之意义也。

至于欧美诸国"史"字之义,古希腊文作"Lotoply"训为"征问"或

"询问所得之知识"(Inquiry or Learning By Inquiry),不论何种语言行事,胥概括之。希腊后哲,始渐限此字于问得知识之纪录。罗马沿之,写为 Historia 训为人类过去事实之纪载。由是演为近世英美诸国之 History,法、比、班、荷、瑞士等国之 Historique,俄、塞等国之 Hstoriya,瑞典之 Historien,挪威之 Historisk,丹麦之 Historie,德奥两国之 Historische 及 Geschichte。欧美史家,为之标定义者甚多:或谓史为诗与哲学之混合,或谓史为文之具载事实时日本末者,或谓史为纪载政治者,或谓史为大人之传记,或谓史为社会之传记(见浮田和民《新史学》),皆知其一而未知其全也。近今美国史家鲁滨孙(J. H. Robinson)著《新史学》(New History),为立定义,始称完全。其言曰:"就广义言之,自有人类以来,其所思所行之成绩及痕迹皆属史。大则纪古民族之兴亡,小则记个人之情性及动作。即如 Chelles 之石斧,今朝之报纸,皆史也……无论解释亚述瓦上之契约,估计金刚石项圈之价值,或叙述 Charles V 之食物……与夫 Eli 之儿媳因知 Ebenezer 人民困苦而悲伤,为史:即《大宪章》之条文,《变质原理》之来历,Santiago 城之失守,黑衣僧与白衣僧之区别,以及今……纽约《世界报》之销数,亦莫非史各有其关系及重要,皆当明白纪载者也。"

鲁滨孙此种定义,涵括之广,且远过于吾国龚定庵《古史钩沉》"六经者,周史之宗子"之说,章实斋《文史通义》"六经皆史"之言。惟其说及吾上文释"史"与"历史"意义所指之史,俱有类于所谓"史料"。盖迩来沿用习惯,咸谓有系统有组织、有次序之史迹集团纪载为史;非然者,斯目为"史料"。时或并有系统有组织、有次序诸史籍,亦概目为"史料"焉。

"史"与"史料"之义已明,兹可进释"史学"之义:

"史学"二字,吾国古人用之,各异其解:或以著作史书为"史学",或谓注解史书为"史学",或目考核史事异同、正误、真伪与夫校勘史文是非讹脱为"史学",亦或以纵论史法、批评史著为"史学",亦或称搜集史材、苴补史籍为"史学",甚至有以熟于史实平议史事比论史迹为"史学"者。至如章实斋《文史通义》所言"史学",又异乎前人:似指从事史籍,搜讨史材,雠核史料,次比史事,整齐史实,不名家学,不立识解,以

为作史初步之谓。总而观之，吾国往昔观念，大率以研治史部为"史学"；其视"史"为一事，"史学"另为一事，显然甚明。西洋亦然，英文History 一字，本尝兼用为"历史"与"史学"；但迩来学者，多用Historiography 或 History as a science 指史学以别于泛言 History 为历史。

要之数年以前，中外人士为历史标举定义者多矣，从未有为史学标立定义者；惟或混"史学"于"历史"而为标举定义者有之。例如梁任公《中国历史研究法》曰："史者何？记述人类社会赓续活动之体相，校其总成绩，求得其因果关系，以为现代一般人活动之资鉴者也。"又如李泰棻《中国史纲·绪论》引国外学者之言曰："史也者，一秩序整然之人类重要事实录，尤必须阐明其因果关系者也。"此二说也，良粗足为欲由史学作成历史之"史学的历史"之定义，而非纯然"史学"之定义。为纯然"史学"下定义而适获我心者，厥维近今萧君一山《清代通史·导言》所标。兹全引之而略加补苴，俾成完善之"史学"定义，曰：史学者，搜讨史材，"钩稽史实之真象，为有统系、有组织之研究，以阐明其事变演进之迹，并推求其因果互相之关系者也"。能本此种"史学"而应用"史法"所成之历史，方为真正之史著，方为良好之史著。

余之为《史学与史法》，即属引往世今兹成说，参以己意，讨论此种"史学"问题及"史法"问题。以后诸章，因便，首先溯史及关于史道之源流变迁，然后顺次讨论史学史法中各条件及手续。

二 史之源流及史体演变

最初之史乌乎起？曰，其发端乎，原民讲演经历或故事乎？德史家郎泊雷希脱（Lamprecht）尝有言："历史之发端……皆由个人之记忆，而对于祖先尤为关切。"盖当吾人类之方经演成而脱离兽界也，语言已发达，智慧初萌芽。对于凡百事物，俱有神秘不可思议之感觉。若其家长或"其族部之长老每当游猎斗战之隙暇，或值佳辰令节，聚其子姓，三三五五，围炉藉草，纵谈己身或其先代所经之恐怖所演之武勇等等，听者则娓娓忘倦，兴会飙举。其间有格外奇特之情节可歌可泣者，则蟠镂于听众之脑中，瀰拔不去，展转作谈资，历数代而未已。其事迹遂取史

的性质"。(梁任公《中国历史研究法》第二章)

事迹既取得史之性质,于是如郎泊雷希脱氏所言:"为两元之倾向……两元之何? 即所谓自然主义与理想主义是也。取自然主义形式者,最初为谱系;取理想主义形式者,最初为英雄诗。"而英雄史诗发生为尤早。尝考世界古文明种族文学发达之次序,口头韵语诗歌之产生最先。若苏末人(Sumerians),若塞米阿坎达人(Semitic Akkadians),若埃及人(Egyptians),若印度阿利安人(Indian Aryans),若波斯伊兰人(Persian Iranians),若希伯来人(Hebrews),若希腊人(Greeks or Hellenes),若我国汉族先民,莫不如此。且口头韵语诗歌之产生也,史诗与其他各种颂神祈祷等诗歌俱来,或有后先,相差不远。逮乎文字既经创造,始渐笔之简籍,编著成文。厥例甚繁,略举如次:

(一)若昔苏末人之人居巴比伦尼亚(Babylonia)也,渐发生各种口头诗歌。其后象形文字、[楔]形文字相继创成,始著之泥板。至距今五千年顷,塞米阿坎达人侵入,承其文籍,取而编之。其中诗歌,有祈祷,魔咒,及神话故事等类。而神话故事等史诗中,或叙世界创造之原始及男女诸神之统系;或以巴比伦城马斗(Morduk)为主而叙人类及兽类之造成;或以马斗与泰马特(Tiamat)之战争为主,并叙诸星辰之造成;或叙依他拿(Etana)骑鹰上天求"生命源泉之草";或叙亚达巴(Adapa)不食"生命之面包与水",致失人类长生不老之机。他如格加梅希(Gilgamesh)拒婚伊喜他(Ishtar)之叙事诗,哈西沙达(Hasisadra)述遭洪水故事之歌……无一而非史诗云。

(二)吾人观于埃及远古之含米特人(Hamitic tribe)也亦然。当距今以前六七千年顷,已能以图画表记史事。例如:尝有酋长俘虏"捕鱼湖"(Harpoon Lake)人民六千,则画一鹰鹯以表示酋长;其下画六莲及一人头于矩形之上,以表示"捕鱼湖"人民六千;鹰足一践莲上,一持绳引人头之鼻,以表示俘虏。其后此类图画,演为象形文字(Hierogly Phios)、僧书(Hieratic)及民书(Demotic)。同时故事歌谣,亦渐繁兴。至距今以前五千六百年至四千六百年顷,渐皆著之文字。今所传《金字陵之典籍》(*Pyramed Texts*),其中尚存有符咒、祈祷、赞颂、爱情、神话及故事等诗文颇多。诗歌虽无脚韵音律,然皆骈体。已而故事传奇之

歌文益夥。例如：叙述漫游者冒险亚洲；航海者覆舟红海外不可知洋；埃及战胜赫胎特人（Hittites）之类，亦无一而非史诗。

（三）吾人再观诸印度阿利安人也亦然。当阿利安人未入印度之先，已口作赞颂神祇诗歌甚众。逮距今四千年顷侵入印度，口作诗歌益多。除颂神祈祷，婚丧祝告，哲理玄想等诗外，复有宇宙创造及社会宗教之史诗。展转记诵口传，汇为大作，所谓《四吠陀》（Four Vedas）者是也。已而史诗较诸颂神等诗，发达更甚，累世增演，产生两大史诗，为世界各国所未有。一曰《大婆罗多谭》（Maha Bharata），以二十二万句之长诗，描叙婆罗多王（Bharata）子孙两族之大战。一曰《罗摩武勇谭》（Ramayana），以四万八千句之长诗，纪英雄罗摩（Rama）武勇奇特之漂泊及经历。降至距今以前二千八百年顷，婆罗门文字（Brahmi）造成，《四吠陀》及《大婆罗多谭》、《罗摩武勇谭》始渐集录于桦皮贝叶，成成文之作。

（四）试再观于波斯伊兰人古昔，亦有同然。当其未与阿利安人分离之时，亦已口作赞颂神祇诗歌甚众。逮距今四千年顷徙入波斯后，有苏鲁阿士德（Zoroaster）者，既因其族之故俗，透察人之生活，创为善恶二元之宗教；复纂集旧歌，参以己作，撰为《阿威士陀》（Avesta）。其中除道德格言，礼法仪式，宗教规律，天文观察，赞颂祈祷等诗歌外，叙上古开创宇宙及殖民之神话故事等史诗亦甚多，惟皆口耳传授。及苏鲁阿士德死后一千余载，届塞鲁士（Cyrus）征服肥腴月弯，仿造楔形拼音文字为生德文（Zendic），始将《阿威士陀》编录，成成文之作。

（五）试再观于希伯来人古昔，亦有同然。当距今之前四千年顷希伯来人游牧转徙之际，已产生种种传说及诗歌。逮由埃及归来，采取迦南人（Canaanites）文字，始将口传之作采集。关于宇宙之起原，人类历史之发轫，希伯来人在埃及之遭遇与其归来光复故国之战绩，往昔之规训及法律，以及其部落之旧习遗风，均渐著成明文。诗歌则有宇宙创造及洪水等史诗，亦悉修琢完善，著以文字。

（六）再观希腊，亦复如是。考希腊文学之产生最早者，厥为史诗。当城邦王政时代，希腊人承旧日游牧野蛮之余习。酷嗜战争，尚勇敢。故所发生之文学，悉属口头吟咏英雄之诗歌，叙其行事，状其雄武。攻

围小亚脱洛（Troy）之役，尤为希腊人之所不能忘。至距今以前三千年左右，吟咏此事之口头史诗，已产生多篇短章。后分咏一事之短章益多，更经汇会而组成长篇。其他史诗，类皆如此。而史诗著作家中之最负盛名者则推荷马（Homer）。旧传《伊里亚》（*Iliad*）、《奥德西》（*Odyssey*）皆彼所作：实则非其独出，不过取以前叙述攻围脱洛凯旋短篇诸什，集为大观耳。

古苏末人、塞米阿坎达人、埃及人、印度阿利安人、波斯伊兰人、希伯来人、希腊人初演史固皆用诗歌矣，我国先民又何莫不然？昔《吕氏春秋·古乐》篇尝言葛天氏时有三人操牛尾投足以歌八阕，且引其八歌之名。此虽系传说，实亦足以征我国口头诗歌之发生必早。其后历世所作若夏《九辩》、《九歌》、《五子之歌》之属，惜皆佚亡。即商颂十二，犹亡其七。然而今存五颂，《玄鸟》、《长发》、《殷武》实皆叙赞商契、成汤、武丁累世功业之史诗。《大雅》、《小雅》中，史诗更多：如《生民》之纪后稷生长稼穑事，《公刘》之纪公刘自邰迁邠事，《緜》之纪太王迁岐事，《皇矣》之纪太伯王季文王德业武功事，《大明》之纪大任大姒嫁周及武王伐纣事，悉皆演史之作。他如《常武》述南仲惠南国，程伯休父省徐土；《江汉》述召虎平淮夷；《韩奕》述韩侯伯北国；《烝民》述仲山甫式百辟；《采芑》述方叔伐蛮荆；《六月》述吉甫伐狝狁……皆所谓英雄史诗，本于个人记忆，而于祖先尤为关切者也。

总上观之，足明初民演史，欲事记述，殆无不以诗歌。此何故耶？盖如梁任公所云：古代文字传写甚不便，或且并文字亦未完具，故其对于过去影事之保存，不恃记录而恃记诵。然以人类文化渐进，其所传受之传说日丰日赜，势难悉记，思用简便易诵之法以永其传；一方面则爱美之观念日益发达，自然有富于文学天才之人，将传说之深入人心者，播诸韵语诗歌，俾便记诵，以应社会之需。于是乎有史诗。是故邃古传说，可谓为不文之史；其成文之史，则自史诗开其端。

虽然，良如郎泊雷希脱两元倾向之说，传说既取得史之性质，一方面固演成史诗，一方面又产生谱系。特谱系似略后出而已。在吾中国，此事线索甚明。据《史记·三代世表》太史公所言"五帝三代之记，尚矣"，"余读《谍》，记黄帝以来皆有年数，稽其《历谱谍》终始五德之传，古

文咸不同,乖异";及《十二诸侯年表》中"太史公读《春秋历谱牒》","《谱牒》独记世谥,其辞略,欲一观诸要,难"等文,足知自黄帝以来皆有谱牒记世系名谱,特古文各本,常互有乖异。且当时因果之关系未明,时间之观念亦浅,记载之法,甚疏略而不详。今《大戴记》所载《帝系》,犹其遗式,可覆按者也。

史诗与谱系既相继产生矣,于是又如郎泊雷希脱之说,分两流演进:史诗进而为纪传史,谱系则进而为编年史。在希腊也如是,在吾国也亦如是。特希腊纪传体之发达远过编年,故自赫概提奥斯(Hecataeus 6th Century B.C.)以后,世恒称希腊史家为传记家(Logographers)。吾国则纪传编年,比肩齐驱,并行发达。为明便计,兹分论之:

由《史记·大宛列传》"《禹本纪》言河出昆仑"及《伯夷列传》"《伯夷》、《叔齐》……传"之文,吾人足知《史记》之前,已有纪传史体。更观于《尚书》,即如第一篇《尧典》与第二篇《皋陶谟》,虽无纪传之名,已有纪传之实。盖《尧典》一篇,记尧舜事,首尾一百五十载,与纪载一时之事迹迥殊;若以司马迁之本纪相较,则《尧典》所缺,惟年月不明,此因彼时为史者时间之观念尚未明也。《皋陶谟》以"粤若稽古皋陶"发端,中间杂载皋陶与禹陈昌言帝舜之前,又叙述帝舜与禹、皋陶、夔之语而殿以帝与皋陶相和之歌,盖重在皋陶,故曰《皋陶谟》,其体与《尚书》中训诰誓命之文迥别;若以《史记》屈原、贾谊、司马相如等列传不载事功,惟载言语文章者相较,则《皋陶谟》所缺,惟皋陶生地未书,此因彼时为史者空间之观念尚未明也(朱希祖《中国史学起源》说)。故无论《尧典》、《皋陶谟》为周人所作或为夏、商间人所作,实可视为吾国纪传史体之权舆。自是以后,至东周之间,有《世本》出。其内容篇目除《帝系》、《氏姓》、《居作》等篇外,复有《传》及《世家》,足征纪传体已趋发达。逮至前汉司马迁为《史记》,遂使纪传史体灿然完成,蔚为巨观,成后此历代正史之定范。详言之,即《史记》以后,所谓"二十四史"之《汉书》、《后汉书》、《三国志》、《晋书》、《宋书》、《南齐书》、《梁书》、《陈书》、《魏书》、《北齐书》、《周书》、《隋书》、《南史》、《北史》、《旧唐书》、《新唐书》、《旧五代史》、《新五代史》、《宋史》、《辽史》、《金史》、《元史》、《明史》以及今《新元

史》，皆取法《史记》，以纪传体撰成，章实斋所谓"纪传行之千有余年，学者相承，殆如夏葛冬裘，渴饮饥食，无复更易"者矣（《文史通义·书教》篇）。

至于编年之体，亦无从考知其确凿发轫于何时。大抵当西周末叶共和宣王之世，已日趋发达；至东周春秋之际而益盛，自周室下至诸侯各国，殆皆有编年之纪载。当时各国，称谓不同：晋谓之"乘"，楚谓之"梼杌"，周、鲁、燕、齐、宋等皆谓之"春秋"。据《晋语》"羊舌肸习于《春秋》"；《楚语》楚庄王使士亹傅太子，申叔时告以"教之《春秋》"；及《墨子·明鬼》篇引《周春秋》言宣王杜伯事，引《燕春秋》、《宋春秋》、《齐春秋》言春秋时事，并其常称"百国春秋"云云，足知春秋之际，《春秋》成籍已甚多，编年史体已大盛。春秋末叶，孔子又据鲁史作《春秋》。然其记载简约过甚，如"流水帐簿"，如"断烂朝报"，"旧史遗文，略不尽举"。鲁左丘明病之，乃复以孔子《春秋》为纲，依之附传，举春秋时各国政治及社会之事迹，"广记而备言之"。灿然成为中国编年史体首出之名著。自是以后，陆贾《楚汉春秋》，荀悦《汉纪》，张璠、袁宏《后汉纪》，孙盛《魏春秋》，习凿齿《汉晋春秋》，干宝、徐广《晋纪》，裴子野《宋略》，吴均《齐春秋》，何之元《梁典》之属，相继而兴。盖如梁任公所言：自班固以降，纪传体已断代为书，故自荀悦以下，编年体亦循其例。每易一姓，纪传家既为作一书，编年家复为作一纪，而皆系以朝代之名。降至有宋司马光出，毅然会通，作《资治通鉴》以续《左传》，上纪战国，下终五代，千三百六十二年间大事，按年纪载，一气衔接，为我国中古以来一大创作。其后治史者慕之，又纷纷则法其体，踵续其书。前清毕沅等所为《续资治通鉴》，其最著者也。

以上略举纪传、编年两体并行发达之源委矣，余今欲问吾国史中体裁果仅如斯两元演进发达而已乎？曰，未也，尚有纪事本末一体发轫于夏、商之时，光大乎唐、宋以后尝考《尚书》、《禹贡》，篇首以"禹贡"标题，篇中历叙夏禹治水成功任土作贡之终始。此实为纪事本末史体之滥觞。《商书·盘庚》、《周书·金縢》、《顾命》之流，或纪迁都，或纪册书出纳，或纪遗命托孤，莫不每事为篇，各详起讫。自是以降，《国语》、《国策》之中，亦多每事为段，自具首尾，虽未尝标题，然实多纪事本末体之

记载存其间也。《史记》以下纪传体裁所成诸史,其中咸有书志一门纪载文物制度,区别门目,以类排纂;唐杜佑《通典》,更统括史志,"采五经……上自黄帝,至于有唐天宝之末,每事以类相从,举其始终历代沿革废置,及当时群士议论得失,靡不条载,附之于事"(李翰《通典·序》)。此实纪事本末体显然渐次脱离纪传体史籍之范围而特出轨途。逮乎有宋司马光以编年为《通鉴》,袁枢读之,感其事隔数卷,首尾难稽,翻检为苦。乃因《通鉴》旧文,理其端绪,每事为篇,标以题目,各编年月,排比次第,自具始终:将一千数百年之书,约之为二百三十九事。于是纪事本末体遂大臻完成。自枢《通鉴纪事本末》刊布后,蹀其体例治史者迭起:章冲《春秋左氏传事类始末》,徐梦莘《三朝北盟会编》,陈邦瞻《宋史纪事本末》、《元史纪事本末》,谷应泰《明史纪事本末》、高士奇《左传纪事本末》之类群兴,难以悉举;而纪事本末一体,亦遂卓然与纪传编年对峙并列,俨然有三分鼎足之观矣。

三 史中三体之利弊

吾人既明纪传、编年、纪事本末三体之演成发达矣,兹可进论三体之得失。盖三体为史,实各有其利弊短长;且吾国自三体发生后,恒彼此互相影响,史家往往依违其间,或取编年,或取纪传,或取纪事本末,展转治弊。近世治史之士,咸趋重纪事本末一途。然而须知纪传编年,皆有其美;纪事本末虽优处特多,若遽谓编年纪传可废,则又难矣。是以今兹析论三体之短长利弊如下,何去何从,何所取舍补苴以资应用,论毕则自可知矣:

(一)编年体之利弊 夫编年之为体也,以年为主,以事为从;以年为经,以事为纬;"系日月而为次,列岁时以相续;中国外夷,同年共世,莫不备载其事。形于目前,理尽一言,语无重出"。(《史通·内篇·二体》)读者一览即可瞭然于史迹时际之关系,此其所以为长也。然史事固有连续之性,一事往往亘数年或数十年或数百年不断。编年体按年纪事,以一事逐年与诸他事混载。无论纪叙若何妙巧,其本质要不能离帐簿之式。换言之,即一事首尾,断续隔离,散见于数十百年之中,错综于数十百事之里,杂出于数十百页之内,著者既以为累,读者尤以为病。

盖"一事而隔越数卷,首尾难稽"。(《四库提要》、《通鉴纪事本末》)其至读一年所纪之事,其原因在若干年前者,或已忘其来历,其结果在若干年后者,又不能得其究竟,非直翻检为劳,抑亦寡味。此其所以为短也。且按年纪事,"又不能即一人而各见其本末"(《二十二史札记·史体》)。复"束于次第,牵于混并,举其大纲而简于叙事。是以多阙载,多逸文"(皇甫湜《编年纪传论》)。其有"贤士贞女,高才俊德,事当冲要者,必盱衡而备言;迹在沉冥者,不枉道而详说。如《左传》绛县之老,杞梁之妻,或以酬晋卿而获记,或以对齐君而见录。至于贤如柳惠,仁若颜回,终不得彰其名氏,显其言行……论其细也,则纤芥无遗;语其粗也,则丘山是弃"(《二体》)。故不得不于《传》外别著《国语》"以备书之语言,而尽事之本末……《左传》、《国语》……合之则繁,离之则异,削之则阙"(《编年纪传论》)。此又其所以为短也。

(二)纪传体之利弊 夫纪传之为体也,以人为主于本纪则系日月以成岁时,书元首以显头脑;于列传则历叙个人一生行事之本末,详载平日之思想及言辞;于谱表则统赅历年之世系与大事,兼存无功之显贵与侯王;于书志则记天文、地理、文艺、社会一切风俗生活之情形,叙刑法、礼乐、律历、食货、官服等所有之制度。刘子玄《二体》所谓"纪以包举大端,传以委曲细事,表以谱列年爵,志以总括遗漏"。赵瓯北《史体》所谓"司马迁为本纪以序帝王,世家以记侯国,十表以系时事,八事以详制度,列传以志人物",事迹话言,朝章国典,显隐必赅,洪纤靡失,而一人首尾具述,源流毕彰。此其所以为长也。然而史事割裂凌乱,时际颠倒纠纷。往往"同为一事,分在数篇,断续相离,前后屡出"。如《史记》"于《高纪》则云事在《项传》,于《项传》则云事具《高纪》"。举凡本纪世家,列传、书志,互为纪纲。须展转相交错,表里相发明。著者易致重复乖淆,歧互挂漏(参看《二十二史札记·史记自相歧互处》及《陔余丛考》"一事互异、一事系之两人、一人倒置重见"诸条)。读者尤觉首尾难稽,翻检为苦。时或耗时竭力,而后始可得一事一线相承之概观;旷日疲神,而后始可得一事因果互相之关系。此其所以为短也。且列传一门,"编次相类,不求年月。后生而擢居首帙,先辈而抑归末章。遂使汉之贾谊,将楚屈原同列;鲁之曹沫,与燕荆轲并编"(《二体》)。亦列一人一

事,两传可归。既著于彼,又录于此。竟致子贡已列《仲尼弟子列传》之间,复列《货殖列传》之内;淳于髡已列《孟子荀卿列传》之内,复列《滑稽列传》之中。是皆著者翦切为难,诠配易失。而读者时间观念恒迷,空间观念常变,须反参阅,方始瞭然。此又其所以为短也。

（三）纪事本末体之利弊　夫纪事本末之为体也,以事为主。"搴事之成,以后于其萌;提事之微,以先于其明"。"因事命篇,不为常格";"区别门目,以类排纂。每事各详起讫,自为标题;每篇各编年月,自为首尾……经纬明晰,节目详具。前后始末,一览了然",隐括网罗,条理秩若。"文省于纪传,事豁于编年。体圆而用神",极便观读(《通鉴纪事本末·杨万里序》、《四库提要》、《文史通义·内篇·书教》下)。此其所以为长也。然而国内国外同年共世之事,不能并载,须在篇前篇后题殊代异之中,牵连叙明。例如：Robinson And Beard：*Outline of European History* 叙 James Hargreaves 于"工业革命"之内,而其事则在"法国革命"之前。诸如此类,恒使读者每注意一事而遗其他,每缩短长期而忘其久。时间之念简促,空间之观单纯。此其所以为短也。

总上观之,三体各有其得失。是以吾国古昔史家,展转以之革旧开新,补偏救短。自一方面言之,三体固属分流演进;但自另一方面言之,亦未始不由互相影响变革,乃趋光大。章实斋《文史通义·内篇·书教》下尝论之曰：《尚书》纪事本末之体,"一变而为左氏之《春秋》。尚书无成法而左氏有定例,以经纬也。左氏一变而为史迁之纪传。左氏依年月而迁书分类例,以搜逸也"。夫"《尚书》变而为《春秋》,则因事命篇不为常例者,得从比事属辞,为稍密矣。《左》、《国》变而为纪传,则年经事纬不能旁通者,得从类别区分,为益密矣"。换言之,"左氏编年,不能曲分类例。《史》、《汉》纪表传志,所以济类例之穷也……纪传行之千有余年,学者相承……无更易矣;然无别识心裁……为类例所拘,以致书系而事晦",是以"司马《通鉴》病纪传之分而合之以编年。袁枢《纪事本末》又病《通鉴》之合而分之以事类"。辗转治弊,复返《尚书》无例之初。

盖史为记事之书。事万变而不齐,史文亦应屈曲而适如其事。欲史文屈曲而适如其事,莫如变化纪事本末体而补苴完善之："因事命篇,不为常例所拘,而后能起讫自如,无一言之或遗而或溢……神明变

化……不致以文徇例……或考典章制作,或叙人事终始,或究一人之行(即列传、本纪。按在西洋史,则如 Robinson:*The Development of Modern Europe* 之 Napolean Bonaparte 之类是也),或合同类之事(在西洋史,如工业改革 The Industrial Revolution 之类),或录一时之言(训诰之类),或著一代之文。因事命篇,可无局于年月后先之累。较之迁史之分别,可无歧出互见之烦。文省而事益加明,例简而义益加精……至于人名事类,合于本末之中,灵于稽检,则编为表以经纬之;天象地形、舆服、仪器。"古物、风土、习俗、建筑、人物、技艺,非可本末该之,且亦难以文字著者,别绘以图以表明之。书末复通为大事编年之表。则"通《尚书》之本原"而拯《左传》"马《史》班《书》之流弊,其道莫过于此"。(《文史通义·内篇·书教下》)果能依是体成史,则可断可续,可合可离。续合古今中外,即为通史。断离古今,即为断代之史。隔别中外,即为国别之史。无不衔之处,无相牴之虞。体圆用神,莫逾乎是;史体进化,殆亦以斯为极轨矣。

四 史著目的及史性变迁

史之源流与史体演变以及纪传、编年、纪事本末三体之利弊,已如上论。今且转观古今史著目的及其性质之变迁:

初民演史之目的果乌乎在? 此问题也,虽不能起初民而叩得其实,然可悬想而推知其情。美国史家鲁滨孙尝谓"历史最初之际,并无高大目的。原始发明历史者,必为说书一类之人。其目的惟在于讲述故事,不必欲供献一种有系统之科学知识于听众"。(何译《新史学·历史之历史》)其言甚是。盖初民当游猎战斗之暇,聚其族属,纵谈己身或先代所经之恐怖所演之武勇等等,殆无异于今之说书者专注意将奇异可惊,勇敢动人之事迹铺张扬厉,使有光辉,可以吸收听众好奇之心,引起其兴味而激起其注意。试观世界文明古国民族若苏末人,若塞米阿坎达人,若埃及人,若印度阿利安人,若波斯伊兰人,若希伯来人,若希腊人,若我国汉族先民,最初演史皆为神话故事及英雄史诗,即其明证其后史体演进,史著目的一面仍留初民演史之遗意,一面亦与时变迁。西洋史界与吾国史界,莫不如是。兹分言其大略如下:

（一）西洋史界　西洋史界自赫概提奥斯（Hecataeus 6th Cen. B.C.）与希罗多德（Herodotus，484—432？ B.C.）以来，希腊、罗马史家类皆以历史为文学之一部分，复参以教训读者与激起读者兴味之目的。恒喜用美术文学之方法，描写过去事迹。或以伟人事业境遇引起读者之兴会；或以国家之兴衰，天灾人祸之交乘，满足读者好奇之心；或剖述政治家、军事家之政策战略，备读者从政、从军之参考；或历叙古人困苦艰难，教诲读者以忍受逆境；或纪载评议过去道德上之成败，藉以提倡道德或压抑不道德，而政治与战事，尤为希腊、罗马史家所喜述。都昔第底（Thucydides，471—400？ B.C.）、波利比奥（Polybius，205—121？ B.C.）、李维（Livy，59 B.C.—17 A.D.）、泰昔韬士（Tacitus，55—117）等，莫不皆然。虽波利比奥尝言："史家之目的，不应多纪奇特轶事以惊激读者，不应……如戏曲家之分配史事：而重在记载事实，不论其若何平常。"（《新史学》第二章引）然古代史家殆极鲜注意其语；即波利比奥本人亦偏重政治军事，常以为历史可以为政治家、军事家之指导。特都昔第底、波利比奥、泰昔韬士诸人之眼光常视历史为人类性，为世俗性，史事以人间世为限，神道一流，在史中无位置，则显然甚明者也。

逮乎基督教教会建设，史著渐变为宗教性与神道性。盖初期基督教教徒，已将《旧约全书》中所述希伯来史，为一种寓意之解释，恒视其中一偶然之事为与现世极密切有关，既具宗教之眼光。于是对于阿摩乃人（Amorites）之重视，远过乎迦太基人（Carthage），其视恩洛（Enod）与拉特（Lot）之关系，远过乎白律科士（Pericles）之事业。于白律科士之平生及其行事，殆漠然不知。迄于奥告士丁（Augustine，354—430）及其弟子阿洛西奥（Orosius），其心目中更无所谓埃及、希腊、罗马之事业；其所见者，舍异教国之灾害外无他物。阿洛西奥之著反对异端史，其目的专在于答复不信仰基督教一流人；其中集聚古代史中战争等种种罪恶实例，无非"上帝罚恶"之纪载。此种神学性之史，笼罩欧洲人心之久，岁一千年，虽至文艺复兴之后，尚未消灭。法国马格（Meaux）主教波骚叶（Bossuet，1627—1704）所著《通史》（*Universal History*），即其著例。其书目的，在痛诋新教徒。新教徒于是亦著教会史以攻击旧教徒。至乎斯时，史著既饱含神道性，复为宗教战争之

利器。

然而当十六世纪时,一方面复有马基物理(Mechiavelli,1469—1527)、桂虾的俚(Guicciardini,1485—1540)之流起于意大利,将史著宗教性神道性又转还世俗性、文学性,至十八世纪,愈益显著。法兰西福禄特尔(Voltaire,1694—1778)英格兰吉邦(Gibbon,1737—1794)、苏格兰休谟(Hume,1711—1776)拉包特桑(Robertson,1721—1793)诸人不特史事纯取世俗,且其纪载政治之文字,皆有古雅美丽之观。惟福禄特尔著史目的,专在攻击当时宗教及现状,故其所选史材,纯取可藉以反对当时者为准。同时英人波林波洛(Bolingbroke,1678—1751)又力倡"历史为以实例教人之哲学"之说,谓"治史最足以训练吾人之私德及公德";又谓"史中实例经史家文笔生动之描写及公平之解释与批评",较之论理哲学等干燥无味者,其影响人心,必优美而且久。且如吾国孟子尚友古人之说,以为治史可以利用昔人之经验,一若"与昔人同居……居素所未睹之境。地域加广,时间增长……不惟可得丰富之人类知识,而且可获数百载之经验焉"。(《新史学》第二章引)

福禄特尔攻击当时宗教及现状之史著与波林波洛历史效用之说出后,至一七七四年,德人赫德(Herder,1744—1803)为《人类历史哲学》一书,痛诋福禄特尔等,谓不应以历史纳入弱小哲学之范围。同时欧人治史,除文学、政治、军事、道德、神学等兴味之外,复因孟德斯鸠(Montesquieu,1689—1755)《法意》之影响而注意于各种人类制度——社会的、政治的、教育的、经济的、法律的、军事的——之相对关系至十九世纪初期,欧洲各国民族精神渐渐发达:德人海哲尔(Hegel,1770—1831)首先以民族爱国之精神贯注于史著中。自是德人兰克(Ranke,1795—1886)辈研究德国历史及其著作,皆充满爱国热忱,与以前——法国革命初期大同主义绝异。欧洲各国皆被激动,史著亦皆渐变:既偏重政治,复显然具民族主义之精神。

但至十九世纪中叶,又因自然科学社会科学发达之故,史学界复受重大之影响而转变。不惟排斥神道史的,即娱乐读者教诲读者维持宗教,维持道德,或民族爱国心等及其他一切超自然著史宗旨,亦渐屏除。渐如各种科学,趋重求真:对于记载事迹,务求弃绝一切主观成见之记

载目的而惟"据实记载";对于为史所据材料,务求严谨考查细心研究而期其正确有征。又如各种科学,注意普通微小隐僻事物之重要,而求发明天然定律;重在描写人类常见生活及普通状况以求发现历史公例,求以原理确定事实之所以然。就社会科学中——尤大有影响于历史事实之选择及解释者,厥维经济学。自马克思(Karl Marx,1818—1883)以经济解释历史上种种史象,以经济势力为支配人类种种活动之主因,治史者虽不如彼经济学者流辈及社会党人滥用经济势力解释一切,然均承认经济势力实足以解释古今多种史象。因之皆始注意于永久而普遍之史象原动力之研求叙列,不复专重英雄奇异可惊可喜等类之特别事情。觉历史家之地位职责与其他科学家等,惟求据实记载,宣示过去事实而不论事实之若何干燥无味,俾人得藉以明瞭人类过去之真实状况焉。

(二)中国史界　中国史界在春秋以前,国有史官,"掌邦国四方之事,达四方之志;诸侯亦各有国史,大事书之于策,小事书之简牍",一面又录存策命诰誓之原文,君臣贤哲之言辞。其目的,殆在人主欲纪其盛德大业或前言往行以昭示子孙,故纪事纯以宫廷为中心,以隐恶扬善为主旨。至春秋之际,世乱,诸侯扰攘,暴行纷作,"臣弑其君者有之,子弑其父者有之"。孔子(551—479 B.C.)欲正人心,乃作《春秋》,"因鲁史策书成立,刊而正之,以示劝戒"于中。"寓褒贬,别善恶",寄其"微言大义",以求拨世乱而反之正。其后"七十子之徒,口受其传指,为有所刺讥、褒讳、挹损之文辞,不可以书见也。鲁君子左丘明惧弟子人人异端,各安其意失其真,乃又因孔子史记,具论其语,成《左氏春秋》"。"雅思未尽,复采录前世穆王以来下讫鲁悼智伯之诛,邦国成败,嘉言善语,阴阳律吕,天时人事逆顺之数,以为《国语》"(《史记·十二诸侯年表》、《国语解叙》)。论其目的,殆如韦昭所云"因圣言以摅意,托王义以流藻……所以包罗天地,探测祸福,发起微幽,章表善恶"。故好语神怪,辞多浮夸,喜加断言,动称君子带文学之色彩既浓,具道德之意味复重。特其书组织甚优,包罗颇广。大部分虽叙政治军事,而对于社会情状常能为撮影之记述。且不以一国为中心,而将当时主要之文化数国,叙述平均。"言事相兼,烦省合理"。(《史通·载言》)则有可称者也。

迄于汉世，司马迁(145—87? B.C.)为《史记》。语其意旨，亦有二端：一在绍《春秋》之业，以其书窃比《春秋》；一在成一家之言，表文采于后世。其《自序》曰："自周公卒五百岁而有孔子。孔子卒后，至于今五百岁。有能绍明世，正《易传》，继《春秋》，本诗书礼乐之际，意在斯乎！意在斯乎！小子何敢让焉?"又尝引孔子之言以自况，谓"我欲载之空言，不如见之行事之深切著明"。盖其意若曰：吾有种种理想，将以觉民救世；但凭空议论，难以警切，不如藉史事发之，使读者更为亲切有味云尔。故虽"网罗天下失旧闻，略考其行事，综其始终，稽其成败兴坏之纪……究天人之际，通古今之变"，关于社会各部分事业，无不扼要叙列，而其最后目的，不外"成一家之言"，俾没世而"文采……表于后世"。(《报任安书》及《自序》)班固虽尝称其"善叙述事理，辩而不华，质而不俚，其文直，其事核，不虚美，不隐恶"，然其意固如王鸣盛所云"在行文，不在纪事"也。(《十七史商榷》)

自迁为《史记》后，中国文化工具日新，著写传钞收藏之法加便。史料既易搜集，而迁书又优美，引起学者兴味，社会靡然向风。史学界可谓日趋发达。至两晋六朝之际，已臻极盛。史家迭兴，史著纷起，"大抵多效三史，喜学五经"(《史通·模拟》)，益尚文章，润色弥滥至其极，有"如诸子短章，杂家小说"，"其为文也，大抵编字不只，捶句皆双；修短取均，奇偶相配。应以一言蔽之者，辄足为二言；应以三句成文者，必分为四句"。(《史通·叙事》)其记事也，特好苟载传闻，乐旌怪异，欲惊愚俗，多构虚辞。或纪"当时辨对，流俗嘲谑，俾夫枢机者藉为舌端，谈话者将为口实"；或纪芜秽小事，"噍鄙异闻……苟使读之者为之解颐，闻之者为之抚掌"。(《史通·杂述书事》)章实斋所谓"体既滥漫，绝无古昔笔削谨严之义；旨复浅近，亦无古人隐微难喻之妙"(《文史通义·史注》)，颇异乎《春秋》、《左传》、马《史》、班《书》记功书过、彰善瘅恶者也。

六朝以降，中国史著虽户万门千，波委云集，然为史者无不视史与文学相混淆，无不参以明道、经世、劝善、惩恶等目的。墓志家传之类，国史纪传之流，汗牛充栋，非谨词章而忽事实，即明罪恶而表贤能；非诛奸谀于既死，即发潜德之幽光；非纪兵革之征诛，即载国家之丧乱；非津津于孝烈忠贞才力技艺，即津津于幽明感应祸福兆萌……且《汉书》以

下诸史,既偏重政治军事,又全以帝室为中枢。于一朝之兴亡,一代之理乱,尤为致意。逮有宋司马君实(1019—1086),睹载籍之烦多,人主不能遍览,无以资鉴得失,乃编集历代君臣事迹,"删削冗长,举撮机要。关国家兴衰。生民休善,善可为法,恶可为戒者,为……《资治通鉴》"。因其的在供帝王及大小臣僚之读,在为专制君主养成忠顺之臣民,故于明君"良臣切摩治道议论之精语,德刑之善制,天人相与之际,休咎庶证之原,威福盛衰之本,规摹利害之效,良将之方略,循吏之条教,断之以邪正,要之以治忽,辞令渊源箴谏深切之义,良谓备焉"。(《群书考索》)降至于清,毕沅(1730—1797)等为《续资治通鉴》,亦特演其余绪而已。

以上乃中国及西洋史家著史目的变化及史著性质变迁之大略也。总而观之,足知除西洋最近世外,中外往古史家著史,殆无不有其主观之特别目的,莫不借史事以为达彼主观特别目的之手段,莫不以一切史迹供其主观特别目的之牺牲。吾人于此,遂发生问题,即史家著史,果应有主观之特别目的耶? 抑应无主观之特别目的耶? 著史目的先当如何? 态度究当如何? 然欲解决此问题,尚必须先决一问,即"吾人类曷为而贵有史"? 换言之,吾人类所需乎历史记载者,其真正之意义果安在? 历史记载之所以有价值者,其真正之意义又安在? 此问题解决,则历史功用之真义明。历史功用之真义明,则史家应取何目的何态度以著史与夫挟主观特别目的之著史之为是为非亦自明矣。兹略论之如下:

五 史之功用之真义

《易》曰:"君子以多识前言往行为德";《韩诗外传》曰:"明镜所以照形也,往古所以知今也。"吾人类之所以贵乎有史者,其真义殆在斯乎。美史家鲁滨孙尝谓"吾人之知识与思想,完全依赖过去;且惟过去可以解释吾人之现状及事业"(《新史学·常人应读之史》)。其言甚是。盖人类之初,固无殊于禽兽及其他动物也;其技艺本能之钝拙,视蜘蛛蜂蚁且不逮焉。然而有一特长——富于记忆力与模仿性。常能记忆其祖先所遗传之智识思想情感,模仿其先世之行为,成为一种"业力",以为己身生活及应付环境之基础。一方面又受同时四周侪辈之智识思想情感行为之接触熏染,使己身生活及应付环境之业力加厚。于是聪明者

遇事能推陈出新，由业力而自浚发其智识、思想、情感、行为，蜕变为新智识、新思想、新情感、新行为。故特达之人，不惟能为其祖先所曾为之行为，且能为其祖先所未曾为之事业。如此世世遗传业力，展转递增，展转递蜕，次第扩充滋长，人类之文明乃日进而无极。至于今，遂远优胜于其他动物。向使人类祖先不遗传业力，不积聚其历世经验所得之智识、思想、情感、行为，以广义之教育贻诸将来，则人类之异于禽兽者。希设有婴儿于此，绝其教训之施，隔其周遭人类行为之模仿，则其长，必与猩猩狒狒之獉狉蒙昧，相差不远也。

夫历史者，遗传人类历代智识、思想、情感、行为及一切活动状况于后人，以记忆纪录之形式表而出之者也。使人读之阅之或闻之、听之，于先民之智识、思想、情感、行为，自由取舍；融而化之，俾成为己身之业力，藉以应付世变。且因史乃过去一切状况之记录，更足藉以明瞭现在状况之由来，而筹所以处理应付之道。盖凡事之有后果者，必有前因。个人如此，民族亦然。政治如此，社会亦然。往往现状有滥觞于数年或数十年或数百千年之前者，非历史无以明其源流；事业有权舆数年或数十年或数百千年之前者，非历史无以知其因果。鲁滨孙尝有言："现种种习俗及制度，无一不可以历史解释之……今世界各国——如英、德、法、意、俄等——各有特异之来历，故其现状，各不相同。倘不知其过去，何能明其现在？德意志、美利坚同属联邦，而精神互异；英吉利、西班牙同是君主，而内容不同。凡此异点，惟历史可以说明之。"（何译《欧洲史纲绪论》）故人苟能由历史真实明瞭一事过去之源委，使其人稍聪明睿智者，必可以从容应付此事而无误。在政治如此，在军事如此，在外交如此，在社会生活文化学术以及一切事务，无不如此。反之，人苟不知一事之源委究竟何似，必不能明其事之现状何以若斯。不明一事过去及现在之情状而盲目应付之，是谓妄作冥行。妄作冥行，如不颠沛失据，亦必至倒行逆施，使非侥幸，未有不偾事者也。

善夫鲁滨孙之言曰："史之为物……可用以明瞭吾人之现状。设使吾人能得一种清明而十分完备之历史知识，远较古来诸史为更完美，则吾人对于世界，则可以得一种似神之瞭解；而且对于人类痛苦及种种补救之方法，亦可以得一种似神之洞察，此并非因过去足以供给吾人行动

之先例,实因吾人既完全明瞭过去,则即可以完全明瞭现在之情形,即可藉为行动之根据。故吾人之研究过去,不特以获得社会上、政治上、经济上、宗教上及教育上种种问题之知识为目的,而在了解现在,一个吾人欲解决个人之问题,不知不觉即借吾人记忆之光明以决定现在情形。"(《新史学》第一章)例如吾人访友,不自觉间,恒借记忆素来关系密切与否之历史以决定应如是或不应如是。又如读书,不自觉间,恒藉记忆素来之志趣及需要,以决定应读此书。或彼书盖吾人欲明己身某时之情形,全赖吾人能记忆过去之状况者也。设有人,今酣睡于此。忽遭惊醒,其记忆力骤失;虽瞠目矫首四顾,必不明其身在何所。若记忆力回复,睹一物而忆及过去之情况,方始晓然己身仍在此间。历史者,记忆力之扩大者也。吾人平日个人之经验,耳之所闻,目之所见,与由史部及其他书籍中之所览阅,能记忆于脑中,则应事时,记忆力不期然而然自能于纷繁之记忆事件中,选择过去与现事相当之经验与知识思想,起记忆作用,助吾人明瞭己身之现在而供给其应事之需要。是故鲁滨孙曰:"吾人参考历史,一似吾人参考己身个人之行为与经验之记忆……往往变动吾人对于过去之记忆,以适合于吾人之需要及意志。"又尝引梅特林克(Maeterlinek)之言,谓假使吾人之识见常常增加,"其形状即俨然刻诸铜石上之史迹,必有一种完全不同之现象,必可以复活而且跳入活动之事变中,供给吾人一种较大而较有胆量之意见"云(《新史学·常人应读之史》)。

由上所论,足知治史所以明过去而知现在,利用过去以了解现在而谋划现在,博古所以通今。《管子·形势》有言:"疑今者,察之古;不知来者,视之往。"此吾人之所以贵有史也。然而至于今,此种最大之历史功用犹未显也,其故何哉? 盖尝考之,约有数端:(一)历来史家皆专注意于君主、朝贵、政客、军人、法制、政治、丧乱、战争、盛衰兴亡、领土变迁、殊才异艺、特物奇情等易于搜采编述之史事记载。其余大部分寻常社会事迹难以稽查叙列者,概付缺如。不能得往世社会全体一切活动事业状况思想之全。(二)历来史家为史,不能直接实验史迹之正确真实与否;大抵仅能根据书籍中"侍役式"之史材报告。有如化学家化学实验所得之知识,完全根据其实验室中侍役之报告而为之纪载。不

能得史迹之真。（三）纵史家记载力求其真：既根据侍役式之史材报告如书籍，幸而又得史事遗迹如公文档案、碑文建筑物及其他考古学上之残留品，以资钩稽参证。然亦往往仅能得一部分之真象而不能得其全，终残缺不完。史事之本末，或过去与现在，其中常存有间隙。不能完全联络。（四）况历来史家为史，岁俱有真主观之特别目的，意不在乎纪事。往往借著史以为达彼主观特别目的之手段，以一切史迹供其主观特别目的之牺牲。无论其目的在道德，在宗教，在行文，在爱国，在为人，在为己，或则有所隐讳避忌；或则有所扬厉夸张；或则幻想虚描；或则敷衍傅会；甚或臆造奇说，滥引传闻，颠倒是非，淆乱黑白，不仅言过其实，且至全没其真。

有上诸故，是以古今诸史，类皆百孔千疮，无一能对于过去一切史象有十分完全或十分真实之记载。因此，过去史象，多为吾人所不得而知。夫人类欲于改进社会之事业有所负担而期其有功，必不能不先求明瞭现在之状况及思想，俾得一种深切之瞭解。欲求明瞭现在之状况及思想而得一种深切之了解，又必不能不求完全明此现状及思想之来源。乃古今所有历史著作因上列诸故，记载过去状况思想等等，恒残缺不完，模糊不明，或又多失实乱真，正如鲁滨孙所云："俨若一副很坏之脑筋，所记之事实，统不足以应付吾人之需要。"（《新史学》第一章）此历史在实用上最大之价值所以至今犹未显也。

六　史家职务与道德

历史在实用上最大之价值至今未显，既由古今诸史无一能对于过去一切史象有十分完全或十分真实之记载，致吾人无从深切了解过去及现在，于是吾人不能不一论史家之地位与职务，并其著史时应具之道德。

史家之地位与职务为何？鲁滨孙尝有一言，实足以蔽之，曰："史家之地位与科学家近……其职务在于应用彼研究历史之训练，对于吾人明瞭人类之过去有一种贡献。"（《新史学》第二章）天然科学家在求天然事物之真；历史著作家则在纪人类史象之真。天然科学家在宣示天然事物之实况于人；历史著作家则在宣示人类史象之实况于人。天然科

学家恒研究普通状况及一般变化；历史著作家亦须记载普通状况及一般变化。

吾人亦知历史材料远不及天然科学材料之完备。盖人类过去之现象，异常复杂繁多，史家决无法可以直接观察之；其所描写叙述之事迹及状况，断不能直接实验之。史家所知之事实，仅能根据散漫不完全之遗迹，如书籍、公文档案、碑文建筑物及其他考古学上之残留品。且书籍中之事实记载，又往往为"侍役式"之报告，非史事中人自写其直接经历之真象；甚至并"侍役式报告"之来历亦不可恃。所有供给史家推想之材料，大部分皆属心理作用之遗影，非事实之本真。史家于此，虽欲竭力探真求全，时或如庄子所云，实大有"知之所无可奈何"之苦也。

虽然，史家于知之所无可奈何者仍之或置之，犹无损于史德也；至于为达己身主观之特别目的而牺牲事实，则大有违于史德焉。史德者，谓史家著述之心术循乎大公至正之道德，换言之，纯处乎客观地位以记事或叙事也。吾人知史家之职务惟在宣示过去事实，俾人得藉以明了人类过去之真实状况。则其作史也，当据实直书："慎辨于天（自然）人之际，尽其天而不益以人。"（《文史通义·内篇·史德》）有似"明镜之照物，妍媸必露，不以毛嫱之面或有疵瑕而寝其鉴也"。有如"空虚之传响，清浊必闻，不以《绵驹》之歌时有误曲而辍其应也……爱而知其丑，憎而知其善，善恶必书"（《史通·外篇·惑经》），无所隐讳粉饰或颠倒傅会者也。

然而史德甚难言也！盖史事有得失，则出入与夺，心相奋摩而气积。史事有盛衰，则往复凭吊，心生流连而情深。气能违"理性"以自用；情能汩"理性"以自恣。气自用则宕，则激，则骄；情自恣则流，则溺，则偏。操笔叙述，则予夺、分合、抑扬、咏叹之际，潜移默运，不期而忤于大公之道反于客观之性而不自知。此史德之难言一也。善善而恶恶，褒正而嫉邪，凡欲明道经世或借托史事立言以垂不朽者，莫不有是心也。夫物有恒准，而鉴无定识，欲求铨窍得中，又甚难也。以不中之鉴识而加以明道经世之成见或立言不朽之名心，则一字褒贬，片言是非，文外扬抑之际，亦不期而忤于大公之道，反于客观之性而不自知。此史德之难言二也。爱国之心，谁人不有？敌忾之意，何国而无？使互为仇

雠，则是己非人，诋人美己。使互为敌国，则颠倒黑白，淆乱是非。此不仅情有自然，抑亦势所必至。故父为子隐，子为父隐，见乎孔子之言；略外别内，掩恶扬善，又为《春秋》之义。此明知隐讳标扬，颠倒淆乱有忤于大公之道反于客观之性，而情势不期然而然或不得不然。此史德之难言三也。直笔"为于可为之时则从，为于不可为之时则凶。如董狐之书法不隐，赵盾之为法受恶，彼我无忤，行之不疑，然后能成其良直，擅名今古。至若齐史之书崔弑，马迁之述汉非，韦昭仗正于吴朝，崔浩犯讳于魏国，或身膏斧钺，取笑当时，或书填坑窖，无闻后代"（《史通·内篇·直书》）。世途多隘，史家遂苟且阿时，此史德之难言四也。

有此四难，是以古今史家皆不免多乖史德。其在我国，孔子《春秋》之类尤甚。例如："狄实灭卫，因桓耻而不书。河阳召王，成文美而称狩。"又如春秋二百四十年中，鲁君之见弑者四——隐公、闵公、子般、子恶；见逐者一——昭公；见戕于外者一——桓公，而《春秋》不见其文。孔子之徒，于《礼记·明堂位》中且云鲁之君臣未尝相弑。诸如此类，实皆"情兼向背，志怀彼我"（《史通·惑经》）。因具"为贤者讳"、"为亲者讳"等主观之伦理目的，遂不惜颠倒事实，变乱是非，任情笔削以迁就之。夫然，《春秋》在他方面有何等价值，此属别一问题；若就历史言，则乖史德甚矣。

以上所言，谓史家著述，常因一，情气之易偏；二，鉴识之无定；三，邦国之存怀；四，世途之多隘，或违史德。此势理有所难，吾人有时尚当原谅之者也。此外史家复往往有数种乖乎史德之事；或则附会残书；或则伪造史事；或则剿袭成文而埋灭人名；或则虚美诬恶而报仇罔利。此则"记言之奸贼，载笔之凶人，虽肆诸市朝，投畀豺虎可也"（《史通·内篇·曲笔》）。

此其故何耶？盖（一）事有遗篇，史有逸句，此常有之事也。史家正宜阙疑待访，不宜望文附益。盖"遗篇逸句附于阙文，而其义犹存；附会成书，而其义遂亡也"。（二）事有缺载，史有失传，此亦常有事也。史家但宜据其所知，笔诸史册。其所不知，盖阙如也。若乃直取胸臆，自我作古，虚构蜃楼，足其事迹，则真伪混淆而实事亦亡矣。（三）史家本以笔削史材为能事者也。昔司马迁《史记》取材古书，班固《汉书》袭

用《史记》，未尝埋灭"成文"之作者。其自序固已显然标其取材之所自，且传中亦往往揭示成文之由来。例如："《史记》赞秦，全用贾生三论，则以善哉贾生推言一句引起。《汉书·迁传》全用《史记·自序》，则以迁之自叙云尔一句作收。虽用成文，而宾主分明，不同袭善。"(《文史通义·外篇·答甄秀才论修志第二书》)若引援著作而不标所自出，则实文其剽窃之私，致人生疑惑之念矣。(四)"王沈《魏录》滥述贬甄之诏，陆机《晋史》虚张拒葛之锋；班固受金而始书，陈寿借米而方传"，"用舍由乎臆说，威福行乎笔端"(《史通·曲笔》)，于是史书成为利禄之渊薮，报仇之工具，而史实亦亡亦伪矣。

夫史者实录，作史者宜据实记载，"尽其天而不益以人"也。而历来史家乃或以好名、好功、好事、好利之故，傅会伪造，剽窃窜易，诬罔是非，颠倒黑白，如刘子玄所云："舞词弄札，过文饰非；事每凭虚，词多乌有；或假人之美，借为私惠；或诬人之恶，持报己雠。"此实有心之恶行，与前所举四非史德者又殊。故曰此乃"记事之奸贼，载笔之凶人，虽肆诸市朝，投畀豺虎可也"。

七　史文问题与史才

史德既略论如上，吾人由其中"情气易偏操笔叙述易乖史德"一事，更进而详论行文叙事时之史文问题，以谋著史"行文乖乎史德"之矫正；兼因以讨论史家著史时运用史料而操笔叙述之史才。

夫史，所具者事；而所凭者，文也。非才，无以善其文——表达其事实而曲尽其形。文不能表达其事实而曲尽其形，其失与专为文学目的而牺牲事实者等。盖均属失真或远乎真，"过犹不及"也。

吾人纵观历代史家：凡具良史之才者，其运用史料而操笔叙述也，足使史事活现。叙一人也，足使读者如见其人。述一言也，足使读者如闻其声。虽史事纷至沓来，而处置裕若。虽战争扰攘，而条理秩然。其于史料之腐臭，概足以化为神奇。昔司马迁为《史记》，于《货殖列传》、《匈奴列传》、《西南夷列传》等所叙极复杂之事项，固皆剖析条理，缜密而清晰；其他列传，则多"出入周秦，牢笼战国"，今取"诸子百家……现存者，证以百三十篇之所去取，可谓临淮入汾阳军，旌旗壁垒为改观

矣。"(《文史通义补编·与陈观民工部论湖北通志书》)此何故哉？盖由彼具良史之才，叙列扼要，成文史料经其斧凿剪裁，陶镕变化，遂使著于书者粹然善，诵其辞则浑然一矣。郑渔仲《通志总序》有言："事之实迹，自有成规，不为智而增，不为愚而减"；然有良史才士，"即其旧文，从而损益"，实足使叙述之不善者善，不佳者佳，相去之遥，不啻天壤也。

夫史家"著书之旨，本以删著为能事"者也(《文史通义·内篇·黠陋》)。其记事记言，因袭成文或点窜涂改，非好同，亦非好异也，理势之不得不然耳(本《文史通义·内篇·古文公式》及《说林》)。盖史料成文，往往有记事极意敷张，其事弗显，及经良史刊落浓辞，微文旁缀，而情状跃然者；亦有记言原文繁富而意未昭明，及经良史减省文句，而意转刻露者。此皆史家斧凿剪裁刊削之才也。又如古语不可入今，则当疏以达之；俚言不可杂雅，则常温以润之。辞则必称其体，语则必肖其人。质野不可用文语，而猥鄙或删；急遽不可为宛辞，而曲折仍见。文移虽从公式，而案牍又不徇；骈丽不入史裁，而诏表则不废。是则史家调剂陶冶镕化之才也。(杂本《文史通义补编》与《陈观民工部论湖北通志书》)

总之良史之才，无论斧凿成文，或调剂原料，或自叙耳闻目见，不仅使史事活跃如生，而且能文约事丰，文晦事显。例如《虞书》云："帝乃殂落，百姓如丧考妣"；《周书》称："前徒倒戈……血流漂杵"，此皆文如阔略，而语实周赡；字虽不多，而事溢句外。又如《左传》言："士会为政，晋国之盗逃奔于秦"；谓"楚子巡师，三军之士如皆挟纩"；斯皆言近旨远，辞浅义深，"虽发语已殚，而含意未尽。使夫读者望表而知里，扪毛而辨骨，睹一事于句中，反三隅于字外"(杂本《史通内篇·叙事》)。凡此不待繁词褥说而事丰义显之道，大率由于旁缀微文。而能妙缀微文，大率又由才力。是以如《左传》叙晋邲之败，而云"上军下军争舟，舟中之指可掬"；《史记》叙高祖亡萧何，云"如失左右手"；叙汉兵败绩，云"睢水为之不流"；《汉书》叙翟公之废，云"门外可张雀罗"；《齐志》述高季式破敌于韩陵，云"夜半方归，槊血满袖"。诸如此类，览之初疑甚易，而为之则觉甚难。足知史文简洁纯粹，不易为功；叙事畅适清明，在乎才力。历代良史之才少，故史著往往芜词累句，泉涌云蒸，而事迹反多阙多遗，多

晦多死矣。

虽然，世之所谓史才，其中亦往往有似是而非者矣。所谓似是而非者，即"辞采以为才也"。夫辞采，文学之事也。文学家之行文，无不喜过甚其辞，雕琢其章。往往"言事增其实……辞出溢其真；称美过其善，进恶没其罪。何则？俗人好奇。不奇，言不用也。故誉人不增其美，则闻者不快其意；毁人不益其恶，则听者不惬于心。闻一增以为十，见百益以为千，使夫纯朴之事，十剖百判，审然之语，千反万畔"（《论衡·艺增》篇），然后足以厌读者之心而动其观览听闻矣。惟此乃文学家之才技，诗文、词曲、小说家之所讲求，非史家之所宜效法而以为才者也。吾人知史家之地位职务与文学家绝殊，惟在宣示事实。故史之传人，贵适如其人；史之叙事，贵适如其事耳。是"当辩而不华，质而不俚……文直事核，若斯……已可……必令同文举之含异，等公幹之有逸，如子云之含章，类长卿之飞藻，此乃绮扬绣合，雕章褥彩。欲称实录"，难矣。乃吾国自《史记》、《汉书》以来，多虚加练饰，轻事雕彩。或"编字不只，捶句皆双，修短取均，奇偶相配。应以一言蔽之者，辄足为二言；应以三句成文者，必分为四句"。致句尽剩余，字皆重复，体兼赋颂，词类俳优。或则谬托高雅，简略其辞；假借古词，翻异今语。有如画家徒欲丹青之善，而不必肖所图者之形。（杂本《史通·鉴识》、《叙事》、《文史通义·史德》、《古文十弊》、《文史通义补编·杂说上》）是则辞采彰而史事亡矣。欲称实录，其可得乎？

夫史家之文与文士之文，较然异辙者也。盖"文士撰文，惟恐不自己出；史家之文，惟恐出之于己……史体述而不造。史文而出于己，是为无征。无征，且不信于后世"。（《文史通义补编·与陈观民工部论湖北通志书》）是以史家记述，"但须据事直书，不可无故妄加雕饰。妄加雕饰，谓之割肉为疮"（《古文十弊》）。昔"裴景仁《秦记》称苻坚方食，抚盘而诟。王劭《齐志》述洛干感恩，脱帽而谢。及彦鸾撰以新史，重规删其旧录，乃易抚盘以推案，变脱帽为免冠。夫近世通无案食，胡俗不施冠冕。直以事不类古，改从雅言。欲令学者何以考时势之不同，察古今之有异"（《史通·内篇·叙事》）？此皆溺于文辞，妄加雕饰，撰叙今事而模拟古文，徒务美观而全亡事实，良史所不为也。良史所谓工文者，

期适如其人,适如其事而已。故传人或褥或质,书事或详或简,体格虽百变不齐,而人事则必从实,制度则必从时,从不妄为雕琢,"以秦汉之衣冠,绘明人之图像"。而世之作者,于斯多不致思,谬以辞采为工史文,遂溺于文辞,以为观美之具。舍本逐末,史事不堪问矣。

不惟史事不堪问也,且有欲求文而反不成语,一若刻鹄不成,反类于鹜者矣。例如《明史·汉王高煦传》载:"成祖命高煦同仁宗谒孝陵,仁宗恒失足。高煦从后言曰,'前人蹉跌,后人知警'。按《水东日记》:成祖营天寿山,命太子太孙汉赵二王往视。过沙河,邵辇步行,太子恒失足。汉王顾谓赵王曰,'前人失脚,后人把滑'。太孙应声曰,'更有后人把滑哩'。盖谚语也……史书以天寿山为孝陵,已误。更改失脚为蹉跌,把滑为知警,欲求文而反不成语矣。"(《明史例案·杨农先与明史馆纂修吴子瑞书》)盖凫胫虽短,续之则悲;谚语虽俚,文之反失。昔墨子哭于练丝,杨子哭于歧道,良伤失本,悲离其实也。

综而论之:记事之文,作者之言也,使非妄加雕饰,其为质为文,可惟所欲,期适如其事而已矣。至于记言之文,则非作者之言也。为文为质,期于适如其人之言,非作者所能自主也(本《文史通义·古文十弊》)。盖古往今来,言语递异;区分壤隔,称谓不同。例如古云"乃"、"而"、"尔"、"若",今日"你的"之辞;"汝"、"尔"、"君"、"卿",现时"你"、"您"之义(例见《尚书》、《礼记》、《论》、《孟》、《史记》等经史子诸书,甚多)。而南人又尝呼北人曰"伧",西人又尝谓东人为"虏"。(例见《史记·高祖纪》、《晋书·周玘传》、《宋书·索虏传》)轻加侮辱,复骂"老奴"、"役夫";曲相敬崇,又尊"王孙"、"处士"(例见《左传·文元年》、《史记·淮阴侯传》、《后汉书·祢衡传》、《魏志·王陵传》)。意存鄙薄,亦有"公"、"子"之称;愚客楚言,至有"夥颐"之唤(例见《论语》、《史记·陈涉世家》、《平原君列传》)。此不过一言之变,已自如此不同,何怪周诰殷盘,绝异后代?

举此一端,可知时人出言,史家入记,务存其真。古史类能从实从时,是以《左传》之说,既不符于《尚书》、《史》、《汉》之词,又多违于《国策》。于今学者借之,足以知岁时之不同,验民俗之递改。乃后来史家"通无远识,记其当世口语,罕能从实而书,方复追效昔人,示其稽古。

是以好丘明者，则偏拟《左传》；爱子长者，则全学史公。用使周秦言辞，见于魏晋之代；楚汉应对，行乎宋齐之日。而伪修混沌，失彼天然，今古以之不纯，真伪由其相乱。故裴少期讥孙盛录曹公平素之语，而全作夫差亡灭之词，虽言似《春秋》，而事殊乖越者矣。唯王宋著书，叙元、高时事，抗词正笔，务存直道。方言世语，由是毕彰。而今之学者，皆尤二子以言多滓秽，语伤浅俗。夫本质如此，而推过史臣，犹鉴者见嫫姆多媸，而归罪于明镜"（《史通·内篇·言语》）。多见其无识耳。

降至于今，犹饶世俗腐儒，冥顽学究，既不明古，又不通今。生于数千百年之后，高慕数千百年之前。不仅墨守昔时思想之糟粕而不敢逾，而且拘泥于古代之文词而不敢越。身居二十世纪之际必法周、秦、汉、魏之言。于是有所叙述，"虽耕氓役隶，矢口皆吐宫商"（《文史通义·古文十弊》），愚妇匹夫，辞气尽含文雅。夫以此为文，已失"辞达而已"之义；以此为史，其如"史者实录"之意何哉？大抵流俗腐儒，梗顽文士，于周秦世隔：语已成古，明清年近，言犹类今，"已古者即谓其文，犹今者乃惊其质。夫天地长久，风俗无恒，后之视今，亦犹今之视昔而作者皆怯书今语，勇效昔言，不甚惑乎"（《史通·内篇·言语》）！近今有人，辞而辟之，倡而导之，彼顽固者流，方深固闭拒，目为洪水猛兽，诋为非圣无法，此所谓墨守愚夫，食古不化者也。食古不化之徒，不足与言文，奚能与道史乎？是以治史之士，当明古今情势，识史道之由来。文虽求工，辞不雕饰，以期事皆不谬，言必近真。庶几史成实录，不诬当时而欺后世也。

虽然，史家不宜以事不类古而改从雅言，斯固然矣。至于事有贸迁而言无变革，则又所谓胶柱调瑟、刻舟求剑者也。夫"著鲁史者不谓其邦为鲁国，撰周书者不呼其上曰周王"，以有宾主之别也。"《史记》……事总古今，势无主客，故言及汉祖多为汉王，斯亦未为累也。班氏既分裂《史记》，定名《汉书》，至于述高祖为公王之时，皆不除沛汉之字；凡有异方降款者"，悉以归汉为文，此则失矣。又"《史记·陈涉世家》称其子孙至今血食。《汉书》复有《涉传》，乃具载迁文。案迁之言今，实孝武之世也，固之言今，当孝明之世也。事出百年，语同一理，即如是，岂陈氏苗裔，祚流东京者乎？斯必不然"。又《汉书》载"严君平既卒，蜀人至今

称之。皇甫谧全录斯语,载于《高士传》。夫孟坚、士安,年代悬隔,至今之说,岂可同云……若乃韦耿谋诛曹武,钦诞问罪马文,而魏晋史臣书之曰贼,此乃迫于当世,难以直言。至如荀济、元瑾兰摧于孝靖之末,王谦、尉迥玉折于宇文之季,而李刊《齐史》,颜述《隋》篇,时无逼畏,事须矫枉,而皆仍旧不改,谓数君为叛逆",岂非固执不通者哉?(以上本《史通·内篇·因袭》)亦有州郡废置,名目古今已殊;迁徙无常,人物家乡已变。是当随时而书,以明审实。若废置或迁徙已久,而犹以原号为名,本乡入记,是亦陋也。是以传称因俗而易贵随时。此史法所宜然,并非务为辞采也。

(《文艺》第 1 卷第 2 期,1926 年 2 月)

成大史学杂志发刊词

常希望同学诸君各就其材性之所近,分向三途治史。三途者:(一)创造历史;(二)著述历史;(三)教授历史也。然教授历史,实为创造历史者与著述历史者附属之事业。质言之,即曰分向创造历史与著述历史两途治史可也。

"著述历史",意义甚明,无烦解释,惟所谓"创造历史",不能不略加说明。余所谓"创造历史"者,谓能成为历史中伟大人物,或立德而转移社会风尚,或立功而斡旋世运,或立言而鼓舞群伦;大之有益于举世,小之有益于己国;远之惠及千秋,近之惠及当时,能在此悠悠宇宙中创作历史事迹,供著述历史者之著述与夫教授历史者之教授者也。

人亦有言:"读史可以益人神智。"是以古今中外历史中伟大人物,若大政治家、若大军事家等等,类多喜阅史编。即以中国近世论,如清康熙、乾隆、胡林翼、曾国藩之流,不可胜举。

盖史者,记载前言往事者也;史学者,搜讨史材,钩稽史实之真象,为有系统有组织之研究,以阐明其事变演进之迹,并推求其因果互相之关系者也。《易》曰:"君子以多识前言往行为德。"《韩诗外传》曰:"明镜所以照形也,往古所以知今也。"吾人之所以治史,其第一要义,实在于斯。

美国史学家鲁滨孙(J. H. Robinson)在其所著《新史学》(*New History*)中尝谓:"吾人之知识与思想,完全依赖过去;且惟过去可以解释吾人之现状及事业。"其言甚是。盖人类之初,固无殊于禽兽及其他动物也;其技艺本能之钝拙,视蜘蛛、蜂蚁且不逮焉。然而有一特长——富于记忆力与模仿性。常能记忆其祖先所遗传之知识、思想、情

感,模仿其先世之行为,成为一种"业力",以为己身生活及应付环境之基础。一方面又受同时四周侪辈之知识、思想、情感、行为之接触熏染,使己身生活及应付环境之业力加厚。于是聪明者遇事能由所具之业力中推陈出新,能由业力而自浚发其智识、思想、情感、行为,蜕变为新智识、新思想、新情感、新行为。故特达之人,不仅能为其祖先所曾为之行为,且能为其祖先所未曾为之事业。如此世世遗传业力,展转递增,展转蜕变,次第扩充滋长,人类之文明乃日进而无极。至于今,遂远优胜于其他动物。向使人类祖先不遗传业力,不积聚其历世经验所得之知识、思想、情感、行为,以广义之教育贻诸将来,则人类之异于禽兽者几希。设有婴儿于此,绝其教训之施,隔其周遭人类行为之模仿,则其长,必与猩猩狒狒之獉狉蒙昧,相差不远也。

夫历史者,遗传人类历代之智识、思想、情感、行为及一切活动状况于后人,以记忆纪录之形式表而出之者也。使人读之阅之或闻之听之,于先民之智识、思想、情感、行为,自由取舍,融而化之,俾成为己身之业力,借以应付世变。且因史乃过去一切状况之纪录,更足借以明瞭现在状况之由来,而筹所以处理应付之道。盖凡事之有后果者,必有前因。个人如此,民族亦然;政治如此,社会亦然。往往现状有滥觞于数年或数十年或数百千年之前者,非历史无以明其源流;事业有权舆于数年或数十年或数百千年之前者,非历史无以知其因果。鲁滨孙于其所著《近世欧洲史序》中尝有言:"现代种种习俗及制度,无一不可以历史解释之……今世界各国如英、德、法、意、俄等,各有其特异之来历,故其现状各不相同。倘不知其过去,何能明其现在?德意志、美利坚同属联邦,而精神互异;英吉利、西班牙同是君主,而内容不同。凡此异点,惟历史可以说明之。"故人苟能由历史真实明瞭一事过去之源委,使其人稍聪明睿智者,必可以从容应付此事而无误。在政治如此,在军事如此,在外交如此,在社会生活、文化学术以及一切事务,殆无不如此。反之,人苟不知一事之源委究竟何似,必不能明其事之现状何以若斯。不明一事过去及现在之情状而盲目应付之,是谓妄作冥行。如不颠沛失据,亦必至倒行逆施,使非侥幸,未有不偾事者也。

善夫鲁滨孙之言曰:"史之为物……可用以明瞭吾人之现状,设使

吾人能得一种清明而十分完备之历史知识,远较古来诸史为更完美,则吾人对于世界,则可以得一种似神之了解;而且对于人类痛苦及种种补救之方法,亦可以得一种似神之洞察。此并非因过去足以供给吾人行动之先例,实因吾人既完全明瞭过去,则即可以完全明瞭现在之情形,即可藉为行动之根据。故吾人之研究过去,不止以获得社会上、政治上、经济上、宗教上及教育上种种问题之知识为目的,而在了解现在,一似吾人欲解决个人之问题,不知不觉即藉吾人记忆之光明以决定现在情形。"(何译《新史学》第一章)例如吾人访友,不自觉间,恒藉记忆素来关系密切与否之历史,以决定应如是或不应如是。又如读书,不自觉间,恒藉记忆素来之志趣及需要,以决定应读此书或彼书。盖吾人欲明己身某时之情形,全赖吾人能记忆过去之状况者也,设有人,今酣睡于此。忽遭惊醒,其记忆力骤失;虽瞠目矫首四顾,必不明其身在何所。若记忆力回复,睹一物而忆及过去之情况,方始晓然己身仍在此间。

历史者,记忆力之扩大者也。吾人平日个人之所经验,耳之所闻,目之所见,与由史部及其他史料书籍中之所览阅,能记忆于脑中,则应事时,记忆力不期然而然自能于纷繁之记忆事件中选择过去与现事相当之经验与知识思想,起记忆作用,助吾人明瞭己身之现在而供给其应事之需要。是故鲁滨孙曰:"吾人参考历史,一似吾人参考己身个人之行为与经验之记忆……往往变动吾人对于过去之记忆,以适合于吾人之需要及意志。"又尝引梅特林克(Maeterlinek)之言,谓假使吾人之识见常常增加,"其形状即俨然刻诸铜石上之史迹,必有一种完全不同之现象,必可以复活而且跳入活动之事变中,供给吾人一种较大而较有胆量之意见"云。(何译《新史学·常人应读之史》)

由上所论,足知治史所以明过去而知现在,利用过去以了解现在而谋有以应付现在,"博古所以通今"。《管子》有言:"疑今者,察之古;不知来者,视之往。"此吾人之所以须治史也。

虽然,今日此种最大之历史功用似乎犹未大显也,其故何哉?盖尝考之,约有数端:(一)历来史家皆专注意于君主、显宦、政治、法制、丧乱、战争、盛衰兴亡、殊才异艺、特物奇情等易于搜采编述之史事记载,其余大部分寻常社会上、经济上事迹,难以稽查叙列者,概付缺如。因

此，不能得往世社会全体一切活动事业状况思想之全。（二）历来史家为史，不能直接实验史迹之正确真实与否，大抵仅能根据书籍中"侍役式"之史料报告。有如化学家欲记化学实验所得之知识而完全根据其实验室中侍役之报告，为之纪载。不能得史迹之真。（三）纵史家记载力求其真，既根据侍役式之史材报告，幸而又能得史事遗迹，如公文、档案、碑版、建筑物及其他考古学上之残留品，以资钩稽参证；然亦往往仅能得一部分之真象而不能得其全，终残缺不完。史事之本末，或过去与现在，其中常存有间隙，不能完全联络。（四）况历来史家为史，几俱有主观之特别目的，意不在乎纪事，往往藉著史以为达彼主观特别目的之手段，以一切史迹供其主观特别目的之牺牲。无论其目的在道德，在宗教，在行文，在爱国，在为人，在为己；或则所隐讳避忌，或则有所扬厉夸张，或则幻想虚描，或则敷衍傅会；甚或臆造奇说，滥引传闻，颠倒是非，淆乱黑白，不仅言过其实，且至全没其真。

有上诸故，加以刀兵水火虫鱼之损毁焚烧，是以古今中外诸史，类多百孔千疮，无一能对于过去一切史象有十分完全或十分真实之记载。因此，过去史象，多为吾人所不得而知。夫人类欲于改进社会之事业有所负担而期其有功，必不能不先求明瞭现在之状况及思想，俾得一种深切之了解。欲求明了现在之状况及思想而得一种深切之了解，又必不能不求完全明此现状及思想之来源。乃古今中外所有历史著作因上列诸故，记载过去状况及思想等等，恒残缺不完，模糊不明，或又多失实乱真，正如鲁滨孙《新史学》所云："俨若一副很坏之脑筋，所记之事实，统不足以应付吾人之需要。"此历史在实用上最大之价值所以至今犹未大显也。

由上所言，是以余常甚望同学诸君各就其性质之所近，成为两种最要之史学人才：其（一），能依据种种著述历史研究历史之原则与方法，成为历史著述家，或搜补前史之缺，或谠正旧史之误，或辨论史料之伪，或考究史迹之真，或著新史裨益于当时而传之于后世。其另（一），能融会贯通现存之历史事迹。体会其前言往行，成为创造历史之伟大人物。苟治史而能将前言往行悉心体会，食古而化之，法古人而不为古所拘，则处世接物，应付环境，便能推陈出新，自有其道。苟治史而能融会贯

通现存之历史事迹,纵于现状之来源不能得似神之了解,然已足以藉为行动而谋所以处理应付或改革设施之根据。

此二种人才,前者固可尽量由此《史学杂志》发表其所研究与著述;即后者,亦可尽量由此《史学杂志》发表其由阅史所有体会融会之心得。故此《史学杂志》者,乃国立成都大学欲创造历史与著述历史者发表其所得之刊物也。

至于教授历史,乃创造历史者与著述历史者附属之事业。凡有研究或讨论教授历史方法等类文字,其可由此《史学杂志》发表,自不待言云。

民国十八年五月一日,于成都

(《成大史学杂志》第 1 期,1929 年 7 月)

晋惠帝时代汉族之大流徙

一　引言

二　晋惠帝时代汉族大流徙的事实

三　晋惠帝时代汉族大流徙之可惊

四　晋惠帝时代汉族大流徙之原因

五　结论

一　引言

凡是读过点世界历史的人,都知道匈奴民族自为两汉迭次痛创后,分为两支:其西入欧洲的一支——北匈奴,在西历纪元后第四世纪,促成欧洲日耳曼民族的大迁徙;其仍留东亚的一支——南匈奴,亦同在西历纪元后第四纪中促成中国汉族的大迁徙;这是我们所熟知的。

并且凡是读过点中国历史的人,又都知道从西历纪元以后到现在,中国的汉族有两次极显著的迅速大迁徙,与纪元后其余各时代汉族的缓缓渐次推移不同。这两次汉族的迅速大迁徙第一次为遭"永嘉之难"。当西晋末叶怀帝永嘉时代(307—312)"五胡乱华"开始,匈奴人、羯人等塞外种族所杀黄河流域的汉族不下数十万人,破陷各处及晋室都城洛阳,焚毁了洛阳宫庙官府皆尽,怀帝被掳,古来汉族聚居之中心地域,根本遭摇动与摧残,于是中州汉族纷纷避乱南迁。唐林谞《闽中记》所谓:"永嘉之乱,中原仕族林、黄、陈、郑四姓,先入闽(今福建)。"(据友人张其昀《中国民族志》所引)其尤著者也。已而黄河流域异族兴起更多,中原益乱,中州汉族死亡与被压迫更甚,会东晋建立,定都于现在的南京,使长江以南成为汉族正统之国,长江下流成为汉族聚居之中

心,因之汉族渡江南徙者乃益众。此普通所谓汉族第一次迅速大迁徙也。第二次为遭"靖康之难"。当"永嘉之难"以后约八百年,值北宋钦宗靖康时代(公元一一二六年),东胡族的金人大举南侵,略取黄河流域,北宋都城汴京(今河南开封)被陷,徽宗、钦宗被掳北去,高宗渡江南奔,建立南宋,于是中原汉族,又复纷纷避敌南徙。故南宋立功诸名将,悉皆昔日黄河流域之汉人;而此后浙江宁波一带名门右族,悉自称"汴京遗宗"。此普通所谓汉族之第二次迅速大迁徙也。

以上两次汉族迅速大迁徙,也是人所熟知。其实在普通所谓第一次汉族迅速大迁徙以前,"五胡乱华"之大乱尚未爆发,汉族尚未大遭匈奴族、羯族等之蹂躏杀戮与压迫;然而值今甘肃、陕西、山西、四川等处的汉族,早已数万家或十数万家,数万人或数十万人,一大群一大群的大大向东南方流移迁徙,政府无法制止,遂把自古以来汉族发祥和聚居中心的黄河流域,十分之七八已经抛弃,使广漠的地上骤然很形空虚。所以当时杂居黄河流域的异族匈奴人、羯人、氐人、羌人、乌桓人、高丽人,以及傍塞的鲜卑人,更形得势,更形得着机会培养和发展他们的势力。所以以后"五胡乱华"如入无人之境,而因此得以更加深入内地。但是这些汉族的大大流移迁徙究竟在什么时代呢?遂是紧接怀帝永嘉时代以前的晋惠帝时代。这件事情与以后"五胡乱华"至有关系,其关系之大,实在不下乎世俗所谓"八王之乱"("八王之乱"一名词不确当,现姑从之)。至在民族史上,尤为重要。但是从来没有人特别提出讲论过,各种大大小小的中国历史教科书或东洋史教科书全未谈及。似乎大家都不知道这件很重要的事。所以我现在特地将这事表襮,使大家明白。

二 晋惠帝时代汉族大流徙的事实

晋惠帝时代汉族大大流移迁徙,自有他的原因。但是我想先将当时汉族大大流移迁徙的事实表清楚了,然后再去考论他的原因,较为明目,故将事实先写。

这些汉族的迅速大流徙,是从晋惠帝即位以后的第八年即西历纪元后二九八年开端的。据《晋书·李特载记》,当晋惠帝元康八年,即公

元二九八年，"关西（指函谷关以西之地，即今陕西、甘肃两省）……百姓流移就谷，相与入汉川（指今汉中及四川全省）者数万家……十万余口……由是散在益（辖今四川之川西、川南及贵州全省）、梁（辖今四川之川东、川北及汉中），不可禁止"。又据《晋书·王如传》及《通鉴》卷八十七，在这时候的同时或稍后，陕西汉族复有大批流徙于河南，故曰："雍州（今陕西省）流民多在南阳（在今河南省西南）"，"不愿归……王如……南安、庞实、冯翊、严嶷、长安、侯脱等帅其党……众至四五万"。

以上是陕西、甘肃的汉族二十万人左右流徙入四川、河南。

又据《晋书·王弥列传》，正当陕西、甘肃的汉族大大向南流入四川，向东流入河南之际，山西南部的汉族亦大大南向河南的东南部流徙。故曰："河东平阳（皆在今山西省南部）、弘农（今河南省西北部）、上党（今山西省南部）诸流人之在颍川、襄城、汝南、南阳、河南（皆在今河南省中部及东部南部）者数万家。"计其人口，当亦不下十余万。至惠帝光熙元年，即西历纪元后三〇六年，山西省内各处的汉族迁徙更甚，复有大批向东南移到河南省的东北。山西本地，遂极空虚。故《晋书·刘琨传》曰："并州（辖今山西省之什八）……流移四散，十不存二。携老扶弱，不绝于路……死亡委厄，白骨蔽野……时东嬴公腾自晋阳（今山西太原）、镇邺（今河南安阳）并土……百姓随腾南下，余户不满二万。"可想见并州此次流徙，至少又当为数万家，其人口当亦不下十余万。

以上是山西的汉族三十万人上下流徙入河南。

又据《晋书·李雄载记》、《杜弢传》、《刘弘列传》及《通鉴》，当陕西、甘肃的汉族大大流迁徙南入四川以后，便又促成四川汉族的迅速大转移。《通鉴》卷八十五载：晋惠帝太安二年，即西历纪元后三零三年，"蜀民……或南入宁州（辖今云南全省）或东下荆州（辖今湖北湖南两省），城邑皆空，野无烟火"。《晋书·李雄载记》载："蜀人流散，东下江阳，南人七郡。"《杜弢列传》载："巴蜀流人汝班、蹇硕等数万家（其人口当亦不下十余万），布在荆湘（指湖北与湖南），而为旧百姓之所侵苦。"《刘弘列传》所载，流徙之户口，数目更多，谓："益梁（辖今四川、贵州两省全境及陕西南部）流人萧条……在荆州者十余万户，羁旅贫乏，多为

盗贼,弘乃给其田种粮食。"此云在荆州者十余万户,计其人口至少当有五六十万。

以上是四川的汉族六七十万人左右流徙入云南、湖北、湖南。

又据《晋书·苟晞列传》,当山西省内各处汉族大大迁徙南入河南之际,直隶亦有汉族南向流入山东、河南之间。"顿丘(今直隶大名清丰)太守魏植为流人所逼,众五六万,大掠兖州(辖今山东省西部及河南东北部)",据《资治通鉴》,时当晋惠帝光熙六年至怀帝永嘉元年之间,即西历纪元后三〇六年至三〇七年也。

以上是直隶的汉族五六万人流徙入山东、河南之间。

上面各地汉族的流移迁徙,都是旧史纪录上载有约略的数目的。还有未载约略之数目的移民,推想起来,必定不少者,尚有二处:(一)晋惠帝光熙元年,即西历纪元后三零六年,"宁州(辖今云南全省)……吏民流入交州(今安南)者甚众"。(《通鉴》卷八十六)既云甚众,反面即知其必不止数十百千人。(二)同时及稍后,"李雄遣李国、李云等……陷南郑,尽徙汉中人于蜀"。(《晋书·李雄载记》)其余"汉中民东走荆沔(今湖北)"。(《通鉴》卷八十六)汉中城野,当时人民甚庶,既云尽徙,又云东走,则徙入四川及走入湖北者。可推想其至少当为数万人或十数万人。

以上是云南的汉族流徙于安南和汉中的汉族流徙于四川、湖南人数当为数十万。

综合起来,自晋惠帝元康八年起至光熙元年及明年止(公元二九八—三〇七),十年之间,中国西北两方的汉族向东南两方作迅速流移的迁徙者垂二百万。今为眉目清楚起见,更列表作图如下:

所自地	徙入地	流徙之家数	流徙之人数
陕西 甘肃	→ 四川 河南	十万家左右	当二十万人以上
山西	→ 河南	十万家左右	三十万人上下
四川	→ 云南 湖南 湖北	十数万家	当六七十万人

续　表

所自地	徙入地	流徙之家数	流徙之人数
直隶 →	山东 河南	当一万家左右	五六万人
云南 →	安南	"甚众"	"甚众"
汉中 →	四川 湖北	当数万家	当数十万人

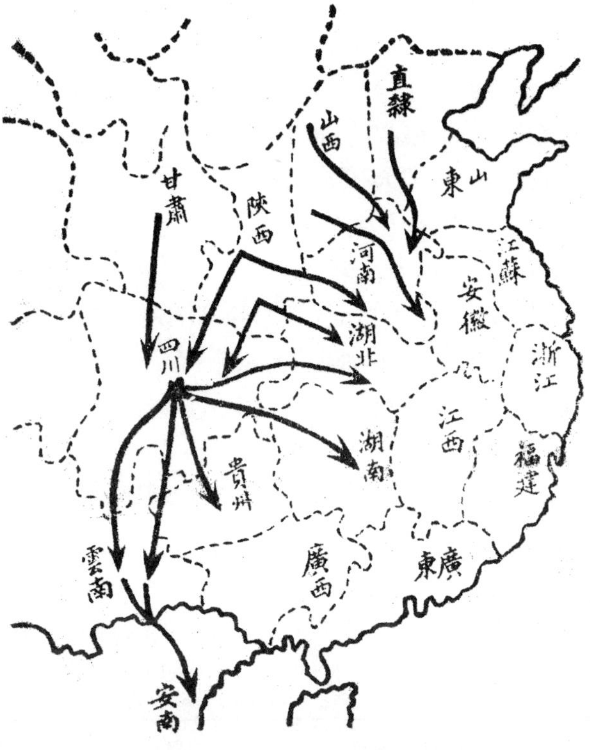

晋惠帝时代西北汉族向东南流徙图

三　晋惠帝时代汉族大流徙之可惊

由上面所写,我们对于晋惠帝时代汉族大流徙的事实大致已清楚了。如果以我现在的情形比较起来,一般人设心里必定以为汉族仅二百万人左右的流移迁徙不算什么。因为他们心目中有现在中国四万万

人的观念；以那时流徙的人比现在，不过二百分之一，当然觉得无奇。但是如果我们抛开现在，而将当时中国的人口数目来一比，便觉得极为可惊了。

当时的户数和人口有多少呢？说来真使人惊心动魄。据《晋书·地理志》及胡三省《资治通鉴音注》之所考证，景元四年，即西历纪元后二六三年，晋文帝司马昭灭了蜀汉，将魏与蜀的户口通计，仅仅"民户九十四万三千四百二十三，口五百三十七万二千八百九十一"。你看魏蜀的地域里的人民，就是后三十余年晋惠帝时代大大流徙的人民，乃止九十余万家，五百余万人！你试将惠帝时代流徙的四五十万家，二百万上下的人与此相比，立即发现流移迁徙的家数和人口，几几乎占了三十年前家数和人口的一半，这是如何可惊！

并且魏蜀地域所包含的为今甘肃、陕西、四川、贵州、云南、山西、直隶、山东、河南及江苏、安徽、湖北三省之一部。魏蜀合并时通计的户口九十余万家五百余万人，我们猜想起来，必定所谓"中原"户口最多。而所谓"中原"，就是河南及山东、江苏、安徽、湖北之一部。至于甘肃、陕西、四川、贵州、云南、山西、直隶，都邻"边塞"了。如果假设魏蜀通计的户口，"中原"地域占去一半——四五十万家二三百万人，"边塞"地域亦止占一半——四五十万家二三百万人，则我们看惠帝时代汉族所从流移迁徙的地域是什么地域呢？奇怪！都是邻于"边塞"的地域。而这邻于"边塞"地域——甘肃、陕西、四川、云南、山西、直隶的汉族流徙，居然为四五十万家二三百万左右的人。如此看来，邻于"边塞"地域的甘肃、陕西、四川、云南、山西、直隶，十分之八九，其中的汉族，真是流徙一空了，真是如《晋书》所说："流移四散，十不存二"，"城邑皆空，野无烟火"了，这是如何可惊！

纵退后二十年，将晋武帝平吴，中国全然统一以后，人口已经大大增加了的数目再来比较，还是可惊。据《晋书·地理志》的记载，晋武帝太康元年，即西历纪元后二八〇年，武帝灭吴，得吴"州四、郡四十三、县三百一十三、户五十二万三千、吏三万三千、兵二十三万、男女口二百三十万"（《晋书·武帝本纪》据《吴图籍》）。于是总计全国户口，"大凡户二百四十五万九千八百四十，口一千六百一十六万三千八百六十三"。

（公元二六三年，魏蜀通计尚止户九十余万，口五百余万，距此时——公元二八〇年犹不及二十载。虽曰户口激增，岂能十余年间增加户与口俱皆几至三倍？此恐连匈奴人、羯人等异族杂居内地"降同编户"者一同计之。是时异族纷纷杂入内地归化，大率"降同编户"。既同编户，当然编在全国户数与口数之内矣。故此数必为当时中国国内汉族异族户口混合之总数，无从知中确有汉族户口若干。现在只好将其统统视为汉族户口之数）而惠帝时代流移迁徙者四五十万家，二百万左右的人。两两相比，流徙之户占去全国五分之一；流徙的人，占去全国八分之一。这种情形，岂不是仍然可惊么？

所以晋惠帝时代汉族的流移迁徙，把当时汉族的户口情形比较观察起来，实在是十分可惊的。因为当时汉族的户口竟如此其少，而由西北向东南流徙的竟如此其多，故觉可惊。

但是汉族自从聚居黄河流域而发展至长江、珠江流域以来，至少已有数年了。何以到晋武帝、晋惠帝之际还止二百余万家，一千余万人呢？这是又一件可惊异的事，不能不在此顺便谈及一下，使大家明白"何以到晋时汉族户口尚如是其少"。

据刘昭《后汉书·郡国志》注补的考证，告知我们中国上古到晋初数千年间汉族人口增加或减少的历史，颇为清明，现在节录如下，他说：

"……禹平水土……为九州……其时九州之地……民口千三百五十万三千九百二十三人至于涂山之会，诸徒……执玉帛亦有万国……及……孔甲之至桀，行暴，诸侯相兼……其能存者三千余国。方于涂山，十损其七。民离毒政，将亦如之。殷因于夏六百余载，其间损益，书策不存，无以考之。又遭纣乱，至周克商，制五等之封，凡千七百七十三国，又减汤时千三百矣。民众之损，将亦如之。"（案刘昭以国数减少为民数亦将减少，恐不可恃）

"及周公相成王，致治刑错，民口千三百七十一万四千九百二十三人，多禹十六万一千人，周之极盛也。其后七十余岁天下无事，民弥以息。及昭王南征不反，穆王失荒，加以幽厉之乱，平王东迁，三十余载至齐桓公二年，周庄王之十三年，五千里内，非天王九傧之御，自世子公侯以下至于庶民，凡千一百八十四万七千人，除有土老疾定受田者九百万四千人。"

二、论文 晋惠帝时代汉族之大流徙 537

"其后诸侯相并,当春秋……二百四十二年之中……亡国……不得保社稷者,不可胜数。至于战国,存者十余。于是纵横短长之说相夺于时,残民诈力之兵动以万计。故峭有匹马之祸;宋有易子之急;晋阳之国,县釜而炊;长平之战,血流漂卤(按战国时极力奖励斩杀,如秦之"使民所以要利于上者非斗无由,使以功赏相长,五甲首则隶五家";齐之使兵"得一首者,则赐赎锱金无本赏"(《荀子·议兵》篇)。夫战国之际,各国本全国皆兵,每一战起,两方之兵动数十万,而复奖励斩杀如此,故彼此交战之际,斩杀亦动数万或数十万人。即如《史记·六国表》载白起一人于昭王十四年将兵击伊阙,斩首二十四万;三十四年击魏华阳,斩首十五万;四十七年破赵长平,杀卒四十五万,特其一例。其余惨酷斩杀,何可胜数! 故汉族在当时死亡之率,至为可惊)然考苏、张之说,计秦及山东六国戎卒,尚存五百余万,推民口数尚当千余万。

"及秦兼诸侯……其所杀伤,三分居二。犹以余力行参夷之刑,收大半之赋,北筑长城四十余万,南戍五岭五十余万,阿房骊山七十余万。十余年间,百姓死殁,相踵于路。陈、项又肆其余烈。故新安之坑,二十余万;彭城之战,睢水不流(按《史记》载是战死三十万人左右)。至汉祖定天下,民之死伤,亦数百万(因是时"诸侯并起,丈夫从军旅,老弱转粮饷……死者过半"。详《汉书·食货志》),是以平城之卒不过三十万,方之六国,五损其二。自孝惠至文景,与民休息六十余岁,民众大增……武帝承其资畜,军征三十余岁,地广万里,天下之众亦减半矣。"

"及霍光秉政,乃务省役。至于孝平,六世相承,虽时征行,不足大害,民户又息。元始二年,郡国百三,县邑千四百八十七,地东西九千三百二里,南北万三千三百六十八里……民户千三百二十三万三千六百十二,口五千九百一十九万四千九百七十八人……汉之极盛也。"

"及王莽篡位,续以更始、赤眉之乱,至光武中兴百姓虚耗,十有二存。中元二年,民户四百二十七万千六百三十四,口二千一百万七千八百二十人。永平、建初之际,天下无事……迄于孝和,民户滋殖。及孝安永初、元初之间,兵饥乏苦,民人复损。至于孝桓,颇增于前。永寿二年,户千六百七万九百六(按《晋书·地理志》作"户千六十七万七千九百六十",《通鉴音注》作"户二千六百七万九百六"),口五千六万六千八

百五十六人。"(按《晋书·地理志》作"口五千六百四十八万六千八百五十六")

"及灵帝遭黄巾,献帝即位而董卓兴乱……豪杰并争,郭汜、李傕之属残害又甚。是以兴平、建安之际,海内凶荒……白骨盈野……雌雄未定,割剥庶民三十余年。及魏武帝克平天下,文帝受禅,人众之损,万有一存。"(按是时汉族避乱远徙者甚多,东往辽东及百济等处者尤众。弓月君等之率领"人夫百二十县"求由百济往日本,汉直氏阿智使主等之"率党类十七县"求往日本,必皆在此时前后,至魏并蜀汉以后,日本应神天皇中年,此一百三十七县之汉族俱达日本矣)

因为如此,所以三国时代将终之际,魏蜀通计,只有九十余万户,五百余万人。就是晋武帝平吴,中国完全统一以后,全国汉族人口,还是甚少。故晋武帝时傅咸上疏,谓"户口比汉十分之一"。(《晋书·傅玄传》)"昔汉永和五年,南阳户五十余万,汝南户四十余万"。方之于三帝鼎足时,不逾二郡,足知"万姓流散死亡略尽,斯乱之极"矣。(《晋书·山简传》)此其所以至晋武帝、惠帝时汉族户口竟如是其少也。

四 晋惠帝时代汉族大流徙之原因

惠帝时代汉族大流徙的事实和可惊的情形已经清楚,现在我们应当考求他的原因了。但原因颇为复杂,而各处的原因又有几分不同,不能不分开来逐地考论。兹且从最先流徙的陕西、甘肃——所谓秦、雍二州者先讲。

秦、雍二州——陕西、甘肃的南部——这块地方,因遭汉末汉族的多年大内乱,汉族人口锐减。于是东汉以来已居在陕西境内的羌族,反因生息繁殖而布满了陕西甘肃的冯翊、北地、新平、安定诸郡;曹操所徙到陕西、甘肃境内的氐族,也蕃衍而布满了略阳、天水、始平、京兆、扶风。故晋武帝时郭钦尝说:"魏初民少,西北诸郡皆为戎居;内及京兆、魏郡、弘农,往往有之。"(《通鉴》卷八十一)已而江统亦说"关中之人口百余万,率其多少,戎狄居半"(《晋书·江统传》)。这许多氐族、羌族既然杂入陕西、甘肃的汉族内居住而繁殖,势必至于影响汉族的经济生活。因此起了"生存竞争",氐族、羌族"与关中之人(汉族),户皆为雠"。

二、论文 晋惠帝时代汉族之大流徙 539

在这种剧烈的"生存竞争"之下,不幸又加上了很恶劣的自然环境——天灾。据《晋书·五行志》的记载,自晋武帝太康二年——公元二八一年起,至晋惠帝的永熙元年——公元二九〇年,十年之中,"无年不旱",因此起了饥荒。至惠帝元康四年——公元二九四年,"大饥",已而关中饥且疫,又随之以元康七年——公元二九七年七月的"秦、雍二州大旱疾疫",于是"关中饥,米斛万钱……氏、羌反叛……饥疫荐臻,戎(氏、羌)晋(汉族)并困",因此陕西、甘肃的汉族遂数十万人成群,大大底"流移就谷",南入四川了。遂"寄食巴蜀"、"散在梁益,不可禁止"了。且复有数万东流入河南了。

以上是陕西、甘肃的汉族大大流徙入四川、河南的原因。

好,陕西、甘肃的汉族,并且杂着少许氏族——骤然数万家的大队流入四川,当然立即又影响了四川汉族的经济生活。流民与本地人又起"生存竞争"。流人"专为寇盗,蜀人患之",且"流人刚剽而蜀人懦弱,客主不能相制,必为乱阶";况又加以氏族的李特"有雄据巴蜀之意";又加以政府和地方官吏的不能处理、不善处理。因此引起四川大乱,"秦、雍之祸,萃于梁益"了。结果闹得"三蜀百姓,并保结坞,城邑皆空,流野无所略"(以上见《晋书·李特李流载记》)。但大乱方长,懦弱的四川本地汉族既十分怕乱,不能抵抗陕甘的流民,又不能耕种土地以谋衣食。欲想生活,势不能不远走他方,寻求乐土了。因此"蜀人流散",遂数万或数十万家的大队,或东下湖北、湖南或南入云南。

以上是四川汉族数十万人大大流入两湖、云南的原因。

懦弱的四川汉族流民不像那陕西、甘肃的汉族流民厉害。他们既被陕、甘流民驱逐走到湖北、湖南了,当然又立即影响湖北、湖南本地汉族的经济生活,再起"生存竞争",但是湖北、湖南的本地汉族却不懦弱的,却富于抵抗性。不惟不肯吃四川汉族那种受于陕甘流民的亏,反而要使四川汉族流民吃亏。所以"巴蜀流人……数万家布在荆湘而为旧百姓之所侵苦";所以"梁益流人萧条……在荆州十余万户,羁旅贫乏"。虽然他们也"多为盗贼",闹成乱事,但是不能如陕甘的流民,夺湖南、湖北本地汉族的地位,驱逐而代之。所以两湖的本地人不被他们逼得迁徙(详《晋书·李雄载记》、《杜弢传》、《刘弘传》)。惟是云南情形不同:

当四川的汉族流民徙入以后，一面固然影响云南经济生活，逼起了"宁州饥疫，死者以十万计"；一面还又因为当时"五苓夷强盛，州兵屡败"（《通鉴》卷八十六），所以才"吏民流入交州者甚众"了。

以上是很多的云南汉族流徙入安南的原因。

至于山西汉族的大大迁徙入河南呢？自然又有他的特别原因。原来山西这块地方自从呼韩邪单于率南匈奴人降汉后，汉遂着他们居朔方及并州境内。至东汉之末，乘汉族大内乱，杂入山西南部的平阳。魏王曹操见其部落强盛，户口弥漫，恐难禁止，乃分其部众为五，悉散处之并州各地。到了晋初，"五部之众，户至数万"。其时复有塞外匈奴族大水、塞泥、黑难、太阿厚、萎沙胡等数万落，数十万人，先后南下来降，晋武帝悉收纳之。于是"匈奴与晋人（汉族）杂居。平阳、西河、太原、新兴、上党、乐平，莫不有焉"。即陕西的河西、宜阳一带，亦为所布满（《晋书·北狄传》、《江统传》、《刘元海载记》）。匈奴人这许多杂入山西汉族之内，当然也要大大的兴起"生存竞争"，而匈奴人"天性骁勇弓马便利"，山西汉族实在不能抵抗，有了这种情形，不幸也。复加上了晋惠帝"永宁元年，自夏及秋……并州大旱"的天灾（《晋书·五行志》），于是山西饥荒，山西的汉族开始向南流入河南了。已而"离石大饥"，又益以匈奴人与汉族之"生存竞争"更剧，"并州饥馑，数为胡寇所掠"。山西的汉族遂大大的"流移四散，十不存二"，"就谷冀州"，南入河南把山西抛弃得"白骨横野……僵尸蔽地。其有存者，饥羸无复人色。荆棘成林，豺狼满道"（《晋书·刘琨传》）。好不凄怆！

以上是山西汉族数十万人大大流徙入河南的原因。

直隶南部汉族的大流徙，也是由于大旱，而又加上水灾，又加上了山西流民一大部分来增重经济生活。据《晋书·五行志》，晋惠帝元康八年，冀州大水；太安元年，又遭水争；其前一年，则遭旱灾。水旱交至，山西流民又大队拥来"就谷"，影响本地人民，于是顿丘五六万众的流民挟着太守魏植，流徙而南，大掠山东、河南之间了。

以上是直隶南部汉族大队流入河南、山东之间的原因。

论到汉中人民徙入西蜀和东走湖北，原因又自有别。据《晋书·李雄载记》，是李雄发兵打破汉中城池，以强硬手段"尽徙汉中人于蜀"，其

余害怕的乡野的"汉中民,东走荆沔"了,这是汉中的汉族大大走徙一空的特别原因。

五 结论

晋惠帝时汉族大流徙的事实和原因都讲了,总括起来观看,这种十年之间数百万汉族人民的迅速流移迁徙,不仅中国从古至今的历史上绝无仅有,就是世界史上也是很稀少的。山西、陕西、甘肃、四川一带本来杂居了许多匈奴族、氐族、羌族的人,尤其山西、陕西、甘肃都是"率其人口戎狄居半"。现在那几块广大地方里的汉族既然走徙一空,存者只有一半,或"十不存二",自然那里的匈奴人、羯人、氐人、羌人,更得势了。并且更无障碍,再不行逼向中原的河南了。在这样危急之秋,上有惠帝那么愚蠢的君主,引起了宗室外戚的种种乱事;中有所谓"八王之乱",骨肉相残,致汉族遭乱死的又数十万人;下则州兵损约,州郡空虚,因连年水旱饥荒而盗贼蜂起。于是"四海鼎沸",有许多的机会使"五胡乱华"了。

所以陕西、甘肃、山西等处汉族的大流徙而南,是与"五胡乱华"有莫大关系的,但又互为因果。而惠帝时代过了,到了怀帝之际,又复"大旱"、"大蝗"频臻;尤其怀帝永嘉四年——西历纪元后三一○年的"幽、并、司、冀、秦、雍,六州大蝗,食草木牛马毛皆尽"(《晋书·五行志》)。更为中国西北方——黄河流域之极大极广的奇灾。而匈奴人乃于是时大举南下作乱,杀戮黄河流域汉族又不下数十万人。于是一方面"饥困,人相食";"白骨蔽野,士民存者百无一二",一方面"百官流亡","海内大乱,独江东差安",因此"中国士民避乱者多南渡江",遂成"永嘉之难"。中华汉族再行继续作迅速的大迁徙了。

附录

写到此地,本来可以完了;不过最近我在《新月》杂志看到美国亨丁顿(Ellsworth Huntington)论及中国民族的文章,潘光旦译为"自然淘汰与中华民族性"。其中有几处与我这里所写的互相发明。因此撮录如下,作最后的总结,使我们对于中国汉族迁徙的观念更清。他说:

"就中国方面说,外族侵陵的时期,也就是内部混乱的时期。一壁

有旱灾——这和沙漠一带之地一样,久旱之后又有水灾,和其他天行的错乱;一壁又有因为他种原因而发生内部的退化,天灾人祸,里应外合,不久就把华人陷入了无政府无纪纲的状态。在这种时候,北部的华人感受二重的压迫,一是生计的愁苦,二是外族的侵夺结果,有许多人便自然而然的向南或向东南迁移。人口的迁徙,当然也有时候因为比较积极的动机,例如,想觅到比较膏腴之地或未经开垦之地,或见迁往之地生计充盈,文物荟萃,想去沾一些光。但是,中国大批人口的流动,十九是因为荒年和胡族的侵略,并且没有一次不是朝南走的。好比波浪似的向着一个方向推移。有史以来也就推移推过不少的次数。第一次是从陕西东北部河套一带华族发祥之地向东南黄河下流逐渐推移,到布满黄河流域为止,后来的移徙便直接从北方几省向南了。一直要到差不多耶稣诞生的时候,即中国有史以后二千年,这种移民的波浪才推到现在的广东。

"北方人民南徙之后,剩下的空隙就被胡人填满了;这些胡人生活一有了定所,就立刻受中国文化的同化,同时也和华人在血统上发生混合,逐渐养成一派新的,有生力的人口。"

其中又引威廉士(F. W. Williams)一段文字也与此文互相发明,并节录如下:

中国内部的状态,经过长时期的连一连二的荒年和叛乱之后,真是坏极了。荒年与兵事使经济的活动完全停顿,使国家陷入一般的无政府状态。在当时那种无组织、无系统的状态之下,我们真不能说人民的疾苦究竟是政治紊乱的因,还是政治紊乱的果。一个人口很稠密农事很发达的地方,一旦荒年起来,里面的居民自然不免分散,成为许多独立的强盗团体,彼此争夺杀害,使办理内政的人,完全无从措手。在这种形势之下,除非政府先有相当赒济的设备,要想减少混乱的状态是不可能的;要是遇到不良的政府,那就更糟了,因为他的懦弱无能,适足以使人民痛苦颠连的生活变本加厉,酿成更大的乱源,一旦爆发,这个政府就不啻自绝了他的生路了。

(《成大史学杂志》第 1 期,1929 年 7 月)

历史中的政治家与民众意识研究之发端

政治家的两方面：

一种操纵和顺从舆论的政治家；

一种反抗和压服众意的政治家。

凡一国之政治，有所"然"；凡一国之大事与方针，有"可"。其然也、可也，民众意识恒不觉，惟政治家则知之。是非本甚昭昭也，而民众意识之于是非，恒未必昭昭也。高等教育不发达之国民尤甚——利害本未蒙蒙也，而民众意识之于利害似乎常甚蒙蒙也。

尝试论之：客有歌于楚之郢中者，其始曰"下里巴人"，郢中属而和者数千人，其为"阳陵采薇"，郢中属而和者数百人。其为"阳春白雪"，郢中属而和者数十人而已也。及其引商刻角，杂以流征，郢中属而和者，不过数人焉。是其曲弥高者，其和弥寡。其和弥寡，此曲也，果且为非乎哉？果且为是乎哉？

今设如有政治上之一事件于此——欲定一种新税则，使无伤于民而利于国。以学理言之，自必取夫最公而平者。然验诸事实也有不然。往往税则之极公平者，民众未必以为善；极不公平者，民众未必以为非，或反以为甚善焉。但令行之而不著，为之不骇俗，其显于外表者又若负担其轻而足任，则民众即习矣而不察，帖然安之而若素矣。是故间接之税虽极不合理也，而民众每能安然容受之。岂非民众意识之蒙蒙，以其从各类消费品物中日纳无几而不之觉耶？岂非民众意识之昏昏，以其于习惯上无甚骤然之影响而遂安之若素耶？今试一朝反之而直接易之以他税，就其所得之比例计算之而课之以成数。自学理言之，较之间接之税之轻减，不啻倍蓰；然而非难之议，反抗之声，必哗然四起矣。此无

他,合而见多,骤而见怪,遂生谬见;不知岁月而积之,锱铢而累之,其结果反多也。

故事理原至浅显也,而蒙蒙群众,常未足以语之。而况乎军国大政须虑远谋深者,非英雄谁复能知英雄之所为,非具高远宏通之军事、政治眼光者,谁复能知大军事家、大政治家之所图哉?庄子有言:鹏之徙于南冥也,水击三千里,抟扶摇而上者九万里,绝云气,负青天,然后图南。蜩与莺鸠笑之曰:我决起而飞,抢榆枋,时则不至,而控于地而已矣,奚以之九万里而南为?且适南冥也,斥鹦笑之曰:彼且奚适也,我腾跃而上,不过数仞而下,翱翔蓬蒿之间,此亦飞之至也。而彼且奚适也?此民众意识与大军事家、大政治家谋略之辨也。

昔者狙公赋芋,曰:朝三而暮四。众狙皆怒。曰:然则朝四而暮三。众狙皆喜。名实未亏而喜怒为用,亦因其昏昏正如民众意识之蒙蒙也。是以政治家之才智者,恒能见及于此,恒能以朝三暮四、朝四暮三之术颠倒民众喜怒,操纵民众意识,以为用。

何为而为朝三暮四、朝四暮三之术,颠倒民众喜怒、操纵群众意识以为用也耶?尹文子曰:己是而举世非之,则不知己之是;己非而举世是之,亦不知己之所非。然则是非随群众评价而为正,非己所独了,则犯众者为非,顺众者为是。盖民众意识对于一事之评价而成一种舆论,不必其合于理性或其有精深高远宏通之认识与见解也。然其相摩相荡,相倡相和,相鼓吹激动而成为势力也,常似沛然伟大而不可抵御。故政治家之才智伶俐、敏捷机警者,每能乘潮流,顺舆论,随群众评价而操纵之。"顺人心,安情性,而发于众心之所聚"。民之所好好之,民之所恶恶之,"虽有汤武之德,复合于市人之言"。昔拿破仑之所以得展其怀抱,盖若是焉耳。其言曰:"综余之生平,只因自称旧教徒,故能终止vendéen之战;只因信奉回教,故能得根据地于埃及;只因党罗马教皇,故能收服意大利之僧侣。如余欲统治犹太人者,吾将重修琐罗门之庙宇也。"此所谓顺人心,安情性,而发于众心之所聚,操纵其喜怒以为用者耳。

虽然,顺人心,安性情而发于众心之所聚,操纵民众喜怒以为用,凡才智伶俐、敏捷机警之政治家,洞悉群众心理而善于利用者,固常如是

也;而非富于责任心与毅力而高掌远跖之政治家之所乐为也。富于责任心与毅力而高掌远跖之政治家,"举世而誉之而不加劝;举世而非之而不加沮"。定乎内外之分,辨乎利害是非之境,斯已矣。彼其于舆论,未数数然也。不惟不数数然于舆论也,而且其对于群众意识之昏昏者,每不惜竭其力以矫正之;其于蒙蒙群众既不足与语,则艰苦卓绝,毅然特立以独行其意。苟遇有反抗之者,每不惜以强硬高压之手段制服芟除之也。

昔秦孝公之耻河山以东强国六以夷狄遇秦,而发愤欲图自强,俾得雪憾也,专任卫鞅谋变法。秦人不悦。鞅言于孝公曰:夫有高人之行者,必见非于世;有独知之虑者,固见毁于民。民不可与虑始,而可与乐成。论至德者,不和于俗;成大功者,不谋于众。是故圣人苟可以强国,不法其故。斯时也,甘龙非之,卫鞅不为屈,卒定变法之令。令行期年,秦之民众如国都言新政之不便者以千数。卫鞅曰:此皆乱法之民也,尽徙之于边。宏毅坚忍,力行之十年,秦国大治,遂以富强。于是如荀子所云:入其境,观其百姓,甚畏有司而顺;及都邑官府,其百吏肃然,莫不恭俭敦敬忠信;入其国京,观其士大夫,出于其门,入于公门,出于公门,归于其家,无有私事,不比周,不朋党,倜然莫不明通而公;观其朝廷,其间听决,百事不留,恬然如无治。卫鞅之矫正民众而起衰振弊如此,国既富强,岂惟报耻而雪憾哉?即秦之统一六国,亦基于是矣。

次之,昔者赵武灵王之欲报中山之怨而图灭之也,谋胡服骑射以教百姓。国人皆不欲,独一肥义能知其远见,力赞成之。举朝贵戚权臣,有若公子成,有若赵文,有若赵燕,有若赵造,莫不多方阻挠。赵武灵王苦心孤诣,训导谆谆,毅然曰:常民溺于习俗,学者沉于所闻。虽驱天下以笑我,胡地中山,我必有之。遂自胡服,下令全国臣民悉胡服而招骑射,极力行之,赵以益强。遂灭中山,败林胡,破楼烦,略地数千里。此则皆富于责任心与毅力,而高掌远跖之政治家不惜逆舆论,抗众价,压民意,矫民弊,以独行其是,发摅其略者也。

然则何以反潮流,逆舆论,不随群众评价而亦得以成功耶?盖尝试论之民众意识之蒙蒙,当其相摩相荡,相倡相和,相鼓吹激动而成为舆论也,其势力诚若沛然不可御。虽然,就群众心理言之,凡群众之叫啸

反抗之举动，每无持久性。一时虽嚣嚣，缓之渐寂寂。如若任其自行生灭，则经历较久，群众又以厌倦凌乱之故，必至渐变为服从。如若政治家盛有权威，则虽当嚣嚣之顷，遽施以高压裁制，亦未尝不可使之就范也。昔拿破仑之当其专制极盛之时也，法兰西人之自由，被剥夺也殆尽。然拿破仑挟其赫赫之权威，随在运用其铁腕，而为之歌颂功德者非他人，乃即畴昔最桀骜不驯之雅各宾(Jacobin)党员也。

由上观之，政治家之于民众意识，显分两类：才智伶俐、敏捷机警之政治家，固常乘潮流、顺舆论、随群众评价而操纵之，以展其怀抱；而富于责任心与毅力而高掌远跖、苦心孤诣之政治家，亦未尝不能逆舆论、抗众论、挽狂澜以特行其是发展其略也已。

（王安石之失败，自有他故）

附言：——在去岁腊月初放寒假时，本想将此题目做一篇较长大的研究，广搜成例，将其中的道理阐发明白。哪想一放假，便天天作游览醉饮，围炉向火，早晨酣睡的生活。直到现在，旧历年过了又已半月，而寒假期间，已这样消磨七分之六了。虽然也做得诗歌五十余首及《晋惠帝时代汉族之大流徙》一文，但想将这题目做成一篇较完备的文字，无奈开学时间已很逼近，继续编纂三种历史讲义的工作已很迫切，不能再行搜罗材料了。日昨叶秉诚先生以这题很有研究之价值，相促将他作成，然而终于不遑广搜成例，只好写了这一点作个研究的发端。因为这件事——"政治家与民众意识"——对于政治系和历史系的同学很有研究和深切明了之必要，我做个发端，希望他们对此事件有志愿有兴趣的，去努力作番广大完备的研究，使有心得，以备将来建树事业的"业力"吧！

（《成大史学杂志》第 1 期，1929 年 7 月）

汉代之婚姻奇象

引

吾人治史，须常留意于刘知幾《史通·惑经》之数言，即治史者须如"明镜之照物，妍媸必露，不以毛嫱之面或有疵瑕而寝其鉴也"；须如"空虚之传响，清浊必闻，不以绵驹之歌时有误曲而辍其应也……爱而知其丑，憎而知其善，善恶必书"，善不当隐，恶亦不当讳耳。盖史学家之地位与自然科学家近，其职务在于应用其研究历史之训练，对于吾人明瞭人类之过去，有一种贡献。自然科学家在求自然事物之真，历史学家则在探求人类史象之真。自然科学家期宣示自然事物之实况于人，历史学家则期宣示人类史象之实况于人。其为善耶？为恶耶？为道德耶？为不道德耶？为有关风化耶？为无关风化耶？所不论也。

且天时人事，异地不可强同；制度典章，异时不相沿袭。吾人治史，不宜重古而轻今，亦不宜重今而轻古。盖人类进化，事本天然，居今之世，固不必高慕羲、农或鄙夷虞、夏也。善夫章实斋《文史通义·原道》之言曰："人之初生，至于什伍千百，以及作君作师，分州画野，盖必有所需而后从而给之……羲、农、轩、颛之制作，初意不过如是耳。法积美备，至唐、虞而尽善焉；殷因夏监，至成周而无憾焉。譬如滥觞积而渐为江河，培塿积而至成山岳，亦其理势之自然；而非尧、舜之圣过乎羲、轩，文武之神胜于禹、汤也。"实斋此言，可谓知进化之道矣。又善夫美史学家鲁滨孙氏（J. H. Robinson）之言曰："吾人研究过去之人事，断不可存心藐视，以荒谬目之，须平心静气，具有同情。盖史家之目的，不在批评过去人事制度之当否，而在说明人事制度之由来及其变化。"鲁滨孙此言，可谓示治史者以科学之态度矣。

今余之为此汉代婚姻之奇象,即欲以自然科学之态度,宣示中国古代社会风俗一端之进化于世人。余间尝为成都大学史学系诸生讲及中国古代华族社会之风俗,谓婚姻一端,进化至于尧、舜时期,似尚为乱婚状况。《白虎通义·号篇》曰:"古之时,未有三纲六纪,人但知其母,不知其父,能蔽前而不能蔽后……于是伏羲仰观俯察,因夫妇,正五行,始定人道。"《世本》及《礼记·外传》等亦称伏羲始以俪皮制嫁娶之礼。其实"伏羲"乃后世想象上古社会进化中有此伏羲一阶段,因而为之加象征之名,并非确有某一人自名伏羲也。即如《易·系辞》等所称,曰有是人,而其父不著。若信如《帝王世纪》等所载,其母华胥履大人迹而生伏羲,可见其时显为母系时代之乱婚也。

其后女登感神龙而生炎帝,附宝感绕大电斗枢而生黄帝;女节感大星虹而生少昊;女枢感芒星贯月而生颛顼;庆都感与赤龙合婚而生尧;握登感大虹而生舜;修纪感流星而生禹;简狄吞玄鸟卵而生契;姜嫄履帝武敏而生弃;女脩亦云吞玄鸟卵而生大业;此虽古代不可尽信之传说,然颇足为上古直至尧舜时代均为母系时代乱婚生子之明征。《大戴礼》、《帝系》及《史记》所载颛顼、帝尧、帝舜、帝禹、弃、契同出自黄帝之说,固不足信,自秦宓、谯周、杜预,下至马骕、梁玉绳、马瑞辰,辩之者已同然;无夫生子,玄鸟生民,即杂交渺茫,不知谁属,遂托之神话耳。

尧、舜以后,父系氏族渐趋发达,而一夫多妻之制亦日盛。至于周代,所谓天子者,得娶一后、三夫人、九嫔、三十七世妇、八十一御妻;诸侯得娶一夫人、二媵、六娣侄;卿大夫得娶一妻、二妾;士得娶一妻一妾。乱婚之状况虽已减少,然《周礼·地官》于:"仲春之月,令会男女,于是时也,奔者不禁。"至如郑、卫桑间濮上,密约幽期,揽袪蹑足;荆楚"士女杂坐,乱而不分"(《楚辞·招魂》);与夫"中山之俗,以昼为夜,以夜继日,男女切倚,固无休息"(《吕览·先识》);"若乃州闾之会,男女杂坐,行酒稽留,六博投壶,相引为曹,握手无罚,目眙不禁,前有堕珥,后有遗簪"(《史记·滑稽列传》)。均足见周代社会男女婚姻之道,尚未必尽如《坊记》所云"男女非媒不交";未必尽能男女七岁即"不同席","授受不亲";未必尽须"娶妻……必告父母",待"父母之命,媒妁之言"也。

至于春秋时代,卫宣公、晋献公、晋惠公、郑文公之流,烝报其上。

卫宣公、楚平王之流，又奸夺其下。鲁穆伯则夺昆弟之妻，齐襄公则兄妹相乱。鲁桓、卫灵之类，夫纵妻淫；陈灵、孔宁君臣，宣淫一妇。此外，彼此通室，易内饮酒，不择人而通，不择类而奔，上自王公，下及士庶，男女秽乱，怪状百出（并详《左传》，此不具举）。甚至庶子烝母，孙烝祖母，叔纳侄妇，弟室兄妻，竟出自国人之赞成！试观闵公二年，齐人强昭伯烝于宣姜；文公十六年，宋人奉公子鲍以因其祖母襄夫人；以及此外，秦穆公纳怀嬴于其叔父晋文公；卫人使太叔遗妻其嫂孔姑，更可见其不论行辈，不顾亲属，不拘礼法，犹有草昧时代乱婚杂交之余风焉。

迄乎汉代，男女奸淫之风固炽，而男女婚姻之道尤宽。就吾人寻常对于汉代之观念言之，以为汉代政治，至于文景，良如《汉书·景帝纪赞》所称"移风易俗，黎民醇厚，周云成康，汉云文景"。已而武帝又"推明孔氏，抑黜百家"，"表章六经"，自此以后，儒学"传业者浸盛，支业蕃滋"，"有三代之风"（《孝武纪》、《董仲舒传》及《儒林传》）。意谓男女婚姻一道，必限制甚严矣；孰意乃大谬不然。如吾人一披三汉——西汉、东汉、蜀汉之史籍，则种种婚姻奇象，层见迭出，而皆为当时国家社会所公许，坦然行之，毫无忌讳，绝不为怪。是以赵瓯北尝叹汉时法制之疏阔。

虽然，瓯北《廿二史札记》仅"汉公主不讳私夫"、"婚娶不论行辈"两条，且举例甚少，不足以表示汉代——三汉时代婚姻奇象之什一，因之尚未足以显明汉代关于婚姻法制之疏阔。兹分条列举汉代婚姻奇象之事，例如下而略加以说明焉：

（一）舅父与甥女婚配

（二）表叔父与表侄女婚配

（三）表姑母与表侄子婚配

（四）姊妹分配一家父子

（五）其他戚属之乱次婚配

（六）师长与弟子之女婚配

（七）同姓为婚

（八）交互为婚

（九）姊妹同嫁一夫

（十）姑侄同嫁一夫

（十一）先私后娶之婚配

（十二）外妇与私夫

（十三）去妻与去夫

（一）舅父与甥女婚配

据《史记·外戚世家》及《汉书·高后纪》，汉高祖与吕后生鲁元公主及惠帝，鲁元公主嫁于宣平侯张敖，生女，吕后欲为重亲，复以敖女配惠帝。"惠帝即位，太后——吕氏立帝姊鲁元公主女为皇后"，是为张皇后。此舅父与甥女为婚之例一也。又据《后汉书·樊宏传》，樊宏乃光武舅父，而娶光武族兄刘赐之女弟为妻。此虽非惠帝与张皇后之比，而亦可附于舅父与甥女婚配之例者也。又据《后汉书·窦皇后纪》，汉章帝为东海恭王彊之侄，彊女沘阳公主为窦勋妻，生女，章帝立以为后，是为窦皇后。此亦可附于舅父与甥女婚配之例者也。又据《三国志·魏志》，魏王曹操纳三女曹宪、曹节、曹华于汉献帝，而操子魏文帝曹丕复以献帝二女为贵嫔。此亦可附于舅父与甥女婚配之例者也。又据《吴志》，吴景帝孙休之姊鲁育公主为朱据妻，生女，景帝立以为后，是为朱皇后。此舅父与甥女为婚之例五也。为明瞭起见，兹更表之如下：

（例一）

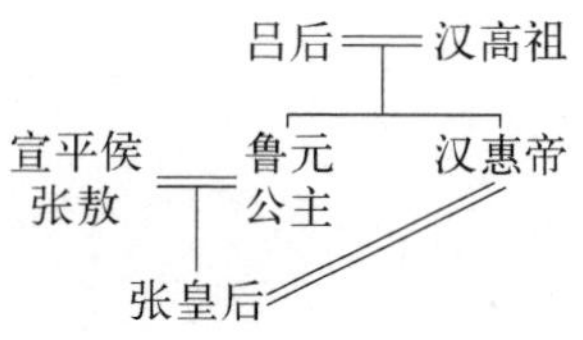

吕后——汉高祖

宣平侯　鲁元　　汉惠帝
张敖　　公主
　　　　张皇后

（例二）

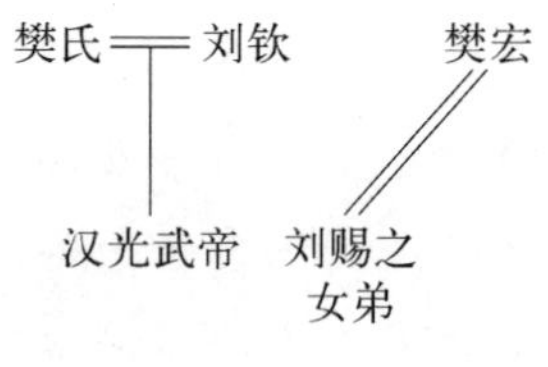

樊氏——刘钦　　樊宏

汉光武帝　刘赐之
　　　　　女弟

（例三）

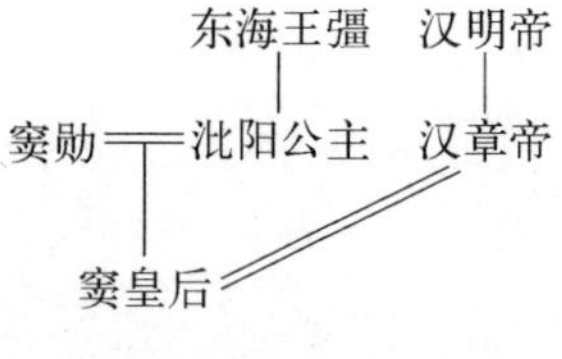

东海王彊　汉明帝

窦勋——沘阳公主　汉章帝
　　　　窦皇后

（例四）

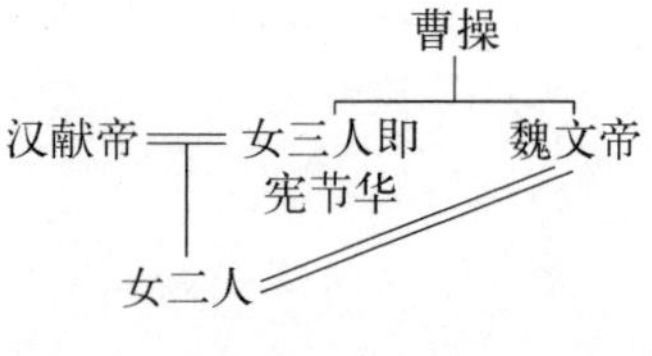

　　　　　曹操

汉献帝——女三人即　魏文帝
　　　　宪节华
女二人

（例五）

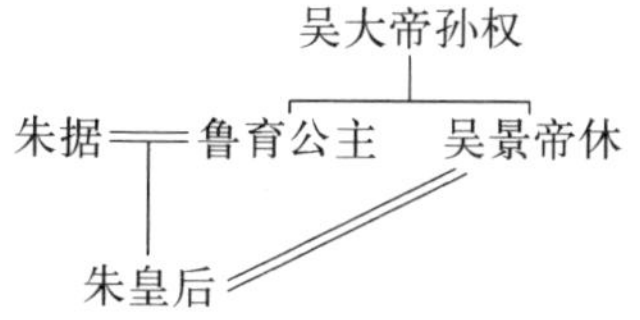

```
            吴大帝孙权
朱据══鲁育公主  吴景帝休
    │
   朱皇后
```

（二）表叔父与表侄女婚配

据《汉书·高五王传》，汉高祖之子赵共王恢，与高祖后吕氏之侄吕产，为表兄弟。吕产有女，而赵共王恢娶以为妃。此表叔父与表侄女为婚之例一也。又据《汉书·荆燕吴传》，燕王刘泽为汉高祖从祖昆弟；高祖娶吕后，吕后女弟曰吕嫕，生女，而泽娶为妻。此虽非赵共王恢娶吕产女之比，然亦可附于表叔父与表侄女为婚之例者也。又据《后汉书·樊宏传》，樊鲔与汉光武乃表兄弟之亲，光武之子楚王英有女，鲔为其子樊赏求楚王英女为妻。此表叔父与表侄女为婚之例三也。又据同书《来歙传》，来歙为光武祖姑子，歙于光武为表叔父，光武子明帝有女曰武安公主，歙孙来棱娶以为妻。此表叔父与表侄女为婚之例四也。又据同书《寇恂传》，寇荣从子尚桓帝之妹益阳公主，荣有从孙女，而桓帝娶以为妃。此亦可附于表叔父与表侄女为婚之例者也。又据《三国志·吴志》，孙权与徐琨为姑表兄弟，琨有女，权娶为夫人。此表叔父与表侄女为婚之例六也。兹为明了起见，亦表之如下：

（例一）（例二）合

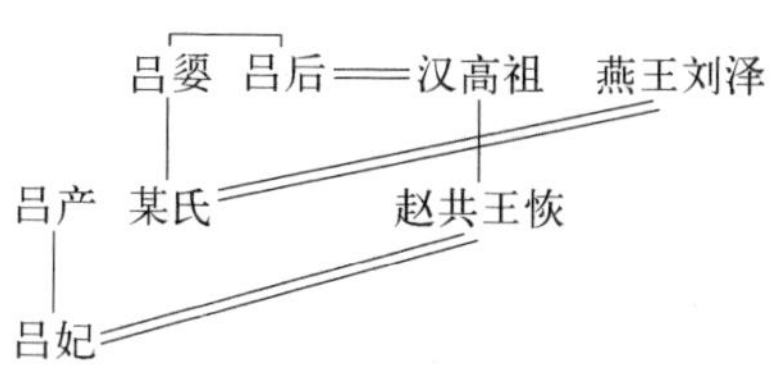

```
    吕嫕 吕后══汉高祖  燕王刘泽
     │    │
吕产 某氏    赵共王恢
     │
    吕妃
```

（例三）（例四）合

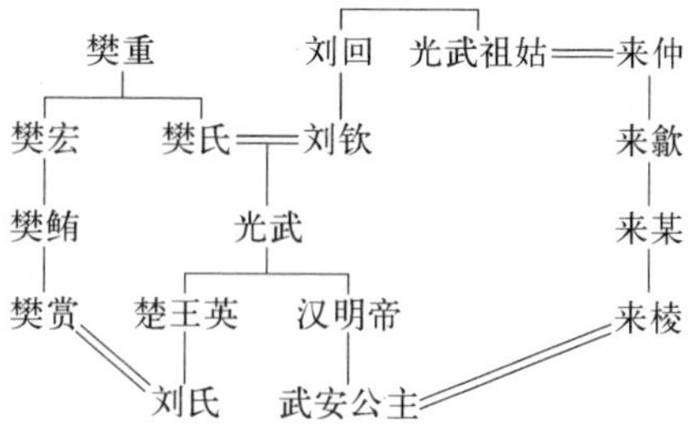

```
        樊重      刘回  光武祖姑══来仲
樊宏    樊氏══刘钦          来歙
樊鲔      光武            来某
樊赏  楚王英  汉明帝        来棱
        │      │
       刘氏  武安公主
```

552　刘挞藜史学论著集

（例五）

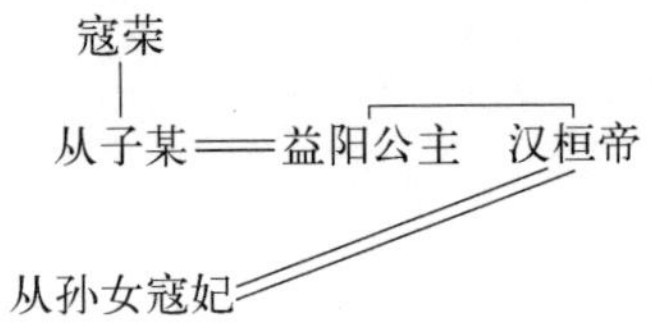

```
    寇荣
     │
   从子某══益阳公主　汉桓帝
                         ╱╱
   从孙女寇妃═════════╱
```

（例六）

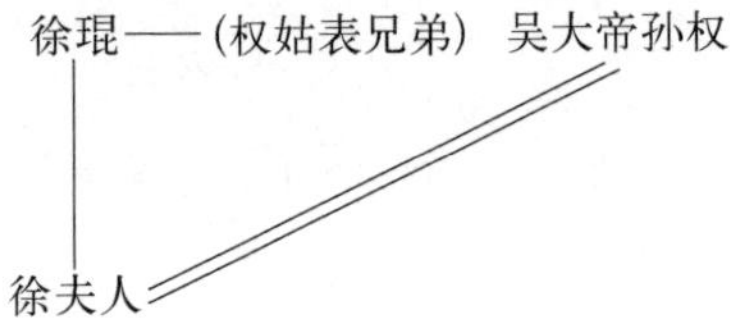

```
  徐琨──（权姑表兄弟）吴大帝孙权
   │                    ╱╱
   │                   ╱╱
  徐夫人══════════════╱
```

（三）表姑母与表侄子婚配

据《汉书·外戚列传》，汉元帝母为许恭哀皇后，舅曰许嘉，元帝因伤其母恭哀皇后遭霍氏之害，在位日短，乃以舅许嘉之女，为其子成帝之妃。此表姑母与表侄子为婚之例一也。又据同传，汉哀帝祖母定陶傅太后欲使傅、刘二氏重亲，其从弟傅晏有女，傅太后乃以之配哀帝。此表姑母与表侄子为婚之例二也。又据《后汉书·来歙传》，来仲为汉光武祖姑父，刘嘉为光武族兄，仲有女，而嘉娶为妻。此虽非亲表姑母与表侄，而亦可列于表姑母及表侄为婚者也。又据同书《阎皇后纪》，东汉安帝为明帝曾孙，明帝曾纳阎贵人，贵人侄阎畅有女，而安帝又立以为后，是为阎皇后。此表姑母与表侄子为婚之例四也。又据《窦皇后纪》，桓帝为章帝曾孙，章帝曾立窦勋女为窦后，至桓帝，又纳窦后"从祖弟之孙女"为皇后。此表姑母与表侄子为婚之例五也。又据《梁皇后纪》，顺帝亦章帝曾孙，章帝曾复纳梁恭怀皇后；恭怀皇后之侄梁商有女，顺帝亦纳而立之，是为梁皇后。此表姑母与表侄子为婚之例六也。兹亦表之如下：

（例一）

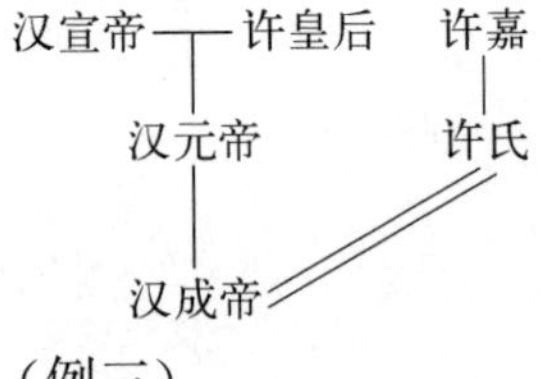

```
汉宣帝──许皇后　许嘉
  │            │
 汉元帝       许氏
  │          ╱╱
 汉成帝══════╱
```

（例二）

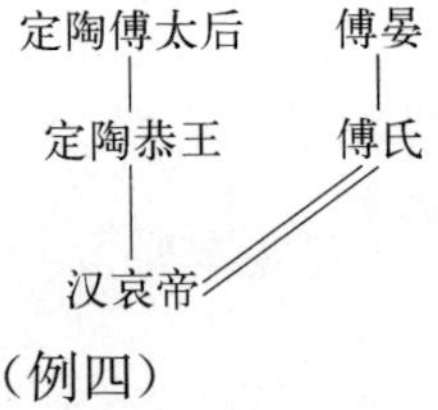

```
定陶傅太后　傅晏
   │         │
定陶恭王    傅氏
   │       ╱╱
 汉哀帝════╱
```

（例三）

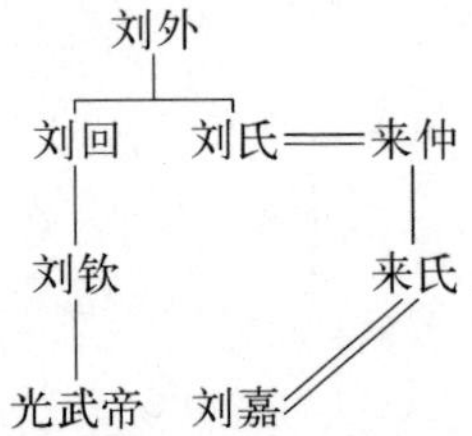

```
      刘外
       │
  刘回　刘氏══来仲
   │         │
  刘钦       来氏
   │       ╱╱
 光武帝　刘嘉
```

（例四）

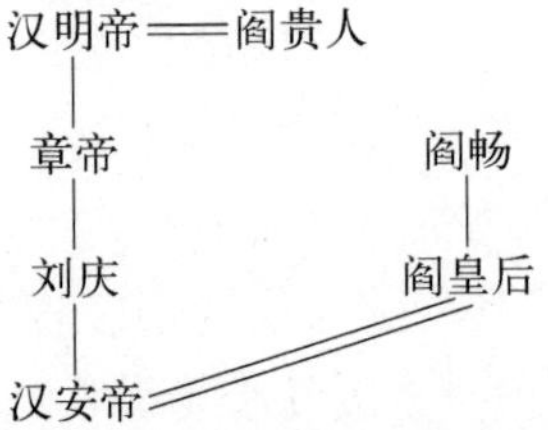

```
汉明帝══阎贵人
  │
 章帝        阎畅
  │          │
 刘庆        阎皇后
  │        ╱╱
 汉安帝════╱
```

（例五）（例六）合

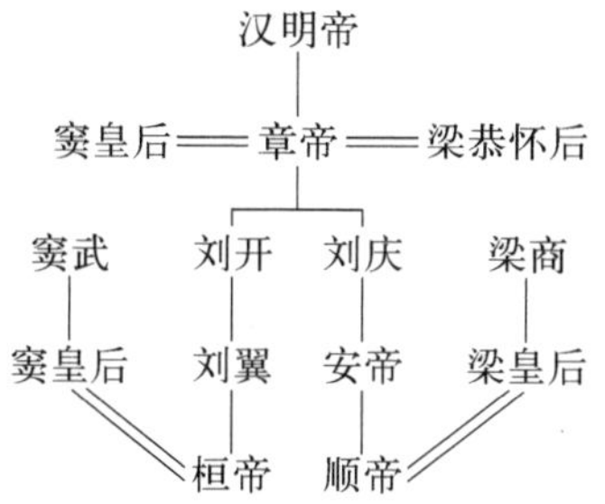

```
                     汉明帝
                       │
      窦皇后 ══ 章帝 ══ 梁恭怀后
        │       │       │
   窦武  刘开  刘庆  梁商
    │    │    │    │
  窦皇后 刘翼  安帝  梁皇后
        │    │
       桓帝  顺帝
```

（四）姨母与外甥婚配

姊妹分配一家父子

据《汉书·外戚传》，卫子豪有二女，其长者，汉元帝纳之为"倢伃，生平阳公主"。已而元帝崩，子成帝即位。成帝弟曰中山孝王兴，无子；成帝谓"卫氏吉祥"，乃以卫子豪之少女配兴，生平帝。此事之奇特，可谓与惠帝娶其姊鲁元公主之女张皇后同。元帝，父也；中山孝王兴，子也。父既纳卫子豪之长女，子复娶其少女，父子同为子豪女婿，姊妹同嫁一家父子，两世重亲，中国古今所罕见也。（据《宣元六王传》，中山孝王兴为元帝冯昭仪所生，虽非卫倢伃亲子，而在名分则亦母子也）兹亦表之于下：

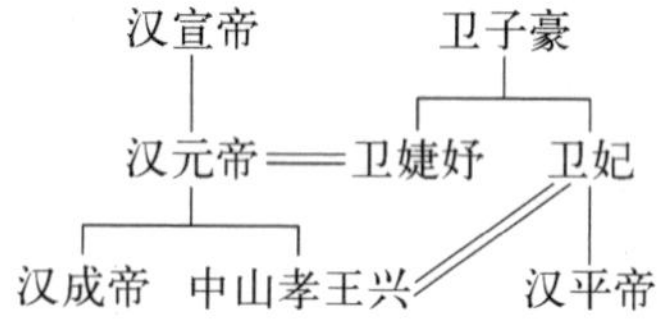

```
      汉宣帝      卫子豪
        │       │
      汉元帝 ══ 卫婕妤  卫妃
        │       │    │
  汉成帝 中山孝王兴   汉平帝
```

（五）其他戚属之乱次婚配

除上所举者外，汉代不论行辈之亲戚婚配，尚有可言。吾人若披《汉书·霍光传》、《宣帝纪》及《外戚传》，知霍光有女嫁于上官安，生女，纳为汉昭帝之后，是为上官皇后。其后昭帝崩，无子，霍光等承上官皇后诏，迎立昭帝侄昌邑王贺为帝。贺淫乱无行，旋废之。霍光乃复迎立昭帝从孙病已，是为汉宣帝。宣帝即位后，未几，其后许氏被霍氏之害而卒。霍光于是以其少女成君纳于宣帝，立为后，是为霍皇后。此事若

以行辈论之,可谓外曾孙与曾祖姨母为婚矣。又《三国志·吴志》载,吴主孙亮姊全公主嫁于全琮为妻,琮从子全尚有女,亮乃纳之为夫人,是为全后。此事若以行辈论之,则可谓表祖父与表孙女为婚矣。兹亦表而明之于下:

（例一）

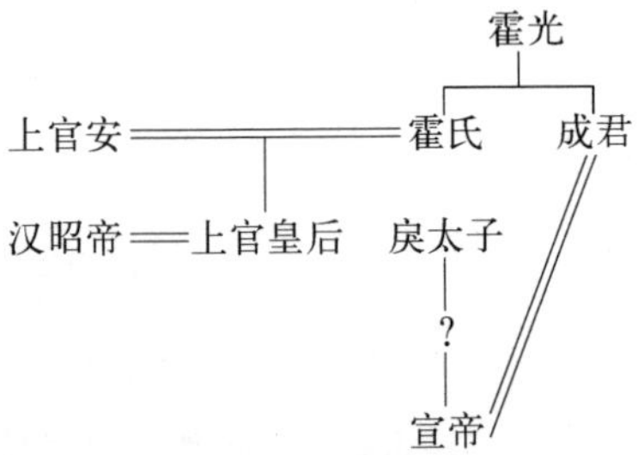

```
                    霍光
                   ┌──┴──┐
上官安════霍氏   成君
                 │
汉昭帝════上官皇后   戾太子
                         │
                         ?
                         │
                      宣帝
```

（例二）

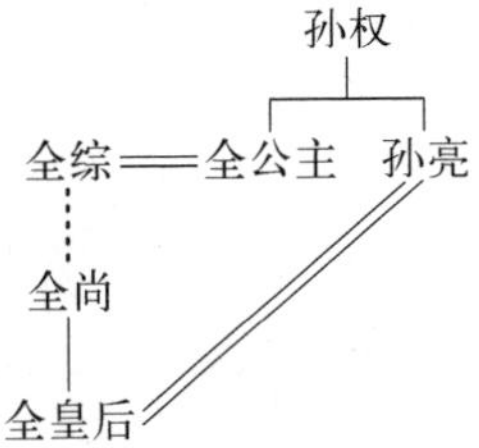

```
              孙权
            ┌──┴──┐
全琮════全公主   孙亮
  │
全尚
  │
全皇后
```

（六）师长与弟子之女婚配

以上乃汉代不论行辈之亲戚婚配也。此外尚有一种不论行辈之婚配,系师长与弟子之女为婚。就中国古今之社会观之,师长之女婚配于弟子,实为常事;而弟子之女婚配于师长,则属罕见。《论语》载:"子谓公冶长可妻也,虽在缧绁之中,非其罪也;以其子妻之。"此孔子之女妻于弟子也。至如汉代,弟子之女,乃可以为师母焉。《汉书·京房传》载淮阳宪王之舅父张博尝从京房受学,好之,"以女妻房。房与相亲,每朝见,辄为博道其语"。岂非己为弟子,师为女婿,女为师母耶?

（七）同姓为婚

中国上古,本常同姓为婚。迄于周代,始行禁止。故《通典·同姓婚议条》曰:"殷以上婚姻不隔同姓;周制则不娶宗族。"《礼记·大传》曰:"虽百世而婚姻不通者,周道然也。"盖中国华族进化至于周代,已由生理方面知同一血统婚媾之不良。是以《周易》尝称"同人于宗,吝"。而《左传》、《国语》、《礼记》记载周人所称"男女同姓,其生不繁","内官不及同姓,其生不殖,美先尽矣,则相生疾"(见《左传》僖廿三昭元年),"取妻避其同姓,畏灾乱也","同姓不婚,惧不殖也","气同则不继"(见《国语·晋语》、《郑语》),以及"娶妻不娶同姓,买妾不知其姓则卜之",

"取妻不取同姓,以厚别也"(见《典礼》及《坊记》)之类,盖层见焉。

虽然,礼法虽禁止同姓为婚,而实际上仍有不能免。是以鲁昭公娶于吴,为同姓。迄乎汉代,此事犹有余风。故《后汉书·元后传》及《通典·同姓婚议条》载:吕后之妹嫁于吕平,王成之女妻于王莽。与其后异族乱华时,刘聪娶刘殷之二女,有何异乎?

(八) 交互为婚

据《汉书·卫青霍去病传》,汉武帝纳卫青之姊子夫为后,而武帝姊阳信长公主又嫁于卫青为妻。此彼此互为姊丈,同时彼此互为内弟,此交互婚配之例一也。又据同书《文三王传》,梁荒王嘉纳任宝之姊妹为夫人,而宝又娶荒王女弟园子为妇。此交互婚配之例二也。

又据《后汉书·梁统列传》及《窦皇后纪》,章帝之姑母——光武之女,妻于梁松,而章帝乃娶松弟竦之二女为贵人。此虽非武帝、卫青、梁荒王、任宝之比,但亦可列于交互婚配之例者也。

又据《三国志·吴志》,孙权为长子孙登娶周瑜之女,复以己女鲁班妻瑜长子周循,此交互婚配之例四也。又据《吴志》,曹操以其女弟配孙策之弟匡,复为子曹彰娶策从兄孙贲女,此交互婚配之例五也。至于《汉书·郑崇传》载:"郑崇,高密大族也,世与王家相嫁娶。"颜师古注谓郑氏女嫁王家,男又娶王家。其为交互婚配,显见连丝不绝。即如前数节所举舅父与甥女婚配,亦可谓为交互之婚姻。此外又如《汉书·外戚传》称汉武帝之姑母馆陶公主嫖为陈午妻,而武帝乃纳午女为后。《后汉书·阴识传》及《郭皇后纪》载阴就及郭璜之姑母皆为光武之后,而就与璜皆娶光武之女为妻。《伏皇后纪》载献帝之从姑母——桓帝之女阳安公主妻于伏完,而献帝乃又后伏完之女。此侄与姑母之女为婚,而亦可称为交互之婚配者也。

(九) 姊妹同嫁一夫

姊妹同嫁一夫之事,中国上古极为盛行。《尚书·尧典》载帝尧妻舜以二女——娥皇、女英,以观其德。《左传》哀公元年载夏少康遭寒浞之难,逃奔有虞,虞思妻之以二姚,特其著例耳。其后姊妹同嫁,成为制

度。试观《周易》所谓"归妹以娣";《公羊氏·庄十九年传》所谓"诸侯娶一国,则二国往媵之,以侄娣从……娣者何?弟也"。虽所谓娣者是否为胞姊妹或从姊妹则不可知,然究之为姊妹也。逮乎汉代,此风未艾,且多为胞姊妹同嫁一夫。如《汉书·外戚列传》及《景十三王传》载景帝为太子时,纳王仲二女为夫人,长女王夫人——后立为后,生武帝。次女姁生广川惠王越、胶东康王寄、清河哀王乘、常山宪王舜。此姊妹同嫁一夫之例一也。《外戚列传》又载汉成帝纳赵飞燕及其妹为倢伃,后立飞燕为皇后。此姊妹同嫁一夫之例二也。《后汉书·后纪》载后汉明帝纳阎章二女为贵人,此姊妹同嫁一夫之例三也。又《后纪》及《梁统传》载章帝立窦勋长女为皇后,以其次女为贵人;复纳梁竦二女为贵人;复纳宋杨二女为贵人。此又三双姊妹六人共嫁一夫之三例也。又《三国志·魏志》载曹操奉三女宪、节、华为献帝贵人,后节被立为后,此三姊妹同嫁一夫之例七也。《魏志》又载献帝奉二女为魏文帝贵嫔,此不仅可为姊妹同嫁一夫之例八,而且可谓以外甥女为舅父妃矣。

(十) 姑侄同嫁一夫

上所举姊妹同嫁一夫,固上古以来蛮野之余风也。此外姑母与侄女同嫁一夫,亦古代中国野蛮之风俗与制度,至汉亦犹未脱除。考周制,诸侯一娶九女:一夫人,二媵,六娣侄。即上所引《公羊传·庄公十九年》之说"诸侯娶一国,则二国往媵之,以侄娣从。侄者何?兄之子也",是矣。此制也,后世腐儒常以为圣人之制,莫敢非议。其实至为野蛮,盖既娶其姑母,又婚其侄女,一身而兼配人之两世,伦次混乱,称谓何从?称谓无从,名分奚正?故曰,此比姊妹同嫁一夫尤为野蛮,实与舅父及甥女为婚之类等也。然此风至汉尚存。如《前汉书·景十三王传》载广川王去立幸姬阳成昭信为王后,复纳昭信兄女为乘华夫人,此汉代姑母与侄女同嫁一夫之例一也。又《后汉书·梁皇后纪》及《梁统列传》载顺帝选梁商之妹与女,俱纳入后庭,"女立为皇后,妹为贵人",此姑母与侄女同嫁一夫之例二也。

(十一) 先私后娶之婚配

《诗·南山》云:"娶妻如之何?必告父母。"《礼·坊记》云:"男女无

媒不交。"然礼制往往徒为具文,实际上固多有"不待父母之命,媒妁之言,钻隙穴相窥,逾墙相从"者矣。及其既相从矣,然后妻之。此种婚配,在汉代视为寻常,恬不为怪。如《史记·司马相如列传》载卓王孙女文君新寡,司马相如为之鼓琴,挑以琴心,文君窃从户窥,心悦而好之,遂夜亡奔相如。已而王孙即以妻之,资助以财,相如遂为富人。此最显著之例,历来文人学士所艳称者也。又《汉书·卫青霍去病传》载卫青姊少儿故与陈平曾孙陈掌通,汉武帝闻之,"召贵掌",后始正式为掌妻。此先私后娶之例二也。又《汉书·佞幸列传》及《外戚传》载孝成帝许皇后之姊嬺为龙雒思侯夫人,寡居;卫尉侍中淳于长与嬺私通,因娶为小妻。此先私后娶之例三也。又《后汉书·宗室四王三侯列传》、《泗水王歆传》载朝阳侯刘护从兄瓌,与安帝乳母王圣女伯荣私通,遂娶伯荣为妻。此先私后娶之例四也。

(十二) 外妇与私夫

然以上所举先私后娶之婚姻,殊未足以与于汉代婚姻之奇象也。所得与于奇象者,在其不讳外妇与私夫。如《汉书·高五王列传》,载齐悼惠王肥,其母曹夫人,汉高祖微时外妇也,生肥。其后高祖为帝,肥以私生子得立为齐王,食七十余城。此不讳外妇与私生子之显例也。又《外戚传》上载汉文帝母薄姬,为吴人,在秦时与故魏王宗女魏媪私通所生。薄姬为魏王豹妃,高祖擒魏王豹,纳薄姬后宫,生文帝。此其讳与不讳虽不可知,然可附于此者也。又《卫青传》载卫青母卫媪,与郑季私通,生卫长君及青;又生青姊三人曰君孺、曰少儿、曰子夫,子夫男弟步广,"皆冒卫氏"。后君孺为太仆公孙贺妻,少儿为詹事陈掌妻,子夫为汉武帝皇后,而卫青最为汉武所宠任,以征伐匈奴功进爵大将军,子伉不疑登等皆封侯,勋名与尊贵无比。此亦汉代不讳私夫与私生子最显著之例也。又据同传及《霍去病传》,卫"少儿故与陈掌通,上——武帝召贵掌"。少儿又与霍仲孺私通生去病。后"少儿更为詹事陈掌妻,去病以皇后姊子,年十八为侍中",已而以军功至骠骑将军,"秩禄与大将军等",贵宠逾乎卫青。此又汉代不讳私夫与私生子最显著之例也。又据《东方朔传》,汉武帝姑母馆陶公主,陈午尚之。"午死,主寡居,年五

十余矣,近幸董偃……出则执辔,入则侍内。"汉武帝知之,至公主家,称
"愿谒主人翁"。公主引偃出,武帝赐以衣冠,尊之,"不名,称为主人翁;
饮,大欢乐。主乃请赐将军、列侯、从官金钱杂缯各有数,于是董君贵
宠,天下莫不闻"。及公主死,且与董偃会葬于霸陵。此又汉代不讳私
夫最显著之例也。又据《霍光传》及《外戚传》,汉武帝女鄂邑盖公主与
丁外人私通,昭帝及大将军霍光知之,"不绝主欢",乃特诏外人侍盖主。
而大臣上官桀及其子"安欲为外人求封,幸依国家故事,以列侯尚公
主"。昭帝兄燕王旦亦上书为外人求封爵,言"今臣与陛下独有长公主
为姊,陛下幸使外人侍之,宜蒙爵号"。此又汉代不讳私夫最显著之例
也。至于《南粤传》载汉武帝因安国少季尝与南粤王婴齐之后邯郸摎氏
私,而利用以收南粤。《朱博传》载博不鄙尚方禁之私人妻,而擢禁守县
令之类,犹不在此例焉。

(十三) 去妻与去夫

中国夫妇关系,自周代至汉,尝有三种学说:(一)《大戴礼·本
命》曰:"妇人七去:不顺父母,为其逆德也;无子,为其绝世也;淫,为其
乱族也;妒,为其乱家也;有恶疾,为其不可与共粢盛也;口多言,为其离
亲也;窃盗,为其反义也。"又《韩非子·说林》曰:"为人妇而去,常也;其
成居,幸也。"此夫能去妇且易于去妇之说也。(二)《仪礼》曰:"夫者,
妻之天也;妇人不二适者,犹不二天也。"又《白虎通义》曰:"夫有恶行,
妻不得去者,地无去天之义也。夫虽有恶,不得去也,故《礼·郊特牲》
曰:一与之齐,终身不改。"又《女诫》曰:"《礼》,夫有再娶之义,妇无二
适之文,故曰'夫者,天也。天固不可逃,夫固不可离'也。"此妇不能去
夫、离夫而二适之说也。(三)《汉书·孔光传》载孔光曰:"夫妇之道,
有义则合,无义则离。"又《后汉书·冯衍传》注引衍语曰:"天地之性,人
有喜怒;夫妇之道,义有离合。"又《女诫》曰:"夫为夫妇者,义以和亲,恩
以好合。楚挞既行,何义之存? 谴呵既宣,何恩之有? 恩义俱废,夫妇
离矣。"此夫妇得以彼此相离之说也。

今观汉代事实,为夫去妇,合于第一说者固多;而为妇不适二夫,合
于第二说者亦不少。为妇去夫而即再婚,合于第三说者,亦多有之。且

有于三说之外，与"夫有再娶之义"相反而不愿再娶者焉。惟此种特少，除《汉书·王吉传》载吉子王骏为少府时妻死，因不复娶。或问之，骏曰："德非曾参，子非华元，亦何敢娶"云云一例外，不多见也。此外《后汉书·宋弘传》载汉光武欲以其姊湖阳公主嫁于宋弘，弘谢以糟糠之妻不下堂，不肯多娶。又《杨琬传》载杨乔亦不肯娶桓帝公主，是为不愿多娶者焉。至于为妇去夫而即再婚，合于第三说，其事颇为奇特者，为例颇多，列举如下：

据《史记·张耳传》，有外黄富人女甚美，嫁庸奴，女遂弃其夫，奔抵父客。父客素知张耳，乃谓女曰："必欲求贤夫，从张耳。"女听，乃卒为请决，嫁之张耳云。此为妇自动弃夫而再婚之例一也。又据《汉书·外戚传》及《田蚡传》，王仲与妻臧儿生女，嫁为金王孙妇，生一女矣，而臧儿卜筮曰，两女当贵，欲倚两女，夺金氏。金氏怒，不肯与诀，乃纳之文帝太子——景帝宫，生三女一男，男即汉武帝。此为妇被动弃夫而再婚之例二也。又据《外戚传》及《卫青霍去病传》，平阳侯曹寿尚武帝姊阳信长公主，后寿有恶疾，公主欲另婚，"问列侯谁贤者，左右皆言大将军——卫青。主笑曰，'此出吾家'……于是长公主风白皇后，皇后言之上——武帝，乃诏青尚"之。此为妇自动弃夫而再婚之例三也。又据《朱买臣传》，朱买臣家贫，好读书，不治产业，常艾薪樵，卖以给食，担束薪，行且诵。妻羞之，求去。买臣不能留，即听去更嫁。此为妇自动弃夫而再婚之例四也。又据《李广苏建传》，苏武留匈奴中十余年，后李陵降匈奴，奉单于命至北海上劝武降，曰"子卿妇少，闻已更嫁矣"。此为妇自动弃夫而再婚之例五也。

以上所举妇人去夫再婚，在后世中国社会视之，颇为奇象，故常为后来儒家所反对。然在汉代视之，则亦平常，恬不为怪也。至于妇人不适二夫者，如《汉书·外戚传》所载王莽之女黄皇室主，《后汉书·何皇后纪》所载弘农王辩妻唐姬，《列女传》所载桓鸾之女，以及许升之妻崔荣，荀爽之女荀采等，虽父母迫之改嫁，终不肯从。然其事在中国社会婚姻制度之中，则非奇特，此不具述。

此外夫之去妻，在中国原亦非属奇象。然汉代去妻者未免太易，故颇足言。如《汉书·陈平传》载陈平"少时家贫，好读书……有田三十

亩,与兄伯居。伯常耕田,纵平使游学……其嫂疾平之不亲家生产,曰:
'……有叔如此,不如无有。'伯闻之逐其妇,弃之"。又《王吉传》载王吉
"居长安,东家有大枣树,垂吉庭中,吉妇取枣以啖吉。吉后知之,乃去
妇"。又《后汉书·冯衍传》载冯衍"娶北地女任氏为妻,悍忌,不得畜媵
妾,儿女常自操井臼。老,竟逐之"。又《鲍永传》载鲍永"事后母至孝,
妻尝于母前叱狗,而永即去之"。又《独行传》载李充"家贫,兄弟六人同
食递衣。妻窃谓充曰:'今贫居如此,难以久安。妾有私财,愿思分异。'
充伪酬之曰:'如欲别居,当酝酒具会,请呼乡里内外,共议其事。'妇从
充置酒宴客。充于坐中前跪白母曰:'此妇甚无状,而教充离间母兄,罪
合遣斥。'便呵叱其妇,逐令出门,妇衔涕而去"。又《列女传》载姜诗事
母至孝,其妻庞氏"奉顺尤笃。母好饮江水,水去舍六七里,妻尝沂流而
汲。后值风,不时得还,母渴,诗责而遣之"。诸如此类,皆汉代去妻甚
易之现象,社会不以为非,而反以为美谈者也。

结

上所述种种,悉汉代婚姻之奇象也。此等奇象,多为后世所无,而
在汉代,常常有之,并不为怪。以帝室、王侯、公卿、士大夫犹且如此,足
知民间奇异之婚姻必甚多也。惜乎史籍所纪,不及人民,故纯然民间之
婚姻异象,无从考知。但吾人即此,已足明瞭汉时法制之疏阔,且可藉
以知中国华族进化至于汉代,婚姻一端,尚未尽脱草昧乱婚状况之遗
风也。

惟吾人须知汉代,不论行辈而乱伦之婚配虽多,然有数种不论行辈
而乱伦之奸淫,则常严行处分或禁止。例如(一)父女通奸,罪在不赦。
是以《史记·荆燕世家》载燕王定国与子女三人奸,为肥如县令郢人昆
弟所告,公卿皆议曰:"定国禽兽行,乱人伦,逆天道,当诛。"武帝许之,
定国自杀。(二)母子通奸,罪亦当诛。如《汉书·济北王传》载济北王
宽坐与其父式王胡之后光姬孝儿奸,惧罪自到死。《武五子传》载广陵
厉王胥子、南利侯宝与胥姬左脩奸,事发觉,系狱弃市。《王尊传》载美
阳女子告假子不孝曰:"儿常以我为妻,妒笞我。"尊闻之曰:"律无妻母
之法,圣人所不忍书……"于是取不孝子县磔著树,使骑吏五人张弓射

杀之。《薛宣传》载宣子薛况与后母敬武长公主私乱,王莽发扬其罪,使使者以太皇太后元后诏,赐主药,令死,并枭况首于市以及《景十三王传》载江都易王非子建与易王所爱美人淖姬等凡十人奸,其母上书告建淫乱,不宜为后,之类皆是也。(三)兄弟姊妹通奸,亦法所不容。如《史记·齐悼惠王世家》载齐厉王次昌与其姊纪翁主奸,齐相主父偃急治其事,次昌惧罪,乃饮药自杀。《五宗世家》载赵太子丹与其女弟及同产姊奸,江充告发之,武帝捕丹下狱治罪,至死。丹父彭祖救之,愿从国中勇敢击匈奴,赎丹罪,帝不许。帝姊平阳隆虑公主复为之请,得以不死,然终被废。又《汉书·文三王传》载代王年与女弟则私通,有司奏年淫乱,年坐废为庶人。《景十三王传》载广川缪王齐,乘距告其与同产奸,有司请系治,齐惧,上书愿与广川勇士奋击匈奴,乃得免,以及《王商传》载王商与女弟淫乱,王凤告发之,遂免商丞相,商愤死之类皆是也。(四)姑母与侄子通奸,亦国法所严禁。如《汉书·文三王传》载梁王立欲娶其姑母园子为妻,其舅任宝诫之曰:"翁主——园子,姑也,法重。"立不听,遂与园子奸。有司发之,奏立"禽兽行,请诛之";又《景十三王传》载广川王海阳与其"诸父姊妹"奸,坐废,之类是也。凡此四类乱伦之奸,与前所举各种乱伦之婚配大殊。以前所举各种乱伦之婚配,皆国家社会所公许,独此四类奸乱,禁制甚严。较之春秋时卫宣公之烝其庶母夷姜,晋献公之烝其庶母齐姜,晋惠公之烝其庶母贾君,齐昭伯之烝其庶母宣姜,楚黑要之烝其庶母夏姬,齐襄公之淫乎其姊文姜,不惟国法不加,且或出诸国人赞许者,又似略为进化矣。

此外汉代一夫多妻之制之盛行,与寡妇再嫁之绝不为社会所轻视,《史记》《汉书》《后汉书》《三国志》中,其例更多,不可胜举。但此两事在中国古今任何时代,均为常事,而非特殊之婚姻现象,故此文不之及焉。至于蜀汉以后,异族侵入,五胡乱华,氐、羌、匈奴、鲜卑之风俗随之输入,东晋南北朝时代,男女婚姻之道又复奇象多端,惟已出本文时代之外,兹亦不具述焉。

(刘揆藜、娄景裴合著。《国立武汉大学文哲季刊》第 1 卷第 2 期,1930 年 7 月)

中国古史答问

　　　　国步艰难，内外多故，区区微志，早已不在研究荒古难稽之历史。今年夏秋，历史系主任叶秉诚先生以体弱事繁，殊难兼任中国上古史一课，屡嘱余勉为担任。余曾一再申明，谓只能暂时代理，一俟有人，即当交卸。光阴如驶，转眼冬初。讲授之余，诸生间有提出古史问题，求为答复者。余以一时责任所在，爰为条答，实则吾人当今急务，应研求现近史象而谋济时救国之方。若复如此埋头故纸堆中，钩稽荒渺史迹，无论所获至微而至不可恃；纵得真象，于时寡益。既不能扶危定倾，又不能裨补民生。其不能免于"蠹鱼"之讥、"古董"之诮，不亦宜乎？

　　杜品嵘君来函曰：古史之荒渺难稽，治史者目之为传疑时代，多置之不问。生亦有同样主张。惟学校既设上古史一科，且为免他日之穷辞，故敢冒陈所疑，乞详为指导，并希函覆。

　　杜问：盘古而后，即三皇耶？抑十纪耶？抑三皇而后始十纪耶？

　　刘曰：余尝于所编《中国政治史》绪论中曾论太古史料之别择。其言曰：

　　治国史者，其于古代类喜称举太古政治史迹，史家著述，往往推引远至五帝以前。神话荒唐，殊非事实。荀子有言："五帝之外无传人，非无贤人也，久故也；五帝之中无传政，非无善政也，久故也；禹汤有传政，而不若周之察也，非无善政也，久故也。"（《荀子·非相》篇）昔孔子述上古政治，删订《尚书》，但始于唐虞。左丘明为《春秋传》，最喜称引古事，然绝鲜及炎黄以前。可见五帝以上，春秋之际博学如孔子、左丘明，已不知之。乃至战国之际，忽增三皇之说。《周礼》春官有外史，职掌三皇

五帝之书(《周礼》为战国时人所伪造,其说详毛奇龄《周礼问》、皮锡瑞《礼经通论》、崔述《上古考信录·上前论》及《丰镐考信录·周公相成王下》亦言之)。《离骚》、《九章》亦有"望三五以为像兮,指彭咸以为仪"之语(三五二字或作前圣。兹据《古逸丛书》覆元本《楚辞集注》,较他本为善)。秦始皇议帝号,李斯等竟进"古有天皇,有地皇,有泰皇,泰皇最贵"之说(《史记·秦始皇本纪》)。是故有识之士,心常疑之,或斥其诬。杨朱有言:"太古之事灭矣,孰志之哉?三皇之事,若存若亡;五帝之事,若觉若梦;三王之事,或隐或显……太古至于今日,年数固不可胜纪;但伏羲以来……贤愚好丑,成败是非,无不消灭。"(《列子·杨朱》篇)即如屈原,终亦有"邃古之初,谁传道之"(《楚辞·天问》)之言。夫诸子生当春秋战国,去古未远,而已或叹古初之事莫纪,或断唐虞以前政治弗载,或置黄炎以上之事不道。矧周秦以后,遭秦燔灭史籍之余,而妄言上世之政事,岂非荒诞而不可信哉(略本绎《史说》)?

司马迁知其如此,故其为《史记》,纪政事,断自黄帝。且犹致疑百家所言黄帝之事不雅驯,仅择其言尤雅者,著为《本纪》书首斯可,谓有史识矣。乃司马贞又为之补《三皇本纪》,采谶纬杂说,既以伏牺、女娲、神农为三皇,又以天皇、地皇、人皇为三皇。彼《春秋命历序》之言三皇之政事曰:"天地初立,有天皇氏,十二头。淡泊无所施为,而俗自化。木德王,岁起摄提。兄弟十二人立,各一万八千岁。地皇十一头,火德王。一姓十一人,兴于熊耳、龙门等山,亦各万八千岁。人皇九头,提羽盖,乘云车,使风雨,出旸谷,分九河。"又曰:"人皇出于提地之国,九男。九兄弟相似,别长九国。凡一百五十世,合四万五千六百年。"又曰:"自开辟至获麟,二百二十七万六千岁,分为十纪。每纪为二十六万七千年……一曰九头纪,二曰五龙纪,三曰摄提纪,四曰合雒纪,五曰连通纪,六曰叙命纪,七曰循蜚纪,八曰因提纪,九曰禅通纪,十曰疏仡纪。"(《易通卦验》、《春秋保乾图》、《遁甲开山图》、《尚书璇玑铃》、《春秋元命苞》等亦言之)此岂有史识者所宜取耶?

更可笑者,复有所谓中国首治君主盘古之说。徐整《三五历》曰:"天地浑沌如鸡子。盘古生其中,一万八千岁,天地开辟。阳清为天,阴浊为地。盘古在其中,一日九变。神于天,圣于地。天日高一丈,地日

厚一丈,盘古日长一丈。如此万八千岁,天数极高,地数极深,盘古极长。后乃有三皇。"(《太平御览》卷二引)蚩蚩流俗,往往称道之。崔述有言:"世益古,则其取舍益慎。世益晚,则其采择益杂。故孔子序《书》,断自唐虞;而司马迁作《史记》,乃始于黄帝……近世以来……乃始于庖牺氏或天皇氏,甚至有始于开辟之初盘古氏者……嗟夫! 嗟夫! 彼古人者,诚不料后人之学之博之至于如是也!"(《考信录提要上》)

今余之叙古代政事史迹,惟以《易》、《礼》、《书》、《史记》等取材严谨者为据。班固《白虎通义》等论上世社会进化而至于有政治之状况,极与今日社会学家所言者相符,殊多可采,故亦引焉。至如《补三皇本纪》、《帝王世纪》、《拾遗记》及谶纬诸书所言,虽详博,但悉属神话,怪诞不经,毫无信史价值,不足闻问,宜弃绝而弗道焉。

据上所言,则余对于古史之态度,可知矣。所谓"盘古"、"三皇"、"十纪"之说,其无可致信之价值,亦显然明矣。既无可信之价值,则盘古而后即三皇抑十纪,抑三皇而后始十纪,俱不足论。且"三皇"系指人言之,"十纪"系指时言之,非可混为一谈而论其孰先孰后也。譬如有人问曰:"光绪而后即宣统耶? 抑二十世纪耶? 抑宣统而后始二十世纪耶?"吾人必笑其思想不甚清晰,必谓其对于"人"与"时"之分别尚未明白,必谓其语无伦类。何也? 因"光绪而后即宣统"为一事,"光绪晚年即二十世纪开端,而宣统亦属二十世纪中人"又为一事也。故盘古及三皇十纪之事,原不足辨。如必欲辨之,则亦可根据毫无信史价值之书条辨如下:

(第一)盘古而后即三皇。因徐整《三五历》曰:"天地浑沌如鸡子,盘古生其中,一万八千岁……其……后乃有三皇。"又葛洪《枕中书》曰:"昔二仪未分,有盘古真人,自号元始天王,游于其中,与太元圣母,通气结精……天皇十三头,地皇十一头,人皇九头,皆其所生。"又罗泌《路史》引《真源赋》曰:"盘古氏后有天皇君十三人。时遭劫火,乃有地皇君十一人,各万八千余年。乃有人皇君,兄弟九人,四万五千六百年。"此三种毫无信史价值之书,皆言"盘古而后即三皇"者也。

(第二)盘古即十纪之开端。因徐整《三五历》曰:"天地浑沌如鸡子,盘古生其中……天地开辟,阳清为天,阴浊为地,盘古在其中。"此谓

盘古生存于天地开辟之初也。而司马贞《补三皇本纪》引《春秋命历序》、《后汉书·律历志》，蔡邕议引《元命苞》、《乾凿度》、《尚书疏》引《广雅释文》、《礼记疏》引方叔机《六艺论》注，皆云"自开辟至获麟(谓自天地开辟至春秋时代，鲁西狩获麟即周敬王三十九年，孔子修《春秋》绝笔之时)二百七十六万年，分为十纪(或作二百二十七万六千岁，分为十纪；或作三百二十七万六千岁，分为十纪)……一曰九头纪，二曰五龙纪，三曰摄提纪……十曰疏仡纪"云云。由上所载，虽绝不可信，然可见其所谓"盘古"即其所谓"十纪"之开端也。

(第三)三皇即所谓"十纪"中之臆造人物。上文已云"盘古而后即三皇"，又云"盘古即十纪之开端"，则所谓"三皇"必寓乎所谓"十纪"之中，自不待言。纵或据《春秋命历序》："天地初立，有天皇十三头……木德王，岁起摄提"，谓天皇似在摄提纪中，然亦仍寓乎其所谓"十纪"之中也。岂得谓盘古而后即三皇耶？抑十纪耶？抑三皇而后始十纪耶？

杜问：(二)有巢燧人其继十纪之后耶？抑寓于十纪之中耶？

刘答：此亦当分为数层：

(第一)有巢燧人根本为后人理想推测中之上古象征人物。试观《庄子·盗跖》篇曰："古者禽兽多而人民少，民皆巢居以避之。昼拾橡栗，暮栖木上，故命曰有巢氏之民。"《韩非子·五蠹》篇亦曰："上古之世，人民少而禽兽众，人民不胜禽兽虫蛇。有圣人作，构木为巢以避群害，而民悦之，使王天下，号曰有巢氏。"可见所谓"有巢氏"者，特后人推想上古人类社会巢居之象征，非实指一定之某人或某一人自名有巢氏也。至于燧人，亦然。《礼记·礼运》曰："昔者未有火化，食草木之实，鸟兽之肉，饮其血，茹其毛。后圣有作，然后修火之利。"《韩非子·五蠹》篇亦曰："上古之世，民食果蓏蚌蛤，腥臊恶臭，而伤害肠胃，民多疾病。有圣人作，钻燧取火，以化腥臊，而民悦之，使王天下，号曰燧人氏。"谯周《古史考》亦曰："太古之初，人……食草木实……山居则食鸟兽，衣其羽毛，饮血茹毛，近水则食鱼鳖螺蛤。未有火化，腥臊多害肠胃，于是有圣人作，钻木出火，教人熟食……民人大悦，号曰燧人。"班固《白虎通义》更明言："谓之燧人者何？钻木燧取火，教民熟食，养人利性，避臭去毒，故谓之燧人也。"岂非显然后人想象上古人类社会进化

中,有此等发明火事之人而名之耶?

(第二)纵有所谓有巢、燧人其人,自必寓于所谓"十纪"之中。因为司马贞《补三皇本纪》引《春秋命历序》,《后汉书·律历志》,蔡邕议引《元命苞》、《乾凿度》,《尚书疏》引《广雅释文》,《礼记》疏引方叔机《六艺论》注,并云:"自开辟至获麟……分为十纪。"既然说自天开地辟时起,直至春秋时代鲁西狩获麟——即周敬王三十九年,孔子修《春秋》绝笔之时止,分为十纪。则纵有所谓有巢、燧人其人,其必在天开地辟以后,固不待言。且必在春秋时代孔子修《春秋》以前,亦不待言者也。诚如此,岂非寓于所谓"十纪"之中? 岂得谓为继十纪之后耶? 若疑为继十纪之后,则纵有有巢、燧人,其人必生当战国时代以下矣。

杜问:伏羲后于燧人六纪,此六纪为何?

刘答:伏羲后于燧人六纪之说,出于郑康成《六艺论》。《礼记·曲礼疏》引《六艺论》云:"遂皇之后,历六纪九十一代,至伏羲。"又曰:"燧人至伏羲,一百八十七代。"又《礼记·礼运疏》引《六艺论》云:"燧人在伏羲之前,凡六纪九十一代。"此处亦有二层:

(第一)伏羲后于燧人六纪之说根本不可致信。固无论燧人及伏羲是否为后人理想推测之象征名,纵或实有其人,由《易·系辞》所说,足知伏羲以前,绝无文字;六纪之文,孰记载之? 伏羲以前,绝无历数;六纪之年,孰传道之? 无文无历,所谓"燧人至伏羲,一百八十七代"或"六纪九十一代",孰志之哉?

(第二)伏羲后于燧人六纪之说,纵或信为实然。则据《易纬》、《春秋纬》等种种谶纬之书所称"自开辟至获麟二百七十六万年,分为十纪。一曰九头纪,二曰五龙纪,三曰摄提纪,四曰合雒纪,五曰连通纪,六曰叙命纪,七曰循蜚纪,八曰因提纪,九曰禅通纪,十曰疏仡纪"。是每纪二十七万六千年。又据《通鉴外纪》目录《疑年表》,定包羲元年辛巳,续至《史记》周共和元年,凡三千七百八十年,是伏羲在疏仡纪中也。然则自疏仡纪逆数之六纪,至合雒纪,其合雒纪,连通纪,叙命纪,循蜚纪,因提纪,禅通纪,吾人亦岂不可牵强傅会谓为所谓"六纪"耶?

杜问:泰皇即人皇,其然乎?《资治通鉴·秦纪》上第一二页注下有此说。

刘答：泰皇是否即人皇，本无辨明之价值与必要，以其所谓"泰皇"或"人皇"者，皆后人悬拟推测，或杜撰臆造之神话中人物，实则上古并无是人以"泰皇"或"人皇"自号也。若必欲辨之，则《史记·秦本纪》载王绾、李斯等之言，意谓"天皇，地皇，泰皇"为三皇；而《三五历记》以"天皇，地皇，人皇"为三皇，是"泰皇"与"人皇"相当也。而况《春秋后语》直谓泰皇即人皇，则"泰皇即人皇"之说，尚不可断定其为"然"乎？

杜问：伏羲之前尚有轩辕氏耶？抑即公孙轩辕氏耶？则此说不通。

刘答：据寻常说法及常见之典籍如《大戴礼记》、《史记》诸书，均只有黄帝——公孙轩辕氏一人，并无伏羲前尚有轩辕氏之说。有价值之古书中，惟《越绝书》曾载神农之前，似另有轩辕其人。《越绝书·外传》记风胡子论宝剑曰："轩辕、神农、赫胥之时，以石为兵至黄帝之时，以玉为兵。禹之时，以铜为兵。当此之时，以铁为兵。"是显然谓黄帝——公孙轩辕氏之前，另有一轩辕氏，不仅在黄帝之前，且在神农氏、赫胥氏之前矣。吾人对此，只能论其可信不可信，不能谓其通不通。盖同时代同一国、同一省、同一县、同一乡中，同名同姓者尚为常见之事，安能谓异时、异代、异人、异地决不能有同名同号之理，上如春秋时代郑有侨如（子产），长狄亦有侨如，战国时代赵有相如（蔺相如），西汉亦有相如（司马相如）也乎？

杜问：前于教室讲黄帝时代之制作，于容成之浑天仪，隶首之算数，嫘祖之蚕丝，黄帝之药书，与制金属以利交易，不及。先生其有说耶？抑忘之耶？

生前闻某教授云："予在德时，聆某博士演说，对于科学之与天文学，至为详密。毕后，出一物以示予，询为何物。予不能识。曰：贵国黄帝时代之浑天仪也，是非长于天文学而精于科学者不能，汝知其构起耶？予不能答。"是果有此物矣，且即黄帝时代物矣。

隶首之算数与嫘祖之蚕丝，国人亦共认为黄帝时物，征之民间，求之教本，皆可见也。

刘答：此答当分数层：

（第一）余前于教室讲黄帝时代之制作时，曾将其物质上、精神上

两种文明进步分开讲授。关于黄帝时代物质上之制作，依照《吕氏春秋·勿躬》篇、《淮南子·氾论训》、《汉书·刘向传》及茆泮林所缉《世本》等书，列举其时制作之器物甚多。至于黄帝时代嫘祖之蚕丝，及其时精神上创作，如：隶首作算数，容成作盖天及调历等类。余谓并详余所编《中国政治史》及叶秉诚先生所编《中国上古史》教本中，兹为节省教课时间起见，不再一一列举，可自参看。君在教室中既未听取分明，因之致疑余或忘之抑另有说。其实除不能十分致信外，并无所谓"有说"也。不过黄帝之药书一事，余编《中国政治史》及叶秉诚先生所编《中国上古史》教本均未之及。良以其绝不可信，故俱不及之。试观《汉书·艺文志》所载：道家有《黄帝四经》四篇，《黄帝铭》六篇，《黄帝君臣》十篇，《杂黄帝》五十八篇，黄帝相《力牧》二十二篇；阴阳家有《黄帝泰素》二十篇；小说家有《黄帝语》四十篇；兵家有《黄帝》十六篇，图三卷，黄帝臣《封胡》五篇，黄帝臣《风后》十三篇，图三卷，《力牧》十五篇，黄帝臣《鬼容区》三篇，图一卷；天文家有《黄帝杂子气》三十三篇；历谱家有《黄帝五家历》三十三卷；五行家有《黄帝阴阳》二十五卷，《黄帝诸子论阴阳》二十五卷，黄帝臣《风后孤虚》二十卷；杂占家有《黄帝长柳占梦》十一卷；医经家有《黄帝内经》十八卷，《黄帝外经》三十七卷；经方家有《黄帝俞附方》，又《黄帝食禁》七卷；房中家有《黄帝三王养阳方》二十卷，黄帝臣《容成阴道》二十六卷；神仙家有《黄帝杂子步引》十二卷，《黄帝岐伯按摩》十卷，《黄帝杂子芝菌》十八卷，《黄帝杂子十九家方》二十一卷，此外还有相传之《黄帝素问》、《灵枢》、《握奇》及《黄帝龙首经》等等著作。自班固而下，直至王先谦，凡稍有史识者，孰不一见即目为战国以来百家所托者耶？太史公曰："百家言黄帝，其文不雅驯，荐绅先生难言之"，而况乎百家所假托如许众多，如许大部之书乎？总之吾人须知春秋战国以来，"百家争鸣，皆欲以其道易天下"。皆虑本身人微言轻，恐所得不足见重于世，故往往托之上古荒渺难稽之名人，较之今人滥引欧美博士或学者言论以为重者，更有过之，殊未可信以为实也。

（第二）制金属以利交易之说，诚亦未及。然黄帝时代之已用金属，似为事实。今人顾颉刚君、马衡君疑古，有时固或有可佩服之处，但其心术往往利用社会好新、好奇、好惊立异之心理，常妄为疑古，以歆动

二、论文 中国古史答问 569

众人之耳目，以为名高，遂致疑《史记·封禅书》所载黄帝采首山铜铸鼎之事，武断为全然荒诞无稽。余友缪凤林先生评其以"铸鼎"为"荒诞无稽"，未尝不允，然遽谓黄帝时绝未尝使用金属，则属非是也云云。（详见南京中国史学会所编《史学杂志》第一卷第三期《评马衡中国之铜器时代》，此处仅略取其意）其论实为精到，可参览焉。

（第三）所言"某教授云'予在德时，聆某博士演说，对于科学之与天文学，至为详密。毕后，出一物以示予，询为何物。予不能识。曰：贵国黄帝时代之浑天仪也：是非长于天文学而精于科学者不能。汝知其构起耶？予不能答。'是果有此物矣，且即黄帝时代物矣"。此一层如果属实，不仅可见德国某博士之绝不明瞭中国之天文仪器史事，且可见君之相信外人言论未免太过。本来《吕氏春秋》谓黄帝时容成造盖天，已难十分致信。即使十分可信，数千年来直至于清，绝未闻保存容成之盖天，或书籍上记载有人保存容成之盖天，以至明清。即汉时张衡所制之浑天仪，三国时东吴王蕃所制之浑天仪，葛衡所制之浑天仪，南朝宋文帝时钱乐之所制之浑天仪及小浑天（并详《晋书·天文志》《隋书·天文志》），均未闻保存而下至明清也。迄于元朝，广包欧亚，东西交通大启，文物交输。中国文物，遂受剧烈之影响而进步。论天文仪器，《元史·天文志》载世祖时札马鲁丁所造西域仪象，有咱秃哈剌吉——即浑天仪，有咱秃朔八台——即测验周天星曜之器，有鲁哈麻亦渺凹只——即春秋分晷影堂，有苦来亦撒麻——即浑天图，有苦来亦阿儿子——即地球仪。又《元秘书志》载世祖时北司天台申本台所用天文仪器，有阿剌的杀密剌测太阳晷影一个，牙秃鲁小浑仪一个，拍儿可儿潭定方圆尺一个。而汉人中大天算学家郭守敬，创作天文仪器尤多。计有简仪、高表、候极仪、浑天象仪、玲珑表、仰仪、立运仪、证理仪、景符、窥几、日月食仪、星晷定时仪、正方案几表、悬正仪、座正仪等。据《元史·郭守敬传》所载，皆甚精巧。其人"长于天文学而精于科学"，故《畴人传》称其"先之以精测，继之以密算，上考下求，若应准绳……可谓集古法之大成，为将来之典要……余家莫之伦比"。其后元亡，所有天文仪器，皆入于明。明末欧人航海事业猛进，世界交通，西洋学术复随基督教徒而输入中国。计自明神宗时利玛窦来华后至永历帝之灭亡，欧洲诸国基督

教徒来中国，著述天算之书及制作天文仪器者，几三十人。其所著译书籍，都一百七十余种。就中"所论天文历数，有中国昔贤所未及者。不徒论其度数，且能明其所以然之理。其所制窥天窥日之器种种绝精"。（《明史·历志》李之藻奏《上西洋历法》）而汤若望所制之象限仪、纪限仪、平悬浑仪、交食仪、列宿经纬天球、万国经纬地球仪、平面日晷、转盘星球、候时钟、望远镜等，尤为有名。其后明室颠覆，满清入关，天文仪器，大遭损失。康熙时代，乃复命欧洲教士南怀仁等将李自成所毁之测天仪器，重新制造，安置于北京观象台。自是直至清末，或有添制。然而光绪二十六年拳匪变乱，英、俄、日、法、德、美、奥、意八国联军攻陷北京，京城尽被荼毒，观象台天文仪器，亦被联军取去。则德国某博士所示于某教授前之浑天仪，大抵八国联军入北京时取去之物也。如此，则此浑天仪实前清时代之制作；纵不然，或为明代之制作；纵不然，或为元代郭守敬等之制作，均不可知。岂得遽谓为黄帝时代之浑天仪耶？岂得遽信为黄帝时代之浑天仪耶？纵使其上载有"黄帝时作"之字样，尚不可深信，而况乎并未载有"黄帝时作"之字样乎？如其有之，某教授应一见即知为黄帝时物，既然未有，德国某博士又何以见其为黄帝时物而吾人亦遂信之乎？

民国十八年十一月三日于成都

（《成大史学杂志》第 2 期，1930 年 5 月）

世界史略旧稿

此乃余民国十二三年间所编之旧稿也。曾一教于河南中州大学。旋以专任国史，后又南北奔波，遂尔搁置。数年以来，不复致意修改。迩者，历史系同学以《史学杂志》第二期编印在即，征文于余。余方遭祖父之丧，复为家事所累，一时殊难澄心为较精细之历史研究文字，故姑以此应之云尔。

第一编　人类演成

第一章　地球与生物之起原

（原始时代及原生时代）

一　宇宙之悠久广漠

二　地球成立之原因

三　地壳之构成

四　海陆之出现

五　土壤之造就

六　生物之开始

第二章　动植物分化

（原生代及古生代）

七　天择与物种变异

八　生物初歧

九　水居动物之演进

十　陆生动物发端

第三章　爬行动物时代

（中生代）

十一　爬行动物之祖先

十二　爬行动物之种类

十三　最初之鸟

十四　最初之哺乳动物

十五　环境变更与爬虫衰亡

第一编　人类演成

第一章　地球与生物之起原

（原始时代及原生时代）

（一）宇宙之悠久广漠　（二）地球之成因　（三）地壳之构成

（四）海陆之出现　（五）土壤之造就　（六）生物之开始

茫茫宇宙，杳杳古今！太空冥渺，其何所至极耶？岁时悠远，其何所自始耶？星辰从何来？地球从何有？生物从何发育？人类从何原始？其生存于斯世已历几许岁时？何时而草昧初启？文化有何可述？生活情况有何可纪？

吾人欲明今世人类之现象，不可不先明往昔——有史以来人类之情形；欲明有史以来人类之情形，不可不先明有史以前人类祖先之状况；欲明有史以前人类祖先之状况，不可不先明人类演成之历史；欲明人类演成之历史，亦不可不先明生物与地球之来源 。

美国史学名家鲁滨孙（J. H. Robinson）于其《新史学》（New History）中尝谓：自生物学上有达尔文发明"人类进化"及地质学上有Lyell发明"人类甚古"以来，于历史上之关系至要而影响至大；治史者应急起直追，利用新科学、新学说加诸历史以自助。人或以为不必研求未有记载以前之历史，此实非正确之历史眼光。或又以为非文字记载之史料有可疑，而不知有时较诸文字记载为更正确而可信也。故今本《新史学》之言，仿欧美最近诸史之例，先叙人类演成。

惟据近今科学家之研求，知天演之历史——太空中先有无数阴阳电子，然后有物质。有物质，然后有星云。有星云，然后有恒星。有恒星，然后有行星。有行星，其具空气与水等诸要件。而气候复不甚寒甚热者，其上始有生物。有生物，而后始有人类。现代吾人于天演史上之

知识止于此,他如太空果广漠无垠乎,抑有涯乎? 犹未能知之。时间果有始乎? 抑无始乎? 犹未能知之。太空中有阴阳电子之先,或更有一真空无物之世界乎? 阴阳电子果何所自来乎? 犹未能知之(昔人认"最初之物为心",或得解释,但已逸出科学范围矣)。即星云究如何起,生物究如何生,亦犹未能确知之也。故吾人之于史,知之确者著之,否则姑存疑焉,或暂阙焉。

一 宇宙之悠久广漠

地球与生物天演所历时间

由太空中无数阴电子与阳电核之吸引作用以结成无数原子;由原子之别异结合组织以构成各种原质;由各种原质之化合混合以造成各种物体,游运于太空,因而现为无数星云,其间需时之久暂,今可置而勿问。吾人所欲求知者,在自此无数星云之一之中构成太阳;自太阳构成太阳系之行星;而行星中之地球复由气体凝成球形液体,结成地壳;由地壳上产生雨水、空气、土壤而发生原始生物;由原始生物渐演递变而进为羊齿植物与无脊椎动物;更进为两栖动物与松柏类植物及爬行动物;更进为哺乳动物与落叶植物;最后至于人类,演成现代之文明。其中经历几何年乎? 依地质学家估计海中所有之盐分,但考知海洋之成,至少在一万万年以上。又估计水成岩造就所经之时期,但考知地质时代至少已六千万年。其他天文学家、物理学家、生物学家对于太阳系凝成以来之意见,或以为未过一万万年,或又以为在十万万年以上,甚或谓有十六万万年之久者。学说纷纭,莫能断定。然而地球与生物天演所经时间至为悠久,则公认为无疑矣。

人类全史之悠久

昔日史家咸以为人类出世不过六千年。自 Lyell《古代人类》一书出版以后,经科学家之考究,方知人类发生于地上,至少已五十万年。设以十二小时代表人类之全史,又复假定人类之全史仅二十四万年,则每小时可代表二万年。人类最古之文化几如至十一点四十分之际方始发现;中国春秋战国文化,印度佛教文化,希腊文化,离今不过如七分钟上下;蒸汽机之发明,离今不过如半分钟而已。普通所谓古人者,实如

与吾人为同时。故美国史学家鲁滨孙氏（J. H. Robinson）在其所著《新史学》中，尝谓人类经过之实录，假令分装为十册，册有千页，则吾人所知有文字记载之史迹，尚不足末页所载。于斯又可见人类全史之悠久矣。

太空之辽阔

地球、生物、人类，其天演所经之时间，属于纵面者也，吾辈读史，固宜先知之。然空间之小大，亦须略知，以反映人类之微末者也。今试由横面一观天体，其广漠也何如。吾人若于深夜天际无云之时，仰视苍穹，众星历历，由肉眼观之，其数不过五六千而已。然由最大之天文镜窥之，其数乃增至数万万以上，此数万万星辰中，其光芒定静者为行星；光芒闪烁动摇者为恒星；有如云之一团，微亮，状似烟缕者，则为星云。吾人所居之地球，太阳系行星之一也；太阳，吾人所居之大宇中恒星之一也；天河所成双凸扁平圆状之星团——即吾人所居之大宇，又太空中诸大宇之一也。

行星究有多少，不可得知。惟太阳系之行星，大者有八：最接近于日者为水星，其次金星，其次地球，其次火星，其次木星，其次土星，其次天王星，最远者海王星。此外更有小行星八百余座，位于火木二星轨道之间，水星距太阳约三千六百万哩；地球距太阳九千三百万哩；海王星前距太阳约二十九亿七千二百万哩（二·九七二·〇〇〇·〇〇〇）。设自海王星轨道之一边放炮弹至轨道之对边，须五百年始能达到，其距离之辽远为何如哉?!

然以较诸吾人所居大宇中众恒星之距离，则实迩乎其近。吾人已知吾人所居之大宇为扁平双凸面圆形之星团，太阳为其中恒星之一而位于大宇中心之附近，约距中心数百兆英里。其余众恒星在上下四方，若密布于平原之大圈上。此众恒星中最近地球者，厥为南门星；然其距离已在二十六兆四千四百二十四亿五千万哩以外。设自地上放一炮弹向彼，须待二百三十六万六千五百年后方可达到。即以光行每秒钟一八六·三三〇英里之速率，而自南门星所发光线，须四年半之久乃始能达地球。夫南门星犹其最近者也。据现今天文学者之所测得：其余数万万恒星中，其在一百兆英里以内者仅得三十星；在五百兆英里以内者仅数百星；天河中较远之诸星，当在十万兆英里（一〇〇·〇〇〇·〇

○○·○○○·○○○·○○○哩）以外。如猎户座参宿第七星，其距地在四百六十六光年以上。设此星自一四九三年哥伦布（Christopher Columbus）发现美洲时发光，至今尚差三十余年到地，其辽远又何如也！

然以较诸他大宇——他星云或星团，则又迩乎其近。据天文学家测知已确者，如小麦琪兰星云团（Small magelanic cloud）与地球之距离有三万二千六百光年之远。武仙座（Hercules）之大星团，更在十万八千六百光年之外。设此星团自前石器时代（Early Paloeslithic）第三冰间期仅有猿人之际发光，至今或犹未到地上。乃今天文学家陆续发见之星云星团：已达十余万座，更远于武仙座星团者甚多；其过远者，虽极精极大之天文远镜亦不能见之。其距离之迢迢，太空之洪阔，真不可思议矣！

地球之眇小

知地球为太阳系行星之一；太阳又为吾人所居大星团中数万万恒星之一；吾人所居之星团，又为十余万座星云与星团之一，地球在空之微小，已可想知。彼地球之直径七千九百一十八哩，吾人类十余万万生居其上，一望无垠，不可谓不大也；而木星之体积，乃千倍于地球。但若合八大行星所有物质，溶而为一，其重量不过太阳七百分之一，是则太阳亦云大矣。孰知星体之大于太阳者，又不知凡几；即如猎户座参宿第四星大人胁（Betelgeux），其直径直三百倍于太阳。夫以吾人所居大宇之直径有五万光年之长，其中数万万恒星体积之大；而其他十余万大宇，又团聚无数大体积恒星或将来之恒星，以成一如吾人之大宇。则全体物质之宏大，真不可限量；太阳系在空间之地位真微小；地球之体积，其渺乎不啻沧海之一粟也乎！

二 地球之成因

知宇宙之悠久广漠，天空中地球之位置大小，则人类在空间时间之地位略明，兹且进而一叙地球构成之历史。据自拉普拉司（Laplace）世界构造论（Exposition du Systeme du monde）（一七九六）及年来天文学者之研究补正，知无数万万年之前，洪阔天空中悬有无数量极大之星

云，或正在生成星团世界，或已成为大宇而衰老死去；其中极大星云之一，即为吾人之宇。此极大星云中，有一团如汽而白炽，盘旋转运于空间，其周线之长约二千万万里，体积甚大——但就全天体言，则极小，自后光热渐渐发散，温度渐降，因引力或四围以太之压迫，各分子皆向内凝缩，体积渐小，昔时不规则之形状，渐渐成圆，于是自转之速率则愈增。如此加速旋转，其外缘已起离心力，或更因与他恒云接近，受其吸引之影响，致使平轮圆形成为螺旋形，其外缘有股伸出。旋转愈速，伸出之股遂渐渐断离掷去。此掷出之星云股，其组织不齐整均匀，多有浓厚稀薄之处。其最浓厚者，几若"瘿结"然。此"瘿结"之处，成为吸收稀薄质点之中心，使皆向之凝聚，因而逐渐成为球形。成球形后，其旋转轨道如旧，依然绕其母体作迅速之环行。此母体即太阳，子体则行星也。因伸出之星云股不一，且每股初掷出时，成行星大小甚多，于是互相吸引拼合，小者多为大者所吸收。最后环绕运行于太阳四围者，仅余大行星八及小行星八百余座，位于火木二星轨道之间，而地球，即八大行星之一。

三 地壳之构成

气体地球之液化

地球自脱离中央星云块——日球，凝聚为球形星以后，一时尚为白炽气体，热度甚高，循一定之轨道，绕母体而行。惟以太阳吸引之关系，致球面发生潮汐作用。其向太阳之面，常有一大浪隆起，又因地球自转之速，致隆起之大浪，离心力甚大，渐离裂而为月球。地球本身则受四围以太压迫，不能不逐渐更就凝缩。且因在寒冷太空中光热外射，故温度渐灭，白炽之气体遂渐变为液体，所有电子，皆凝聚为原子以成种种化学原质。其较重之金属，渐渐向中心下沉；质轻之气体，皆向球面上浮；麻石等轻重间之物质，则介乎二者之中。

地壳之成就

斯时气压力比现代空气当重二百五十倍，而球面复有高度之热向上放射，故时时酿成凶猛之狂风与长大之火焰上冲，球面溶液亦澎湃迸发，一如今日太阳之所为。但在冷空中既不绝放热，温度不绝低减，因

而表面融液渐渐凝成薄膜。惟又以放热作用之故,致浮于地面之气体时生波动,成为飓风,薄膜往往为之撼动;且地球内部熔质煎沸,亦每每向外喷射,冲破薄膜。地面如此凝结薄膜,又遭冲裂,反复多次,经历多时,终因放热已多,地面薄膜渐渐加厚,成为固体。此即地球表面之地壳。

四　海陆之出现
雨水之化成

地壳成后,渐由红暗而晻晻无光,但热度尚高,面上气压亦重。其形状全为裸露之岩石,上无水土。经历多时,地壳之热,又因放散而益以减少,于是浮空种种原质中之养与轻化合成水,降于地面。惟因地内溶液沸煎,壳面尚热甚,故雨水复化汽上升。如此水气循环者又多时,热度愈益减退,地壳上始全为茫茫热水海洋所覆。其时空中水汽虽已减少,然炭酸气甚多,故气压殆仍重于现代者五十倍。气体既仍浓厚,太阳光线自难穿入,地面热度自不易于放散,故气候之温度仍高。

海陆之出现

地面既全为浩瀚热水海洋覆盖,地壳自受重大之压迫,于是壳内煎沸之熔液时时爆发,喷出水中,成为火山与岛屿;或增加岛屿之面积,使成为大陆。但因烈雨时降,急流奔驰,海水撞突,致将大陆或岛屿之岩石陆续破碎捣毁,卷入洋底,水之压力甚大,又将此种岩石碎块压成岩层。彼地心有向外压力,因又将此项新由水力压成之岩层逐渐冒出水面,一面且涨出新岩石之裸露大陆或岛屿。如此一面冲坏新现大陆、岛屿、岩石以成水成岩,一面又澎涨新陆使之出现,终历数百万年之旋涨旋坏以后,今北半球:北美洲大湖旁之地,波罗的海(Baltic sea)旁之地,及西伯利亚之一部,以次成立。论其年岁,约在距今六万万年或六千万年之前。

五　土壤之造就
雨,水,炭酸之影响

当此新陆旋涨旋坏,陆常变海,海常变陆之际,历时既久,气候已趋

温凉,雨水亦渐冷,砂砾亦渐多。加以其时混杂之空中,炭酸气极伙,当雨泽之由空下降也,常挟炭养二等气而俱下;其行经岩石砂砾间,即能起化学作用以融化岩石,消蚀矿质,断碎砂砾。至炭酸之融化石灰等岩也,常足使岩石生空洞穴罅。若洞穴中雨水冬日结冰,冻而复解,解而复冻,忽涨忽缩,益足使岩石成砂砾泥土。

空气,养素之影响

且空气中养气之化学作用极为活泼,物质苟含有水,则与养气化合更易。其时混浊空气既包绕地球,与岩石接触,岩石中之物质类多养化,而使岩石断碎成片。含铁多者,尤易生锈,以破裂石岩。空气之作用犹不止此也,其对于岩石复有他种影响,盖当岩石裸露空气之中,日间因受日曝而温度骤高,晚间则因热光善之发散而温度下降,故日常变更之温度甚大。且岩石之比热甚小,一经日曝,温度极易增高;而岩石又非良发之导热体,其受日光之影响,止于表面,因此表里冷热不同,涨率不一,渐相离间。夜间岩石外层热气涣发无余,温度下降,体积收缩,遂至破裂。加以地球绕日公转,冬夏寒暑差异,岩石亦生涨缩,而破碎。此种破裂断碎之岩石砂砾复经几许几时,遭寒暑冷热之冻炙,遂腐烂为土壤。

六 生物之开始

土壤之成也既知,兹且转至一叙生物之出现:

生命之预备

当海陆迭变之先,混浊空气中会充满小行星、微尘点,外以障日光强烈之辐射,内以障地球热力不平衡之辐射,是已为生命最初之预备。及地面既有雨水海洋,于是生命之预备又增进一层。盖水能较任何液体溶解物质为多而浓;夏间不易自湖沼海洋蒸发馨尽,冬日亦不至完全结冰,实为各物质流动之乘载物,亦极为机巧之分解物,足占生活物成分百分之八十者也。且地壳热度既减,而在温凉之空气中,轻、炭、养三种奇异而具有多种极特别性质之原素,又非常充足,极易成种种之反应与关系,使之变为极繁复驳杂,因而造成易于型范或渗透以构成生物之物质。

生物发生

夫生物与非生物之分别,实无科学之标准。盖二者之物质相同;其

工作之方法、力之变换亦同；所不同者仅在组织之方法。是以地球上最初之时，或有种种自然势力与条件为现在所已无者，致渐渐由非生物中产生一种新化合物——或由半流质之炭素化合物经何种作用而成一种半液体粒状，无色之新物质。时值雨水海洋既成既温，此新物质在水中能自游行，可以生殖己体，可以感受激刺。为物甚微，能以化学或物理之作用，吸收营养物，使非生之质成为其体之生活分子，殆略似今日之细菌——如淡菌（Nitrobacteria），仅恃空气水分与矿物而生存。此即原始原生质，此即原始单细胞生物，此即地球上无数生命物之根基，一切动植物之所自出，人类最初之祖先也。

本章参考书

J. H. Robinson：*New History*，ch. I and II.

H. G. Wells：*The Outline of History*，ch. I and II.

L. V. Pirsson and C. Schuchert：*A Text-Book of Gealogy*，ch. XXI-XXV.

Joseph Macabe：*Evolution From Nebula to Man*，ch. I-IV.

汉译汤姆生《科学大纲》第一篇、第二篇、第八篇、第十九篇、第二十八篇

竺可桢教授《地学通论》第一篇及第二篇

第二章　动植物分化

(原生代及古生代)

(七)天择与物种变异　(八)生物初歧　(九)水居动物之演进(十)陆生动物发端

七　天择与物种变异

原始单细胞生物既出现于地面水中，于是渐歧为动植物而分化，在动物方面，经六万万年或六千万年之久，由无脊椎类，有脊椎类，两栖类，爬虫类，哺乳类，演进为人。吾人欲明原始单细胞生物之所以演进成人，不可不先知生物天演之定律。定律为何？曰："天择与物种变异，其机甚微，而运行不息耳。"请释之如下：

生存竞争
造成历史之原素

天择最先之步骤,曰"生存竞争"。盖地上资生之食料有限,而生物之繁衍无穷,于是求食有争,据地有争,需用有争,配偶有争,保家有争,卫国有争,同种有争,异类有争,甚至与无生之环境如寒、热、风、雨、水、火、燥、湿……莫不有争,试一纵览有史以来人类所有战事,横观目下万物一切竞争,有不由于图自存及自存之安乐者乎?人类有现代之学术文明,不过其谋自存及自存之安乐而已矣;各国力图富强,不过谋其自存及自存之安乐而已矣;近人民群争自由、平等与参政,不过其谋自存及自存之安乐而已矣。即历来英雄豪杰乘时操纵人才,生杀与夺,而横行地球之上,亦不过谋自存及自存之安乐——威权声誉耳。此则竞存之道,几几乎全为造成历史之原素,可一贯古今所有生物相争之因,殆无或不然者也。

适者生存;优胜劣败

今有动物于此,设其生子甚繁。其中必有较为强或较为灵敏者,亦必有较弱或较愚拙者。当夫养生之物绰绰有余之时,强者、弱者、灵敏者、愚拙者或可相安于无事而俱得生。即或强者乱撞肆扰于其中,不过使弱者、愚拙者受伤而已。若使一旦养生之物不足以供大众,于是生存竞争之道遂起:强者或灵敏者必可以得食,生成,长育而繁殖;弱者或愚拙者必将无能力以得食,御仇,终将至于屈服饥饿以死。此则与有生之环境竞争,优胜而劣败者也。虽然,寒暑燥湿有变迁,风雨水旱常不测,适宜与有生之环境竞争者,未必适宜与此无生之环境竞争。设使一旦寒暑骤更。水旱纷至,向之以强或灵敏得存者,今或不能以自存;向之以弱或愚拙而难以得生者,今或反足以适应;又或各强者、弱者、愚者、拙者、智者、敏者之中,于适应之道有能有不能,于是天然淘汰之法又起。换言之,即适者生存也。

个性与物种变形

生物本来各有个性之别者也。例如某种蝴蝶盈千,骤睹之,若甚相似者;然细察之,往往各有稍异之处。不惟子与其父母不全然相同,即与其同辈亦决不全然相似。此于蝴蝶尚差为难审,至如人类,则更为显

著彰明。一家之中,性情体格状貌,有子女一似其父母,兄弟姊妹全彼此相似者乎? 曰:无有也。一族之中,性情体格状貌,有祖孙叔侄全然相似者乎? 曰:无有也。此种性情体格状貌各别之处,是之谓个性。于人类然,于各种动植物亦无不然;于今然,于古亦无不然。

既明生物各有个性之别矣,若当生存竞争既兴,则适者生存以起。此适而生存者,必有个性所含特异之点于己为有益,故在复杂变幻之环境中,生存之机独多。由是复将以遗传之故,以其所含特异之点传之子孙,子孙益各稍变,以期益合同样之环境。设使环境不另有更变,则此特异点将成为其种族之概形。虽然,世无不变之环境,且无已时之变迁,故生物亦常随之逐渐变化,以求适合每一时代之环境而生活。假如严寒之地有兽焉,千百成群,其毛有厚有薄,其色有褐有白,虽同属一种,而个别如斯;虽个别如斯,而同处于白雪之内,而毛之厚者白者,适宜环境之利益甚多:一、毛厚而体温,不畏寒冷;二、毛白足以防止体温之散失;三、因其色与雪同,不易为仇敌所见而得以免于危险,且亦不易为所欲捕获之物所睹而易于得食。于是此毛之白厚者,即足以自存;其他,必将归淘汰。得存者,因其毛之白厚之有益于己也,乃以之遗传诸子孙。子孙承之,将益变毛为白厚,直至最适于环境而止。但若环境又渐变迁——气候渐暖,白雪渐融,褐地渐见,则白厚毛之可以适应于昔者,今反不能适应,或虽适应而不完全;而毛之褐者薄者,今乃最与环境适应。然因气候之变迁以渐而白雪之消也不速也,白而厚毛之兽行将缓缓脱换其毛。变易其色,更求免于淘汰而适于生存。若不幸而环境变迁甚速也,则必至于死亡。即不至于死亡,亦必以环境激刺之故,其内部细胞起扰动变化,互换结合,其所产生新种,必呈形色"突变"(Mutation)是之谓"物种变形"(Modification of Species)。

物种之分化

今设如此气候之改变仅限于一隅,而不及于全部;或在此山而不在彼山;或在山之一边而不在其他边,正似因暖流之关系,常使高山之一面温和,他面仍冷。则冷地之兽,必仍继续为白厚之毛;而在暖地者,将渐变成浅毛褐色。且气候既不同,可利用之食物亦将有别,因之寒暖两地之兽,其牙齿亦渐趋于殊异,消化器亦随之以殊异。或又由毛之变

更,致使皮中汗腺油腺皆变,复影响于分泌排泄器官及其体内之化学作用。或又因求食之法有殊,奔走动作居处之法有殊,爪掌肢体亦渐以殊。如是年复一年,代复一代,历时既久,全身之构造益显差别。昔日本为同种者,今乃截然分为二;情性形状构造,迥不相侔矣。此种经过许多世代之变异,致一种成为多种者,曰"物种分化"(Differentiation of Species)。

生物死亡天演不息

地球上生物,不知何以除原生动物外,几皆不免于自然死亡。大多数生物,由幼而成长,而生殖;产育新生命后,即渐衰老入死。惟单细胞原生动物恒以分裂躯体为繁殖之法,独永无自然死亡。此殆由原生动物躯体比较简单,能以休息补缮,抵补其消耗;而其他诸生物,则因生殖作用与内部组织久经动用之生理消耗过甚,遂不能以久生耶? 虽然,原生动物纵获免于自然之死亡,终亦不能不与其他诸生物同受竞争之死亡。不为同类彼此相食,则或为他生物所食;不为生物所食,则或为无生之环境所毙。他生物亦然,不以病亡,即以战死。其或不以病亡战死,而得由衰老以抵于自然之死亡者,必其具有特点而适应环境者也。环境之变迁无已,斯生物适应之道无穷;生物适应之道无穷,斯物种之变形无定,而分化之物类以繁。天演如斯,不舍昼夜;潜移默运,不著新奇。然而每经一代,变易稍加。及历长期,差别爱现。差别既现,新种以成。横包万物,纵亘古今,莫不如是。今吾人与众生同生于地球之上,形状构造万殊,然而数千万年或数万万年之前,均是水中原始生物一微滴。由天演之定律,经如许之长时,始成今日之局。而人类独以先进之能力,造为现世之文明,以竞存于大地之上,宁不奇乎?

八 生物初歧

生物之始原,既如前(第六节)所述;天演之定律,又如上所云,今请进叙原始生物之进化——即原始生物之"变异"与"分化"。

最初之植物

第一章所言海洋水中发生原始生物,殆在地球成立数万万年或数

千万年之后，而在距今四五万万年或四五千万年之前，此状如胶质之微滴，浮游于水中，与流来往。其随潮汐风波漂泛也，毫无目的，如是所经之时间殆数百万年，渐渐发生几种习惯与变异，使彼等更易生存于彼汪洋寂寞荒凉之洋海，而适宜于环境之变迁。或有沉入浅水海底，植根于沉淀之黏泥中，制造叶绿素或类似叶绿素之色素，因之能利用日光之能力以分解水中炭酸，行光化作用，以造成糖类与淀粉等炭素化合物。亦或有仍浮于水中以同样之法制成色素与糖粉。但此等微小之个体，殆皆为胞膜质之细胞膜所包围；其吸收之能力，乃表现于鞭毛摇摆之运动。以此，其浮于水中者，能在水中迅速游泳进行。（今尚有多种此类生物，居于水中；亦有少数单细胞植物，在潮湿空气中，能使树干或阶石变为绿色。）此种生物，曰绿色鞭毛虫（Flaeellates），是为植物界之初祖。在地球进化史中原生时代（Praterozoic ages），此种绿色鞭毛虫麏集无量数于彼浸渍地面之水中，故有人名此期为绿色鞭毛虫时期焉。

I 生物进化略表（参观表 3）

800,000,000 或 80,000,000 年前	无生时代或
	原始时代 ……………全无生物
600,000,000 或 60,000,000 年之前	原生时代……有原生质微点及单细胞 生物如鞭毛虫、水母等
360,000,000 或 36,000,000 年之前	出现 原始无脊椎动物
260,000,000 或 26,000,000	古生代前期……海蝎、三叶虫等高级 无脊椎动物
140,000,000 或 14,000,000 年之前	古生代后期……鱼类、两栖动物及 羊齿植物出现
40,000,000 或 4,000,000 年之前	中生代…………爬行动物、鸟类及 松柏类植物
	近生代…………哺乳动物及落叶树 今生代…………人类

最初之动物

植物动物之所以有别,在植物之吸收营养,乃系摄取无机物而自行制成其体之原形质;动物则不然,恒摄取已成为原形质之物为营养。当原生时代原始生物一面有渐演为绿色鞭毛虫植物之时,他方面复有另自演变而成一种吞噬他物之简单动物。此种生物,依然为胶状半流质之微粒。不能自行利用空气水分与矿物盐类以造有机化合物,但能吞噬其同类,邻居或异物,或变为己体,或以死物造成其体之生活分子。于化合之物有摄引之,有推拒之。能感受刺激而收缩,强光烈热,足使之损伤。又无细胞膜质之胞膜包围于外而裸露,其原生质能自由伸缩,成各种形状,如今日沟中之变形虫然(今变形虫仍为一块裸体未分工未趋歧异之原生质,能消费养气,发出炭酸气,可以行动,能生长繁殖。凡一切高级动物精巧机官之所能者,彼皆能为其大概)。此种生物,是为动物界之初祖。

九　水居动物之演进

原始动植物与水之关系

动植物虽已分歧前趋,但皆不能离水,咸在海中摄取营养之物以自活,无抵抗干燥之器官与能力,藉吸收水中自然分解之养气以自生,凡有食物,皆须藉水以消化,如不幸而失水,必至死亡。然而其时地面洋海茫茫,殆全为水所淹没。既无水分缺乏之患,如前所云之动植物,必已繁衍甚多。加以其时地球自转之速率尚倍于今日,昼夜俱短,其藉太阳光热而生长繁殖,必亦甚速。故此时海洋,殆全充满此类原始动植物,然其体皆极微,非人目之所能见也。

陆生植物之肇始

嗣以地壳收缩,每致海底有升高降下之处。有多处之海底升至极近海面,成为浅水海底时,飘浮之微小植物往往附着其上;而同时不至不能获得日光。是为固定植物之所以肇始。当此等海底继续升高时,大陆与岛屿乃渐渐出现。上说之浅水固定植物,渐渐适应陆地生活;天择之结果,优者竟成为陆地植物。是为海岸所生海藻藓苔之远祖。

植物进化既为天演另一方面,既已与人类原始祖分道扬镳,今不多述。惟吾人须知动物生命史中,凡将来动物之欲出水而登陆,及其登陆

后与干燥陆地斗争之得胜,实皆陆生植物预备之功。设先无陆生植物生长于干物之土,以吸收炭气,发出养气,供给食物湿气及庇荫,则陆地仍荒凉而不能立足也。以下专叙动物之演进为人。

原生动物之种类

原始动物生活之方法不同于植物,已如前节所云。因其恒摄取有机物以为营养,故须自由运动以逐取其营养品;且须有灵敏之感觉,如今日池水中之变形虫然(Amoeba),时时将其体质之一部分伸出如足,遇可啖之食物,即以其全身裹而吞之。在五六万万年或五六千万年之前,有一时期,殆全为此类原生动物。其最活泼者:如草鞋虫,使海中发磷光之夜光虫(Noctiluca)及致睡死病之睡病虫(Trypanosome)等;其运动极缓者,如疟疾虫等;其不过于迟钝亦不过于活泼之根足类,具有能伸缩之原形质者,即放射虫(Radiolarian)、白垩虫(Forminifera)及变形虫等是也。

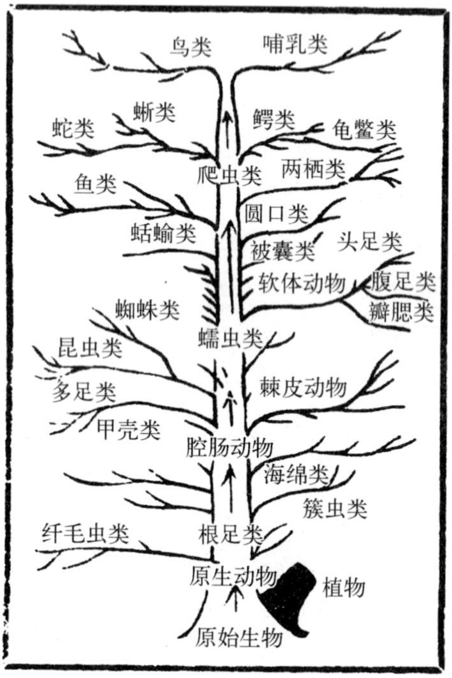

Ⅱ 动物源流表
此表略示动物天演次序,为现代所知之结果。然谓确切不移,则尚未可也。

多细胞动物之构成

此类原生动物与时俱进,生衍自繁。其或不适应新环境者,则仍保守旧时生活,无所变更;其有适应新环境者,即渐变异;或则体旁发生鞭毛,能鼓动之以为游泳之具;或则附于一长茎之上如钓钟虫,口旁生鞭毛以助取食物;或则渐生坚硬之介壳而成有孔虫等;或则从此营寄生生活,发达其吸吮及钻穿之器官;或则当其分裂成二个或数个以达其生殖之目的时,其子体不全分离而连合为一体,成为一簇细胞,营共同生活,此为成多细胞动物之初步。

惟此时各个细胞皆为同式者;嗣后以营共同生活之故,此一簇细胞中有某部分细胞,比较便于摄取食物,于是渐分化而成消化器官,专司吸收食物之事,消化后供给于全体;其便于运动者亦然。因此分功作用之结果,细胞之形状变为多种,而多细胞之动物以成。

有性生殖之发端

在有多细胞动物以前,各单细胞动物皆自行分裂为二或数个独立之单体,以成无性生殖。及有多细胞动物以后,此等动物恒将一部分细胞预储为生殖之用,而与造成普通之组织或器官无关,惟继续独立,以产生精虫或卵细胞,及供继续其凝结于受精卵中之全部遗传性之用,遂分化成专营生殖之生殖细胞,由是以成有性生殖。除此以外,亦有专司感觉之感觉细胞等等;不久感觉细胞又全集于外部,消化细胞团居于中央内部,其他各细胞亦有稍定之位置。分功之合作,益呈完备。

古生代前期之动物

单细胞动物既发达成多细胞。其进化之方向有二:(一)则沉下而依附于海底,产生长臂为摄取食物之具,或生出一种器官,能使水成漩涡,因而候取食物;(一)则发达其游泳之具,征逐于水中以觅食物,其沉下于海底而不活动者,即成为海绵、瑚珊、水螅等类,其发达为游泳之具而逐于水中者,渐成蠕形动物。此等动物出现,约在距今三万万年或三千万年以前,当原生时代(Proterozoic Era)之后期,及古生代前期(Early Palaeozoic Era)之堪布利亚纪(Cambrian Age),已有放射虫之矽质甲壳,水螅及辗转厚始泥中之虫之遗迹,存于岩层内矣。

但斯时海洋中动物种类已多,沉于海底者,泳于水中者,不可胜数,

自必引起生存竞争。竞争之结果，其体态得宜，有感觉细胞于前身者，得以胜利而生存；其不适者，渐行汰去。其生存者，因感觉细胞之利于己也，于是使之变成粗陋之感觉器官，出生于首部。初时，头部前面之皮上仅有压下之两点，含有色细胞，其后即由此进化为眼（他如耳鼻等初起时，亦不过头部之感觉点）。又体中初时所生之粗陋排泄道，及运行既消化之食物液于全体之一定路径，后亦渐成排泄器官与循环系统。口之与胃，亦渐接以食管。由此进化所成之动物，大都有头有尾；身体二面平均；身旁有鞭毛，能用之鼓水游泳；或则为节肢，有触角及角质之外壳。观于古生代前期之化石，知其时海面海底海滨，已繁生腔肠动物、棘皮动物、软体动物、甲壳动物、海百合、三叶虫之类。然尚皆为无脊椎动物也。

Ⅲ　地质时代表

原生代	
古生代	堪布利亚纪（Cambrian Age）
	鄂多维先纪（Odovician Age）
	西鲁利亚纪（Silurian Age）
	泥盆尼亚纪（Devonian Age）
	石炭纪（Carboniferous Age）
	二叠纪（Permian Age）
中生代	三叠纪（Triassic Age）
	侏罗纪（Jarassic Age）
	白垩纪（Cretaceous Age）
近生代	始新纪（Eocene Age）
	渐新纪（Oligocene Age）
	中新纪（Miocene Age）
	更新纪（Pliocene Age）
	后更新纪及冰期（Pleistocene Age）
今生代	近今

十　陆生动物发端

海中动物繁衍，既引起生存竞争；海洋中又陆续涨出岛屿大陆；潮汐风涛复将水中动物冲荡飘浮，于是善于适应者，渐迁至陆地或空中求活。至其仍留海中者，亦因谋安全之故，渐益发达其介壳或棘皮，且渐产生骨骼，以适应环境。

昆虫之出现

始迁入陆地或空中者，或为数种冒险之蠕虫，及呼吸空气之节肢动物。盖在古生代前期西鲁利亚纪（Silurian Age）岩层中，已有虫翼之痕迹及化石之原始蝎，是可为蠕虫与节肢动物离水之证。蝎则由海蝎演进而来，昆虫则多为蠕形动物、节足动物所化。蠕形动物、节足动物化为昆虫之事，令尚可于其发生之历程中见之；如飞舞空中之蜻蜓，幼虫时期完全为水中生活。及其成长，始由水中蜕化，成为昆虫。此即蜻蜓复现其所属种类进化中所经过之各形态也。

自西鲁利亚纪后，空中昆虫种类逐渐增加。惟是时昆虫与现存者形态有别，而具有各种类之普通特征。至古生代后期，直翅类与脉翅类始盛。至中生代（Mesozoic Era），鞘翅类、膜翅类、鳞翅类及一切昆虫，殆皆出现。此即飞舞于空中者也。至在陆地者，亦日以繁。蚯蚓之类，蜗牛、蚰蜒之属，其代表也。大抵各种蠕虫侵入陆地之结果，为造成良好之土壤；而呼吸空气之节肢动物之侵入，结果则造成花与昆虫间之关系。

脊椎动物之演成

至于蠕形动物之仍留海中者，则渐进化为有脊椎动物。脊椎发达之初期，殆如现代之蛞蝓，身中先有软脊柱，直自头端达尾端；或又如一种似鳗鱼之动物，软脊柱内兼包有神经线索。至头部之软骨，即架开作颅形。原形之鱼，即为此种有软骨之动物。其后脊椎以渐化硬，鼓水游泳之鞭毛亦渐成翅，皮上感觉点□渐渐变为眼鼻，而心脏亦渐由"压泡"构成二房之抽筒，为循环系之主要器官。吸入口中之水亦渐有一定出道，经过鳃时，使水中养气为血液所吸收。

鱼类之变化

在古生代后期之泥盆纪（Devonian Age），沙鱼及板鳃类始现，实为天演界一大进步。斯时鱼类既多，齿牙鳞甲亦大发达，竞争自必剧烈；乃适值陆地又复涨起，苏格兰（Scotland）、斯堪的纳维亚（Scandinavla）、堪拿大（Canada）、南非洲（South Africa）等处，皆隆起为山岭湖泽，于是鱼类又渐有迁入之陆地之势。其曾在水中以鳃营呼吸者，渐渐变化其体中气泡，分浮沉之用为呼吸之用，以为成肺上陆之预备。此时殆有

多种鱼类为如是之两呼吸鱼，既有鳃，复有肺，一似今日南美（South America）、埃及（Egypt）、澳洲（Australia）之泥鱼，平时在水，以鳃呼吸，至天气燥旱，则以肺呼吸。近人发见泥盆纪层内泥鱼之化石，毫无异于现世澳洲之泥鱼。

鱼类演为两栖类

鱼类中既有具肺以适应陆地者，同时或有其他之变化，盖当其以翅试行于海滩水岸既久，其游泳之具，将变为粗短厚皮之足，以支撑其体而便于运行。且陆上仅限于平面运动，非如在水中可上下左右前后任意泳游，故危险倍多，又须发达耳鼓眼睫等感觉之器官，以为避敌之用。地质学者于古生代后期之石炭纪（Carboniferous Age）岩层中，发见似蝾螈之动物具有鱼类之特征甚多。足为鱼类进至两栖类之线索（今蝌斗之发育成蛙，可谓为鱼类进化为两栖类之重现。又今印度尚产一种颅鱼，虽不具肺，然能离水数日不死，且能以翅支行，或竟能缘树。印度洋沙滩上能离水觅食之鱼更多，此正在演化成两栖动物之中，尤足为证）。

两栖动物之繁衍

当石炭世纪，天气甚为平和，无泥盆纪严酷之气候。沼泽卑地中，植物生长极盛。惟其时，无吾人今日所见之树木，仅有石松木贼等植物之森林，高大于今世所存者远甚。在此类森林中，节肢动物之已侵入陆物者，有蜈蚣、蜘蛛、蝎及他昆虫等，亦有各种蜗牛。原始两栖动物即藉此类为食，有数种两栖类，躯体庞大。曲齿蝾螈（Labyrinthodonta）属中之大者，乃几若驴。他如蛙类又发达其声音以为生殖时雌雄呼应之用。于是前此数百万年地上寂然无生物之声者，至此始有蛙音阁阁，虫声唧唧，杂出其间。

石炭纪地面之变更

石炭世纪乃一最重要之时期也。盖前乎此纪之际，空中含二养化炭甚多，动物难以生活其间，惟植物则以此为营养，故石松木贼等植物之森林，密布地上，于是渐渐将炭气吸收，因而空气为之大清，使动物得以离水生活，且太阳光线亦得射入，刺激生物之进化。其最著者，有昆虫为植物异花受精之媒介，益使植物生长繁茂而多变异，两栖动物中亦

多成庞然大物。石松森林之胞子与枝叶等,又积聚而成今日之煤矿。

且石炭纪之末及二叠纪(Permian Age)时,地面复起升降。除非洲(Africa)与南美洲(South America)在此时出现外,又隆起两大陆地,一使非洲与巴西(Brazil)相连;一使非洲与印度(India)、澳洲(Australia)相接,与现代地形大殊。不列坦尼(Britany)至波希米(Bohemia)之间,有长岭涌起;美洲亦有峻岭,且将其四围之地抬高。

多种古生物之衰亡

空气既渐廓清,陆地又复隆起,实为进化史中一重大变化,盖从此地面之热益因向空放散而减退;以日光射入之关系,昔日之气候终年如一者,至是始略有季节可分,但至二叠纪之末,或又以地轴立位置变更之故,气候日趋严寒,冰川自南半球遍布于全球,石炭纪之植物界乃渐次凋落。其代之而兴者:有薇蕨、松杉、银杏、苏铁等类。昆虫则将其生活历程分为两大部:一为饮食、生长、蜕皮,未成熟之蠕虫时期;一为较不嗜食、不生长、不脱皮、生翼,合宜于繁殖之成虫时期。在此二者之间,则为寂静保护周密之蛹虫时代。无脊椎动物如三叶虫(Trilorites)、葡萄虫(Graptolites)、王蟹(Limulus)等多种,皆完全灭亡绝迹,故地质学者咸以此为收束古生代之时期焉。

本章所叙虽短,然时间极长。自原生代生物初歧至古生代末叶两栖动物出现,殆经历四五万万年或四五千万年,几占全地质时代四分之三。其间生物之演进,今世地质学者、生物学者立说尚不能完全一致。本章所述,略取其同。若更概括言之,则自原生时代动植物分化后,至古生代堪布利亚纪而各大支无脊椎物成立;至鄂多维先纪,原始鱼类与陆生植物肇兴;至西鲁利亚纪,呼吸空气之无脊椎动物与泥鱼出现,鱼类已繁;至泥盆尼亚纪,原始两栖类产出,有花植物亦于此时成立;至石炭纪,石松森林与呼吸空气之昆虫及其近族繁盛,两栖动物发达;至二叠纪,一新植物界代兴,多种古生动物灭亡,而爬虫类继起,古生代于以告终,时约距今一万四千万年或一千四百万年也。

本章参考书

H. G. Wells: *The Outline of History*, ch. III and IV

H. W. Van Loon: *The Story of mankind*, ch. I

L. V. Pirsson and C. Schuchert：*A Text-Book of Gealogy*, ch. XVⅢ- XLⅡ

Joseph Macabe：*Evolution from Nebula to Man*, ch. Ⅲ-Ⅴ

汉译《科学大纲》第二　三　四　六及十一篇

第三章　爬行动物时代
（中生代）

（十一）爬行动物之祖先　（十二）爬行动物之种类　（十三）最初之鸟　（十四）最初之哺乳动物　（十五）环境变更与爬虫衰亡

　　古生代既终，中生代（Mesozoic Era）以始。中生代者，一爬虫兴盛衰亡之时期也。当其兴盛之际，种类复杂纷繁，大小长短不一，形状万殊；举凡陆上空中、海洋湖沼、深林丛薄，无不为所侵占；一切与之并生之物，无不为其吞噬蹂躏；君临天下一万万年或一千万年，莫能与争。且其类中多种，富于变性，往往因环境之异而化为特别之形，更其肢体，换其习惯，以图适应，凡后来鸟类及哺乳动物，莫不由此演进而成。人谓中生代为"爬虫时期"（Age of Reptiles），良不谬也。惟物盛必衰，实天然公例。迄爬虫发达臻乎极点，躯体类多伟大魁庞，一旦地面变迁，气候殊异，食物减少，自即难以存在。乃当中生代末叶，适有此项环境骤然发生，于是硕大爬虫，遂相继死亡灭绝。其较小而得存者，亦益变异以求适应环境而生存，因以启真正鸟类与哺乳动物之局，兹且先叙爬虫之发生：

十一　爬行动物之祖先
两栖坚头类

　　爬行动物发生，约在古生代之末。其最初之祖，实为两栖动物坚头类（Stegocephalia）之鳃龙（Branchiosaurus）科或太祖龙（ArChegosaurrs）属。此类坚头两栖动物，多体小而活泼，有粗短之足与尾，头阔大扁平，口广，皮面被鳞，前肢四趾，后肢四趾，齿锐利，大半肉食，以鱼类虫类为生。有三眼，但顶眼已非真眼，不过为眼之痕迹而已。亦有少数庞大者，如太祖龙之体，长达五尺。引龙（Eryops）之头，

长一尺三寸至二尺,阔一尺至一尺五寸。然除多数体长数寸者外,体大者大抵矮胖粗短,行走蹒跚迟钝,有沉重平扁之尾,往往蜿蜒蠕动于水中如大蝌小然。

爬行动物出现

当古生代末叶地面变迁气候更改之际,高数十尺至百余尺之鳞树、印树(Sigillaria)等,既皆灭亡,此类坚头两栖动物亦以不见。及针叶类、苏铁类等植物继起,于是昔日仅有植物盛生于沼泽卑湿之地域者斯时渐进生于低原。高地仍硗确不毛,尚非植物所至,岩石惟日受风雨日光之照临吹溅剥蚀湿。其后与时俱进,渐繁茂为密林丛莽。因是时,终年气候尚无显然之季节可分。此等植物亦惟湿季绿而燥季紫褐,终年无落叶之时。在此类低原丛莽中,乃始有爬行动物出现。

爬虫与两栖类之异点

此种原始爬行动物,实由坚头两栖类演进而来,故当古生代将终时,原始爬虫与坚头两栖动物之外形,殆少可区别。盖原始爬虫亦胖体多肉,肢足短弱,匍匐而行,蹒跚迟缓,或肢腹并用,辗转泥涂中。如Carettochelyidae 其代表也。其所以非坚头两栖类者,在:(一)其脑盖渐趋于缩小,失其体上之甲;(二)自生及长,呼吸完全用肺,往往伸肢而卧,负暄于陆地之上,日光之中。在水中居处之时少,如盘齿龙(Pelycosauria)类,有长尾而不用之游泳;然而(三)爬行动物最不同于两栖动物之点,乃在于两栖动物之胚无羊膜,而爬虫类有之;(四)且两栖动物之生卵,必仍返水中,受胎生子亦在体外,卵甚小,孵化后,幼儿不能离水,至肺发达,鳃消失,前后肢产生,乃始可以上陆。爬行动物则不然:卵生陆地而受胎在体内,卵大有壳,中具卵黄多量,以为胎儿滋养之物。及受太阳热力而孵化,幼儿即以肺呼吸而爬行陆上,并不经过蝌斗时期。此乃最重要之进化,超过两栖动物者也。

十二 爬行动物之种类

爬虫之主要类别

原始爬虫体微足弱,不善行走,上已言之。至中生代之始,渐能超立于四足之上。他如躯体之结构与形状,亦日趋变异。各以适应特别

环境之故,所有中生代爬虫二十五类,几全于三叠纪(Triassic Period)演成。其大者,长达百余尺,重逾十万斤;其小者,长仅数寸,重才数两。形状万殊,生活各别。最主要之种类曰鱼龙类(Ichthyosanria)、鳍龙类(Sauropterygia)、鳞龙类(Lepidosauria)、恐龙类(Dinosauria)、翼龙类(Pterosauria)、兽形龙类(Theromorpira)、龟鳖类(Testudiuata)、喙头类(Rhynchocephalia)、鳄鱼类(Crocodilia)。此诸类又可大别为三:(一)返乎水中生活者;(二)完全陆居者;(三)舞飞空中者。三者之外复有水陆两居者焉。

水居之大爬虫

仍返乎水中者,为鱼形龙(Ichthyosarrns)、蛇颈龙(Plesiosaurs)、沧龙(Mosasaurus)之属。鱼形龙与蛇颈龙始现于中生代初期之三叠纪,而繁衍于中生代中期。全居水中,以鱼为食,其趾之足转变为游泳之桨,齿皆犀利。两属之极相反者,鱼形龙颈绝短而蛇颈龙颈甚长。然体皆庞大,鱼形龙往往长逾二十五呎。蛇颈属龙有所谓节齿龙(Plesiosaurus)者,长达三十呎,板齿龙(Elasmosaurus)更长至五十呎,其颈之长几占其半。沧龙之出现最后,至中生代后期,始产生于浅海岸旁,似蛇被鳞,长尾,四肢小,为泳脚。其属无不大者。如滑齿龙(Lioplenrodon)长约十丈,蜿龙(Clidastis)且长至十余丈云。其他躯体较短者,则为鳄类及龟鳖之属。鳄类如箭齿龙(Belodon)鸷龙(Aetosaurus)及长头尖嘴状之完龙(Teleosaurus)等,皆约长丈许,龟鳖类长度亦在一丈上下云。

陆居恐龙

至于完全陆居者,大率为恐龙(Dinosaurs)之属。但亦有居于淡水者。人常称中生代为爬虫时期;若更推言之,直可称为"恐龙时代"(Age of Dinosaurus)。盖在中生代全期数千万年中,爬虫为其时一切生物之魁帅;而恐龙者,又复为全类爬行动物之王。其种族之复杂,至于不可胜数。自小如子鸡,至大逾今世鲸鱼之类者,无不有之。且皆最为近似今日之哺乳动物与鸟类,实今日哺乳类与鸟类之远祖也。语其大凡,可分二类:

(一)肉食恐龙类 此类亦称兽足类(Theropoda),以其具兽足也。

前肢概小,后肢及尾皆大,可支其躯而直立。足趾具利爪;齿扁平如匕首而稍曲,其顶尖锐。后又渐分为三系。其中两系,依然为肉食而陆居,皆敏捷伶俐,以低等爬虫为食,如细颚龙(Compsognathus),仅大如猫,甚为活泼。其他一系,则渐变沉重庞大。有转为草食者,其前肢亦小,时或艰于竖立,至舍陆而浮于水中。例如雷龙(Brontosaurus),头小,长尾长颈,全体长逾五丈,重至三十七吨;梁龙(Diplodocus)则更长至七八丈;载域龙(Atlantosaurus),大甲龙(Gigantosaurus)者,乃更长至十二三丈,其大腿骨之高且达九尺云。然亦有体大而仍完全陆居者,其前足益小而爪牙甚利。有所谓霸王龙(Tyrannosaurus rex)者,其脊柱长四十呎,头距地至十六呎高。古今动物界之大而强有力者,殆无过于是实最凶猛可畏之兽也。

(二)草食恐龙类　此类与肉食恐龙相反。其最初者,口之前端无齿,惟上下颚之后部有之。及演至 Trachodon,齿之多达二千,前肢亦小,食树叶时,以为攀持之用。其后渐分为两种:其(一)成为二足动物;其(一)成为四足动物。二足动物中之鸟蜥类(Ormthopsia),行走迅速,且能泅水,故在食肉龙类无处不有之时,恒能免于灾祸。其类大小不等,自长四五尺至三四丈者多有之。四足者又复分为二系:一为剑龙(Stegosauria)之属。体大头小,颈短,颚之前部无齿。背脊正中线上具多角形骨板一行,尾上有尖钉,皆以为防御之用。体长三丈余,一为觭龙(Ceratopsia)之属,头大,有两角三角或五角不等,或生限边,或生鼻上;头上复具骨缘,缘边作锯齿形,皆以为防敌之用。此属之发生最后,至中生代末叶始繁,往往倍大于今日之象。其状多类现代犀兕,善斗。然尚非哺乳动物也。

飞龙

恐龙类之演变最特别最进步者,厥维飞龙(Pterosaurs)。跳跃攀缘;其前肢第五趾甚长,有皮膜与身旁相连而成为翼,能飞舞于空中。此属发生,约当三叠纪之末,恐龙类正多分化之时。最初殆跳跃树枝间,一今日林中松鼠。其后皮膜渐长,遂成类似蝙蝠翼。至中生代中期,种类渐多,小者仅如麻雀,大者广逾五尺。降至中生代末期,有两翼伸张,宽逾二丈者。此种大翼飞龙体小,头狭而长,过于三尺,上有顶

翎。往往翱翔海上,出没水中,捕鱼为食。

飞龙虽甚似飞鸟,然而非即鸟类。亦非鸟类之祖先。因其翼之构造,与鸟类截然不同;彼等之翼既为前肢一长指具皮膜与身旁相属而成,且无毛羽。鸟类则反是,其翼乃由一羽臂所成,羽自臂后生出。且自骨骼言之,飞龙脊椎之结合虽一如今兹之鸟,然胸骨仅有微微之突起,可知其不能久飞远翔,惟仅如今蝙蝠之翱舞而已。

十三 最初之鸟
爬虫鸟之演成
当飞龙肇始之际,真鸟实亦开端向进化之路前行。大约在中生代之初,爬行动物恐龙中鸟蜥类——即二足之鸟脚龙类(Ornithopda)(参观前节草食恐龙段)或有一种较小而行走迅速者,虽无飞腾之能力,而跳跃颇高,乃时时在地上为飞跃之运动。其在森林中,亦因避匿敌害,时于树枝上迅速行走。自是恒居树上,以干中窦穴为产卵之区,偶于地上觅得食物,亦即迅驰归巢以远敌害。始则仅为一枝上之行走,继则世世代代,生生长长,渐为枝与枝间之腾行攀跃,递演递进,历时既久,后足愈形强健,善于撑拒。前足后足,各生钩爪,急跳之时,可以攫握,徐步之时,可以抓爬。且因前足于爬行时向两旁开展,足与身体间之皮折发达,面积增加变为要质;其表面之麟片,亦以跳时伸张而能得助于空气之故,变为羽毛,于是渐成为而起飞腾之力,昔只能为枝与枝间之腾渡者,至此可以由一树远腾于他树。腾渡之能力益大,腾渡之距离益远,竟成为鼓翼之飞腾,而翼益趋完善。是即最初之爬虫鸟(Reptilian Birds)。

古翼鸟
鸟之由恐龙中鸟蜥类进化而成,实最明确之事,有过渡线索可寻。例如鸟蜥类与鸟类皆为二足,皆具三趾,肩骨,臀骨,大腿关节踝节,亦同,喙亦颇为相似。而最足以资印证者,厥维在德国(Germany)索伦合芬(Solenhofen)侏罗纪(Jurassic)白垩层中所发见之古翼鸟(Archaeopteryx)。此古翼鸟化石,兼有爬虫鸟蜥类与鸟类二者之形态。大如一鸦,上下颚皆有齿;其长尾,与蜥蜴之尾完全无异,特每节生

有羽毛而已;其翼肢三趾之端皆有爪成为未成器之翼。换言之,即非如今日鸟类将腕骨之一半与全部之掌骨合为一体也。在多种爬虫如鳄鱼之类,其腹部皮下有一种特别之骨穿过之,谓之腹肋;然在此古翼鸟,亦有此项腹肋;今之鸟类则绝无之。是虽未可断其为最初之鸟,然鸟类由爬虫演成,斯实为其铁证。

自有爬虫鸟类后,与时俱进,渐分化为多支:有陆居者,有浮水者,有肉食者,有食草者,有翼之发达速者,亦有发达迟者。至中生代后期——白垩纪时,爬虫水鸟类已颇多。有所谓黄昏鸟(Hesperornis regalis)者,高四呎,长六呎,翼之发育未全,在空中不适用。但其足有蹼,便于泅水。与此类大略相同者,则为鱼鸟(Ichthyornis),有强翼,形似今之鸥鹬。惟体较黄昏鸟为小,且较希少。此等水鸟,皆有利齿如刺,常浮海面,捕鸟为生。

十四　最初之哺乳动物
爬虫哺乳动物之演成
中生代有哺乳动物乎?此问题尚未能精确致答。惟据地质学家生物学家之考查研究,知哺乳类与鸟类之始祖相近。鸟类原始为两足爬虫,上已言之;而哺乳类之始原,实亦出于爬行动物。当中生代初期三叠纪恐龙鸟蜥类演向鸟类之际,又由另一爬虫兽齿类(Theriodontu)渐渐发生原始哺乳动物,即爬虫哺乳动物(Archaic or Reptilian Mammals)。如三叠纪之犬齿龙(Cynodonts),其形状极似哺乳动物,不仅颅骨甚相同,即口中牙齿,亦分为门齿、犬齿、臼齿,与犬类之齿甚相仿佛。其所不同者,惟下颚系数骨所成,非若哺乳类之下颚只有一骨也。

初期哺乳动物之分化
大率自此类族裔中逐渐演进,正式哺乳动物乃始发生。此种动物,是为多突起齿类(Multitulerculate),其臼齿之上部,有多数小突起;然犹为带有爬虫性之卵生哺乳动物也。及三叠纪之末,此类日益演进,其与今树鼩鼱相似之树居小食虫动物,渐分为多支,各具有向近世各支动物如肉食哺乳类,有蹄哺乳类,猿猴类等分化之趋势。至白垩纪之初,分支益甚,其体往往能适应各种之环境。

初期哺乳类生活状况

此类初期哺乳动物,身体皆小,最大者亦仅与鼠相等。即其齿观之,□知其有食虫者,有食植物者,又有门齿锐削,专用以破恐龙之卵壳者。惟中生代伟大爬虫甚繁甚猛,而此类哺乳动物既少且微,其生其殖,往往匿藏潜隐,或生活于林壑之中,或生活于树丛之内,以逃避恐龙而免灾害,寻觅食物以资营养。及将来恐龙渐形灭绝,于是此等微小之哺乳类乃日见其多。迨至近生代(Cainozoic Era)之初,遂雄长其世。

【注】自动物学上观之,今澳洲实是守旧之地。原始之鱼,原始蜥蜴及原始哺乳动物,皆存于此土。如鸭嘴兽者,达尔文(Erasmus Darwin)尝称之为"活化石",因其一身兼有哺乳动物与爬行动物之两种特征。其胸部有小孔分泌脂肪以饲其幼儿,此即哺乳类之哺乳,但其生殖却为卵生,与普通爬虫相似,且排泄道只有一孔……皆属爬虫之特征。此兽不仅为现存哺乳动物中之最低等者,且足使吾人益明爬虫进化成哺乳类之线索。

十五 环境变更与爬行动物衰亡

多种爬虫之灭绝

以上所叙,纯为爬虫兴盛繁衍分化之历史。其复杂之种族,遍布于低原林壑与沼泽海洋。一切高等动物如鸟类,哺乳类,悉由此爬行动物类演出。自古生代末叶经中生代数千万年,地上全为此类所统辖。其中庞大恐龙之属,又复雄长一切生物与其他爬虫。及繁兴方达乎极端,不虞衰灭即随其后步,旋而飞龙、蛇颈龙、鱼形龙等皆丧亡,沧龙恐龙之属皆灭绝。其得幸存者,惟少数小蝾螈、蜥蜴类及鳄鱼龟鳖等族而已。彼大爬虫龙类体态爪牙之庞硕凶狞,宜无不战胜攻取者,乃忽而消灭净尽,类无孑遗,白垩纪后地层,杳无其痕迹,此何故哉?

爬虫衰灭之原因

察厥原因,约有数事:(一)当中生代末叶,地壳变迁,有多处陆地下沉,亦有多处陆地新现。其下沉者,陆居爬虫与之俱没;(二)中生代中期气候,温度颇高,且各处均相仿佛。及中生代末叶,温度渐降,气候渐寒,凉血卵生之爬虫,或经冻毙;(三)当中生代中期气候温暖之际,

亚热带植物直生至极北之格林兰(Greenland)。及中生代末叶,气候渐寒,植物多枯死或变化,落叶植物于是时开始在寒季脱叶,因而硕大爬虫无复如前有丰富之植物供充分之营养,遂不免于饥饿死亡;(四)陆上草食爬虫既多死亡,其他动物之在陆上水中者又多丧殁,因而陆上与水中之肉食爬行动物,亦以食物减少,不能生存;(五)肉食爬虫自来即互相屠戮吞噬,或以草食爬虫为食,已足以使多种弱者灭亡,自类趋于绝种,乃其时复有微小活泼难捕之原始哺乳动物数种,专破多类爬虫之卵,取以为食,于是爬虫多种益归灭绝。

高等动物演成之准备

有上五因,而硕大爬虫又概难适应骤更之环境,为迅速之变化,复多艰于转徙新地,随食物——其他小动物——之迁移,是以终于消灭净尽,类无遗育。而躯体较小如鳄鱼、蜥蜴、龟鳖等者,颇能变异以适应新环境;亦较易于迁移;又能蛰伏耐饥,或得少许食物即尚可以生活。是以终能经历困苦,逐时演进,而生存至今。如此硕大爬虫消灭,少数较小种族仅存,实为动物进化史上一大革命。盖从此,益使早经分化为原始哺乳动物与鸟类之爬虫苗裔,因适应环境而益进化以成高等动物,雄长于近生代全期,得以为今生代作预备之步骤故也。进化历史,是于此又收束中生代焉。

本章参考书

L. V. Pirsson and C. schuchert: *A Text-book of Gealogy* (1915) ch. XLV, XLV, XLⅥ, XLⅡ; *An Introduction to Gealogy* (1916) by W.B. Scott, ch. ⅩⅩⅫ, ⅩⅩⅩⅢ, ⅩⅩⅩⅣ; H. G. Wells: *The Outline of History*, ch. V; Joseph Macabe: *Evolution from Nebula to Man*, ch. Ⅲ, Ⅳ, Ⅴ; H. W. Van Loon: *The Story of Mankind* ch. Ⅰ;

汉译《科学大纲》第二篇,第十二篇,第十三篇

(未完待续)

(《成大史学杂志》第 2 期,1930 年 5 月)

唐代藩镇之祸可谓为第三次异族乱华

唐代藩镇之祸，为世人所熟知；而藩镇之祸实为异族乱华，则为常人所不甚悉。盖尝考之，唐代藩镇之祸始于玄宗，而首开此祸乱之风者，系李献忠、安禄山、史思明。李献忠、安禄山、史思明，实皆异族也。玄宗以降，因肃宗、代宗之姑息与失政，致藩镇之祸渐演渐广，而扩张此祸乱之风者，系仆固怀恩、李光弼、李怀仙、李宝臣、李正己、田承嗣、薛嵩、梁崇义，而仆固怀恩、李光弼、李怀仙、李宝臣、李正己复皆异族也。自是之后，藩镇之骄横跋扈者，称兵抗命者，擅地割据者，大半属于异族。风气既成，汉族之为藩镇者，自不免多受影响而效尤，然其跋扈特甚者，大抵仍异族也。逮乎唐末，李克用虎据河东，卒致五代之时，李存勖、李嗣源、李从厚、石敬瑭、石重贵、刘智远、刘承祐等迭帝中原，刘崇、刘钧等建立北汉，则皆异族矣。故唐代藩镇之祸，谓为异族乱华，似非过当也。

异族之乱华者，周代以前，不可得而详。由周至唐，异族之乱华也有三期：其（一）为西周末叶及东周春秋之时。是时也，白狄之鲜虞、肥、鼓，赤狄之东山皋落氏、廧咎如、潞氏、甲氏、留吁、铎辰，长狄之鄋瞒，北戎之山戎、无终，西戎之犬戎、大戎、小戎、骊戎、义渠、大荔，以及姜氏之戎、蛮氏之戎、陆浑之戎、扬拒之戎、泉皋之戎、茅戎、伊洛之戎，大举侵扰全黄河流域，深入杂处肆乱于汉族诸邦之中。当此"戎狄豺狼"，诸夏存亡危急之秋，赖齐桓公、管仲"忧中国之患，苦夷狄之乱"，起而攘夷。秦、晋等国继之，以渐消灭戎狄，"用夏变夷"，使之同化，于是汉族始得免于为"被发左衽"。

其（二）为两晋南北朝之时。是时也，异族云扰，世谓之"五胡乱

华"。其实非止五胡也。如匈奴,如羯,如鲜卑,如乌桓,如氐,如羌,如巴夷,如义阳蛮,如荥阳高丽,咸杂处汉族之中,扰攘骚乱于全黄河流域及江汉流域,先后称兵肆虐,或据地立邦,互相残贼,互相吞噬。影响所及,黄河流域汉族大遭荼毒。其中虽亦有冉魏、前凉、西凉、北燕、北齐等汉族先后所建之邦,或修或短,然其最恣睢暴厉者,均属异族。始也匈奴,继之者羯,继之者鲜卑,继之者氐,继之者鲜卑与羌,继之以鲜卑之魏与周。至于隋,始全为汉族所抚有而归于混一。

其(三)为唐中叶至五代之时。是时也,如突厥,如铁勒,如契丹,如奚,如高丽,如靺鞨,如回鹘,如吐谷浑,如党项羌,如河西胡,如武陵蛮,其族之居于中国为唐藩镇者,大率跋扈骄横,迭为祸乱,拥兵割据,抗命称雄,卒至亡唐而倾覆后梁,而所谓沙陀突厥族者,遂迭帝中原,为后唐,为后晋,为后汉,为北汉。直至宋之统一,诸异族之入居中国先后为藩镇者,其势始衰。故曰:唐代藩镇之祸实可谓为异族乱华,亦可谓为中国有史以来第三次之异族乱华也。

兹将唐代中叶以后所以建置藩镇及其所以多用异族为藩镇之原因,先为说明如下。次分条列举乱华诸异族之藩镇,略言其经过。至于其为乱之事迹,过于繁重,不多述焉。

(一)唐代中叶建置藩镇之原因

(二)唐代中叶多用异族为藩镇之由来

(三)玄、肃之际柳城杂胡藩镇之乱华

(四)肃宗时代突厥杂种藩镇之乱华

(五)代宗时仆骨等族藩镇之变叛

(六)代宗时高丽等族藩镇之割据

(七)德宗初奚族、契丹族等藩镇之联兵共反

(八)德宗中叶渤海靺鞨族藩镇之叛扰京畿

(九)宪宗时契丹等族叛藩之削平

(十)穆宗以后回鹘族藩镇之世袭

(十一)懿宗、僖宗时代吐谷浑等族藩镇之相攻

(十二)唐末沙陀突厥族、蛮族藩镇之扰攘兴盛

（一）唐代中叶建置藩镇之原因

据陆贽《论关中事宜状》，唐自"太宗文皇帝既定大业，万方底乂……列置府兵，分隶禁卫。大凡诸府八百余所，而在关中者殆五百……则居重驭轻之意"也。又据《新唐书·兵志》：唐初"府兵之置，居无事时，耕于野。其番上者，宿卫京师而已。若四方有事，则命将以出，事解辄罢，兵散于府，将归于朝。故士不失业，而将帅无握兵之重"。此《新唐书·方镇表序》所谓"高祖太宗之制：兵列府以居外，将列卫以居内，有事则将以征伐，事已，各解而去。兵者，将之事也，使得以用而不得以有之"者是也。至其"兵之戍边者，大曰军，小曰守捉、曰城、曰镇，而总之者曰道。其军、城、镇、守捉，皆有使，而道有大将一人，曰大总管，已而更曰大都督……太宗时，行军征讨曰大总管，在其本道曰大都督。自高宗永徽以后，都督带使持节者，始谓之节度使。然犹未以名官"；且"边帅皆用忠厚名臣，不久任，不遥领，不兼统"，亦无握兵之重，得以用而不得以有之也。

及玄宗"开元中，天子有吞四夷之志，为边将者十余年不易，始久任矣。皇子则庆、忠诸王，宰相则萧嵩、牛仙客，始遥领矣。盖嘉运、王忠嗣专制数道，始兼统矣"。又天宝之初，为驾驭四方异族之故，于边陲要地"置十节度经略以备边：曰安西节度，抚宁西域，统龟兹、焉耆、于阗、疏勒四镇……兵二万四千。曰北庭节度，防制突骑施、坚昆，统瀚海、天山、伊吾三军……兵二万人。曰河西节度，断隔吐蕃、突厥，统赤水、大斗、建康、宁寇、玉门、墨离、豆卢、新泉八军，张掖、交城、白亭三守捉……兵七万三千人。曰朔方节度，捍御突厥，统经略、丰安、定远三军，三受降城，安北单于二都护府……兵六万四千七百人。曰河东节度，与朔方掎角，以御突厥，统天兵、大同、横野、岢岚四军，云中守捉……兵五万五千人。曰范阳节度，临制奚、契丹，统经略、威武、清夷、静塞、恒阳、北平、高阳、唐兴、横海九军……兵九万一千四百人。曰平卢节度，镇抚室韦、靺鞨，统平卢、卢龙二军，榆关守捉，安东都护府……兵三万七千人。曰陇右节度，备御吐蕃，统临洮、河源、白水、安人、振威、威戎、漠门、宁塞、积石、镇西十军，绥和、合川、平夷三守捉……兵七

万五千人。曰剑南节度，西抗吐蕃，南抚蛮獠，统天宝、平戎、昆明、宁远、澄川、南江六军……兵三万九百人。曰岭南五府经略，绥静夷、獠，统经略、清海二军，桂、容、邕、交四管……兵万五千四百人"。（《通鉴》卷二百十五）此为边陲建藩镇之原因及经过，不仅广以节度名官，且委节度使以军马大权，或久任，或兼领，往日居重驭轻之道渐隳，边将之权势骤重。

自是以后，经安史之乱，广置节度使于国中，与时增加，权任益重。有如《唐书·兵志》所云"武夫战卒以功起行阵，列为王侯者，皆除节度使。由是方镇相望于内地，大者连州十余，小者犹兼三四……自国门以外，皆……方镇矣"。此唐于内地广置藩镇之原因及经过之大略也。

（二）唐代中叶多用异族为藩镇之由来

自唐睿宗景云初年至玄宗开元末年之渐次置节度使于边疆也，充节度使者，异族绝少。兹为明瞭起见，爰将睿宗景云初至玄宗开元末所有节度使之可考见者，列表如下，而后稍加以说明：

薛　讷	汉族	睿宗时为幽州经略节度使，玄宗初为和戎大武节度大使
贺拔延嗣	鲜卑族	睿宗时为河西节度使
阿史那献	突厥族	玄宗开元初为碛西节度使
郭知运	汉族	玄宗开元初为陇右节度使
郭虔瓘	汉族	玄宗开元中为陇右节度使
张嘉贞	汉族	玄宗开元中为天兵军节度使
杨敬述	汉族	玄宗开元中为河西节度使
张　说	汉族	玄宗开元中为天兵军节度使，旋兼朔方军节度使
王君㚟	汉族	玄宗开元中为河西陇右节度使
王　晙	汉族	玄宗开元中为朔方军节度使
李　濬	汉族	玄宗开元中为剑南节度按察使
张敬忠	汉族	玄宗开元中为河西节度使
杜　暹	汉族	玄宗开元中为碛西节度使

续　表

萧　嵩	汉族	玄宗开元中为河西节度使
信安王祎	汉族	玄宗开元中为朔方节度使
张忠亮	汉族	玄宗开元中为陇右节度使
牛仙客	汉族	玄宗开元中为河西节度使
薛楚玉	汉族	玄宗开元中为幽州节度使
崔希逸	汉族	玄宗开元中为河西节度使
张守珪	汉族	玄宗开元中为幽州节度使
萧　炅	汉族	玄宗开元末为河西节度使
杜希望	汉族	玄宗开元末为陇右节度使
王　昱	汉族	玄宗开元末为剑南节度使
盖嘉运	汉族	玄宗开元末为碛西节度使旋为河西陇右节度使
荣王琬	汉族	玄宗开元末为陇右节度使
张　宥	汉族	玄宗开元末为剑南节度使
李适之	汉族	玄宗开元末尝以御史大夫兼幽州节度使
李林甫	汉族	玄宗开元末尝以宰相兼河西节度使

据上表，综计玄宗开元末叶以前为节度使者二十八人，除贺拔延嗣及阿史那献两人为异族外，其他二十六人皆汉族也。自李林甫以柔佞狡险得为相，妒贤嫉能，陷害胜己。尤忌文学之士及文武兼全功名盛著之边将，深恐其入为宰相，致夺己权，乃谋杜绝其路。于是任命边陲节度使之情形始剧变。试观司马温公所言，剧变之因更豁然明矣。《通鉴·唐纪》三十二曰："唐兴以来，边帅皆用忠厚名臣……功名著者往往入为宰相。其四夷之将，虽才略如阿史那社尔、契苾何力，犹不专大将之任，皆以大臣为使以制之。及开元中……宰相……李林甫欲杜边帅入相之路，以胡人不知书，乃奏言：'文臣为将，怯当矢石，不若用寒畯胡人。胡人则勇决习战，寒族则孤立无党。陛下诚以恩洽其心，彼必能为朝廷尽死。'上悦其言，始用安禄山。至是——天宝六年，诸道节度使尽用胡人。"《旧唐书·李林甫传》亦曰："开元中，张嘉贞、王晙、张说、萧嵩、杜暹皆以节度使入知政事。林甫固位，志欲杜出将入相之源，尝奏

曰:'文人为将,怯当矢石,不如用寒族、蕃人。蕃人善战有勇,寒族即无党援。'帝以为然,乃用安思顺……自是高仙芝、哥舒翰皆专任大将,林甫利其不识文字,无由入相……故也。"今举玄宗天宝中异族之为节度使者列表于下,俾吾人得更明瞭焉。

安禄山	柳城杂胡	玄宗天宝中为平卢节度使兼范阳节度使河东节度使
章仇兼琼	鲜卑遗族?	玄宗天宝中为剑南节度使
夫蒙灵詧	疏勒族?	玄宗天宝中为河西节度使
李献忠	回纥族	玄宗天宝中为朔方节度副使
哥舒翰	突骑施族	玄宗天宝中为陇右节度使
安思顺	突厥族	玄宗天宝中为朔方节度使,又为河西节度使
高仙芝	高丽族	玄宗天宝中为安西四镇节度使
鲜于仲通	鲜卑遗族?	玄宗天宝中为剑南节度使
赵国珍	牂柯夷族	玄宗天宝中为黔中节度使

(三) 玄肃之际柳城杂胡藩镇之乱华

由上节,吾人对于玄宗天宝中年全用异族为节度使之原因及经过已明,今可进观异族节度使之乱华。

玄宗天宝末年异族节度之乱华者,首推回纥族之李献忠。据新、旧《唐书·突厥传》及《回纥传》,李献忠本名阿布思,乃回纥酋长,尝与拔悉密、葛逻禄二部共攻突厥。会天宝初,玄宗命王忠嗣击突厥,取其右厢,于是阿布思等帅部众千余帐来降。玄宗厚礼之,赐姓名李献忠,累迁朔方节度副使,赐爵奉信王。又据《旧唐书·李林甫传》,献忠之为朔方节度副使时,值李林甫以宰相遥兼朔方节度。故其实,献忠之为朔方节度副使,殆无异于为朔方节度使。《通鉴》言献忠有才略,不为杂胡藩镇——平卢兼范阳河东节度使安禄山下,安禄山恨之。

天宝十一年,禄山奏请献忠帅同罗族数万骑(时同罗族降者,悉处于大武军北,部众繁盛),与俱击契丹。献忠恐为禄山所害,白留后张暐,请奏留不行。暐附禄山,不许。献忠乃大掠仓库,叛归漠北。漠北回纥破之,献忠南走,至碛西,为北庭都护汉族程千里所追执,送长安斩

之。献忠所有部众,为安禄山所诱降,由是禄山精兵益多。

继李献忠而反者为安禄山。据《通鉴》及新旧《唐书·安禄山传》,安禄山本营州柳城杂胡,其母阿史德祷于轧荦山——虏所谓战斗神者——而生,故即名轧荦山。父死,其母携之再适突厥安延偃。会其部落破散,与延偃兄子安思顺俱遁于唐,故冒姓安氏,名禄山。及长,解六蕃语,旋为幽州捉生将,以骁勇积军功,得为平卢兵马使。禄山性狡黠倾巧,善揣人情,人多誉之。玄宗先后遣左右及御史中丞张利贞至平卢,禄山皆厚赂之,归,皆称其贤。玄宗信之,遂命为平卢节度使。其后入朝,应对敏给,杂以诙谐,玄宗益爱之,浸使兼范阳节度使及河东节度使,握兵十八万余人,其权势遂为全国冠!

禄山既兼三地藩镇,赏刑己出,渐有轻唐之心。于是养同罗族、奚族、契丹族归降者,选取八千余人,谓之"曳落河"。曳落河者,胡言壮士也。皆骁勇善战,一可当百。又蓄家僮百余人,亦然。又畜战马数万匹,多聚兵仗。以契丹族人孙孝哲等为腹心,以突厥杂种史思明,突厥族人安守忠、安思义、安忠顺、阿史那承庆、阿史那从礼,奚族人张忠志、张孝忠等及汉族之附己而骁勇者为爪牙,为自强之计。及得李献忠——阿布思——回纥部众,于是禄山精兵,通国莫及。天宝十四年,遂谋反,首请以蕃将三十二人代汉将;继请献马,以二十二蕃将及精兵六千人部送,谋袭长安。玄宗始疑之,止其献。禄山乃明发所部兵,及同罗族兵、奚族兵、契丹族兵、室韦族兵,凡十五万众,号二十万,反于范阳。

禄山反后,其战事繁冗,限于篇幅,兹不多述。总之其自范阳引兵而南,"步骑精锐,烟尘千里,鼓噪震地。时海内久承平,百姓累世不识兵革,猝闻范阳兵起,远近震骇。河北皆禄山统内,所过州县,望风瓦解。守令或开门出迎,或弃城窜匿,或为所擒戮,无敢拒之者"。

旋即长驱陷洛阳,自称大燕皇帝。玄宗所遣安西节度使汉族封常清及右金吾大将军高丽族人高仙芝等败退潼关,玄宗斩之。另一河西陇右节度使突骑施族人哥舒翰进取洛阳,旋亦大败,降于禄山。禄山遂入潼关,据长安,玄宗幸蜀。已而肃宗即位灵武,借兵于回纥及西域。会禄山在长安掠民子女、玉帛,人民思唐,群起与禄山为敌。禄山家中

复起内变,为其子庆绪所弑,庆绪自立,肃宗乃得以回纥、西域等兵进规长安。

先是禄山于河北诸郡"郡置防兵三千,杂以胡兵镇之";庆绪既立,又以妫、檀及同罗族、奚族之兵十余万扰河南及淮水之间。当时黄河流域,成为异族大举乱华之象。及肃宗借兵于回纥族及西域,凡十余万。又赖郭子仪及契丹族李光弼、铁勒仆骨族人仆固怀恩、浑族人浑释之、高丽族人王思礼等诸将之致力,始收复长安、洛阳。安庆绪北走保邺郡,其大将史思明等乃降。

(四) 肃宗时代突厥杂种藩镇之乱华

史思明既降,肃宗以为范阳节度使,封归义王。据新、旧《唐书·史思明传》,思明本名宰干,宁夷州突厥杂种,玄宗赐其名曰思明。其从安禄山反,最称骁悍。及安庆绪弑禄山,忌思明之强,遣阿史那承庆、安守忠往图之,思明始离。当安庆绪之北走保邺也,其精兵曳落河同罗族及六州胡数万人,皆溃归范阳,所过俘掠,人物无遗,思明厚为之备,且遣使逆招之范阳境,曳落河六州胡皆降。同罗不从,思明纵兵击之,同罗大败,悉夺其所掠,余众走归其国。于是思明拥兵十余万,势甚强,子七人皆除显官。会李光弼等言思明终当叛乱,阴图之,思明遂以其十三万众反。时肃宗方以兵六十万围安庆绪于邺,思明引兵而南,大破之,解邺城围,杀安庆绪,命其子史朝义镇邺,自还范阳,称燕帝。

思明旋复南下陷洛阳,进兵攻河阳,李光弼大破之。自此屡与光弼战,互有胜败。思明猜忍好杀,群下小不如意,动至族诛,人不自保。朝义,其长子也,尝从思明将兵,颇谦谨爱士卒,将士多附之,无宠于思明。思明爱少子朝清,常欲杀朝义而立朝清为太子。朝义忧惧,其部下为之执囚思明,缢杀之,朝义即帝位于洛阳。时洛阳四面数百里州县,叠遭胡乱,皆为丘墟。而朝义所部节度使,皆安禄山旧将,与史思明等夷,朝义用之不能得,略相羁縻而已。于是唐复借兵于回纥,讨朝义。将至,阿史那承庆言于朝义曰:"唐若独与汉兵来,宜悉众与战;若与回纥俱来,其锋不可当,宜退守河阳以避之。"朝义不从,大败,回纥收复东京,"肆行杀掠,死者万计,火累旬不灭。……回纥悉置所掠于河阳,留其将

安恪守之"。

已而史朝义屡败北走,其邺郡节度使汉族薛嵩以相、卫、洺、邢四州降,其恒阳节度使奚族张忠志以恒、赵、深、定、易五州降,其睢阳节度使汉族田承嗣以莫州城降,其范阳节度使柳城胡族李怀仙以幽州等地降。朝义欲北入奚、契丹,至温泉栅,李怀仙遣兵追之,朝义穷蹙,缢于林中,于是突厥杂种藩镇乱华之举始告终结。

然以上所述,乃突厥杂种藩镇之乱华者也。其为唐肃宗平乱之异族将帅颇多,不暇遍举。兹仅将其定难有功而得跻为节度藩镇者,列表于下,以明肃宗时异族藩镇乱华之际,亦大有赖于异族藩镇之定乱焉。

史思明	突厥杂种	范阳节度使	反,据洛阳称帝
李光弼	契丹族	河东节度使	平乱有大功
王思礼	高丽族	关内兼泽潞节度使	平乱有大功
贺兰进明	鲜卑遗族	河南节度使	平乱有功
荔非元礼	未详何族	镇西北庭节度使	平乱有功
安抱玉	安息遗族	郑陈节度使	平乱有功
仆固怀恩	仆骨族	朔方节度使	平乱有大功
白孝德	安西胡族	镇西北庭节度使	平乱有功

(五) 代宗时仆骨等族藩镇之变叛

突厥杂种藩镇史思明、史朝义之乱华也,戡定之者,以汉族大帅郭子仪,及契丹族李光弼、铁勒仆骨族仆固怀恩之功最大而且多。不意事定之后,代宗失政,于是李光弼拥兵抗命,而仆固怀恩称兵反抗。

所谓代宗失政,致李光弼、仆固怀恩变叛者,即代宗之宠信宦官也。代宗即位后,宠任宦官较肃宗益甚。宦官之奉使四方者,不惟不禁其求取;所得颇少,代宗且以为轻其使命。因之宦官出使藩镇,公求略遗,无所忌惮,一出使,恒重载而归。其宠任程元振尤深,命为骠骑大将军,委以军国大政。四方遣人奏事,代宗辄谓与骠骑议之,曾不委宰相可否,或稽留数月不还,于是远近疑阻。乃程元振者,不仅专恣用事,且忌功害能。凡诸将帅有大功者,常谗陷之。同华节度使李怀让为元振所谮,

恐惧自杀。山南东道节度使来瑱在襄阳，程元振有所请托，不从，元振谮而流杀之。郭子仪为都知朔方、河东、北庭、潞泽、仪沁、陈郑等行营节度及兴平等军副元帅，元振忌其功高任重，数谮之，代宗卒罢子仪兵柄，留京师。于是李光弼惧而变节。

据新、旧《唐书·李光弼传》，光弼为营州柳城契丹族。其祖先，契丹之酋长，父楷洛归唐，封蓟国公，以骁勇闻。光弼平安、史，功最高，与郭子仪齐名，以太尉充河南、淮南、山南东道、荆南等副元帅，镇临淮，赐爵临淮王。代宗广德初，吐蕃入寇，帅其兵及吐谷浑、党项、氐、羌二十余万众取长安，剽掠府库。市里，焚闾舍，萧然一空。代宗奔陕，诏征诸道兵，诸道恶程元振居中，莫有至者。李光弼与程元振不协，亦迁延不至。"朝廷方倚光弼为援，恐成嫌疑，数诏问其母。吐蕃退，乃除光弼东都留守，以察其去就。光弼伺知之，辞以久待救不至，且归徐州，欲收江、淮租赋以自给"。于是光弼抗命之形成，而割据之势显，终其身，不入朝矣。

当契丹族李光弼之畏宦官而图割据也，仆固怀恩亦叛唐。据新旧《唐书·仆固怀恩传》，怀恩者，铁勒部落仆骨族歌滥拔延之曾孙，降唐后，世为金微府都督。怀恩以平安史大功，命为朔方节度使。虽有久图握兵之意，然实忠于唐，一门死王事者四十六人。旋为宦官骆奉仙、鱼朝恩及河东节度使辛云京等所构陷，不能自明，愤怨殊深，遂反，引回纥、吐蕃数十万众进逼奉天，长安戒严。旋退去，未几，又引回纥、吐蕃、吐谷浑、党项、奴剌数十万众俱入寇，令吐蕃大将尚结悉赞摩、马重英等自北道趣奉天，党项帅任敷、郑廷、郝德等自东道趣同州，吐谷浑、奴剌之众自西道趣盩厔，回纥继吐蕃之后，怀恩又以朔方兵继之，关中大震。幸怀恩中途暴疾死，其军内乱。回纥与吐蕃争长，不相睦，郭子仪乘机游说回纥，使为唐击吐蕃，吐蕃遁去，大患始已。怀恩子仆固场围榆次，已前为部下所杀，势亦全消。

（六）代宗时高丽等族藩镇之割据

铁勒仆骨族藩镇之势虽消灭，而高丽族、奚族、柳城胡族藩镇之势焰方始大张。先是仆固怀恩之以回纥族兵败灭史朝义也，史朝义诸将

奚族张忠志（《旧唐书·李宝臣传》曰："李宝臣，范阳城旁奚族也，故范阳将张锁高之假子，故姓张，名忠志"），柳城胡族李怀仙及汉族田承嗣、薛嵩等，皆降。怀恩恐贼平宠衰，因奏留忠志等分镇河北，自为党援。代宗亦厌苦兵革，苟冀无事，即以张忠志为成德节度使，统恒、赵、深、定、易五州，赐名曰李宝臣；李怀仙为幽州卢龙节度使，统幽、莫、妫、檀、平、蓟六州；田承嗣为魏博节度使，统魏、博、德、沧、瀛五州；薛嵩为相卫节度使，统相、卫、邢、洺、贝、磁六州。未几，所统虽稍有变动，然无大出入。已而淄青变乱，高丽族人李怀玉以裨将逐其节度使侯希逸。代宗姑息，即以李怀玉为淄青节度使，赐名正己。

以上诸藩镇藩皆出自乱党，又大半出自异族，其"据要险，专方面，既有其土地，又有其人民，又有其甲兵，又有其财赋……不得不强"。（《新唐书·兵志》）况李宝臣、李怀仙、田承嗣、薛嵩等收安史屡乱之余党，各成劲卒数万。于是治兵完城，自署文武将吏，不奉朝命，不供贡赋；与李正己及山南东道节度使汉族梁崇义，皆结为婚姻，互相表里，期以土地传之子孙，于是藩镇割据之势显然成形，弥漫骤广，由榆关而南及长江矣。代宗专事姑息，不能复制，虽名藩臣，羁縻而已。

未几，汉族藩镇魏博节度使田承嗣并吞相卫，高丽族藩镇淄青节度使李正己，及奚族成德节度使李宝臣，出兵攻之。已而李正己亦吞并汴宋藩镇，取其曹、濮、郓、兖、徐五州。李宝臣亦图吞并幽州、卢龙。于是有如《旧唐书·阳惠元传》所云："李正己有淄、青、齐、海、登、莱、沂、密、德、棣、曹、濮、徐、兖、郓十五州之地，养兵十万。李宝臣有恒、易、深、赵、沧、冀、定七州之地，有兵五万。田承嗣有魏、博、相、卫、洺、贝、澶七州之地，有兵五万。梁崇义有襄、邓、均、房、复、郢六州之地，其众二万。皆……各擅土宇……盘根固结。"有如《通鉴》所云："虽奉事朝廷而不用其法令。官爵、甲兵、租赋、刑杀，皆自专之。上（代宗）宽仁，一听其所为。朝廷或完一城，增一兵，辄有怨言，以为猜贰，常为之罢役；而自于境内筑垒，缮兵，无虚日。以是虽名藩臣，而实如蛮貊异域焉。"

虽然，代宗时异族藩镇之割据者固多，其能忠顺于朝廷亦有。兹合之而列表于下，得一览瞭然焉。

李光弼	契丹族	河南淮南等地节度使	抗命不朝,图割据
仆固怀恩	仆骨族	朔方节度使	反叛
仆固玚	仆骨族	朔方行营节度使	反叛
李宝臣	奚族	成德节度使	割据兼并
李怀仙	柳城胡族	幽州卢龙节度使	割据
李正己	高丽族	淄青节度使	割据兼并
李光进	契丹族	滑濮节度使渭北节度使	良顺
鲜于叔明	鲜卑遗族?	东川节度使	忠顺
李抱玉	安息遗族	泽潞兼凤翔等处节度使	忠贞

(七) 德宗初奚族、契丹族等藩镇之联兵共反

代宗时高丽族藩镇李正己及奚族藩镇李宝臣等既割据,与汉族藩镇田承嗣等均期以土地传之子孙。至代宗之末,田承嗣卒,宝臣力为之请于朝,俾传位于其侄田悦。及德宗即位,李宝臣卒,子惟岳谋袭位,诈为宝臣表求令惟岳继袭。时德宗方思振作,欲革前代姑息之弊而铲藩镇割据之风,不许。惟岳遂自为留后使将佐共奏求旄节,德宗又不许。田悦为之请,亦不许。于是悦与李正己、李惟岳定计连兵拒命,举兵攻邻疆。德宗命四方讨叛藩,内自关中西暨蜀、汉,南尽江、淮、闽、越,北至太原,所在出兵。而李正己已遣兵扼徐州甬桥涡口,运路绝,人心震恐。已而正己卒,子纳秘之,自行袭位,遣兵继续抗朝廷。时德宗所遣神策先锋都知兵马使汉族李晟、河东节度使汉族马燧,及昭义节度使安息遗族李抱真等屡战有功,惟岳之将契丹族人王武俊杀惟岳以降。惟岳别将奚族人张孝忠(本名阿劳,奚乙失活部酋长之后)及康日知等,亦先后降。田悦仅保魏州,李纳则被蹙于郓州。事已指日可定,不意李抱真与马燧不睦,诸军因之逗挠;而德宗又赏罚不信不明,致王武俊等复反。

据《旧唐书·王武俊传》,武俊乃"契丹怒皆部落人,祖可讷干,父路俱。开元中……其部落五千帐,与路俱南……居蓟。武俊初号没诺干",后取中国姓名王武俊。当德宗之讨李惟岳也,既下明诏,谓能得李

惟岳首者,即以其官爵与之。及王武俊斩惟岳,乃仅授为恒冀都团练观察使,且欲减其粮马。武俊以为朝廷欲削弱其势力而取之,不肯奉诏。会幽州卢龙留后汉族朱滔亦以讨李惟岳功怨赏薄,遂与王武俊共反。二人引兵南救田悦,大破马燧及朔方节度使渤海靺鞨族李怀光等于魏州。蹙其军入永济渠,溺死者不可胜数,人相蹈籍,其积如山,水为之不流。

已而朱滔自称冀王,田悦称魏王,王武俊称赵王,李纳称齐王。各为一国,惟不改唐年号如古诸侯奉周正朔。筑坛同盟,联兵拒命,有不如约者,众共伐之。推滔为盟主,称"孤";武俊与纳与悦,称"寡人"。皆名堂曰"殿",处分曰"令",群下上书曰"笺",妻曰"妃",长子曰"世子"。各以其所治州为府,置留守,兼元帅,以军政委之;又置东西曹,视唐中书省门下省;左右内史,视唐侍中中书令,"余官皆仿天朝而易其名"。于是淮西节度使汉族李希烈(?《希烈传》曰:"李希烈,辽西人……后……过海至河南。"按唐时辽西一带几全为奚、契丹族所居,李希烈果为汉族抑奚族或契丹族,殊不能定)亦受其影响,反于淮西,自称天下都元帅太尉建兴王,遣兵四出攻掠,河、淮、洛、伊之间,大受其毒。

此异族与汉族之五藩镇既联兵共反,德宗用兵征讨,日益棘手。计先后命河东、泽潞、河阳、朔方四军屯魏县,讨河北。命神策、永平、宣武、淮南、浙西、荆南、江西、沔鄂、湖南、黔中、剑南、岭南十二军环屯淮宁之境,讨淄青淮西。复恐军力不足,勒诸节度使、观察使、都团练使之子弟,帅奴马,自备资装从军。又因军费浩繁,府库不支,大括长安富商钱,借之以供军计,长安嚣然如被寇盗。又括僦柜质钱:凡蓄积钱帛粟麦者,皆借四分之一,封其柜窖,百姓为之罢市。又增诸道税,税及百物。复行税间架:计臣民屋庐广狭课税,每屋两架为间,上屋税钱二千,中税千,下税五百。复行除陌钱法:无论公私给与或买卖,每缗官留五十钱,每百官税五钱。严行督课,敢匿税者有罚有刑。如是,如陆贽《论两河及淮西利害状》所云:"加算不止于舟车,征卒殆穷于闽、濮,笞肉捶骨,呻吟里闾,送父别夫,号呼道路。"遍中国因叛藩之影响而大遭荼毒矣。

(八) 德宗中叶渤海靺鞨族藩镇之叛扰京畿

契丹族王武俊、高丽族李纳及汉族朱滔、田悦、李希烈等五藩镇既联兵反叛而未已,泾原军忽变乱入长安,推朱泚为主,德宗仓卒奔奉天。泚自称大秦皇帝,自将向奉天攻德宗。时朱泚军势甚盛,赖京畿渭南北金商节度使铁勒浑族人浑瑊血战,得稍撑持。已而渤海靺鞨族人朔方节度使李怀光,鲜卑宇文部之别种神策兵马使尚可孤,及安息族人镇国军节度使骆元光,皆自东方撤兵入援。怀光至醴泉,大败朱泚兵,始解奉天之围,朱泚退归长安。时德宗所任宰相卢杞排挤忠良,专总大政,知德宗性好猜忌,往往以疑似离间群臣,中外失望。李怀光既击退朱泚,解奉天之围,欲奏参卢杞罪恶,杞隔之,不得入见。杞复欲陷之,说于德宗,使怀光从速取长安。怀光自负莫大之功,解重围,而为卢杞所排,"咫尺不得见天子,意殊怏怏"。未几,怀光遂谋反。

当怀光之将反也,密与朱泚通谋,旋吞并鄜坊节度使李建徽及神策行营节度使杨惠元之军,建徽走免,惠元被杀。右武锋兵马使石演芬,本西域胡人,怀光养以为子,不欲从反,遣客诣德宗告怀光反状,怀光杀而脔食之。于是遣其将胡族人达奚小俊袭乘舆,德宗惧,复由奉天奔梁州。时怀光势盛,朱泚畏之,与怀光书,以兄事之,约分帝关中,永为邻国。

先是德宗之奔奉天也,势穷力屈,使人说东方异族叛藩王武俊、李纳及汉族叛藩田悦,赦其罪,厚赂以官爵。武俊等皆密归款,而犹未敢绝朱滔,各称王如故。泽潞节度使安息族李抱真亦遣人游说王武俊,武俊密许归顺,与抱真约为兄弟,然犹称王。德宗旋用陆贽感化分化之策,下诏罪己,大赦王武俊、李纳、李希烈、田悦、朱滔而专讨朱泚。王武俊、李纳、田悦见赦令,始皆去王号,上表谢罪。及怀光反,东方之忧患减少,故德宗得以用全力讨怀光及朱泚。于是命镇国节度使安息族人骆元光屯昭应,商州节度使鲜卑族人尚可孤屯蓝田,大将汉族韩游瓌屯邠宁,戴休颜屯奉天,皆受河中、同终节度使同平章事汉族李晟节度,为大包围之进攻。京畿渭南北节度使浑族人浑瑊亦奋勇助讨朱泚,克长安,其将斩泚以降。时怀光东据河中,其下多叛之,势日弱,德宗乃加浑瑊河中绛州节度使,充河中、同华、陕虢行营副元帅,与马燧、骆元光等

合兵讨怀光，怀光部下多叛，忧惧不知所为，自缢而死。渤海靺鞨族藩镇叛扰京畿之乱乃平。

然东方异族藩镇——淄青节度使高丽族李纳及成德节度使契丹族王武俊等虽归顺，其擅土地、人民、甲兵、财赋、刑赏仍如故，割据骄恣，殆同化外。已而李纳卒，其子师古知留后，德宗畏乱姑息，即以师古为淄青节度使。王武俊卒，自传位于其子士真，德宗亦即命为成德节度使。时藩镇割据及继袭之风大长，汉族者可置而不论，其他忠顺之异族，亦浸染其风，如昭义节度使安息遗族李抱真卒，其子缄亦谋袭位，特未成。又汉族鲜卑族混种于谨为山南东道节度使，大募战士，缮甲厉兵，聚货财，恣诛杀，有据汉南之志，专以慢上陵下为事。德宗畏乱，知其所为，无如之何。兹将德宗时代叛乱割据与忠顺之异族诸藩，合列一表于下，俾吾人得一览瞭然：

李惟岳	奚族	成德节度使	举兵抗命
李正己	高丽族	淄青节度使	举兵抗命
李　纳	高丽族	淄青节度使	举兵抗命
李怀光	靺鞨族	朔方节度使	兼并，反叛
王武俊	契丹族	恒冀深赵节度使，旋得成德节度	反叛，割据
张孝忠	奚族	义武节度使，常擅兴兵袭蔚州	初从叛，后归顺
李抱真	安息遗族	昭义节度使	忠贞，平乱有大功
哥舒曜	突骑施族	东都汝州节度使	顺命
浑　瑊	铁勒浑族	京畿渭南北节度使	忠贞，平乱有大功
尚可孤	鲜卑族	商州节度使	忠贞，平乱有功
骆元光	安息族	镇国军节度使	忠贞，平乱有功
论惟明	吐蕃族	鄜坊节度使	顺命
裴　玢	疏勒族	山南西道节度使	忠清驯良
万纽于谨	汉鲜杂种	山南东道忠节度	图割据
李师古	高丽族	淄青节度使	世袭割据
王士真	契丹族	成德节度使	世袭割据
张茂昭	奚族	义武节度使	忠顺

(九) 宪宗时契丹等族叛藩之削平

据上表,足知德宗时代异族藩镇割据反叛者较代宗时更多,其崩也,子顺宗在位仅八月,即传位于子宪宗。宪宗性英武,以法度制裁藩镇,先平刘辟谋为西川藩镇及杨惠琳谋为夏绥藩镇之乱;次擒斩观望不朝之镇海节度使李锜。宪宗未即位时,淄青节度使高丽族李师古已传位于其弟师道,师道惧宪宗英武,请输两税,请命官吏,请行盐法,以表谨事朝廷。会成德节度使契丹族王士真卒,宪宗欲革其世袭之弊,而苦河北诸藩割据,蔓连势广,不得已,暂以王士真子承宗继袭成德节度使。乃宪宗方授王承宗旌节,而承宗擅执保信军节度使汉族薛昌朝。宪宗诏释之,承宗不奉诏。

承宗既抗命,宪宗怒,大发兵讨之,遣宦官吐突承璀将神策军发长安,复命幽州节度使汉族刘济攻其北,义武节度使奚族张茂昭攻其东,河东节度使汉族范希朝攻其西。承宗与昭义节度使汉族卢从史交结,吐突承璀等虽擒贬从史,而于承宗竟不能下。逾年,承宗稍困,乞输贡赋,请官吏,求自新;淄青节度使高丽族李师道等亦数为之请。宪宗见事势难以成功,不得已,许之而罢兵。已而汉族割据世袭之藩镇魏博节度使田季安卒,其下内乱,推裨将田兴为留后,兴不欲割据,以魏博一镇归顺于朝。李师道、王承宗恐影响己等之割据,游说百端,兴终不听,而一意归顺。

宪宗旋讨汉族叛藩,淮西吴元济、王承宗、李师道复暗助之,数上表请赦元济,宪宗不许。师道乃遣刺客奸人入讨叛军区,潜焚河阴转运院钱帛三十余万缗匹,粮谷二万余斛。朝中军中,人情悸惧,群臣多请罢兵。宪宗不听,依然坚决用兵,宰相武元衡及淮西行营宣慰使裴度力赞之。师道乃复遣刺客入长安,暗杀武元衡;又击裴度,伤首。宪宗怒,误以刺客为王承宗所遣,诏兵再讨承宗,兼讨元济及师道。其攻王承宗者,为义武节度使铁勒浑族人浑镐,范阳节度使汉族刘总,振武节度使汉族张煦,昭义节度使汉族郗士美,魏博节度使汉族田兴。然兵十余万而无统帅,又诸军"回环数千里",相去远,期约难一,故历二年无功;而千里馈运,牛驴死者什四五。宪宗不得已,复舍之而专讨淮西。

已而淮西平，王承宗始大惧，求哀于田兴，请以二子为质，并献德、棣二州，愿输租税，请官吏。田兴为之奏请，上表相继，宪宗乃许之。未几，承宗卒，其弟承元束身归朝，契丹族藩镇之乱华始熄。惟李师道尚持两端，依违不服，帝乃大发兵讨之：命横海节度使汉族乌重胤及魏博田兴等攻其北，义成节度使稽阿跌族李光颜及宣武节度使韩弘等攻其西，武宁节度使汉族李愬等攻其南。于是师道之势日蹙，其部将刘悟斩之以降。自是高丽族藩镇之乱华亦息。兹亦将宪宗时乱华异族藩镇，定乱异族藩，及不乱之异族藩镇，并列一表于下：

李光进	稽阿跌族	振武节度使	忠顺，平乱有功
李师道	高丽族	淄青节度使	割据，世袭，反叛
王承宗	契丹族	成德节度使	割据，世袭，反叛
李维简	奚族	凤翔陇右节度使	忠顺
李光颜	稽阿跌族	忠武节度使义成节度使	忠顺；平乱有功
浑 镐	铁勒浑族	义武节度使	忠顺，平乱有功
浑 瑊	铁勒浑族	天德军节度使	顺命

（十）穆宗以后回鹘族藩镇之世袭

宪宗之消灭诸异族及汉族、叛藩也，唐廷之威势一振。终未几，宪宗为宦官所弑，穆宗即位，回鹘族人王庭凑又起作乱于成德，自立为藩。奚族人史宪诚亦继起为乱，自取魏博节度使。

据《旧唐书·王庭凑传》，廷凑本回鹘——即回纥——阿布思之族，曾祖曰五哥之，事奚族藩镇李宝臣父子，契丹族藩镇王武俊旋养为假子，骁果善斗。祖曰末怛活，其父升朝始从王姓。廷凑沉勇寡言，雄猜有断，为成德都知兵马使。及穆宗既立，不以国事为意，廷凑潜谋作乱，杀成德节度使田弘正——兴，自称留后，出兵据冀州，杀其刺史王进岌。又遣将攻深州，不克。成德大将汉族王俭谋杀廷凑，未成，死者三千人。穆宗诏魏博、横海、昭义、河东、义武诸军进讨，计十七八万众，四面攻围，逾半年，无功，而度支馈沧州粮军六百乘，尽为廷凑所夺。

唐穆宗以十余万众平廷凑而不得，于是魏博先锋兵马使奚族史宪

诚因生异心,鼓煽魏博将士叛节度使田布,田布自杀。宪诚闻布已死,乃谕将士以割据。众从之,奉为留后,而穆宗亦即以宪诚为魏博节度使。宪诚外奉朝廷,而内与王廷凑连结,穆宗不能讨,乃亦以成德节度使授廷凑而罢兵。而廷凑益骄,仍出兵侵掠邻境,肆屠戮。已而穆宗崩,敬宗立未几被弑,文宗即位。汉族李同捷谋为横海节度使,廷凑复助之为乱;又遣使厚赂沙陀突厥酋长朱邪执宜,欲与之连兵共反。文宗怒,下诏罪状廷凑,遣军四面进讨。逾年,李同捷军势日蹙,廷凑始奉表,请以所管听命。及李同捷被擒,廷凑复谋以兵夺同捷。总之有如《旧唐书》所云:"成德……自李宝臣以来,虽惟岳、承宗继叛,而犹亲邻畏法,期自新之路;其凶毒好乱,无君不仁,犹未如廷凑之甚也。"

直至文宗中叶,魏博军乱,杀史宪诚,已而王廷凑亦卒,其子王元逵怀忠顺,革父风,虽袭成德节度使,有割据之实,而颇输诚款,岁时奉贡。文宗嘉之,以寿安公主出降。及武宗即位,昭义节度使刘从谏卒,其侄刘稹谋继袭,自称留后,武宗讨之,元逵能出军助讨。然其割据如故,世袭如故。卒后,传位于其子绍鼎,绍鼎传位于其弟绍懿,绍懿传位于绍鼎子景崇。景崇虽贡输于朝,然其割据土地自若也。兹将穆、敬、文、武、宣时异族诸藩之攘夺割据世袭及其不攘夺割据世袭者,合表如下,得以比观。

王承元	契丹族	义成节度使	顺命
王廷凑	回鹘阿布思族	成德节度使	以作乱得藩,割据,兼并,反叛
史宪诚	奚族	魏博节度使	以煽乱得藩,割据
张茂宗	奚族	兖海沂节度使	顺命
史孝章	奚族	相卫节度使	顺命
王元逵	回鹘阿布思族	成德节度使	虽世袭割据而颇忠顺
元　积	鲜卑族之裔	武昌节度使	顺命
苻　澈	氐族之裔	河东节度使	顺命
王绍鼎	回鹘阿布思族	成德节度使	世袭割据
王绍懿	回鹘阿布思族	成德节度使	世袭割据
李承勋	契丹族	泾原节度使	顺命

（十一）懿宗、僖宗时代吐谷浑等族藩镇之相攻

文宗、武宗、宣宗时，回鹘族藩镇虽世袭割据，然多驯顺，不复为乱。至懿宗、僖宗之际，汉族内部群盗蜂起，吐谷浑族、契苾族、沙陀突厥族、回鹘等藩镇亦因之大行乱华，互相攻战。兹略言各族藩镇之由来如下，然后述其乱华。

初，安史乱时，吐蕃乘唐多难，尽陷河西、陇右之地。吐谷浑、党项部落之畏吐蕃侵逼者，请内徙。肃宗许之，使之散处灵、庆等州，后浸繁盛。又沙陀突厥者，出自西突厥，初属唐，后附于回纥及吐蕃。宪宗元和三年，其酋长朱邪尽忠畏吐蕃之逼，与其子执宜举众三万落归唐。宪宗诏处其族于灵州，旋移河东，散处于神武川北黄瓜堆一带。又武宗之时，幽州节度使张仲武破回鹘，回鹘多降。有茂勋者，善骑射，性沉毅，仲武器之，常遣拓边，以功封郡王，赐姓名为李茂勋。

当此诸侯归降内徙之后，至懿宗时，汉族庞勋作乱于徐、淮，懿宗命右金吾大将军康承训等将兵讨之。承训以异族兵劲勇，请以沙陀三部落使朱邪赤心，吐谷浑酋长赫连铎，及契苾、鞑靼酋长，各帅其众随征，懿宗许之。及战，沙陀突厥族为前锋，陷阵却敌，所向无前，遂平庞勋。于是懿宗赐朱邪赤心姓名曰李国昌，以为大同节度使。国昌恃功恣横，专杀长吏，懿宗不能平，徙国昌为大同军防御使，国昌称疾不赴。旋移国昌为振武节度使，以其子李克用为沙陀副兵马使，戍守蔚州。时河南盗贼蜂起，云州沙陀突厥族将士杀大同防御使汉族段文楚，推克用为主，据云州。未几，国昌与克用，父子联兵共反，焚唐林、崞县，寇忻代，逼晋阳。

当是时，回鹘族人李茂勋亦已逐幽州节度使张公素，自立为节度使，以疾老，旋传位于其子可举，朝廷不能问。及国昌、克用父子共反，僖宗诏吐谷浑酋长赫连铎、白义诚，沙陀酋长李友金，安庆酋长史敬存，萨葛酋长米海万，与李可举等，合兵讨之。李可举攻克用于药儿岭，大破之；又败之于雄武军之境，杀万人。赫连铎等进攻蔚州，李国昌战败，部众皆溃，独与克用及宗族北逃入鞑靼。僖宗以赫连铎为大同军防御使，白义诚为蔚州刺史，萨葛米海万为朔州刺史。已而汉族巨盗黄巢陷

长安,僖宗奔蜀,诏赦克用。克用帅鞑靼诸部万人南下,至代州,得李友金等杂胡悍兵三万人。于是克用入河东,纵沙陀突厥杂胡剽掠居民,河东震骇。

时振武节度为铁勒契苾族契苾璋,闻之,引突厥及吐谷浑攻克用。克用北还据忻、代,数侵掠并、汾,逾年,始归款朝廷,为破灭黄巢。僖宗以克用为河东节度使。克用谋兼并,攻昭义节度使汉族孟方立,取其泽、潞二州,以弟克修为昭义节度使,复连年出兵攻太行山以东,致太行山东邢、洺、磁三州人民半为俘馘,野无稼穑。克用兼并未已,又割取振武之麟州;又请以云蔚隶河东。于是云中节度使吐谷浑族赫连铎,幽州节度使回纥族李可举,成德节度使回鹘阿布思族王镕,皆恶克用之强,联结攻之。成德、幽州军皆为克用所大败,幽州兵变,李可举举族自焚死。克用之势益盛,劲兵浸增至十五万。僖宗末年,克用因事怨朝廷,助河中节度使汉族王重荣为乱,引兵进逼长安,僖宗奔凤翔。已而复归顺,为僖宗讨平朱玫之乱。及昭宗即位,赫连铎、王镕仍与克用连年相攻,而克用独盛,当于下节略述之,兹将懿宗、僖宗时异族藩镇列表如下。

王景崇	回鹘阿布思族	成德节度使	世袭割据
李国昌	沙陀突厥族	大同节度使振武节度使	平乱有功,复反叛
于 琄	汉族鲜卑混种	平卢节度使	顺命
李茂勋	回鹘族	幽州卢龙节度使	以为乱得位
李可举	回鹘族	幽州卢龙节度使	世袭割据
拓跋思恭	党项羌族	夏绥节度使	顺命
契苾璋	铁勒契苾族	振武节度使	顺命
赫连铎	吐谷浑族	云中节度使	顺命
支 详	月氏遗族?	感化节度使	顺命
李克用	沙陀突厥族	雁门节度使河东节度使	反叛割据兼并,有时忠顺
王 镕	回鹘阿布思族	成德节度使	世袭割据
李克修	沙陀突厥族	昭义节度使	由克用兼并所得

（十二）唐末沙陀突厥族蛮族藩镇之扰攘兴盛

昭宗之即位也，睹威令不振，藩镇益猖，朝廷日卑，有恢复前烈之志。时河东节度使沙陀突厥族李克用大发兵攻昭义节度使汉族孟方立，灭之。又北攻云中节度使吐谷浑族赫连铎，赫连铎表请讨克用。宣武节度使汉族朱全忠等亦以为言。昭宗乃命宰相张濬帅兵会赫连铎、王镕、朱全忠等共讨之。赫连铎引吐蕃黠戛斯众数万进攻获胜，不意朱全忠仅遣裨将攻泽州，而王镕兵不出，张濬、赫连铎遂大为克用所败。于是克用势益张，大举北击赫连铎，败之，进围云州。逾数月，赫连铎食尽，奔吐谷浑。

克用已克赫连铎，乃东攻成德节度使回鹘族王镕，大破之。幽州节度使汉族李匡威救王镕，合兵十余万攻克用，克用遣其将李嗣勋大破之，斩获数万。自此王镕、李匡威屡与克用战，互有胜败。赫连铎自吐谷浑归于幽州，仍助李匡威、王镕抗克用。攻战逾年，幽州内乱，李匡威为其弟匡筹所逐，匡筹复与王镕不睦，镕遂乞降于克用。克用进攻赫连铎，大破其吐谷浑军，杀赫连铎，擒白义诚。更进兵攻李匡筹，匡筹迭败，挈其族奔沧州，幽州一镇遂为克用所并。

当是时，李克用横行于幽、并。凤翔节度使汉族李茂贞（即宋文通）、邠宁节度使汉族王行瑜亦骄恣于关中，迫昭宗诛宰相杜让能。朝廷动息，皆为茂贞、行瑜所操纵。二人一再犯阙，复杀宰相韦昭度、李谿，谋废昭宗。李克用闻之，即日发兵讨瑜茂贞，引蕃、汉兵数万进攻行瑜于梨园。昭宗乃以克用为邠宁四面行营都招讨使，复以保大节度使党项羌族李思孝为北面招讨使，定难节度使党项羌族李思谏为东面招讨使，彰义节度使汉族张璠为西面招讨使，合讨行瑜。行瑜败，走保邠州。克用进攻，克之，行瑜走死。将移兵向凤翔讨茂贞，贵近恐克用之势太盛，沮之。昭宗进克用爵为晋王，克用乃还晋阳。其后虽与宣武节度使汉族朱全忠战，屡失利，然至其子李存勖时，尽有黄河流域，威震全国。兹将昭宗即位以后至唐亡时，沙陀突厥以外之异族藩镇亦列表于下：

李存孝	胡　人	邢洛节度使	属于沙陀突厥族李克用,旋叛之
刘崇龟	匈奴之裔	清海节度使	顺命
李思孝	党项羌族	保大节度使	顺命
李思敬	党项羌族	保大节度使	顺命
李思谏	党项羌族	定难节度使	顺命
雷　满	武陵洞蛮	武贞节度使	骚乱
贺德伦	河西胡人	魏博节度使	附于沙陀突厥族李克用
雷彦威	武陵洞蛮	武贞节度使	骚乱抗命
雷彦恭	武陵洞蛮	武贞节度使	骚乱抗命

以上表中诸异族藩镇,若刘崇龟及党项羌族诸藩,尚为顺命。至于雷满,《旧五代史》称其"沿江恣残暴……为荆人大患……率一岁中三四移兵,入其郛,焚荡驱掠而去……贪秽惨毒,盖非人类……子彦恭继之,蛮蜓狡狯,深有父风。烬墟落,榜舟楫,上下于南郡、武昌之间,殆无人矣。又与淮蜀结连,阻绝王命"。至唐亡而肆乱未已焉。

此外贺德伦则附沙陀突厥族李克用。李存孝乃克用养子,本属于克用,其后叛之。克用养子百余人,其中若胡人李嗣源(＝邈佶烈)、回鹘人李存信(＝张污落)、吐谷浑人李嗣恩(＝骆嗣恩),以及胡汉杂类之李存进(＝孙重进)、李存贤(＝王贤)、李存审(本姓符)、李嗣本(本姓张)、安休休、薛阿檀、李存孝(＝安敬思),皆雄杰虓武之士。李存孝、薛阿檀尤称骁勇。及存孝、薛阿檀以叛死,克用之势浸衰,屡为汉族之朱全忠所困。

其后朱全忠弑昭宗、哀帝,篡唐建梁,未几而克用卒。其子李存勖继之,才气远大,沙陀突厥族之势大盛,与梁大小数百战,竟灭之,而称帝中原,建立后唐。当是时,黄河流域几全为所统一,巴蜀为所吞并;即长江、珠江流域建国之汉族,如楚王马殷、吴王杨溥、吴越王钱镠、汉帝刘龑,皆遣使朝贡,实为沙陀突厥族帝华极盛之时期。已而存勖虽被弑,沙陀突厥族之势未衰,如李嗣源、李从厚,皆嗣位于后唐。石敬瑭、石重贵,相继建后晋。刘智远、刘承祐,相继建后汉。刘崇、刘钧等,相继建北汉。计五代之中,除前期之梁及末期之周外,中期之唐晋与汉,

皆沙陀突厥族所建立。至若其间高下内外之官吏,不仅沙陀突厥族为之者甚多,其他如回鹘、党项、羌、吐谷浑等族,无不有人参列其间,惟已出本题之外,不复列举及之焉。

(《国立武汉大学文哲季刊》第 1 卷第 4 期,1931 年 1 月)

致胡适函

适之先生：

日昨掞藜方从家抵校，友人忽转来先生二月二十二日手书，启读之后，始知《读书杂志》刊至十八期停版。藜自因事还湘以来，时经两月，湖南交通不便，乡间邮路不通，故《读书杂志》十六、十七两期俱未读得。顷购之南京书市，亦俱无有。东大图书馆亦未之藏。不知努力社中尚有此两期一二份见赠否？

先生来书到此已经二十余日，惟因掞藜未曾到校，故久稽未覆，乞加原谅！

古史讨论事承先生劝勉为文，敢不拜教。惟藜年轻学浅，阅书不精不多，深惟学力不足是惧；且因或种原故，选课甚多，质鲁如藜，每日上课与豫备功课之外，觉毫无余暇以从事课外研究。此次古史讨论，本是极专门之事。由上二故，自愧难于学期之内为文以应《努力月刊》之需。若先生假以时日，暑假之间，自当按颉刚先生所著顺次发抒其浅薄之见，以期无负先生诱掖之心。未审先生与颉刚先生肯允许否？

《读书杂志》十八期上先生所为"古史讨论的读后感"，匆匆略读一过。其中多有切中愚弊之处。研究学问，真理是从，藜虽不敏，决不至以言语文字过当为怪也。惟其中尚颇有使藜不尽释然者，本欲详细写出请教，奈时无余暇，容俟将来并论及之，敢祈鉴原！

承颉刚先生不弃，深盼掞藜继续为文，感激感激。草此顺叩
著安

刘掞藜谨覆

十三，三，十五

三、情境

三姝媚

玉兰开未遍。却梅翻红霞,碧烟笼蒨。好鸟枝头,喜春到江南,娇音初啭。有女如云,春正在软红芳苑。莲鳥罗裙,素手酡颜,清波流眄。

谁道风光非婉?怎中酒年光,不堪留恋?残霸何山,怕旧家亭榭,但余凄惋。转眼杨光,遍缭绕落红庭院。端恨韶华如水,东流不返!

十二,二,廿二,于南京

(《文艺》第 1 卷第 1 号,1925 年)

三台洞纪游

燕子江边立千古,我啸矶头日当午。日午炎风满半天,避暑头台意栩栩。头台清冷意已足,倚簟欲眠难舍去,漫投身入石榴门,二台又自饶奇趣!榴门曲折径冥窈,绿藓封岩其杳窱。闻无人影寂无声,上下枝头惟小岛。还身路转更探异,步入三台惊喜萃。豁窱洞门邃且深,礨礧悬崖石欲坠。三潭清冽承岩底,岩穴石泉珠滴沥。洞然成响起寒文,荡漾纤苔舒缕翠。潭底卷石出潭水,盘陀斜向幽冥里。幽冥尽处忽青荧,一线青天下洞底!洞壁谽谺附短梯,梯梯相续转迷离。回环三曲黑窟尽,咫尺江天绕鹭陂。豁然开朗出洞尾,攀援桂枝暂徒倚。斜阳倩影树间来,照我绤衫文斐斐。绤衫招展风飔飔,吹我登临楼上楼。凭栏极目穷千里,袅袅晴烟四处浮。远山如画浮青黛,照水临妆弥作态。美人何处忽飞来?楚客吟成纫兰佩。

一九二三,七,十六;南京

饯春赋

登楼纵目,游子惊心。旧欢皆梦,新绿成阴。倏忽兮春去,何处兮难寻。或指云山之路,或云沧海之滨。若良朋之顿失,空有酒兮盈樽。

良朋归兮有日，春更返兮何期。运四时而不息，随万物以推移。安能雨落而重上天，花飞而返故枝。纵阳春兮有脚，后三百六十五日而来此，已非今日之芳时。

是以花愁玉惨，雨泣风嘶。王孙归未，思妇停机。忆远山兮眉妩，怜倦柳兮腰肢。羡双双之梦蝶，怅灼灼之将离。能不布琼筵而祖道，共骚人而赋之。

于是芍药和酱，醸酼泛醅。琉璃细碗，琥珀深杯。甘分卢橘，酸摘青梅。

肴核杂陈，琴筝并抚。唱三叠之阳关，听声声之杜宇。携手河梁，分襟道左，玉箸丝丝，交流颊辅。

为之诗曰：四月清和景色新，北窗阻暑又经旬。春光欲去方惆怅，正值花时已负春。纵有千重意，难留欲别人。他乡无故雨，芳事共谁论。

钟 山 绝 顶

日事攀登游不足，钟山更引登攀趣。天炎亭午日中天，出郭披榛得微路。天保高盘三百仞，龙膊纡余一二曲。偃蹇危崖势欲飞，镠锼嵚岑形似怒。扪萝辗转登层顶，俯眼皆花眩久顾。满城屋瓦郁沉屯，万里乾坤莽回互。江水西来迷楚皖，紫金东赴联勾曲。依稀天子气犹存，廓落皇居在何处？远瞩云天思往古，长呼袅韵动岩谷。伤今伤古又归身，一写愁心倚山树。

一九二三，七，十七；南京

（《文艺》第 1 卷第 1 期，1925 年 4 月）

邀乡前辈同游燕子矶

拔地嵯峨三百尺，独立飘缈之绝壁。四面青空日近头，千里云烟天接地。长风驾浪翻江水，高啸凌霄闻八极。我似冯虚欲化仙，悠悠扫尽

尘寰意。

一九二三,七,十六;南京

七 根 柱 崖 底

跻险觅幽奇,途穷逢绝岸。高危石欲陨,葱翠藤相绊。铁练锁崖间,[①]妆台耸天半。[②] 仰窥迷望眼,惊心起长叹!

一九二三,七,十六;南京

头 台 洞

硉兀连山皆绝壁,石磊磊兮风习习。途迥高岨扑人来,洞陷崖根迎面翕。阴气凄神清冷冷,突磬悚魄森魆魆。挑灯攀附探仙居,磴暗泪沤四壁湿。渺渺仙居在何许？一缕长罅穷处是。安得蓬蓬亦化仙,即入长罅履仙迹!

一九二三,七,十六;南京

乡 思 二 首

湘西大旱。闻饥民流离转徙,多饿死他乡。念家之情如焚,而不能旋归一省也!

西望三千余里,难从天上飞回。浮云欲攀不得,何日始赋归哉!
极目楚天迢遥,中心日日愁忧。江轮原自来往,独无可觅归舟!

一九二二,五,廿五;南京

湘中乱,秋晨,念祖父母

白云亦西归,我独不遂意! 飘蓬离故本,何时有终极？ 渺渺念潇

---

① 相传为铁练横江遗迹。
② 相传明马皇后曾梳妆其上,故名。

湘,十年多盗贼。夏去已秋来,二月无消息。嗟我白发龙钟之祖母乎,已否改旧时颜色?

白云亦西归,我独不遂意! 飘蓬离故本,何时有终极? 渺渺念潇湘,十年多盗贼。夏去已秋来,二月无消息。嗟我白发龙钟之祖父乎,已否减旧时气力?

一九二三,八,九;南京

秣 陵 赠 客

迎客西来送客东,聚匆匆,别匆匆。何时始得复相逢? 我愿化为江水与秋风。吹客西湖游倦后,伴客返湘中。

秋气欲萧森,摇落梧桐叶几重。羁愁已动思乡意,那堪蹙蹙更处寂寥中? 离别后,听悲蛩。秋暑穷时泪不穷。

一九二三,八,九;南京

踏 莎 行

院宇沉沉,门庭寂寂。自君之去忧成疾。强将笑语断愁心,愁心还是涟如水。

玉簟凄凄,金虫唧唧。伶仃更有谁能比! 罗裙到处尽荆榛,伤心怎禁潜零泪。

一九二二,九,廿三;南京

南 乡 子

寄马非百长沙。喜其将道过金陵赴德。

春色满春天,千里平原笼碧烟。依似紫金山上塔,无迁,日望来船日伫延。

相别一余年,梦境依稀每入眠。收到君书知欲发,欣然,又喜知交

与袂联。[①]

一九二三，四，卅；南京

（《文艺》第 1 卷第 2 期，1926 年 2 月）

上巳修禊赋

江南三月好风光，姹紫嫣红满道旁。十里烟渡渺如许，画船随处好流觞。

休寻金谷园，莫问披香殿。岁月怅如流，芳菲重相见。

乃集良友，置芳筵。舟泛青溪之曲，觞流桃渡之边。趁韶光之冉冉，阶俊侣兮翩翩。数从头之风月，感过眼之云烟。恍若曲水闲吟，仰观俯察；拼与阳斜共醉，酒逸诗仙。

邀孙谢之名流，踵前贤之故事。携笔墨于林凹，倒樽罍于水次。抒蒙庄观濮之情，许曾点浴沂之志。诗才藻速，披睹争先；酒政森严，罚饮后至。

时则山边水边，一觞一咏。任从微漾以容与，宛在中央兮游泳。净无可唾，菱镜波平。掬不辞盈，荷筒珠迸。水浓于酒，桃涨春肥。杯渡如舟，柳荫采映。

慨乎若梦浮生，及时良会。俯仰兴怀，天壤甚大。与人无竞，逝者如斯。不醉无归，超然物外。文章假我，醉月飞觞。泉石亲人，庄襟老带。

于是事叙幽闲，文成酣畅。不负雅游，时闻绝唱。耳目清新，胸襟高旷。愧我无文，空兹惆怅。谨执笔而赋之，托盛事于想象。

十三年旧历三月于南京

浦口旅夜为南下兵所驱

破浪行轮顺水东，西逃武汉向浦封。方离万死一生地，又入千狼百虎中。落日秋风酣倦枕，孤灯剑气避徐戎。干戈处处堪流泪，不恨生涯

---

① 闻王毅夫欲与借来。

似转蓬。

十五年旧历八月十三日于徐州旅寓

长 相 思

湘水东,澧水西。湘澧东西一别离。遽无相见期。　　室伊威,户珠丝。千里归来人已非。悲思当几时?

十五年旧历五月二十五日于长沙

(《孤兴》第 9 期,1926 年 7 月 1 日)

买 剑

买剑锦江头,带剑潇湘去。
用剑欲何为? 自有为为处。

舞剑起高歌,击剑斩庭树。
砺剑试锋铓,尚可诛愨竖。

志士抱殷忧,世变今方剧。
愿赠好男儿,中流成砥柱。

买 弓 矢

三箭定天山,百步穿杨柳。
壮士长歌入汉关,男儿自古腾人口。

射马足擒王,马倒王终踣。
负矢征诛胜荷殳,弯弓战伐从来久。

世亦昔殊今,器亦前殊后。
为欲芟夷大难多,且将弓箭娴身手。

病 中 书 意

身一病来心块异。
万念都灰,事业思抛弃。
惟望长归乡里。任步屧,自在闲观天与地。

学问事功都有志。
无奈年来,沉疴成不治。
自断此生休矣。痼疾重,可惜男儿虚此世!

人生宇宙本如寄。
待到病时,更觉人无味。
何况羁身万里! 乱未已,山川修阻归无计。

与徐陶娄李诸者簇桥之游

簇桥流水声呜咽,寒烟惨淡风凄冽。
风凄冽,微雨初收,桥头一瞥。

簇桥酒肆恣饕餮,醉抛家国休悲切。
休悲切,喝六呼么,冯陵一歠。

济世终当资铁血,人生聚散何须说。
何须说,奋翼前程,明年离别。

(《成大史学杂志》,第 2 期,1930 年 5 月)

附录

故友刘揆藜楚贤事略跋

景昌极

　　余始遘刘子楚贤,在民国十年秋,时同学南京高等师范文史地部。楚贤后余两级,初不甚相知。厥后北京大学学子顾颉刚等,汲新文化运动之流,盛倡疑古之风,而渐趋于激。楚贤抗函与辩,理充辞畅,翘焉如圭角之渐露然。当尔时,南高醇正朴茂之学风,可称极盛。同学中类多劬学笃行之士,各有以自树立,壹是以温故知新,折衷至当为归。楚贤之作,适为此潮流中之一澜,未以为甚异也。十八年春,余应成都大学聘,楚贤已先在,欢然道故,过从渐密,乃深知夫楚贤之为人。其肝胆抱负,深有契于余心,非徒劬学笃行已也。

　　楚贤之学,由经入史,而有用世之志。雅慕其乡先辈曾、左、彭、胡诸公之伟绩,思有以自试。尝屡谓吾人亦既研究前人伟大之史迹,更当创造伟大之史迹以供后人之研究,思齐之情,见乎辞矣。自蜀返湘,辄市弓箭刀剑之属以遗其子弟,并选录前人诗词中富有发强刚毅之气者都为一集,自为歌以媵之。其稿今不知存否,余惟忆其起句为"三箭定天山,百步穿杨柳"而已。

　　天不怜才,厄之以极重之风湿疾,发辄委顿,浸及肝脾。楚贤曾不以是稍隳其志气,力疾上课,按时编讲义,积稿乃盈尺。余尝婴极轻之风湿疾,而颓然自放者屡矣,视楚贤不能无愧色,信夫楚贤之为南方之强也。又其淡于嗜欲,自奉极薄,辄出其余薪以为贫苦同学膏火之资,而未尝责报,尤令余自视歉然,愿学焉而未之逮。然吾观友辈中,凡淡

于世俗之欲,为人太多而为己太少者,每于世俗寡合,而益浸淫于书,或尽瘁于其事业,以此斫丧其天年,不中寿而夭者,盖比比然。两年以来,于京都旧友,有凌梦痕;于蜀中旧友,有吴碧柳、刘鉴泉,并楚贤而三。昔蒙庄有言:"其嗜欲深者,其天机浅。"余不禁欲为下一转语曰:"其天机深者,其世福薄。"呜呼! 倘所谓天人之际,果如是耶?

(《国风》第 7 卷第 1 期,1935 年 8 月 1 日)

亡师新化刘先生事略

陶元珍

先生讳揆藜，字楚贤，湖南新化之时荣桥人。新化故僻邑，先生族人多喜家居，以耕读世其业，鲜负笈远游。专致力于学者，有之，自先生始也。先生幼读书县城小学，以勤敏闻。继至宝庆入第二联合中学，学益奋，历年均以成绩优异免学费。既卒业归，厄于家计，弗克升学，因思潜修于家。时先生甫新婚，则尽罄夫人衣物，得数十金，孑身仍至宝庆，购石印本《正续皇清经解》、《李太白集》、《杜工部集》诸书，躬荷担以返。荷物重，行两日始达。中途遭雨，跋涉泥泞中，弗稍顾。既至家，发箧陈书，先生叔父谓："徒糜金钱。"意弗善也，将聚而焚之，先生泣。先生祖母曰："书既购矣，何焚为？"先生乃置书小楼上，日苦读其中，盛夏无间。如是者积两年，学乃大进。盖先生学问之根抵，实具于斯时。而先生异日之频困于疾疢，亦伏因于斯时矣。先生常念株守家园，终不免于固陋。后遂至长沙，入耶礼大学，精习英吉利语言文字。逾年复至北京，独傔居僧寺，囊金罄。炎夏永昼，日惟一食，饥肠或鸣，读弗省也。旋归长沙，任省立第一师范附属小学教员。民国十年，考入南京高等师范文史地部，从镇江柳翼谋先生学。先生曩之致力于经者，乃折而入于史。时制师范学校遇学生厚，膳宿并由校给，先生之生活安定矣。然购书犹无资，因以隙时助缮讲义，得资悉以购《资治通鉴》诸书，日夜钻研之。夜深众皆入梦，先生孤烛独常秉也。十二年，吴县顾颉刚君揭其怀疑古史之说于《读书杂志》，先生以其引据多疏，疏解尤不衷于理也，乃再作长函以辟之。源源本本，殚见洽闻，具见《史地学报》及顾君所辑《古史辨》第一册中。由是海内学者，无不知有先生。十三年，以河南冯友兰

约,任教开封中州大学,撰《世界史略》二十万言。十六年,以沈雁冰介,移教国立武昌中山大学,任历史社会学系主任教授。十七年,应国立成都大学聘,任历史学系教授。撰《中国政治史》、《中国民族史》、《史学与史法简编》,合数十万言。十九年,应国立武汉大学聘,任史学系教授,撰《中国上古史略》、《隋唐五代史要》、《宋元明清初史》,合数十万言。二十一年夏,以旧疾连动,乞休归里。初,先生年十余即婴风湿痹萎之疾。稍长,以劬学鲜运动,疾间增剧。及历教各大学,先后十年间,几无岁不为宿疾所苦。然先生力疾任教,未尝稍懈,所授课鲜或阙讲,积讲稿达百万言。专题论著散见于各杂志者,亦达十余万言。诲人不倦,十年如一日。呜呼!世之虚拥皋比,徒耗束修者,奚足语此。先生既归里,武大师生日望其疾瘳返校,而先生旧疾未痊,益以气痛诸症。二十年冬,几至不起。二十三年秋,以乡里匪患时作,避地至南京。未几,复离京还乡。旅途劳顿,先生之疾,盖已渐不可为矣。中华民国二十四年八月六日,先生卒。逾八日,先生尊人亦没。呜呼!何极人世之惨痛若是邪。先生年三十六,太夫人尚健在,遗夫人某氏,弟一晋贤,女一泽湘;子三,长藩十一岁、次葛四岁、次某二岁。

余始从刘先生游,在民国十八年。十九年,先生任教武汉大学,余亦自成大考入武大史学系。先生乞休归,仍与余通信弗辍。今年六月,尚得先生来书,谓停药弗服,疾转愈矣,不意先生遽辞世也。七月,曾致先生一函,久未得覆。八月杪,得先生弟晋贤来书,始悉先生已于古历七月初七日病逝矣。余惟先生之精神人格,实足激厉后进,不仅学识过人已也。故亟就余所知,述先生事略如右云。

弟子安岳陶元珍谨识二十四年九月一日

(《国风》第7卷第1期,1935年8月1日)

刘掞藜《晋惠帝时代汉族之大流徙》附言

顾颉刚

　　民国二十四年十月七日，接到刘先生于阴历七月初八日逝世的讣闻，使我不怡累日。这样一个在贫穷中奋斗，在疾病中支撑的有志之士，哪知只活得三十六岁！老天爷只让优游无为的人去享长寿，真把时间和饭食糜费得太过分了！我们二人，大家知道是辩论古史的论敌，但天下惟有对于有人格的敌人才有真实的钦慕。我们虽从没有见过面，但颉刚等发起的朴社，刘先生就是一个社员。五六年前，我们通过几次信，后来我因事忙，他又多病，音信遂尔断绝。但信虽不通，每逢河南、湖南、四川来的朋友，我总要探听他的行踪。我知道

刘掞藜先生遗像

他曾在一次战乱之中归家，在旅店里买不到饭吃，绝食了几天，回家后生了一次大病。又知道他身体太坏了，几乎半身不遂，但功课还是担任，讲义依然编写。我想我们总有握手的一天，我想将来我们该再来打古史的官司，直到把我们心头的问题打出一个结果为止，哪知道到了现在只断定是一个虚愿呢！刘先生的弟子陶元珍先生出此篇嘱载《禹

贡》,适逢刘先生的弟弟刘晋贤先生寄来这幅照片,遂写数行,以志悲念。还有一个不幸的消息,乘便报告给读者,那位和刘先生同时驳诘我们古史说的胡董人先生,也于数年前逝世了,我没有得着他的讣闻,不知道他的死期,但心中的难堪是一样的。十三年不是一个长时期,而故交之零落已如此,造物者真太残忍了!

二十五年一月九日,颉刚记

(《禹贡半月刊》第 4 卷第 11 期,1936 年 2 月 1 日)

图书在版编目(CIP)数据

刘掞藜史学论著集 / 屠潇,渠颖编校. —上海：
上海古籍出版社，2019.12
（中国近代史学文献丛刊）
ISBN 978 - 7 - 5325 - 9070 - 4

Ⅰ.①刘⋯　Ⅱ.①屠⋯　②渠⋯　Ⅲ.①史学－中国－
文集　Ⅳ.①K207 - 53

中国版本图书馆 CIP 数据核字(2018)第 288846 号

中国近代史学文献丛刊

刘掞藜史学论著集

屠　潇　渠　颖　编校
房鑫亮　审校

上海古籍出版社出版发行

（上海瑞金二路 272 号　邮政编码 200020）

（1）网址：www.guji.com.cn
（2）E-mail：guji1@guji.com.cn
（3）易文网网址：www.ewen.co

浙江新华数码印务有限公司印刷

开本 635×965　1/16　印张 40.5　插页 5　字数 694,000
2019 年 12 月第 1 版　2019 年 12 月第 1 次印刷
ISBN 978 - 7 - 5325 - 9070 - 4
K·2587　定价：178.00 元

如有质量问题,请与承印公司联系